हमारा भारत

अमित तिवारी

BlueRose ONE.com
Stories Matter
NewDelhi • London

BLUEROSE PUBLISHERS
India | U.K.

BlueRose ONE.com
Stories Matter
NewDelhi • London

For permissions requests or inquiries regarding this publication, please contact:

BLUEROSE PUBLISHERS
www.BlueRoseONE.com
info@bluerosepublishers.com
+91 8882 898 898
+4407342408967

ISBN: 978-93-5819-622-1

Cover design: Shivam
Typesetting: Namrata Saini

First Edition: September 2024

समर्पण

यह किताब भारत के हर माता–पिता, नेता–अभिनेता, शिक्षकों–संस्थानों, खिलाड़ियों–कलाकारों को समर्पित है क्योंकि इन सबका मिलाजुला असर बच्चों पर पड़ता है और हर बच्चा कुछ न कुछ इन सबसे सीखता है, इसलिए ये सबसे महत्वपूर्ण है कि भारत का हर बच्चा अच्छा सीखे और हम सब मिलके आने वाली पीढ़ी को सही ज्ञान, नजरिया व शिक्षा दें!

जय हिंद जय भारत

प्रस्तावना

हर लेखक या लेखन के पीछे कोई न कोई ऐसी वजह ज़रूर होती है या कोई न कोई संदेश ज़रूर होता है, जो वो समाज या देश के साथ साझा करना चाहता है, ऐसे ही मैनें इस किताब में देश, समाज या परिवारों के स्वरुप को दर्शाने की व कुछ संदेश देने की कोशिश की है, जिससे हो सकता है कि देश या समाज के नजरिये को थोड़ा बहुत बदला जा सके। इसके साथ ही लेखन के पीछे जो संदेश छिपा होता है वो किसी घटना या अनहोनी या सदमें के कारण उत्पन्न हुए दर्द की वजह से जन्म लेता है उस लेखक के अंदर। इसीलिए हमें यह समझना व सोचना चाहिए कि लेखक क्या बताना चाह रहा है और मैंने कई बार लोगों से सुना है कि लिखना आसान नहीं होता क्योंकि जो एकाग्रता व गहन चिंतन की ज़रुरत होती है लेखन के लिए, वो सब में नहीं होती और वैसे भी आज कोई भी एक जगह घंटों बैठ के काम सिर्फ इसीलिए करना चाहता है कि उसे पैसे मिलेंगें, पर आप लिखो और सफल हो, ये ज़रूरी नहीं और पता नहीं कि कितने पैसे मिले, इन सब कारणों से जल्दी से कोई लेखन को अपना न तो प्रोफेशन चुनता है, ना ही इसमें भविष्य देखता है कि कौन लिखे या इससे अच्छा है कि कहीं काम कर लेते है। कहानी सबके जीवन की कुछ न कुछ ज़रूर होती है और हर कोई चाहता है कि कोई उसकी आप–बीती सबको बताये कि कितना संघर्ष भरा जीवन रहा उसका, पर लिखना इतना आसान होता, तो दुनिया की लगभग 7 करोड़ से ज्यादा आबादी लेखक होती। इस किताब में मैं सिर्फ अपने देश को नहीं वरन सम्पूर्ण विश्व को ये कहना चाहता हूँ कि पहले अपने अंदर की कमी को दूर करो, फिर बाकी को सुधारने के बारे में सोचों, अपना सुधार होते ही ये दुनिया अपने आप साफ़–सुथरी व सुंदर नज़र आएगी, वैसे भी किसी पर इलज़ाम लगाना सबसे आसान काम है, पर छोटे–छोटे विवाद के

कारण या देशों की सरहद की रक्षा के कारण, किसी अपने को खोने के दर्द का एहसास सोचने भर से पूरे बदन में सिहरन पैदा कर देती है। हम बच्चा होने पर कितने खुश होते है और क्या-क्या सपने बुनते है कि ऐसा करेंगें या वैसा करेंगें और जब वो बच्चा किसी अनहोनी की वजह से चला जाता है, तो पूरी दुनिया बेकार लगती है और इस बात को मैंने काफी गहराई से लिखने की कोशिश की है और उस दर्द को अनुभव करने की कोशिश की है। साथ ही यह भी बताने की कोशिश की है कि बच्चे को अगर सही समय पर कंट्रोल नहीं किया, तो वो क्या-क्या कर सकते है और पूरे परिवार को बर्बाद कर सकते है, क्यों हर देश की सरहद पर जवान तैनात है ? क्या इंसान के जीवन से बढ़कर ज़मीन की एहमियत ज्यादा हो गयी है ? या तो सब परंपरा लेके चल रहे है कि तब किलों या साम्राज्य के लिए लाखों सैनिक मारे जाते थे, तो हम आज भी वैसा ही करेगें, लेकिन लड़ने व मरने के बाद भी अपने साथ आज तक कोई भी एक तिनका ज़मीन का अपने साथ नहीं ले जा पाया, मतलब सब गलत राह पर पहले भी चल रहे थे और आज भी वो ही कर रहे है। तब राजा की हुक्म की तामील होती थी और अब नेताओं की. हमने सिर्फ अपनी ज़रूरतों व जिद के कारण ज़मीन के टुकड़े करके 200 से ज्यादा देश तो बना लिए, पर फिर भी खुश नहीं हुए, ना ही आजतक संतुष्ट हुए है अपनी करतूतों से और रोज़ किसी न किसी देश में किसी न किसी कारण से लड़ाई, दंगें या प्रदर्शन होते रहते है, एक नया देश व नया नाम देने के बाद हज़ारों लोगों को उसकी रक्षा में लगा दिया, अरे हमसे तो अच्छे जानवर है जो कहीं भी घूम सकते है, पर हम तो जानवरों से भी बेकार ज़िन्दगी जी रहे है, जहां इंसान को इंसान से सबसे ज्यादा खतरा है और एक देश से दूसरे देश जाने के लिए कितने तरह के पहरे व कानून बना रखें है। पर क्या नया नाम या ज़मीन पाकर हम खुश है या वहां की जनता खुश है? जवाब ना में ही आयेगा, कुछ तो इतने बेशर्म है कि सालों से ज़मीन के टुकड़े के लिए मरे जा रहे है और नए-नए तरीके अपनाते है कि किसी वजह या किसी की कुर्बानी से शायद वो टुकड़ा मिल जाए और इसी फिराक में कंगाल व कर्जदार

बनते जा रहे है, मज़े की बात तो ये है कि हिंद से हटके पाक बना, पर काम कोई भी पाक वाले नहीं किये, ना ही अपने धर्म को समझ पाए और जो समझते है धर्म को, उनको काफिर कहा जाता है। मेरी नज़र में दोनों देशों के नाम से तान निकाल दिया जाए, तो हो सकता है पाक, पाक वाले काम करे और ये ताना–तानी छोड़ दे, भले ही एक देश या एक नाम ना बने, पर एक दूसरे का साथ तो दे सकते है और आपस में लड़ाई छोड़ के अपनों को खुशहाली भरी ज़िन्दगी व दहशत से दूर कर पायेगें। भारत ने कई बार समझौते के लिए हाथ बढ़ाया, पर उनको रास नहीं आया, तो वहाँ की जनता अगर अमन चाहती है तो चुनाव ऐसे इंसान का करें, जो अमन चाहता हो और पाक को बर्बाद होने से और आतंकवादियों को पनाह देने से मना कर सके। जब हम इस सोच को आज बदलेगें तभी हम आने वाले कल में अपने बच्चों को बता सकते है कि दोनों देशों के बीच क्या था और क्या हो गया है, उनको एक नया इतिहास दे सकेगें। ये बात भी जग जाहिर है कि जनता से बढ़कर कुछ नहीं और जो चंद लोग दोनों देशों की शांति भंग कर रहे है, उन्हें हम लोग ही मिलके सबक सिखा सकेगें, रही बात बड़े छोटे की तो नक्शा उठा के देखो तो भारत नीचे और पाक ऊपर और पलट दो तो पाक नीचे और भारत ऊपर, तो ये सिर्फ सोच का फर्क है इसके अलावा कुछ नहीं है। साथ ही इसमें मैंने आज के मुद्दों से लेकर राजनीति, चुनाव व नेता–नगरी के साथ, सरकारों के कार्यकाल का भी जिक्र किया है कि किसने क्या किया, क्या नहीं किया और कब क्या करना चाहिए था और क्या नहीं करना चाहिए था, धीरे–धीरे प्रदुषण का बढ़ना, पानी की कमी व दूषित होना, शिक्षा में सुधार की ज़रुरत, हमारी जनसँख्या का बाकी देशों पर क्या असर पड़ रहा है, क़ानून व उसमें बदलाव की ज़रुरत, हमारी धरोहरों को बर्बाद होने से बचाना और आतंकवाद के खिलाफ आज की सरकार का नजरिया और भी बहुत सी बातें जो मैंने देखी या सुनी या महसूस की, वो सब मैंने इसमें लिखने की कोशिश की है और बहुत से मुद्दे है जो मैं नहीं लिख पाया हूँ उसके लिए आप सब मुझे सुझाव दे और मैं अपने अगले संस्करण में आपके नाम के साथ इसमें जोड़

दूंगा। मेरी ईमेल आईडी और मोबाइल नंबर आपको किताब के पीछे या बैक कवर में मिल जाएगा।

हमारा भारत

हमारा भारत

भारत हमारा देश है और हमसब भारतवासी है, ये नारा हर एक बच्चे ने स्कूल के समय में जरूर सुना होगा और कभी स्कूल नहीं भी गया हो, तब भी यह नारा कभी ना कभी किसी ना किसी से या टी.वी पर या किसी मूवी में जरूर सुना होगा। क्या हम वास्तव में इस देश के वासी है ? क्या हम वास्तव में भाई–बहन, माता–पिता या किसी और रिश्तों को पूरी तरह निभा पा रहे है ? क्या वास्तव में कलियुग आ गया है ? जिससे ना तो रिश्तों का मोल रह गया है और देखा जाए तो देश में सच्चे नागरिकों की भी कमी होती जा रही है, ना तो कोई अपना काम पूरी ईमानदारी से करना चाहता है और कोई करना चाहे भी तो उसे डराया या धमकाया जाता है, अपना काम निकालने के लिए और अगर फिर भी ना माने, तो आपका तबादला करवा दिया जाता है। ईमानदारी की बात इसलिए कर रहा हूँ क्योंकि हमारे ही देश में राजा हरिशचंद्र, राजा विक्रमादित्य, झांसी की रानी, महात्मा गांधी, भगतसिंह आदि अनेक महान पुरूष पैदा हुए, सारे ग्रथं 33तो हम पढ़ नहीं सकते, लेकिन उतना ज्ञान हम अपनें बड़े बुजुर्गों से ले सकते है और अगर उसका आधा भी हम अपने जीवन में उतार लें, तो भी हम अपने जीवन को एक सही दिशा दे सकते है।

हम लोग हमेशा उम्मीदों में जीते है और खुद ही उन उम्मीदों को तोड़ भी देते है और हर वक्त बस यह ही शिकायत करते है कि उस देश में ऐसा होता है, उनके यहॉ वैसा होता है, वहॉ का कानून अच्छा है, वो देश साफ सुथरा है, वहॉ करप्शन कम है, वो देश खुबसूरत होने के साथ–साथ, वहॉ पैसा भी बहुत है, पर उनको ये सब विरासत में नहीं मिला है, इसके लिए उन लोगों ने अपनी मेहनत व लगन से व ईमानदारी के साथ खुद को, दूसरों को और अपने देश को आगे बढ़ाया, जगह को जगह, पैसे को पैसा, इंसान को इंसान समझा, कोई कानून बना तो उसका पालन किया, हर चीज का इस्तेमाल सही ढंग से किया, तब जाकर वो देश खुबसूरत बना है। कैसे दूसरों को रोका जाए या कैसे काटा जाए उन्होंने ऐसा नहीं सोचा, वरना वो भी आज कुछ और ही होते, हॉ यहॉ एक बात गौर करने वाली है कि किसी भी चीज की काट या हुबहू नकल

उतारनें में भारत जितना माहिर है, उतना पूरे विश्व में कोई नहीं है, चाहे नासा हो या कोई भी बड़ी व नामी कंपनियॉं या बड़े से बड़ा विभाग, देखा जाए तो हमारा देश किसी भी मामले में पीछे नहीं है, चाहे बात पढ़ाई की हो, ताकत की हो, सुदंरता की हो या सुरक्षा की, सबकुछ होने के बावजूद भी बस हम उनका सही से रख रखाव नहीं कर पा रहे है। हर एक काम को हमनें उनके विभागों पर छोड़ रखा है जहॉं काम विचारों से शुरू होकर कागज पर उतर कर कहीं खो जाता है, फिर रह जाता है सरकार का खेल, प्रशासन का खेल या बड़े–बड़े लोगों के हाथों में रह जाता है। इसके बाद अगर कुछ बच गया, तो जिस बारे में विचार आया था वो एक ठंडे बस्ते में चला जाता है या फिर इस लायक नहीं होता बनने के बाद कि वो कुछ साल उस विचार का बोझ उठा सके। हम अंग्रजों से तो आजाद हुए पर उस आजादी के बाद हमनें क्या किया क्योंकि जो वो आजादी से पहले बना गए, वो पुल या इमारत आज भी मजबूती से खड़ा हुआ है। वहीं आज हमारे पास टेक्नॉलजी व मैनपावर होने के बाद भी ऐसी कोई चीज नहीं बना सके, जो इतनी मजबूती से खड़ा रहे। यहॉं तक कि हम कई बार सुनते है कि हाल ही में बनी इमारत या पुल ढह गया, जो कुछ महीनों या सालों पहले बना था। वहीं हम हर चीज बनाने में सोचते भी बहुत है और वक्त भी लेते है, उसको बनाने में जो टेंडर भी निकलता है वो भी किसी जान पहचान वाले को मिल जाता है बजाए किसी काबिल इंसान के और कहीं मजबूरी में देना पड़ जाए किसी काबिल को, तो उसे काम सही तरह से नहीं करने दिया जाता क्योंकि जो पैसा आवंटित हुआ उसमें सबका हिस्सा जो होता है।

हम एक बात बहुत कहते है कि मेरा भारत महान जो बहुत अच्छा नारा है, पर आम लोग व गरीब जनता का क्या नारा है कि मेरा भारत महान सौ में से नब्बे बेइमान। करप्शन इस हद तक बढ़ता जा रहा है कि अगर भ्रष्ट का साथ नहीं दिया, तो वो ऐसी ऐसी जगह चोट पहुँचायेगा कि आपका रहना व खाना दोनों हराम हो जायेगा और थक हार के आपको भी उसमें शामिल होना पड़ेगा। हमारे देश की 140 करोड़ से ज्यादा जनता में से कई बेईमान

मिलके एक और को बेईमान बना लेतें है, वो कहते है ना पानी में रहके मगरमच्छ से कैसे बैर करें, वो ये भी कहते है कि जब तक आप हमारा ख्याल नहीं रखोगे, हम आपका कैसे रखेगें। हॉ अगर उनकी डिमांड को आप पूरा कर दो, तो समझो आप भी वी0आई0पी0 लिस्ट में शामिल हो, ना लाईन में लगना, ना ही कोई टोकन लेना, ना ही किसी के साईन कि जरूरत होगी, बस एक बार आप मांगी हुई डिमांड को पूरा कर दो, बस आपका काम पूरा। हॉ शर्त इतनी सी होगी कि जैसा काम वैसा दाम, इसके बाद आप कि चिंता खत्म वो सारे काम अब उस आदमी के सर हो जायेगें। तो हम इसे आज के जमानें में ऐसे भी कह सकते है कि बाप बड़ा ना भईया सबसे बड़ा रूपैया। आज के इस युग में आप पैसों के दम पर कोई भी काम बड़े आसानी से करवा सकते हो, चाहे वो कोई अनुबंध हो या किसी केस को कितना मजबूत या कमजोर करना हो, एडमिशन से लेकर सरकार बनानी हो या फिर समाज में अपनी एहमियत दिखानी हो, ये सारे काम बिना किसी मुश्किल के आप पैसों के दम पर करवा सकते हो। हम आज के दौर में यह नहीं कह सकते कि हमारा काम कब व कितनी देर में होगा या कब होगा, पर कहीं आप प्रसिद्व हो और आपके पास पैसे बहुतायत में हो, तो हर काम फिर आपकी मर्जी से होगा, इसे एक उदाहरण से समझते है कि आप पढ़ना चाहते है व किसी कारण वश आपके नंबर या स्कोर कम आ जाये, तो आप चाहकर भी अपने पसंदीदा कॉलेज या स्कूल में एडमिशन नहीं ले पाते, वहीं दूसरी तरफ कोई पढ़ने में बेकार हो और उसका बाप करोंड़पति हो, तो वो दुनिया के किसी भी कॉलेज में आपका एडमिशन करवा सकता है। आज के इस दौर में हर कॉलेज में एक नया चलन चला है वो है मैनेंजमेंट कोटे की सीट, जिसमें आप अपने बच्चे का एडमिशन करवा सकते हो, जहॉ नॉर्मल कॉलेज की फीस 1 लाख है मेरिट वालें बच्चों के लिए, वहीं आप मैनेंजमेंट कोटे में 5 लाख खर्च करके एडमिशन ले सकते हो और तो और पैसों के दम पर नंबर या डिग्रि भी खरीदी जा सकती है, साथ ही न आप फेल हो सकते हो, न ही आपको ज्यादा पढ़ने की जरूरत है। इसके साथ ही अगर आप किसी नामी व्यक्ति के

बेटा या बेटी हो तो, आपको कॉलेज में वी0आई0पी0 सुविधांये भी मिलेंगी। ये बात तो हुई हमारे यहॉ एडमिशन की, पर इसका असर हमारे समाज पर कैसे पड़ता है, इसे ऐसे समझते है कि हर साल लाखों बच्चे इंजीनियर, डाक्टर, वकील या तरह–तरह के कोर्स करते है, पर ऐसे कितने है जिनको नौकरी मिल पाती है, हॉ ये जरूर कह सकते है कि साक्षरता की दर तो बढ़ रही है पर उतनी ही तेजी से बेरोजगारी भी बढ़ रही है, क्यों ? क्योंकि जिन कोर्सों को करके वो लाखों बच्चे निकले है उन्हीं कोर्सों को पहले से ही लाखों लोग करके बैठे है। आज किसी भी इंटरव्यू के लिए 100 या 200 नहीं बल्कि हजारों लोग ऐसे आते है जैसे किसी प्रदर्शिनी में आये है, वहीं अगर किसी सरकारी पोस्ट के लिए एग्जाम हो, तो ये संख्या हजारों से लाखों में पहुॅच जाती है, इसके बाद का खेल तो और भी ज्यादा मजेदार होता है जब रिजल्ट आता है, कुछ बच्चे मेरिट में आते है पर उसका मतलब जॉब मिलना नहीं है क्योंकि इसके बाद एक अनदेखा खेल शुरू होता है, सोर्स का या पैसों का, जिसे आम बोलचाल में रिश्वत कहते है या पोजिशन की पॉवर, चाहे स्वीपर की पोस्ट हो या क्लर्क की, चाहे किसी अधिकारी की, जैसी पोस्ट उतनी बड़ी सोर्स या रिश्वत देनी पड़ती है और लाखों रूपए इधर से उधर हो जाते है। इन सबके बीच में कुछ लोग भी चुने जाते है ताकि पब्लिक में ये मैसेज जा सके कि सब काम फेयर हुआ है, उनमें से कुछ इंटरव्यू न्यूज में या यूटूब पर डाल दिये जाते है ताकि यकीन और मजबूत किया जा सके। इस तरह से वो जो भी जॉब करेगा, उसका असर उस ऑफिस या उस डिर्पाटमेंट के साथ–साथ देश का भी बंटाधार करेगा, कैसे ? वो ऐसे कि जब कोई पैसे या सोर्स से पढ़ाई करेगा और वो ही जब जॉब पर भी लग जायेगा, तो क्या होगा, ये हम खुद सोच सकते है। कहते है ना कि जब तक अच्छाई जिंदा है इंसानियत जिंदा है और हर डिर्पाटमेंट में ऐसे ही चंद अच्छे लोगों कि वजह से देश चल रहा है वरना रिश्वत, वैसे ही हमारे देश कि रग–रग में बस चुकी है। लेकिन सोचा जाए कि कितनी बार ऐसा होता है कि हम सुनते है या देखते है कि जिसकी जैसी नॉलेज वैसा उसका काम, इससे होगा क्या कि ना तो वो खुद

संतुष्ट होगा, ना कस्टमर, जिसकी वजह से एक साधारण सा काम भी कई दिन व महीने ले लेता है, वहीं अगर उस जगह पर एक होनहार हो, तो या तो काम सही समय पर होगा या आपको सही जानकारी मिल जायेगी कि वो काम कैसे और कौन करेगा।

यहॉ सोचने वाली बात ये है कि जब हमारे देश में हर तरह की सुविधा है और देश में होन हारों जवानों की कमी नहीं है, तो फिर क्यों हमारा देश बाकी देशों से पीछे है ? क्यों यहॉ प्लानिंग हो कर रह जाती है ? क्यों उन बातों पर या विचारों पर अमल नहीं हो पाता ? इसका सबसे बड़ा कारण है घूस व रिश्वत या फिर कहें कि सुविधा शुल्क, अपनी मनमाफिक जगह पर पहुँचने के लिए, एक आम इंसान को इतना पैसा खर्च करना पड़ता है कि वो उस जगह पर पहुँचने के बाद, अपने द्वारा दिया गया वो पैसा जो उसने दिया घूस में, अब उसे वो वापस जुटाने में लग जाता है, तो फिर काम कैसे होगा ? कौन करेगा ? और फिर जो नुकसान होगा देश का, इससे उसका कोई सरोकार नहीं होगा क्योंकि एक आम इंसान बड़ी मुश्किल से पैसा जोड़ता है और फिर जब उसका पैसा इस तरह खर्च होता है, तो फिर वो पहले खुद को बनाने के बारे में सोचेगा, ना कि देश को, इसका साधारण सा उदाहरण है हमारे देश की राजनीति वाले कुछ नेता या बड़े–बड़े बिजनेस मैन, जो इस तरह कि पोजीशन व ताकत के लिए भारी भरकम रकम चुकाते है, कैसे ? वो ऐसे, कि हम लोग हमेशा चुनाव से पहले सुनते आये है कि अगर हमारी पार्टी चुनाव जीतेगी, तो हम प्रदेश को व यहॉ की जनता को हर तरह की सुविधा मुहईया करवायेगें, हम बच्चों, महिलाओं व आम आदमी की हर जरूरत का ख्याल रखेगें, चाहे कुछ भी हो हम सरकार से अपने प्रदेश की उन्नति के बारे में बात करेगें, यहॉ हर तरह की सुविधा करवायेगें, पहले वो खूब चक्कर लगायेगें, फिर बाद में हम आम जनता उनके ऑफिस के चक्कर लगा–लगाके परेशान होकर थक जायेगें और विकास के नाम पर बस वादें रह जायेगें।

इसके बाद भी हम लोग अंधों कि तरह अगली बार भी उन्हें ही चुनाव जिताने कि कोशिश करेगें, चाहे कितना भी गुस्सा हो

हमारे अंदर हम फिर भी पार्टी को देखेगें, कोई काग्रेंस को, कोई भाजपा को, कोई सपा को, कोई बसपा को, अपनी–अपनी पार्टी के नेता का झंडा लगाके शान से फूले नहीं समाते है और चुनी हुई पार्टी का नेता जीत जाए तो उस दिन दिवाली या होली दोनों मना डालते है, पर ये भूल जाते है कि आज जिसके लिए हम खुश हो रहे है और जिसके लिए आज हम अपने घर, परिवार व समाज में हर हद से गुजर गये और अपने जिस नेता को जिताया, कल वो ही नेता शायद हमसे मिले भी ना और आम आदमी इस बात से संतुष्ट भी हो जाता है कि वो अब नेता बन गया है। हम ये सोच के भी संतुष्ट हो जाते है कि उनके पास लाखों काम होगें और वो आज नहीं तो कल मिलेगा और अपने द्वारा किए गये वादे जरूर पूरा करेगा और इस इंतजार में कब दिन, महीने व साल बीत जाते है, हमें पता भी नहीं चलता और फिर धीरे–धीरे चुनाव के दिन वापस आ जाते है और वो ही नेता जो कलतक अपने बंगले से, ऑफिस से ना निकला हो, वो फिर से सड़क पर आकर, फिर से हमसे वोट की मांग करता है वो भी कुछ नये वादों के साथ और आने से पहले कुछ ना कुछ उस इलाके के लिए करवा देगा, वो भी बड़ी चलाकी से अपना कार्यकाल पूरा होने से पहले, ये सब करके हम लागों को जताता है कि देखों मेरे कार्यकाल में, मैनें आपके इलाके में ये–ये विकास करवाया है, देखो मैं कितना अच्छा हूॅ और इस बार भी और अच्छा काम करवाउगां अगर आप सब फिर से इस बार भी मुझे वोट देगें। हम वो आम जनता है जो हर बार भरोसा कर लेते है और आपस में बात कर लेतें कि देखो इसने इतना तो करवाया, पहले वाले ने तो कुछ भी नहीं करवाया और हम लोग ऐसे नेताओं कि चालाकी कभी समझ नहीं पाते और फिर उसी जाल में फंसकर 5 साल उन्हीं वादों के पूरा होने के इंतजार में काट देते है। साथ ही हमें इस बात कि जानकारी नहीं होती कि जो हजार या लाख रूपये उसने खर्च किए, वो कब करोड़ो में बदल जाते है, वो पैसे भी हमारे द्वारा टैक्स भरने से लेकर, चंदे के रूप में दिये जाते है। साथ ही वो कब एक मामूली सी जगह से बंगले व गाड़ियों में पहॅुच जाते है ये हमें साल दर साल दिखता है और हम ना तो कुछ पूछ पाते है ना

तो समझ पाते है, उनका बैंक बैलेंस कब हजारों से करोड़ों में पहुँच जाता है इसका भी पता हमें तब चलता है जब कोई सरकारी योजना बड़े घोटालों में बदल जाती है, तब हमें खबरों से पता चलता है, इस सबके बावजूद भी हम अंधों कि तरह उसे फिर से वोट देते है क्योंकि एक तो हमारे पास ऑप्सन कम है, दूसरा सही नेता या इंसान को परखने कि ऑखें नहीं है हमारे पास। वैसे भी कुछ नया करने से हम हिन्दुस्तानी घबराते है, क्यों नही हम सोच समझकर एक पढ़े लिखे व होनहार उम्मीदवार को खड़ा करते है, लेकिन नहीं, चाहे कितना भी नुकसान क्यों ना हो हमारा, पर हम बड़ी असानी से सब भूल जाते है। वैसे भी हमारे बुजुर्गों ने जो कहा वो कुछ सोच के कहा होगा कि बूंद–बूंद से घड़ा भरता है और हम उसे भरने देते है क्योंकि हमें चकाचौंध में रहने की आदत जो हो गई है, कोई भी आकर जरा सी फायदे की बात बता जाये, बस हमसब भूल के उसी तरफ चल लेते है और वो जो नेता हमारे द्वारा चुना गया है कल वो ही अपनी तिजोरी भरने के लिए हमसे ही अलग–अलग तरह से पैसा वसूल करेगा।

पहले के समय में लोग थोड़ा सा उधार लेकर सालों साल तक उसका ब्याज भरते थे, उन्हें ना तो असल का ना ही ब्याज का पता होता था, बस जितना साहूकार ने बता दिया उतना देते गये, पर तब में व अब में बहुत फर्क है, पहले कि जनता इतनी जागरूक नहीं थी, ना ही इतनी ज्यादा साक्षर थी। पर आज ना तो जागरूकता की कमी है और साक्षरता भी पहले के मुकाबले बहुत अधिक है, पर फिर भी हम बेवकूफ बन रहे है, क्यों ? क्योंकि जैसे–जैसे समय व समाज बदला, वैसे–वैसे राजनीति करने का तरीका, कर व चोरी करने करने वालों का तरीका व उनकी तादात भी और आज के चोर तो पहले वालों से भी खतरनाक है क्योंकि पहले वो इंसानों से तगादा करने के लिए, घर में घुस कर ब्याज या पैसे वसूलते थे, पर आज के इस दौर में हम खुद पैसा देते है अलग–अलग तरह से कर, चुगीं, टैक्स के रूप में, साथ ही कुछ कानून भी ऐसे है जिनका पालन ना करने पर, आपको अपनी जेब ढीली करनी पड़ती है, कुछ अधूरी जानकारी होने की वजह से उस

कानून के बारे में की गई गलती की वजह से आप भूल गये उस कानून के बारे में और फिर जुर्माना देना पड़ा, वहीं कुछ ऐसे होते है जो सब जान के उसे तोड़ते है, वजह है हमारे देश के वो लोग जो कानून को चलाने वाले है, जहॉ कानून तोड़ने वाला जानता है कि चंद रूपये देके वो बच सकते है, वरना सोर्स तो हमारा आखिरी अस्त्र तो होता ही है। यहॉ तक की कई बार जरूरी कागज ना होने पर या जानते हुए कानून तोड़ने पर भी, वो जिम्मेदार अधिकारी जिसपर शीर्षस्थ से कोई प्रेशर ना हो, तो 100 रूप्ये से लेकर जितने में बात तय हो जाये उतना लेकर उस इंसान को छोड़ दिया जाता है, जिससे उसकी हिम्मत तो बढ़ती ही है साथ ही वो दस लोगों में भी बताता है कि ऐसा तुम भी करना अगर तुम कहीं फंस जाना। इससे वो तो भ्रष्ट हुआ ही, साथ में तैनात उसके साथ वाला भी रिश्वत लेने के बारे में सोचेगा या ये बहाना करता है कि फंला व्यक्ति का फोन आया था इस लिए छोड़ना पड़ा, वजह कुछ भी हो ऐसा कृत्य समाज व देश को भ्रष्ट ही बनायेगा व गलत सोच की विचाधारा को हवा देगा। अरे अगर आप डुयटी पर हो तो कोई भी आपको कानून तोड़ने वाले के खिलाफ कारवाई करने से नहीं रोक सकता और अगर कोई बाधा उत्पन्न करता भी है, तो आप उसके खिलाफ भी कानूनी कारवाई कर सकते हो, जिसकी इजाजत खुद कानून आपको देता है। पर यहॉ एक बात और भी है कि क्या ये जरूरी है कि उसके शीर्षस्थ बैठे इंसान से कंप्लेंट करने से आपको इंसाफ मिलेगा और कहीं वो भी भ्रष्ट निकला तो ? जो जरूरी कार्यवाही उसको आपके खिलाफ या उस व्यक्ति के खिलाफ लेने थे वो लेगा या नहीं ? जैसा मैनें पहले भी लिखा है कि हर जगह अच्छे लोग आज भी है इसी वजह से एक से ज्यादा लोगों को पाश में रखने से या खबर करने से कहीं ना कहीं किसी न किसी से इंसाफ जरूर मिलेगा। लेकिन हम या तो जल्दी की वजह से या क्यों लफड़े में पड़े, ये सोच के उस बात को आई–गई कर देता है और इस धंधे को बढ़ावा मिलने के साथ, ये कब हजारों से लाखों तक पहुँच जाता है हमें इसका पता नहीं चल पाता और आगे चलकर हम क्या बाकी लोग भी इसका शिकार बनते है।

ऐसे ही छोटी–छोटी बातों को या छोटे मामलों को नजर अंदाज करने से होता ये है कि भ्रष्ट और भ्रष्ट बनता जाता है और अपने साथ औरों को भी इसमें शामिल करता जाता है, वहीं किसी के मना करने पर वो सारे जो एक दूसरे का भ्रष्टाचार में साथ देते है, वो सब मिलके उसको नुकसान पहुँचाते है। वहीं देखा जाए तो हमारे देश का कानून कुछ ऐसा है कि आप बड़े से बड़ा घोटाला कर लो, लाखों व करोड़ों का गबन कर लो, तो पहले तो जल्दी से पता नहीं चलता और अगर पता लग भी जाए, तो फिर सी0बी0आई0 जॉच या किसी तरह की कमेटी बना दी जाती है या फिर ई0डी0 उसकी जॉच करती है, फिर सबूत हो या ना हो, ऐसे लोगों को बेल भी मिल जाती है या वो उसी पैसों के दम पे कानून को तोड़–मरोड़कर अपने हिसाब से चलाते है और जब तक कस्टडी या जेल में रहेगें, वहॉ भी वी0आई0पी0 खातिरदारी की जाती है मतलब आपको जैसा खाना, पीना या रहना हो सब मिलेगा, उदाहरण के लिए आप की सरकार पर लगा भ्रष्टाचार के आरोप में बंद मुख्यमंत्री जी को घर का खाना खाने की इजाजत है और आम आदमी पार्टी के नेता सुखी और आम जनता परेशान। कहीं आपको सजा मिल भी जाये, तो वो भी ऐसी नहीं है कि दूसरा सुन के डरे या वैसा करने से पहले सोचे कि बाद में मेरे साथ या मेरे परिवार के साथ क्या होगा, जबकि सबको पता होता है कि ये पैसा आम जनता का है, फिर चाहे वो पुलिस हो, कोर्ट हो या फिर सरकार, कोई कुछ नहीं कर पाता, सिवाये बयानबाजी के या टीवी पर बहस करके संवेदना जाहिर करके या उसकी निंदा करके और फिर कुछ दिनों में वो खबर पुरानी हो जाती है और फिर एक नयी खबर पर हमारा ध्यान चला जाता है।

इसी तरह किसी को लूट लो, जान से मार दो या कोई भी बड़ी से बड़ी वारदात कर दो, आप किसी ना किसी वजह से या तो बेल पे छूट जाओगे या सबूतों के अभाव में बरी भी हो सकते हो, सिर्फ दहेज हत्या के केस को छोड़कर, जिसको मैनें अपनी तीसरी किताब में समझाया है, जिसका नाम है दहेज हत्या–कानून व समाज की सोच। हॉ दहेज हत्या के केस में आपकी कोई सुनने

वाला नहीं है ना ही इसमें आपको जल्दी बेल मिलती है या यूँ कहे की 100 में से 1 या 2 को, वरना केस खत्म होने का इंतजार करो, अगर बरी हुए तो ठीक, वरना रहो पूरे परिवार के साथ आजीवन जेल में या फिर सजा की अपील करो हाईकोर्ट में और फिर इंतजार करो, पर इसके बारे में चर्चा बाद में करेगें, साथ ही देश में महिलाओं के उपर हो रहे अत्याचार के बारे में, इसके साथ ही रेप के बारे में भी बाद में चर्चा करूंगा, अभी मैं भ्रष्टाचार, घूस व छोटी–छोटी खामियों की वजह से होने वाले नुकसान व जान बूझकर, इस देश की आर्थिक व्यवस्था को बर्बाद करने में व इस देश की शांति, सुरक्षा , ज्ञान–विज्ञान व साफ–सफाई से लेकर, हर तरह की गंदगी करने के बारे में अपने विचार व्यक्त करना चाहता हूँ। हमारे देश में सबकुछ पर्याप्त मात्रा में है और हर एक चीज की व्यवस्था का इंतजाम भी उपलब्ध है, यहॉ तक की हमारे देश में हर तरह के डिर्पाटमेंट, ऑफिस, आयोग व कानून के होते हुए भी, क्यों हम आज तक बाकी देशों से पीछे है, मैं यहॉ अपने देश की बुराई नहीं कर रहा हूँ, एक देशभक्त या जिम्मेदार नागरिक की तरह अपने विचार व्यक्त कर रहा हूँ जो मैं बचपन से या हमसब देखते आ रहे है, उस बारे में बोल रहा हूँ कि यहॉ के सिस्टम, कानून व मंत्रालयो और इनको चलाने वालों के बारे में बात कर रहा हूँ क्योंकि ये हमसब जानते व मानते है कि जब हम सुधरेगें, तब ही देश सुधरेगा, वो कहते है ना कि किसी भी देश को अच्छा या बुरा बनाने वाले उस देश के नागरिक होते है व उनकी सोच पर निर्भर करता है कि देश को किस दिशा में ले जाना है क्योंकि जैसा आज हम सोचेगें व बोयेगें वैसा ही फल या हमारा कल होगा। एक कहावत है कि बोया पेड़ बबूल का तो आम कहॉ से होए, इसी तरह सिर्फ कहते रहने से या अपना काम कल पर या दूसरों पर डालने से देश की तरक्की नहीं हो सकती और ना बात–बात पर, जंतर–मंतर या इंडिया गेट पर कैडिंल मार्च करने से या अनशन पर बैठने से, होना सिर्फ क्षणिक बदलाव ही है, साथ ही ऐसा करने से हो सकता है कि कुछ दिन के लिए सरकार व कानून आपकी हॉ में हॉ मिलाकर, सिर्फ बात को ठंडा करने के बारे में सोचता है और इससे होता ये है कि

हम सब भूल के फिर उसी जिंदगी में लौट जाते है। वैसे एक बात हमसब बचपन से सुनते व फिल्मों में देखते आ रहे है कि कानून अंधा होता है या आज के बदलते हुए युग में, हम ये भी कह सकते है कि कानून अंधा होने के साथ–साथ बहरा भी हो गया है, लोग मरते रहते है, चीखते रहते है, न्याय की गुहार लगा लगाकर पर न्याय है कि मिलता ही नहीं है और अगर मिल जाए, तो समझों आपने गंगा नहा ली, वरना ये मान कर चलो कि आप किसी कोठे पर जा रहे हो, जहॉ जितना पैसा दोगे, उतनी खूबसूरती मिलेगी, मतलब जितना माल आपकी जेब में होगा या जितनी उॅची आपकी पहॅुच होगी, उतना ही अच्छा न्याय व न्यायालय आपके लिए लचीला होता चला जायेगा, कहने का तात्पर्य ये है कि आप मंहगे से मंहगा वकील कर सकते हो या गवाहों कि खरीद–फरोक्त भी कर सकते हो। इसी वजह से लोग बड़े से बड़ा अपराध करने से नहीं डरते क्योंकि वो सोचते है कि ज्यादा से ज्यादा कुछ दिन के लिए पुलिस कस्टडी में या फिर जेल में रहना पड़ेगा और उनके लिए तो जेल जैसे पिकनिक मनाने की जगह मात्र है और पैसे से सारी सुविधाऐं भी मिलेगीं, ऐसा क्यों ? वो इसलिए क्योंकि हमारे देश में एक संतरी से लेकर मंत्री तक सब बिकाउ है, बस आपको सही बोली लगानी आती हो या ऐसे इंसान की परख हो, नहीं भी मिले आपको, तो ऐसे लोगों से मिलवाने वालों की कमी नहीं है, जहॉ बाकी सब कैदियों की तरह रहेगें, वहीं आप फुल मजे में होगें, जो बाकी के साथ होगा पर आपके साथ नहीं।

आप सिर्फ कानून की बात छोड़ो, कोई टेंडर लेना हो, किसी नेता या अधिकारी से काम निकलवाना हो, अच्छा ईलाज करवाना हो, किसी भी विभाग की लाईन में ना लगना हो, इस सबके लिए बस आपकी जेब में गांधी जी होने चाहिए, जी हॉ वो ही गांधी जी जो खुद अहिंसा के पुजारी थे व सबको अहिंसा का पाठ पढ़ाया, पर उनको ऐसी जगह बैठा दिए गया है जो आज के दौर में सबसे बड़ी हिंसा का कारण है या यूॅ कहे कि हिंसा फैलाने के लिए इस्तेमाल में लाया जाने वाला प्रमुख हथियार बन चुका है। हम फिर भी गफलत में रहते है कि हमारा देश आजाद है जबकि हम आज भी उतने ही

गुलाम है क्योंकि हमारे देश में इस्तेमाल होने वाले सारे बिग ब्रांड दूसरे देशों के है, उन कंपनियों के इनवेस्टमेंट से लेकर, घर में इस्तेमाल होने वाली मामूली वस्तुऐं भी विदेशों से मंगाई जाती है या फिर कच्चामाल लाकर उन्हीं के मानक के हिसाब से यहाँ बनाई जाती है। यहाँ तक की हमारे देश का कानून भी सौ साल से ज्यादा पुराना है जो बना है दूसरे देशों के कानून से मिलकर और वो हमें आगे बढ़ने ही नहीं देता है। हम कैसे कह सकते है कि हम उसी बापू के देश में है, जिन्होंने चरखा चलाकर सूती कपड़े बनाना सिखाया और विदेशी वस्तुओं को छोड़ कर स्वदेशी वस्तुओं का इस्तेमाल करना सिखाया, पर हम कहाँ अपने देश की बनी वस्तुओं पर भरोसा करते है और ना ही उन्हें इस्तेमाल करने में गर्व महसूस करते है, इसे उदाहरण से समझते है कि हम टाईटन की घड़ी बाधंना पसंद करेगें या रोलेक्स की, हम टाटा की कार लेना पंसद करेगें या मर्सडीज, मजबूरी में तो हम स्वदेशी चीज ले लेते है, पर जितने शौक से हम दूसरों को विदेशी चीज दिखाते है उतनी शौक से हम अपने देश की चीजों को छुपाते है। हम आज भी पेन से लेकर मोबाईल तक और छोटी से छोटी चीज को जो विदेश में बनी हो उसको इस्तेमाल करना चाहते है और फिर भी हम गर्व से कहते है कि हम भारतीय हैं या यूँ कहे कि वी प्राउड टू बी इंडियन। पर क्या ये सच है ? क्योंकि हम खुद कुछ नहीं करना चाहते, बस सबकुछ बना बनाया चाहते है, चाहे उसके लिए पैसे कितने ही खर्च क्यों ना हो और कई बार सिर्फ शौक में या दिखावे के लिए चीजों को खरीदते है कि उसके पास वो चीज है तो मेरे पास क्यों नहीं, और फिर जबतक दो चार लोग देख ना लें, हमें सुकुन नहीं मिलता। कभी सोचा है कि जिन विदेशी चीजों के लिए हम पागल रहते है क्या वो लोग भी ऐसा सोचते होगें ? जवाब है नहीं, क्योंकि वहाँ यहाँ से भी ज्यादा गुणवक्ता वाली वो ही चीज बनती है, पर हमारे यहाँ ना ही वो क्वालिटी होती है ना सेम मटीरिअल, फिर भी हम उसे खरीदना चाहते है। और तो और वो कभी नही ऐसी वस्तुओं की जरूरत या शौक पालते है जो खासतौर पे भारत में बनी हो, हाँ सिर्फ खाधान्न को या कुछ एक चीजो को छोड़ के हम

विदेशी मार्केट में कोई भारतीय वस्तुओं का या किसी उत्पाद का शोरूम नहीं पायेगें, वहीं हमारे शहर में वो विदेशी शोरूम नहीं है तो इस बात से नाखुश हो जाते है, और अगर है तो सबको बड़े शौक से बतायेगें या घूमाने ले जाते है कि हमारे यहॉ भी ये शोरूम है और मैं सिर्फ ब्रंडेड चीजें ही इस्तेमाल करता हूँ।

जब हम उनके बनाये सामान का इस्तेमाल करेगें व उसके आदि बनते जायेगें, तो जाहिर सी बात है कि हमनें अपने देश का पैसा दूसरे देशों को भेजा, जिससे वो और अमीर व सक्षम होतें जायेगें और हम उन्हीं के जाल में फंसकर जहॉ के तहॉ रह जायेगें और उसके साथ–साथ कर्जदार भी बनते जा रहे है, फिर ये भी शिकायत करते है कि हमारा रूपया, डॉलर के मुकाबले कमजोर हो रहा है, फिर क्यों कहते है कि हम दिनोंदिन आर्थिक तंगी में फंसते जा रहे है, इस सब के लिए कोई और नहीं, हम खुद जिम्मेदार है। मैं ये नहीं कहता कि हमें ब्रांडेड चीजें इस्तेमाल नहीं करनी चाहिए या फिर ऐसी बड़ी–बड़ी कंपनियों को अपने देश में आने से रोकना चाहिए, सब कुछ होना चाहिए पर बराबर मात्रा में, वो कैसे ? वो ऐसे कि अगर हम किसी देश का कोई आइटम या सामान अपने देश में ला रहे है, तो फिर हमें भी उतनी ही मात्रा में अपने देश का सामान उनके यहॉ रखना चाहिए, इस तरह के समझौते करने चाहिए कि हम अपने यहॉ अगर मार्किट दे रहे है, तो हमारे लिए भी उतनी मार्केट आपके यहॉ होनी चाहिए, मतलब सौदा बराबर का और पैसों का आदान–प्रदान भी बराबर का होगा। जैसे हम उनके सामान के आदि बन जाते है वैसे ही वहॉ के लोग भी भारतीय सामान के आदि हो जायेगें, साथ ही हमारी वस्तुओं को पहचान के साथ–साथ एक ब्रांड का नाम मिल जायेगा। इसके विपरीत हमारे देश में कुछ ऐसा होता है कि हम उन्हें कंपनी लाने में मदद के साथ–साथ उसमें हिस्सेदारी भी लेते है, जिससे उनका नुकसान कम होता है और यहॉ जिसने अपनी पहचान बना रखी है, वो उनको वो ही मार्केट थाली में परोस के दे देते है, जबकि उनके यहॉ पर हमें इस तरह कि सुविधा नहीं मिलती है। उदाहरण से जानते है कि मैक्डॉनल्ड आउटलैट हर मॉल के शुरूआत में दिखता है क्योंकि

उनकी ये शर्त होती है कि हमें पहली दुकान ही चाहिए, क्या बर्गर या सैंडविच से अच्छी व स्वादिष्ट चीज हमारे यहॉ नहीं बनती है ? क्या वैराइटी के मामले में हमारे देश का मुकाबला कोई कर सकता है ? जवाब है नहीं, क्योंकि हमारे देश के हर प्रदेश में ऐसी–ऐसी वस्तुऐं या स्वादिष्ट पकवान बनते है जो कोई भी देश सिर्फ सोच सकता है, किसी प्रदेश में ही क्यों, हमारे यहॉ तो हर घर में सैकड़ो तरह के व्यंजन बनाये जाते है, जो किसी भी रेस्टोरेंट से कहीं ज्यादा स्वादिष्ट व पौष्टिक होते है, वो भी पूरी तरह से सेहत के अनुकूल। हम हर चीज उनसे अच्छी व स्वादिष्ट बना सकते है, लेकिन जैसा मैनें पहले भी कहा है कि हमें शान दिखानी होती है व स्टेटस दिखाना होता है और खासतौर पे एक डिश की बात करूं, जिसे हम ऐसे खाते है जैसे उससे अच्छी चीज हमनें ना पहले कभी खायी है ना कभी मिली है खाने के लिए, जिसे हम पिज्जा कहते है, उसका इतिहास कुछ ऐसा है कि जब इटली गुलाम था और वहॉ के शासक जो ब्रेड व सब्जी फेंक देते थे, तो वहॉ की गरीब व आम जनता उन ब्रेड व सब्जी के टुकड़ो को उठा कर एक के उपर एक रखके खाते थे और धीरे–धीरे वो आज के जमाने की शान की व स्टेटस लगाने वाली डिश बन गई, मतलब जो गरीब खाते थे वो अब आज के अमीर बड़े चाव से खाते है, जबकि हमारी सभ्यता में 56 भोग बनता था और राजा महाराजा व देव–पितृ खाते थे, पर हम उस ताजे भोजन को छोड़ के हम बासी व ब्रेड जैसे खाने को खाकर अपने शरीर को अस्वस्थ कर रहें है। जैसे वो अपनी चीजों को यहॉ वायरस की तरह फैलाके हमें आदि बना रहे है और हम अपनी ही सभ्यता व खाने से मुख मोड़ते जा रहे है, रोज सुबह नाश्ते में ब्रेड व मक्खन खाना चाहते है। पर क्या वाकई में ये हमारे देश की परंपरा या सभ्यता का अंश है ? क्या ये खाना हमें स्वस्थ रखेगा ? नहीं, ये सब आधुनिकता की निशानी है और हमारे आलसी होने की निशानी है या समाज में दिखावा दिखाने की कोशिश है और कुछ नहीं। कहीं ना कहीं हम रोज अपनी चीजों से मुँह मोड़ते जा रहे है, जरा सोचिए कि हम क्या बताऐगें अपनी आने वाली पीढ़ी को कि हम पिज्जा या बर्गर खाके बड़े हुए है और हमारे यहॉ के जो

व्यंजन थे, वो सब किताबों में दफन हो गए है। भारत की ना जाने कितनी तरह की पुरानी रेसीपीज आज के दौर की औरतें या तो बनाना नहीं जानती या बनाना नहीं चाहती, जो धीरे–धीरे लुप्त होने की कगार पर है। ऐसे कई शो आजकल टेलीविजन पे आते है, जिसमें भारत की पुरानी रेसीपीज को बताया व दिखाया जाता है, जिसे देख कर लगता है कि हम कितनी बड़ी संस्कृति व सभ्यता के मालिक रहे है, समय रहते अगर बचा पाये तो ठीक, वरना आने वाली पीढ़ी का भविष्य क्या होगा या देश की संस्कृति का क्या होगा, ये बात सोचने लायक है। धीरे–धीरे हम इन सब के भुग्तभोगी बनते जा रहे है और शिकायत करते है कि हमारा देश ना कभी सुधरेगा ना ही हमारे देश का सिस्टम, पर सिस्टम तो हम ही बनाते है ना, रंग दे बंसती मूवी में एक डायलॉग सुना था कि जिसे सिस्टम से शिकायत हो, वो खुद कुछ ऐसा करें कि खुद वो सिस्टम में शामिल हो और फिर बदलने की कोशिश करे, पर नहीं हमें जूलूस निकालना या नारेबाजी करना ज्यादा पसंद आता है और अपनी आवाज वहॉ तक पहुॅचाना चाहते है शोर शराबा करके, अरे जिसे रोज पिज्जा खाने की आदत हो गयी हो, वो रोटी कैसे खायेगा, वैसे ही जिसे भ्रष्टाचार पसंद हो, वो कैसे ईमानदारी का साथ दे या ईमानदारों को जीने दे।

एक कहावत है कि 'आदत अगर समय पर ना बदली जाए तो वो जरूरत बन जाती है' ठीक इसी तरह हमसब किसी ना किसी जरूरत में फंसे हुए है, वो आदत कब हमारी जिंदगी की जरूरत बन जाती है इसका पता हमें कुछ खोने या नुक्सान होने के बाद चलता है, पर कभी–कभी वो नुकसान सिर्फ एक आदमी द्वारा होता है, तो कभी परिवार द्वारा और कभी पूरे समाज द्वारा, क्यों ? क्योंकि हर एक चीज आपस में जुड़ी हुई है। वैसे भी किसी एक के बिगड़ने पर कहॉ सारे सिस्टम को फर्क पड़ेंगा और जब बात सिस्टम से निकल कर आम जनता तक पहुॅचती है, तब हमें पता चलता है कि हमनें क्या खोया या क्या पाया ? इसे एक उदाहरण से समझते है कि दिल्ली में हुए रेप को, जो कि 16 दिसंबर को हुआ और पूरा देश जोर–शोर से नारेबाजी के साथ सड़को पर उतर आया, पर ऐसे ना

कानून में बदलाव आयेगा ना समाज में सुधार आयेगा, पर होता इसके विपरीत है क्योंकि महीना गुजरने से पहले ठीक वैसी घटना दुबारा घट जाती है जैसे पहले हुई थी, इससे ना तो कानून को कोई फर्क पड़ा, ना ही समाज की सोच में कुछ बदलाव आया, हॉ जो बदलता है वो न्यूज का रंग व रूप, जहॉ वो खबर शुरूआत में पहले पन्ने से शुरू होकर या ब्रेकिंग न्यूज बनकर कुछ दिनों में गायब या अखबारों के लगभग सारे पन्नो पर छपती है और फिर पहले पन्ने से आखिरी पन्ने तक जाकर गायब हो जाती है, किसी को इस बात की खबर तक नहीं होती कि एक न्यूज कब आई और कब चली गई, साथ ही एक चीज और देखी है कि किसी हाईलाईटेड केस के बाद उस तरह के सभी पुराने हाईलाईटेड मामले भी खोजकर निकाले जाते है और प्रशासन के व कानून के कार्य पर बहुत सारे सवाल उठाये जाते है, और समाज को याद दिलाया जाता है कि कैसे औरतों पर हुए अत्याचार का निर्णय अभी तक नहीं हुआ है, फिर वजह के साथ आरोप भी लगाये जाते है कि हमारी न्याय प्रणाली में जल्दी से न्याय नहीं मिलता है, फिर चाहे वो बहुचर्चित केस क्यों ना हो जिसे सब जानते हो, वो भी समय के साथ खो जाता है, वहीं एक आम आदमी के केस को सिर्फ आस–पास के लोग जान पाते है और उसकी वैसे भी कोई वैल्यू नहीं होती, लेकिन सबकी कहानी व परेशानी समय के साथ इतिहास की तारीख बनकर रह जाता है और फिर कोई नहीं जानता कि कौन सी घटना किस तारीख को हुई, ना ही किसी को याद होगा कि उसे क्या दंड मिला या उस केस में हो क्या रहा है, जैसे सुशांत सिंह राजपूत फिल्म कलाकार का केस जो शुरू में बहुत चर्चा में रहा और अब किसी को पता है कि उस केस में क्या हुआ या क्या हो रहा है, पर अगर किसी से किसी केस के बारे में पूछा जाये तो उसे गूगल करना पड़ेगा या लैंडमार्क जजमेंट की पुस्तक को पलटना होगा, इन सब को हम भूला के एक नयी घटना को सुनकर, फिर से सड़क पे उतर आते है कि अबकी बार तो कुछ बदलेगा, हो सकता है कि जब सरकार बदली है तो इस बार जरूर कुछ ना कुछ बदलाव होगा, पर फिर हमें एक लॉलीपॉप देकर ये

भरोसा दिलाया जाता है कि बदलाव होगा, पर कब होगा ये कोई नहीं जानता, फिर होता क्या है ? बस कानून में सजा बढ़ा दी जाती है कि लोगों में ऐसी किसी घटना को करने से भय लगे। पर क्या घटनायें रूकी ? नहीं, सब ज्यों के त्यों है इसीलिए आज भी लाखों केस कोर्ट में चल रहे है। इन सभी केसों को जो सालों से कोर्ट में चल रहें है, उन पर ना तो सरकार कुछ कर पाती है, ना कानून कुछ कर पाता है और ना ही समाज की सोच में बदलाव आता है, बस कुछ दिन चर्चा का विषय रहती है, फिर किसी और केस के बारे में चर्चा करने लगते है। हॉ ऐसी किसी घटना की बरसी जरूर मनाई जाती है। हमसब देखते है कि अखबारों में लेख लिखे जाते है, न्यूज चैनल में डिबेट पर विरोध जताया जाता है, जगह–जगह सरकार विरोधी नारे लगाये जाते है, फिर सरकार ने क्या किया ? उस लड़की को विदेश भेज दिया और कुछ रूपये उनके परिवार वालों को दे दिये गये, ये काम उस समय की सरकार ने किया और हो सकता है कि आज की सरकार कुछ और करती, पर उस वक्त की सरकार ने तब निर्णय लिया जब लगा कि अब सबके बीच में सरकार की छवि धूमिल हो रही है, पर सबसे ज्यादा मार या कष्ट तो वो झेलता है जिसके साथ घटना हुई या फिर उसका परिवार, बाकी लोग सिर्फ शोर मचाने आते है, पर वहीं अगर शोर सही दिशा में किया जाए, तो वो दीवार में भी छेद कर दे, वरना वो ना तो कोई सुन पाता है ना समझ पाता है।

हर बार लोग सड़को पर उतरते है और ऐसा कुछ फिल्मों में भी बहुतायत में दिखाया जाता है, जिसे देखने में बड़ा मजा आता है पर हकीकत बिलकुल अलग है, नारेबाजी भी खूब की जाती है, कैंडल मार्च भी निकाले जाते है, पर अगर सरकार या जिसे भी जिम्मेदारी दी गई हो, उस समस्या का हल करने के लिए बुलाए जाए उनमें से किसी को बात करने के लिए, तो होता ये है कि कौन आगे बढ़कर अपनी मांग बताये और कौन बात करें क्योंकि नारा लगाते समय वो सब अपराधी के लिए मृत्युदंड मांगते है, इंसाफ मांगते है, पुलिस के खिलाफ आक्रोश जताते है, सरकार गिराने के नारे खूब लगाये जाते है, पर उनमें से कोई सामने नहीं

आना चाहता क्योंकि सब के सब भीड़ का हिस्सा बने रहना चाहते है, अगर मेरी बात से सहमत ना हो तो सोचकर बताए कि आपको किसी व्यक्ति का नाम याद है निर्भया के केस के समय हुए आंदोलन में, लोकपाल लाने के लिए हुए आंदोलन में, अन्ना हजारे, कुमार विश्वास, किरन बेदी, अरविंद केजरीवाल तथा अन्य कुछ लोगों के नाम इसलिए याद है क्योंकि उनमें लीडरसिप के गुण थे और अपनी बात बताने के लिए वो आगे आये, ये फर्क खत्म करके आंदोलन करना चाहिए, ताकि लोग आपको व आपकी मांग को जान सके और याद रख सकें, वरना उस वक्त उस अपराधी को मृत्युदंड मिल भी जाये या जो मांग हो वो पूरी हो जाए, तो भी क्या समस्या का हल हमेशा के लिए निकलेगा या कोई याद भी रखेगा कि किसने शुरू किया था आंदोलन और उसका क्या परिणाम आया था ? क्या उसके बाद अब कोई घटना नहीं होगी ? मृत्युदंड देने के बाद भी क्या फिर कोई रेप या कोई अश्लील घटना नहीं घटी ? सब हुआ इसलिए सिर्फ मृत्युदंड देने से नहीं बल्कि कुछ ऐसा सोचना या करना होगा, जो वाकई किसी को भी ये सोचने पर मजबूर कर दें कि अगर इस तरह का कुकृत्य करने के बारे में सोचे भी तो उसकी रूह कपकंपा दें, पर नहीं, ना हम ऐसा कुछ सोच सकते है ना इस बारे में बात करते है कि इस विषय पर क्या किया जाये और अगर ये समझ पाते, तो हमें नारे या आंदोलन की जरूरत ही नहीं पड़ती, वैसे ही किसी भी आंदोलन के पीछे कोई ना कोई उद्देश्य अवश्य होना चाहिए, वरना बिना किसी उद्देश्य की लड़ाई को सनकपन या पागलपन कहते है और ऐसा ही कुछ हमारे देश की जनता करती है, जहॉ जोश है पर होश नहीं है, ज्ञान है पर उसका सही इस्तेमाल करना नहीं आता, जानकारी है पर उसका लाभ उठाना नहीं आता, हौसला है पर समय पर साहस दिखाना नहीं आता, हर कोई सोचने व समझने के बजाय बस भीड़ का हिस्सा बनना चाहता है, इससे ना तो वो समझ पाते है कि वाकई में चाहिए क्या था ? ना ही किसी को समझा पाते है कि चाहिए क्या है ? सोचे बिना हम क्यों भीड़ में घुसना चाहते है ? क्यों अपनी आवाज भीड़ में दबा देते है ? क्यों नहीं कोई सबसे अलग होकर

नेतृत्व करने की क्षमता रखता है ? क्या हम ये कह सकते है कि आज के युग में कोई भी भगत सिंह, नेताजी सुभाष चंद्र बोस, महात्मा गांधी या आजाद जैसा काम या आंदोलन नहीं कर सकते है ? या तो फिर हम भूल गये है कि हम उस देश के वासी है जिसने ऐसे सपूतों को जन्म दिया जिन्होनें मिलकर हमें आजादी दिलाई थी। आखिर वो क्यों लड़े हमारे लिए ? उन्होंने ना सिर्फ अंग्रेजो को हमारे वतन से निकाला, साथ ही हमे आजाद भारत में सांस लेना सिखाया, पर उन्हें भी आज के भारत को देख के दु;ख होता होगा कि जिस देश के नागरिकों के लिए व जिस भारत माता के लिए उन्होनें अपने प्राण त्याग दिये, वो देश इस हालात में पहुॅच जायेगा, जहॉ ना तो जनता खुशहाल है, ना ही अमन व शांति है, साथ ही हर कोई एक दूसरे के खून का प्यासा है, सब अंधेरे की ओर बढ़ रहे है, ऐसा क्यों हुआ है ? क्योंकि हम हमेशा से ही एक ऐसे इंसान की तलाश में रहते है जो हमें सही राह दिखा सके, सही ढंग से हमें बता सके कि हमें कब व किसके खिलाफ लड़ाई लड़नी है या कैसे व कहॉ पर नारेबाजी करनी है या अपने उपर हो रहे अन्याय के खिलाफ कहॉ व किससे शिकायत करनी है। पर लबें समय से हम जिस इंसान व नेता की तलाश कर रहे थे वो काफी हद तक शायद पूरी होती दिख रही, वो भी हमारी तत्कालीन सरकार के प्रमुख नेता द्वारा, वरना आज के दौर में किसी पर भी भरोसा नहीं किया जा सकता था क्योंकि जिसे भी थोड़ी सी ताकत या पोजीशन मिलती है वो दूसरों को दबाता है या खुद के बारे में सोचता है बजाए जनता की भलाई के बारे में साचने की कि जो पोजीशन मिली है वो जनता ने दी है और जो दे सकता है वो अगली बार छीन भी सकता है अगर जनता की भलाई के बारे में ना सोचा गया। वैसे भी किसी बड़े कार्य को सफल बनाने के लिए हमें एकजुट होना पड़ेगा, जाति व धर्म से भी आगे बढ़ना होगा, लोगों में ये जागरूकता फैलानी होगी कि कैसे हम अपने साथ हो रहे अन्याय को रोक सकें, कैसे किसी पैसे वाले या किसी अधिकारी की मनमानी का जवाब दे सकें, हमें शिक्षित समाज के साथ–साथ निडर व जागरूक समाज की भी आवश्यकता है क्योंकि जिन्हे पता है

सबकुछ, वो भी अन्याय को बर्दाशत कर रहे है या फिर किसी कारण वश अपने साथ हो रहे अन्याय को जबरदस्ती झेल रहे है। शायद कोई भी आगे इसलिए नहीं आना चाहता है ये सोचकर कि बड़ी मुश्किल से नौकरी मिली है या काम मिला है मैं ही क्यों करूं, हॉ भीड़ का हिस्सा बनने में क्या जाता है ? क्यों मैं किसी का बुरा बनूं ? क्यों मैं ही आगे बढ़कर सबसे दुश्मनी मोल लूॅ ? वैसे भी भीड़ का हिस्सा कई लोग मजबूरी में भी बनते है कि अगर साथ नहीं गये तो वो बुरा मानेगें और सोचेगें की मुझे कुछ फर्क नहीं पड़ता जो कुछ भी समाज में हो रहा है और मैं नहीं गया तो समाज ही मुझे सबसे अलग ना कर दें, वैसे भी हम लोग अन्याय सालों से झेलते आ रहे है पहले अंग्रेजों द्वारा और अब कुछ खास वर्ग या कानून की खामियों की वजह से। इसके चलते जो जुल्म झेलते है वो तो परेशान है और कुछ सोचते है कि इससे मुझे क्या फर्क पड़ेगा, मैं भी सबकी तरह गुजारा कर लूगां, जिस वजह से एक–एक करके सब जुल्म का शिकार बनते जाते है और जुल्म करने वाला व सहने वाला अपनी इस आदत को एक दिन जरूरत में बदल लेता है। कब ऐसे लोग शर्म का दामन छोड़कर बेशर्मी पकड़ लेते है ये वो खुद नहीं जान पाते, उनकी झिझक तो खत्म होती ही है साथ ही वो गलत काम व कानून तोड़ने वाला काम करने से भी पीछे नहीं हटते, उदाहरण के लिए 16 दिसंबर वाला रेप केस जहॉ मुझे लगता है कि उनको पता था कि वो जुर्म करने वाले है भले ही वो कितने नशे में क्यों ना हो, साथ ही ये बात गलत है कि नशे की वजह से किसी की सोचने व समझने की शक्ति खो जाती है क्योंकि कोई कितना भी नशा कर ले, वो अपनी मॉ, बेटी या बहन के साथ ऐसा घिनौना काम नहीं करता, तो इसका एक ही मतलब निकाला जा सकता है कि हर एक गुनहगार को ये पता होता है मैं कोई जुर्म करने जा रहा हूॅ और उसका ना तो सरकार कुछ कर पायेगी, ना ही कानून क्योंकि ज्यादा से ज्यादा जेल जाना पड़ेगा या बाद में बेल मिल जायेगी, अगर उनका गुनाह हाईलाइटेड केस में ना बदला और अगर पैसे वाला या कोई नामी गिरामी इंसान हुआ, तो फिर वो पैसे के दम पे छूट जायेगा, ऐसे लोग लड़की के पसंद आने पर उसे

किडनैप करवा लेते है अपने शौक पूरा करने के लिए, फिर सामूहिक बलात्कार होता है, ऐसी घटनाओं पर काफी फिल्में भी बनी है जहॉ मंहगा वकील करके या गवाहों को डरा धमका के केस रफा–दफा कर दिया जाता है और कितने पीड़ितों को इंसाफ मिल ही नहीं पाता, जिस कारण वो घुट–घुट के जीने की बजाए मरने के बारे में सोचती है या अंत में आत्महत्या कर ही लेती है। ऐसा करने से पहले उस इंसान व उसके परिवार को ये सोचना चाहिए कि मर के किसी को इंसाफ नहीं मिल सकता और ऐसा करने से उस इंसान को ना तो सजा मिलेगी जिसने वो कुकृत्य किया, साथ ही समाज में रह रहे हर उस व्यक्ति को कैसे संदेश पहॅुचेगा जो ऐसा करने के बारे में सोच रहे है या जिन्होनें ऐसा किया क्योंकि आपके जाने के बाद सच्चाई कौन बताऐगा या गलत के खिलाफ कौन लड़ेगा। वैसे भी ऐसे इंसान मेरी सोच के मुताबिक मानसिक रूप से कम दिमाग वाले होतें है और ऐसा करने से पहले कुछ नहीं सोचते, ना उसके बारे में जिसके साथ गलत करने वालें है ना अपने परिवार के बारे में, मेरे हिसाब से ऐसे गुनाहगारों को कोर्ट में दंड देने के बजाए समाजिक रूप से दंड देना चाहिएए जब सारे सबूत व गवाह उसके खिलाफ हो, वरना वो जेल में रहकर हाईकोर्ट या सुप्रीम कोर्ट में अपील करेगा और सबूतों के अभाव में या किसी भी वजह से वो बाहर आकर फिर कोई नया कांड करेगा, ऐसे केस में सजा जेल या जुर्माना ना होकर ऐसी होनी चाहिए जिससे उसका पुरूषार्थ छीन लिया जाये, जिसके घमंड में चूर वो किसी स्त्री की इज्जत–आबरू से खिलवाड़ न करें और उसके परिवार में जितने भी मर्द हो उनके सामने करो या समाज के सामने ताकि वो तो डरे ही, साथ ही समाज में भी ये संदेश जा सके कि क्या हो सकता है मेरे साथ या किसी के साथ भी जो ऐसा कुकृत्य करने का विचार भी मन में लाये, तब हर कोई 100 बार सोचेगा कि किसी की जिंदगी बर्बाद करने से पहले, लेकिन ऐसा तभी करना चाहिए जब पूर्ण सबूत हो या सच बिल्कुल साफ नजर आ रहा हो, वरना हम एक पुरूष का पुरूषार्थ छीन लेगें वो भी सबूत के आधार पर जो सरासर गलत है क्योंकि बदला लेने की भावना के चलते सही के साथ–साथ काफी

सारे फर्जी केस भी होते है, इसलिए फैसला हो पर सही जॉच, सभी सबुतों को परख कर और ऐसे केसों में पॉलीग्राफी टेस्ट जरूर होना चाहिए, हो सके तो दोनों पक्षों का ताकि मेडिकल टेस्ट के साथ इस टेस्ट से ये पुष्टि अवश्य हो जायेगी कि दोनों में से कोई झूठ तो नहीं बोल रहा और फिर न्याय करना आसान हो जायेगा।

वरना कानून के दॉव–पेंच से व सबूतों के अभाव में और कई बार गवाहों की चुप्पी या डर के कारण गुनाहगार कई बार बच निकलते है और कई बार बेगुनाह फंस जाते है, वजह चाहे कुछ भी हो। वैसे कानून भी कुछ ऐसा है, जहॉ कई तरह के केसों में बंदे को तुरंत जेल भेज भी दिया जाता है, जहॉ बेगुनाह बस सच साबित कर बाहर निकल के इज्जत भरी जिंदगी जीना चाहता है और गुनाहगार बाहर निकलकर बदला लेने या पहले से बड़ा क्राईम करने के बारे में सोचता है। कितने ऐसे केस व मामले है जिनमें कानून बार–बार एक ही मुजरिम को पकड़ता है ताकि केस खत्म कर सकें या फिर मीडिया का दबाव या ऊपर से कोई प्रेशर के कारण वो उनको पकड़ते है मतलब जो पहले भी जेल जा चुके होते है, सवाल ये है कि ऐसा क्यों ? क्योंकि कोर्ट या तो गवाहों के या सबूतों के आधार पर न्याय करता है फिर चाहे वो नया मुजरिम हो या पुराना, ये देखें व जाने बिना कि जो गवाह या सबूत कोर्ट में है वो सही हैं भी और क्या वो निष्पक्ष जॉच द्वारा प्रेषित है या सिर्फ केस को खत्म करने के लिए, अपने पास से सबूत लगाकर बस जेल भेजकर अपना काम खत्म करके, कई बार जिसने वो गुनाह ना किया हो फिर भी उसे गुनाहगार बना दिया जाता है, ऐसा क्यों होता है ? क्योंकि ऐसा करते–करते एक दिन वो लोग मास्टर हो जाते है जिन्हें जॉच करने की खानापूर्ति करने में और केस को दबाने से लेकर, किसी को भी फंसाने से लेकर किसी का भी नाम जोड़ने या हटाने तक वो ये सब बड़ी आसानी से कर लेते है और इस सब में हजारों–लाखों रूपये भी इधर से उधर हो जाते है, यहॉ तक की उन्हें पता होता है, कि वो जो क्राईम कर रहें है उसे किस तरह से करना है और कानून को कैसे गुमराह करना है और कैसे उससे खुद को बचाना है। कई बार तो पुलिस खुद धोखा खा जाती है जब वो गुनाहगार के बजाए

किसी को शक के बिनाह पर या मुखबरी के कारण उठा लेती है कि शायद वो इंसान किसी गलत गतिविधियों में शमिल है या फिर इसलिए कि वो किसी क्राइम में शामिल रहा हो और ऊपर से प्रेशर हो कि मामला हाईलाईटेड है और किसी को भी पकड़ के इंल्जाम उसपर लगा दो ताकि जनता व मीडिया शांत हो जाये। वहीं जिसने वाकई कोई क्राइम किया हो, ना पकड़े जाने पर खुद को तीसमारखॉ समझ के दूसरा क्राइम करने में लिप्त हो जाता है या करने के बारे में सोच रहा होता है, वहीं पुलिस क्या बयान देती है कि जिसको पकड़ा था वो पहले भी इस तरह के क्राइम को अंजाम दे चुका था। यहॉ मैं एक पहलू पर और प्रकाश डालना चाहूँगां कि कई बार कुछ केसों में पुलिस समय देती है आपसी सुलह करने का या दोनों पक्षों को समझाने का प्रयास भी करती है और ये बात काफी लोगों से छुपी है लेकिन वो भी एक इंसान की भातिं कोशिश करते है कि मामला कोर्ट से बाहर ही निपट जाये। वहीं दूसरी ओर देखा जाये तो क्या हर बार इंसान एक ही तरह की गलती करेगा या जिन हालातों में किसी ने कोई क्राइम किया हो, वो हालात अब भी हो या वाकई वो इंसान उस क्राइम में पहले भी शामिल था भी या नहीं, ये कोई स्पष्ट रूप से नहीं बता सकता है, साथ ही इस बारे में कौन सोचे, वो कहते है ना कि जो दिखता है वो ही बिकता है यहॉ ये वाली कहावत चरितार्थ होती है। मतलब जो एक बार पुलिस की फाईल में आ गया या जिसका रिकार्ड पुलिस के पास हो, तो समझों कि पुलिस कभी भी उसे किसी भी केस में उठा सकती है बस केस उस दर्जे का होना चाहिए क्योंकि सबूत, गवाह व चार्जशीट भी उसी के अनुसार बनानी होती है, पर ये करके हम ना सिर्फ उस इंसान की मानसिकता बिगाडते है, साथ ही उसके अंदर कानून व समाज के प्रति कुंठा भी भर देते है, जिससे वो आगे चलकर बड़े से बड़ा क्राईम करने से भी नहीं डरता है क्योंकि उसके मन व मस्तिष्क में एक बात घर कर जाती है कि सफल रहा तो आगे मौज करेगें वरना पुलिस जेल वैसे भी भेज देगी और तब भी रहना–खाना फ्री ही होगा, बस पुलिस के दो–चार डंडे ज्यादा खाने पड़ेगें। इस तरह से ना तो क्राईम ही कम हो सकता है ना हीं

क्रिमिनल, पर होता क्या है कि किसी को सजा दी जाती है या एनकाउंटर में मार दिया जाता है, लेकिन इससे क्या होगा, ना तो हम उसकी मानसिकता को समझ पाये, ना ही जेल भेज कर उसको सुधार पाये। तो कैसे हम कह सकते है कि हमारी सरकार, कानून व समाज सुधार की दिशा में काम कर रहें है क्योंकि कोई भी क्रिमिनल अपनी मॉ के पेट से निकल कर क्राइम नहीं करता, ना उसे कोई बचपन से क्रिमिनल बनने के बारे में सिखाता है, हॉ पूरानी मूवी में जरूर देखने को मिलता था कि बच्चे को मॉ–बाप से चुरा लिया जाता था विलेन द्वारा रंजिश के चलते और उसे क्रिमिनल बनाता था वो, पर अंत में वो सच्चाई से रूबरू होकर गलत काम छोड़कर अच्छा इंसान बन जाता था, पर ज्यादातर लोग अच्छाई को ना देखकर क्रिमिनल के ऐशों आराम को देख, वैसा करना आसान समझकर, वो करने के बारे में सोचते है और ऐसा काम करने का विचार मन में हालातों की वजह से भी आता है या समाज द्वारा तिरस्कार पाने के कारण भी। वैसे भी अधिकतर मामलों में हम सुनते आये है या देखते आये है कि कोई भी क्रिमिनल हालातों कि वजह से, किसी मजबूरी की वजह से, किसी कि कमजोरी जानकर, गुनाह करने के बारे में सोचता है या फिर किसी कानूनी व किसी सरकारी ऐजंसी के चंगुल में फंसने के कारण गुनाह करना ज्यादा आसान समझने लगता है।

इसको उदाहरण से समझते है कि कोई चोर चोरी क्यों करता है ? वो चोरी तभी करता है जब उसे समाज में तिरस्कार का सामना करना पड़े या समाज उसे अपनाने से मना कर दें, उसे कोई काम ना मिले, सही उम्र में शिक्षा ना मिलें, पारिवारिक माहौल व बचपन से छोटी सी छोटी चीज के लिए तरसना पड़े और अपने हिस्से का हक दूसरों को मिलते हुए देखें व ऐसे और कई कारण हो सकते है जो किसी एक इंसान को चोर बना देता है और इसी तरह बाकी मामलों में भी कोई ना कोई कारण, दर्द, कहानी, घटना छुपी होती है, साथ ही ऐसे लोगों के पास ना तो कोई काम होता है, ना कोई उसे काम देना चाहता है, इससे कई तरह की कुपित भावनायें जन्म लेती है, जैसे किसी से बदला लेने की इच्छा या फिर कोई

ऐसी इच्छा जिसे वो कमा के पूरी नहीं कर सकता। तब वो उसे छीनना चाहता है या चुराना ही आखिरी रास्ता समझता है। तो ऐसे लोगों कि पहले तो मानसिकता समझनी चाहिए और किस तरह का गुनाह किया है वो भी किस परिस्थिति में या किसी मजबूरी के कारण, ये जानना बहुत जरूरी है ताकि भविष्य में ऐसी किसी अप्रिय घटना को होने से रोका जा सकें, मुझे कई बार ये खयाल आता है कि आखिर ये एन0जी0ओ0 क्यों बने ? क्यो काउंसलिंग नहीं की जाती है ? मेरे हिसाब से सिर्फ थोड़ी सी जागरूता फैला के इसे कम किया जा सकता है, पर ऐसा होता नहीं है क्योंकि चोर व गुनाहगारों को हम समाज का हिस्सा मानना ही बंद कर देते है, ना हीं उन्हें समाज में आम लोगों की तरह देखते है। इसी वजह से चोर एक बार जेल से निकलने के बाद भी सुधर नहीं पाता क्योंकि बाहर आकर भी उसे ना काम मिलता है और ना ही सबकी नजरों में खुद के प्रति घृणा कम पाता है व दूसरो का अपने प्रति व्यवहार देख के, कुछ और गलत करने के बारे में सोचता है या जिसने भी उसे ताना मारा होता है उसी के घर में चोरी का प्लान करने के बारे में सोचने लगता है, साथ ही कानून भी कुछ इस तरह का है कि जब तक आप पर केस चलेगा तबतक ना तो कोई आपको काम देता है और पहले वाली कंपनी भी वापस नहीं रखती है और ये बात मैं चोरों के लिए नहीं बल्कि हर उस व्यक्ति के बारे में बात कर रहा हूॅ जो किसी भी तरह के केस में जेल गया हो, मतलब किसी से बदला लेना हो या किसी की जिंदगी बर्बाद करनी हो तो बस उसपर या उसके परिवार पर झूठा–सच्चा केस कर दो, कैसा ये कानून है जो एक इंसान या परिवार के मूलभूत अधिकारों को ही छीन लेता है, हॉ एक जगह पर केस व जेल का कोई फर्क नहीं पड़ता है, जी हॉ कानून को मान्यता देने वाले नेता जो संसद में कोई भी कानून पारित करवाते है और आप पर कितना भी बड़ा केस क्यूॅ ना हो आप चुनाव लड़ सकते हो और तो और आप जेल से भी नामांकन भर के चुनाव लड़ सकते हो, ये भेदभाव और ऐसा कानून किसी भी तरह से देश हित में नहीं हो सकता और इसके लिए सबसे पहले अंग्रेजों के बनाये कानून से निजाद पाकर कानून को

अपने देश की सभ्यता व संस्कृति के हिसाब से बदलना होगा, केस हो भी गया हो पर जबतक कोर्ट सजा नहीं देता तबतक उस व्यक्ति को ना तो नौकरी से निकाला जाये और बेल पर आने के बाद उसे नौकरी पर वापस रखा जाये और परिवार को तिस्कार भरी नजरों से देखने के बजाए उनको बाकी बीते हुए समय के अनुसार स्वीकार करना चाहिए क्योकि सजा के बाद जेल जाने पर वो अपने आप ही आपसे व समाज से अलग हो जायेगा।

कभी–कभी चोरी के दौरान चोर बचने के लिए सामने वाले का खून तक कर देते है, वहीं ज्यादातर केसों में किसी का खून अक्सर नशे की या किसी के भड़काने या बदला लेने की भावना के चलते होता है या फिर अपने नशे की लत को पूरा करने के लिए, ऐसे में कई बार वो इस हद तक चले जाते है जहॉ पैसा जीवन पर भारी पड़ जाता है और ऐसा इसलिए होता है क्योंकि ऐसे लोग ज्यादा पढ़े लिखे नहीं होते और नशे की वजह से वो कोई भी लिखा–पढ़ी वाला काम करने लायक नहीं होते। इसी नशे की वजह से रेप की घटनाऐं भी होती है जहॉ नशे की वजह से वो राह चलती अकेली लड़की के साथ, आस–पड़ोस में रहने वाली औरत या लड़की के साथ, गॉव में खेत पर काम या शौच के लिए गयी औरत के साथ, कैब या बस में और भी ना जाने कितनी जगह इस तरह की घटनाओं को अंजाम दिया जाता है और इस घिनौने कुकृत्य को करके समाज व मानवता को कलंकित करते है। देखा जाये तो ज्यादातर बस, टेंपो या ऑटो वाले नशा करते है ताकि ज्यादा थकान महसूस ना हो और वो ज्यादा से ज्यादा चक्कर लगा सके, वो भी ज्यादा पैसे कमाने लिए, साथ ही नींद से बचने के लिए। इस बात से सभी वाकिफ होगें की नशे करने के बाद इंसान सही एंव गलत का फैसला नहीं कर पाता, जिस वजह से किसी लड़की या औरत के सामने आने पर वो उस मादकता के कारण बिना कुछ सोचे उसके साथ बदसलूकी करने या रेप करने से नहीं डरता, चाहे परिणाम बाद में कुछ भी हो। मैं यहॉ ये सुझाव देना चाहुॅगा कि पहले तो लड़की को अकेले रात में नहीं जाना चाहिए और जाना है तो परिवार के या किसी भरोसे वाले व्सक्ति के साथ जाना चाहिए

क्योंकि अक्सर रेप के केस सहायता मांगने या अकेले सफर करने के कारण या फिर किसी दोस्त पर ज्यादा भरोसा करने के कारण जिस कारण वो दोस्त ही कई बार रक्षक की बजाए भक्षक बन जाता है, ऐसे में हर नारी को थोड़ा नहीं बल्कि ज्यादा सतर्क रहने की जरूरत है और साथ ही जल्दी से किसी पर भी भरोसा नहीं करना चाहिए। मैं ये नहीं कहता कि लड़कियों को बाहर नहीं जाना चाहिए रात में या उनकी आजादी छीन लो, जाओ जहॉ जाना है पर किसी परिचित के साथ क्योंकि कब, कहॉ और कैसा इंसान मिले, ये तो हम नहीं जान सकते, ये सारी बातें घूम फिर के ये इशारा करती है कि हमारे देश में ही नहीं बल्कि पूरे विश्व में इंसान, इंसान से ही सुरक्षित नहीं है और ये बात संपूर्ण इंसानियत के लिए बड़ी शर्म की बात है और हमारी भव्य संस्कृति पर कलंक लगाने के समान है।

देखा जाये तो इस सबके पीछे एक और बड़ी वजह है भ्रष्टाचार व अशिक्षित होना, कैसे ? वो ऐसे कि जबतक लोग शिक्षित नहीं होगें, वो कुछ ना कुछ तो करेगें पेट भरने के लिए और जो लोग शिक्षित हो भी जाये, तो नौकरी ना मिलने पर वो अपनी शिक्षा का गलत इस्तेमाल ही करेगें, तो ऐसे में भ्रष्टाचार क्या भूमिका निभाएगा, इस बारे में हमें ऐसे सोचना चाहिए कि हमारे देश का लाखों करोड़ों रूपया विदेशी बैंको में जमा है ऐसे लोग कुछ देने या लेने के बजाए पैसा इकट्ठा करने या जोड़ने में लगे है, पर अगर यही पैसा हर गॉवों में, कस्बों में या जरूरत वाली जगहों में सुधार व नये काम काज की शुरूआत में लग जाये, तो रोड पर रहने व सोने वालों को रहने के साथ काम भी मिल जायेगा, जिससे आधी समस्या का समाधान हो जायेगा क्योंकि भूख कुछ भी करवा सकती है। वैसे सरकार गरीबों के लिए योजनायें तो ला रही है पर सबको वो मिलें ये जरूरी नहीं या सबतक पहुँच ही जाये, दूसरा उन पैसों से बेरोजगारों को उनकी क्षमता के अनुसार काम भी सिखाया जाये तो रोजगार की संभावनायें और बढ़ जाने के साथ क्राईम पर भी अंकुश लगाया जा सकता है और जो कोई सीखने व समझने में असमर्थ हो, तो उन्हें रिहेबीलेशन सेंटर में भेज देना चाहिये या ऐसी कोई संस्था की स्थापना करनी चाहिए, जो इनको सबसे पहले नशे से

मुक्ति दिला सके क्योंकि नशा करने वाला इंसान मेहनत वाला काम नहीं करना चाहता है और जब नशे की लत छूटे तो इन्हें कुछ सिखाया जाये, जिससे वो अपनें पैरों पर खड़े हो सके, ताकि वो समाज में फिर से गंदगी ना फैला सके और हम कह सके कि हम सब मिलके वाकई समाज में कुछ बदलाव ला सकते है। वैसे ये भी अक्सर सुनने में आता है कि सरकार अपने देश का पैसा विदेशों से वापस लाने में कार्यरत है पर ये सब सिर्फ कागजों तक सिमट के ना रह जाये। वैसे इस सुधार का मतलब ये बिल्कुल नहीं है कि हम घिनौने अपराध करने वालों के साथ रियायत बरतें क्योंकि वो सिर्फ और सिर्फ सजा के ही लायक है और ऐसे अपराधियों को जेल में नहीं बल्कि भरे समाज में सबके सामने सजा दी जाये ताकि सबके लिए एक सबक या मिसाल बन सके जैसा मैनें पहले भी लिखा है। इस तरह की सजा से होगा ये कि सिर्फ वो ही व्यक्ति नहीं उसका कोई साथी या वो खुद भी किसी साथी से करवाना चाहे कोई गलत काम तो डरे और हजार बार सोचे करने से पहले, तब जाके हम अपनी आने वाली पीढ़ी को नये भारत व अपराध मुक्त भारत देने कि कल्पना कर सकते है। वरना जो अब तक की सरकारें व कानून बनते आ रहे है उससे ना तो क्राईम कम हुआ और ना हीं पूर्ण रूप से खत्म हो सका है, वजह साफ है कि कोई भी आसानी से क्रिमिनल इंटेशन नहीं छोड़ पाता है फिर चाहे सरकार कानून में कितने भी बदलाव क्यों ना कर लें और जिसे गुनाह करना है वो तो करेगा ही, कहते है ना कि जबतक अपराधी के मन में डर नहीं आयेगा, वो ऐसा करने से पीछे नहीं हटेगा, ऐसा कैसे हो? वो ऐसे कि जब बच्चा बचपन में बात नहीं मानता तो हम उसे डराते है कि ऐसा ना करो वरना हउआ या भूत आ जायेगा या माउॅ आ जायेगी, वो आकर सब खा जायेगी, ऐसे ही हम उस इंसान की मानसिकता में सुधार के बारें में शायद सोच सकते है। इसे यूँ भ्री समझते है कि जैसे अगर किसी चोर को चोरी करनी है तो वो करेगा, पर अगर उसे ये पता हो कि उसकी गलती की सजा उसे नहीं बल्कि उसके परिवार को मिलेगी, तो ना सिर्फ वो डरेगा वैसा कुछ करने से पहले, बल्कि सौ बार सोचेगा भविष्य में चोरी करने के लिये, वहीं कोई

किसी की हत्या करें, तो उसे दंड स्वरूप में उसके उसी अंग को विच्छेद कर देना चाहिए उसके शरीर से, इस तरह की सजा दी जायेगी, तब उसे डर लगेगा ऐसा कुछ करने से पहले क्योंकि कोर्ट से सजा मिलेगी तो ज्यादा से ज्यादा जेल जाना पड़ेगा और इस बात से अब लोगों को डर नहीं लगता क्योंकि ऐसे लोग पहले से ही बहुत कट्टर होते है और जानते है कि क्या हो सकता है, पर हर कोई अपने शरीर से या परिवार से बहुत प्यार करता है और उसे खोने के डर से हर कोई डरता है, ऐसे किसी डर से हम क्राईम पर कुछ हद तक पाबंदी लगा सकते है, वरना सजा को 10 साल से आजीवन या फिर फांसी भी कर देने से कुछ नहीं बदल सकता और ना ही समाज की मानसिकता में सुधार आ सकता है, वैसे भी इस तरह का क्राईम हमसब कई शताब्दियों से देखते आ रहे है, पर ना तो क्राईम कम हुआ है ना ही क्रिमिनल और ये सब हम रोज देखते व सुनते आ रहे है टी0वी0 पे या अखबार में कि किसी ने किसी की जेब काट ली, मर्डर कर दिया, राह चलते लूट लिया, किसी का बलात्कार हो गया, घरेलु हिंसा की घटनायें, क्या ये ही कल्पना की होगी आजादी दिलाने वालों ने ? क्या होता जा रहा है हमारे भारत को कभी सोचा है ? क्या ये वो ही भारत है जहॉ लोग हॅसते–हॅसते जान पर खेल गये, वो भी भारत माता के लिए ? हॉ इतना जरूर हुआ है कि कुछ बातों में समाज की सोच व सुख–सुविधा के साधन बदलें है, पर वहीं हम आज भी समाज को बदलने की बजाए उन संसाधनों के उपभोग में लग गये है जैसे हम पढ़ाई–लिखाई, काम–काज व नौकरी तक सिर्फ अपनी जरूरत के हिसाब से ढुढ़ते है और ये भी सोचते है कि क्या करने से हमें सबसे ज्यादा फायदा होगा, इसीलिए हम हर क्षेत्र में ऑप्शन ढूढ़ते है क्योंकि हमें ऑप्शन की आदत हो गई, इसी वजह से हर कोई अपनी क्षमता को छोड़कर, बस आसान रास्ता अपनाने में लगा हुआ है। इसी वजह से हर क्षेत्र का महत्व भी धीरे–धीरे खत्म हो रहा है और करप्शन हर क्षेत्र में अपना घर बना रहा है।

वैसे भी हमारी सभ्यता व संस्कृति आज के दौर में व भागते हुए इंसान की वजह से विलुप्त होती जा रही है, इसके पीछे दो

चीजों का बहुत बड़ा योगदान है, एक है टेलीविजन और दूसरा मोबाईल, जो ना सिर्फ युवा वर्ग को भ्रमित कर रहा है बल्कि उनमें आलस्य व किसी भी काम को करने में आनाकानी करना सिखा रहा है। यहाँ तक की इनमें प्रदर्शित होने वालें कार्यक्रमों को सच मान लेना व उसकी नकल करने की कोशिश करना, होता ये है कि हम सच व हकीकत से कोसों दूर होके बस जादू या चमत्कार पर भरोसा करने लगते है या वैसा कुछ होने की प्रार्थना करने लगते है, इसके साथ ही हमें जो भी खूबसूरत चीज दिखे उसको पाने की लालसा रखना। देखा जाये तो इस आधुनिकता के लिए खूब पैसे खर्च किए गए व नये–नये तरीके इजाद किए गये, ताकि हम सुंदर से सुंदर चीज बना सके, जिससे लोग आर्कषित हो उस चीज की तरफ, पर आधुनिकता ने उसकी खूबियाँ तो भरपूर बताई, पर उससे होने वाले नुकसान के बारे में बताना भूल गये और ना किसी को पूरी तरह से जागरूक किया गया उस यंत्र के बारे में, बस एक मैनुएल थमा दिया गया उस यंत्र के साथ कि उस यंत्र को कैसे इस्तेमाल किया जाये, पर ऐसे यंत्र का क्या फायदा जिसके इस्तेमाल से आपको फायदा होने के बजाए, फायदा दूसरे को हो, यहाँ किसी और यंत्र को छोड़कर टेलीविजन के बारे में बात कर रहा हूँ क्योंकि ये एक ऐसा बुद्धू बक्सा है जो हर वक्त भौंकता रहता है, और वो सिर्फ, वो दिखाता है जो कोई दूर बैठकर आपको दिखाना चाहता है, फिर चाहे वो कार्यक्रम हमारे देश की संस्कृति, सभ्यता व देश की सोच से अलग क्यों ना हो, हम वो ही सब देख के खुश भी हो जाते है और जो देखते है उसे सच मान कर वैसा करने की कोशिश भी करना चाहते है।

अगर याद हो तो कुछ साल पहले कुछ चैनलों को बैन करने की बात उठी थी जैसे फैशन चैनल, रैन टी0वी0 और ना जाने ऐसे कितने चैनलों पर बैन करने की बात उठी कि इन चैनलों पर अश्लील तस्वीरें व कार्यक्रम प्रस्तुत किये जाते है जो भारतीय संस्कृति के लिए ठीक नहीं है, पर आखिर में क्या हुआ, कुछ ऑपरेटरों ने बात मानी, तो कुछ ने नहीं और कुछ दिनों में बात ठंडे बस्ते में चली गई और आज भी वो चैनल चल रहे है। इसी तरह

अगर हम पुरानी फिल्मों के बारे में सोचें व देखें तो हम पायेगें कि सिर्फ कैबरे डांस को छोड़कर पूरी फिल्म में हीरो व हीरोइन कितनी सादगी से रहते थे और थोड़ा सा भी पर्दा या शर्म का दायरा हटने पर फूल, पत्ती, नदी व पहाड़ दिखाये जाते थे, पर धीरे–धीरे समय बदला और पहले चुबंन का सीन, फिर बेडसीन और आगे चलकर कपड़े छोटे होते चले गये और ये बात तो सब मानेगें कि फिल्मों का प्रभाव सिर्फ भारत पर ही नहीं बल्कि पूरे विश्व की जनता पर पड़ता है, तो जैसे–जैसे कपड़े छोटे होते गये, वैसे–वैसे आम जनता का भी शर्म का दायरा कम होता गया और हमारे समाज की सभ्य, शिक्षित व बड़े घरानों कि औरतों व लड़कियों के रहन–सहन में परिवर्तन होना शुरू हो गया, इसी वजह से आज की लड़कियॉ छोटे कपड़े पहनने से जरा सा भी गुरेज नहीं करती है और बिना बात के हादसा होने की संभावना बढ़ाती है, अरे जो फिल्म में देखा वो एक काल्पनिक कहानी थी और फिल्म सुरक्षित लोगों व शूटिंग के लिए बनाये गये सेट पर बनती है और वो हीरोइन बाहर पूरे कपड़े पहन कर निकलती है और अपने घर में सभ्यता के साथ रहती है। पर एक बात है जो हर औरत को सोचना चाहिए कि हमारे ही देश की हर औरतें कहती आयी है कि पराये मर्द को छूना तो दूर, उनकी परछाई से भी बचना चाहिए और ये हम अपनी दादी–नानी से सुनते आये है कि घर से बाहर निकलना तो दूर किसी से घर में अगर बात करनी हो तो भी पर्दा करना पड़ता था, तो क्या वो औरतें नहीं थी या उनके कोई अरमान नहीं होते थे ? क्या उस समय उनके पति उनका ख्याल या उन्हें सुख सुविधा नहीं देते थे ? क्या उस समय पति–पत्नी या समाज में लड़ाई झगड़े जैसी घटनायें नहीं होती थी? होती थी पर कम और औरतों का पर्दा कई तरह की घटनाओं को होने से भी रोकता था और पर्दा करने से सिर्फ सुंदरता ही नहीं बल्कि किसी भी पुरूष के मन में गलत विचार आने से भी रोकती थी, समाज में किसी से भी कुछ भी कह देना या पहन लेना इतना आसान नहीं था जितना आज के दौर में है।

मैं ये नहीं कहता कि समाज को व औरतों को आगे नहीं बढ़ना चाहिए या उन्हें सिर्फ घर में ही घुसकर रहना चाहिए, उन्हे

पढ़ना–लिखना व सारे कामकाज करने आने चाहिए, पर एक दायरे में रहकर क्योंकि ईश्वर ने व प्रकृति ने औरत को खूबसूरती के साथ प्राकृतिक गुण भी दिया है ताकि वो मॉ बन सके व प्रकृति की संरचना को आगे बढ़ा सके और सीखने व काम करने के, छोटे कपड़े पहनना या खूबसूरत औरत को मेकअप करके और अधिक सुंदर दिखने की क्या आवश्यकता है क्योंकि अधिक सुंदरता भी आपकी दुश्मन बन सकती है जो आने वाले समय में आपके लिए मुसीबत का कारण जरूर बन सकता है, मन में विचार आयेगा कि ऐसा क्यों? तो इसे ऐसे समझते है कि शेर जो मांस खाता है उसके सामने आप रोटी व मांस दोनों रख दो, वो मांस पे टूट पड़ेगा और रोटी को देखेगा भी नहीं, ठीक इसी तरह आदमी व औरत भी एक दूसरे के पूरक है और औरत का खुबसूरत होना, अच्छा दिखना व छोटे कपड़े पहनना किसी को भी और भी अधिक कामोतोजक बनाता है, फिर ऐसे में किसी सुनसान जगह पर या अकेले पाकर, घात लगाये बैठै उस इंसान के लिए या गुस्से में घर से निकलना बिना बताए, ये वो सारी वजह है या और भी हो सकती है जो किसी भी आदमी को उतेजित करेंगी या आपके साथ कुछ गलत करने के लिए उसको मन ही मन प्रेरित करती है और बस ये खयाल सतायेगा कि किस तरह उसे पा लॅू और वो भी भूखे शेर की तरह टूट पड़ेगा और उस दबी हुई इच्छा को पूरी होता देख वो इंसान कुछ देर के लिए सब कुछ भूल जाता है कि उसके ऐसा कुछ करने से उस स्त्री के जीवन का क्या होगा, इसके साथ ही वो ये भी भूल जाता है कि उसके घर में भी स्त्री है और कोई अगर उनके घर की स्त्री के साथ ऐसा करें तो क्या होगा और बाद में इस सबका समाज पर क्या असर पड़ेगा ? फिर उसके ऐसा करने से उसे जेल जाना पड़ेगा व सजा होगी, ये सब वो तब सोचता है जब वो अपनी काम वासना को शांत कर चुका होता है, जैसे शेर एक बार भरपेट मांस खा ले, तो क्या वो शिकार करेगा या और खायेगा, नही, वैसे ही इंसान अपनी काम की तृप्ती के बाद उसे छोड़ देता है, पर अगर ये कहा जाये कि ये सब जो मैं कह रहा हॅू वो आदमी क्यों करें और स्त्री कबतक सहें और तो और जानवर व इंसान में कुछ तो फर्क

होना चाहिए या मतलब आदमी खुला घूमें पर औरतें नहीं, पर ये तो भेदभाव हुआ इसलिए हमें औरतों को भी जीने का अधिकार बराबर से देना होगा। मेरे हिसाब से औरतों को बराबर का अधिकार देना चाहिए वो भी हर क्षेत्र में, ताकि भेदभाव ना हो सके और आज की सरकार इस ओर अच्छा कार्य कर रही है, पर इसमें भी एक बात ध्यान देने लायक है कि जैसे जंगल में जानवर उतने ही इलाके में घूमता है जहॉ शेर के आने का डर कम हो या फिर वो शिकार के लिए वहॉ जाता ना हो और ऐसी किसी घटना से बचने के लिए जानवर अक्सर झुंड में रहते है जबकि वो इंसानों की तरह समझदार भी नहीं होते लेकिन फिर भी वो अपनी रक्षा करने के बारे प्रयासरत रहते है, वैसे ही औरतों को भी ऐसे किसी रास्ते पर जहॉ अंधेरा हो, रास्ता नया हो, जगह नई हो या वो किसी सुनसान जगह हो जहॉ वो अकेली हो, ऐसे में वहॉ जाने से बचना चाहिए या तो किसी अपने को बुला लेना चाहिए नही तो किसी को साथ ले जाना चाहिए, पर होता इसके विपरीत है, हम खुद को हर सिजुएशन से लड़ने के लिए काबिल समझते है और सोचते है कि हम हर एक कंडीशन से बचने के लिए तैयार है या फिर किसी अनहोनी के होने से अनभिज्ञ रहकर और अपनों की बात अनसुई करके अकेले निकल जाना, पर जैसे जानवरों में शेर सबसे ताकतवर है, वैसे ही इंसानों में पुरूष स्त्री के मुकाबले ज्यादा ताकतवर है और जो व्यक्ति आपको छेड़े या रास्ता रोके, तो सबसे पहले घरवालों को अगाह कर दो या उसकी रिपोर्ट कर दो ताकि वो आगे जाकर कोई बड़ा कदम ना उठा सके, ठीक वैसे ही जैसे जानवर खतरा भॉप कर अपने झुंड में वापस चला जाता है, वैसे ही किसी के एक बार परेशान करने या कमेंट करने के बाद खुद को सतर्क करके, उस व्यक्ति के बारे में सबकों बता देना चाहिए ताकि कोई बड़ी घटना होने से रोकी जा सके, पर जैसे झुंड से अलग होकर वो जानवर भटक जाता है और बाद में शेर का या किसी जंगली जानवर का शिकार बनता है।

ठीक इसी तरह हम समाज में औरतों के बारे में समझते है, जैसे कोई लड़की बाहर पढ़ने जाए या कोई नई जगह रहने जाए अपनी जगह छोड़कर व शहर छोड़कर और वहॉ कोई हादसा हो

जाए, तो सारी गलती एक तरफा हो जाती है, कैसे ? वो ऐसे कि अगर लड़की ने दोस्ती की पहल की और कुछ गलत हो जाए या लड़का कोई पहल करें और कोई हादसा हो जाए, तो भी इन दोनों कंडीशन में गलती सिर्फ आदमियों की या लड़कों की मानी जाती है और अक्सर ऐसे केसों में कॉलेज या स्कूल की दोस्ती, सोशल मीडिया पर मेलजोल या आस–पड़ोस में रहने की वजह से जान–पहचान होना भी वजह बनती है ऐसी किसी घटना की और ये तो कोई भी नहीं कह सकता कि सिर्फ लड़का ही लड़की की सुंदरता या खूबसूरती पर आर्कषित होता है क्योंकि लड़कियां भी आज के दौर में अपनी इच्छापूर्ति के लिए लड़को के प्रति आर्कषित होती है। अच्छा कुछ मामलों में लड़का या लड़की पहले से ही मन बनाके बैठे होते है कि किसी जगह अकेला पाकर जब उसके साथ कोई ना हो तो उससे अपने मन की बात कहना चाहेगें या अपने मन में बैठी कई दिनों से दबी इच्छा को पूरी करना चाहेगें और मन की बात ना पूरी होनें पर लड़का जहॉ जोर–जबरदस्ती करने लगता है और लड़कीयॉ आरोप लगा देती है कि अकेला पाकर मुझे छेड़ रहा था। दूसरा बात ये है कि ये भी जरूरी नहीं कि हर कोई अपने शहर में सुरक्षित रहें, ऐसा भी सुनने में आता है, वो इसलिए की किसी का किसी पर जरूरत से ज्यादा भारोसा करना और ज्यादातर छेड़खानी या रेप के मामलों में दोस्त, पड़ोसी या नाते–रिश्तेदार ही होते है। ऐसे खेल में शुरू में सब अच्छा लगता है जैसे साथ घूमना, रहना, साथ खाने में बड़ा मजा आता है, पर कोई वादा या कसम पूरी ना होने पर औरत रेप का इंल्जाम लगाती है, तो आदमी जान से मारने की कोशिश करता है कि मेरी नही तो किसी की भी नहीं होगी, बिना बताये छोड़ के चले जाना और परिवार नही माना तो आपस में ही कसम खाना की सुसाईड कर लेगें। थोड़े से सुख व आपसी वायदा करके पहले हमबिस्तर होना, वादा टूटा तो दूसरे के साथ हो लिए नही तो बदला लेने पर आमदा हो गये, पर जरा सोचो की पहले खुद ही अधिकार देना और बाद में खुद ही पछताना। इसमें वो लोग जरूर सजा के हकदार है जो बिना किसी बात के व सिर्फ अपनी मानसिकता वश किसी का फायदा उठाकर

या फिर अपनी सच्चाई छुपाकर सिर्फ अपनी हवस को पूरा करने के लिए किसी का जीवन बर्बाद कर देते है और ये बात दोनों पर बराबर लागू होती है। पर कहीं ना कहीं इसमें वेस्टर्न कल्चर व आज के दौर में हो रही शारीरिक नुमाईश भी कहीं ना कहीं जिम्मेदार है, कैसे ? वो ऐसे कि पहले देश की संस्कृति के हिसाब से पराये मर्द को छूना ठीक नहीं समझा जाता था, वहीं आज के दौर में कोई भी किसी को भी बिना छुए बात ही नहीं करता और इसकी शुरूआत हम हाथ मिलाने से करते है, इसके साथ किसिंग व हमबिस्तर शादी से पहले ही हो लेते है और मैंने खुद देखा है कि स्कूल में किसी के साथ, कॉलेज में किसी के साथ, ऑफिस में किसी के साथ और शादी किसी के साथ, इससे क्या साबित होता है कि चाहे लड़का हो या लड़की, सामान की तरह रिश्ते बदलते है और जैसे हर शुक्रवार फिल्म बदलती है वैसे इनके साथी बदलते है और इसके बाद परिवार वालों को कोसते है कि मेरी जिंदगी है मैं जिसके साथ रहना चाहूँ रहूँगा या अपनी मर्जी से शादी करूंगा क्योंकि ये मेरी लाईफ है और हम इक्कीसवीं सदी में है आपके जमाने में नहीं, वहीं जब धोखा खाते है या रिश्ता नहीं चला पाते है तो किस मुँह से वापस आये ये सोचकर गलत करने के बारे में सोचते है बिना सोचे कि वो आपके माँ–बाप है, और आपको माफ भी कर देगें और आपका साथ भी देगें, बस उन्हें अपनी जिंदगी में शामिल तो करो। इसके साथ ही एक और किस्म के प्राणी भी मिलते है, जो छोटे व ग्लैमरस कपड़े पहनने से पीछे नहीं हटते व दूसरों से आगे बढ़ने की होड़ में कुछ भी करने के लिए तैयार रहते है फिर चाहे उसके लिए अपने जिस्म की नुमाइश करने के साथ किसी के साथ हमबिस्तर क्यों ना होना पड़े और ऐसा करने से वो पीछे नहीं हटती, इतना ही नहीं ऐसे कपड़े पहनने की वजह से कोई उन्हें माल में, रेस्टोरेंट में या पब्लिक प्लेस में छेड़े या बदतमीजी करें, तो आम इंसान के लिए ये बात आम हुई क्योंकि उन्हें लगता है जब ये ऐसे कपड़े पहन के घर से आई है और घर वालों ने कुछ नहीं बोला इसका मतलब इसे कोई फर्क नहीं पड़ता कि उसे कोई किस नजर से देखें या

छेड़खानी करें उसके साथ और ऐसा करना उन्हें जायज ही लगता है और उसपर अगर नशा कर रखा हो दोनों में से किसी ने या दोनों ने तो फिर क्या–क्या हो सकता है इसका अंदाजा आप सब बखूबी लगा सकते है।

दूसरा जो सबसे बड़ा कारण मैंने देखा है और पहले भी लिखा है कि हमारी फिल्में हमारी सोच पर बहुत गहरा प्रभाव छोड़ती है जैसे हम ये तो कहते है कि इमरान हाशमी सीरियल किसर है पर अगर कोई हीरोईन किस ना करें, तो क्या वो ऐसा कर पाता, पर वहीं हीरोईन भी करें ऐसा तो कोई क्या करें ? साथ ही ऐसा ना करने पर हो सकता है कि उन्हें फिल्में ना मिले, पैसा ना मिले, स्टेटस ना मिले, इसी कारण से वो खुद को आगे बढ़ाने व अमीर दिखने की चाहत में, वो हर हद से गुजर जाने को राजी हो जाती है। क्यों और कबतक ? क्योंकि हर एक चीज का एक वक्त होता है, जो आज हो रहा है ये जरूरी नहीं कि वो कल भी हो, इसीलिए जो नग्नता के द्वारा पैसे आज कमाये जा रहे है वो जरूरी नहीं कल भी हो और एक दिन आयेगा जब खुद ब खुद ये अश्लीलता बंद हो जायेगी, जैसे हॉलीवुड की फिल्मों में हुआ, जिसे आप सबने देखा होगा वो भी 1980 से 2000 के बीच, जब उनकी अधिकांश मूवी में नग्नता व बिना कपड़े के सीन भरपूर मात्रा में होते थे, ताकि मूवी चल सके और दुनिया में वेर्स्टन कल्चर को खूब फैलाया जा सके, पर धीरे–धीरे वो भी खत्म हो गया और वो बदल गये पर हम बिगड़ गये और फिल्मों में तो इतनी नग्नता नहीं दिखाई जा रही है जितनी ओटीटी पर दिखाई जाने वाली वेब सीरीज में जिसमें नग्नता के साथ गाली–गलौज भरपूर मात्रा में दिखाई जा रही है। पर मेरा मानना है कि एक दिन ऐसा आयेगा जब अश्लीलता बंद हो जायेगी या फिर लोगबाग देखना बंद कर देगें, पर यदि समय के साथ ऐसा नहीं हुआ तो ये अश्लीलता एक महामारी की तरह पूरे समाज में फैल जायेगी और इसकी कोई दवा भी नहीं है। इसलिए बस वो समय आने में ज्यादा देर ना हो जाये, पर अगर पूरे कपड़ो में हीरो–हीरोईन फिल्मों में आयेगें और जब हमें वो देखना पसंद आने लगेगा, तब जाके हम पूरे परिवार के साथ बैठ के फिल्में देख

सकेगें, तब वो ही हीरो–हीरोईन जब पूरे कपड़ो में आयेगें, तो हो सकता है कि शुरू–शुरू में हमें अच्छे ना लगे क्योंकि हम उनको दूसरे अवतारों में पहले ही देख चुके होते है और हो सकता है इसमें कुछ का कैरियर आगे बढ़ेगा तो कुछ का खत्म हो जायेगा, जैसे सनी लियोनी के साथ हुआ, फिल्में मिली पर लोगों ने उसके जीवन का एक दूसरा पहलू पहले ही देख रखा था, जिसे सब उनकी फिल्मों में ढूढ़ते रहें। पर हिन्दुस्तान में वो जादू नहीं चल सकता ना ही फिल्में चल सकती है, ठीक ऐसे ही धीरे–धीरे हो सकता है कि आने वाले समय में समाज से नग्नता खत्म हो जाये और पहले जैसी सोच वापस समाज में आ जाये, पर तबतक ना जाने कितनी लड़कियों को इसकी कीमत चुकानी पड़ेगी और ना जाने कितने ही मर्दो को अपनी अहम् की सोच को बदलना पड़ेगा।

हम जबतक खुद की मानसिकता को नहीं बदलेगें तब तक हम समाज को भी नहीं बदल पायेगें क्योंकि कोई भी बात समाज से अलग नहीं हो सकती, ना ही समाज में रह रहे लोग समाज से अलग हो सकते है, वो कैसे ? वो ऐसे कि कोई भी घटना के बाद टेलीविजन पर डीबेट या हर तरफ उसी बात की चर्चा होती है और सब मिलकर अपना फैसला भी सुना देते है, पर मैं अगर एक सवाल पूछूं तो सौ प्रतिशत लोग या तो झूठ बोलेगें या अस्वीकार करेगें कि ये मेरे साथ नहीं हुआ और हुआ भी है तो क्यों बताये, तो बात एकदम सीधी है कि हर किसी के जीवन में कभी ना कभी, चाहे आदमी हो या औरत ऐसा हुआ होगा कि उसने या हमने कभी ना कभी किसी ना किसी से मन ही मन प्यार ना किया हो, किसी को पहला प्यार ना हुआ हो, किसी को देखकर उससे बात करने का, उसे पहली बार छूने का मन, किसी का घंटो इंतजार करना एक झलक के लिए, किसी का एकदम से आपके शहर में आना या एकदम से चले जाना आदि बहुत सारी घटना घटती है जब कोई हमारी जिंदगी का वो हिस्सा बन जाता है जब उसके बिना जीना अधूरा लगता है, उसका होना या ना होना हमें सुख या दुख दोनों का एहसास करवाती है, उसको कैसे बतायें दिल की बात, क्या लिख के दे दें उसको या फिर उसके किसी दोस्त को

दें, और होता क्या है कि चाहते किसी को थे और शादी किसी और से हो गई, ये बात जीवन भर दुःख देती है कि आखिर मुझमें कमी क्या थी, अगर बात हो गई तो पहले प्यार को पाने की खुशी जैसे सारें जहॉ की खुशियॉ पा ली और ना मिलने पर जिंदगी बेमानी लगती है, ये सारी बाते या ऐसी ही काफी सारी घटनायें हर किसी के जीवन में कभी ना कभी जरूर होती है, बस समय के साथ हम उसे छुपा लेते है या किसी अपने को बता के कुछ बोझ हल्का कर लेते है। तो फिर कैसे हम कह सकते है कि सारी गलती सिर्फ एक ने ही की हो, दोनों बराबर के जिम्मेदार होतें है क्योंकि दोनों ने भले ही एक दूसरे से प्यार ना किया हो पर किसी ना किसी से दिल लगाया जरूर होगा और वैसे भी एक हाथ से ताली नहीं बजती, ना ही किसी भी घटना के पीछे सिर्फ एक की ही गलती हो सकती है, हॉ इनमें कुछ हादसे ऐसे होते है जिनका इनमें से किसी बात से कोई लेना देना भले ही ना हो।

हम अक्सर देखते है कि आज के दौर में लाखों, करोड़ो का दान ऐसे दिया जाता है जैसे 1 रूपये का सिक्का दान किया गया हो और इसमें दो नंबर का पैसा एक नंबर में बड़ी आसानी से बदल जाता है क्योंकि दान या चढ़ावे पर कोई टैक्स नहीं होता है, क्या कभी किसी ने सोचा है कि वो पैसे किसके है और कहॉ से आये है ? इसमें कुछ पैसे तो वही है जो हम किसी भी धार्मिक स्थल पर श्रद्वा से व मन्नत पूरी होने के लिए चढ़ाते है। दूसरा क्या सभी धर्म स्थलों पर जो दुकाने व तरह–तरह के आडंबर है उनका वहॉ रहना कितना जरूरी है ? क्या ऊपर वाले की आराधना वाकई इन आडंबरों की मोहताज है ? क्या ऐसा करने से उपर वाला जल्दी व ज्यादा खुश होता है ? मुझे ऐसा बिल्कुल नहीं लगता क्योंकि समय से पहले किसी को कुछ नहीं मिल सकता, जिसको जब–जब जितना मिलना है उसको तब–तब उतना मिल के रहेगा और जो जाना होगा वो जायेगा किसी के रोके नहीं रूकेगा। हॉ भक्ति करने से नुकसान होना कम हो सकता है क्योंकि आप अगर बिना लालच के जप, तप, पूजा, नमाज या दुआ करोगे तो उपर वाला जरूर सुनेगा और आपकी प्रार्थना को भी स्वीकार करेगा, पर उसके लिए

पैसा, धागा, चादर, मिठाई व अनेक तरह के आडंबरों की जरूरत नहीं है क्योंकि ये सब उस तक पहुॅचेगा ही नहीं उस तक सिर्फ धूप, दीप, अगरबत्ती व सच्चे मन की हुई प्रार्थना ही पहुॅचती है, और हमें ऊपर वाले से किसी भी तरह की सौदेबाजी नहीं करनी चाहिए कि आज अगर ऐसा हो जाए तो कल मैं आपके लिये ऐसा करूंगा या इतने रूपये का सामान चढ़ाऊँगा मतलब जैसी जगह वैसा सामान वहॉ मिलेगा, पर ऐसा होता नहीं है क्योंकि ऊपरवाला भक्त की भक्ति से समर्पित धूप, दीप, अगरबत्ती व फूलों से ही प्रसन्न हो जाते है। अगर आपकी प्रार्थना सुनी गई है तो बदले में श्रद्धा स्वरूप नलकूप, किसी अधूरे या नवनिर्माण हेतु कोई धार्मिक स्थल बनवावाने में मदद करें और वो भी मेहनत की कमाई का होना चाहिए या धर्मशाला बनवाने दो, जो ये दर्शाता है कि आप की भक्ति की वजह से एक तो आप में आस्था है साथ ही बाकी लोग भी जो वहॉ आयेगें, उनको भी उपर वाले का आर्शीवाद प्राप्त होगा व लोगों में आस्था बढ़ेगी और उन सब की दुआयें भी मिलेंगी। पर वो ही अगर स्वार्थ वश की जाये तो ना तो वो भक्ति है और ना ही किसी तरह के फल की प्राप्ति होगी, उदाहरण से समझते है कि जैसा हम अक्सर देखते व सुनते है कि किसी फिल्म को हिट कराने के लिए फिल्म स्टार मंदिरों, दरगाहों के चक्कर काटते है ताकि उनकी फिल्म हिट हो जाये, तो क्या 365 दिनों में से किसी एक दिन ईश्वर को याद करने से वो खुश हो जायेगें, शायद ना या हॉ भी, हॉ इसलिए कि हम सब उसके बच्चे है और कोई भी माता या पिता ज्यादा दिन तक बच्चों से नाराज नहीं रह सकते और ना इसलिए क्योंकि माता–पिता हमें कभी नहीं भूलते पर हम भूल जाते है इसीलिए वो कभी–कभी हमारी अरदास मानने में समय लगाते है और साथ ही हमारी परीक्षा भी लेते है जिस वजह से कभी हम सफल होते है तो कभी असफल।

कभी–कभी किसी सीन या कॉन्टेन्ट की वजह से बवाल होता है, तो ये भी सुनाई देता है कि आगे से इस मंदिर या दरगाह में कोई भी नहीं आने दिया जायेगा प्रमोशन के लिए, तो कभी कोई पार्टी या संगठन तोड़ फोड़ करते है और इससे एक अनचाही

पब्लिसीटी मिल जाती है उस फिल्म को, पर मेरा कहना ये है कि हम क्यों पाप के भागीदार बने क्योंकि ऊपर वाले पर सबका हक बराबर का है, इसलिए मत रोको किसी को क्योंकि पहले तो वो खुद स्वार्थ वश पूजा करने आये है चाहे किसी भी चीज की इच्छापूर्ति के लिए, दूसरा कि हम उन्हें वो करने से रोक के क्यों पाप के भागीदार बनें, यहाँ हमें ये भी सोचना चाहिए कि जब ईश्वर, अल्लाह, ईसामसीह, गुरूनानक व महावीर जैन सब एक है और सब न्याय व सत्य के मार्ग पर चलना सिखाते है, तो फिर क्यों हम धर्म के नाम पर किसी को पूजा करने से या किसी भी वजह से रोकें क्योंकि कोई भी धर्म हमें हिंसा करने के बारे में नहीं कहता, हिंसा हम सिर्फ अपने स्वार्थ की पूर्ति के लिए करते है क्योंकि ना ईश्वर ना कोई धर्म या कोई भी धार्मिक ग्रंथ में हमें हिंसा करनें के बारे में बताया या सिखाया गया है। फिर चाहे कोई भी स्वार्थ वश या किसी भी कारण से किसी मंदिर, मस्जिद, गुरूद्वारा या चर्च क्यों ना आया हो, वो उस वक्त पूरे सर्मपण भाव व श्रद्वा के लिए आता है क्योंकि तब उसके अंदर एक डर होता है और डरा हुआ इंसान, ना झूठ बोलता है ना उस समय वो कोई छल–कपट के बारे में सोचता है, इसलिए हमें अपने पुण्य को बचाना चाहिए और इस तरह का पाप करने से बचना चाहिए और सदा अपने धर्म का पालन करना चाहिए, जो सिखाता है इंसानियत की सेवा करना, फिर चाहे वो किसी भी धर्म का अनुयायी क्यों ना हो क्योंकि मजहब नहीं सिखाता आपस में बैर रखना। हॉ इसमें सिर्फ फिल्म स्टार को कहना गलत है बल्कि हर वो इंसान जो स्वार्थ वश पूजा या अर्चना करते है, वो सब इसी कैटेगिरी में आते है। वो कौन हो सकते है? वो है स्कूल के छात्र जो अच्छे नंबर के लिए करता है, नारी अच्छे पति के लिए व्रत या पूजन करनी है, बिजनसमैन जो टेंडर अपने नाम हो जाये इसके लिए, नेता व अभिनेता हवन–पूजन–दरगाह या जहाँ भी जाते है सिर्फ जीतने व अपनी फिल्म को हिट होने के लिए, फिर चाहे जेल में बैठा बंदी हो या फिर उसे छुड़ाने वाले उसके परिजन या फिर किसी भी वजह से स्वार्थ वश पूजा की जाए, ये सब उपर वालें तक पहुँचेगीं तो पर पूरी कितनी होगी ये वो ही जानता है कि किसने

कितने अच्छे काम जीवन में किये है जो उसकी आज की जा रही स्वार्थ वश अराधना स्वीकार करने योग्य है भी या नहीं।

वैसे हमें रोज पूजा–पाठ करनी चाहिए ठीक वैसे ही जैसे हम बाकी के रोजमर्रा के काम करते है, ना कि स्वार्थ के वशीभूत होकर, वरना ऐसा करने से खुद के मन में ये संशय आयेगा कि मेरे द्वारा इतनी पूजा–पाठ करने के बाद भी भगवान खुश क्यों नहीं हो रहे ? क्यों वो मेरी मुराद पूरी नहीं करेगें ? वैसे भी हम इंसान बहुत भावुक होते है और काफी हद तक लालची भी, कैसे, वो ऐसे कि किसी ने कहा उस मंदिर में मन्नत मांगने से आपकी मनोकामना पूरी होगी, तो चल दिये, उस दरगाह पर मुराद जल्दी पूरी होती, चल दिये चादर चढ़ाने और तो और हम किसी भी जगह जाने को तैयार होते है अपनी मन्नत पूरी करने के लिए, चाहे मंदिर, मस्जिद, चर्च, गुरूद्वारा या बाबा–तांत्रिक–मौलवी कोई भी हो या कोई भी जगह, जहॉ लोग आस्था रखते हो हम जाते है, उस वक्त उस इंसान की ना कोई जाति होती है ना कोई धर्म। तो मेरा सवाल ये है कि क्या वो श्रद्धा है या क्या वो हमारा क्षणिक भ्रम है या विश्वास, जिसे हमारा मन तुरंत मान लेता है कि ये सही है और ऐसे में वो मन्नत पूरी हो जाए, तो फिर बल्ले–बल्ले। बस फिर क्या हम भी गुणगान गाना शुरू कर देते है और बाकी भी देखा–देखी चल पड़ते है, फिर देखते ही देखते ऐसी आस्था, एक अंधविश्वास वाली मानसिकता में बदल जाती है और सबसे कहते फिरते है कि वहॉ जाने से मेरी इच्छा की पूर्ति हुई आप भी एक बार जरूर जाना, ऐसी बात हर कोई सुनना चाहता है क्योंकि सब परेशान है किसी ना किसी वजह से और इच्छा की पूर्ति भले ही ना हो पर वहॉ बैठे लोगों का धंधा चलता रहता है, वहीं मेरा मानना है कि सबकुछ ईश्वर की मर्जी से होता है हम तो बस निमित मात्र है और आपका वहॉ जाना और आपकी इच्छा की पूर्ति होना भी बस उसी की मर्जी या आदेश मात्र है वरना उस जगह आप पहले क्यों नहीं गये या वो जगह पहले नहीं थी बस आपके आने का इंतेजार कर रही थी ऐसा कुछ तो नहीं था। वैसे भी देखा जाये तो हमारे देश में इतने विभिन्न तरह के धर्म, जाति व संप्रदाय है और देश में आस्थाऐं व ऊपर वालें को

मानने वाले भी भिन्न–भिन्न तरह के लोग है और हर धर्म वाला अपने ईश्वर को विभिन्न तरह से देखते व जपते है। ठीक इसी तरह एक ही देश में रहते हुए भी हमनें ईश्वर को भिन्न–भिन्न जाति व संप्रदाय में बांट रखा है, वैसे क्या कोई ये बताएगा कि धर्म के हिसाब से हमें अपने धर्म के भगवान की आराधना करने से सुख व ईश्वर की प्राप्ति होगी या नहीं क्योंकि अगर ऐसा है फिर तो हमें दूसरे धर्म के स्थान पर या स्थल पर कभी नहीं जाना चाहिए। पर हम ऐसा नहीं करते और ना ही किसी धार्मिक किताब या ग्रंथों में ऐसा कुछ लिखा, फिर क्यों हम आजतक धर्म के हिसाब से इंसानों से रिश्ता रखते है व छोटी सी बात पर लड़ने लगते है। जैसे पैदा हुआ बच्चा व शादी के बाद औरत का घर कुछ ऐसा ही होता है और उनको जो बताओ वो उनके लिए सच व उनका धर्म बन जाता है क्योंकि दोनों को ही नहीं पता होता है कि करना क्या है, एक कोरा कागज जिसपर हमारा समाज व परिवार जो लिखता है, वो वही पढ़ता जाता है और वैसे ही आगे बढ़ता जाता है और धीरे–धीरे वो उसे अपनी जागीर समझने लगता है, उसपर अपना अधिकार समझने लगता है कि मैं इस धर्म का हूॅ। जो कल तक जीरो था आज वो हक की बात करके हीरो बनना चाहता है और वो बच्चा फिर पूरे समाज व इंसानियत से लड़ने को तैयार हो जाता है बस कोई धर्म के बारे में टिप्पणी तो करें, इसमें ज्यादातर को तो पता ही नहीं होता कि जो लड़ाई वो लड़ रहे है उसका मूल आधार क्या है, सब लड़ रहे है तो मैं क्यों नहीं। हॉ यहॉ ये बात मैं पूछना चाहता हूॅ सबसे कि जिस धर्म, समुदाय या जाति की लड़ाई लड़ रहे हो, तो क्या वो धर्म, समुदाय या जाति कहती है कि किसी का खून बहाने से या किसी का परिवार तबाह करने से या किसी की जमीन पर कब्जा करने से आपको जन्नत मिलेगी, अगर आपने धर्म के नाम पर ऐसा कुछ किया, पर मेरे हिसाब से तो आप वो अनपढ़ रह गये जिसे पता कुछ नहीं होता धर्म के बारे में, बस किसी ने मति भ्रम कर दी या दिमाग में गंदगी भर दी और हम कूद पड़े अंधों कि तरह मारकाट करने के लिए, पर आगजनी व खून खराबा करने के बाद क्या वो जो चाहते थे वो इच्छा पूरी हो गई हमेशा के लिए क्योंकि

मारते वक्त ये घमंड जरूर आता है मैनें इतने मार दिये, मैं ही हूँ सबसे बड़ा धर्म सर्मथक या रक्षक, पर हो क्या वाकई में आप क्योंकि आज आप दो को मारों कल आपके जैसे कोई दूसरा आकर आपके दस मार देगा, इस तरह से तो हो गया धर्म का पालन व रक्षा।

वो कहते है ना कि जबतक घर का क्लेश खत्म नहीं होता, तब तक वो बाहर जाकर कैसे खुश होगा, इसी तरह जबतक देश के अंदर ये लड़ाई–झगड़े चलते रहेगें, तो जो कुछ बाहरी मुल्क वालें चाहते है और कुछ लोग इस देश के जो पैसा व पॉवर के लिए आपसी मतभेद व धार्मिक दंगे करवाते, इस पर जबतक लगाम नहीं लगेगी तबतक कैसे देश आगे बढ़ेगा पूरी तरह से, बावजूद इसके हम फिर भी सबको साथ लेकर व इस सब को झेलते हुए भी दुनिया के लिए पहले भी मिसाल थे और आज भी है और हमेशा रहेगें क्योंकि हिन्दी है हम, वतन है हिन्दोस्तान हमारा, हमारा भारत सारे जहॉ से अच्छा था है और हमेशा रहेगा चाहे कोई लाख कोशिश क्यों न कर लें। हम रोज देखते व सुनते है आतंकवाद के बारे में, बाहर का जो है उससे सेना व सुरक्षा ऐजेंसियॉ बचा भी लेंगी, पर जो घर के अंदर हो रहा है धर्म व जाति के नाम पर या अपना–अपना राज्य बनाने के लिए लड़ाई–झगड़े, वोट के लिए धर्म–अधर्म की राजनीति, कोई वीरप्पन बनता है तो कोई माओवादी, कोई किसी धर्म का नेता तो कोई राज्य का नेता बना बैठा है और इससे क्या मिलता है या क्या मिल गया अबतक ऐसा करके मुझे तो यही लगता है कि वाकई प्रभु की बनाई गई इस मायावी दुनिया में कुछ एक को छोड़ कर सब इस माया जाल में फंसे हुए कि ये मेरा वो तुम्हारा, ये मेरा धर्म वो तुम्हारा, ये मेरा प्रदेश वो तुम्हारा और तो और लोग भगवान व गुरूओं को भी बांटने लगे है कि ये उस प्रदेश के भगवान है, वो उस प्रदेश के बाबा है जिसमें ये–ये सिद्धियां है, उस प्रदेश में जो दरगाह है जहॉ माथा टेकने से मुराद पुरी होगी, ऐसे ही बाकी धर्म क्षेत्र, इसी के चलते सब इस माया में उलझे रहते है और अपने जीवन में पुण्य के बजाए पाप करते है उस माया के लिए और मेरे हिसाब से वो तो सबसे बड़े बेवकूफ है जो किसी के कहने पर अपना जीवन बर्बाद करते है जिन्हें हम स्लीपर सेल या

किसी के द्वारा भड़काने के बाद पागल हुए वो लोग है जो अपने जीवन के साथ–साथ दूसरों का जीवन लेने के लिए इंतजार करते है कि उनके अधर्म का ज्ञाता उन्हें धर्म के नाम पर दूसरे की जान लेने का आदेश दे। ऐसे लोग सबसे बड़ा खतरा है जो समाज में रहकर ही समाज व देश को बर्बाद करने के बारे में सोचते है वो भी किसी दूसरे के दिमाग से क्योंकि ऐसे लोगों के पास इनका खुद का दिमाग नहीं होता।

इसके बाद जाति को ले, जहॉ आज के दौर में भी लोग बिरादरी व धर्म के अनुसार ही शादी करना पसंद करते है, पर कहीं दूसरी जाति व बिरादरी का लड़का व लड़की हो, तो हम परेशानियॉ खड़ी करेगें और ना कर पाये तो आखिर में थक हार के या तो समझौता करते है या फिर दोनों को मार देते है, पर अगर मान जाये रिश्तें के लिए किसी वजह से तो भी वो अपनी शर्तों पर ही शादी करवायेगें और वो भी उनके नियमानुसार होगी, वरना फिर ऑनर किलिंग का संकट मंडराने लगता है। फिर शादी के बाद अगर घर में सबने अपना भी लिया है तब भी धर्म बीच में आता है कि लड़का लड़की वालों का धर्म का पालन करें और लड़की लड़के वालों का और उसी के अनुसार उनके साथ व्यवहार किया जाता है, चाहे वो लाख कोशिश कर लें, पर दोनों के प्रति दोनों परिवारों में कुछ ना कुछ मन में रह जाता है और बात–बात पर उनके साथ भेदभाव किया जाता है और बताया जाता है कि अपने मन से शादी की तभी ऐसा है वरना हमनें जो लड़की देखी थी वो लाखों में एक थी और वो आती तो बात अलग होती, कभी तो समय के साथ ये खत्म हो जाता है तो कभी जिंदगी भर का नासूर बन जाता है, तब वो ही परिवार, अपने घर के साथ–साथ समाज के लिए भी खतरा बन जाता है क्योंकि उनके मन का ना होने पर वो या तो ताना मारते हैं या फिर किसी भी छोटी से छोटी बात पर प्रताड़ित किया जाता है कि हमारे यहॉ ये नहीं होता या हम ये सब नहीं मानते, ऐसे परिवारों व समाज के लोगों को मंदबुद्धि कहा जाए, तो इसमें कोई अतिश्योक्ति नहीं होगी, वो भी ये जानते हुए कि जब उनका धर्म आपसे अलग है तो वक्त तो लगेगा सामंजस्य बिठाने में, पर उसे

ना समझ कर परेशान करना, मेरे हिसाब से उन्हें मंदबुद्वि कहना ठीक होगा। हॉ यहॉ ये भी जरूरी नहीं कि ये अलग धर्म के लोगों के साथ ही हो, ये उनके साथ भी ज्यादा होता है जो लव मैरिज करते है चाहे अपनें धर्म में हो या फिर धर्म से बाहर, ऐसे में उनको सबसे ज्यादा तिरस्कार व हीन भावना का सामना करना पड़ता है। कभी सोचा है ऐसे ही किसी कारण की वजह से या तो ये लोग आत्महत्या करते है या फिर घर–बार छोड़कर अलग हो जाते है, पर इसमें भी एक सवाल उठता है कि सबकुछ ठीक रहा तो जिंदगी कट जाती है वरना दोनों परिवार अरोप–प्रत्यारोप करते है एक–दूसरे पर और झूठे–सच्चे केस किए जाते है एक दूसरे पर, पता है क्यों ? क्योंकि हम अपनी मानसिकता ना बदल सकते है, ना कभी इससे ऊपर उठ सकते है और ये सब करके खुद के साथ–साथ उनको भी परेशान करते है ताउम्र क्योंकि हिन्दुस्तान में इंसान मर जाता है पर केस खत्म नहीं होते। पर क्या ये सही है ? क्योंकि जिसके पास पैसा है वो तो केस सालों तक लड़ सकता है और अच्छे से अच्छा वकील भी कर सकता है, यहॉ तक की हम देखते व सुनते आ रहे कि कई केसों को कमजोर व अपने मन मुताबिक बनाने के लिए गवाहों की खरीद फरोक्त भी की जाती है अगर आप चर्चित व्यक्ति है। पर वहीं गरीब या मिडिल क्लास वालें इन केसों में फंसकर अपनी संपति व नाते–रिश्तेदार सब गंवा बैठते है और फिर भी सालों–साल न्याय के लिए भटक्ते रहते है जो कि एक सपना सरीखा बन जाता है। हमारे देश के संविधान के हिसाब से आर्टिकिल 21 कहता है कि सबको समान रूप से जीने का, मौलिक अधिकार दिया गया है और ये भी कहा जाता है कि लड़का व लड़की एक समान है और दोनों को बराबर का अधिकार देना चाहिए हर क्षेत्र में, पर क्या वाकई में ऐसा है, नहीं ? पढ़ाई के मामले में लड़कीयों को आगे बढ़ाया जा रहा है, खेल व नौकरीयों में प्रोत्साहित किया जा रहा और आत्म निर्भर बनना भी सिखाया जा रहा है, इतना ही नहीं जाति के आधार पर लोग आरक्षण मांग रहें है और जिनको मिला है वो तो लाभ ले रहें है और उनको देखा देखी बाकी भी आवाज उठा रहें है, तो ये बताया जाये कि क्यों और किस

लिए आरक्षण दिया जा रहा है उनको, क्या उनके दो नहीं चार हाथ–पॉव है या दस सिर है क्योंकि किसी जाति में पैदा होना हमारे हाथ में नहीं है पर काम के नाम पर या जाति के नाम पर ये बोलना कि हम अल्पसंख्यक है तो ये कोई वजह नहीं हुई क्योंकि हमारे देश में हजारों जाति व प्रजाति है और देखा जाये तो सबको आरक्षण दे दो, पर मेरे हिसाब से ये सिर्फ मानवता का शोषण भर है कि उसको जाति के हिसाब से सबसे अलग करना व आरक्षण देना, ऐसा तो ना किसी राजा के राज्यकाल में था और नाहि किसी युग में, ये सब बस हमनें अपनी असुरक्षा की वजह से बनाया कि हमें मिलेगा तो हमारी आने वाली पीढ़ी को भी मिलेगा और हम सुरक्षित रहेगें और ऐसे में वो जाति अल्पसंख्यक से बहुमत में आ जायेगी और इस बारे में वो किसी को ना बतायेगें और ना जतायेगें और न सरकार कुछ करेगी क्योंकि उनको वोट ही इस जाति के द्वारा मिलेगा तो वह जो मांग करें उसको आरक्षण दे दों और वोट बैंक मजबूत रखों, पर शायद अब की सरकार इस विषय में गंभीरता से सोचे कि क्या वाकई में सबके साथ न्याय हो रहा है या नहीं।

हमारे देश के कानून में भी 511 धाराओं के अंदर भी सैकड़ों उपधाराऐं भी है जो उनकी सुरक्षा के लिए बनाई गयी है, मतलब हर धारा का भाई व बहन मौजुद है उस धारा के साथ, पर वहीं देखा जाये तो कानूनी हिसाब से लड़को के साथ भेदभाव क्यों किया गया ? क्यों उनको भी बराबर का हक नहीं दिया गया ? शायद इसलिए क्योंकि लड़को या आदमियों की इज्जत तो हर दिन, महीनों या साल में कई बार उतारी जाती है, लड़कियों के लिए जैसे देखने, छूने, पीछा करने, शादी के बाद प्रताड़ित या काम की जगह पर शोषण किये जाने पर या कुछ बोल देने पर भी दर्जनों धाराऐं है, वहीं लड़को के लिए क्या कहा जाता है कि ये तो मर्द है इन्हें सुरक्षा की क्या जरूरत है वहीं औरत कि कभी कोई गल्ती जल्दी से नहीं देता है और वो इल्जाम भी ये कहकर मर्दो पर डाला जाता है कि जरूर मर्द नें ही कुछ गलत किया होगा, चाहे औरत गलत हो या आदमी ने पकड़ लिया हो गलती करते वक्त, पर वो सही हो जाती है अगर वो बस चिल्ला दे या पुलिस बुला लें, ये जानते हुए कि

पकड़े तो गये है तो इससे अच्छा क्यों ना इसे फंसा दो और कौन यकीन करेगा इसकी बातों पर कि मैं गलत हूँ, वैसे भी औरतें हमारे समाज के हिसाब से 100 में से 95 परसेंट बेगुनाह ही होती है, तो फिर कैसे व कहॉ हुआ बराबरी की बात व समान अधिकार, औरत जब चाहे किसी के साथ रहे, सोये, बात करे, घूमें, नाचे या साथ में दारू पीये, डिस्को या नाईट क्लब जाये, यहॉ तक कि परिवार छोड़ के उसके साथ रहने लग जाये, जिसे आज हम लिविंग रिलेसनशिप कहते है, पर किसी को कोई फर्क नहीं पड़ता, क्यों? क्योंकि जाहिर सी बात है कि उसमें औरत की रजामंदी शामिल थी और कानून व कोर्ट भी यही कहता है कि लड़की या औरत का कनसेंट होना चाहिए, बस इतना ही तो समझना है कि जबतक वो राजी है उसकी हॉ है, ना ही समाज, ना ही उस लड़की को और ना कानून को कोई फर्क पड़ेगा, चाहे जैसे रहो, जहॉ मर्जी हो छुओ, जैसे चाहे वैसे कपड़े पहनों, चाहे जितनी बार हो संभोग करो, लेकिन कहीं मर्जी न में बदली या आपने उसकी हॉ में हॉ नहीं मिलायी और सबसे ज्यादा सुनी जाने वाली बात की लड़के ने शादी का वादा किया, पर शादी किसी और से कर ली या वादा करके पूरा नहीं किया, बस समझो कयामत आ गयी या सुनामी या कहीं ज्वालामुखी फूट गया, ऐसे हालात हो जाते है कि या तो लड़का वापस आये या तो जेल जाये और इसमें कोई समय सीमा नहीं है कि आप आज केस करो या कल या कुछ दिनों बाद या महीनों या सालों बाद कानून है वो इंतेजार करेगा आपको अपना सपना पूरा करवाने के लिए। हॉ अगर लड़की वादा करके तोड़ के किसी और से शादी कर ले, तो वो जायज है क्योंकि लड़का ज्यादा से ज्यादा देवदास बनेगा या सुसाइड कर लेगा, पर क्या कभी सुना है कि कोई लड़की देवदासी बनी है या वो तड़प रही हो, नहीं वो कहती है कि मैं घरवालों के खिलाफ नहीं जा सकती और तो और वो शादी के बाद प्यार भी कर लेती है अपने पति से ये सोच के कि समाज क्या कहेगा या मेरे मॉ–बाप ने कसम दी है कि हमारी नाक मत कटवाना और जो सिखाया है वो याद रखना।

वहीं लड़के को केस, सजा, गालियॉ यहॉ तक की वो ही समाज जो कल तक खामोश था, आज आवाज उठा रहा है कि इसे फॉसी मिलनी चाहिए, क्यों भाई ये कौन सी बात हुई कि लड़की की इच्छा सही है और लड़के ने इच्छा की तो सजा और ये कहॉ लिखा है कि 100 लोग जो बात बोलें वो सही है, क्यों किसी एक की बात सही नहीं हो सकती, जो एक ने दूसरे से कहा और दूसरे ने तीसरे से, ऐसे सबने एक दूसरे से कहा पर सच किसे पता था या सच किसने कहा ये कौन बताये। वैसे भी सच ना मौत की तरह होता है, वो कैसे ? वो ऐसे कि पता सबको होता है कि एक ना एक दिन मौत आनी वाली है पर उसको सोच के सब डरते है कि मौत ना आये, ऐसे ही सच सबको पता होता है और वो चिल्ला रहा होता है, पर ना कोई सुनना चाहता है ना ही देखना चाहता है क्योंकि सच से डरावनी कोई चीज बनी ही नहीं है इस दुनिया में, हम सबसे कहते है कि भाई कसम से सच बोल रहा हूॅ जबकि मन में ये चल रहा होता है कि यहॉ से निकलॅू ये बोल के, कल कुछ होगा तो सोचा जायेगा। सबसे ज्यादा झूठ बोले जानी वाली जगह पे गीता, बाईबिल या कुरान की कसमें खिलाई जाती है, जिसे समय के साथ रोका गया, पर फिर भी किसी बयान से पहले शपथ दिलाई जाती है कि ईश्वर को साक्षी मानकर बोलो कि जो बोलोगे वो सच बोलोगे और उसे लिखा भी जाता है कि शपथकर्ता ने बयान में ये बताया कि वो आज जो बयान दे रहा है वो ईश्वर को साक्षी मानकर सच बयान दे रहा है, मुझे लगता है कि या तो वाकई कानून अंधा है या वो ये नहीं समझ पा रहा कि इसी भारत में लोग हर रोज कसम खाते है कि मैं मॉ कि कसम खा रहा हूॅ या ऊपर वाले की कि मैनें ये काम नहीं किया है और मन ही मन सोचता है कि कोई मेरा वैसे भी कुछ कर नहीं सकेगा, बस ऊपर वाले की कसम खालों तो यहॉ से बच निकलूंगा, जी हॉ मैं कोर्ट–कचहरी की बात कर रहा हूॅ। कुछ घटनाऐं इतिहास में ऐसी हुई है जिन्होनें मानवता को शर्मशार किया है, जैसे सीता हरण करके रावण ने आदमियों की जाति को बदनाम किया था और श्री राम ने मर्यादा निभा कर आदमियों के लिए एक मिसाल कायम की, इसी तरह उस मानसिक विक्षिप्त

व्यक्तियों को रावण की तरह देखना चाहिए क्योंकि पुरूष किसी के भाई, पति व पिता होते है जो उनके राम होते है और जो उनकी रक्षा भी करते है और संहार भी, मेरे कहने का मतलब सिर्फ ये है कि जैसे सूर्पनखा, पूतना या तड़का जैसी औरतें भी थी और सीता मॉ या राधा रानी जैसी देवीयॉ भी हुई, ठीक वैसे ही आज भी राम व रावण है और राधा व पूतना है और हमेशा ये कहना कि मर्द जात ही खराब है, तो फिर क्यों प्यार करती हो ये जानकर कि मर्द जात ही खराब है? क्यों रिश्ता बनाती हो? क्यों खतरा होने पर किसी पुरूष के होने का एहसास मन में जागता है? ये सब इसलिए क्योंकि दोनों एक दूसरे के पूरक है और चाहे कुछ भी हो जाये या कैसी भी घटना घट जाये, ना औरत अकेले रह सकती है ना ही आदमी।

किसी भी देश का कानून उस देश के नागरिकों को न्याय दिलाने के लिए बनाया जाता है ना की अपने पर्सनल फायदे के लिए और हमारे देश में वैसे भी सबकुछ खरीदा व बेचा जा सकता है, बस पारखी नजर की जरूरत होती है और इसी खेल में कानून के जानकार व दलाल इसका गलत इस्तेमाल करके, लोगबाग को अंदर बाहर करते रहते है। कितने ऐसे केस है जिसमें बेगुनाह लोग फंसाये जाते है जैसे छेड़खानी, झूठे रेप के केस या दहेज हत्या के केस और केस कैसे होते है कि उसनें मुझे छूने की कोशिश की या रेप करने की कोशिश की या दहेज के लिए प्रताड़ित किया, ऐसे हजारों झूठे केस व आपसी लड़ाई–झगड़े में झूठे सबका नाम लिखवाना ये आम हो गया है आज के समय में, वहीं जो सच है उसको नहीं दबाया जा सकता और जिनके साथ रेप बाद में हत्या कर दी, जिन्हे अपनी छोटी सोच व समाज में दिखावे के लिए प्रताड़ित किया जाता है या किसी वजह से हुई गलती को जानकर उन्हें ब्लैकमेल किया जाये, तो ऐसे मामलों में कड़ी सजा देना ही उचित है न्याय व समाज दोनो के दृष्टिकोण से। दूसरी ओर जो खिलवाड़ होता है कई केसों में समझौते के नाम पर, तो सब अपना–अपना हिस्सा ऐसे मांगते है जैसे प्रसाद बंट रहा है और साथ में क्या बोलेगें, अरे जेल व कोर्ट–कचहरी से बचा लिया या फिर

सजा नहीं मिलने दी या पुलिस स्टेशन में ही समझौता करके केस को रफा–दफा कर दिया और तय कर लिया कि इतने दिये तभी बात बनेगी वरना मैं कुछ नहीं कर सकता और इसमें पुलिस को दोनों पार्टियों से पैसा मिलता है क्योंकि वो दोनों तरफ चलती है कि मैं तुम्हारे लिए बात कर रहा हूँ कि वो केस न करें पर इतने पैसे तैयार रखना और दूसरे से ये कहकर कि इतना दिलवा देगें पर उसमें इतना हिस्सा हमारा होगा, दोनों को बड़े प्यार से दाम बताये जाते है वो भी केस के हिसाब से, इसी के चलते एक दिन में कितने रूपयों का लेन–देन होता है दो नंबर के पैसों का हमारे भारत में, इसका हिसाब कोई नहीं लगा सकता है। किसी का इल्जाम किसी और पर लगाना, झूठे वाद–विवाद में फंसाना ये सब कब तक चलता रहेगा और समानता के अधिकार पर, कब तक राजनीति की जायेगी, कभी तो जागना व सुधरना होगा, इसके लिए सिर्फ राजनीति या कानून को ही नहीं, बल्कि समाज की सोच व मानसिकता में सुधार की आवश्यकता है और आज की सरकार ने कानून में सुधार हेतु कदम बढ़ा दिया है।

हमारे देश की विभिन्नता के कारण, जिसमें धर्म, जाति, भाषा, समुदाय, त्यौहार व संस्कृति की वजह से लोगों के विचार व सोच में भी भिन्नता है और ये सब मिलके हमारा समाज बनाते है, इसी वजह से मानसिकता व सोच में बदलाव आते–आते वक्त लगेगा, जो कि हमारे देश के युवाओं के हाथों में है कि आज के भारत को हम कहॉ देखना व ले जाना चाहते है। हॉ हमारे देश में भाषाओं में विभिन्नता होने के कारण कभी–कभी कुछ प्रमुख बातें असानी से बताई व समझाई नहीं जा पाती, साथ ही हममें बातों को समझने की क्षमता या लेवल ऑफ अंडरस्टेडिंग भी अलग–अलग होती है, जिस वजह से कभी कोई विचारधारा जल्दी, तो कभी देर से पहुॅच पाती है सबतक या सबको देर से समझ में आती है।

देखा जाये तो हमारे देश में इतनी सारी विविधिताओं के बाद भी किसी अनकही या जानी–अंजानी परिस्थितियॉ आने पर हम एक दूसरे के साथ खड़े हो जाते है, फिर चाहे वो जंग का मैदान हो,

कोई त्यौहार हो, कोरोना जैसी महामारी हो, कोई अप्रिय घटना हो या किसी तरह की खुशी की बात, हम सब भुल के व बिना किसी सोच विचार के साथ खड़े हो जाते है और ऐसा किसी अन्य देश में शायद ही हो सके। पर हमारे यहाँ सभी इकठ्ठा होते है फिर चाहे वो किसी भी धर्म के हों और साथ में खुशी या गम को मनाते है। पर इस सब के बावजूद भी हम इतने भोले है कि कोई जरा सी हवा देता है धर्म के नाम पर और हम मरने–मारने को उतारू हो जाते है, बस कुछ मिनटों मे ही हम एक दूसरे से अंजान हो जाते है और ये भूल जाते है कि ये देश व हर धर्म के लोग आपस में एक ही है क्योंकि जिसे मारोगे उसे कभी मॉ, बहन, बेटी, चाचा, ताऊ या मामा कहा होगा और जो अपना खो दोगे चाहे खुद के या पराये के, वो कभी ना कभी किसी रूप में आपके अपने ही थे। यहॉ एक बात और अच्छी है हमारे देश की कि हम हादसे या बड़े से बड़ा वाक्या भी बड़ी जल्दी भूल जाते है और एक तारीख के रूप में याद रखते है बस इससे ज्यादा नहीं और फिर ऐसे रहते है जैसे कभी कुछ हुआ ही नही था और ये भी भूल जाते है कि जो किया वो किसके कहने पर किया और क्या मिला था वैसा करके, ये भी नहीं सोचते बाद में कि वो वजह पैदा करनेवाला कौन था और कहॉ गया आपसी भाईचारा मिटाके, क्यों नहीं उसको ढूढ़ के सजा देते हो जो हमारे आपसी भाईचारा का दुश्मन बन बैठा था। दूसरा हमारे देश की एक बुरी बात क्या है कि कई बार सुनने व देखने के बाद भी हम फिर वो ही गलती बार–बार करना चाहते है और उस इंसान की बातों में आकर फिर अपना नुकसान कर बैठते है, वो भी ये जानते हुए की हमारे देश का सबकुछ हमारा ही तो है जिसे हमने आजादी व कितने बलिदानों के पश्चात पाया और उसी को हम अपनी बेवकूफी में बर्बाद करने पर तुले हुए है। अरे कश्मीर से लेकर कन्याकुमारी तक व गुजरात से लेकर असम तक इतनी खुबसूरती फैली हुई है जिसे हम बर्बाद करना चाहते है कुछ बेवकूफों की या नामर्दों की वजह से, जो सिर्फ फिजूल सी बातें कर सकते है पर हकीकत में वो ऐसे नाकाम लोग है जो ना कभी कुछ कर पाये ना कर सकते है और ना किसी को करने देते है, बस

दूसरों का कंधा दूढ़ते है अपनी अमानवीय इच्छा पूरी करवाने के लिए और हम वैसा करते भी है, अरे अंध भक्ति तक तो सही है पर अंधा विश्वास करना हमेशा इंसान के पतन का कारण बना है क्योंकि करने के बाद राख या बर्बादी का मंजर बचता है, जो ना जीने देता है ना मरने देता है।

जैसे हमारे देश में खूबसूरती विभिन्न तरह की है ठीक वैसे ही विभिन्न प्रकार की भाषाऐं भी बोली जाती है और हो सकता है कि कई बार इसी वजह से भी लोगों को बात देर से समझ आती है, पर भाषाऐं भिन्न होने के बावजूद भी सबको प्यार की बोली बखूबी समझ में आती है और जब समझते है तब वो उस इंसान को भी अच्छी तरह से समझ जाते है कि वो बोली प्यार की है या वो अपने स्वार्थ के लिए हम लोगों का इस्तेमाल कर रहा है। साथ ही इसी प्यार की वजह से लोग आज भी किसी अंजानी या नई जगह पर जाने से नहीं डरते है और अपनी तरह से बातें समझकर एक दूसरे में घुल मिल जाते है और इतनी भाषाओं के बाद भी देश के हर कोने में हमारी संस्कृति व सभ्यता देखने को मिल जाती है और इसी प्यार की बोली ने आज तक इंसानियत को जीवित कर रखा है। पूरे विश्व में करीब 7000 तरह की भाषाऐं बोली जाती है जिसमें से तकरीबन 1300 के आस–पास सिर्फ हमारे देश में बोली जाती है, पूरे विश्व में जहाँ 4000 तरह के धर्म व उनके उपासक है उनमें से हर धर्म के लोग व समुदाय हमारे देश में मिल जायेगें क्योंकि हम सबको अपना लेते है और महसूस ही नहीं होने देते कि वो विदेश में है, लेकिन अफसोस इस बात का है कि ठीक ऐसा हम लोगों के साथ नहीं किया जाता और यदा–कदा सुनने में आता है कि उस देश में भारतीय की हत्या कर दी, जिस रंगभेद नीति के खिलाफ महात्मा गाँधी ने आंदोलन किया था कि वो खत्म हो सके और ऐसा हुआ भी, पर कुछ लोगों की मानसिकता वक्त के साथ नहीं बदलती और इस तरह की घटनायें होती है। हाँ वक्त के साथ कुछ बदलाव आया है लेकिन फिर भी हम भारतवासियों को कई बार हीन भावना को सामना करना पड़ता है और वही लोग जब हमारे देश में आते है तो हमारी भव्य सभ्यता व संस्कृति को देखके अचंभित रह जाते है,

काफी सारे तो यहाँ बड़े–बड़े कालेजों व यूनिवर्सिटीयों से आके हमारे कल्चर पर रिसर्च तक करते है, वहीं ये सब हमारा होते हुए भी कितना अंजान व हमसे दूर प्रतीत होता है और हम खुद इस खुबसूरती को बर्बाद करने में लगे हुए है, क्यों ? क्योंकि हम सब स्विजरलैंड तो जाना चाहते है पर इस धरती का स्वर्ग कहे जाने वाले कश्मीर की खुबसूरती से महरूम है और उसे सहेजने के बजाए गंदा व बर्बाद कर रहे है और अपनी धरोहरों को अपनी बेवकूफी से तबाह करने में लगे हुए है।

एक और बात मैनें देखी है कि हमारे देश के लोग खुद का देश छोड़कर विदेश जाना चाहते है और काफी सारे पहले ही छोड़कर जा चुके है वो भी ऐसे देश में, जहाँ एक तरह की भाषा, एक तरह के लोग और एक या दो तरह के त्यौहार हो, तो सोच के देखो वो देश कैसा होगा, लेकिन हम फिर भी वहाँ जाते है उनकी गुलामी करके चंद पैसें कमाने के लिए वो भी बिना विचार किए कि अपने देश व परिवार को छोड़ हम उनका नौकर बनना क्यों चाहते है। कभी सोचा है कि जिस देश को सोने की चिड़िया कहा जाता था वो सिर्फ हमारे देश के सोने कि वजह से नहीं, बल्कि हमारी भव्य सभ्यता और हमारे दिलों में बसी विशालता के कारण, पर हम उसको संभाल नहीं पाये और धीरे–धीरे वो ही सोना पीतल में बदलता गया, वहीं उन लोगों ने अपने पीतल को धीरे–धीरे सोने में बदल लिया, कहने का मतलब है कि हम अपनी धरोहर को ठीक से संभाल नहीं पाये और उनके पास जो थोड़ा बहुत था तो उन्होनें उसको संभाल के ऐसा आर्कषण पैदा किया, जिसे देखकर हम लोग उस ओर खिचें चले जाते है और अपने देश को सुदंर बनाने के बजाय दूसरे मुल्कों को साफ–सुथरा करने में लगे है। इसके पीछे का कारण सिर्फ इतना सा है कि वो ना तो अपने देश को पूरी तरह से देख पाये और ना ही अपने देश की संस्कृति को ठीक तरह से समझ पाये है और वो ही इंसान जो अपने देश की भव्यता से अनभिज्ञ था वो विदेश जाके वापस आने के बाद वहाँ की बड़ाई करने में जितना आनंद उठाता है, वो मजा अपने देश के किस्से सुनाने में नहीं दिखाता है, क्यों हम स्वदेशी चीजों को छोड़कर

विदेशी चीजों के पीछे भाग रहें है, एक बार अपने देश की बनी चीजों पर नजर डालो क्योंकि जितनी विविधिता हमारे देश के खाने, साजों–सामान, फसलों और हर तरह के कामों में है वो कहॉ विदेशी सोच सकते है और हम जरा सा विदेश जाके वापस आने पर ऐसे बताते है कि पूरा विश्व भ्रमण करके आये हों। वैसे भी जिसे विदेशी चीजें अच्छी लगने लगे उसे कहॉ फिर स्वदेशी चीजे अच्छी लगेंगी, लेकिन ठीक इसके उल्टे हम कोई चीज विदेश में देखें और हमें लगता है कि वो वस्तु अगर हमारे देश में नहीं है तो अपने देश के अंदर या तो वो चीज बनाओ या उससे अच्छी चीज की खोज करो या उससे मिलती–जुलती चीज बनाओं और वैसे भी हमें किसी भी चीज को हुबहु बनाने में महारथ हासिल है, इतना ही नहीं उसके बाद सिर्फ उसे अपने देश में ही नहीं बल्कि पूरे विश्व में फैलाओ ठीक वैसे ही जैसे हम उनकी चीज को देख के खुश होते है और बड़े गर्व से कहते है कि हमारे पास जो चीज है वो उस देश की है, ठीक ऐसे ही वो भी ये बोलें कि हमारे पास जो चीज है वो भारत में बनी है और भारत से अच्छी कहीं नहीं बन सकती, जैसे हम स्विस मेड घड़ी को, इटेलियन टाईल को, जर्मन मेड पिस्टल को, अमेरिकन और कोरियन कंपनी के मोबाईल, तरह–तरह के विदेशी कपड़ो को और हॉ चाईना के सामानों को ससुराल की तरह इस्तेमाल करते है, और हम सब धीरे–धीरे इन सब देशों की बनाई चीजों के आदि बनते जा रहे है। हमें हर वो चीज देश में लानी या बनानी चाहिए जिसे हम विदेशी रूप में पसंद करते है, ताकि कोई ये ना कहे कि ये चीज तो विदेश में ही है हमारे देश में कहॉ। पर हमें क्यों ऐसी बात सुननी चाहिए ? जबकि देखा जाये तो किस बात की कमी है हमारे देश में, जो उनके पास है क्या वो हमारे पास नहीं है, बल्कि हमारे यहॉ उनसे ज्यादा ही होगा और बहुतायत में होगा, बस हम या तो उसे इस्तेमाल करना भूलते जा रहे है या करना नहीं चाहते, वो भी समय रहते और इसके उल्टे वो समय व अपने सामान का बखूबी इस्तेमाल कर रहें है वो भी समय के साथ। क्या हमारे पास साधनों की कमी है ? क्या मैन पावर की कमी है ? क्या पैसों की कमी है ? क्या टैलेंट की कमी है ? नहीं ऐसा कुछ नहीं है, फिर

वजह क्या है ? वजह है बस सही दिशा का होना व उस काम के प्रति लगन, मोटिवेशन और अनुशासन का होना। हमारे अंदर एक और बहुत बुरी आदत है कि हम खुद के लिए जीना चाहते है और खुद के घर को सजा के ये समझते है कि सब सुदंर है, वहीं बाहर अगर गंदगी है तो उससे हमारा क्या ? इस तरह हम अपने घर की गंदगी निकाल कर सड़क पर या आस–पास फेंक देते है, वो भी सिर्फ अपने घर को सुदंर बनाने के लिए और वो भी बाकी लोगों को गंदगी में रख कर और ठीक अगर वैसा कोई दुसरा करें, तो हम लड़ते है कि मेरे सामने गंदगी क्यूं की, इससे एक बात पता चलती है उनकी मानसिकता की, कि विचार तो है महापूरूषों वाले और काम करते है स्वीपर वाले, इससे ना तो घर साफ हुआ ना ही समाज, पर ऐसा करके हमारे दिलों–दिमाग में गंदगी जरूर बढ़ जाएगी। इस तरह की घटनाओं के बाद हम खुद की गलती को भूलकर दूसरों पर आरोप–प्रत्यारोप करने लगते है, इसके साथ ही हम समाज में गंदगी व प्रदूषण को भी बढ़ाते है, जिससे हम खुद के सुकुन के साथ–साथ समाजिक भावना को भी नुकसान पहुॅचाते है, पर क्या हम ऐसा काम करने से पहले जरा सा भी सोचते है या अपनी करनी पर शर्माते है, नही बिल्कुल नहीं, ऐसा करके हम ना चाहते हुए भी खुद की बेज्जती करवाते है और बाद में भी उसे सुधारने के बजाए हम दुबारा वैसा ही करते है। हम फिर से वही हरकत करके और आस–पास को गंदा करने की आदत को ना छोड़कर हम बार–बार ना सिर्फ अपने क्षेत्र को बल्कि देश को भी गंदा करते है और हर बार इल्जाम दूसरों पर डाल देते है, हमेशा की तरह। एक बात और सोचने वाली है कि क्या हम इस तरह के छोटे–छोटे काम करने से घबराते है या डरते है क्योंकि इस तरह के काम करने से हमारी झूठी शान व अहम बीच में आ जाता है, पर जैसे हम खुद के घर का टॉयलेट खुद साफ करते है तो क्यों नहीं समाज व आस–पड़ोस को भी साफ रखते है।

इसको एक उदाहरण से समझते है कि जब कोई विदेशी पर्यटक हमारे यहॉ आता है, तो शायद आपने देखा होगा कि वो कुछ भी खाके या तो जेब में या अपने बैग में उसका रैपर या जो

भी बचा खाने के बाद वो अपनी जेब व पॉकेट में रख लेतें है और वो सड़क पर वो कूड़ा नहीं डालते हैं। हम वैसे तो घर में डस्टबिन का या कुड़ेदान का तो इस्तेमाल कर लेते है, पर बाकि सारी जगह को कूड़ादान पता नहीं क्यों समझ लेते है। विदेशी लोग कोई विशेष चीज नहीं खाते है, बस एक नियम या संतुलन को बना के रहते है कि क्या सही है क्या गलत है, ठीक इसके उल्टे हम लोग जहॉ जो खाया, वहीं पर वो कचरा फेंक दिया या बहा दिया कि कोई ना कोई आकर तो उस गंदगी को साफ करेगा।

सोचो कि कहीं आप बस से या चलती रेलगाड़ी से कुछ फेंको तो उसे कौन साफ करने आयेगा और देखते ही देखते उस जगह पर गंदगी भरती चली जायेगी। पर शुक्र इस बात का है कि प्लेन में ऐसा नहीं कर सकते वरना सोचो कि आप छत पर बैठे खाना खा रहे हो और ऊपर से किसी ने लैटरिन कर दी या सुसु या कुछ खाकर फेंक दिया और वो आपके खाने में देशी घी की तरह आकर गिरे, जैसे ये सोच के अजीब सा लगता है, तो सोचों जिस गॉव या जगह से रेलगाड़ी व बस जाती होगी, वहॉ के लोगों को कैसा लगता होगा, ना ही हम गंदगी करने से बाज आ रहे है और ना सुधरना चाहते है, हॉ हम दूसरों को कमेंट करना अच्छे से जानते है। क्या है कि हम लोग ऐसे बनते जा रहे है कि अपना काम बन जाये और भाड़ में जाये जनता वाली कहावत चरित्रार्थ करते आ रहे है और वैसे भी हम भारतियों की शान कूड़ा–कचरा साफ करने में घटती है कि कौन अपने हाथ गंदे करे, लेकिन सोशल मीडिया पर पोस्ट डालने के लिए हम एक दिन या कुछ मिनटों के लिए हाथ गंदे कर लेते है, वो भी सिर्फ थोड़ी सी पब्लिसिटी पाने के लिए या अपने नाम का प्रचार करने के लिए। एक खास खूबी और है हम लोगों के अंदर की जहॉ लिखा होगा कि पिसाब करना मना है, वहॉ जरूर पिसाब मिलेगी, जहॉ कूड़ा डालना मना है वहॉ ढेर लगा मिलेगा और हम लोग पढ़े लिखे होने के वाबजूद भी अनपढ़ो वाली हरकत करके जरा भी नहीं शर्माते है। मजे की बात ये भी है कि हम किसी को करते हुए देखें भी तो रोकने व टोकने के बजाए आगे बढ़ जाते है कि कौन सा मेरे घर की बात है या मेरा कौन सा

नुकसान हो रहा है। वैसे भी भारत में एक बात और बहुत आम है कि नियम तो तोड़ने के लिए बनते है, लोग क्यों नियमों को तोड़ना पसंद करते है क्या पता, पर शायद ये हमारी एक आदत बनती जा रही है और जब फाईन लगता है तो अपनी पहॅुच दिखाते है या जुगाड़ लगाते है या ढूढ़ते है, वरना लेन–देन शुरू कर देते है कि इतना ले लो और छोड़ दो, वरना कोई ना कोई चाचा, मामा, ताया या अंकल निकल ही आता है। जैसे हमारे देश में अतिथि देवो भवः की प्रथा है और जैसे हम अपने घर को किसी मेहमान के आने से पहले सजाते है अगर मालूम है कि कोई आने वाला है या बिना बुलाया ही कोई आ जाये तब हम तुरंत अच्छा खाना, अच्छी बेडशीट व नया डिनर सेट तक निकाल लेते है, तो जब हम अपने घर को सजा सकते है व हर चीज को सुदंर तरीके से सजाके प्रस्तुत करते है, तो सोचिए जो हमारे देश में आ रहा है उसके लिए हम सबको मिलके अपने देश को सजाना चाहिए वो भी रोज क्योंकि पहले देश आता है ना कि घर और जैसा हम अपने देश को बनायेगें वैसा ही हमारा घर भी खुद ब खुद बन जायेगा, कहते है कि पहले खुद को बदलो फिर दूसरे को बदलने कि कोशिश करो।

हम भारतीय कुछ ऐसी मिट्टी के बने है कि हम बातें व हादसे दोनों बहुत जल्दी भूल जाते है और हर बार, बार–बार वही गलतियॉ करते है, साथ ही नियमों को तोड़ना, कानून के साथ खिलवाड़ करना, पॉवर व पोजीशन दिखाके डराना–धमकाना, अपने ओहदे का गलत इस्तेमाल करना, ये सब हमें बखूबी आता है और बेशर्मी से ऐसे लोग कहते है कि वो भारतीय है, किस तरह के इंसान हो आप, न पहले गलत काम करने से और न बाद में करके पछताते है और तो और गलत करके भी गर्व का अनूभव करते है। आज के दौर में हर क्षेत्र में सब, बस पैसे कमाने की होड़ में लगें हुए है और आज के इंटरनेट के दौर में कुछ ज्यादा ही, ऐसे में भोले–भाले लोगों के पैसे चंद मिनटों में गायब हो जाते है। कितने लोग अपनी पूरी जिंदगी की कमाई तक खो बैठते है और ऐसा करने वाले को कोई फर्क नहीं पड़ता कि सामने वाला जिये या मरे। हमारे भोलेपन की हद तो यहॉ तक है कि किसी से कहे की आप गलत हो, ये काम

ऐसे नहीं ऐसे होगा, तो जवाब क्या आता है कि अगर मुझसे परेशानी है तो दूसरे से करवा लो या मुझसे तो कह दिया, सामने वाले को रोक के दिखाओ, हमसे बोलने से क्या होगा, हम तो वैसा ही कर रहें है जैसा हमें आदेश दिया गया है ऊपर से। अब ये ऊपर वाला कौन है ? और कितनी तादात में है ? ये किसी को भी पता नहीं है ना ही कोई पता लगा पायेगा। पर जैसे हर वक्त अधेंरा नहीं रह सकता, ठीक इसी तरह सबके बीच में कुछ अच्छे लोग भी है जो गलती भी मानते है और उसकों सुधारते भी है और उसको बदलते भी है, जिसकी वजह से आज भी सिस्टम चल रहा है। दूसरा मैनें ये भी देखा या पढ़ा है कि विदेशी काफी हद तक हमारे देश की तरह खुद के देश को गंदा नहीं करते है या फिर ना के बराबर करते है, लेकिन इसका ये मतलब नहीं है कि वहॉ क्राइम नहीं होते या वहॉ एक दूसरे से लोग परेशान नहीं है। कोई भी देश परफेक्ट नहीं हो सकता, पर जो अपनी धरोहर व संस्कृति को सही समय पर संभाल ले वो धीरे–धीरे परफेक्ट बन सकता है, देखा जाये तो हमारे देश में इतना कुछ है कि हम उसे संभाल नहीं पा रहे है और जो है उस धरोहर को ठीक तरह से बचा नहीं पा रहे है और अंदर ही अंदर उसे खोखला बना रहे है या घूस के नाम पर दीमक की तरह चाट रहे है। किस बात की कमी है यहॉ पर जरा गौर करते है, क्या हमारे देश में कारोबार की कमी है ? क्या शैक्षिक संस्थानों की कमी है ? क्या किसी भी तरह खेती नहीं होती हमारे यहॉ ? क्या किसी भी तरह की जॉब या बड़ी कंपनियों का अकाल है ? क्या हमारे यहॉ किसी भी तरह के टैलेंट की कमी है ? क्या किसी भी तरह की टेक्नॉलजी की कमी है ? यहॉ तक कि हर तरह के काम के लिए मैनपॉवर की भरमार है और मैं नहीं समझता कि किसी भी हिन्दुस्तानी की इस बारे में किसी भी तरह की दो राय होगीं। वैसे भी हमारा देश किसी से भी कम नहीं है फिर चाहे वो सैन्य सेना हो, नूक्लियर पॉवर हो, समाजिक एक जुटता हो, मुद्रा कोश भंडार हो या सेन्सक्स में बड़ी से बड़ी कंपनी की लिस्टिंग हो, सब कुछ है, और जो है नहीं वो है अपनी ताकत व क्षमता की सही जानकारी का आभाव का होना, ठीक वैसे ही जैसे सारी शक्तियों के

होने के बाद भी हनुमान जी भूल गये थे, जिसे समय पर जामवंत जी ने याद दिलाया था। काफी हद तक हम लोग अपने ही घर पर आग लगा के हाथ सेकने वालों मे से है खासतौर पर वो लोग जिनके पास जरूरत से ज्यादा पैसा है और वो खुद की बर्बादी के साथ देश की बर्बादी के भी जिम्मेदार है, कैसे वो ऐसे कि ये लोग अपने देश का पैसा विदेशी बैंको में जमा करते है और ये हम सब जानते है कि बैंको के पैसों से और टैक्स से ही देश का विकास होता है, पर भ्रष्ट राजनीति व भ्रष्टाचार को बढ़ावा देने से विदेशी बैंकों का पैसा बढ़ेगा और टैक्स चोरी करने से या ये दोंनो सही से ना करने से देश की प्रगति पर प्रभाव पड़ेगा। दूसरा किसी की तरक्की देख के खुशी की बजाए दुःखी होना, किसी के घर के अंदर की खुशी देख कर जलना और उसको या उसके घर की शांति को कैसे भंग किया, ये जुगत लगाना, ये भी सोचे बगैर कि हम क्यों व किसकी शांति भंग कर रहे क्योंकि जैसा करोगे वापस वैसा ही मिलेगा। तीसरा हम एक और गलतफहमी में रहते है कि सिर्फ त्यौहार मनाने से ही हमें सुख व शांति प्राप्त होती है, जिसके लिए एक खास तिथि में वो त्यौहार मनाया जाता है, वो भी हर प्रदेश में व हर धर्म के अनुयायी द्वारा सालभर अलग–अलग तरीके से और काफी कुछ हम पंचाग द्वारा या चंद्रमा द्वारा ये जान जाते है कि कब वो तिथि आयेगी या कब वो दिन आयेगा जिस दिन हम होली, दिवाली, दशहरा, ईद, किसमस, बैसाखी, पर्यूषण पर्व। पर ऐसी कोई व्यवस्था या त्यौहार विश्व के किसी और देश के पास नहीं है इसीलिए वो लोग मदर्स डे, फादर्स डे या वैलेंटाइन डे मनाते है। विद्वान पंडितों से यज्ञ व हवन करवाना, बड़े–बड़े भंडारों का आयोजन करना, एक साथ एकत्रित होकर हर पर्व को हर्षों उल्लास के साथ मनाना, एक–दूसरे को मिठाई व सिवंई बांटना, ये सिर्फ हमारे देश में ही हो सकता है। इसके बावजूद भी हम कभी–कभी एक दूसरे के दुश्मन बन जाते है, वजह भी कैसी कि वो उस धर्म का त्यौहार, वो उस जाति का है, जबकि ये जानते हुए कि त्यौहार तो हम इंसानों ने बनाये है और ये जाति, धर्म, वर्ण व रीति–रीवाज हम इंसानों के ही तो बनाये हुए है, फिर लड़ना क्यों ? क्योंकि कोई

भी धर्म हमें धर्म के नाम पर लड़ना तो बिल्कुल नहीं सिखाता, तो जो हमें उन सभी दिव्य शक्तियों से प्राप्त हुआ है वो एक ही है और एक ही रूप में है सब जगह, बस हम देखते व मानते है अपने अनुसार इसलिए लड़ने व अलग–अलग सोचने के बजाए हमें एकजुट होकर और हम एक ही है ये समझकर हमें इंसान बनकर उसके द्वारा प्रदान किये गये त्यौहारों को हर्षों–उल्लास से मनाना चाहिए।

कहने को होली रंगों का त्यौहार है मतलब हम रंगों में सब गम मिलाके सारे गिले–सिकवे भूलाके खुशी मनाते है, ठीक इसी तरह महाराष्ट् व देश के कई हिस्सों में गणेश उत्सव होली की तरह रंग व गुलाल खेल के मनाते है, बंगाल में व देशभर में दुर्गा पूजा भी पूरे हर्षों उल्लास से मनाया जाता है और फिर चाहे कृष्ण जन्मास्टमी हो या महाशिवरात्रि हो, ईद की बधाईयाँ हो या बैसाखी की बहार, क्रिसमस पर रोश्नी हो या दीप उत्सव के साथ पटाखों की रोशनी में दिवाली का त्यौहार हम हर त्यौहार बड़ी धूमधाम से मनाते है। यहाँ तक की किसी नेता के इलेक्शन जीतने पर या फिल्मस्टार की फिल्म हिट होने पर भी होली व दीवाली दोनों मना लेते है। अगर कहीं भारतीय टीम कोई बड़ा मैच जीत जाये तो हमसब ऐसे जश्न मनाते है जैसे सारे त्यौहार उसी दिन ही हो, 2011 का वर्ल्ड कप क्या जीता हमनें, पूरा का पूरा भारत सड़क पर उतर आया था, तब चाहे किसी भी तबके का आदमी हो या जाति का, सब खुशी के रंग में सराबोर थे, पटाखे चलाना हो या मिठाई बॉटना हो, सब कोई हर कुछ उस पल भूल के एक हो गये, देखा जाये तो ये ही है असल भारत और कुछ नहीं। इसी तरह से भारत के हर राज्य में व क्षेत्र में अलग–अलग त्यौहार मनाने के बावजूद भी हम आजतक ये क्यों नहीं समझ पाये कि वाकई में हम चाहते क्या है ? खुशी ढुढ़ने से नहीं मिलती ? सुकुन किसी बनिये की दुकान में नहीं मिलता ? इसी तरह कोई इंसान किसी धर्म को मानने से व उसका ज्ञाता होने से, ना ही दूसरे धर्म का विरोधी बन सकता है और ना ही उस धर्म का रक्षक बन जाता है। वैसे भी हमारे भारत में हर महीनें कोई ना कोई त्यौहार या उत्सव तो आता

ही रहता है जिस वजह से हम भारत वासियों को एक दूसरे से जोड़ने के लिए एक ना एक वजह बनी रहती है, फिर भी हम पूरी तरह खुश नहीं हो पाते, क्यों ? क्योंकि आज की मंहगाई की वजह से या ये कहा जाये कि हर त्यौहार का मजा सिर्फ अमीरों को ही आता होगा, तो उसमें कोई अतिश्योक्ति नहीं होगी और गरीब घर चलाए या त्यौहार मनाये। पैसा जो अमीरों की जागीर बन गया है और जिस कारण गरीब त्यौहार के नाम से जितना आज घबराता है शायद ही उतना पहले घबराता होगा, भला होगा उन एन0जी0ओ0 वालों का या चंद उन अमीरों का जो खुद आगे आकर व डोनेशन देकर कुछ बच्चों व परिवारों के यहॉ खुशीयॉ ले आते है। पर जो इन से महरूम रह जाते है वो अपने भविष्य के साथ वर्तमान व भूत दोंनो को अस्त–व्यस्त करते है क्योंकि वो अपने परिवार की खुशियों की खातिर उधार या कर्जा लेते है, फिर उसको चुकाने के लिए वो डबल मेहनत करते है और क्या चाहते है कि उनके बच्चे, बीवी व परिवार भी त्यौहार के दिन सजें–सवरें, खूब खुशीयॉ मनाये व आस–पड़ोस के साथ ही परिवार में अपनी इज्जत बनाये, इस खातिर वो खूब मेहनत करता है ताकि कम से कम थोड़ी देर के लिए उसके परिवार में भी खुशीयॉ आ सके, इसके लिए वो कर्जा लेता है ताकि वो अपने परिवार को एक दिन की खुशी दे सके, जिसमें कभी वो सफल तो कभी असफल होते है, इसके उल्टे तरफ पैसे वालों के यहॉ हर चीज बहुतायत में होती है। इनमें से कुछ अमीर अपनी खुशियों में गरीबों को शामिल करते है उन्हे दान–पुण्य करके, वहीं कुछ लोग बचा हुआ समान फेंक देते है बजाए किसी को देने से, इससे उनको ना ही पुण्य मिलता है, साथ ही ऐसे लोग अह्म व घमंड से घिरे होते है और ऐसे लोग तब दान–पुण्य करतें है जब उन्हें दुआ या किसी तरह के नये काम को शुरू करना हो और पूजा के दौरान जब पंडित उन्हें दान करने को कहे वरना अमीर कहॉ एयरकंडीशनर से निकलते है और गरीबों से मिलते है। उदाहरणतः किसी भी पार्टी के नेता को आपने वोट मांगते हुए अपने मोहल्ले में देखा होगा, उसके बाद उनसे मिलना ईद का चांद वाली

हालत में बदल जाता है और जो उस वक्त हमें अच्छे से जानते थे, वो ही परायों जैसा व्यवहार करने लगते है।

एक कहावत है कि वी हेट पूअर पीपुल्स मतलब की हम गरीबों से नफरत करते है, पर क्या करें दान तो सिर्फ गरीबों को दिया जाता है और वो कोठियों मे तो नहीं मिल सकता, तो थोड़ा सा पुण्य, यश, दान व परोपकार की भावना के तहत ऐसा करते है क्योंकि बिना किसी स्वार्थ के कोई भी आज के जमाने में किसी की मदद नहीं करता है और ना ही किसी से बिना स्वार्थ के मतलब रखना चाहता है, इस पर मैं ये कहूँगा कि अगर भगवान ने किसी को जरूरत से ज्यादा पैसे दिये है और उसकी सारी जरूरत पूरी होने के बाद भी पैसा बचता है तो उसे उस पैसे को किसी ऐसे काम में लगाना चाहिए जिससे गराबों की या गरीबी काट रहें इंसान की मदद हो सके, कभी भी पैसे दान नहीं करना चाहिए क्योंकि इससे दो बातें हो सकती है, एक की जिसने पैसा देखा ना हो वो बौखला के गलत काम कर सकता है, दूसरा पैसे मांगने की उसकी आदत नहीं जायेगी और वो कोई भी काम चाहते या ना चाहते हुए भी नहीं करना चाहेगा। गरीब इस लिए गरीब है क्योंकि उनके पास काम नहीं है या समाज में उनकी हैसियत के हिसाब उनको बराबर का दर्जा नहीं मिलता, इसलिए पहले आप काम देकर देखो, मेरा मानना है कि वो एक गरीब दस अमीरों के मुकाबलें मेहनत कर सकता है इसीलिए अमीरों को उन्हें काम देना चाहिए बजाए पैसों के, जिससे अमीर को ये रंज या घमंड ना रहें कि उसने लाखों रूपये दान कर दिये और उसी पैसों का गलत उपयोग करके वो आपको ही बदनाम कर रहा है, इसके साथ ही ऐसे दान व चैरिटी पर सरकार को भी हस्तक्षेप करना चाहिए ताकि वो उन पैसों को सही जगह लगवा के वाकई में जरूरत मंदो की मदद के साथ उनको रोजगार दे सके। पहले की सरकारें इस दिशा में कम सोचती थी, पर अब की सरकार छोटे व्यापारों को सपोर्ट तो कर रही है पर फिर भी करोड़ों लोग बेरोजगार है या काफी परिवार आज भी गरीबीं रेखा से नीचे की जिंदगी जी रहें है। इसमें एक बात और भी सामने आती है कि अमीर व सरकार कई योजनाओं में जो

पैसा लगाती है और कुछ समय पश्चात जब आकड़े सामनें आते है, तो पता चलता है कि उन योजनाओं में जो पैसा लगा था उसमें करोड़ों का घोटाला हो चुका है। एक बार बस पैसा दिखना चाहिए, उसके बाद वो पैसा कहॉ जाता है या कहॉ खर्च होता है, इसके बारे में किसी को कुछ पता नहीं होता है। हॉ इससे जिनको फर्क पड़ता है, वो, ऐसे लोग होते है जो कुछ अच्छा हो जाने की आस में बरसों काट देते है। यहॉ एक बात और गौर करने वाली है कि सरकारी व गैर सरकारी काम में जमीन–आसमान का फर्क है, जहॉ सरकारी काम वो है जो कि पैसेंजर या लोकल गाड़ी की तरह चलता है, जगह–जगह स्टापेज, जगह–जगह पर रेड सिग्नल मिलता है और वो ग्रीन कैसे होता है ये बात तो हर एक भारतीय अच्छी तरह से जानता है। वहीं गैर सरकारी काम वो है जो शताब्दी या राजधानी की तरह काम करता है, इसमें

गौर करने वाली बात एक और भी है कि जितनी सुविधा सरकारी काम करने वालों को मिलती है, उसकी आधी भी गैर सरकारी काम करने वाले को नहीं मिलती है। वहीं सरकारी काम या कोई पोजीशन के लिए, जिस पर सरकारी मोहर भर सिर्फ लगी हो या सरकारी पोस्ट खाली हो, तो उसको पाने के लिए आम आदमी या गैर सरकारी आदमी को काफी मेहनत–मसक्कत करनी पड़ती है और इतना ही नहीं उसके लिए आपके पास पैसे भी काफी होने चाहिए और अगर आप की किस्मत ठीक हुई और आपको वो जगह मिल भी गई, तो आप खुद को राजा से कम नहीं समझते हो, ज्यादा पुरानी नहीं अगर मेरी याददाश्त ठीक हो तो पहले लोग सरकारी दामाद ही ढूढ़ते थे या अपने बेटों के लिए सिर्फ सरकारी नौकरी ही चाहते थे, यहॉ तक की हर सरकारी काम को सही व गैर सरकारी काम को गलत समझते थे।

पर जैसे समय एक सा नहीं होता, ठीक इसी तरह सरकारी कामों का भी समय बदल गया और धीरे–धीरे हर विभाग का निगमीकरण होता चला गया, अब सरकारी ऑफिस बस जैसे दिखावे का सामान बनकर रह गये है और आज हर कोई व्यक्ति ना तो किसी तरह के सरकारी काम के चक्कर में पड़ना चाहता है, ना ही

रोज वहाँ जाना चाहता है क्योंकि एक छोटे से काम के लिये आज भी महीनों दौड़ना पढ़ता है। सरकारी काम के चक्कर में इंसान इतना परेशान हो जाता है कि आखिर में या तो वो काम खुद छोड़ देता है या किसी दलाल को दे देता है या फिर घूस देकर करवाता है, बावजूद इसके कि सरकार ने हेल्पलाईन नंबर दे रखें है कि कोई पैसा मांगे तो आप शिकायत करें, पर आम इंसान सोचता है कौन इस सब में पड़े क्योंकि उसके बाद की कार्यवाही और जटिल होती है, दूसरा आपकी शिकायत के बाद वो पूरा ऑफिस ही आपके विरूद्व हो जायेगा और फिर करवा लो काम, ऐसे–ऐसे कागज मांगे जायेगें कि आप खुद सोचोगे की क्यों मैनें शिकायत की इससे अच्छा तो मैं कुछ पैसे देकर काम करवा लेता। तीसरा आप किसी भी सरकारी ऑफिस मे जाकर देखी ये, एक तो वहाँ का माहौल, बैठने–उठने की सुविधा व हर काम को दूसरों पर टाल देना कि उनके पास जाइये, वहाँ से साईन करवाईये, उनको फाईल दे या इंतेजार करिये वो आते होगें क्योंकि सरकारी ऑफिस में कोई भी टाईम पर आये तो इसे आप अपनी खुशकिस्मत ही मानिये, इस सब के बाद भी काम हो जाये तो आप विशेष हो जिनका काम हो गया। चौथा सरकारी ऑफिस में किसी भी काम का सही पैटर्न का ना होना या सही समय पर काम ना खत्म करना और हर एक काम को जरूरत से ज्यादा लंबा खींचना। इससे ना सिर्फ उस इंसान का टाईम खराब हुआ, साथ ही सरकारी चीजों के साथ–साथ सरकारी पैसों का भी काफी नुकसान हुआ, वो कैसे ? वो ऐसे कि जो इंसान उस काम के लिए नियुक्त था उसकी तनख्वाह, ऑफिस का खर्च, वो ऑफिस जहाँ है उस जगह का किराया आदि कई कारणों से सीधे–सीधे पैसों की बर्बादी होती है और वो भी उन सरकारी पैसों की जो हमसे टैक्स के रूप में वसूला जाता है या जो भी शुल्क देना हो उस काम के लिए। पॉचवा जो कर्मचारी जिस काम के लिए नियुक्त था उसने ना तो वो काम को सही समय पर किया और दूसरों को भी करने से रोका क्योंकि बात पैसों व रिश्वत पर आके रूक जाती है कि जबतक टेबल के नीचे हाथ नहीं गया, तब तक फाईल आगे नहीं बढ़ सकती, इतना ही नहीं एक आम इंसाने को तो

लूटा ही, पर हद तो वहॉ हो जाती है जहॉ सरकारी काम के लिए इस्तेमाल में आनी वाली वस्तुऐं जैसे कोई कागज या स्टेश्नरी का सामान लाना हो और वो सामान मात्र 100 रूपये का हो, पर बिल 1000 रूपये का बनवाया जाता है, मतलब वहॉ भी घोटाला, कैसे–कैसे काम करके घोटाले किये जाते है और आम इंसान को दर्जनों चक्कर लगवाये जाते है, वो भी सिर्फ चंद रूपये की खातिर और आम इंसान मजबूरी वश वैसा करता भी है क्योंकि बिना उन सरकारी कागजों के उसके बाकी काम नहीं होगें और वहॉ जाकर फिर उसी खेल में फंस जाता है कि इस काम के इतने रूपये लगेगें और पैसे नहीं दिये तो कहा जायेगा कि इतने दिनों बाद आना साहब बाहर है और रिश्वत देते ही सब काम टाईम पर नहीं बल्कि टाईम से पहले हो जाता है और वो साहब घर पर बुलाकर साईन कर देगें। इससे उसके साथ आने वाले या उसके जानकारों को भी वो ये बताएगा या वो इंसान जहॉ रहता होगा वो अपने आस–पास वालों से वहॉ की बुराई तो करेगा ही और बोलेगा कि वहॉ जाने से कोई फायदा नहीं पैसा खर्च करना पड़ेगा और टाईम भी, साथ ही कोई सीधे मुहॅ बात ही नहीं करता है, इसी के चलते वो गैर सरकारी ऑफिस की तरफ झुकेगा कि काम भी जल्दी होगा और पैसा जो काम में लगेगा वो लगेगा और इन गैर सरकारी क्षेत्र की पब्लिसिटी अखबार, न्यूज चैनल व कई तरह की एडवरटाईजमेंट कंपनियां भी करती है क्योंकि इसके लिए उनको पैसे जो मिलते है। वैसे भी आज के दौर में सबसे ज्यादा जो चीज काम करती है वो है माउथ टू माउथ पब्लिसीटीं और हमारा देश व जनता वही सच मानती है, जो उसे दिखाया या बताया जाता है, वरना कोई भी सरकारी जगह को छोड़ क्यों गैर सरकारी जगह जाता। इसी वजह से आज ज्यादातर सरकारी संस्थानों को नुकसान उठाना पड़ रहा है, जिसकी भरपाई हमसे टैक्स, चुंगी और ना जाने कैसे–कैसे तरीकों से वसूला जाता है, इसके बावजूद भी आज सरकारी संस्थान पीछे होते जा रहे है व गैर सरकारी संस्थान आगे बढ़ रहे है। पर इस सबके बाद भी लोगों की मजबूरी है कि उन्हें सरकारी ऑफिस जाना पड़ता है क्योंकि आज भी कई जरूरी काम सिर्फ सरकारी

संस्थानों से ही हो सकते है दूसरा कोई आप्शन जो नहीं है जैसे कोर्ट–कचहरी, तहसील, रेलवे, मंत्रालय, पोस्ट ऑफिस, आर0टी0ओ, सरकारी अस्पताल, कुछ समय पहले तक टेलीकॉम डिर्पाटमेंट, विधुत विभाग और ना जाने कितने ऐसे संस्थान है जहॉ आज भी लाईन लगानी पड़ती है या पैसे ढीले करने पड़ते है और मजबूरी भी कुछ ऐसी है कि वो काम आपको वहीं से करवाना होगा, वरना बैठे रहो हाथ पर हाथ रखकर, सरकारी आफिस हो या सरकारी कर्मचारी वो आम इंसान की कमजोरी का फायदा उठाना अच्छे से जानते है, पर लोगों को जोड़ना व उनके सहयोग से आगे बढ़ना उन्हें नहीं आता है और इसी के चलते अबकी सरकार नें काफी सारे बदलाव किये है ताकि सरकारी ऑफिस भी लोगों को जोड़ने का काम करें। पर अब भी कई सरकार के डिपार्टमेंट घाटे में चल रहे है और सरकार की मजबूरी है कि वो उन्हें बंद नहीं कर सकती क्योंकि उन डिपार्टमेंटों से कई मंत्रालय व दूरदराज के क्षेत्र जुड़े है, तो जैसे मंत्रालयों को खत्म नहीं किया जा सकता है वैसे ही उनसे जुड़े सरकारी ऑफिस को बंद नहीं किया जा सकता और इसी वजह उनका घाटा कम करने के लिए उनका निगमीकरण कर दिया गया ताकि आपको गैर सरकारी संस्थानों जैसी सुविधा दी जा सके और साथ ही पैसे बचाने के लिए पेंशन भी बंद कर दी गई ।

आज भी कई सरकारी जगहों पर कुछ इतने उम्रदराज लोग काम करते है जो आज की टेक्नॉलजी के साथ सामंजस्य नहीं बिठा पाते है, हॉ कुछ एक सिखने की कोशिश करते है, पर इससे काम पर असर पड़ता है क्योंकि वो काम उस स्पीड से नही कर पाते है और जबतक वो रिटायर नहीं होते तबतक नयी भरती कहॉ हो सकती है। इससे दो बातें होती है एक तो आज के हिसाब से वो काम नही कर पाते, दूसरा वो काम दूसरों से करवाते है और दूसरों से काम भारत में कैसे होता है ये बात तो हर भारतीय जानता है कि सरकारी काम कैसे व किस–किस तरह से करवाया जा सकता है। इसी वजह से गैर सरकारी कंपनियां फल–फूल रही है इसे उदाहरण से समझते है देश की सरकारी व्यवस्थाऐं, सरकारी स्कूल, सरकारी अस्पताल, सरकारी बैंक, सरकारी फैक्टरियॉ व उनकी कालोनियॉ,

इसी तरह सरकारी इमारतें सब खस्ताहाल में पहुॅचती जा रही है और ये बात किसी से छिपी नहीं है, जिस कारण मजबूरी वश आम इंसान को प्राईवेट स्कूल में अपने बच्चों को भेजना पड़ता है और भारी–भरकम फीस भरना पड़ता है, सरकारी अस्पताल में अच्छी सुविधा ना होना और लाखों रूपये प्राईवेट अस्पताल में देना, कब बिजली सरकारी से गैर सरकारी हो गयी इसका पता अब बिल आने पर चलता है, इसी तरह बाकी सरकारी कामों का होना, जिस वजह से आम इंसान को परेशान होना पड़ता है और इसका फायदा उठाके गैर सरकारी कंपनियां खूब मुनाफा कमा रही है।

जिस तेजी से गैर सरकारी संगठन व कंपनियॉ पांव फैला रही है और जैसे शाम के समय सूरज का छिपना और प्रकाश का अंधकार में बदल जाना और फिर हर रात के बाद सवेरा हो जाना, ये सब एक तय समय में ही होता है, ठीक इसी तरह तय समय के अंदर अगर चीजे नहीं बदली, तो अबकी बार हम उन गैर सरकारी कंपनियों की बनाई चीजों के व उन कंपनियों के गुलाम बनते जायेगें क्योंकि वो हमें उन चीजों का धीरे–धीरे आदि जो बना रहे है और हम उनके इस जाल को ना समझकर उन चीजों को इस्तेमाल करके अपनी शान समझने लगे है। वैसे भी हम भेड़ चाल वाले लोग है एक कर रहा है तो हम क्यों पीछे हटे, क्या हम किसी से कम है जो हम दिखावा नही कर सकते है। तो जब करने वाले हम है तो बदलना भी तो हमें ही पड़ेगा क्योंकि जिस किसी चीज पर मेड इन इंडिया लिखा हो और हम उसे गर्व से इस्तेमाल करें, इससे बड़े बदलाव की जरूरत ही नहीं है। पर हम मेड इन फलाना देश की चीज को इस्तेमाल करने मे ना जाने क्यों गर्व का अनुभव महसूस करते है, जबकि देखा जाये तो वो उनके यहॉ की लोकल चीज है। तो जैसे हम बाहरी वस्तुओं को ब्रांड बना सकते है, तो क्यों नहीं अपने देश की चीजों को वो दर्जा देते है क्योंकि हम ही है जो उसे ब्रांड बनायेगें। एक और महत्वपूर्ण बात ये है कि हमारे देश में फाईल–फाईल खूब खेला जाता है, क्यों ? क्योंकि हमारे यहॉ योजनाऐं व परियोंजनाऐं सब फाईलों में खूब नाचती है, ठीक वैसे ही जैसे सर्कस में शेर क्योंकि शेर दिखता तो बहुत ताकतवर है पर वो

सर्कस वाले के इशारे पर नाचता है, ठीक वैसे ही फाईलों में हर काम व योजना बहुत दमदार लगती है, पर वो काम मदारी के बंदर की तरह काम करता है, मतलब जबतक सरकार है वो काम हो सकता है पर जैसे ही सरकार पॉच साल में बदली और वो योजना ठंडे बिस्तर में चली जाती है।

लेकिन हम भारतीय वो नहीं रह गये जो हम हुआ करते थे, क्यों ? क्योंकि हम तो अपनी किस्मत खुद बनाने वालों में से थे और कभी दूसरों से हक मांगा नहीं, यहॉ तक की अपनी आजादी भी छीनी है हमनें, पर इतने संघर्ष के बाद मिली आजादी को हम पचा नहीं पा रहें है और कई कारणों से फिर गुलामी की राह पर निकल पड़े है जैसे खुद की पहचान भुलकर अब चमक की ओर भागने लगे है, जैसे केंद्र सरकार को छोड़कर, राज्य सरकारें अपने हिसाब से राज्यों को तोड़–मरोड़ रही है व नई–नई स्कीमें लाकर विदेशी कंपनियों को न्यौता दे रही है, इससे रोजगार तो मिल रहा है पर स्वदेशी उत्पाद व हमारे यहॉ की कलाकृतियों व कई तरह के उत्पादों के लुप्त होने की संभावनायें बढ़ती जा रही है और ये साफ दर्शाता है कि हम अपनी आजादी का फिर से मोल लगाने लगे है। दूसरा ये कि जैसे पुरातन काल में राजा, जब भी कोई आदेश जारी करता था तब प्रजा को उस आदेश का पालन करना पड़ता था, ठीक ऐसे ही आज के जमाने में वो सब अब हमारी सरकारें करती है कि जो योजना, आदेश या अध्यादेश जारी किया जाता है, केंन्द्र सरकार द्वारा अलग व राज्य सरकारों द्वारा अलग और हमें उसको मानना पड़ता है या उसके हिसाब से चलना पड़ता है। क्यों ? क्योंकि हम चाह कर भी कुछ नया या अलग नही कर सकते और कुछ करने से पहले या तो कानून या सरकारी आदेश बीच में आ जाते है। तीसरा पहलू अजादी के बाद का कि क्यों हमारे देश के नौजवान विदेश जाने के सपने देखते है ? क्यों उन्हें वहॉ की नौकरी, माहौल व काम पसंद आता है ? क्या इसलिए कि वहॉ डालर है या वो थोड़ा बहुत टैलेंट की कदर करना जानते हैं ? क्या इसी वजह से आज भी नासा में 50 से 60 प्रतिशत भारतीय है ? और विश्व की हर एक बड़ी कंपनी में एक भारतीय नाम जरूर

मिलेगा, क्या इस लिए हम बाहर जाना चाहते है ? नही मुझे ऐसा बिल्कुल नहीं लगता और मेरा मानना है कि हम जब सब कुछ यहीं सीखते व पढ़ते है तो बाहर हम जिन बातों के लिए जाना चाहते थे, वो अब धीरे–धीरे कम हो रहा है क्योंकि अब की सरकार युवाओं को पैसा व काम के लिए हर सुविधा मुहईया करवा रही है और कितने भारतीय देश वापसी भी कर रहे हैं क्योंकि पहले सरकार बनती थी पर काम कम बनता था, अब सरकारें भी बनती है और काम भी बनता है, बस कुछ एक चीजें ठीक करने को रह गई है, जो समय के साथ ठीक भी हो जायेंगी, ऐसा मुझे लगता है। पर आज भी कई लोग जिनके पास पैसा है या वो कोई नामी व्यक्ति है तो वो अपने बच्चे को आज भी विदेश ही पढ़ने भेजेगे क्योंकि हमारे यहॉ के कॉलेज में वो कभी एडमिशन ले भी नहीं पाते और ये बात तो जग जाहिर है कि हमारे यहॉ के आई0आई0टी कॉलेज में नाम आना या पेपर निकालना अच्छे–अच्छों के बस की बात नहीं है, इसीलिए पैसों के दम पर विदेशी कॉलेज में एडमिशन करवाया जाता है और बताया जाता है कि मेरा बच्चा विदेश में पढ़ रहा है या पढ़ के आया है, पर पता नहीं क्यों मुझे ऐसी सोच पर गर्व की अनुभूति नहीं होती है। दूसरा आज भी जो टैलेंटेड है उन्हें विदेशी कंपनियॉ जॉब और अच्छी–खासी सैलरी का लालच देकर अपने यहॉ बुला लेती है या वो खुद चला जाता है, चाहे लालच में या फिर किसी पर्सनल वजह से, पर जो ये सब नहीं कर सकते वो सरकारी या गैरसरकारी ऑफिस की जॉब के लिए कोशिश करके उम्र निकालते है और जब कुछ नहीं मिलता, वो भी काफी मेहनत व हाथ–पॉव मारने के बाद तब हम गलत रास्ता अपनाते है। इससे ना तो युवाओं का और ना ही देश का फायदा होगा, साथ ही ना तो आज का और ना ही आने वाले कई सालों में देश का कल्याण होगो क्योंकि जो एक बार विदेश चला गया, वो फिर क्यों यहॉ आना चाहेगा और धीरे–धीरे हमारा देश एक–एक करके कई होनहार युवाओं को यू हीं गंवाता चला जायेगा। इस तरह से ना तो देश की तरक्की हो सकती है और ना ही विदेशी सामानों व उनकी संस्कृति को यहॉ पर आने से रोका जा सकता है, ना ही उनका उपभोग करने से रोका जा

सकता है। इतना ही नहीं उनके बनाए संसाधनों को मंगवा के खुद को उनका आदि बना रहे है और ये सब करके कहीं हम फिर से अपनी पहचान ना खो बैठें। पर ये सब वक्त रहते हम खुद ही बचा सकते है वो भी बिना कुछ छोड़े और स्वदेशी चीजों को ज्यादा से ज्यादा अपना के हम आने वाले समय में भारत की तस्वीर व तकदीर दोनों को बदल सकते है। वैसे एक बात तो सब जानते है कि कोई भी काम या क्रांतिं एक दिन में नहीं आ सकती है और ना ही किसी एक के करने से कुछ होगा क्योंकि कोई भी देश सिर्फ एक समुदाय या किसी जाति–धर्म की वजह से आगे नहीं बढ़ता है और जितने तरह के लोग होगें उतनी तरह की उनकी सोच भी होगी और किसी भी देश को बदलने के लिए सबसे पहले उस देश के लोगों की सोच में परिवर्तन लाना होता है क्योंकि सोच बदलते ही घर, समाज, विभाग व आखिर में देश में परिवर्तन होना ही होना है। पर क्या ऐसा होना संभव है ? हॉ है बिल्कुल संभव है, जब अन्ना हजारे सड़क पर उतरे थे, तब पूरा भारत एक साथ एक सोच में और एक सुर में बाते कर रहा था और कोरोना काल में सारे धर्म का नाम व सोच एक ही थी इंसानियत, पर हम भारतीय हर बात बड़ी जल्दी भूल जाते है और अपना काम बना नहीं कि हम पतली गली से निकल लेते है। इसी वजह से देश में कुछ ऐसे लोगों को हमेशा होना चाहिए जो सबकी मानसिकता व विचारधारा को बांध कर रख सके और ऐसे भागने की व काम निकलने के बाद अपना पल्ला झाड़ने वाली विचारधारा को रखने वालें लोगों की मानसिकता व विचारधारा को बदलकर एक नये समाज की संरचना कर सकें, क्या मुझसे पहले ऐसा किसी ने कहा या लिखा ना हो ऐसा तो हो नहीं सकता ? पर अगर मैनें पहली बार लिखा हो तो बात अलग है।

बात चाहे पुराने समय के विद्वान, साहित्यकार या लेखक की क्यों ना हो या आज के दौर की हो, हर कोई टाईम–टाईम पे अपने हिसाब से लिखता व बताता रहा, पर क्या हर वो इंसान जिसने इन लोगों के विचारों या किताबों को पढ़ा, इससे क्या कुछ बदलाव आया उनके विचारों में क्योंकि जो मैं लिख रहा हूँ क्या वो हर कोई

पढ़ेगा या समझेगा, ये जरूरी तो नहीं क्योंकि हमारे देश में आज भी काफी लोग ऐसे है जो पढ़ना–लिखना तो दूर, सही तरह से बात करना भी नहीं जानते। आप उनके सामने कितना भी लिख के ले जाओ या तरह–तरह के भाषण दो, पर उनके ज्ञान पर व कान पर जूँ तक नहीं रेगेंगी क्योंकि हमारे यहॉ एक बहुत मशहूर कहावत है कि भैंस के आगे बीन बजाने से कुछ हासिल नहीं हो सकता और जो जैसा है वो अक्सर वैसा ही रहना चाहता है, कोई या तो बदलना नहीं चाहता या आप अगर कोशिश करो तो वो आपको ही बदलने की कोशिश करेगा की तुम गलत हो।

वैसे देखा जाये तो हमारे देश में हर कुछ बहुतायत में है चाहे वो प्राकृतिक या आप्राकृतिक सुदंरता, समुद्र हो या नदियॉ, मौसम हो या त्यौहार, पहाड़ हो या वादियॉ, पौराणिक कथाऐं हो या पुरातनकाल के भवन, खाना हो या बोली या फिर इंसान हो या धर्म या समुदाय, ना जाने कितनी तरह की विरासतें और विभिन्न तरह के साम्रराज्य होने के बाद भी, हम आज भी अपने देश की संपूर्ण एहमियत को नहीं समझ पाये है और पता नहीं क्यों बात–बात पर हम विदेशी लोगों या विदेशीं जगहों की तुलना अपने देश से करते नहीं थकते है। दूसरा हमारा देश तो अपनों के जाल में फंस कर रह गया और जो वो लालची लोग चाहते थे उन्होंने देश को वैसा बनाना शुरू कर दिया, फिर ना जाने कितने घोटाले व कामचोरी के किस्से हम रोजमर्रा कि न्यूज व अखबारों में पढ़ते व देखते आ रहे है पर कुछ बदला नहीं बस सरकारें या चेहरें बदले, हॉ कुछ बदलाव इन बीते सालों में दिखा है जबसे मोदी सरकार आयी है, पर पहले की गंदगी इतनी ज्यादा है कि उसकी सफाई में भी कई साल लग जायेगें। अच्छा ऐसा गंदा काम करने के बाद और सालों से देश को चूसने के बाद भी उन्हें ना किसी तरह का कोई अफसोस है और ना वो इतनी आसानी से ये सब मानने को तैयार होते है क्योंकि कोई एक तो शामिल होता नहीं है ऐसे कामों में और होता क्या है बस आरोप या प्रत्यारोप लगते है कि हमनें इतना तो उसनें इतना गबन किया। पर पैसा कहॉ गया इस बात की जानकारी ना कोई देना चाहता है और ना कोई पूछता है बस जेल भेज दिया जाता है। वैसे

भी गंदगी एक बार जहॉ फैला दो बाकी सारे भी वो ही गंदगी फैलाने लगेगें और बाकी उसमें साथ देते रहेगें। यहॉ एक बात और गौर करने वाली है कि अपने लोग ही अपनों को नुकसान पहुँचाकर बहुत खुश होते है और हजारों व करोंड़ो का घोटाला करने के बाद भी सिर्फ चंद दिनों में वो बाहर आ जाते है क्योंकि आइ0पी0सी0 की धारा 420 के तहत आपको ज्यादा से ज्यादा 7 साल की सजा या जुर्माने या दोनो का प्राविधान है और ऐसा भी नहीं है कि आपको बेल मिलने में ज्यादा परेशानी का सामना करने पड़े, इसी कारण आप घोटाला करके बाकी जिंदगी आराम से गुजार सकते हो। एक तो कानून लचीला क्योंकि किसी को मारने पर आपको आजीवन कारावास या मृत्युदंड का प्रावधान है, पर घोटाला करके या देश का पैसा लूटने वाले को 7 साल की मामूली सी सजा, कौन डरेगा किसी भी तरह की चोरी करने से, दूसरा एक बार हाथ मारने से जिंदगी भर की टेंशन खत्म। पर क्या वाकई ऐसा है ? कि बस अपने व अपनों को खुश रखो और उनके बारे में सोचो और बाकी सब को जलने दो मंहगाई व कर्जे की आग में। पर जैसे इंसान की फितरत नहीं बदल सकती आसानी से, ठीक वैसे ही इस देश की किस्मत बार–बार एक ही बात करने से नहीं बदल सकती। किसका फायदा हुआ ऐसे घोटालों से या गबन से ? अमीर और अमीर बनते जा रहे है या जो पकड़े भी गये उनसे नाम मात्र का पैसा वसूल होता है और गरीब पहले से ज्यादा गरीब बनते जा रहे है। ऐसा क्यों ? क्योंकि घोटालों में जो पैसा गया वो पैसा वाकई में जहॉ इस्तेमाल होना चाहिए था वो उसके बजाए कहीं और जमा हो रहा था। हॉ बात–बात पर हमें हर साल घाटे का नाम लेकर बजट जब पेश किया जाता है तो हमें आर्थिक तंगी को दिखाके, धीरे–धीरे मंहगाई को बढ़ाकर, फिर कुछ लुभावने वादे करकर, आम जनता को बड़ी खूबसूरती के साथ बेवकूफ बनाकर और हर बार की तरह एक ही बात बताकर व पुरानी सरकार पर आरोप लगाकर, हमें वापस उसी जगह पर ले आते है कि अबकी बार हमारी सरकार आई तो हम जरूर मंहगाई को कम करेगें, ये बिल या वो कर्जा माफ कर देगें, इतनी नौकरी देगें व ये–ये योजनाऐं लेके आयेगें, पर होता कुछ

नहीं है और हम फिर नये साल पर आने वाले बजट के इंतेजार में लग जाते है कि अबकी बार कुछ तो बदलेगा व शायद मंहगाई अबकी बार की सरकार कुछ कम करेगी। पर मैनें अपने अबतक के जीवनकाल में ऐसा कुछ होते हुए नहीं देखा है, सिवाय इसके कि पहले वाली मंहगी चीज के दाम कम करके, कुछ दिनों में दूसरी किसी चीज के दाम बढ़ा दिये जाते है और हम उसपर ध्याद इसलिए नहीं दे पाते क्योंकि हम पहली वाली चीज के दाम कम होने की खुशी मना रहें होते है, जिस चीज के लिए ज्यादा शोर–शराबा हुआ उसके दाम कम करके दूसरी बढ़ाने से होता ये है कि जो उधर से कम हुआ वो यहॉ से पूरा हो जाए। आज के दौर में चुंगी, कर, टैक्स या जुर्माना और ना जाने क्या–क्या भरते है हम और फिर भी हमारे ऊपर से ना मंहगाई कम हो रही है और ना ही वर्ल्ड बैंक का कर्जा, जैसे हम प्रेमचंद व पुराने साहित्यकारों के साहित्य व लेख पढ़ते आ रहे है कि कैसे पहले भारत की मार्मिक हालत का फायदा उस समय के साहुकार उठाते थे, जहॉ साहुकारों से चंद पैसा उधार पे लेने के बाद पीढ़ी दर पीढ़ी बस कर्जा चुकाते रहते थे और पुश्तों तक भरपाई करते थे, पर कर्जा था जो कम ही होता था। ठीक वैसे ही आज बैंक का लोन, क्रेडिट कार्ड की किश्तें, किसानों का ऋण, वर्ल्ड बैंक का कर्जा और ना जाने कितने कर्जे में डूबे है हम, साहूकारी तो कम हुई, पर कर्जा व कर्जदारी आज भी कम नहीं हुई। इसे अज्ञानता नहीं हमारी नासमझी या अति महत्वकाक्षां कह सकते है क्योंकि हम पुरानी सरकारों के लिए कर्जे व बैंको के बनाये नियमों को ठीक से ना समझकर आज भी हम उतने ही कर्जदार है जितने पहले थे और पता नहीं कबतक रहेगें और इसका कोई भी अंदाजा नहीं लगा सकता है, इस कर्जे से शायद ही कोई भारतीय अछूता हो या मैं खुद भी।

समय बदला व उपभोग की वस्तुऐं भी और उन्हीं सुविधाओं की पूर्ति के लिए, लिए गये सामान ने इस मंहगाई को और तेजी से आसमान की उॅचाई तक पहॅुचा दिया। पहले ऑफर दिये कि ये फ्री है इसके साथ और दिनों दिन उसकी आदत लगाई फिर अपनी तिजोरियॉ भरने के साथ–साथ देश की अर्थव्यवस्था को भी काबू

करने लगे, जिससे हमसब और ज्यादा मंहगाई के चपेट में आते चले गये। हम आज भी ऐसे लोग व कंपनियों के जंजाल में फंसे है जो हमारे भोलेपन का फायदा खूब उठाते है कि हम आज भी जहाँ फ्री लिखा देखते है वो खरीद लेते है चाहे वो हमारे काम का हो या ना हो और आजकल कुछ भी नया जो कंपनी लॉच करती है तो उस कंपनी का एजेंट घर–घर जाने के बजाए उस क्षेत्र की दुकान पर बैठ कर लोगों को फ्री में वो चीज देता है और हम बहुत खुशी से वो लेते भी है जैसे साबुन आया तो फ्री दिया, तंबाकू या पुड़िया, सिगरेट आयी या नयी शराब तो फ्री में सिगरेट या एक पैग फ्री में पिला दिया, सिम के साथ एक महीने की कॉल व डाटा फ्री ऐसे ना जाने कितनी चीजे फ्री में दी जाती है और उसपर ऑफर या कूपन भी मिलेगा, बस फिर क्या हम ले लेते है। हाँ अब भले ही सरकार मेड इन इंडिया को बढ़ावा दे रही, पर उसमें वक्त लगेगा क्योंकि हमनें उनकी बनाई चीजों को अपनी जरूरत, जिंदगी व आदत में शामिल कर लिया है जिस कारण से हमसब के जीवन में व रहन–सहन में बहुत बड़ा बदलाव आ चुका है, इसी कारण अब हर घर में वो चीजें जिससे हमें सुख–सुविधा व रहीसी का एहसास हो, हम उन सब चीजों को किसी भी कीमत पर खरीदने को राजी है चाहे उसके लिए कर्जा ही क्यों ना लेना पड़े। दूसरा आज के दौर में एक बात और है जो मैनें क्या सबने देखी है कि हर कंपनी इतने आर्कषक व लुभावने ऐड दिखाती है कि हमें अपनी जेब ढीली करने में बिलकुल भी समय नहीं लगता बल्कि जबतक वो ना हो पास में तो जीवन अधूरा सा लगता है, एक बार के लिए भले ही हम अपनी इच्छा पे काबू कर भी लें, पर बीवी या बच्चे, वो जिद पर अड़ जाते है कि मुझे वो चीज चाहिए तो चाहिए। तीसरा और काफी खतरनाक पैंतरा कि किसी भी चीज की कीमत 1000 से 999 रूपये कर दो, तो हम उस एक रूपये को भूल के 999 याद रखते है या आपसी बोलचाल में बोलते है कि वो चीज 900 रूपये की है और 1000 रूपये देने के बाद कौन 1 रूपये लें, ऐसा करने में शर्म भी तो आती है। पर बात सिर्फ एक आदमी की हो तो कोई बात नहीं, पर जरा अपने देश की आबादी पर गौर करें और फिर उस 1 रूपये पर,

जिस देश की आबादी 1 अरब के पार हो और कीमत में से बस सिर्फ कुछ पैसे घटा देने से आम आदमी सोचता है कि वाह इसमें तो इतनी छूट है और इसके साथ इतना सब फ्री है और कब वो एक–एक रूपये कई हजार से लाखों व करोड़ो में बदल जाता है ये कोई नहीं सोचता व जान पाता है। वैसे भी हमारे देश में किसी भी चीज को बहुत आसानी से बेचा जा सकता है बिना गुणवक्ता या क्वालिटी देखे, बस उसके दाम आर्कषक करके साथ ही उसके साथ कोई इनाम या ऑफर रख दो, फिर देखो कैसे वो समान बिक जाता है चाहे बाद में बीमार क्यों ना पड़े या उस चीज से कोई नुकसान क्यों ना हो, पर वो चीज फिर भी बिकती है क्योंकि आबादी इतनी है और जाहिर सी बात है कि कुछ को वो चीज अच्छी लगने लगेगी, फिर वो दस और लोगों को बताएगा कि ये चीज इतनी सस्ती है और साथ में इनाम भी है उस चीज पर, बस फिर क्या बाकी सब भी उस भेड़चाल में शामिल होने को तैयार हो जाते है। पहली बार देखने में तो ये सारी चीजें अच्छी ही लगती है पर जब नुकसान देना शुरू करती है, तो फिर कोई भी इन चीजों को बनाने वाली या बेचने वाली कंपनी के खिलाफ ना कम्प्लेंट करता है और ना ही सोचता है कि ऐसा पहली बार तो हुआ नहीं है, पर हम फिर से सब भूल के किसी और चीज में दिल व पैसा लगा देते है। पर इससे कंपनियों को क्या फर्क पडा, हॉ कुछ एक कंजूमर कोर्ट में शिकायत करते है और बाकी कहते है कि हमें नहीं पड़ना कोर्ट–कचहरी के मामले में और कितनी कंपनियॉ इस कारण भी बच जाती है। वैसे भी अब तो ऑनलाइन फ्रॉड के मामले सबसे ज्यादा हो रहे है और आम इंसान लुटने के अलावा कुछ नहीं कर पा रहा है, इस सबके बाद भी हम कहते है कि पुराना भूल जाओ और मन को समझाते है कि आगे से ऐसा फिर नहीं करेगें। पर होता क्या है कि कूछ दिनों बाद फिर एक नया लुभावना ऑफर आता है बाजार में और हम फिर लुटने को तैयार हो जाते है। आज के दौर में ज्यादातर इंसानों के उपर कर्जा होना जैसे आम बात हो गयी है, जिसका फायदा ये कंपनियॉ बखूबी उठाती है, वो भी तरह–तरह के मनमोहक ऑफर देकर और बची हुई कसर रोजमर्रा की चीजों पर लगे हुए टैक्स के

कारण पूरी हो जाती है, जब भी हम फल, सब्जी या घर के राशन का सामान लेने जाते है, मतलब साफ है कि सब तरफ से आपको जेब ढीली करनी है वरना भूखे मरो। वैसे भी हम सिर्फ इतना याद रखते है कि फलॉ चीज से हमें नुकसान हुआ था, पर कभी–कभी कुछ लोग आर्थिक तंगी की वजह से भी ऐसी चीजें खरीदतें है और चाहकर भी वो अपनी मनमाफिक चीजों को नहीं खरीद पाते है और उस सस्ती चीज की वजह से बाद में होने वाली परेशानी से बचने के लिए फिर से कर्जा लेते है कि खुद के साथ परिवार को भी जिंदा तो रखना है। ऐसा अक्सर क्यों होता है ? वजह है शुरू में चंद रूपये बचाने के लिए बाद में होने वाले बड़े नुकसान के बारे में नहीं सोच पाना, इसी वजह से कुछ लोग ऐसे भोले–भाले लोगों का फायदा उठाकर अपनी बेकार की चीजों को बेच कर व खुद मुनाफा कमा के निकल लेते है और कई तो फर्जी नाम व जगह का इस्तेमाल करते है ताकि आसानी से पकड़े ना जाये या कोई केस ना कर सकें। बेचारे ऐसे लोग ऐसी किसी चीज व ऑफर का इंतजार करते–करते, खुद के साथ अपने पूरे परिवार के स्वास्थ्य व पैसों को हानि पहुँचाते है।

इन सारी बातों से ऊपर एक बात और है जिससे देश, समाज व परिवार परेशान है, वो है शराब, यहाँ मैं किसी शराब बनाने वाली कंपनी, विक्रेता या पीने वालों से लेकर किसी खास वर्ग को निशाना नहीं बना रहा हूँ, मैं यहाँ उन लोगों के बारे में बात कर रहा हूँ जो कम पैसे में मिलने वाली गंदी, कच्ची व घटिया किस्म की दारू पीकर व अपने साथ–साथ कई लोगों की भी जिंदगी बर्बाद करते है और अक्सर हम हर दूसरे दिन सुनते है कि घटिया दारू पीने की वजह से काफी लोग या तो बीमार पड़ गये या फिर मर गये क्योंकि ज्यादातर लोगों के पास पैसे की कमी होती है या वो ऐसी चीज के आदि हो चुके होते है, दूसरा मैं शराब बनाने वाली या बेचने वालों के खिलाफ इसलिए नहीं बोल रहा हूँ क्योंकि मेरे रोके कोई रूकेगा नहीं और इसे रोकना सरकार का काम है जैसे कई राज्यों में शराब बंद कर दी गई है। हाँ इसके साथ एक और चीज है जो हमें अक्सर सुनाई व दिखाई देती है, खासतौर पर फिल्मों में कि दारू

घरेलु हिसां का सबसे बड़ा कारण समझा जाता है, तो जब इंसान घटिया किस्म की चीजों व घटिया दारू पियेगा या इस्तेमाल करेगा, तो हंगामा तो होगा ही और शरीर को भी नुकसान पहुँचेगा और ये सस्ती शराब जब चढ़ती है तो फिर घर क्या या बाहर क्या ? दूसरी बात ये कि इस तरह की शराब पीने वाले इसे एक झटके में पीते है और उसमें पानी व ईनो मिलाते है और पीने के तुरंत बाद जब ये चढ़ती है तो फिर वो इंसान अच्छे–बुरे का भेद भूल जाता है। इसपर एक छोटी सी कहानी सुनाता हूॅ ' एक शराबी रोज शराब पीकर आता था और आकर खाना खाकर सो जाता था, तब एक दिन उससे उसकी बीवी ने बोला पीते क्यों हो, ना तो किसी से तुम कुछ कहते हो और आकर सो जाते हो, छोड़ दो पीना पैसे भी बचेगें, अगले दिन वो इंसान फिर शराब पीकर आया और सारे मोहल्ले को गाली दी और लाईटें–शीशें तोड़ दिये और फिर घर जाकर लड़ाई की, अगले दिन जब बाकी लोगों ने पूछा कि ऐसा क्यों किया, तब उसने सबको बोला कि मैंनें इसलिए ऐसा किया ताकि आप सब जान सको कि मैं शराब पीता हूॅ और कल मेरी घरवाली भी जान गई कि मैंने शराब पी और मैं क्या–क्या कर सकता हूॅ क्योंकि शांति से पीकर के आने पर ये बोली फायदा क्या है इसलिए उससे भी लड़ाई की क्योंकि वो कहती थी रोज पीकर क्यों हो, अब आप सबको पता चला कि मैं शराब पीता हूॅ,' कुछ ऐसा ही होता है असल जिंदगी में भी, कुछ लोग शराब पीके चुपचाप घर में आकर सो जाते है या फिर हल्की–फूल्की मस्ती करके साथ खाना खाकर सो जाते है, इसके उल्टे कहानी का दूसरा पहलू जहॉ बस किसी ने उकसा दिया या कमेंट कर दिया, बस समझो आफत क्योंकि पीने के बाद इंसान खुद को शाहंशाह से कम नहीं समझता है, फिर वो जो करता या सोचता है, उसे उस वक्त वो ठीक समझता है और उस समय ना वो खुद की सुनता है और ना ही किसी की सुनना चाहता है, चाहे उसके करने से किसी का भला हो या बुरा, ये सब वो बाद में समझता है, जब उसका नशा उतरता है। इसमें घरेलु हिंसा के जो मामले है उनमें भी दो तरह की बातें होती है, पहली जहॉ गरीब व मीडिल क्लास फैमिली होती है और अक्सर जहॉ आये दिन पैसों

की तंगी के कारण लड़ाईयॉ होती है और दूसरी तरफ पैसे बचाने के लिये लड़ाई, जहॉ पहले केस में हांथा–पाई होती है क्योंकि वहॉ पैसे कम होते है व कच्ची शराब की वजह से झगड़े व मारपीट करते है एक–दूसरे से। दूसरे केस में दारू मंहगी पी जाती, पर घर खर्च, बच्चों की फीस, घर की छोटी–छोटी जरूरतें ना पूरी हो पाने की वजह से झगड़े, अलग रहना या मैके चले जाना या कई दिनों तक आपस में बोलचाल ना करना और हर बार एक ही शर्त कि जब पीना छोड़ देना, तब वापस आउंगी या बात करूंगी, वरना तलाक या कई मामलों में सुसाइड तक कर लेती है। वहीं मिडिल क्लास के ऊपर अपर क्लास में ये एक स्टेटस सिंबल है, जहॉ सभी पार्टी या घर में शराब साथ में बैठके पीते व पिलाते है, वहॉ नशा भी कई तरह का होता है और वहॉ पैसे या दारू की वजह से नहीं, कई ऐसे हालातों की वजह से झगड़े या तलाक होते है और ज्यादातर ऐसे कैटेगिरि वालें लोग डिप्रेशन या डर की वजह से जीते है या बीमार होते है। दारू वजह हो सकती है पर कारण नहीं क्योंकि कोई भी समस्या वजह को उत्पन्न करती है जिसे वक्त के साथ खत्म किया जा सकता है, पर ये जो कारण है इसे हम खुद उत्पन्न करते है कि आज जन्मदिन है, शादी है, रोका है, किसी का पैदा होना या कहीं घूमने जाना हो और देवदास बने लोगों का तो जैसे आखिरी सहारा होता है और इससे अधिक किसी पर भरोसा नहीं होता, कारण कुछ भी हो सकता है शराब पीने का और हम इन्हीं कारणों को वजह बनाकर धीरे–धीरे हम उन कारणों को आदत में बदल लेते है और आदतें आसानी से नहीं बदली जा सकती है। वो कहते है ना कि या तो आदतें किसी की जान लेकर जाती है या फिर अपनी जान के साथ जाती है। वैसे मीडिल क्लास में एक बात और होती है कि केस कोई भी करें पति या पत्नी, पर जीतता वो ही है जो पैसे वाला हो क्योंकि केस के लिये और वकील के लिए भी पैसे लगते है और घर का मसला समाजिक होने के बाद तलाक पर जाके खत्म होता है और तलाक मीडिल क्लास में आज भी कम देखने को मिलता है जितना अपर मीडिल या हाई क्लास के लोगों में होता है और एक या दो या पता नहीं कितनी बार शादी या निकाह होता है। वजह

जो कारण बन जाती है वो ना सिर्फ दो परिवार के साथ, अगर बच्चे हुए तो उनका भी जीवन काफी हदतक खराब कर जाती है क्योंकि उनको प्यार भी किस्तों में मिलता है। आज का दौर हो या पुराना जमाना, शादी के रिश्तों को निभाना या बचाना उतना ही मुश्किल है जैसे किसी प्राकृतिक आपदा को आने से रोकना, कब किस जगह कौन सी आपदा आ जाये और कब किस रिश्ते में किस कारण दरार पड़ जाये, ये कौन जान सकता है। ऐसे में दोनों को समझौता करने की या हालात को समझ के डिसीजन लेने की जरूरत होती है और ऐसे में दोनों की फैमिली वालों को भी अहम भूमिका निभाने की जरूरत होती है, ताकि बात हद से आगे ना बढ़े, पर ये सब ना तो ठीक समय पर हो पाता है और ना ही कोई ठीक से समझ पाता है और हालात यहाँ तक पहुँच जाते है जब जीने से ज्यादा जीवन खत्म करना ज्यादा आसान लगने लगता है और कुछ तो सबकुछ बर्बाद होने के बाद भी दारू नहीं छोड़ पाते, भले रिश्ता रहे ना रहे। हाँ शराब भारत के कुछ राज्यों में बैन है पर चाह कर भी इसे पूरे देश में बैन नहीं किया जा सकता क्योंकि जितना पैसा शराब से राजस्व के रूप में मिलता है, उसके बाद आई0पी0सी0 का नंबर आता है, मतलब आई0टी0सी0 और आई0पी0सी0 से सबसे ज्यादा अगर राज्य सरकारों को इनकम हो, तो फिर उसे रोका या बंद क्यों किया जाये। वैसे भी दारू किसी का सुकुन, किसी का नशा, तो किसी की पार्टी की शान होती है और सबके के लिए इसकी अलग परिभाषा होती है, पर रिश्ते ना सरकार ना समाज ना कानून बचा सकते है, इन्हें हमको ही बचाना व निभाना पड़ेगा, चाहे शराब के बगैर या शराब के साथ क्योंकि ये रिश्ते व इनसे जुड़ी परंपरायें ही हमारे भारत की धरोहर व जान है और सालों से इसी वजह से हमसब एक दूसरे से जुड़े है ।

इसके बाद जो सबसे बड़ी चर्चा का विषय रहा है सालों से वो है जाति–धर्म का, कि इस जाति का बच्चा, उस जाति की लड़की या लड़का से विवाह नहीं कर सकता, बस जाति व धर्म के नाम पर दो लोगों को अलग कर दो या उनको जान से मार दिया जाता है। साथ ही ऐसा माहौल तैयार किया जाता है कि बिरादरी से बाहर

जाकर कोई भी ऐसा कदम उठाता है तो उसे पूरी बिरादरी से बाहर कर दिए जायेगा। तो ऐसे में वो या तो भाग जाते है या खुदखुशी कर लेते है या पकड़े गये तो मार दिये जाते है और ये भी हमारे आज के भारत की एक घिनौनी सच्चाई है, जहॉ आज भी समाज में लोगों को जाति, धर्म या बिरादरी के हिसाब से उठाया या बिठाया जाता है। पर क्या इंसान की इंसानियत हमारे अंदर से खत्म होती जा रही है जो हम ऐसा कुछ करने पर मजबूर है या यूँ कहें की राजा तो चले गये पर तानाशाही इन जाति, धर्म या बिरादरी वालों को विरासत में दे गये। ऐसे में मुझे एक विज्ञापन याद आ रहा है आइडिया कंपनी का कि इंसान को उसको नाम के बजाए उसके नंबर से जाना जाये, मतलब साफ है कि कोई भी किसी जाति, धर्म या बिरादरी से नहीं बल्कि नंबर से पहचाना जाये और अगर सचमुच ऐसा हो जाए, तो हर एक इंसान दूसरे इंसान को नीची या तिरस्कार भरी नजरों से देखना बंद कर देगा और सिर्फ इंसानियत भरी नजरों से देखेगा। जाति, धर्म या बिरादरी ये अपनी एक अलग एहमियत रखते है जिसे आसानी से नजरअंदाज नहीं किया जा सकता। वैसे भी हमारे भारत की इसी वजह से भी एक अलग पहचान है क्योंकि ये एकलौता देश है जहॉ इतनी विभिन्नता धर्म, जाति या वर्ण में पायी जाति है और इनका विकास भी सबसे पहले हमारे ही देश में हुआ है और ये वर्ण व्यवस्था आजकी नहीं सदियों पुरानी व्यवस्था है। पर ये सब तबतक ठीक है जबतक कि हम ये ना भूले की हम है तो आखिर इंसान की औलाद ना की जानवर की, वरना नंबर वाला आइडिया सही है या सबको एक यूनिक आई डी दे दों। हम धर्म, ग्रंथ व जाति तो जानते है पर इंसानियत के नाम पर जीरो है, आज भी कोई नीच जाति का मरे तो कोई भी उॅची जाति का हाथ नहीं लगाता है। हॉ वोट के लिए या चुनाव के समय, चुनाव जीतने के लिए हम दिखावा जरूर करते है कि उनके यहॉ खाना खा आये या मरे हुए को कुछ पैसे देकर आये, अन्यथा पहले का समय हो या आज के शिक्षित इंसान व आधुनिक भारत सब बस दिखावा करते है। आज भी हमारे इस सभ्य, शिक्षित व आधुनिक समाज में कोई अपनी एसी कार से उतर कर राह पर पड़े किसी

इंसान की मदद करने के बजाए, ये सोचता है कि पुलिस, एंबुलेंस या कोई तो इसे अस्पताल पहुॅचा देगा, पर हम क्यों अपनी सीट गंदी करें, पर कुछ विरले होते है जो ऐसा नहीं सोचते है और मदद करते है, पर सभी ऐसे सोचने लगे कि कोई तो मदद कर देगा और किसी दिन आपपे मुसीबत आये और सामने वाला आपकी सोच की तरह वहॉ से चला जाये तो खुद सोचिए कैसा महसूस होगा। पर क्या किसी मरतें हुए इंसान की जान से ज्यादा किसी गाड़ी की सीट महत्व रखती है, ऐसा मैं नहीं मानता क्योंकि ये कोई नहीं कह सकता की उसके साथ कभी कोई हादसा नहीं हो सकता, इसलिए चाहे कुछ भी हो हमें कभी भी इंसानियत नहीं छोंड़नी चाहिए क्योंकि गाड़ी धुल जायेगी और आपके बाद भी गाड़ी यहीं रह जायेगी, पर समय पर मदद ना करने से वो जरूर चला जायेगा इस दुनिया से और आप पाप के भागीदार बनने के साथ इस आत्मग्लानि में जियेगें कि क्या किसी ने उसकी मदद की होगी या नहीं। अधिकांश लोगों का सोचना यही है कि वो हमेशा सुखी रहेगें या उनके जीवन में कोई परेशानी नहीं आयेगी उम्रभर, तो ये सोचना बिल्कुल गलत है क्योंकि चाहे वो अमीर हो या गरीब हो, छोटी जाति का हो या बड़ी जाति का, आस्तिक हो या नास्तिक, हर एक को जीवन में एक दूसरे की मदद की जरूरत जरूर पड़ती है। हो सकता है कि वो इस बारे में खुद से झूठ बोले या अपनों से या दोस्तों से या समाज से, पर क्या आज के इस दौर में कोई भी भ्रष्टाचार, गंदगी, मिलावट या प्रदूषण से अछूता रहा है या कोई ये कह सकता है कि वो पूरी तरह से शुद्व है उसने कभी कोई पाप, गलत काम, गंदी नियत या अधर्म का कार्य ना किया हो तो हो सकता है कि आप विशेष है और विरले है क्योंकि आप चाहे कितनी भी कोशिश करें, पर ना तो आप समाज में हो रहे पाप से या हो रहे अधर्म से अछूते नहीं रह सकते हो, ना ही फैली उस गंदगी से बच सकते हो, आप बचना भी चाहो तो दूसरा पीछे खड़ा है गंदगी या भ्रष्टाचार फैलाने के लिए या उसमें घसीटने के लिए और देखते ही देखते आप कब उसके हिस्सेदार बन जाते हो ये आपको खुद का नुकसान होने के बाद

पता चलता है। कितनी बार लोग अपनी वजह से कम किसी दूसरे के कारण मुसीबत में फंसते है, उसके बाद वो

खुद के साथ–साथ ना जाने कितनों का भला बुरा करतें है। भला बुरा चाहना एक सोच है पर ये सोचो कि हम क्यों ऐसे हालात में फंसे क्योंकि धुंआ वहीं निकलता है जहॉ आग लगी होती है, बिना बात के कोई ऐसे ही किसी पर इल्जाम नहीं लगाता है और हर इल्जाम के पीछे कोई ना कोई वजह जरूर होती है फिर वो वजह आपको जल्दी पता चले या नुक्सान होने के बाद।

मैं ये नहीं कहता कि आपने कोई जुर्म किया हो या किसी के साथ आपने कुछ गलत किया हो, आप गुनहगार हो या बेगुनाह हो, पर हर एक चीज या घटना के पीछे कोई ना कोई वजह जरूर छुपी होती है जैसे :–

1–किसी ऑफिस में कोई लफड़ा हो या घोटाला हो, इसमें शामिल तो कुछ लोग होते है पर भुगतना सभी को पड़ता, हो गई ना वहीं बात कि आप शामिल हो या ना हो, गुनहगार हो या बेगुनाह, पर उसमें फंसते भी हो और उसके दुष्परिणामों को भी भुगतना पड़ेगा वो भी सभी को।

2–आपने कोई घर खरीदा वो भी पूरे पैसे देकर और कोई वजह ऐसी बन जाए कि वो जगह या प्रापर्टी किसी विवाद में आ जाए या रजिस्ट्री करते वक्त कोई दूसरा दावा कर दे उस प्रापर्टी पर, तो आपका पैसा, घर बनाने का सपना या वहॉ बनी इज्जत सब पानी में जाता दिखाई देता है, तो आप क्या कर सकते हो ऐसे में क्योंकि आपने तो अपने अच्छे के लिए सोचा था।

3–आप किसी से प्यार करो, साथ रहो या शादी करो और कुछ ऐसा घट जाये कि वो प्यार करने वाला आपके ऊपर इंल्जाम लगा दे किसी भी वजह से, तो आप क्या करोगे, आपने तो बस प्यार किया था, अब कैसे समझाओगे समाज को या कानून को कि आप निर्दोष हो, आपने कुछ नहीं किया पर हमारे समाज की सोच

ही ऐसी है कि वो लड़के के ऐंगल से सोचना ही नहीं चाहती है कि हो सकता है कि वो भी बेगुनाह हो।

ऐसे उदाहरण तो बहुत सारे दे सकता हूँ पर अब इन सब बातों को जानकर मैं सबसे ये ही कहूँगा कि जब–जब जो–जो होना है तब–तब वो होकर रहेगा और आप उस जगह पर मौजूद रहोगे चाहे जो कुछ भी हो, आप चाहकर भी उसको बदल नहीं सकते हो, कर सकते है तो बस इतना ही कि अपने कर्म व काम हम पूरी ईमानदारी के साथ करें। इस सच्चाई को हम जितनी जल्दी मान लें या समझ लें, उतनी ही हमारी जिंदगी आसान लगने लगेगी और विषम समय में भी हमें उस परिस्थिति से लड़ने की हिम्मत मिलेगी।

पर उसके दूसरी तरफ हमारा वहॉ होना या उस जगह पर मौजूद पाये जाना भी हमारी नियति है, दूसरा कि आप एक दूसरे के साथ तालुकात रखते हो या आपस में संबंध बनाते हो और बाद में आप की शिकायत की जाये, तो कानून की नजरों में आप गुनहगार ही माने जाओगे, फिर लगे रहो अपनी बेगुनाही साबित करने में, पर ऐसी घटना को सब सच मानकर उसे दोषी भी मान लेतें है और वैसे भी हमारे देश में इतने केस है कि फैसला आते–आते इतने साल निकल जाते है कि कोई चाहकर भी उन लोगों को ये नहीं बता पायेगा की मैं उस वक्त भी बेगुनाह था, इसीलिए हमें ऐसे ही किसी को भी तुरंत दोषी नहीं मान लेना चाहिए और समाजिक सोच को एक दायरे से बाहर आकर सोचना चाहिए। तीसरा ऐसे कई केसों में सबसे बड़ा कारण है जो मुझे लगता है वो है शक, पुलिस हो, कानून हो या समाज सबसे पहले वो आप पर शक ही करेगें और फिर शक के आधार पर, तो कई बार सही जानकारी ना होने पर भी और बेगुनाह होते हुए भी सजा काटनी पढ़ती है। किसी इंसान को दोषी कहना बहुत आसान है और झूठे केस में फंसाना और भी आसान है, पर कहीं ना कहीं मैं इसमें कानून व पुलिस की गलती मानूंगा क्योंकि एक तो जरूरत से ज्यादा केसों का होना और बरसों से चली आ रही समाजिक मानसिकता के कारण, पुलिस भी बार–बार एक ही तरह की धाराओं वाले केस को एक ही तरह से

देखती है और अगर हाईप्रोफाइल केस ना हो या कोई दवाब ना हो, तो वो भी पूरी तन्मयता के साथ तहकीकात ना करके बस केस बनाके व धाराओं को लगाकर, जिसपर शक हुआ उसे जेल भेज देती है और बाद में सबकुछ जज पर छोड़ दिया जाता है जो खुद एक इंसान है भगवान नहीं और वो भी हमारी समाजिक मानसिकता से अछूता नहीं है। साथ ही हमारा संविधान भी ये पॉवर जज को देता है कि वो अपने विवेक से फैसला सुना सकते है, पर क्या जज खुद मौकाये वरदात पर थे नहीं, उन्हें जो चार्जशीट मिली व उनके सामने जो झूठी–सच्ची गवाही दी जाती है बस जज के लिए वो ही सच बन जाती है और उसी आधार पर फैसला दे दिया जाता है और वो भी इंसान है भगवान नहीं, इसलिए वो भी गलती कर सकते है और इस बात से तो मेरी हर कोई इतेफाक रखता होगा की जज भी गलती कर सकता है। एक जज के हाथों में कई लोगों की जिंदगी होती है और जिस पर केस हो या जेल में हो तो वो सब कुछ छोड़कर सिवाय प्रार्थना ही कर सकता है क्योंकि ये कोई भी जानता है कि कौन सा जज उस समय कौन सी मानसिकता में होगा और किस बात को सच मानकर वो फैसला सुना दें और वो कुछ ना करते हुए भी बस उस फैसले को जीना शुरू कर देता है, अगर बरी हुआ तो बाहरी जिंदगी और सजा मिली तो जेल की जिंदगी, हैना बड़े कमाल का ये सिस्टम।

हमारे देश की इतनी आबादी होने के बावजूद व इतनी सारी घटनाओं के होने के बाद भी हम संसारिक दृष्टि से तो एक दिखते है, फिर चाहे हम अंदर से कितने भी टूटे हुए क्यों ना हो, फिर चाहे इतिहास उठाके देख लो या आज का समय ही क्यों ना हो, हमनें ना पहले ना आजतक बाहरी लोगों का दखल बर्दाशत किया है और ना दूसरे के यहॉ अपना अधिकार साबित करने की कोशिश की है। इस बात को हम व हमारे देशवासी कई बार साबित कर चुके है, वहीं जब भी किसी ने हमपर किसी भी तरह का आक्रमण किया है या बाहरी ताकतों ने हमें झुकाने की कोशिश की तो हमनें हमेशा उनका विरोध पूरी साहस, ताकत व एकता के साथ किया, तो फिर क्यों हम अपनी आंतरिक कमजोरियों को दूर नही कर पा रहे है।

वजह है कि ना तो हम सही तरह से कानून का पालन कर पा रहें है ना ही कानून बनाने वाले कानून को सही तरह से चला पा रहें है। बार–बार मैं कानून व सरकार के बारे में बात इसलिए कर रहा हूँ क्योंकि किसी भी देश के लोगों को सही तरह से चलाने, सही राह दिखाने व आगे बढ़ाने के लिए कानून व सरकार की ही अहम भूमिका होती है। क्यों ? क्योंकि अनुशासन में रहना, कानून में बदलाव लाना व उसका सही से पालन करना व सरकार द्वारा सही तरह की नीतियों को आम आदमियों तक पहुॅचाना जैसी अनेक बातें लागू होती है, एक देश को आगे बढ़ाने के लिए व विकास करने के लिए और इसके अभाव में अराजकता व हिंसा उत्पन्न होना किसी भी देश में स्वाभाविक है। कैसे हम आम इंसानों को पता चलता कि सड़क पार करने का कानून अलग है, हथियार रखने का कानून अलग, जमीन का कानून अलग, शादी का कानून अलग व देश के हर एक जगह व हिस्से में कितने तरह के व अलग–अलग कानून लागू किये गये है, वो कब और कैसे काम आने है या काम आते है या पालन ना करने पर सजा के क्या–क्या प्रावधान है ये भी कोई ठीक तरह से नहीं जानता है और अगर कोई जानता भी है या जानना चाहता है तो बस उतना ही जितना उसकी जरूरत को पूरा कर सकें, वरना कौन–कौन से कानून है और समय–समय पर किसमें क्या बदलाव हुआ है इससे किसी को क्या मतलब है। वैसे भी कभी कोई पूरी तरह से ये जान नहीं पाता कि वाकई करना क्या था और कौन से कानून की वजह से हमें ये कानूनी कार्यवाही झेलनी पड़ रही है। हॉ बात अगर ऊचें तबके की करूॅ तो वहॉ समस्या कम होती है क्योंकि उनके पास कानूनी सलाहकार या खुद के पर्सनल वकील होते है जिसकी वजह से उन लोगों को कानूनी कार्यवाही के बारे में आम इंसान से ज्यादा पता होता है, यहॉ तक की किसी तरह के मसले या किसी भी तरह की कानूनी कार्यवाही का वो पहले से ही जवाब तैयार रखते है व सटीक तरह से जवाब भी देते है क्योंकि वो इन दॉव–पेंच के लिये पहले से ही तैयार रहते है। पर वो लोग क्या करें जो कानूनी सलाहकार नहीं रख सकते, ना पर्सनल वकील रख सकते है और ना उनकी फीस दे सकते है।

क्या हर बार आम इंसान दोषी ही होता है हर केस में ? क्या कानून या सरकार से गलती नहीं हो सकती ? क्या कई बार समाजिक सोच की वजह से बेगुनाह इंसान नहीं फंसते है ? पर इंसान दोषी है तो सजा जायज है लेकिन गलती अगर कानून की या सरकार की हुई, तब उन सालों का हिसाब कौन करेगा। मर्डर किया है, चोरी करते पकड़े गये, दंगा फसाद किया जो दिखता है या सबूत भी मिल जाते है ऐसे कई केसों में जिससे साफ हो जाता है कि इसमें सजा मिलनी चाहिए, लेकिन बहुत से केस ऐसे है या होते है जिसमें संदेह को सच मान लिया जाता है जो सालों चलते है और सच सामने आते–आते जो साल निकल जाते है, तबतक उस इंसान का शरीर काम करने लायक नहीं बचता, कोई नौकरी नहीं देता, परिवार से तो दूर रहता ही है और सच सामने आने पर जो उम्र निकल जाती, तब वो इंसान क्या करे या कहॉ से जिंदगी की या परिवार की शुरूआत करे क्योंकि शरीर भी एक उम्र के बाद साथ छोड़ देता है और तब कानून व सरकार क्या कहती है कि आपको इस केस से या इन इल्जामों से बरी किया जाता है बस, लेकिन जिसने इल्जाम लगाया उसको कुछ क्यों नहीं कहा जाता और ज्यादा नहीं एक या दो को बस सजा दो बाकी खुद ब खुद सुधर जायेगें कि अपने झूठे केस को साबित नहीं कर पाये तो हमें भी सजा हो सकती है और जब केस करने वालों को सजा मिलेगी तो बदलालेने की भावना या गुस्से में किये गये झूठे केस भी कम होगें और सरकार व कई परिवारों को भी राहत मिलेगी और देश की अदालतों में केस व भीड़ कम होगी।

वैसे एक बात जो आम जनता या तो जान नहीं पाती या अगर जान भी जाये तो कुछ कर नहीं पाती, मैं बात कर रहा हूॅ कि कोई भी ऑफिसर, जज या नेता भगवान तो नहीं होते है तो जाहिर है उनसे गलती भी होगी पर उनकी गलती होने पर बात को दबा दिया जाता है या छुपा लिया जाता है ताकि उस डिपार्टमेंट की बदनामी ना हो और उसमें भी आम इंसान को ही आखिर में सफर करना पड़ता। कैसे ? वो ऐसे कि कोई भी बड़ा घोटाला या स्कैम या बैंक से पैसों का फ्रॉड सामने आने पर पता चलता है कि इसमें

कितने हाई प्रोफाइल लोग शामिल थे, ऐसे केस में कार्यवाही के नाम पर जॉच कमेटी बिठा दी जाती है और आजतक किस जॉच कमेटी की रिपोर्ट पर घोटाले का पैसा वापस आ गया। इस सब में भी पैसा आम इंसान का ही जाता है और वो ही सफर करता है आखिर तक, कैसे–कैसे हम लोग पैसे जोड़ते है और उम्मीद लगाते है, पर जब ये सब होता है तो ना सिर्फ हमारे सपने टूटते है बल्कि कई बार हम कर्जदार तक हो जाते है और आखिर में आत्महत्या तक कर बैठते है, उन सब की जान का जिम्मेदार कौन है और कैसे इंसाफ मिलेगा उन सबको ये कोई नहीं बता सकता है।

कुछ साल पहले एक फिल्म आई थी नायक जिसमें अनिल कपूर हीरो थे, सबने देखी होगी व लगभग सबको पसंद भी आई होगी, जिसमें दिखाया गया था कि एक मंत्री की कितनी पावर होती है और उसके नीचे काम करने वालों को अगर वाकई में अपना काम ईमानदारी से करने दिया जाए तो एक दिन में ही क्या से क्या हो सकता है, साथ ही वो कोई काम ना खुद गलत करें ना ही अपने साथ वालों को गलत करने दें और ना ही किसी को प्रोत्साहित करें गलत काम के लिए। तो मैं नहीं खुद माइक्रोसॉप्ट के चेयरमैन बिल गेट्स ने कहा था काफी साल पहले कि जितना पैसा भारत में हर महीने घूस या रिश्वत में दिया जाता है, अगर वो ना हो तो इस पूरी दुनिया में भारत एक सुखी और विकसित देश होगा और जो घूस का पैसा है वो इतना है कि एक छोटे से देश का एक महीने का खर्च निकल आयेगा। वैसे भी मैनें अपने देश के कई लागों को दूसरे देशों को अपना दिमाग व शक्ति देते देखा व सुना है और उस देश की तरक्की में अगर हमारे देश का दिमाग शामिल है तो कारण कई हो सकते है जैसे काम टाईम पर करना, सभी मानकों का ख्याल रखना व ईमानदारी रखना आदि और उसके पीछे एक बहुत बड़ा कारण वहॉ के हुयमन राईट्स है, जिस वजह से वहॉ आप चाह कर भी बेईमानी नहीं कर पाते, इसी वजह से वहॉ चीजे ज्यादा प्योर है, इतना ही नही हम खुद हमारे देश के बेस्ट प्रोडक्ट विदेश भेजते है क्योंकि उनके मानक ही कुछ ऐसे है वही बस हम अपने देश में लागू कर दें, तो पूरी दुनिया में भारत को नंबर वन बनने से कोई

नहीं रोक सकता है और पूरी दुनिया में एक ही बात होगी की चीजे इस्तेमाल करनी है तो सिर्फ भारत की बनी चीजें ही इस्तेमाल करनी है और ऐसा हो सके इसके लिए भी भ्रष्टाचार को रोकना बहुत जरूरी है। ठीक ऐसे ही देश के साईंटिस्ट जब बाहर जाकर वहॉ कुछ ना कुछ नया अविष्कार करते है क्योंकि उन्हें पहले वाले भारत में वो साधन व प्रोत्साहन नहीं मिलता था, जो विदेश में मिलता था। साथ ही उनकी रिसर्च में पूरा सहयोग दिया जाता था, उसके बाद हम हमारे देश के दिमाग द्वारा बनी हुई चीज को उस देश की शर्तों व बताए गये पैसों पर खरीदते है, जिससे हमारे देश का दोगुना नुकसान होता है, पहला की वो होनहार दिमाग हमारे देश से चला गया और दूसरा जो हमारे देश का था उसकी बनाई वो चीज भी हमारी होती और हमें उसे खरीदना नहीं पड़ता, शुक्र है कि कितनो को खोकर भी हमने एक भारत रत्न को नहीं खोया, वरना हम पता नहीं कब न्यूक्लियर पावर वाले देशों में गिने जाते या डिफेंस के क्षेत्र में पता नहीं कहॉ होते, जी हॉ मैं ए0पी0जे0 अब्दुल कलाम की बात कर रहा हूॅ। जैसे हम हर साल सुनते है कि उस देश से रक्षा समझौता हुआ और ये प्लेन या हथियार खरीदा गया, ऐसा सॉफटवेयर लिया, ऐसा व्यापारिक समझौता हुआ और ना जाने कितने समझौता करते है, सिर्फ सोच के देखिये कि हमारे पास अगर अब्दुल कलाम जी नहीं होते, तो हम कहॉ होते और ना जाने अभी तक कितने तरह के और समझौते करने पड़ते। जिस देश में एक से बढ़कर एक साईंटिस्ट हुए और योगी हुए और इस सबके बाद भी हमें अगर किसी देश के साथ कोई समझौता करना पड़े तो बात थोड़ी सी जायज नहीं लगती, ना ही ये बात समझ में आती है कि हमारे देश में सब कुछ होने के बाद भी अगर हम कुछ भी बाकी मुल्कों से खरीद रहे है तो फिर या तों हमें अपने ही संसाधनों का ठीक तरीके से उपयोग नहीं करना आया या फिर हम यें कहें कि हम सब कुछ जानते हुए भी मूर्खो की तरह अपने ही देश में मौजूद टैलेंट को पहचान नहीं पा रहे है। साथ ही हम अपने ही देश के नौजवानों को सही दिशा के साथ–साथ उनके दिमाग का व उनकी खोजों का पूरी तरह से फायदा नहीं उठा पा रहे है, बावजूद इसके

की हमारे देश में हजारों के हिसाब से स्कूल, कॉलेज व यूनिवर्सिटीज है और इतने बड़े–बड़े कॉलेजों व इतना सब होने के बाद भी अगर हम आज के पढ़े लिखे नौजवानों से पूछे तो वो नासा, माइक्रोसाफ्ट, गूगल, आई0बी0एम0 व बड़ी–बड़ी कंपनियों में काम करने को या विदेश जाने को अपनी पहली पसंद बताएगें नाकि अपने देश की कंपनियों में या देश में रहकर काम करना अपनी पहली पसंद बताएगा और जब तक ये सोच नहीं बदलती तबतक हम अपने देश के टैलेंट का व देश का दोनों का नुकसान बराबर करते रहेगें। क्या है विदेश में जो हमारे पास नहीं है, हमारे पास भी भाभा ऐटॅामिक सेंटर, श्री हरिकोटा स्पेस सेंटर, नासा की तरह ईसरो, हावर्ड या ऑक्सफोर्ड से बढ़कर आई0आई0टी और भी बहुत बड़ी–बड़ी कंपनियॉ है पर नहीं हमें ये नहीं चाहिए। क्यों ? क्योंकि किसी को एम0आई0टी0 यूनिवर्सिटी अमेरिका में और आई0आई0टी0 कानपुर भारत में पढ़ने का चांस मिले, तो जवाब आयेगा कि वो अमेरिका जाना पसंद करेगा, जिसके साथ ही हमारे देश का एक और टैलेंट बाहर चला जाता है। पर हमारे देश का एक और टैलेंट है जिससे सारा विश्व परिचित है कि पहले हम उनकी बनाई चीजों को उनके बताये दामों पर खरीदते है और फिर शुरू होती है हमारे देश की सबसे अनोखी हुनरबाजी, वो ये है कि हम उसी चीज को नया व सस्ता बनाकर या यूँ कहें की ओरिजीनल का डुप्लीकेट बना देते है और वो वास्तविक चीज से कई गुना सस्ती व बिल्कुल उसी की तरह काम करने वाली होती है। इसी वजह से हम एक बात के लिए और मशहूर है कि नकल करने में या उससे और अधिक आर्कषक बनाने के साथ, उसे और अधिक सस्ता बनाने में भारत का मुकाबला कोई नहीं कर सकता है, साथ ही हम भारतवासी किसी भी चीज के ना होने पर ना तो परेशान होते है और ना ही उसे ना ले पाने के कारण दुःखी होते है बल्कि हम उस चीज का जुगाड़ बना लेते है। बड़े से बड़ा साईंटिस्ट, जो भी चीज कई सालों में इजाद कर पाता है वो चीज हम भारतीय कुछ घंटों या महीनों में ही एक नये तरीके से बना डालते है और ये ऐसे लोग होते है जो ना कभी कॉलेज गये होते ना कोई स्कूल और ना किसी कंपनी से प्रशिक्षण

लिया होता है ये हुनर तो वो चीजों को देखकर सीख लेते है, कहीं से कुछ निकाल के और कुछ जोड़ के बस उस चीज को अपने हिसाब से बनानी है तो बनानी है और कोई भी ये आसानी से नहीं बता सकता कि ये ओरिजनल है या डुप्लीकेट। क्या है ना कि हमें सामान या मौका मिल जाये, तो बड़े से बड़ा काम या चीज भी हमारे यहॉ के गंवार या अनपढ़ या फिर कम पढ़े–लिखे कहे जाने वाले कारीगर या किसी भी लाईन के मैकेनिक हर एक चीज को अपनी सहूलियत के हिसाब से बना लेते है जैसे कि आपने सीएनजी गाड़ी लॉच की और हमारे यहॉ के कारिगरों ने तुरंत एलपीजी से गाड़ी कैसे चल सकती है ये तरीका खोज निकाला, ताकि हमें वो चीज सस्ती होने के बावजूद भी और सस्ती हो जाए, साथ ही साथ ज्यादा मात्रा में व कम समय में मिल जाये, इसी वजह से कई तो कानून की, तो कुछ सुरक्षा की परवाह किये बिना, कोई भी यहॉ बड़े से बड़ा रिस्क उठाने को तैयार रहता है वो भी ये सोचे बिना की इससे कोई हादसा हो गया तो, कहीं किसी की जान चली गई तो, पर तब भी हमें होश नहीं आता क्योंकि बन गई तो फिर क्या कहना और नहीं बनी और कुछ हो जाये, तो भी हम उसे कुछ घंटो या महीनों के बाद भूल जाते है। पर हम रूकते नहीं है फिर कुछ नया तरीका खोजने में जुट जाते है और फिर सब कुछ पहले जैसा लगने लगता है। ये भी एक बहुत बड़ा कारण है हमारे देश में बात–बात पर हादसे होने का और ऐसी घटनाओं के घटने का और फिर ये सारी खबरें जैसे भीड़ का हिस्सा बनके खो जाती है। ऐसी कई घटनाऐं भी सुनने में या देखने में आई है कि लोग ऐसी भी चीज की खोज कर लेते कुछ और खोजते–खोजते, जिससे वो लोगों को नुकसान पहुॅचा सके और उस खोज को करके कुछ एक तो अपने को सबसे ताकतवर जान, उसका ना सिर्फ गलत उपयोग करते है बल्कि ऐसे लोगों में दया भावना भी कम हो जाती है, पर ऐसे लोगों को समय रहते पकड़ा ना जाये या सजा ना मिले, तो ऐसा क्राईम करने वालों के अंदर पहले से ज्यादा आत्मविश्वास आ जाता है कि इस बार इतना करने इतना ही हुआ, अबकी बार इससे बड़ा करने के बारे में सोचता है और देखते ही देखते वो एक पेशेवर क्रिमिनल की लिस्ट

में शामिल हो जाता है, फिर या तो वो कोई बड़ा क्राइम करके पूरी जिंदगी जेल में काटता है या पुलिस मुठभेड़ में मारा जाता है या भाग कर किसी आतंकवादी संगठन में शामिल हो और बड़ा कुकृत्य करने का प्लान बनाता है और आखिर में सेना द्वारा मारा जाता है।

चोर–पुलिस का ये गेम बरसों से चला आ रहा है, पर क्या हमनें कभी राजा–महराजा के जमाने में ऐसा सुना था या क्या उस जमाने के बारे में ऐसा कुछ पढ़ा था ? नहीं, क्योंकि जब एक राजा होता था या वो अपने महल में होता था, उस वक्त कोई भी पुलिस या कानून की कार्यवाही करने वाला आम जनता के बीच नहीं होता था बस राजा के सैनिक होते थे और किसी को कोई परेशानी होने पर उसको राजा के सामने पेश किया जाता था जहॉ समस्त सभा के बीच न्याय किया जाता था। जैसे की आज के दौर में हम देखते है कि हर एक स्थान पर या कुछ–कुछ दूरी पर पुलिस स्टेशन या चौकियॉ होती है और तब भी ना तो शांति है और ना ही त्वरित न्याय मिलता है, उस वक्त भी गलत काम होता था और उस समय गलत इंसान को राजा के समक्ष पेश किया जाता था और फिर थोड़ी देर में राज्यसभा के सामने दोनों पक्षों को सुनकर फैसला दे दिया जाता था और लगभग सब उस निर्णय का सम्मान करते थे। एक राजा इतनी सारी प्रजा के व इतने सारे राज्यों के होने के बाद भी, वो चोरी, हत्या व गलत काम करने वालों से लेकर आम जनता के अंदर राजा का व राजा के सैनिकों का भय विधमान होता था और किसी को सजा दी गई, तो उसका कड़ाई से पालन किया जाता था और राजा का निर्णय आखिरी होता था, लोवर कोर्ट, हाई कोर्ट या सुप्रीम कोर्ट नहीं होता था कि गुनाह करने के बाद ये उम्मींद रखना कि कहीं ना कहीं से तो छूट जाऊॅगा, पर उस वक्त राजा ही सेंशन कोर्ट, हाईकोर्ट व सुप्रीम कोर्ट होता था। आज के दौर में इतना सब होने के बावजूद व इतनी टेक्नालीजी होने के बावजूद भी ना तो कोई कानून से, ना न्याय से और ना ही किसी तरह का क्राइम करने से डरता है और वो एक–बार, बार–बार व लगातार करता है कि किसी ना किसी कोर्ट से छूट ही जाऊॅगा। पर आज के दौर में कुछ बेकसूर लोग शक के कारण फंस जाते है,

फिर वो पहले कानून को, खुद को, समाज को और फिर संविधान को कोसते है कि झूठ का साथ देना था तो ये कोर्ट का प्रोसीजर चलाने की क्या जरूरत थी, वहीं राजा जिस जगह बैठता था तो ऐसा माना जाता था कि वो धर्म का सर्वोच्च स्थान है और खुद ऊपर वाला व माँ सरस्वति आपके मस्तक पर विराजमान हो जाती थी ताकि न्याय हो सकें और किसी के साथ अन्नाय ना हो। मेरे हिसाब से कोर्ट रूम में बैठा हर जज भी उस राजा की तरह हुआ और धर्म के साथ उस परम शक्ति को याद करके कोई भी निर्णय दें क्योंकि सबूत व गवाह भले ही बदल सकते है पर जज की नजरों से नहीं और इतना तो वो देख के समझ सकते है कि केस में सच्चाई है भी या नहीं। इसके साथ एक बात और भी है कि आज भी हम 50 साल पुरानी सोच की वजह से क्या कुछ नहीं झेल रहें है और देखा जाये तो समय के साथ समाज तो बदला पर कानून नहीं, पुरूष और स्त्री की शिक्षा प्रतिशत भी बदली पर कानून के प्रति जागरूकता नहीं बढ़ी, शिक्षा दी गयी पर उस शिक्षा में उन मूलभूत सिद्वांतों को शामिल नहीं किया गया जो हमारे संविधान में लिखी है क्योंकि बिना जागरूकता के कोई कानून, अदालत या समाज में बदलाव नहीं आ सकता और उन्हीं घिसे पीटे सिद्वांतों से सिर्फ बेगुनाहों को सजा मिलती है और शातिर बच निकलता है। लेकिन ये सब राजाओं के जमाने में क्यों नहीं था, ना इंसान ज्यादा पढ़ा लिखा था, ना इतनी बेईमानी होती थी उनके साम्रराज्य में, वैसे ये सब पता है हम सबको लेकिन फिर भी लिख देता हूँ कि उस वक्त नगाड़ा बजाके सभी राज्य या नगरवासियों को सूचित किया जाता था कि राजा ने ये फरमान जारी किया सभी नगरवासियों के लिए और जो पालन नहीं करेगा, उसे क्या सजा मिलेगी ये भी लिखा होता था या बताया जाता था। आज भी कानून में बदलाव होता है तो अंग्रेजों के हिसाब से क्योंकि जो भी बदलाव होता है उसे अंग्रेजी के अखबार में छापा जाता है या जिस किसी भी अखबार में और जिसे भारत में आधे से ज्यादा लोग समझ ही नहीं पाते है और बाकी वो पन्ना ही पलट देते है कि क्या करेगें जानकर, मेरे कौन सा काम का है या कौन सा मेरे पर कोई केस चल रहा है

और किसानों के कहे जाने वाले इस देश में कुछ शहरी लोगों को छोड़ के ज्यादातर को आज भी अंग्रेजी पढ़नी नहीं आती, बोलना व समझना तो दूर की बात है। राजा लोग के जमाने में ऐसा कम सुनने में आया कि किसी बेगुनाह को सजा दी गई हो और सारी सभा व जनता उस इंसाफ को ठीक माने, इसका मतलब वो अकेला राजा आज के सारे जजों व कानूनी सलाहकारों से कहीं ऊपर व नैतिक था क्योंकि उस एक के इंसाफ को सब मानते थे और आज इंसाफ पहले सेंशन कोर्ट में, फिर हाई कोर्ट और सुप्रीम कोर्ट में जाकर भी खत्म नहीं होता और आखिर में राष्ट्पति तक जाने के बाद भी ये कोई नहीं कह सकता कि वाकई सही इंसाफ हुआ है या नहीं, वो भी इतने सारे बुद्विजीवों के द्वारा जो उस इंसान या परिवार की जिंदगी के मालिक होते है और उस जगह पर पहुॅचने के लिए मुश्किल से मुश्किल टेस्ट देना पड़ता है पर उसके बाद भी ये गारंटी नही है कि सही न्याय मिलेगा क्योंकि एक गलत फैसला और उस इंसान का या उसके परिवार का जीवन खत्म हो जाता है जेल की चार दीवारी के अंदर।

पहले के समय में वर्ण व्यवस्था थी और सब उसी के अनुसार काम करते थे, पर जाति के नाम पर कोई राजनीति या लड़ाई नहीं थी जितनी आज के जमाने में है, हॉ धर्म के नाम पर उस समय भी लड़ाई होती थी और सबसे ज्यादा राज्य व अपने अधिकार या उतराधिकार के लिए युद्व होते थे। आज के दौर में राजनीति जाति के हिसाब से और युद्व आतंकवाद में बदल गया, जहॉ राजनीति में ब्राहमण, मुस्लिम, दलित, राजपूत, बाकी जातियों के साथ अन्य पिछड़ी जाति के नाम पर खेला जाता है। वहीं एक देश ने या धर्म ने या कुछ लोगों की घिनौनी मानसिकता के कारण आतंकवाद का जन्म हुआ और उन्होनें खुद अपने लोगों व अपनी कौम को बदनाम किया, इसी वजह से अगर वो सही भी है तो भी उन्हें गलत नजरों से देखा जाता है। जैसा हमनें एक मूवी में देखा था, मूवी का नाम था – माई नेम इज खान एंड आई एम नॉट दी टेररिस्ट, कितने ऐसे है जो इस तरह की मानसिकता के शिकार होते है और कई बेगुनाह या इस धर्म के लोग साप्रंदायिक हिंसा के शिकार बनते है,

अलग–अलग देशों में, पर आज भी हमारे भारत में इनको समानता का अधिकार दिया जाता है और फिर भी कुछ लोग इसे अपना देश ना मानकर, यहॉ रहकर, यहॉ की खाकर के, यहॉ काम व नाम करके, खुद व अपने बच्चों को शिक्षा देकर, आज भी मन ही मन ये मानसिकता रखते है कि ये हमारा देश नहीं है, ये हिन्दुओं का देश है और वो साबित भी करते है बात–बात पर, कैसे ? वो ऐसे कि आज भी हर दरगाह या मस्जिद में आपको हिन्दु चादर या प्रसाद चढ़ाते हुए मिल जायेगें और वहीं क्यों गुरूद्वारा या चर्च में भी, पर कभी किसी ने एक मुस्लिम को मंदिर, चर्च या गुरूद्वारा में देखा है, फिल्मों को छोड़कर क्योंकि एक तो वो उनका काम है और दूसरा उससे उनका घर चल रहा है, तो कैसा समानता का व्यवहार चाहते है ये लोग क्योंकि हम तो धर्म को धर्म और इंसान को इंसान मान के साथ निभाते है पर ये अपने धर्म के अलावा ना किसी को मानते है और ना जाते है फिर भी वो यहॉ पूरे अधिकार से रहते है तो सोचना चाहिए कि जिस थाली में खाओ उसे बनाने वाले व उसमें जो अन्न आ रहा है उस भारत मॉ की मिट्टी से, उसे तो प्रेम करो और जो ऐसा करते है उन्हें ये लोग काफिर या धर्म विरोधी कहते है आखिर ये लोग है कौन जो दूसरों को उपाधि देते फिरते है और स्वयं को सबसे बड़ा धर्म का ज्ञाता या हो सकता है खुदा मान बैठे हो। आपस में लड़ने से कभी भी किसी समस्या का समाधान नहीं होगा, जिसके चलते ना हम आज से खुश होगें नाहीं आने वाले कल से, सोचो कि कैसी मानसिकता हम अपने बच्चों के लिए छोड़ जायेगें ये सब करके। कहते है जो बोया है वो ही फल मिलेगा, तो जो हम आज करते है वैसा ही आगे हमें मिलेगा, जैसे आप कहीं पर कूड़ा डाल दो आपको देखकर बाकी सब भी वहीं डालने लगेगें, उसे सब कूड़ादान मान लेगें, पर कोई भी सफाई के लिए आगे नहीं आयेगा ये सोचकर के कि कौन हाथ गंदे करें। हुआ क्या ? हुआ ये कि हमनें घर तो साफ कर लिया अपना और बड़ी सफाई से अपना कूड़ा उस कुड़े में मिला देते है ये सोचकर के कि कौन पहचानेगा कि किसका कूड़ा कौन सा है। ठीक इसी तरह हम इंसान है खुद को साफ समझते है और समाज की बुराई में कब घुल मिल जाते है

ये हमें पता ही नहीं चलता है। हमारा समाज भी ऐसा ही है और सब भीड़ का हिस्सा बनना चाहते है, कोई भीड़ से अलग होना भी चाहे और गलत की खिलाफत करें तो उसे देशद्रोही या चमचा बुलाया जाता है कि ये तो उसके पक्ष की बात करेगा या ये तो हमारे धर्म के विरूद्ध बात करता है और ऐसे लोग या तो शहीद हो जाते है या एक गुमनाम भरी मौत मर जाते है।

अब जरा ये सोचो कि जिस माँ या बाप ने अपना बच्चा पहली बार हमारी या आपकी तरह गोद में उठाया था और जो ममता के आंसू छलके थे, यहाँ तक की जो उनके जीवन हिस्सा व सपना था, तब उन्होनें ये नहीं सोचा होगा कि जमीन की लड़ाई जो सालों या सदियों से चली आ रही है उस लड़ाई में वो अपने जिगर का, खून का व सपनों का राजकुमार खो देगें, जिसे हम सब देश भक्ति या शहीद कहते है, वैसे ये कहने में व सुनने में बड़ा अच्छा व गर्व करवाता है, पर इतने युद्व व इतनी मौतों के बाद भी कोई जमीन का जरा सा टुकड़ा या यूँ कहूँ जो कड़वा है सुनने में कि वो मुल्क ले जा सका अपने साथ या कोई सरकारें ले जा सकी या कोई भी आतंकवादी, अगर किसी एक का नाम किसी को याद हो, तो बता देना कि वो अपने साथ इतना हिस्सा ले गया या गयी थी और ये जमीन की लड़ाई जायज है क्योंकि जिनकी जान जाती है वो किसी की जान होते है, भले ही वो किसी भी देश के सिपाही हों, वो जान गवातें है, बदलें में मेडल मिलते है या सम्मान, पर किसी को भी वो जमीन नहीं मिली, जिसके लिये वो लड़ा। क्यों ? क्योंकि वो कभी हमारी थी ही नहीं। कैसे ? वो ऐसे कि हम सब खाली हाथ आये थे और खाली हाथ ही जाना है और धर्म व कर्म को छोड़कर हम वो सारे काम करते है जो हमें ना कभी सुकुन या ना कभी शांति देगें। बस इंसान इंसानियत का दुश्मन बना बैठा है और हम इंसान होते हुए भी इंसान से डरते है और उसी को मारने के लिए सारे देश करोड़ों व अरबों लोगों की मेहनत से जो पैसा कमाते है उसे रक्षा बजट में लगाते है किसलिए, वो इसलिए कि हम खुद ही मान लेते है कि हमें इस देश के इतने लोगों से डर है तो परमाणु बम जैसा हथियार बना डाला, दूसरा अहम की लड़ाई जब संधि के

बजाय युद्व करके उसको झुकाना और कब्जा करना, तीसरा बरसों से चली आ रही दुश्मनी कि उसने अगर 10 मारे तो हमें कम से कम 20 मारने होगें। ऐसा क्यों करते है ? क्योंकि हम इंसान होकर इंसान से डरते है। हम इंसान आज भी वहीं करना चाहता है जो दूसरे बरसों से करते आ रहे है और तो और अपनी जगह छोड़ने से पहले दूसरों को भड़का के निकलते है कि ये काम मैनें यहॉ तक कर दिया है अब आगे काम तुम्हें करना है और जंग जारी रखनी है चाहे कुछ भी हो जाये या कितने मर क्यों जायें। बस ये खेल चलता रहता है और इस खेल में हमारा युद्व दो से होता है एक वो लड़ाई जिसमें हम बाहरी कम बल्कि आंतरिक कलह व हालातों से लड़ते है, दूसरा बाहरी सरहद की लड़ाई जो कब से जारी है और पता नहीं कब तक चलेगी। इस सच्चाई व असलियत से हमारा समाज व देश पता नहीं क्यों अनभिग्य रहना चाहता है और उन्हें सच्चाई कभी पता ही नहीं चल पाती कि हर साल कितने सपूतों ने अपनी जान गंवाई और कितने परिवारों ने अपना बच्चा और कितनी मॉओं ने अपने जिगर का टुकड़ा, बस लड़े जा रहे है और युद्व अगर नियति है तो मैं उस नियति से भी कतई सहमत नहीं हूॅ जो इंसान को जानवर बनाके इंसान को इंसान का दुश्मन बना रही है।

वैसे भ्रष्टाचार समाज व हर विभाग में मिल जायेगा और मकड़ी के जाल की तरह फैला हुआ है सिर्फ आर्मी या सेना ही इससे बची थी, पर धीरे–धीरे इसके पैर वहॉ तक पहॅुचने लगे है जो बेहद चिंता जनक है क्योंकि किसी विभाग में फैला भ्रष्टाचार वहॉ किसी की नौकरी ले जायेगा, पर सेना में वो जिंदगी ले जायेगा। भ्रष्टाचार एक ऐसी बुराई या श्राप है समाज के लिए कि एक दिन ये ही बुराई गंदगी बनके बदबू देने लगता है, जबतक हम लोग जागरूक होकर इसके खिलाफ आवाज नहीं उठाते है, तबतक ये दीमक की तरह हमें अंदर ही अंदर खोखला करता रहेगा, साथ ही सही समय पर उस इंसान की शिकायत करके हम ये कर सकते है कि उसपर कुछ एक्सन लिया जायेगा और आगे से वहॉ ऐसा ना हो उसे रोका जा सकेगा, पर नहीं हम महीनें या सालभर बाद ही सब भूल के फिर से पहले जैसे हो जाते है। जैसे हम गंदगी को उठाकर सही

जगह डाल के आते है ठीक वैसे ही उस भ्रष्ट इंसान को समाज से व विभाग से निकाल के जेल भेज देना चाहिए ताकि वो अपनी गलती पर पश्चाताप कर सके और बाहर आकर फिर वो ऐसा करने वाले को भी रोके और उसे भी सुधार सके, लेकिन हम कई बार नहीं सुधारना चाहते और वो गुनाह एक बार करने के बाद दुबारा उससे बढ़ा गुनाह करने के बारे में सोचते हैं।

जैसा मैनें पहले भी लिखा कि पहले के समय में एक राजा पूरे प्रदेश व देश का शासन चला लेता था, वहीं आज के दौर में हर प्रदेश का एक राजा व देश का सबसे बड़ा राजा होने के बावजूद भी क्यों उनके बनाये कानून व इंसाफ से ना कोई डरता है ना संतुष्ट होता है, ऐसे लोगों को तनिक भी इस बात का संशय या डर नहीं होता कि हमारे ऐसा कर देने से क्या होगा, यानि की इतने सारे राजा मिलके भी अपने प्रदेश को व इस देश को ठीक से नहीं चला पा रहे है और ये बात मैंने किसी पार्टी विशेष के लिए नहीं लिखा है ये मेरी अपनी सोच है आज के व पहले जमाने के शासन के संबंध में, हॉ तो मैं ये कह रहा था कि या तो उनके शासन करने के तरीके में कुछ कमी है या फिर कानून में कुछ खामी है। वरना कहॉ एक राजा और कहॉ इतने सारे राजा, दोनों में काफी बड़ा फर्क है और मेरा हमेशा से ये मानना है कि कोई भी बदलाव एक दिन में नहीं हो सकता, इसमें सालों लग जाते है और हमारे देश में कुछ योजनाऐं या पुश्तैनी तरीके आज भी लागू है जो समय पर नहीं बदली गयी, वहीं कुछ जोर जबरदस्ती करके लागू की गई है। वरना इतने राजा मिलकर तो एक ऐसा काम करते कि कोई किसी इंसान की चीज, घर, इज्जत–आबरू, धोखा या गबन कुछ भी गलत करने से पहले सौ बार सोचता, पर ऐसा नहीं हो पा रहा है और इंसान व इंसानियत दोनों का तमाशा बनाया जा रहा है। इसके पीछे कई बड़े कारण है जैसे चुनाव, उनमें अनेक पार्टियों का होना और सबके अलग–अलग ऐजेंडों का होना वो भी अपने–अपने प्रदेश के हिसाब से नाकि देश के हिसाब से और देश के लिए ना सही पर जो अपने प्रदेश के लिया बोला था चुनावी रैली में वो भी पूरा नहीं करते चुनाव जीतने के बाद, तो सोचो की ऐसे नेता देश के लिए क्या ही

करेगें, साथ ही अनेक धर्मों का होना और उनके विभिन्न अनुयायी का होना व उन लोगों का होना जो धर्मो के बारे में अल्प ज्ञान रखते है और वो धर्म के नाम पर हिंसा करवाते है या वोट मांगते है, ऐसे लोग ना कभी एक पार्टी के होते है ना धर्म के साथ होते है और ना ही वो कभी देश के लिए ऐसा कुछ कर पाते है जिससे उनका नाम हो या लोग उन्हें याद रखें, अगला कारण ये कि हर प्रदेश की भाषा अलग होने के साथ वहॉ अलग पार्टी का होना और उनके द्वारा चुने गये उनके राजा का अपने ही क्षेत्र का विकास ठीक तरह से ना कर पाना और कहना केंद्र सरकार ने अभी तक किसी भी तरह का कोई अनुदान नहीं दिया है, लेकिन जो दिया उसका उपयोग कल्याण में कम आपसी भरपाई के लिये ज्यादा होता है। पार्टी अलग है तो दूसरी पार्टी की बनाई योजनायें या कानून को क्यों माने और जैसे ही अपनी सरकार सत्ता में आई वो आने के बाद पहली वाली सरकार के बनाये नियम व कानून खारिज करके अपने नये नियम लागू करवाते है। ये भी एक बहुत बड़ा कारण है जिस वजह से देश की तरक्की व विकास सही तरह से नहीं हो पा रहा है, दूसरा ये कि जो पैसा विकास या किसी योजना के लिए विदेशों से लिया जाता है कर्जे के रूप में, तो जो नये नियम बने है नयी सरकार द्वारा उनको लागू करने में वो कर्ज का पैसा खर्च होता है ऐसा बताया जाता है, ठीक है मान लिया तो कोठी बनाने में, 3 से 4 कारें और विदेश से कर्ज लेकर फिर वो ही पैसे विदेश में खाता खोल के जमा कराके देश का पैसा अपने लिए खर्च करना इसका हिसाब कौन देगा और इतनी सैलरी तो होती नहीं है कि इतनी सुख–सुविधा 5 साल के अंदर आप जुटा लो क्योंकि मैं भी एक सरकारी नौकरी करने वाले का लड़का हूॅ और वो कोई नयी चीज दिवाली के बोनस पर लेके देते थे चाहे हम कितना भी रो–पीट ले, तो ईडी हो या कोई भी इसके बारे में आम जनता को बताये कि वो वाकई उनका पैसा है देश का पैसा नहीं है। तीसरा कारण जो मुझे सबसे ज्यादा सोचने पर मजबूर करता है वो है चुनाव मे अंधाधुध पैसे का खर्च होना, सरकारी या गैरसरकारी योजनाओं का शुरू या बंद होना, ये सारा पैसा आम इंसान से वसूला जाता है, पर वो पैसा

खुद की सुख–सुविधा में कमी ना आए वहाँ खर्च होता है। सिर्फ देश के हर मंत्री या विधायक की लाईफ व उनको मिलने वाली सुरक्षा, बंगला, यहाँ तक की हर छोटी से छोटी चीज पर 5 साल में जितना पैसा खर्च होता है, उतने पैसे एक सरकारी कर्मचारी पूरी लाईफ में नहीं कमा पाता है। वैसे हर एक चीज के दो पहलू होते है, जैसे की शासक बनना व शासन करना दो अलग बात है, कैसे वो ऐसे कि आप शासक तो बन गये, पर ठीक तरह से शासन करना नहीं आया, इसी वजह से आम जनता के अंदर किसी भी तरह का खौफ व डर नहीं होता, आपके प्रति सम्मान नहीं होता और वो कुछ भी कर देगें इस बात का पूरा भरोसा होता है, इसमें कुछ समझदारी के चलते क्राइम करते है तो कुछ ना समझी के कारण, वरना कोई भी गलत काम करने से पहले ये जरूर सोचता कि मेरा ऐसा काम करने से उसकी खुद की जिंदगी के साथ परिवार के लोगों पर क्या फर्क पड़ेगा। ऐसा नहीं है कि पहले के समय में ऐसा नहीं होता था या कोई राजा के आदेश की नाफरमानी ना करता हो या अपने मन मुताबिक गलत काम ना करते हो, पर उस वक्त फैसला एक हाथ में होने के कारण तुरंत दंड दिया जाता था और साथ ही पूरे समाज में ऐलान या आदेश जारी कर दिया जाता है कि ऐसा काम करने वालों को राजा की तरफ से यही सजा मिलेगी, ठीक यही काम आज हमारा कानून, अखबार या न्यूज चैनल करते है लेकिन एक सीमित दायरे में रहकर और समाज तक उतना ही पहुॅचता है जितना वो चाहते है या जितना उन्हे दिखाने या बताने की परमिशन होती है। ऐसा इसलिए नहीं होता की किसी नेता ने कहा है ऐसा करने को, इसके पीछे एक का हाथ नहीं बल्कि कई लोगों का हाथ व साथ होता है और वो ही दिखाया जाता है जिससे टी0आर0पी0 मिलें, हॉ कुछ एक खबर पर या चैनल पर राजनीति का असर साफ दिखता है लेकिन वो भी आम इंसान नहीं समझ पाता क्योंकि इतना सोचने के लिए आज के वक्त में वक्त किसके पास है। खबरों की तरह कानून के बारे में भी हमें उतना ही पता चलता है जितना अखबारों में या टी0वी0 में बताया या दिखाया जाता है, साथ ही समाज व पब्लिक के लिए ये जरूरी हो, वरना

कोई भी ये नहीं बता सकता कि भारतीय दंड संहिता में 511 धारायें कौन–कौन सी है, यहाँ तक कि मैं दावे के साथ कह सकता हूँ कि कानून की शिक्षा लेने वाला भी पूर्ण रूप से सारी धाराओं को बिना देखे नहीं बता सकता है, दूसरा कानून बनाते समय हमारे देश का भूत, भविष्य या वर्तमान ना देखकर, बस सोचकर और दुनिया के तमाम कानूनों का सहारा लिया गया संविधान लिखने के लिए और धर्मनिरपेक्ष और सांप्रदायिकता से दूर कहे जाने वाले भारत को ऐसे–ऐसे कानूनों में उलक्षाकर अलग–अलग धर्म व जाति के साथ, भारत के युवाओं के साथ परिवारों के लिए भी ऐसे कानून लिखे गये जो हमारे देश में राजाओं के जमाने में भी नहीं थे क्योंकि वो हमारे देश की संस्कृति व सभ्यताओं से मेल जो नहीं खाते थे। उस समय भी आज की तरह कानून में अमेंडमेंट या धारा कम ज्यादा की जाती थी, पर हर राजा ने दूसरे राजाओं के कानूनों में जो कुछ बदलाव किये वो भारतीय संस्कृति व सभ्यताओं को ध्यान में रखकर, पर इसके विपरीत आज के कानून भारतीय संस्कृति व सभ्यताओं को नुक्सान पहुँचा रहे है क्योंकि हम हर जाति व धर्म को अपनाने वालों में से है लेकिन कानून हमें एक होने से मना करता है क्योंकि हिन्दुओं के लिए अलग कानून और मुस्लिम के लिए अलग, इतना ही नहीं हर राज्य के लिए भी अलग–अलग कानून, जाति व प्रजातियों के लिए अलग कानून, इतना ही नहीं हिन्दुओं को हिन्दुस्तान कहे जाने वाले अपने देश में सामान्य कैटेगिरी में रखकर बाकी सबको आरक्षण, ऐसा क्यों ? ऐसा लगता है कि हम अपने ही देश के कानून रूपी जेल में बांध दिये गये है और अपने हक को साबित व मांगने के लिए कोर्ट जाना पड़ता है या कहा जाता है कि हिन्दु माइनॉरीटि को दबाने की कोशिश कर रहें है या अत्याचार कर रहें है। पर फिर भी कोर्ट जाएें अगर हम तो भी कितने सालों में न्याय मिलेगा ये पता नहीं, जबकि राजाओं के समय किसी अत्याचार या कानून या किसी तरह की परेशानी लेकर जाओं तो तुरंत न्याय मिलता था मतलब याचक की याचिका या सुनी जाती थी या तुरंत ही निरस्त। एक के धर्म में 4 शादी करना लिखा है तो उसे मान्यता दे दी गई और दूसरे धर्म में तो हजारों किताबों व ग्रथों में लिखा है

कि उस राजा कि इतनी रानियों थी या उसने इतनी शादीयॉ की, सोच के देखिये कि राजा दशरथ के समय ये कानून होता तो उनकी एक रानी और श्री राम अकेले, तो मेघनाद का वध कौन करता, कैसे भरत जैसे भाई की कल्पना करते या राम–लक्ष्मण कैसे कहके बुलाते इस कलियुग में दो भाईयों को, कृष्ण भग्वान कैसे 16000 रानियों का भला करते, सति जी के देह त्यागने के बाद कैसे महादेव पार्वती मॉ से विवाह कर पाते, उस वक्त राजनीति गठबंधन और संतान विस्तार के लिए राजा एक से ज्यादा पत्नियॉ रखते थे, राजा सालोमन की करीब 700 पत्नियॉ व 300 उपपत्नी थी, तो इससे तो यही प्रतीत होता है कि अगर कोई कानून या नियम बनाना ही होता तो महादेव, नारायण या अनेक राजाओं ने पहले ही बना दिया होता, पर हिन्दुओं को दबाने व आने वाले समय में सभी जातियॉ बहुसंख्यक और हिन्दु अल्पसंख्यक बन जायेगें, जो भारत के दृष्टिकोण से एक बहुत बड़ी आने वाली समस्या है या यूॅ कहे कि हमें अपने अस्तित्व को बचाने के लिए संघर्ष करना पड़ेगा। हमारे देश में लगभग 2000 से भी ज्यादा तरह के कानून है आज के समय में, तब भी हमारा देश सुव्यवस्थित नहीं है, यहॉ तक की जमीन, आकाश व पानी तक के कानून बने है पर फिर भी किसी भी कानून का ठीक तरह से पालन नहीं हो रहा है या जागरूकता नहीं है और प्राकृतिक चीजों को प्रदूषित कर रहें इतने कानून होने के बाद भी।

आज हमारे देश में पुराने कानून या उनमें और बदलाव की जरूरत है साथ ही जरूरत है मानसिकता व सामाजिक सोच में बदलाव की, ऐसा डर होना चाहिए कि कानून का पालन नहीं किया तो तुम्हारे व तुम्हारे परिवार के साथ भी वैसा किया जायेगा जैसा तुमने दूसरे के साथ किया, मतलब कि अगर तुमने किसी का रेप किया और सजा मिली, तो तुम्हें ही नहीं बल्कि तुम्हारे घर की सभी औरतों को भी वो सजा मिलेगी और तुमको नपुंसक बना दिया जायेगा कि भविष्य में दुबारा ऐसा करने की सोचो भी ना। ऐसा क्यों ? क्योंकि चाहे वो व्यक्ति नशे में कितना भी क्यों ना हो, घर की बहु, बेटी, मॉ या बहन के साथ ना तो गलत करता है और ना ऐसी

सोच मन में आती है, तो फिर किसी को अकेला पाकर या फायदा उठाकर या किसी बात से ब्लैकमेल करके या रंजिशन उसके साथ गलत करना और ये जानकर कि बाद में तो बेल मिल जायेगी या इतनी सजा ही होगी या इस कोर्ट से नहीं तो इससे ऊपर वाले कोर्ट से राहत मिल ही जायेगी, ये सोच बदल जायेगी कि मेरे गलत करने से मेरे साथ पूरे घर की औरतें भी जेल जायेंगी और मेरा पुरूषार्थ छीन लिया जायेगा, तब कहीं वो डरे, इसके उल्टे किसी औरत का झूठा इल्जाम रेप का या दहेज का या प्रताड़ना का साबित न होने पर, उसके साथ उसके घर के सभी मर्द भी जेल जायेगें, तो उस महिला को भड़काने वाले भी सोचेगें की गलत पाये गये तो हम सब भी जेल जायेगें। देश में कानून का पूरा नहीं बल्कि आधा ही इस्तेमाल किया जाता है पुलिस व न्यायपालिका द्वारा, कैसे ? चलो एक एक्ट या धारा से समझते है कि दहेज लेना व देना दोनों कानूनन अपराध है, तो दहेज लेने वाले को पूरे परिवार सहित जेल भेजना व देने वाले के विरूद कुछ कार्यवाही नहीं की जाती, तो हुआ ना कानून का आधा इस्तेमाल। इसी कारण ये कानून ना तो सोच बदल रहा है, ना डर पैदा कर रहा है, ना ही पूर्ण रूप से न्याय कर पा रहा है, ना ही समाज में किसी भी परिवार की सोच बदल रहा है जिस वजह से बेटी पैदा होने पर उसे कोसने या मारने या कहीं छोड़ने की सोच को बदलना या बचपन से ही ये सोच के पालना की अभी से इसके लिए दहेज की व्यवस्था शुरू करो, ये सोच तभी बदलेगी जब उसी कानून का पूरा इस्तेमाल होगा कि दहेज दिया तो भी जेल जाना पड़ेगा और लेने वाला भी फिर मांगना छोड़ देगा। वैसे भी हिन्दु शब्दावली में दहेज या तलाक जैसा कोई शब्द ही नहीं है, तो इस शब्द पर कोई कानून कैसे बन सकता है वो भी हिन्दुओं के लिए और ये कानून फिर हिन्दुओं पर लागू ही नहीं होता, पर आज भी हम आजादी के बाद बने इस कानून के चंगुल में फंसे हुए है क्योंकि हिन्दी के शब्दकोश के हिसाब से हमारे यहाँ शादी के समय पिता पुत्री को जो भी देता था उसे स्त्री धन कहते थे जिसे कानून ने पूरी तरह नजरअंदाज कर दिया और दहेज शब्द जोड़कर कानूनी किताब में एक अनदेखा व अनचाहा चक्रव्यूह

हमारे चारों तरफ बना दिया और इसकी वजह से हजारों परिवार आज भी जेल में बंद है और अगर किसी को संदेह है कि इतने परिवार बंद है या नहीं तो वो नेशनल क्राइम रिर्पोट ब्यूरो का डाटा देख के खुद आश्चर्यचकित रह जायेगें क्योंकि भारत की कोई भी जेल में आधे से ज्यादा कैदी दहेज के केस वाले मिलेगें, जिनकी सुनवाई ऐसे की जाती है जैसे शादी करके उन्होनें कोई आतंकवादी कार्य किया है और आम नागरिक या परिवार को ये सोच के नहीं देखा जाता कि ये एक पारिवारिक घटना है, कोई नामी चोर या कुख्यात आपराधी लोग नहीं है और कल तक वो समाज का हिस्सा था जो इस तरह के कानून के कारण प्रताड़ित किया जा रहा है क्योंकि जिस दिन हम दहेज देने वालों के खिलाफ ऐक्शन लेगें, तब इस कानून का होना सार्थक होगा, वरना बेटियॉ हमेशा बोझ लगेंगी और परिवार जेल जाते रहेगें, इस विषय पर मतलब दहेज हत्या व दहेज प्रताड़ना पर मैनें अलग से किताब लिखी है जो जल्द ही आप सब के बीच होगी। वैसे भी संविधान जब लिखा गया तो उस भाषा में जो हमारी मात्र भाषा नहीं थी और आम आदमी की पहुॅच से काफी दूर क्योंकि उस वक्त अग्रेंजी पढ़ना व लिखना कम लोग जानते थे, जिस वजह से वो आम इंसान की समझ से बाहर था और इसी वजह से ज्यादातर लोगों को कानून व किसी गलत काम के करने के बाद होने वाले नुकसान व सजा का पता ही नहीं होता था। इसी वजह से गुनाहगार ये नहीं जान पाता की उसने किस लेवल का या कितना भयंकर गुनाह किया है, अगर कानून व न्यायालय बनाये गये है तो उनका पालन या प्रकिया किस तरह से करना है इसे हमको अपनी बेसिक शिक्षा में जरूरी शामिल करना चाहिए था। जिसे सरकार की तरफ से ये शिक्षा व जानकारी फ्री में सबको देना चाहिए था, वो भी संविधान बनने के बाद और न्याय प्रकिया के शुरूआती दौर में। साथ ही उस समय कुछ ऐसे ऐलान या फतवा जारी करना चाहिए था ताकि लोग उस समय से ही जागरूक हो जाते और अपने बच्चों को भी कहानी सुनाने के साथ देश में बने संविधान व कानून के बारे में बताते क्योंकि न्यूज, मीडिया, इंटरनेट या अखबार आज भी कई लोगों, शहरों व गांवों की

पहुॅच से बाहर है। इस वजह से कई तरह की अपडेट, अमेंडमेंट या जरूरी जानकारी उन आम लोगों तक नहीं पहुॅच पाती है, पर जैसे तमाशा या सर्कस लगभग हर छोटे या बड़े शहरों में जरूर लगता था या लगता है, हो सकता है कि कोई भी उस तमाशे या सर्कस की भाषा भले ही ना समझे पर वो तमाशा या सर्कस देखकर समझ जाते थे कि क्या कहानी है या क्या बताया व दिखाया जा रहा है और ये सबसे आसान तरीका है अपनी बात को लोगों तक पहुॅचाने के लिए, जिससे सरकार छोटे बच्चों से लेकर बुजुर्ग तक, गरीब से लेकर मीडियम तबके तक, अच्छे से लेकर खराब इंसान तक, चाहे जेल ही क्यों ना हो, ये तमाशा करने वाले हर एक तक पैगाम आसानी से पहुॅचा देते है कि कैसे समाज व जमाना बदल रहा है, तो आपको भी उसके हिसाब से खुद को बदलना है वरना अकेले रह जाओगे। इसके अलावा दूरदर्शन पर जो हर भाषा में सरकार द्वारा चलाया जाता है या क्षेत्रिय चैनल कहें तो भी सही होगाा, आज के समय में गैर सरकारी चैनल क्यों ना हो, साथ ही क्षेत्रीय भाषाओं के अखबारों में ये सारी जानकारी फ्री में देनी चाहिए और वो जानकारी एक दो घंटों में की ना होकर दिन, महीनों या सालों के लिये होनी चाहिए, ठीक वैसे ही जैसे लोगों को फिल्मों के डायलॉग व गानें याद हो जाते है बार–बार देखने से, इसी तरह हमें कानून, संविधान, हमारी संस्कृति, धर्म ग्रंथ, सामाजिक व विदेशी जानकारीयों को भी मुहईया करानी चाहिए, वो भी बार–बार ताकि वो सबके जहन में बस जाये, जिससे वो सारी जानकारी अपनें बच्चें को भी दे सकें आसानी से। ये इसलिए भी जरूरी है क्योंकि कई लोग जो गुनाह कर चुके है या करने वाला है या किसी गलत सोच को जहन में बिठा चुके है उन्हें भी पता चलना चाहिए कि देश में क्या हो रहा है क्योंकि ऐसे लोग एक बहाना बड़ी आसानी से बताते है कि वो शिक्षित नहीं है, भाषा नहीं समझ आती या वो कहेगा कि इस प्रदेश के कानून के बारे में उसे कोई जानकारी नहीं है और नासमझी का बहाना बताकर अपना पल्ला झाड़ना चाहते है कि मुझे क्या पता ऐसा भी कुछ नियम है। गलत करने वाला तो गलत करेगा ही चाहे जानकारी हो या ना हो, पर जो साधारण जीवन जीते

है उनके लिए ये जानकारी किसी रामबाण से कम नहीं है क्योंकि जो समझदार व जागरूक इंसान होगा और रोज ऐसी बातों को देखता या सुनता होगा, वो कभी भी गलत विचार आने के बाद भी गलत नहीं करेगा या 100 बार सोचेगा और उसके बाद के होने वाले परिणाम के बारे में भी, जिसे पहले से पता हो कि ऐसा करने से ये होगा, वो ना सिर्फ खुद गलत करने से रूकेगा बल्कि औरों को भी सचेत करेगा।

आज के युग में इंसान किसी एक वस्तु से प्यार करने के बजाए सैकड़ों वस्तुओं से प्यार करता है वो भी आर्कषण की वजह से, फिर वो उसी आर्कषण की खतिर गलत काम करने के बारे में सोचने लगता है, यही वो पल होता है जब इंसान की बुद्वि काम करना बंद कर देती है और इंसान गलती कर बैठता है वो भी क्षणिक आवेश में आकर, इसीलिए नित्य–प्रतिदिन जानकारी देना जरूरी है ताकि सभी अपटूडेट रहें और बहाव में ना बहें। कई बार इंसान पूरी जिंदगी ये नहीं समझ पाता कि प्यार होता क्या है और हम क्या खो रहे है या क्या पा रहे है क्योंकि हम हर पल एक नये दिन का इंतेजार करते है अपने बीते हुए कल के साथ और ऐसा होना भी चाहिए, ताकि इंसान अपने बीते हुए कल को भूल ना जाये, जिससे आने वाला भविष्य और भी सुदंर हो जाये।

हम देखते है कि ज्यादातर देश घरेलु हिंसा या बाहरी आक्रमण से लड़ते रहते है, वो ऐसा क्यों करते है ? इसका मैं ठीक–ठीक मतलब नहीं समझ पाया हूॅ ? हो सकता है आप लोग समझ पायें, क्योंकि वो क्यों आपस में लड़ना चाहते है, क्यों नये–नये हथियारों का इजाद करते है ? रक्षा बजट लाखों–करोड़ों का क्यों बनाते है ? हर रोज अपनी ताकत को और क्यों बढ़ाना चाहते है ? किससे डरते है आज सारे देश ? आज क्यों इंसान इंसान से डरता है ? जवाब कई है जैसे कुछ लड़तें है अपने अह्म की खातिर, कुछ लड़ते है सत्ता व प्रभुत्व की खातिर, कुछ लड़ते है धर्म के नाम पर, कुछ लड़ते है आतंकवाद फैलाने की खातिर तो कुछ उसे रोकने की खातिर, कुछ लड़ते नहीं है बस दूसरों को देख के शस्त्र बनाते है

कि उनके पास है तो हमारे पास क्यों नहीं और सबसे बड़ी लड़ाई जिसके लिए लाखों–करोड़ों के हथियार बनते है या खरीदे जाते है और सदीयों से उसके पीछे लड़ाई होती आ रही है जी हॉ जमीन के लिए, सरहद के लिए और उसे बचाने के लिए ये सब हो रहा है। पर क्या ये सरहदें हमेशा से थी ? जी नहीं, अगर हम भूगोलशास्त्र को उठाके देखेगें तो सिर्फ ये जानेगें कि पहले पृथ्वी के दो टुकड़े हुआ करते थे, फिर समय के साथ टेक्टानिक प्लेटों के खिसकने से इसके और कई टुकड़े हुए, भूचाल, बाढ़, ज्वालामुखी का फटना, बर्फ का पिघलना व अन्य ना जाने कितनी प्राकृतिक घटनायें घटी, जो धीरे–धीरे कारण बना पृथ्वी के कई टुकड़े होने क। इसके बाद मानव का खेल शुरू हुआ और क्या बोले पुराने व आज के राजा व हर देशों के मंत्री की इतनी जगह तक हमारा प्रदेश या राज्य है, ये हमारा प्रदेश है इस देश पर मेरा राज्य है। ज्यादा पुरानी नहीं सिर्फ 70 से 80 साल पहले के भारत देश का मानचित्र उठाकर देखलो कि भारत कितना विशाल था और कहॉ तक इसकी जड़े थी, पर इसकी अखंडता, ताकत व पैसा या सोने की चमक देख सब हमें बर्बाद करने लिए आये और इन बाहरी लोगों द्वारा लगातार आक्रमण किए गये और अंत में फूट डालकर भारत को कई टुकड़ो में विभाजित किया गया और भारत नये–नये देशों में बंटता गया क्योंकि वो सब जानते थे कि आजाद भारत वो भी संयुक्त भारत भविष्य में किसी भी अन्य देश या खुद उनके देश जो यहॉ से जा रहे थे खतरा बन सकता है, तो क्यों ना जाते–जाते इसके टुकड़े करवा दो और एक ऐसा हवन कुंड बनाकर जाओ जिसमें ये अपनों की आहूती डालते रहे, ना सिर्फ तब बल्कि आजतक, आजादी तक सभी धर्म के लोग साथ में लड़े और ये बात किसे अच्छी लगेगी की परिवार एक रहें और वो परिवार तोड़ने में सफल रहें और देखा जाये तो आज तक हम उस हवन कुंड में आहूति डाल रहें है और एक साथ होने के बजाए आज भी लड़ रहें है और उनको जिता रहें है। बंटवारे के बाद बने देश व सरहदें सिर्फ हमारे देश के टुकड़े नहीं कर गई बल्कि उसमें से एक देश ऐसा भी बना जो आज तक सिर्फ जमीन की लड़ाई के लिए लड़ रहा है मर रहा है और कितने

अबतक इस जमीन की खातिर मर गये, पर फिर भी आजतक कौम, धर्म या जमीन की लड़ाई जारी है जबकि कोई अपने साथ जमीन का एक टुकड़ा भी नहीं ले गया, ना ओसामा, ना आई0एस0आई0एस0 या जितने भी आतंकवादी संगठन है, मैं कहता हूॅ जमीन छोड़ों कोई कुछ भी ले जा सका हो सिर्फ अपने किये गये कर्म के अलावा क्योंकि आपको याद आपके कर्म के अनुरूप ही किया जाता है, तो जब कुछ ले जा नहीं सकते और वो यहीं रहना है तो किस बात की लड़ाई लड़ी जा रही है आजतक जमीन के नाम और क्यों इंसान, इंसान का दुश्मन बना बैठा है। है किसी के पास कोई जवाब तो दे वो भी होश से नाकी जोश में आकर ? क्योंकि जोश में कहेगें कि हमारी जमीन के लिए हम कुछ भी कर जायेगें, तो मैं ऐसे लोगों को बेवकूफ से ज्यादा कुछ नहीं मानता, जब पैदा हुए तब ये पता नहीं था कि मॉ–बाप पालेगें, अनाथ हो जाओगे, कैसा घर, कौन सा शहर, किस देश, क्या घर्म होगा, यहॉ तक की बोलना नहीं आता था तो भी दूध या अन्न दिया, मर गये तो खुद नहीं गये वहॉ जाने व दो गज जमीन भी उसी ने दी, तो कैसे जरा से बड़े होने पर व बोलना सिखने पर मेरा–मेरा करना शुरू कर देते हो कि मेरा मकान, मेरा पैसा, मेरा परिवार, मेरा देश जो जहॉ पैदा हुआ पहले वहॉ का दूसरे देश जाकर वहॉ की नागरिकता ली तो वहॉ का नाम जपने लगे, मेरी जमीन, मेरी खेती, मेरी दौलत, सोच के देखों आपको बेवकूफ नही तो क्या कहा जाये क्योंकि बचपन में दूध नहीं मांग सकते थे और मरने पर जमीन या चार कंधें खुद नहीं जुटा सकते वो सब कहते है कि मेरी ये जमीन है, मेरा यहॉ से यहॉ तक का राज्य है या ये सरहदें है सब हमारी सोच, इच्छा व दिखावे के साथ अपनी ताकत दिखाने की लालसा के अलावा कुछ नहीं है,

न आपका पहले कुछ था न आपके बाद कुछ आपका रहेगा,

न पैदा होने से पहले आप भूखे थे ना मरने के बाद भूख रह जायेगी,

न साथ कुछ लाये थे न साथ कुछ ले जाओगे,

सत्य ये है कि पैदा होने के बाद जो कुछ ये संसार आपको देता है आपके मरते ही वो क्षणभर में वापस भी ले लेता है।

बाहर ही नहीं हमनें तो यहाँ तक हद कर दी है कि हम देश के अंदर ही जमीन के पीछे मार–काट करते है और जमीन की खातिर अपनों को मारकर जेल जाके बड़े खुश होते है और सीमा पर जवान मरते है तो हम अफसोस जताते है जिसे देख के हमारा खून खैलता है, लड़ाई दोनों ने की जमीन के लिए, पर एक को लोगों ने अपनी नजरों से गिरा दिया या आतंकवादी कहा वहीं दूसरे के लिए सबने अपनी आँखें नम कर ली, मेरे हिसाब से 'जिंदगी इतनी जिओ की कम पड़ जाये और मौत ऐसी आये की सबकी आँखें नम कर जाये'। थोड़ा और गौर से देखा जाये तो हमनें जो सरहदें बनाई जिसे हम एल0ओ0सी0 मतलब लाईन आफॅ कंट्रोल भी कहते है और जिसकी रक्षा करने के लिए हर देश के लाखों सैनिक खड़े रहते है, मतलब इंसान, इंसान को मारने के लिए तत्पर रहता है। वैसे मैंने ये एक बार नहीं कई बार देखा है, जब हमारा पड़ोसी देश बात–बात पर फायरिंग करना या बम दागना शुरू कर देता है, जिसमें कई सैनिक मरते ही मरते है तो कई आम आदमी और कितने घायल हो जाते है, जवाब में उनके यहाँ पर भी सैकड़ो हजारों मरते है। जब देश में किसी सैनिक को वीरगति प्राप्त होती है और उसका नाम अमर शहीद जवान की लिस्ट में शामिल होता है, दूसरे देशों का तो पता नहीं हाँ मुझे अपने भारत की माँ व अपने से छोटे फौजी भाईयों व बड़ो से जो प्रेम है उसके चलते जो विचार मेरे मन में है कि हर माँ कहती है कि मुझे गर्व है कि मेरा बेटा देश के लिए शहीद हुआ और टी0वी0 पर हम सब देखते भी है कि कैसे सारा गाँव उस शहीद के साथ जाता है आखिरी कदम तक और फिर, फिर क्या होता है फिर सब भूल जाते है उस माँ को उसके बच्चे को और किसी को याद ही नही होगा कि कारगिल मे या 1971 मे या 1965 में किस गांव का कौन सा फौजी शहीद हुआ था क्योंकि हम भुल गये, लेकिन जमीन की लड़ाई आज भी जारी है, बस वो गाँव याद रखता था कि उनके यहाँ का बच्चा देश के लिए शहीद हुआ, फिर सरकार पैसे, जमीन व मेडल देकर अपना काम

कर देती थी या अब उस गॉव का नाम या किसी विषेश स्थान का नाम उस शहीद के नाम पर रख देती है, पर इससे मुझे संतोष नहीं मिलता कि किसी की शहादत को बस कुछ समय के लिए ही याद किया जाये या किसी दिवस पे याद किया जाये जैसे शहीद दिवस, कारगिल दिवस आदि, मेरे हिसाब से उसे व उसके नाम को हमें आते–जाते व रोज देखना या सोचना चाहिए कि ये सब हम में से ही किसी परिवार के सपूत थे और देश की रक्षा में शहीद हुए है और उनको रोज नमन करने के साथ हर उस सैनिक के लिए प्रार्थना करनी चाहिए कि वो कुशल रहें और ईश्वर उनके प्राणों की रक्षा करें, ऐसा तभी होगा जब हम रोजमर्रा के जीवन में उनको आत्मसाथ करें, इसके लिए हमें हर रेलवे स्टेशन, बस स्टैंड, एयरपोर्ट के यात्री विश्राम की जगह पर हर उस शहीद का नाम या लिस्ट लगी हो जो उस क्षेत्र के आसपास रहते हो, जैसे गांव की सड़को पर जहॉ बसें रूकती है वहॉ पर, हर 5 कि0मी0 में गांव बदलते है और हर गांव से कोई न कोई सेना में होता है या शहीद हुआ हो तो उसके लिए जैसे सड़को पर हर 1 कि0मी0 पे बोर्ड लगा होता है कि शहर इतनी दूर है तो हर कि0मी0 पर बोर्ड लगा हो जो उस क्षेत्र के सैनिको के बारे में बताये, देश की हजारों सड़को के नाम जैसे नेता, महापुरूषों के नाम पर है उस तरह हर शहर व गांव की हर सड़क के नाम रख दो उस जगह के शहीद के नाम पर, जहॉ भीड़ हो वहॉ नाम लिखा हो जैसे मंदिर, मस्जिद, गुरूद्वारा, चर्च, सरकारी अस्पताल आदि, इसके साथ ही छोटे–छोटे विडियो बनाकर उस क्षेत्र की भाषा के अनुरूप दिखाने व चलाने चाहिए, जिस दिन जो–जो सैनिक शहीद हुआ हो क्योंकि अब तक लाखों सैनिक शहीद हुए है तो रोज ही बताना व दिखाना चाहिए, तब जाकर उनको सच्ची श्रद्धांजलि व उनके परिवारों को सम्मान मिलेगा और ऐसा करना कोई बड़ी बात नहीं है ना किसी सरकार के लिए और ना आम जनता के लिए।

मेरा कहना बस इतना है कि ऐसा नहीं है कि हमें देश की रक्षा नहीं करनी चाहिए, बिल्कुल करनी चाहिए, पर सरहदों की नहीं किसी जमीन पर खीचीं गई लाईन की नहीं, जो इंसानो ने अपनी

संविधा के लिए खीचीं, बल्कि सुरक्षा हमें आंतरिक खतरों व आपसी मतभेद के कारण उपजी किसी परेशानी से देश की व लोगों की रक्षा करनी चाहिए, जिससे लोगों में सौहार्द और आपसी प्रेम बना रहें। लेकिन मैं जो बात कहने जा रहा हूॅ वो बिल्कुल अलग है, कैसे ? वो ऐसे कि धरती पर सीमाऐं या सरहदें हम इंसानों ने बनाई है और धरती के कई टुकड़े कर दिये, जैसे एक घर में रहने वाले कई भाईयों ने बंटवारा कर लिया हो, फिर भी ये सोचते रहना कि दूसरे की जमीन में से थोड़ा और मिल जाये, इसके लिए लड़ते रहते है और इस घर की लड़ाई में दूसरे अपना हाथ सेकते है, ठीक इसी तरह बाकी देश भी सोचते है कि उस देश की इतनी जमीन पर कब्जा कर लें या उस देश पर अधिकार कर लें। इसी तरह अगर भारत, श्रीलंका, पाक, बांगलादेश ये सब अलग ना होते, तो विश्व की सबसे बड़ी ताकत हम होते, पर अलग होने की वजह से बाहरी ताकतो ने आक्रमण किया और आते–जाते फूट डालकर हमें एक दूसरे से अलग कर दिया और हम भारतवासी उनकी चालों में आकर आपस में लड़ते गये और बंटते चले गये, जिससे हमें वो कमजोर बनाते गये और खुदको ताकतवर बनाते गये। पर आज भी मौका दिया जाये तो कुछ एक कौम या गंदी विचार धारा वालों को छोड़ कर, हम फिर से एक होना चाहते है और आपस में मिलकर एक नये व प्यारे भारत की संरचना करना चाहते है जहॉ द्वेश, ईष्या, दंगे या आपसी मनमुटाव की कोई संभावना न हो। सिर्फ 60 से 70 सालों में वो हुआ जो कई सदियों या शासकों द्वारा ना हो सका कि बंटवारा हुआ हो भारत का और भारत के लोग सिर्फ धर्म के आधार पर या जानबूझकर भी वो उस देश में रहने को मजबूर होते गये, जो भारत से पृथक हो चुका था और एक कुंठा का जन्म हुआ कि इतने से टुकड़े से क्या होगा हमें भारत के और टुकड़े चाहिए जिसके लिए वो सालों से प्रयासरत है। पर वास्तव में उनकी जड़े या स्मृतियॉ तो भारत से जुड़ी है और वो लोग आज ही लड़ना बंद कर देगें अगर बटवारा खत्म कर दिया जाये और दोनों देश एक हो जाए, सिवाय चंद काफिरों के जो धर्म या जन्नत के नाम पर आतंकवाद को फैलाते है और आम जनता को भड़का के दोनों देशों

में अशांति फैलाते है। सिर्फ भारत में ही नहीं वरन पूरे विश्व में, जब बच्चा जिद करें तो एक बार को समझ में आता है पर देश को चलाने वाले ऐसा करें, ये नहीं समझ आता कि उसपर आक्रमण कर दो, वो जमीन हमारी है, उसने हमारे बनाये हुए कायदे–कानून नहीं माने उस पर भी हमला कर दो। फिर होता क्या है जबरदस्त नरसंहार और सिर्फ देश ही नहीं लाखों परिवार भी खत्म हो जाते है, जिस राजा ने साम्रराज्य बनाया क्या वो उसके जाने के बाद रहा, जवाब है नहीं, तो ये तो वो बात हुई कि हमें ये चाहिए तो चाहिए फिर कीमत कुछ भी क्यों ना चुकानी पड़े। बंटवारे के बाद बने भारत–पाकिस्तान जो सिर्फ कश्मीर के लिए आजतक लड़ते आ रहे, ये सोचना चाहिए कि भारत–पाकिस्तान से पहले कश्मीर किसका हिस्सा था जाहिर सी बात है एक मुल्क का वो भी भारत का और कश्मीर भी उसी का हिस्सा था और है और आगे भी रहेगा, पर ये बात पाकिस्तान कैसे समझे क्योंकि जो खुद भारत का हिस्सा था उससे ये कहना कि ये मेरा है और पहले अपने इतिहास को देखें कि तुम क्या थे और फिर ये सोच भी कैसे सकते है कि ये कश्मीर मेरा है, जब तुमको खुद का वजूद बनाने के लिए भारत ने अपनी जमीन दी और एक मुल्क बनने में सहायता प्रदान की हो वो भी पैसों से लेकर कपड़े तक, तो एहसान मानने के बजाये, तुम लड़ाई–झगड़ा या आतंकवाद फैलाकर व जोर–जबरदस्ती से जिसे हासिल करने में लगे हुए हो, तो सोचो कि जब हमने चाहा इसलिए तुम्हें पाकिस्तान बनाने के लिए जमीन दी, वरना हम भारतीयों से पूरा विश्व भी एक तरफ हो जाये तो भी सुई बराबर जमीन नहीं ले सकता, हम शांत है और ज्यादा ताकत का प्रदर्शन नहीं करते लेकिन अपने पर आ जाये तो फिर विश्व युद्व हो, 1965, 1971, कारगिल युद्व हो या किसी भी देश की मदद के लिए भेजी गई हमारी सेना वो बिना फतह किये और तिरंगा लहराये बगैर नहीं हटती, इसलिए जितनी जल्दी वो ये बात समझ जायेगें उतने ही ज्यादा वो अपने लोगों के प्राण बचा पायेगें। वैसे भी मैंने अभी ऊपर लिखा है कि कोई भी अपने साथ जमीन लेकर नहीं जा पाया है आजतक, पर यहॉ बात जायज व नाजायज की है क्योंकि गीता में

भगवान ने कहा है कि दुष्ट के साथ दुष्टता करना जायज है और वो लगे रहे जमीन के टुकड़े के लिए, पर ना वो पहले कामयाब हुए और ना आगे हो पायेगें और मेरा ये मानना है कि वो कुछ दिन में ना सिर्फ अपना वजूद खो बैठेगें बल्कि इस लड़ाई में इतने कर्जदार हो जायेगें कि एक समय उन्हें अपना देश भी गिरवी रखना पड़ेगा या फिर वो किसी ताकतवर देश के या वापस भारत के गुलाम या यूँ कहे दुबारा भारत बन जायेगा। बारबार कहने के बाद भी एक बार फिर कहता हूँ कि पूरा विश्व जितना पैसा रक्षा बजट बनाने में लगाता है वो पैसा पूरे विश्व की गरीबी व अर्थव्यवस्ता को मिटाने या सही दिशा में लगाने के काम में लगाया जा सकता है और इस पृथ्वी को स्वर्ग बनाया जा सकता है और हमें मरने के बाद की स्वर्ग की कल्पना करने की जरूरत नहीं पड़ेगी। यहॉ एक बात कभी सोची है कि हमारी अपनी लड़ाई में हमारे ही हाथ जलेगें और हमारे ही लोग मरेगें, ऐसे में मुझे उन लोगों पर गुस्सा व तरस आता है जो कुछ लोगों के भड़काने पर कुछ भी करने को तैयार हो जाते है वो भी धर्म के नाम पर, मैं यहॉ बस ये पूछना चाहता हूँ कि पैदा होते वक्त कोई बता सकता है कि उसका धर्म क्या है ? नहीं ना क्योंकि इंसान को भगवान इंसान के घर पैदा करता है किसी धर्म में नहीं और धर्म हमें बताते है कि हमें क्या खाना है, क्या पहनना है, क्या बोली और क्या अनुसरण करना है धर्म के हिसाब से, पर ये किसी धर्म में नहीं सिखाया जाता कि इंसान हो और इंसान को मारने से जन्नत मिलेगी, हॉ अगर किसी धर्म में लिखा हो या बताया हो, तो मुझे भी बताया जाये, मैं अपने शब्द वापस ले लूंगा और माफी भी मागूंगा।

अब जरा ये सोचिए कि जो आतंकवाद फैलाने के लिए आतंकवादी बनते है उन्हें क्या मिला ये बनके, ये तो या वो खुद जानते होगें या उनका खुदा। क्या ऐसा करके वो अपनी या अपने परिवार की आनेवाली जिंदगी को खुशहाल कर रहें है या देश का नाम कर रहें है ? क्या बम फोड़ने या गोलीबारी से समस्या का समाधान होगा ? नहीं, उनकी आत्मा को किस कदर का दोजक प्राप्त होगा, ये ना उन्होनें सोचा होगा ना ही उनको सिखाने वाले ने

कभी इससे उनको रूबरू करवाया होगा क्योंकि उनका माइंडवाश ही ऐसे किया जाता है कि वो अपने कुकृत्य को करके जन्नत के सपने देखते है पर असल में तो वो दोजक के लायक भी नहीं। ये जो गुप्र बने है जैसे अलकायदा, इंडियन मुजाहिदीन, लस्करे तोयबा, अल जजीरा और ना जाने कितने ऐसे गुप्र जो आतंकवाद की तैयारी करवाते है वो उन मासूम बच्चों का बचपन तो बर्बाद करते ही है साथ ही इतनी कड़वाहट भर देते है जहॉ से वो बच्चा दरिंदा बनने के साथ खिलौने को छोडकर बम व बदूंक को अपना साथी बना लेता है, वो बच्चे जो ना तो ठीक तरह से अभी जिंदगी को महसूस कर पाया है और ये सब सीखने के बाद उसका भविष्य क्या होगा वो ये नहीं देख पा रहा होता है उस वक्त कि वो ऐसा करके अपने परिवार, देश व कौम सबके नाम को बर्बाद करेगा, वैसे भी जिसको बचपन में ही बंदूक थमा दी गई हो और जिसने एक बार बंदूक उठा ली हो, वो जीवन में फिर कभी कलम नहीं उठाता ना ही उठाना चाहता है और अपने जीवन को खत्म करके फर्क महसूस करता होगा शायद कि अबकी मैनें इतने लोगों को मारा या इतने बम फोड़े, तो जन्नत तो मिलना तय, बस यही सिखाया जाता है उनको और वो उसी सीख को याद करके सही या गलत का फैसला करना भूल जाता है। अगर पूरी पाकिस्तानी आवाम को कश्मीर चाहिए होता, तो सब के सब आतंकवादी बन गये होते, पर ऐसा नहीं है, ये संगठन उन मासूम बच्चों को बहलाते है जो अशिक्षित व गरीब है और जहॉ–जहॉ शिक्षा का अभाव होगा वहॉ काईम जरूर होगा। हम रोज एक–एक कदम बढ़ाते जा रहे है आगे की ओर ताकि हम आतंकवाद को सरहद पर रोक सकें और सरहद पार ही उनका खात्मा कर सकें और उन्हें पीछे ढकेल सकें, ऐसा करने वालों को मुहॅ तोड़ जवाब भी दे सके, जिसके लिए हमारी आज की सरकार ने सेना को तुरंत एक्शन लेने की छूट दे रखी है ताकि हम उनके खौफ से नहीं बल्कि वो हमारे खौफ में रहें वो भी ये सोच के कि हमनें कुछ भी किया तो ये घर में घुस कर मारेगें, चाहे हमारा धर्म या गुट कोई भी हो या हम किसी भी धर्म के दहशतगर्द क्यों ना हो। एक बात पर अफसोस होता है कि ऐसे

लोगों को मरने के बाद न उनके संगठन, न ही देश और न ही परिवार उनके मृत शरीर को लेने व पहचानने से भी मना कर देता है कि कौन बने काफिर या आतंकवादी की मॉ, इससे ज्यादा और किसी को कैसा नरक या दोजक देखना है, अगर देखना ही कि वहॉ कैसी यातनाऐं दी जा सकती है तो आप जो बम से किसी जगह को उड़ा दो या धर्म के नाम पर जो जिहाद कर रहे हो, तो ये सब करने के बाद और पकड़े जाने पर जो आपके साथ किया जाता है वो नर्क से कम नहीं होता और अगर मार दिये गये तो आपके शरीर के साथ क्या होगा ये जानते हो, इसलिए वो काम ही मत करो जिससे जीते जी न आप किसी के हो पाये और न मरने के बाद तुम्हें इज्जत से दो गज जमीन नसीब हुई, बस गुमनाम बनकर आये और गुमनामी की मौत मारे गये। आजादी के कई सालों बाद भी हम फिर से विदेशी चीजों के आदि बनते जा रहे है जिस कारण से वो हमें एक–एक चीजों की लत लगाकर फिर से अपना गुलाम बनाने की कोशिश में लगे है, वो तो भला हो आज की मोदी सरकार का जो हम भारतवासियों को फिर से आत्मनिर्भर बनने के साथ, स्वदेशी अपनाने के लिए प्रोतसाहित कर रहें है। यहॉ तक कि देश की शिक्षा व्यवस्था, क्राइम व कानून में बदलाव के साथ ही छोटे व्यापारों को आसान दरों पर लोन देना और हर मुमकिन सहायता करना, खराब पड़ी व्यवस्थाओं को बदलने के साथ, नयी परियोजनाओं को लाना और जहॉ जरूरी हो वहॉ पर बदलाव के साथ भारत को विकासशील देश से विकसित देश की तरफ अग्रसर करने का प्रयास करना। पर इसमें वो लोग जो सरकार से या उसकी नीतियों से या किसी समय हुए किसी भी तरह के अत्याचार की वजह से, वो अपनी कुठां व इतिहास को नयी पीढ़ी से कुछ इस तरह साझा कर रहे है जिससे बच्चों के अंदर एक हीन भावना का जन्म होना शुरू हो जाता है, अरे जिस बच्चे को भूगोल में कौन सा देश कहॉ है ये ठीक से पता नहीं होता, उसे बचपन से ही ये सिखा दिया जाता है कि कौन सा देश अपना है कौन सा पराया, कौन से धर्म में तुम पैदा हुए हो और तुम्हें किस धर्म से बदला लेना है, यहॉ तक कि आस–पड़ोस व नाते रिश्तेदारों में कौन सही है कौन गलत,

कौन सा नेता या कौन सी पार्टी सही है देश के लिए ये भी सिखा दिया जाता है उतनी सी उम्र में। जहॉ एक तरफ हमारी सरकार देश को प्रगतिशील बनाने के लिए काम कर रही है, वहीं दूसरी तरफ चंद कुंठित लोग देश के भविष्य को बरगला कर दूसरों का अहित करवाने में लगे है, जिसमें कुछ धर्म के ज्ञाता भी अपनी भूमिका बखूबी निभाते है और बच्चे भी उनका यकीन कर लेते है।

राजनीति वो चीज है जिसमें चाहे देश कर्जदार हो जाये, आपस में लोग मर कट जाये, रेलगाड़ी, बस या प्लेन हादसों में लोग मर जाये, हमें बस उतना ही पता चलता है जितना जरूरी है वरना कहीं देश में अराजकता न फैल जाये, इन्हीं चीजों को हर बार वोट के लिए इस्तेमाल किया जाता है या जो करंट में घटना घटी हो उसके नाम पर लोगों को इमोशनली ब्लैकमेल किया जाता है कि हमारी सरकार होती तो ऐसा नहीं होता। हम भारतवासी इतने भावुक है कि हम किसी भी संवेदनशील घटना या वजह के कारण वोट दे भी देते है चाहे परिणाम बाद में हमारे पक्ष में हो या ना हो जैसे अबकी बार के चुनाव में कांग्रेस ने किया कि आप वोट दो वो हर महीने 8500 रूपये देगें और जहॉ से जीते वहॉ के लोगों ने खूब वोट दिया पैसों की लालच में आकर और अब सब बाहर खड़े है पार्टी ऑफिस के पैसे के लिए, मतलब न पैसा मिला और न ही सही नेता, करो फिर 5 साल तक इंतजार। जिस जमीन के टुकड़े या फिर छोटी–छोटी बातों पर दुश्मनों जैसा व्यवहार करते है और हम हॉल से फिल्म देख के निकलते है तो देशभक्ति जैसे हमारे अंदर कूट–कूट के भर जाती है उसी जमीन के टुकड़े के लिए और बार्डर या एल0ओ0सी0 कारगिल जैसी मुवी देखकर हम देखते है कि बार्डर कैसा होता है, क्या होता है वहॉ पर, वहॉ सैनिक किन हालातों में रहते हुए किस तरह लड़ते है और सरहद की रक्षा करते है, पर हम जो देखते है वो आधा–अधूरा या 15 से 20 प्रतिशत बस होता है और उतने भर से हम जोश से भर जाते है, पर असल में आम जनता एक छोटे से बम के धमाके से सिहर जाती है तो सोचो वो कैसे लगातार दिन रात उन धमाकों के बीच व हजारों गोलियों के बीच रहकर लड़ते है और हम सोचते है फिल्म देखने के बाद अगर

हम वहाँ होते, तो हम भी 4 या 5 को तो मार देते और फिर दूसरी फिल्म देख के सब भूल कर आम जिंदगी में लौट जाते है, लेकिन सरहद पर रहने वाले जवान ऐसा सोच भी नहीं सकते और दिन रात डट के खड़े रहते है बिना किसी इच्छा के, परिवार के व अपने सपनों से दूर ताकि हम अपने सपने जी सके और जो इच्छायें है उनको पूरा कर सकें। पर सोचा जाये तो सरहदों की लड़ाई का अंत सिर्फ प्यार व आपसी मेलजोल से हम एक हो सकते है और बड़े से बड़े मसले को निपटा सकते है, आज भी कितने परिवार सिर्फ एक दूसरे से मिलने को तरसते रहते है कि कब ये जंग खत्म होगी और कब दुनिया में अमन व शांति कायम हो सकेगी, कब ऐसा हो पायेगा की जैसे हम बेधड़क अपने देश के हर कोने में जा सकते है वैसे ही किसी भी देश में जा सके, किसी तरह की कोई सरहद या पाबंदियां न हो, न कोई वीजा न किसी देश का कोई खास नियम किसी को भी कहीं आने जाने से रोके। ऐसा पहले नहीं था जो आज की आधुनिकता से भरे देशों के कारण हुआ है और हमें लकीरें बनानी पड़ी कि यहाँ तक मेरा देश है और वहाँ तक तुम्हारा है। ऐसा बिल्कुल नहीं है कि ये बदलाव दुबारा नहीं हो सकता, बिल्कुल हो सकता है बस मानसिकता बदलने की देर है और हम कलियुग में भी सतियुग या द्वापरयुग ला सकते है और अमन व चैन के साथ जी सकते है। पर अगर हम वक्त रहते नहीं बदले तो प्रकृति बदलाव करती है और जब प्रलय आती है तो अपने साथ सबकुछ बहा के ले जाती है, बाद में फिर से इंसान के अंदर आपसी प्यार व सौहाद्र से जीना का मतलब सिखा जाती है क्योंकि तब बचते ही इतने लोग है जो चाहकर भी आपस में साथ रहने के कुछ और नहीं कर सकते, परंतु अगर हम समय पर नहीं माने तो वो विनाश तबतक नहीं रूकता है जबतक हम प्रकृति के कायदे–कानून को दुबारा से नहीं अपना लेते है और फिर कभी भविष्य में हमारा दायरा टूटा नहीं और प्रलय आई नहीं, पर प्रलय से पहले प्रकृति कई बार संकेंत देती है कि वक्त रहते सुधर जाओ वरना मुझे सुधारना आता है।

हमारे देश में ही नहीं बल्कि पूरे विश्व में किसी भी बच्चे के पैदा होने के बाद उसे उसके धर्म के नाम पर पाला जाता है जैसे कोरे कागज पर जब तक ना लिखों तब तक उसकी कोई वैलू नहीं होती और कुछ लिख देने पर या उस पर छापने से वो कीमती हो जाता है और हम उसे अपनी सुविधानुसार इस्तेमाल करते है, ठीक वैसे ही वो बच्चा भी कोरे कागज की तरह होता है और उसमें धर्म या अपनी इच्छाओं को हम भरना शुरू कर देते है और अगर वो सही हाथों में रहा तो वो कुछ बन जाता है और समाज की व देश की भलाई करता है, पर कहीं अगर वो गलत हाथों में पड़ जाये तो आतंकवादी या समाज का दुश्मन बन जाता है। पर जैसे हमें ये पता नहीं होता कि बच्चा सीधे हाथ से या उल्टे हाथ से काम करेगा, ठीक वैसे ही वो बड़ा होकर क्या करेगा इसकी भी हम सिर्फ कल्पना कर सकते है ये तो एक कारण है किसी भी देश के भविष्य का कि उस देश का युवा देश को कहॉ ले जाता है। पर और भी ऐसे ईशू है जिनसे हमें निपटना है समय रहते, जैसे हमारे देश का साक्षरता प्रतिशत, बेरोजगारी को कम करना, मंहगाई को कम करना, देश की इकोनॉमी को एक नंबर पर लेकर जाना, भ्रष्टाचार को जड़ से खत्म करना और सबसे जरूरी देश से गरीबी को मिटाना, देश के हर नागरिक का लिविंग ऑफ स्टैंडर्ड को बढ़ाना, युवायों को देश की हर समस्या से लड़ने के लिए तैयार रखना वो भी प्रेक्टिकल ज्ञान देकर नाकि सिर्फ किताबी ज्ञान देकर, आम आदमी से लेकर हर औरत चाहे गांव की हो या अनपढ़ सबको मूलभूत अधिकारों से अवगत कराना ताकि वो जागरूक हो सके और सही व गलत का ठीक से मतलब समझ कर समय रहते उचित कार्यवाही के लिए आगे आ सके, जिससे अत्याचार व भ्रष्टाचार को कम किया जा सके समय के साथ, साथ ही वर्षों से चली आ रही सुस्त कानूनी व न्याय प्रणाली को बदलने के साथ समय के साथ न्याय दिलाने की व्यवस्था हो सके, ये सब तभी संभव है जब हम एकजुट हो और बिना भ्रष्टाचार, ऊॅच–नीच, धर्म या जाति से ऊपर उठकर के अपने काम को ईमानदारी के साथ करे, तो हम एक विकसित व भव्य भारत की कल्पना कर सकते है, जहॉ हर इंसान खुशहाल होगा और

हर काम टाइम पर पूरा होगा। इसको ऐसे भी देखते है कि जब भारत को अजादी चाहिए थी तब हम सारे भारतवासी एक थे, ठीक वैसे ही हमें एक बार फिर से एक होना है भ्रष्टाचार के खिलाफ, समानता व असमानता के खिलाफ, बेरोजगारी व जनसंख्या विस्फोट के खिलाफ , नर–नारी में बिना भेद किये दोनों को एक नजर से देखना आदि और ना जाने कितनी चीजों के खिलाफ हमें बदलना है क्योंकि जब हम इन सब समस्याओं को खत्म करेगें, तब जाकर हम एक ऐसे सूरज की तरह चमकेगें जो बाकी देश सिर्फ कल्पना कर सकते है। यहॉ एक बात और कहना चाहूॅगा कि हमारे देश में पर्यटन स्थलों की ना तो कोई कमी है और ना ही किसी तरह की प्राकृतिक सुदंरता की, पर जो हमें विरासत में मिला है या प्राकृतिक रूप से मिला है उसे भी हम ठीक से सहेज नहीं पा रहे है। जबकि बाहरी देश अपनी धरोहर को और ज्यादा सजा कर या कृत्रिम चीजों को बनाकर पर्यटकों को लुभा रहे है, वहीं हमारे देश की पुरानी धरोहरें नष्ट हो रही है, पहले की सरकारों ने टिकट तो लगवा रखा था और आज भी लगा हुआ है, पर उस पैसे से देखभाल के नाम पर जीरो थे हम, पर आज की सरकार हर पुरानी धरोहर को दुबारा सही ही नहीं बल्कि भव्य करने के साथ कुछ ऐसी परियोजनाऐं भी चला या ला रही है जिससे हम अपनी धरोहर व संस्कृति को ना सिर्फ बचा सके बल्कि आने वाली पीढ़ी गर्व कर सके कि हम भारत के वासी है साथ ही आने वाली पीढ़ी को भारतीय धरोहर व संस्कृति को दे सके की हमारा इतिहास कितना भव्य था। यहॉ तक की भारत की शान व सात अजूबों में शामिल ताजमहल के रखरखाव का जिम्मा भी सरकार ने रतन टाटा जी को इसलिए भी दिया ताकि उसका रखरखाव ठीक तरह से हो सके और उसकी सुंदरता कायम रहें। रतन टाटा जी भले ही बिजनेस मैन हो, पर भारत के प्रति उनका योगदान सराहनीय है और सिर्फ ताज नहीं देश की ऐसी कई योजनाओं और कंपनियों के जरिये भारत को आगे लेकर जाना ये कोई साधारण बात नहीं है वो भी निस्वार्थ भाव से। ठीक ऐसे ही ए0पी0जे0 अब्दुल कलाम जी थे, जिन्होनें बिना किसी देश की सहायता के भारत को अग्रमी देशों में

शामिल किया और बिना यूरेनियम के परमाणु बम बनाके दिखाया। हम भारतवासी विदेश जाकर नाइग्ररा फॉल तो देखना चाहते है पर अपने देश में भेड़ा घाट नहीं, ऐफिल टॉवर देखना चाहते है पर ताजमहल नहीं, स्वीजरलैंड में सब हनीमून मनाना चाहते है पर धरती का स्वर्ग कहे जाने वाले कश्मीर से दूर है, यहॉ तक की हमारे देश की सुदंरता को लोग फिल्मों में देखने के बाद कहते है या जान पाते है कि ये भी है क्या हमारे देश में। दूसरे देशों में कई चीजें बनाई गयी है समय के साथ वो भी पर्यटकों को लुभाने के लिए और वो अपने रिर्सोसों को और बेहतरीन बनाने में लगे हुए है, पर हम वहॉ जाकर गर्व का अनुभव कैसे कर सकते है जबकि हमारे अपने देश में जो है उसकी तो वो कल्पना भी नहीं कर सकते और बाद में वो रिसर्च के लिए यहॉ आते है। जैसे रामसेतु जो हमारे पास है, द्वारका नगरी जो जलमग्न है उसके रहस्य वो भी भारत में है, हिमालय में अनोखी नगरी का होना जो सिद्व लोग देख पाते है और सब जाते है देखने उस अमरनाथ गुफा को जो सबको दर्शन हेतु नसीब नहीं होती, कुरूक्षेत्र जहॉ महाभारत का युद्व हुआ वहॉ आज भी खुदाई के दौरान खून के अवशेष पाये जाना। इतना ही नहीं हमारे 12 ज्योतिरलिंग, 108 शक्तिपीठ, तिरूपति जी, बाबा बर्फानी या अमरनाथ जिनका हर साल तय समय में आना और जाना, अजंता–अलौरा की गुफायें, गंगोत्री और यमुनोत्री जैसी नदियों के उद्गम और गंगा मॉ का पानी, जिसे चाहे कितने दिन या सालों तक रखों, वो वैसे का वैसे मिलेगा जो खुद में एक अजूबा है। हम भारतीय अपने प्रदेश व इलाके की तरक्की तो चाहते है जो काफी हद तक ठीक है, पर वाकई हमारे देश में क्या–क्या चीजें है या जगह, ये हम खुद ठीक तरह से नहीं जानते है लेकिन दुनिया भर के लोग जब यहॉ आते है उन अद्भुत जगहों को देखने व जिनके बारे में हमें जानकारी कम है तो मतलब साफ है कि हमारे देश में किसी भी तरह की कोई कमी नहीं है।

एक तरफ जहॉ विश्वभर के देश अपने पर्यटन स्थलों को बढ़ाने व आर्कषित बनाने में लगे है इसके उल्टे हम खुद जिम्मा उठाने के बजाए सारी जिम्मेदारी सरकार पर छोड़ के ये सोचते है

कि जो जैसा चल रहा है चलने दो, ये हमारा काम नहीं है क्यों हम अपने हाथ गंदे करे, हॉ अभी जो सरकार है उसने अपने हाथ गंदे करने का जिम्मा उठाया और अस्त–व्यस्त हो चुकी इमारतों, मंदिरों और जगहो को काफी हद ठीक करवाया या करवा रही है और गंदगी जो बहुत बड़ी समस्या रही है उसपर बहुत अच्छे से काम किया है, साथ ही इसमें सरकारी और गैरसरकारी संस्थायें दोनों मिलकर काम कर रही है। यहॉ मुंशी प्रेमचंद जी की एक बात याद आ रही है कि हम भारतवासी सबकुछ करने में सक्षम है बस हमें एक इंजन चाहिए जैसे रेलगाड़ी को चाहिए होता है, जैसे एक इंजन पूरी गाड़ी को खींचता है वैसे ही जब कोई आंदोलन हो, कैंडिल मार्च हो या धरना प्रदर्शन हो हमसब शामिल हो जाते है।

पहले हमारे देश में काम कागजों पर होता था, फिर सौ तरह के अप्रूवल के नाम पर योजना ठंडे बस्ते में चली जाती थी और जो पैसा आता भी था वो स्वीस बैंक की शान बढ़ाता था। जितना पैसा गांव व शहरों के नाम पर आवंटित किया जाता था उसका 10 प्रतिशत ही खर्च किया जाए तो भी बड़ी बात थी, लेकिन वो प्रतिशत अब बदल रहा है और खर्च का ब्यौरा आम जनता देखने के साथ उस संबंधित कार्यालय से मांग भी सकती है आर0टी0आई0 एक्ट 2005 के तहत ताकि पारदर्शिता रहे जो पहले नहीं हुआ करता था, इसी के चलते हमें कई घोटालों का पता चला जिनकी इंक्वारियॉ चल रही है और न्यूज में सुनते है कि ऐसे भगौड़ो को देश वापस बुला के कार्यवाही के साथ उनकी संपति भी जप्त की जा रही है। पहले बिजली, पानी, मकान व नौकरियों के नाम पर वोट मांगे जाते थे और सरकार बनने के बाद वो वादे सिर्फ वादे ही बन के रह जाते थे, पर जो बदलाव सन् 2014 के बाद से आया है और घर से लेकर गैस सिलिंडर, शौचालय से लेकर छोटे उधोगों को भी ऋण व सहायता सरकार की तरफ से मिल रही है और हम मेक इन इंडिया के सपने को साकार करने की तरफ अग्रसित है। जिस स्वदेशी की बात हम लोग करते रहते हैं तो अगर देखा जाए तो जितने भी गांधी आश्रम के खादी भंडार है वहां पर जो गददे मिलते हैं उसकी कीमत 500 से 2000 रुपए के बीच में होती है पर हमें लगता है कि

कितने मंहगे है और वहीं अगर हम स्लीपवेल या किसी और कंपनी के फोम के गद्दे लेने जाते हैं तो हमें 15 से 20 हजार खर्च करते हुए भी कोई दिक्कत नहीं होती है और उसके बाद भी हमें लगता है कि शायद इससे अच्छा और मिल सकता था। वहीं अपने कर्मचारियों की सैलरी निकालने के लिए और काम चलाने के लिए अब वो भी अपने यहां पर फोम के तकिया और गद्दे रखने लगे है ताकि लोग आकर्षित होकर आए। जिस स्वदेशी चीजों के इस्तेमाल के लिए गांधी जी ने लड़ाई लड़ी हम उसी स्वदेशी को छोड़ते जा रहे हैं और वही स्वदेशी बात को अपनाने के लिए आज मोदी जी कहते हैं तो बाकी लोगों को लगता है कि हमको स्वदेशी अपनाने के लिए कह रहें है इसके पीछे जरूर कोई राजनीतिक मकसद होगा। आपकी बुद्धि उतनी ही काम करती है जितना इस्तेमाल करो वरना वो भी काम करना बंद कर देती है इस वजह से क्या होता है कि आप कितनी भी मेहनत करो दिमाग में नहीं जाती जैसे आपने जिंदगी लगा दी अंग्रेजी भाषा सिखने में और हिंदी से दूर रहे, तो आपने उस भाषा को पढ़ने के लिए अपना पूरा दिमाग इस्तेमाल किया पर तब भी आप उसे उस लेवल तक नहीं सीख पाते जिस लेवल की वो भाषा है, वहीं अगर देखा जाए तो शुद्ध हिंदी को बोलना और सिखाना किसी भी भाषा से बहुत मुश्किल है और जैसी आप इंग्लिश बोलते हो वह भी टूटी–फूटी नाकि उन देशों के जैसी जहॉ की ये भाषा है मतलब अमेरिका और इंग्लैंड जैसी और जो इंग्लिश बोलकर आप सोचते हो कि मुझे बहुत इंग्लिश आ गई उससे भले ही कम सही पर एक अनपढ़ इंसान भी अंग्रेजी बोल लेता है जैसे एक मॉ अपने बच्चे को कहती है कि बेबी स्लीप, बेबी गो, बेबी डॉग है वो, बेबी ईट, नो बेबी, बेबी स्माइल, तो इतनी इंग्लिश तो एक अनपढ़ गांव की औरत भी जानती है इतना ही वो ये भी अपने बच्चों को बताती है कि थैंक यू बोलो बेटा, बोलो वेलकम, बोलो बेटा गुड नाईट, लेकिन अगर असलियत में अगर आपको अपनी मात्र भाषा हिंदी के बारे में बोलने को कहा जाए तो अनपढ़ हो या पढ़ा लिखा दोनों की जीभ लड़खड़ा जाएगी और मेरा ऐसा मानना है कि जब आप शुद्ध हिंदी बोलना शुरू करोगे, तो

आपका दिमाग खुद इतना तेज काम करना शुरू कर देगा कि आपके शरीर में एक नई ऊर्जा का संचार होने लगेगा। लेकिन हम पता नहीं क्यों बचपन से सबको व बच्चों को इंग्लिश बोलना सिखाते हैं और खुद मैं भी इस चीज का शिकार हूँ क्योंकि हमें भी अंग्रेजी मीडियम स्कूल में भर्ती किया गया जो कहने को इंग्लिश मीडियम था या ज्यादातर अंग्रेजी मीडियम स्कूल ऐसे है कि उसमें अंग्रेजी पढ़ाने वाले मास्टर या अंग्रेजी में सिखाने वाले मास्टर खुद हिंदी में बोलते थे वो शुद्व नहीं, जो हिन्दी अभी बोली जाती है उसे हिंगलिश कहते है न हिन्दी और न अंग्रेजी, फिर भी देश में इंग्लिश मीडियम के नाम पर बच्चे पढ़ रहे हैं वह इंग्लिश में बोल पा रहे हैं या नहीं ये सब जानते है पर अपनी मात्र भाषा से क्यों दूर किये जा रहे है इसपर किसी सरकार को तो सोचना चाहिए क्योंकि विदेशी अपनी भाषा गर्व से बोलते है और हम हिंदी बोलने में पता नहीं क्यों शर्माते है, इतना ही नहीं हमारे देश में लगभग हर बच्चे को संस्कृत व हिंदी दोनों भाषाओं के बारे में संपूर्ण जानकारी होनी चाहिए।

पहले के व आज के सरकारी विभागों में ये फर्क आया है कि पहले सौ चक्कर व दर्जनों साइन करवाने के बाद भी उचित कार्यवाही नहीं होती थी या किसी सरकारी योजना का फायदा मिलेगा या नहीं इस बात की कोई गारंटी नहीं होती थी, वहीं चक्कर अब भी लगाते है पर सरकार द्वारा ऐसे एप व पोर्टल बनाये गये है जिसपर शिकायत करने पर उचित कार्यवाही होती है जिस कारण अब काम पूरी होने की उम्मीद कहीं ज्यादा हो गई है। पहले की कार्यवाही लोकल ट्रेन की तरह होती थी, जो अब बदलकर राजधानी तो नहीं पर एक्प्रेस ट्रेन की तरह हो गई है। एक खूबी हममें बहुतायत में पायी जाती है वो है तोड़–फोड़, आगजनी व रेल रोकने की और ऐसा करके हम अपनी मूर्खता व कार्यरता का परिचय देते है क्योंकि जिसकी दुकान तोड़ी उसी को कभी हम भाई कहते थे, जिस बस को जलाया उसी से हम ऑफिस या किसी भी काम को जाते थे, जो जलाया या तोड़ा उसे बनाने में किसी की कितनी मेहनत व सपने जुड़े होते है, पर इससे हमें कोई सरोकार नहीं होता, बस भीड़ का हिस्सा बन हम भी बेवकूफों की व अनपढ़ो की

तरह हरकत करते है और इसके बाद जब उन चीजों को दुबारा बनाने में पैसा या राजस्व खर्च होता है तो फिर कहते है कि मंहगाई बढ़ गई, किराया बढ़ गया, सरकार कुछ करती क्यों नहीं, तो जो तोड़ा है वो किसके पैसे से बनेगा जाहिर सी बात है हमारे व आपके टैक्स से व चीजों के रेट में इजाफा करके, खुद ही खुद को बर्बाद करके हम पता नहीं कौन सी मर्दानगी दिखाते है और देखा जाये तो ऐसा कार्य ज्यादातर लोगों को भड़काने पर किया जाता है बाकि अपनी छोटी सोच व कम पढ़े लिखे होने की वजह से वो परिणाम सोचे बिना बस करते है जिसे हमें ही बाद में भुगतना पड़ता है। इसके बाद बारी आती है हमारी याददाश्त की जो ये सब करने के बाद सबकुछ भूल भी जाते है जो आक्रोश जरा सी बात पर दंगे में बदला वो कुछ दिन बाद गायब भी हो जाता है और हमें जरा सा भी रंज नहीं होता। पर जिसने करवाया होता है उसका काम जरूर बन जाता है और दो चार को पैसे देकर वो दिखाते है कि हम तुम्हारे साथ है सरकार नहीं जबकि वो उस दंगे की भरपाई के लिए सरकार को ही बिल बनाकर भेजते है कि इतने का नुक्सान हुआ है, मतलब चित भी मेरी और पट भी मेरा और हम आसानी से ऐसे षंडयंत्र का शिकार हो जाते है। ऐसे में हमारा मीडिया भी अजब रोल निभाता है वो पक्ष और विपक्ष को आमने–सामने रखकर चर्चा करवाते है कि किसकी गलती से ये सब हुआ और दोनों एक दूसरें पर आरोप–प्रत्यारोप करते है जिसका कोई हल नहीं निकलता, जबकि मीडिया के पास वो सच होता है जिसे वो अपनी सहूलियत के अनुसार दिखाती या बताती है और आजकल तो वैसे भी पेड मीडिया का जमाना है, किसकी तारीफ करनी है और किसकी नहीं, ये सब पहले से तय होता है और आम जनता उसी को सच मानती है क्योंकि उसको परोसा ही कुछ इस तरह से जाता है जिसे देखने के बाद हमें वो किसी भी हालत में झूठ नहीं लगता है।

एक बहुत ही लाजवाब खूबी और है हमारे अंदर, वो है कि हम लोगों को जो काम करने के लिए मना किया जाता है वो काम हम किसी बिगड़ैल बच्चे की तरह जरूर करेगें। जैसे जहॉ लिखा हो यहॉ हॉर्न बजाना मना है वहॉ हॉर्न जरूर बजायेगें, कृपया यहॉ कूड़ा

ना डाले वहॉ ढेर मिलेगा कूड़े का, यहॉ पेशाब करना मना है वहॉ पेशाब की धार उस लिखाई से भी ऊपर तक मिलेगी, क्यों करते है ऐसा कुछ लोग जी हॉ कुछ लोग ? क्या मजा आता है ये सब करने में ? इसका जवाब तो नहीं है मेरे पास, ये सिर्फ उस व्यक्ति की मानसिकता पर ही निर्भर करता है। वहीं क्यों बाहरी मुल्क ज्यादा कायदे में व साफ–सुथरे दिखते है वो वजह हम खुद देख सकते है क्योंकि विदेशी हमारे देश में आकर भी किसी भी चीज का रैपर यहॉ–वहॉ डालने के बजाए खुद की जेब में या बैग में रख लेते है और कूड़ादान मिलने पर उसमें डालते है, सोचो क्या जरूरत है उनको ऐसा करने की जबकि वो हमें यहॉ–वहॉ कूड़ा डालते देखते है और कई को तो मैंने खुद रोकते व टोकते हुए देखा है कि ऐसा मत करो, यहॉ तक की हमें गंदगी करता देखकर भी वो ऐसा नहीं करते है और हम उनको देख के भी नहीं सोचते या बदलते है कि हमारा ही तो देश है और हमारी ही जिम्मेदारी बनती है इसे साफ रखने की, जब वो बाहर से आकर हमारे देश को साफ रखते है तो हम क्यों नहीं कर सकते। इसीलिए कहा भी जाता है कि पहले खुद बदलो बाकी सब अपने आप बदलने लगेगा और ये बदलाव किसी एक को नहीं वरन संपूर्ण भारतवासियों को करना पड़ेगा, फिर हम खुद देखेगें कि सोने की चिड़िया कहे जाने वाले देश को सोने की नहीं बल्कि इस छोटे से बदलाव के कारण ही सोने की चिड़िया कहलायेगा और इसके लिए हमें न तो सरकार पर निर्भर रहने की जरूरत है, न ही किसी योजना की क्योंकि एक बार हमारे अंदर ये भावना आ गई कि नहीं ये हमारी जिम्मेदारी है तो देखते ही देखते ना सिर्फ देश का रूप रंग बदलेगा, बल्कि हम अपनी आने वाली पीढ़ी को भी साफ–सुथरा भारत देने के साथ एक सही नसीहत भी देकर जायेगें। इसके साथ ही हमें एक और मानसिकता को बदलना पड़ेगा वो भी राजनीतिक दृष्टिकोढ़ से क्योंकि गलत नेता और सरकार धीमे–धीमे दीमक की तरह अंदर ही अंदर देश को चट कर देती है इसलिए नाम के नहीं बल्कि काम करने वाले नेता और सरकार को चुनना चाहिए, इससे दो फायदे होगें एक ये कि जो मुहिम वो चला रही है वो चलती रहे और सुधार की प्रक्रिया बंद न

हो, दूसरा कि उनको भी ये भरोसा रहे कि हमें जब जनता ने चुना है तो वो आगे भी भरोसा रखकर हमें देशहित में काम करने के लिए समय व वोट देगी। वक्त के साथ हम खुद देख रहें है कि 2014 से जब से मोदी सरकार बनी है तो विश्व का भारत को ना सिर्फ देखने का नजररिया बदला है बल्कि स्वछता, हर घर शौचालय, प्रधानमंत्री आवास योजना के तहत घर, उज्जवला योजना और ना जाने कितनी योजनाओं से ना सिर्फ शहर बल्कि गांवो का भी विकास हुआ है और हमारे आधुनिक भारत की नींव के साथ दुनिया के सभी देशों में संदेश पहुँचाया कि भारत हर क्षेत्र में सक्षम है, हर देश से जो संबंध आज है भारत के वो इतने अच्छे पहले नहीं थे और कोरोना काल में दवा हो या दूसरे देश से अपनी जमीन वापस लेना हो या घर में घुसकर दुश्मन को जवाब देना हो, सबमें भारत कहीं आगे रहा और हम कह सकते है कि अपना भारत वो भारत है जिसके पीछे संसार चला।

हमारा देश कभी किसी से या कुछ चुनिंदा देशों से सिर्फ इसलिए पीछे है क्योंकि हमारे देश के पैसों को दूसरे देश के बैंको में जमा किया गया और ये सब जानते है कि देश का विकास, कोई बिल्डिंग या पुल या कोई भी कार्य सरकार द्वारा तभी होता है जब हम टैक्स देते है और देश के बैंको पर कर्जा ना हो इसीलिए दूसरे देश हमारे उन जमा पैसों से उन्नति कर रहे है और हम कर्जदार होते जा रहे है। ऐसा घोटाला करने वालों ने ये सब किसी नशे में नहीं बल्कि अपने पूरे होशो–हवास में वो भी हजारों–करोड़ों का गबन किया और विदेश भाग गये जैसे माल्या, नीरव मोदी आदि। इसी वजह से हमें काफी बड़ी आर्थिक हानि उठानी पड़ी, लेकिन ये सोचिये कि इतने बड़े–बड़े घोटालों के बाद भी हम डट के खड़े है, तो सोचिये कितना पैसा है हमारे देश में क्योंकि इतने घोटालों के बाद जो पैसा दिखता है वो एक नंबर का है जिससे काम हो रहा है पर दो नंबर के पैसों की तो कोई गिनती ही नहीं है और कहॉ व कितनी मात्रा में किसके पास है कोई नहीं जानता, इसी को रोकने के तहत नोट बंदी की गई थी 8 नवंबर 2016 को पर घोटाला करने वालो ने दूसरा पैंतरा अपनाया कि अपना जमा पैसा काम नहीं आया

तो क्या हुआ आम जनता का जमा पैसा काम आयेगा इसलिए बैंको को निशाना बनाया। जब ये कहा जाता है कि इतने पैसे होते तो हम ये भी बना सकते थे या ये सौदा कर सकते थे, तो इसका बहुत आसान तरीका है सरकार के पास अगर वो करना चाहे, वो क्या है ? वो है कि अगर हमारे देश का हर इंसान सिर्फ 100 रूपये भी दे तो भी एक दिन में 140 अरब रूपये जमा कर सकते है जो अपने में एक बहुत बड़ी बात है, जिससे सरकार रूके हुए काम पूरा करवा सकती है वो भी बिना किसी भ्रष्टाचार के या हर 1 साल में एक बार भी ऐसे पैसा इकठठ्ा करके वर्ल्ड बैंक का कर्जा भी चुका सकते है। पर बात वही आ जाती है कि अगर ये पैसा जमा किया जायेगा तो सही तरह से इस्तेमाल किया जायेगा या नहीं और कौन लेगा इन पैसों का जिम्मा, बच्चे, बुजुर्ग, विकलांग व गरीब नहीं दे सकते है 100 रूपये ठीक है उतना पैसा इतने सारे अरबपति या विदेश में रहने वाले भारतीय मिलकर दे सकते है, पर ये सब करने के बाद फिर से कोई नया घोटाला सामने नहीं आयेगा इस बात की कोई गारंटी नहीं दे सकता है। अगर घोटाला ना हो तो सोचिए कि 140 अरब रूपये हर 1 साल में अगर किसी शहर या कुछ गांवो में लगाया जाये, तो गरीबी खत्म करने के साथ हम देश को जन्नत बना देगें और सभी के लिए रोजगार भी दे पायेगें। उस रोजगार या काम के लिए हमें उसी शहर, गांव या प्रदेश से काम करने वाले मिल जायेगें और सबको घर के पास ही काम करने को भी मिलेगा, जिससे हर किसी की आर्थिक स्थिति में भी सुधार अपने आप आयेगा और हर किसी का लिविंग ऑफ स्टेंडर्ड भी बदल जायेगा और हर कोई अपनी मूलभूत जरूरतों को भी पूरा कर पायेगा। कश्मीर की समस्या हो, उज्जैन का महाकाल मंदिर हो, वाराणसी का मंदिर हो, अयोध्या का राम मंदिर जो सालों से बनने की प्रतीक्षा कर रहा था और ना जाने कितनी इमारतों के साथ कई मंदिर व देव स्थल हो, पुरानी धरोहर हो, उन सबका नवीनीकरण जैसे किया जा रहा है उससे हम गर्व के साथ कह सकते है कि देखों इस शहर की या गांव की एक और जगह का नवीनीकरण हो गया, जिसकी वजह से हम व बाहरी लोग आकर न सिर्फ प्रफुल्लित होगें बल्कि

कहेगें की वाकई भारत बदल रहा है। हमारे देश में जैसे दिल्ली में मेट्रो रेल का निर्माण हुआ, उसी तरह से बाकी शहरों में भी हो सकता है, हर जगह मेट्रो, मोनो रेल या तेज गति की रेलगाड़ी चलाई जा सकती थी और कई शहरों में इसकी शुरूआत भी हो चुकी है, अगर हमने सरकारी राजस्व जो टैक्सों के रूप में जमा होता है उसका इस्तेमाल ठीक ढंग से किया होता और उस पर ये 140 अरब रूपये, जो उस राजस्व के साथ मिलकर उसे थोड़ा और बड़ा बना देगा, वैसे देखा जाये तो आज के हिसाब से 140 अरब कोई बहुत बड़ी रकम नहीं लगती है, पर रूके हुए कामों को या जिन इमारतों की अभी शुरूआत नहीं हुई है या आज भी जो गांव शहरों से जुड़े नहीं है या फिर लाईट, सड़क, हाईवे और इंटरनेट जैसी बेसिक चीजों के लिए बजट से हटके उन 140 अरब रूपयों से काफी कुछ बदला, बनाया या ठीक किया जा सकता है और देश को आगे बढ़ाने में सहयोग दिया जा सकता है क्योंकि ये पैसा बजट से अलग है। वैसे भी मेरे ख्याल से हमारे देश के हर हिस्से में हर तरह के काम करने वाले मौजूद है बस उनको थोड़ा सा प्रोत्साहन व उनके मुताबिक काम देकर, उन्हें उनकी ही जगह को ठीक या खूबसूरत करने के लिए बोलें तो वो खुद ब खुद आगे आ जायेगें और बड़े हर्ष के साथ वो ये काम करेगें वो इसलिए क्योंकि आज भी बहुत सारे काम करने वाले मजदूर डेली बेसिस पर ना तो काम पा पाते है ना रोज घर की छोटी–छोटी चीजों को पूरा कर पाते है। हम व हमारे देश का लेवर क्लास आदमी मौका मिलने पर कई चीजों को सुधार सकता है और किसमें कितना टैलेंट है ये उन्हें काम देकर ही पता किया जा सकता है, वैसे भी बाकी देशों के मुकाबले हमारे देश में मैन पॉवर कहीं अधिक है और ये होने के बाद भी अगर हम बाकी कुछ देशों से पीछे है या बाकी सारे देशों की मैं बात न करके उन देशों की करूँ जो वाकई में समृद्व है तो इसमें कहीं ना कहीं हमारा ही दोष सामने आयेगा किसी और का नहीं, ऐसा क्यों ? वो इसलिए कि हम अपने ही देश का पैसा खाकर डकार तक नहीं लेते है और जिस काम के लिए वो पैसा सेंशन हुआ था, उस काम को न करके या काम चलाऊ तरीके से करके

बाकी बचे हुए पैसों को अपनी जेब में ऐसे डाल लेते है जैसे वो उनकी मेहनत की कमाई का पैसा है और वैसे भी ऐसी पोजीशन पर बैठे लोग, कई सारे काम सिर्फ अपनी जरूरत के हिसाब से करते है और उसी हिसाब से पैसा खर्च करते है। पर इससे हमें व आर्थिक रूप से कमजोर लोगों को फायदा होगा या नुकसान, जाहिर सी बात है नुकसान ही होगा और अक्सर हम कभी–कभी थोड़े से फायदे के लिए आने वाले बड़े नुकसान को नजरअंदाज कर देते है।

ज्यादातर नेता ये सोच लेते है कि हमने चुनाव में इतने खर्च किये और अबकी बार हमारी सरकार आई तो कम से कम इतने करोड़ो का मुनाफा तो कमायेगें और ये मुनाफा दिखता नहीं है किसी को, पर सोच के देखिये की हमारा कितना बड़ा व किस तरह का नुकसान करते है ये हम सोचते ही कहॉ है। जैसे मान लीजिए कि एक पुल का नहीं बल्कि एक साधारण सी पुलिया का निर्माण करना है जिसे बनाने के लिए करोड़ो रूपये आवंटिक किये गये हो और होता क्या है कि बस काम चलाऊ काम करके वो पुलिया बना दी जाती है और मानक चेक करने वाले चंद रूपये लेकर उसे पास भी कर देते है, पर कुछ ही दिनों में वो पुलिया या तो ढह जाती है या जगह–जगह से टूटने लगती है और उससे जो जान–माल का नुकसान होता है वो अलग, जिसे ठीक करने के लिए दुबारा पैसों का आवंटन करवाया जाता है और जो काम एक बार में सही तरह से हो सकता था वो बार–बार पैसा कमाने का जरिया बन जाता है और कितने मरे या घायल हुए इससे उनको कोई फर्क नहीं पड़ता अगर चुनाच आस–पास ना हुए क्योंकि वो इसे पैसे बनाने के नजरिये से देखते है ना कि इंसानियत के नजरिये से, वरना ऐसा काम एक बार में ही पुख्ता तरीके से किया जाये और किसी बड़े हादसे को होने से रोका जा सके। वरना जो हादसों के शिकार हुए उनके घर वालों को हर्जाना देकर भूल जाते है, पर जो मरे अगर कोई उसमें उनका अपना मर जाये तो वो हादसा उनके लिए नासूर बन जाता है फिर जॉच या कमेटी बिठाई जाती है और निर्णय भी बहुत जल्दी आता है। पर अगर ये हादसा आम इंसान के साथ होता है तो ऐसे हादसों के बाद कोई ना कोई उस डिर्पाटमेंट के खिलाफ

हो जाता है या बगावत करने पर उतारू हो जाता है, क्यों ? क्योंकि किसी ने पैसों के कारण जो घटिया काम किया था उससे उसका तो फायदा हुआ पर समाज व कई परिवारों का नुक्सान हुआ, तो अगर गौर किया जाये कि एक पुलिया इतना द्वेष व आक्रोश समाज में भर सकती है तो बड़े पुल व बिल्डिंग कितना आहत करती होगी। ऐसे में कुछ लोग तो हो हल्ला करते है पर उससे किसी के कानों में जूँ तक नहीं रेंगती है, पर वहीं देश की राजधानी दिल्ली में शोर–शराबा हो तो पूरा देश या विश्व भी देखता व जानता है और हर आवाज व आंदोलन के लिये जंतर–मंतर को एक ऐसी जगह बना दिया गया है जहॉ हर छोटी व बड़ी बात के लिए धरना प्रदर्शन किया जाता है, जिसकी जरूरत कभी ना पड़े अगर सभी अपना काम ईमानदारी के साथ करें। कई बार हम अपने प्रदेश में ना जाने कितने तरह के प्रोटस्ट करते है और सरकार का पुतला तक फूॅकतें है, साथ ही और भी ना जाने कितने ऐसे काम करते है जो हमें कतई नहीं करने चाहिए, अगर आप सरकार के किसी नियम या फैसले से नाराज है तो प्रदर्शन करो, खूब भीड़ जमा करो पर शांति पूर्ण ढंग से, अपना एक लीडर चुनो और अपनी बात सरकार के सामने रखने को बोलो, आप सब अपना–अपना काम बंद कर दो, बजाए आग लगाने या दंगा करने के क्योंकि देश की अर्थव्यवस्था हमारे ही हाथ में है नाकि सरकार के क्योंकि जब तक हम काम करेगें या उत्पादन करेगें तब तक सब सही तरह से चलेगा और काम बंद मतलब देश बंद, पर आपकी बात जायज होनी चाहिए, पर अगर आपकी बात जायज नहीं तो आप के काम पर पाबंदी या लाईसेंस रद्द क्योंकि बात दोनों के लिए बराबर की होनी चाहिए। छोटे तबके, अनपढ़ या गंवार ऐसा करें तो समझ आता है पर पढ़े लिखे लोग अगर सड़क पर उतर के दंगा फसाद करें, तो हम क्या पूरा देश मिलकर भी किसी भी तरह का इंसाफ या समस्या का समाधान नहीं पा सकते है, हॉ ये सब करके कुछ समय के लिए सरकार पर प्रेशर भले ही डाल सकते है पर स्थाई समाधान नहीं पा सकते है। इस तरह ना तो इंसाफ लिया जाता है और नाही ऐसे कोई इंसाफ देगा, बस एक दिलासा मिलता है और कुछ समय बाद

सब वापस पहले जैसा हो जाता है क्योंकि ऐसे आश्वासनों से ही भीड़ को शांत कराया जाता है। कुछ हुआ नहीं कि हम बात करते है इंसाफ की कि उसे फांसी हो, उम्रकैद हो, न्याय प्रकिया में बदलाव हो, पर एक कड़वी बात बोलूं कि जो आज दूसरे की गलती करने पर इंसाफ मांग रहे है, कभी हम भी बहक के या किसी साजिशन के तहत फंस सकते है और फिर कोई और आपके लिए वो ही इंसाफ मांग रहा होता है, मतलब आज जो आपके साथ खड़ा है वो ही कल आपके खिलाफ भी खड़ा होगा, बदला क्या सिर्फ समय और मानसिकता जो किसी को भी कभी भी ऐसे हालात में लाकर खड़ा कर सकती है, जहॉ हम कब दूसरों के साथ खड़े होकर इंसाफ मांगने वालों से खुद इंसाफ के लिए गुहार लगाने वाले बन जाते है और फिर उसी कानून व सरकार को कोसते है कि मेरे साथ ऐसा क्यों हो रहा है। अरे जब कुछ दिनों पहले आपने ही तो कानून में बदलाव के लिए आंदोलन किया था और अब खुद पर आयी तो कानून व सरकार मुर्दाबाद। हॉ मैं ये जरूर कहूँगा कि कई ऐसी धाराऐं या कानून है जो बायस है या भेदभाव करती हैं आदमी व औरतों के प्रति। कैसे ? वो ऐसे कि जितनी धारायें औरतों के लिए बनी है उतनी आदमियों के लिए नहीं और इस सबके बाद भी औरतें अगर सुरक्षित नहीं है तो हमारे कानून व समाज की मानसिकता में जरूर ऐसे लूपहोल है जो आज भी औरतों को सुरक्षा प्रदान नहीं कर पा रहे है और कितने कानूनों का दुरूपयोग आज भी लोग अपनी सुविधा अनुसार कर रहें है, जो सिर्फ केवल चिंता का विषय नहीं अपितु भारत के परिवारों के भविष्य पर भी प्रश्नचिन्ह उठाती है। पहले से बने–बनाये नियमों में बदलाव हो ये सब चाहते है पर उसके लिए सही तरीका इस्तेमाल करना चाहिए ना की हिंसा, हर क्षेत्र व विभाग में बदलाव आ सकता है बस इसके लिए हमें वो करना चाहिए जो वाकई बहुत जरूरी है वो भी शांतिपूर्ण ढंग से व सबसे विचार विमर्श करके किसी नतीजे पर आकर उस को लागू या बदलने के लिए बोलना चाहिए और जबतक ऐसा न हो प्रदर्शन करते रहो पर दायरे में और बिना किसी को नुक्सान पहुँचाये। जैसे महात्मा गांधी जी ने किया और अहिंसा के मार्ग पर चलके देश को

एकजुट किया, पर अगर बहरी हो चुकी हो सरकारें या कानून के नुमाइंदे तो उनको जगाने के लिए भगत सिंह जैसा विस्फोट भी करना जरूरी है, पर कैसे तय होगा कि कब गांधी या कब भगत सिंह बनना है, तो जवाब आसान है कि जैसी प्रतिक्रिया मिले वैसा भाव अपनाओं, पर भगत सिंह ने किसी व्यक्ति या सामान को नुक्सान नहीं पहुॅचाया था इसलिए जब विस्फोट करना हो तो बिना किसी भी चीज को क्षति पहुॅचाये, पर आज की सरकार से लोगों को काफी सकरात्मक जवाब मिलें है ये तब के लिए रखें जब सरकार बदले और आपकी सुनवाई ना हो, तब आक्रोश दिखाना जरूरी लगे तभी ऐसा करें, जैसे भगवान श्री कृष्ण ने सौ गालियों के बाद शिशुपाल को सद्‌गति प्रदान की, सोचिये जिस देश में सौ गाली खाने के बाद भी भगवान जिसे मोक्ष प्रदान कर देते थे, तो सोचिये कि इतने धीरज वाले भगवान के देश में है हम और जरा सी बात पर आक्रोशित हो जाना हमें शोभा नहीं देता है। इसका साफ मतलब ये हुआ कि हम अपने धर्म पर और सिखाई गई सीख पर भरोसा नहीं करते और खुद को ईश्वर मान के न्याय करने निकल पड़ते है, अरे हम उस शक्ति व उसके द्वारा दी हुई चीजों के सहारे जिंदा है या उपभोग कर रहें है फिर भी एहसान मानना तो दूर हम कहते है कि हमनें ये बनाया या इसका अविष्कार किया, अरे जब हमारी जिंदगी पर हमारा अधिकार नहीं है, तो कैसे हम किसी भी चीज को अपना कह सकते है क्योंकि नंगे आये थे और नंगे ही जाना है फिर भी झूठे घमंड में जीवन जीते है कि ये मेरा है, ये मैनें बनाया है, मेरे पास इतने पैसे है या मैं कुछ भी खरीद सकता हूॅ, तो सबसे पहले कोई अपनी जिंदगी खरीद कर दिखा दे कि वो अपनी मर्जी से मरेगा, बाकी हमसब खुद समझदार है कि हम क्या कर सकते है और क्या नहीं।

ऐसा कुछ करने से पहले ये जरूर सोचना चाहिए कि जब हम चुनाव में किसी को अपना प्रतिनिधि चुनते है, उसी वक्त हम अपने प्रदेश या देश का भाग्य निश्चित कर देते है। कैसे ? वो ऐसे कि हमें वोट डालने से पहले अपने इलाके के सुधार हेतु जो इंसान हमें लगे कि वो कार्य करेगा उसे चुनना चाहिए कि पहले भी ये बिना

किसी पॉवर के काम कर रहा था और आगे भी करेगा। ये कभी भी नहीं करना चाहिए कि वो नामी नेता है या बड़ा नेता है उसे ही वोट दो क्योंकि यही वो पहली सीढ़ी है जहाँ उम्मीदवार सही व आपके बीच का होगा, तो वो बिना कहे ही खुद जिम्मेदारी उठाकर खुद कुछ करने का मादा रखेगा क्योंकि उसे किसी शिकायत का इंतजार नहीं होगा और वो खुद आगे बढ़कर रूके हुए काम को पूरा करेगा क्योंकि नेता बनने से पहले वो खुद उन समस्याओं से घिरा होगा और जब बदलने की पॉवर मिली है तो वो जरूर बदलाव करेगा। इसलिए जब हम ऐसे किसी इंसान को चुने तो सब मिलकर उसको वोट दें किसी भी तरह का संदेह या मतभेद ना हो मन में, इसके साथ ही हमें अपने आसपड़ोस व कालोनी वालों को भी प्रोत्साहित करना चाहिए ताकि चुने हुए प्रतिनिधि को पूर्ण बहुमत से जीता जा सके, बस एक बात हमेशा उस प्रत्याशी को याद रखनी चाहिए कि जिन्होंने विश्वास जता के जिताया है उनको ना भुला बैठे एक बार पोजीशन मिलने के बाद क्योंकि ज्यादातर पॉवर में आने के बाद बदल जाते है जिससे वोट देने वालों का ना सिर्फ भरोसा टूटता है साथ ही उस उम्मीदवारों के दूसरी बार जीतने की उम्मीद भी खत्म हो जाती है। वैसे भी जिस दिन वोट डाले जाते है उस दिन भारत में त्यौहार जैसा महौल बन जाता है और वोट डालने से पहले जब कैंडिडेट या प्रत्याशी चुनते है तो हमें नाम, हैसियत या पार्टी देखने से पहले ये देखना चाहिए कि वो कैंडिडेट पढ़ा लिखा है या नहीं, क्या वो नेता बनने के बाद कानून व संविधान को ठीक तरह से जान के जनता को सही दिशा व देश को सही मार्ग पर ले जायेगा या नहीं क्योंकि पॉवर मिलने के बाद उसको संभालना सबको नहीं आता और इसी के चलते हम सुनते है कि वो नेता दबंग है या उसपर इतने केस है और उसकी उस क्षेत्र में बहुत पकड़ है, इससे बचना चाहिए प्रत्याशी का चुनाव करते समय और पार्टी को भी सिर्फ सीट के लिए किसी को भी टिकट नहीं देना चाहिए जो काफी हद तक आज की सरकार कर रही है। किसी भी प्रत्याशी का पढ़ा–लिखा ना होना ऐसा है जैसे किसी बच्चे को पहली क्लास के बजाए सीधे 10 वीं में दाखिला करवा दो तो वो या तो फेल होगा

या फिर वो सीखने की कोशिश करेगा और अगर कोई सीखेगा तो जाहिर सी बात है कि वो कोई नवीन काम नहीं कर सकता, इसी वजह से आप नेता तो बन गये पर शासन करना नही सीख सकते क्योंकि हर डिपार्टमेंट बोलेगा कि पहले से ऐसा ही चलता आ रहा है और जो भी कमाई होती है वो सबमें बराबर बॉट के खायी जाती है और ऐसे ही काम किया जाता आ रहा है और जो नया मंत्री बना है उसके लिए तो ये सब थाली में परोसे व्यंजन के समान है बस हाथ बढ़ाकर खाना ही तो है। पर अगर इसके विपरीत प्रत्याशी का चुनाव हो तो वो कार्यालय का काम भी सही तरीके से संभाल सकता है और सबसे टाईम पर रिपोर्ट, गलत करने वालों को उसके काम के अनुरूप दंड देना, समय पर ना आने वालों के खिलाफ ऐक्शन व सालों साल सिर्फ इंक्वायरी विठाये रखने से भी बचेगें, हर काम में पारदर्शिता अपने आप आ जायेगी। जब कानूनी व सरकारी व्यवस्था ठीक हो और जब सरकार किसी भी पार्टी के दबाव में ना हो, मतलब गठबंधन की सरकार ना होकर पूर्ण बहुमत वाली हो, तब वो हर तरीके के फैसले लेने में खुद सक्ष्म होगी। देखा जाये तो सारे मंत्रालय, करोबार या प्रशासनिक कार्यालय और लगभग हर छोटी बड़ी चीज सरकार के आदेशों व अध्यादेशों के अंदर ही आती है, फिर चाहे किसी भी चीज पर टैक्स घटाये या बढ़ाये ये भी सरकार पर निर्भर करता है, कौन सी योजना लानी है जो जनहित में हो और कहॉ विकास की सबसे ज्यादा जरूरत है, शिक्षा के, हथियार के या रोजगार के क्या नये अवसर और क्या बदलाव लाने है ये भी एक सशक्त सरकार ही कर सकती है और देश को एक नयी ऊचाईं तक ले जा सकती है। यहॉ मै एक बात हर भारतवासियों व राजनेताओं से पूछना व कहना चाहता हूॅ कि जिसको हमने चुनकर नेता बनाया हो और उन्हें हर वी0आई0पी सुविधायें भी मुहईया कराई जाती है या दी जाती है, पर बरसों से इस राजनीति में जो है उनको ये सब सुविधा मिलने के बाद भी वो क्यों घोटाला या आम जनता का पैसा लुटते थे या है, अरे हर आम आदमी नौकरी या धंधा क्यों करता है सिर्फ थोड़ी सी सुख–सुविधा के लिए व सही से अपनों का लालन पोषण करने के लिए, पर जब आपको जनता ने

चुना हो, तो वैसे ही आपको फर्स्ट क्लास की सुविधा मिल रही है और आपको पूरे देश की जिम्मेदारी मिली हो, तो फिर आपको किसी भी तरह का गलत काम करने की क्या जरूरत है और कैसे कोई आपकी सरकार में गलत काम करने की कोशिश करें या करने के बारे में सोचे, जैसे घर का मुखिया घर को लेकर चलता है और हर परिस्थिति में डट के खड़ा रहता है और पूरे घर को संभालने के साथ समाज में भी सामंजस्य बनाकर रखता है, ठीक वो ही काम सरकार का भी है, चाहे जो जाति, धर्म या संप्रदाय हो सबको साथ लेकर चलने की जिम्मेदारी सरकार की होती है और आप खुद देखो कि क्या काम जरूरी है और कौन कर सकता है, अगर हुआ तो कैसे हुआ और नहीं हो सका तो किसके कारण नहीं हो पाया और जो हुआ वो वाकई किस तरह हुआ और क्या वो उसी तरह होना था या सिर्फ खानापूर्ति है। वोटिंग के दिन को किसी को भी सिर्फ छुट्टी का दिन नहीं समझना चाहिए क्योंकि जब उस दिन सभी कुछ सार्वजनिक रूप से बंद रहता है वो इसलिए कि आप आराम न करो बल्कि एक दिन तो देश के नाम करो और खुद के साथ जितनो को ले सकते हो उनको भी साथ ले जाकर वोट डलवाओं चाहे आपको दो–तीन या ज्यादा चक्कर क्यों ना लगाने पड़े, पर जो बिल्कुल चलने में असमर्थ्य हो, जिनका नाम वोटिंग लिस्ट में नाम न आ पाया हो, जो जेल में बंद हो वो नहीं कर पाये वोटिंग तो बात अलग है पर जो किसी कारण वश अपने प्रदेश या देश नहीं आ पाते है वोटिंग के दिन, वो होली, दिवाली व ईद में जरूर आते है और क्या सोच रखते है कि कौन वोट डालने के लिए पैसा खर्च करे या डीजल डाल के आये और कौन से मेरे वोट डालने से कुछ फर्क पड़ेगा, पर ये सोच सबकी हो जाये फिर और आपका एक वोट भी किसी की हार–जीत तय कर सकता है। उनको सभी को इस दिन को त्यौहार की तरह मान के आना चाहिए, इससे न सिर्फ आप अपने परिवार से भी मिल लोगे और साथ ही साथ वोट भी डाल दोगे। हॉ यहॉ एक बात समझ नहीं आती कि जो जेल में बंद है वो विचाराधीन है ना कि दोषी और कानून भी यही कहता है फिर क्यों उनको वोट डालने से महरूम रखा जाता है क्योंकि वोट डालने का

अधिकार सजा पा चुके कैदी खो देते है और जैसे हर जगह पर आप पोलिंग बूथ लगाते है वैसे ही जेल में भी एक पोलिंग बूथ लगाया जा सकता है उनके लिए जो विचाराधीन है। सोशल मीडिया का जमाना है हम उसका भी फायदा ज्यादा से ज्यादा उठा सकते कि क्यों वोटिंग करना जरूरी है। एक और बात पर ध्यान देना चाहिए कि प्रत्याशी ना सिर्फ पढ़ा–लिखा हो बल्कि वो ना सिर्फ सरकार बनाकर सही काम करें और जो वायदे किये है जनता से उनको भी टाईम पर पूरा करें और देश को प्रगति की तरफ ले जाये, इसके साथ ही सालों से चले आ रहे पुराने नियमों को आज की आधुनिकता व बदल रही समाजिक सोच के हिसाब से बदलने वाला हो और टाईम–टाईम पर सभी जरूरी कार्यालय के काम की रिपोर्ट देखे कि कौन काम कर रहा है और कौन नहीं, ये देख के उनके काम के अनुरूप प्रमोशन व दंड देना चाहिए, समय–समय पर जनता के बीच आना चाहिए कि सब ठीक है या नहीं या जनता किसी बात से त्रस्त तो नहीं है क्योंकि हमें हमारे नेता चुनाव के समय ही दिखते है और इससे जनता का विश्वास कम होता है, साथ ही किसी भी योजना या कार्य को लटका के नहीं रखना चाहिए क्योंकि इससे आपके वोटर ही कम होगें जैसे हम कहते है कि ये तो सरकारी काम है देखो कब होगा। वैसे आज की सरकार कई कामों में परदर्शिता रख रही है ताकि आप देख सको कि कहाॅ क्या हो रहा है और उसका ब्यौरा भी मांग सकते है जो पहले नहीं हुआ करता था। जब सरकार पूर्ण बहुमत से बनती है तभी देश में बदलाव हो सकता है क्योंकि सारे मंत्रालय, आई0पी0सी0, आई0टी0सी0, करोबार व जो जनहित के लिए जरूरी हो वो योजनाऐं इन सब को सही तरह से काम करवाने व लागू करवाने के लिए किसी से पूछना नहीं पड़ेगा और लोगो तक सभी चीजें टाईम से पहुचेगीं, कौन चाहता है कि उसकी सरकार में कोई गलत काम करें या करने के बारे सोचे।

अगर देखा जाए तो आप सरकार में आने के बाद काफी अलग हो जाते हो आम लोगों से और यह काम भी आपका है कि यह देखा जाए समय–समय पर कि आपके अंदर ही जब सारे

मंत्रालय आते हैं तो आपको खुद जाकर उनसे या तो मिलना चाहिए या तो आपको अचानक इंस्पेक्शन करना चाहिए या दौरा करना चाहिए और उस दिन के बारे में किसी को भी पता नहीं होना चाहिए कि आप किस जगह और किस शहर जा रहे हो क्योंकि होता क्या है कि अगर आपके आने की खबर उनको हो जाती है तो उस जगह की सफाई 24 घंटे पहले ही करा दी जाती है और 24 घंटे बिजली भी दी जाती है और हर एक छोटी–छोटी बात पर नजर भी रखी जाती है ताकि सब कुछ साफ सुथरा नजर आए और आपकी नजरों में यह लगे की शहर में सभी काम अच्छे से हो रहे है और किसी तरह की कोई कमी नहीं रखी गई है मतलब उस जगह का कायाकल्प कर दिया जाता है उस एक दिन के लिए, ये मैं बचपन से देखता आ रहा हूँ और बाहर ही नहीं जेल में भी जाकर देखा है कि जब कोई नेता या कोई जज वहां पर विजिट करने के लिए आता है तो उस जगह को पहले से ज्यादा सुंदर बनाया जाता है और सबको यह बता दिया जाता है कि आप किसी भी तरीके की शिकायत नहीं करेंगे और जब यह सब चीजे नेता देखते हैं या मंत्री देखते हैं या जज तो उनको लगता है कि हॉ उनके शहर का विकास अच्छे से हो रहा है और जेल में भी सब ठीक से चल रहा है। जब भी कोई मंत्री या इलेक्शन आने वाले होते है तब पूरे दिन लाईट और पानी दिया जाता है, तब हम यह नहीं सोचते कि ऐसा क्यों हुआ है और आज के दिन ही क्यों सुबह से लेकर रात तक लाइट आ रही है। मन में विचार आता है कि आज सरकार के पास या बिजली विभाग के पास इतनी लाइट कहॉ से आ गई जो आज वह पूरे दिन से दे रहे हैं और रोज क्यों हमें नहीं दे सकते थे, मतलब बिजली है और रोज न देकर उसको बेच दिया जा रहा है, पर हम ना तो यह सोचते हैं ना ही कष्ट करते हैं ये जानने के लिए की ये सब कहॉ से और कैसे हो रहा है वो भी सिर्फ आज के दिन, नाहीं इस बात की सही तरीके से पूरी जानकारी रखते हैं। क्यों ? क्योंकि वह दिन होता है पूरी तरह से मौज मस्ती करने का व अपने सारे सपने पूरे करने का, साथ ही वो हर शौक को पूरा करने का जो लाइट की वजह से नहीं हो पाती थी और जिस दिन

लाइट आती थी उस पूरे एक दिन को हम लोग एक त्यौहार की तरह मनाते थे। मैं छोटा था जब हमें घर से बाहर ज्यादा निकलने की इजाजत नहीं होती थी और ज्यादा समझ नहीं होने के कारण हम सब लोग घर में रहकर ही खेलते थे और उस एक दिन का इंतजार करके हमसब खूब मजे करते थे और बाकी लोगों की तरह हम भी यही कहते थे देखो आज पूरे दिन लाइट आ रही है। जब सिर्फ एक मंत्री के आ जाने पर लाइट और पानी और सारी सुविधाएं मिल सकती है 24 घंटे, तो हम ये ही दुआ मनाते थे भगवान से कि साल भर कोई ना कोई मंत्री आता रहे, जिसकी वजह से यहां पर लाइट और बाकी सुविधाएं मिलती रहे। पर इसके पीछे की राजनीति क्या है यह तो नहीं मुझे मालूम था अपने बचपने में, हॉ जिन्हें मालूम होता होगा वह या तो जानबूझकर बताना नहीं चाहते या फिर वो नेता के कहने पर उतना ही बताते थे जितने में उनकी इमेज बनी रहें और राजनीति चलती रहें और अगले दिन अखबारों में हेडलाईन के लिए मसाला मिल सकें। पर वो मंत्री थोड़ी सी ही देर के लिए पता नहीं क्या करने आते हैं कि जैसे उन्हें इस बात का अंदाजा लग जाएगा कि हॉ जो भी कुछ हमने किया है इस प्रदेश के लिए वह सही किया है और इस जगह से तो वोट पक्के है और जो वो मंच पर बोल गये वो सारी बातें हम अगले दिन न्यूज पेपर में पढ़ते हैं कि मंत्री जी हमारे शहर में आए थे और इसके विकास के लिए उन्होंने इतने करोड़ रुपए दिए और वाकई में जो पैसे आवंटित हुए थे और साथ में जो वादे किए गए थे, वह उनके जाने के बाद कहां और किस जगह चले जाते है, इस बात का किसी को भी कुछ पता नहीं होता और जिसे उसका पता होता है वो मंत्री के जाने के बाद खुद भूल जाता है और जो भी बड़े–बड़े वादे किए थे या सपने दिखाये थे वो उनके जाने के साथ चलें जाते है साथ ही जितनी सुविधाएं वह एक दिन में लेकर आए थे और जो हमें मिली थी वो उनके जाते ही गायब हो जाती है और सबकुछ फिर से पहले जैसा हो जाता है। बस फिर क्या रोज की वही जिंदगी, लाइट का आना–जाना, सड़कों का हाल–बेहाल होना, हर जगह गंदगी का होना और जगह–जगह पर पुराने जैसा मौहाल दिखने लगता है, पर

कुछ हदतक बदलाव आज की सरकार कर रही है पर इतने सालों की गंदगी चंद सालों में साफ नहीं हो सकती। अक्सर हमें क्या चाहिए ये भूल जाते है पर हॉ हमें कुछ दिनों तक बात करने के लिए मसाला मिल जाता है और एक सपना जिसे सोच के लगता है कि हमारी सारी जरूरत पूरी हो सकती है, पर उसका इस्तेमाल कैसे करना है ये हमें खुद भी नहीं पता होता क्योंकि अगर करना आता होता, तो कोई ना कोई यह जरूर सोचता कि जो बात मंत्री जी कह गए थे वह पूरी क्यों नहीं हुई या कोई भी यह बात पूरी करने के लिए लगा भी है या नहीं और जो वादे किए गए हैं उनको पूरा कौन सा विभाग करेगा ये तय हुआ की नहीं या उनके पूरा होने में कितनी सच्चाई है व मेहनत की जा रही है। उस डिपार्टमेंट में इसके बारे में किस किस को पता होगा जिससे अपडेट ले सके क्योंकि कहने में व करने में जमीन आसमान का फर्क होता है।

अब कौन सा डिपार्टमेंट क्या काम करेगा इसके बारे में हर कोई चक्कर क्यों लगाये, हम बस यह सोचकर भरोसा कर लेते है कि मंत्री जी ने अगर कहा है तो यह काम हो जाएगा। अब एक बात और गौर करना कि जब वह आए थे तो क्यों नहीं किसी ने इस बारे में या बाकी चीजों के बारे में मंत्री जी को अवगत कराया की आपके आने से पहले जो यहां का माहौल था, वह इतना गंदा और इतना बेकार था, ये सब आपके आने के 24 घंटे पहले ही हुआ है और मुझे लगता है कि इसका भी आभास मंत्री को होता है। लेकिन नहीं हम ऐसा सब नहीं बोलते हैं बस हम खुश होते हैं, तालियां बजाते हैं, वह इसलिए कि हमारे यहॉ ये मंत्री आये। देश बड़ा तो जरूर है पर यहां रहने वालों के दिल बहुत छोटे व डरे हुए है और इसलिए हम इतनी आसानी से कुछ कह नहीं पाते है, जैसे हम अपने हक की बात नहीं कह रहे हैं बल्कि किसी प्रकार की कोई चोरी कर रहे हैं। इसलिए हर बार हम बस एक काम करते हैं कि वहॉ जाते है पर जाकर बात क्या करें और आगे कौन बढ़ेगा और कौन बोलेगा कि पिछली बार जब आये थे वो वादे भी अभी तक पूरे नहीं हुए, सीधी और साफ भाषा में एक बात कहूं कि जो समय आने पर सबसे आगे नहीं पीछे मिले वो ही समय से पहले सबसे ज्यादा

उछलता है। पर अगर कोई आगे आकर कहे कि यह गलत है तो वही फट्टू या छुपा हुआ व्यक्ति जितनी बुरी तरीके से पीछे भागा था उतनी ही तेजी से आगे आएगा और फिर से यह संख्या देखते ही देखते हजारों से लाखों में व करोड़ों तक पहुंच जाएगी, किसी को भी नहीं पता चलेगा कि आवाज एक की थी बाकी भीड़ अपने आप पीछे आ जायेगी, जैसे आंधी आने से पहले सन्नाटा होता है और आने पर पता नहीं क्या–क्या बर्बाद कर जाएगी, ठीक इसी तरह ये भीड़ वाले भी होते है पहले एकदम शांत और किसी के आते ही वो शांति तूफान में बदल जाती है, जैसे हम लोगों को इस बात का अंदाजा हो जाता है कि आज बारिश या तूफान आने वाला है और बचाव की तैयारी कर लेते है, ठीक उसी तरह जब यह नेता या मंत्री आने को होते हैं तो हमें तमाशबीन बनने के बजाए, उनको सच्चाई से अवगत कराना चाहिए कि कैसे व किस हालात में है ये इलाका और क्या–क्या परेशानियों का सामना करना पड़ रहा है। लेकिन वो कहते हैं ना कि चाहे लाख कोशिश कर लो उसके बावजूद भी आंधी–तूफान थोड़ा बहुत नुकसान जरूर करके जाती है, वैसे ही इतनी सारी तैयारी के बावजूद भी सरकार इतने सारे लोगों का आक्रोष व गुस्सा शांत करने के लिए थोड़ी बहुत तसल्ली देने के लिए कुछ ऐसा जरूर कर देती है कि जिससे इंसान को लगें की वाकई सरकार को हमारा दर्द समझ में आ रहा है और वह जो जरूरी कदम उठा रही है या उठाएगी उससे हमारा फायदा होगा क्योंकि ऐसा कोई जरूरी कदम उठाने से कुछ नया तो हो नहीं पाता और हम लोग बार–बार शक्ति प्रदर्शन करके भी यह नहीं सीख पाए कि इस तरीके से हम वो हासिल नहीं कर सकते जो हम चाहते हैं। वरना कई बार की लड़ाई लड़ने के बाद भी हम वापस वो नहीं करते जो करते आ रहे है बल्कि हम या तो कुछ नया करने के बारे में सोचते या किसी नये व भरोसे वाले को शासन की कमान देते। हमेशा कुछ नए करने के जोश में हम कई बार अपने होश तक खो बैठते है और सही की जगह गलत कर बैठते है, इतने सारे लोग और इतने सारे दिमाग होने के साथ–साथ अलग–अलग जगह के होने के बाद भी हम क्यों नहीं सही दिशा में सोच पाते है क्योंकि

हमारे सामने ऐसे हालात पैदा किये जाते है कि हम वो ही सोचते है जैसा वो चाहते है और इसके लिए वो न्यूज में, अखबार में, जगह–जगह पोस्टर लगाकर व अपने कार्यकरताओं से ऐसा माहौल शहर में पैदा करवाते है कि हम पिछला भूल के वो ही करते है आज में, जैसा उन्होने सोचा होता है। यह सारी बातों का एक ही निष्कर्ष निकलता है कि कोई भी यह नहीं चाहता कि बदलाव हो क्योंकि हर इंसान बस अपनी एक अलग तरीके की जिंदगी जीना चाहता है जिसमें वो 5 साल सरकार को कोसता है, वोट देना बेकार का काम समझता है और शाम को गली मोहल्ले में पंचायत लगाकर सरकार के कामों पर चर्चा करना कि वो थी तो उसने यह किया ये वाली ये कर रही है पर हम लोगों के लिए कुछ नहीं किया इसलिए मैं वोट ही नहीं देता। पर ऐसी जिंदगी से क्या फायदा जिसका कोई लक्ष्य ना हो और हो भी तो घर परिवार तक ही सीमित हो, वैसे भी आज के दौर में लगभग हर इंसान घरेलू समस्याओं में हीं लगा रहता है, बाहर क्या हो रहा है इससे उसका कोई लेना देना नहीं है, आज भी हर कोई बस अपने बारे में सोचना चाहता है और सोचता है कि हम क्यों गंदगी में अपने हाथ गंदे करें। सब अपने घर को साफ रखना चाहते हैं और दूसरों के घरों के सामने गंदगी फैलाना चाहते हैं, पर जब हम ही गंदगी फैलाएंगे तो उसको साफ करने के लिए कौन आएगा और हम पकड़े भी गए तो बड़ी सफाई से दूसरों पर इल्जाम लगा देते हैं कि हम ऐसा नहीं करते, नाहीं हम गंदगी फैलाते है और हम गंदगी फैलाने के भी खिलाफ है यानी कि हम काम भी करेंगे और अपना नाम भी नहीं होने देंगे, इससे सिर्फ उसके घर के सामने तो सफाई हुई, पर धीरे–धीरे समाज में जो गंदगी फैलती गई इसका असर जब उसके घर पर पड़ा, तब उसको जाकर पता चला की जो गंदगी मैं फैलता चला आ रहा हूँ वह अब धीरे–धीरे कर करके मेरे घर तक भी पहुंच गई है चाहे वह कूड़े की गंदगी हो, चाहे वह कोई बीमारी हो या किसी तरीके का नशा हो या किसी भी तरीके की अराजकता हो, जो भी चीज हम समाज को देते हैं वही चीज धीरे–धीरे वापस हमारे घर तक भी आती है ठीक वैसे ही जैसे सागर में कुछ फेंको तो वो उसे वापस बाहर फेंक देता है।

इसलिए इस गंदगी को साफ करने के लिए किसी एक को नहीं बल्कि पूरे समाज को आगे आना पड़ेगा, साथ ही इसके लिए ना सिर्फ एक को बल्कि हमारे समाज की मानसिकता को भी बदलना पड़ेगा, साथ ही हम सबको मिलकर ये भी कोशिश करनी होगी कि जो गलत काम पहले से होता आ रहा है उस काम को रोकने का तरीका सही तरह से बदलना होगा क्योंकि उस काम से समाज पर जो असर पड़ेगा वह हमारी आने वाली पीढ़ी पर असर डालेगा और हमें इसके बारे में भी सोचना चाहिए, उदाहरण के रूप में जैसे जंग एक दिन में नहीं जीती जाती उसके लिए कई लोगों की कुर्बानी और वक्त लगता हैं, जान माल दोनों का नुकसान होता है, ठीक ऐसे ही अपने घर की सफाई और समाज की सफाई के लिए भी समय लगेगा और सबका साथ चाहिए और एक दिन हम अच्छे भारत की कल्पना भी कर पाएंगे, जिसे इतिहास के पन्नों में लिखा जाएगा कि हॉ हिंदुस्तान में बदलाव आया था और हिंदुस्तान के लोगों की मानसिकता में बदलाव आया था और इसके लिए सरकार का सहयोग भी जरूरी है।

किसी भी देश में बदलाव के लिए वहॉ की जनता के विचार बहुत मायने रखते हैं, वो क्यों ? वो इसलिए क्योंकि कोई भी काम एक दिन में नहीं हो सकता वो भी बिना जनता के सपोर्ट के तभी समाज में किसी तरह का बदलाव लाया जा सकता है, वो भी हमारे देश में जहॉ इतनी विभिन्न्नताऐं है। वैसे भी भारतवासियों की मानसिकता में रूढ़िवादी विचारों का होना भी एक बहुत बड़ा कारण है जो अपने संस्कारों और पुरानी परंपराओं से घिरे हुए है और जब तक हम ऐसे विचारों में बदलाव नहीं लायेगें जो देश, समाज व परिवार को आगे बढ़ने से रेाके और धर्म व जाति के नाम पर आज भी भेदभाव करती हो, उसे बदलना होगा और जब तक अपने इन विचारों से हम ऊपर नहीं उठते तब तक हम अपने देश में वो बदलाव नहीं ला सकते है जो हम सोचते है क्योंकि हम बचपन से जो देखते हैं व सुनते आ रहे हैं, आगे चलकर हम वैसा ही करने के बारे में सोचते है।

कोई भी बच्चा अपने मां–बाप से सिर्फ 5 परसेंट ही सीख पाता है पूरी उम्र में 100 परसेंट में से और जब आप इस स्टेज में आते हो तो आप भी वही करते हो, कि जो ज्ञान आपके पास है वही सारा ज्ञान आप अपने बच्चों को देना चाहते हो, पर आपका बच्चा भी सिर्फ आपसे 5 परसेंट ही ज्ञान लेता है उस 100 परसेंट में से, जैसे कि बच्चों को बताना टाइम पर घर आना है, किससे मिलना है, किससे नहीं मिलना है, कौन–कौन से जीवन में खतरे हैं और तुम्हें क्या करना चाहिए क्या नहीं करना चाहिए, ट्रेन जब हल्की हो जाए तब उतरना चाहिए, चलती हुई बस या ट्रेन में से नहीं कूदना व चढ़ना चाहिए, किसी भी काम में जल्दबाजी नहीं करनी चाहिए, किसी पर भी जल्दी से भरोसा नहीं करना चाहिए, कोई भी तुम्हें कुछ भी दे तो उसको तुरंत नहीं खाना चाहिए, किसी अंनजान व्यक्ति के साथ कहीं नहीं जाना, स्कूल में जब तुम्हें कोई अपना लेने आए तभी उसके साथ जाना, ऐसी कई बातें हम बच्चे को बचपन में सिखाते है कि हमें क्या करना क्या नहीं करना है, जैसे हम उनको हर खतरे के बारे में बताते हैं वैसे ही हमें उन्हें समाज में रहने के साथ–साथ कानून और संविधान के बारे में भी बताना चाहिए, ताकि वह बच्चा जब बड़ा हो, तो वो चाहे लड़का हो या लड़की, उसे पुलिस स्टेशन जाने में कोई डर ना हो और उसे अपने ऊपर हो रहे अत्याचार के बारे में बताने में कोई हिचकिचाहट ना हो और इसके लिए पुलिस प्रशासन को भी लगातार जागरूकता फैलानी चाहिए और लोगों के बीच में रहकर या मिलकर उन्हें ये एहसास कराना चाहिए कि हमसे डरने की जरूरत नहीं है बल्कि हम आपका डर खत्म करने के लिए ही इस वर्दी में है या अगर आपके साथ कुछ गलत हो रहा है तो आप हमसे मिले, आप हमें बताएं हम आपकी हेल्प करने के लिए तैयार हैं क्योंकि आज भी कहीं ना कहीं पुलिस वाले कुछ ना कुछ ऐसी बातें कह देते हैं जिस वजह से आम जनता उनसे अपने मन की व किसी परेशानी को कहने से डरती है कि यार कहीं ऐसा ना हो कि पुलिस वाले मुझसे ही पता नहीं क्या–क्या पूछ बैठे या कुछ कहने लगे, क्या पता उनके खिलाफ पहले कार्यवाई की जायेगी या नहीं, पर जब किसी केस में धीरे–धीरे

कार्रवाई होती है और समाज में जागरूकता फैलती है और लोग इकट्ठा होकर जब उसके खिलाफ आवाज उठाते है तब जाकर उनके खिलाफ एक्शन लिया जाता है ये एक और कारण है लोगों का पुलिस से दूर रहने का। तो यह चीज हमेशा याद रखनी चाहिए हमारे देशवासियों को खासतौर पर उनको जो विभिन्न पदों पर है और हमारे सरकार के कार्यालय कि अगर किसी के साथ गलत हो रहा है तो चाहे उसमें छोटा हो या बड़ा व्यक्ति शामिल हो, उसके साथ बराबर का न्याय हो और कार्यवाही हो जो अक्सर देखने को नहीं मिलता है साथ ही उसको नया दिलाने वाले किसी तरह का कोई पक्षपात न करें, उदाहरण के लिए आम जनता टेलीफोन एक्सचेंज, पावर हाउस, तहसील या किसी भी विभाग में जाते है और अपने हक के बारे में बोलते है कि मेरे साथ यह गलत हुआ है या मेरी यह चीज काम नहीं कर रही है या मेरे इस चीज से मेरा ये नुकसान हो रहा है और वह उस चीज के बारे में उनको अवगत कराते है कि मेरी यह चीज बदलनी है कृपया इसको ठीक करवाया जाये और ऐसे किसी भी विभाग में काम कभी जल्दी तो कभी देर से होता है पर ऐसे किसी भी विभाग में लोग जाना अपना हक समझते है और ये ही हक पुलिस स्टेशन में जाने के लिए आम इंसान के पास नहीं होता है लेकिन होगा एक दिन और इसी तरीके से हमें पुलिस पर भी वैसे ही भरोसा करना चाहिए और उनको भी उसी तरीके से बात बतानी व करनी चाहिए जैसे हम बाकी विभागों को जाकर बताते हैं। आज भी पुलिस स्टेशन जाने का मतलब ऐसा होता है जैसे कि हम भूत बंगले में जा रहे है और हम इतना डरते है चाहे कितना भी हट्टे–कट्टे इंसान क्यों ना हो या क्यों ना सशक्त नारी हो, लेकिन पुलिस स्टेशन के नाम पर ऐसा लगता है जैसे गुब्बारे में से हवा निकल गई और उस बंदे या बंदी की सारी ताकत जैसे किसी ने छीन ली हो, तो पुलिस स्टेशन कोई भूत बंगला नहीं है, नाहीं वह कोई ऐसी सुनसान जगह है या श्मशान है कि वहां जाने से हमारे साथ कुछ गलत होगा, वहां भी इंसान बसते है और हम अगर पुलिस वालों को पुलिस की वर्दी में ना समझ कर एक इंसान के तौर पर मन की हर बात बोले तो क्या दिक्कत है। हॉ

पुलिस को संविधान की तरफ से कुछ पावर मिली हुई है तो हम उस इंसान से या पुलिस से अपनी सारी बातें बता सकते है और उसको लिख कर भी दे सकते अगर हमे बोलने में कोई डर हैं, ताकि हमारे साथ जो अत्याचार हुआ है, उसपर पुलिस सही तरीके से एक्शन ले सके, आज भी पता नहीं लोग क्यों इतना सब होने के बाद व 20वीं सदी में आने के बावजूद भी अपने ऊपर अत्याचार बर्दाश्त करना जायज समझते हैं और शिकायत करने से आज भी डरते हैं और ज्यादा परेशान होने पर आत्महत्या करने के बारे में सोच लेते हैं। पर यह नहीं जानते कि जिंदगी कितनी अनमोल है, आपके आत्महत्या करने से उस अत्याचार करने वाले को और बढ़ावा मिलेगा और वह और लोगों को परेशान करेगा, लेकिन अगर हम समय रहते उस चीज के बारे में कंप्लेंट करें, तो एक अत्याचार करने वाले को ना तो सिर्फ सजा मिलेगी बल्कि समाज में हम बाकी लोगों की जिंदगी को भी बचा सकते है और यह संदेश भी दे सकते है कि हॉ यह चीज गलत हो रही थी या ये इंसान गलत था हमारे समाज में, बजाय आत्महत्या करने के क्योंकि आत्महत्या करना कोई सॉल्यूशन या कोई जायज तरीका नहीं है, यह बताने का की मेरे ऊपर अत्याचार हुआ था और मैं शिकायत नहीं कर पाया और इतना कमजोर था कि मुझे आत्महत्या करने के अलावा कुछ नहीं समझ में आया, कोई भी आशंका जो आपको लगती है कि आपके साथ गलत हो सकता है, उसके बारे में आप अग्रिम सूचना अगर पुलिस को देंगे तो ना सिर्फ आप क्राइम को रोकेंगे, बल्कि आप एक बहुत बड़ी घटना को होने से रोकेगें और यह बदलाव आप अपने स्तर पर ला सकते हो कि हां अगर एक छोटी सी घटना को हमने होने से पहले रोक लिया तो वह घटना बड़ी नहीं हो पाएगी और समय रहते उसका निदान किया जा सकता है। इस युवा पीढ़ी को इस चीज को चेंज करना होगा कि अगर वह किसी घटना को होते हुए देख रहे हैं और वह अगर सक्षम नहीं है उस घटना को रोकने में, तो वो सबसे पहले पुलिस को फोन करें ताकि कानूनी रूप से उनकी मदद हो सके और उस घटना को होने से रोका जा सके। बजाए यह सोचने के कि पुलिस तो तभी आएगी जब घटना हो जाएगी ये सिर्फ

फिल्मों में होने दीजिए कि घटना के बाद पुलिस आयेगी। आप शिकायत तो करें पुलिस से पर अगर वो नहीं सुनते तो उसके ऊपर वाले अधिकारी से शिकायत करें क्योंकि यह जरूरी नहीं कि हर इंसान बिकाऊ हो, पर अगर कुछ बिकाऊ है तो कुछ ईमानदार भी है, बस आपको ये भरोसा रखना है कि अगर एक ने हमारे साथ ऐसा किया तो सब ऐसा नहीं कर सकते है। वैसे देखा जाये तो सबसे ज्यादा घूसखोरी पुलिस स्टेशन में ही होती है कैसे, वो ऐसे की कोई इंसान सिर्फ मोबाइल चोरी या नया सिम निकलवाने के लिए कंमप्लेंट लिखाने जाये और सिर्फ उस कागज पर उसे मोहर लगवाने के लिए पैसे खर्च करने पड़ते है या कई चक्कर लगाने पड़ते है, वरना सोर्स लगवाओ और एक बार इस तरह का अनोखा व्यवहार देखकर कोई भी दुबारा नहीं जाना चाहता है, चाहे सरकार कितने ऐप या सब कुछ ऑनलाईन कर दें, उसके बाद भी थाना जाना पड़ता है कि आपने जो शिकायत दर्ज की है उसके लिए सबूत दिखाने जाओ या साईन ही करने के लिए क्यों ना जाना पड़े और आपने जो एक बार कदम रखा नहीं कि पैसे उड़ने लगते है और थाने से लेकर कोर्ट तक, जबतक केस खत्म ना हो तब तक पैसे खर्च करते रहो। भ्रष्टाचार रोकने के लाख उपाय कर ले, कोई भी सरकार कुछ भी कर लें, पर हम भारतीय खुद नहीं बदलना चाहते क्योंकि सबको शार्टकट चाहिए और हम चुपके या चुपचाप पैसे देते है और भ्रष्टाचार को बढ़ावा देते है, जिसकी वजह से जो पैसे नहीं दे पाते वो झेलते है जिसका ना कोई समय होता है ना ही कोई सुनवाई।

इसमें ज्यादा तकलीफ महिलाओं को उठानी पड़ती है क्योंकि वो पहले से ही डरी होती है, भले ही अब महिला पुलिस की तादात ज्यादा है पर वो भी वो सहुलियत नहीं दे पाती जिससे उस पीड़ित महिला या लड़की को कंम्फर्ट फील हो सके। अगर वहॉ ये सहुलियत कर दी जाये तो पीड़ित को कभी डर ना लगे और जरा सा भी खतरे का एहसास होने पर वो सीधे और बेधड़क होकर वहॉ जाये, पर सबसे पहले एक और सबसे जरूरी मानसिकता को बदलना है वो है परिवार की या समाज की वो भी ये पुछने की अरे

तुम थाने क्यों गये थे या थाने में क्या करने जाओगे और ना जाने किस–किस तरह के सवाल करके थाने जाने से पहले ही वो माहौल बना दिया जाता है कि वो खुद डर के मारे थाने जाने से डरता या डरती है कि पता नहीं वहाँ क्या होगा, उसने ऐसा बोला तो कहीं सही में मुझे ही बंद न कर दें, पता नहीं क्या–क्या पूछा जाये, वगैरहृ–वगैरह के सवाल और उसके पीछे का डर। डर के साथ–साथ यह भी होता है कि उनकी फैमिली भी और ज्यादा डरी होती है, इस बात से कि पुलिस में कंप्लेंट करने जा रहे है कहीं ऐसा ना हो कि उल्टा पुलिस हम पर ही कार्रवाई कर दें, अरे हम यह क्यों नहीं सोचते हैं कि जो इंसान उस पोस्ट पर बैठा है वह चाहे ऑफिसर हो या चाहे वह किसी भी तरीके का काम करने वाला लेकिन सबसे पहले वो भी एक इंसान है और अगर आप सही हो तो डर उनको भी लगता है कि कहीं हमसे कोई चूक हो गई तो बात ऊपर तक या मीडिया तक भी जा सकती है। हाँ यह जरूर हो सकता है कि हर एक इंसान का दिमाग एक जैसा नहीं होता, कुछ को बातें जल्दी समझ में आ जाती है तो कुछ को बहुत देर में समझ आती है, लेकिन इस सबके बीच में हमें सच्चाई को नहीं दबाना चाहिए क्योंकि सच को दबाने के लिए बहुत मेहनत व ताकत लगती है जिसमें खूब झूठ भी बोला जाता हैं। अब जरा सोचिए कि इतने सख्त कानून बनाने के बाद भी और नए–नए अमेंडमेंट करने के बाद भी, इसके साथ ही हर छोटी–छोटी बातों तक के लिए नियम बनाने के बाद भी हम ना तो हादसों को रोक पाये हैं ना ही साल दर साल उस प्रतिशत को कम कर पाये है क्योंकि जो मानसिकता मे बदलाव की जरूरत है वो कानून बदलने से नहीं बदल सकता और वो ही मानसिकता उनको किसी भी तरीके का क्राइम करने से नहीं रोकती, इसी वजह से क्राइम दिन व दिन बढ़ता जा रहा है और हम रोज न्यूज़पेपर में रेप–मर्डर जैसी खबरें बहुतायत में देखते है, यहां तक कि हमें कई बार लगता है कि हम अखबार पढ़ रहे हैं या हम किसी केस की स्टडी कर रहे हैं क्योंकि जैसे कोई भी फौजी देश के खिलाफ किसी हमले की खबर पढ़ने की वजह यह सोचता है कि मैं भी किसी जंग के मैदान में ही हूँ उस वक्त और हमारे

साथियों की शहीद होने की खबर आ रही है ऐसे ही हम अखबार में जब ऐसी खबरें पढ़ते है तो लगता है कि मेरी बेटी या बीवी भी घर में व सड़क पर अकेली तो होती है, सब काम पर जाते है बूढ़े मॉ–बाप घर में अकेले रह जाते और ना जाने कैसे–कैसे खयाल लेकर एक इंसान घर से काम पर निकलता है जिसे कोई कानून नहीं बदल सकता। इंसान कितना ही बदल ले अपने आप को पर तब तक किसी बुरी आदत को नहीं निकाल सकता, जब तक उसके अंदर से उस आदत को जड़ से खत्म नहीं किया जाता और ना ही आजतक ऐसा तरीका कोई ईजाद कर पाया है कि बिना जड़ उखाड़े किसी आदत को खत्म किया जा सकता हो। चाहे इसके लिए कोई भी बात कहना चाहूँ मैं, पर कानून हो या सरकार वह भी कब तक और क्या–क्या करेगी क्योंकि हर जगह सीसीटीवी कैमरे नहीं लगवाये जा सकते और ना हीं हर एक इंसान के पीछे एक पुलिस वाला लगाया जा सकता है, ना हीं हर एक इंसान के हिसाब से जाति, धर्म और काम के लिए एक नया नियम बनाया जा सकता है। यह सिर्फ और सिर्फ तभी हो सकता है जब हम सारे मिलकर यह तय करें कि नहीं हमें इस तरीके की मानसिकता को दूर करना है और हमें अपने आसपास के इलाकों में हो रहे शोषण या अत्याचार को भी रोकना है। वैसे भी कब किसके मन में कौन सा फितूर घुस जाए यह कोई नहीं जान सकता और कब किसके अंदर कानून को तोड़ के इंतकाम लेने की बात मन में पैदा हो जाए, इसके बारे में भी कब पता चल पाता है और जब तक पता चलता है तब तक कोई हादसा या क्राईम हो जाता है, इसमें एक बात जरूर गौर करने वाली है कि भले ही चाहे कोई भी तरीके का इंसान क्यों ना हो, हम यह कैसे कह सकते हैं कि किसी भी इंसान के अंदर इस समय क्राइम करने का मन बन रहा है या नहीं। कई हादसों या केसों में यह देखने को मिलता है कि क्रिमिनल माइंड रखने वाला पहले से ही उस चीज के बारे में जानकारी लेना शुरू कर देता है और उसके बारे में हर छोटी से छोटी बात की जानकर जमा करना शुरू कर देता है, ताकि वह अपने समय के अनुसार उस क्राइम को या उस घटना को अंजाम दे सकें और सामने वाले

को पता ही नहीं होता कि उसके पीछे किसी ने घात लगा रखी है और ऐसा काईम किसी बड़ी चोरी या लड़की से बदला लेने के लिए किया जाता है और ज्यादातर केसों में वह उस क्राइम में सफल भी हो जाता हैं और अक्सर ऐसे काईम जोश में ज्यादा किए जाते है होश में कम क्योंकि घात लगाने के बाद हमें उस समय पता होता है और ये भी कि हमें करना क्या है लेकिन उससे पहले हम कोई ना कोई नशा या किसी तरीके का मन में कोई कुंठित भाव दबाए बैठे रहते है और जब वो उस घटना को अंजाम दे रहे होते है तो ये नहीं सोचते कि सामने वाले इंसान पर इसका क्या प्रभाव पड़ेगा ? कहीं हमारे इस कृत्य से उसकी जान न चली जाए ? पर ये कहॉ सोच पाते है और उस घटना के साथ उसका परिवार और उसकी इज्जत साथ ही नहीं जाने क्या–क्या चला जाएगा, ऐसे काईम किसी आदमी और औरत से संबंधित नहीं है, यह हर तरीके के अत्याचार और हादसों के बारे में है कि जब कोई किसी से बदला लेना चाहता है या जब कोई किसी के साथ कोई बदतमीजी या गलत हरकत करना चाहता है तब उसको यह पता होता है कि मैं क्या करने जा रहा हूँ, लेकिन उससे पहले जब वह कोई नशा कर लेता है तो यह भूल जाता है कि उस नशे की हालत में जो मैं कर रहा हूँ उसके बाद उसके साथ और मेरे साथ क्या–क्या होने वाला है। लेकिन जैसे गेहूँ के साथ घुन भी पिसता है इसी तरीके से कई बार आम आदमी भी झूठे मुकदमों में फॅस जाते है और जो उस काईम में शामिल भी नहीं होते है बस सामने वाले के बयान से व सिर्फ बदला लेने की भावना को पूरा करने के लिए ऐसा करते है और क्राइम करने पर पकड़े जाने पर वह उसका भी नाम ले लेते है जो उस क्राइम में शामिल भी नहीं थे और कानून सिर्फ यह देखता है कि हॉ इसने भी काईम में साथ दिया होगा और इसलिए उसका नाम लिया गया है। ये मान लिया जाता है कि यह सब के सब उस काईम में शामिल जरूर होंगे और ऐसे में एक आम इंसान फॅस जाता है और बिना बात के अपनी जिंदगी जेल में काटता है और ऐसे लोग जो बिना किसी क्राइम के जेल जाते हैं वह बाहर निकलकर क्रिमिनल जरूर बनते है क्योंकि उनके मन में यह रहता है कि जब मैंनें कोई

क्राईम नहीं किया, तो मुझे सजा मिली है और उसी मिली हुई सजा के कारण, वह इंसान यह जरुर सोचता है कि मुझे अब बदला लेना है और बदले की भावना के चलते हुए, अब वो सच में क्राईम करता है। तो हम कह सकते है कि एक निर्दोष को हमने क्रिमिनल बनाया क्योंकि हमारा कानून ऐसा है जो यह नहीं समझ पाया कि सिर्फ सामने वाले की गवाही को ही सच क्यों माने के किसी को भी गुनहगार मान जिया जाता है और एक बेगुनाह को सजा देकर क्यों हम उसकी व उसके परिवार को एक गुनहगार बनने पर मजबूर करते है। यहाँ एक बात और मैं कहना चाहूँगा कि कई बार लोग अपनी सहूलियत के हिसाब से कानून तोड़ते और मरोड़ते हैं और वह पहले उसकी खामियों के बारे में जानकर फिर उस क्राइम को करते है जिससे कानून की ऑखों से बचा जा सके और हमारा कानून उनको बेगुनाह साबित कर दे। वैसे भी हमारे देश में कानून कभी–कभी इतना लाचार बन जाता है कि किसने गलती की है और जॉच कहाँ से करनी चाहिए, इन सबका कुछ अता–पता नहीं होता और कई केसों में दो से तीन बार केस की जॉच अलग–अलग टीमों ने किया जैसे आरूषी हत्याकांड। हम एक बेगुनाह को सजा देने से बच सकते है अगर शुरूवात में ही हम जॉच सही से करें नाकी बस एक और केस समझकर और बस चार्जशीट बनाकर अपना काम खत्म कर, सबकुछ कोर्ट के सुपूर्द कर दें कि जो करना होगा वो कोर्ट करेगा। अरे जो आपने लिख दिया सबसे पहले तो कोर्ट उसी को देखेगा, बाकी सब बाद में, बावजूद इसके कहा जाता है कि 100 गुनहगारों को छोड़ दो पर किसी बेगुनाह को मत फॅसाओं, दहेज हत्या या अधिकतर रेप के मामलों में इसी तरीके की भावना के साथ की गई जॉच पाई जाती है दूसरा ये कि सामने वाला सिर्फ दूसरे से रंजिश या बदले लेने की भावना के चलते उनपर इल्जाम लगाता है और कानून का किस तरीके से फायदा उठाना है यह भी जानता है या उसके नाते–रिश्तेदार बताते है कि ऐसा कर सकते हो, इस तरीके से क्राईम करने वाले और न करने वाले दोनों ही पिसते हैं और हमारे देश की सरकार को कोई फर्क नहीं पड़ता क्योंकि उनको इससे कोई नुकसान होता नहीं है और ना ये फर्क पड़ता है कि एक

इंसान अगर मुजरिम नहीं है और वो जेल काट रहा है तो उससे क्या नुकसान होगा उनको। बस इतना पता है कि जो जैसा चल रहा है बस वैसा चलेगा और कानून में जो लिखा है उसके हिसाब से सजा मिलेगी और जज ने अगर बोल दिया कि यह गुनहगार है तो वह गुनहगार होगा, जज कोई खुदा या भगवान तो होता नहीं है और उसको खुद यह नहीं पता होता कि सच क्या है वह सिर्फ सबूत और जांच के आधार पर ही सामने वाले को दोषी करार देता है, पर जो जांच करने के लिए टीम बनी है अगर वह जांच ना करें और सिर्फ खाना पूर्ति करके एक इंसान को जेल में डाल दे और बाद में उसको सजा मिल जाए, तो इससे यह पता चलता है कि हमारे देश में कई ऐसी चीजें है जिनको बदलने की जरूरत है। सबसे पहले कानून व्यवस्था को क्योंकि कानून के अंतर्गत हमारे देश के सभी जेलों में आधे से ज्यादा दहेज हत्या और दहेज से जुड़े हुए मामले के लोग या परिवार भरे हुए हैं। यानी एक परिवार जो एक आम जिंदगी जी रहा था वह बिना किसी कारण, बिना किसी बात के एक झूठे इल्जाम या किसी झूठी गवाही की वजह से या कभी किसी रंजिश की या बदले की वजह से या किसी के चले जाने के कारण क्षणिक आवेग में आकर वह केस करता है और इसमें एक दो नहीं जितने चाहे लोगों का नाम लिखवा लो कानून के हिसाब से, उसके बाद सब के सब बंदी बनाकर जेल में डाल दिये जाते हैं और इस तरीके से हमारे देश की लगभग सभी जेलें ओवरक्राउडेड या जरूरत से ज्यादा भरी हुई है। कुछ इतनी भरी हुई है जिसका अगर एनसीआरबी से डाटा निकला जाए तो यह पता चलता है कि इस देश में चोरी और हत्या के इतने मामले नहीं है जितने घरेलू हिंसा के और दहेज प्रताड़ना या दहेज हत्या के मामलों के कारण परिवार के परिवार जेल में बंद है क्योंकि कानून के हिसाब से आज भी कोई आत्महत्या नहीं कर सकता या जो करते है खासतौर पर वो पुरूष होते है जो डिप्रेशन में आकर आत्महत्या करते है क्योंकि औरतें ऐसा नहीं कर सकती है उन्हें सिर्फ दहेज की खातिर ही प्रताड़ित किया या मार दिया जाता है, तो हम कह सकते है कि आज भी हमारा कानून बहरा है या अंधा है।

जहॉं एक तरफ सिर्फ सरकारी आदमी ड्यूटी पूरी करने के लिए काम करता है, वहीं प्राइवेट वाला यह सोचकर काम करता है कि कहीं ऐसा ना हो कि शाम तक मेरी नौकरी चली जाए इसलिए वह एक की बजाए 10 काम करता है एक ही दिन में कि मैं यह भी काम निपटा दूंगा, यह भी काम पूरा कर दूंगा क्योंकि उसको पैसे से ज्यादा अपनी नौकरी की चिंता होती है अपने आने वाले कल की चिंता होती है अपने परिवार के भविष्य की चिंता होती है। वहीं सरकारी आदमी को यह पता है कि मेरा तो कुछ होने वाला है नहीं, मैं करूं या ना करूं मुझे पेंशन तो मिलेगी और मेरा कोई क्या बिगाड़ लेगा और ऊपर से इतने कानून बने हुए है कि अगर सरकारी इंसान से कुछ कहा तो आपको अलग–अलग तरीके की बहुत सारी धाराओं के अंर्तगत जेल भी झेलने पड़ेगी, तो इस सब के बाद आदमी क्या सोचता है कि जहॉं सुविधा और जहॉं काम मिल रहा है मतलब गैरसरकारी विभाग में तो वहां पर वह आदमी अपने पैसे लगाएगा या वहॉं जहॉं जो सुविधा और काम के नाम पर सिर्फ बैठा है वहॉं पैसा लगाएगा मतलब सरकारी विभाग, इसीलिए सरकारी दफ्तर, सरकारी विभाग, ये सारे के सारे घाटे में जा रहे हैं और सरकार को हर साल कोई ना कोई दफ्तर या विभाग का निगमीकरण करना पड़ रहा है। इसका एक बहुत बड़ा कारण है कि पुराने और बुजुर्ग लोग अभी भी सरकारी ऑफिस में बैठे है जिनको ना कंप्यूटर चलाने की अच्छी नॉलेज है और ना ही उनको आज के बदलते हुए समाज से लगाव है क्योंकि उन्हें युवा वर्ग की सोच व बातें सपने सरीखी लगती है और आज का युवा 10 मिनट भी किसी बुजुर्ग के साथ नहीं बैठना चाहता और ये दोनों ही बातें बिल्कुल गलत है, इसी वजह से जो नयी पीढ़ी है या युवा वर्ग है सिर्फ पैसों की चमक की तरफ झुक रहा है। दूसरी तरफ सरकारी नौकरी में वैकेंन्सी निकलते ही लाखें फार्म ऐसे भरे जाते है जैसे वो भारत में निकली आखिरी जॉब है, पर उसमें भी फार्म भरने के बाद व परीक्षा देने के बाद चुन लिए जाओगे ये जरूरी नहीं क्योंकि आखिर में जो चंद लोग चुने जाते है वो किसी सोर्स या बड़ी घूस या उसी विभाग के किसी आदमी के रिश्तेदार होते है। तीसरा जो कॉम्पटीशन में

पूछा जाता है उसका किसी भी नौकरी से कुछ लेना–देना नहीं होता, साथ ही नौकरी मिलने के बाद किसी तरह का कोई खास प्रशिक्षण भी नही दिया जाता है मतलब सबकुछ खुद सीखों और जितना सीख पाते है उसी के भरोसे वहाँ काम होता है और वो बहुत धीरे होता है। जिसकी वजह से वह अपने आप को एक सफल इंसान के ऊपर देखने की चाहते ही खो बैठते हैं और आराम फरमाने की आदत हो जाती है। एक सरकारी आदमी वहाँ सिर्फ इसलिए चैन से बैठे है कि उन्हें पता है कि मुझे पेंशन मिलेगी और मुझे जो काम मिला है बस मुझे उतना निपटाना है उसके बाद मुझे किसी से कोई लेना–देना नहीं है।

देखा जाए तो हर सरकारी आदमी सिर्फ ऑफिस अपनी ड्यूटी पूरी करने के लिए आता है और फाइलों का ढेर लगाता है और काम कौन करेगा इसका न कोई जवाब है और ना हीं देना चाहते है, हॉ काम न करने के बहाने कैसे बनाने है इसका हर किसी को सही ढंग से पता है और जैसे वो इसकी तैयारी करके बैठें है, उधाहरण के तौर पर सरकारी बैंक को ही लिया जाए, जिससे हमें अंदाजा लग जाएगा कैसे सरकारी काम किया जाता है जैसे आना 10:00 बजे होता है ड्यूटी पर और आते है लगभग 10:30 बजे और 11:00 बजे से काम करना शुरू करते हैं फिर थोड़ी बहुत बातचीत आपस में करते हैं चाय–पानी होता है फिर 5 से 6 या जितने भी कस्टमर लाइन में लगे हुए होते है उनको जैसे तैसे निपटाया जाता है, फिर चाय पीने या टॉयलेट करने के लिए चले जाते है और 10 से 15 मिनट वहाँ लग जाते है, उसके बाद फिर वह आते है और 8 से 10 कस्टमर फिर निपटाए जाते हैं, फिर देखते–देखते लंच हो जाता है फिर 1 घंटे इंतजार करो, लेकिन यहां पर कुछ लोग होते है जो रुकते है जिनको उस दिन बहुत जरूरी काम होता है और उस काम के न होने पर उनका बहुत नुकसान भी हो सकता है या अगर नंबर आज भी नहीं आया तो कल फिर आना होगा जिससे और बड़ा नुक्सान हो जायेगा पर इससे बैंक वालों को कोई फर्क नहीं पड़ता और आपने बोला भी कि मेरा काम थोड़ा अरजेंट बेसिस पर कर दीजिए तो बोलेगें कि बाकी लोग भी खड़े है और मैं काम

कर रहा हूॅ मेरे कोई चार हाथ तो है नहीं और ज्यादा जल्दी है तो कल सुबह जल्दी लाइन में लग जाना, ऐसे में किसी की भी क्या प्रतिकिया होगी ये हम सब अच्छे से समझ सकते है और वह काम अगर नहीं हो पाता है उस दिन तो वह शोर मचानें लगता है या लड़ाई लड़ने पर उतारू हो जाता है कि मेरा काम क्यों नहीं होगा आज मैं इतने बजे से लाइन में लगा हूॅ और कबसे मैं कह रहा हूॅ पर आप यहॉ–वहॉ के काम कर रहे हो जबकि आपको यह काम करना चाहिए था। लेकिन वह इंसान जो सरकारी ड्यूटी पर होता है वह कहता है कि मेरा टाइम पूरा हो गया, अब आपका काम आज नहीं कर सकता हूॅ, इसे अगर देखा जाए तो हमें बचपन से सिखाया जाता है स्कूलों मे कि बेटा जो काम मिला है वह आज ही करना. कल पर मत डालना जैसे कहावत भी है कबीर की – कि काल करे सो आज कर, आज करे सो अब, पल मैं प्रलय होएगी, बहुरि करेगा कब। लेकिन हमारे बैंक में या सरकारी ऑफिस में जब उनका टाइम होता है तो वो उस टाइम के हिसाब से काम करते हैं मतलब आप आए तो है टाइम से लेकिन काम आपका तब शुरू होगा जब उनका टाइम होगा या वो जब शुरू करेंगे, चाहे आपका टाइम क्यों ना खराब हो जाए और अगर उन्होंने आज का काम कल पर टाल दिया कि कल होगा आज नही तो कुछ भी हो जाए काम कल ही होगा, तो आज का काम कल पर तो कल का काम कौन करेगा। इसी तरीके से एक सरकारी विभाग में छोटे से काम के लिए लोग चक्कर लगाकर थक जाते हैं और काम होने की आस में हम रोज इस उम्मीद से जाते हैं कि शायद आज काम हो जाएगा, लेकिन वहां पर सिर्फ लाइन व फाइल बढ़ती जाती है और काम को रोज एक दिन आगे बढ़ा दिया जाता है। लेकिन सोचने से कोई काम नहीं हो सकता और इसमें ऐसा नहीं है कि सरकारी कर्मचारियों की कोई गलती हो क्योंकि इतना सब करने के बावजूद भी सैलरी तो उन्हें टाइम से और पूरी मिलती है और कोई ना तो कंप्लेंट कर सकता है और नाहीं किसी तरह की कोई सुनवाई करता है क्योंकि एक चपरासी से लेकर एक अधिकारी तक सब के सब एक दूसरे से मिले होते है। लेकिन अगर उनके बीच में या आपस में

कोई बहस हो जाए तो वह अंदरुनी रूप से एक दूसरे की कंप्लेंट या शिकायत दर्ज जरूर कर सकते हैं और उस पर कार्रवाई होती है जिसे ऑफिसीयल इंक्वायरी कहते है। कोई भी कर्मचारी जब भी नौकरी पर लगता है तो शुरू–शुरू में वह ऐसा नहीं होता है ना हीं वह किसी काम को देर से करने के बारे में सोचता है कि वह इस तरीके से काम करेगा या पैसा लेकर काम करेगा या आराम से करेगा या लेट आए या टाइम पास करे और वो शुरुआत में नौकरी पर टाइम पर आता है, ज्यादा से ज्यादा काम निपटाने की कोशिश करता है और अपना ही नहीं साथ वालों की भी मदद करता है, पर जब बगल वाले को आराम करते हुए देखते हैं तो फिर सोचते हैं कि सैलरी तो दोनों को बराबर मिल रही है, तो हम ही क्यों सारा काम करो, जब सामने वाला आराम कर रहा है तो मैं भी आराम से नौकरी करूंगा, यही गुरु मंत्र वो भी ले लेता है और इस गुरु मंत्र की वजह से वह भी धीरे–धीरे उस पर अमल करने लगता है और एक दिन उनके जैसा बनता चला जाता है। एक तो लोगों का सरकारी विभागों प्र से वैसे ही विश्वास उठता जा रहा है, दूसरा इतनी भीड़ है हर जगह क्योंकि बहुत सारे काम आज भी सिर्फ सरकारी बैंको या विभागों से ही हो सकता है, तीसरा की एक अजीब सा डर कि मेरा नंबर कल नहीं आया तो क्या आज भी नहीं आ पाएगा क्या ? तो एक–एक करके हर एक इंसान के दिल से सरकारी बैंकों का या सरकारी विभागों पर जाकर काम करवाने से धीरे–धीरे विश्वास उठता जा रहा है और वह प्राइवेट बैंको को या प्राइवेट ऑफिसों की तरफ अपना झुकाव बढ़ा रहे है। जिससे कि वह अपने काम को जल्दी से निपटा सके और अपने टाइम को किसी और जगह पर लगा सके, यह बहुत जरूरी चीज है अगर सरकारी विभागों को नये, पुराने व परमानेंट ग्राहक चाहिए। किसी भी विकसित देश में एक बात जरूर देखने को मिलेगी वो है टाईम मैनेजमेंट, इससे वो ना सिर्फ अपना बल्कि सामने वाले का भी टाईम बचाते है ताकि वो बाकी और काम करके देश को और विकसित बनाने में सहयोग कर सके। वहीं टाईम मैनेजमेंट हमारे देश के लिए एक बहुत बड़ा श्राप बन गया है कि आज भी लोग यहां पर काम

करने के बजाए आराम करने पर ज्यादा टाइम देते है और मेरा कोई क्या कर लेगा ये सोचकर व सैलरी के चक्कर में लोगों ने आराम करने की नौकरी अपना ली है बजाए काम करने की, जब हम काम करेंगे तभी तो हम देश को आगे बढ़ाएंगे, अरे जिस दिन हम अपने एक काम से ज्यादा काम कर देंगे, इसका मतलब है कि हम अगले दिन अपना काम और आसानी से कर सकते है और कल हमारे पास कम भीड़ होगी, कम फाइलें होगीं और इसी के साथ–साथ देश में शिकायतों का जो एक बोरा है या जो ढेर है वो कम होने लगेगा और लोगों को सरकारी चीजों पर विश्वास होने लगेगा। बजाए की वो प्राइवेट लोगों के पास जाएं क्योंकि प्राइवेट पैसा विदेशी बैंकों में जाएगा या विदेशी कंपनियों को जाएगा और सरकारी पैसा सरकार के पास या हमारे देश के विकास में इस्तेमाल किया जाएगा, इसलिए हमें सबसे पहले अपने देश की सरकारी व्यवस्था को सुधारने के साथ–साथ सरकारी कमियों को दूर करने की जरूरत है। साथ–साथ सरकारी कर्मचारियों के काम करने की क्षमता को चेंज करने की और उनको इस तरीके से ट्रेड करने की जरूरत है जैसे प्राइवेट कंपनी में या प्राइवेट जगह पर काम करना सिखाया जाता है कि अगर तुम्हारा काम या परफारमेंस इस तरीके से नहीं हुआ तो तुम्हें भी नौकरी पर से निकाल दिया जाएगा। यह जरूरी नहीं है कि तुम काम नहीं कर रहे हो, तो भी तुम्हें 60 साल तक रखा जाएगा और सैलरी दी जायेगी, अगर तुम टाईम पर काम करते हो तो तुम आगे भी रखे जाओगे, नहीं तो तुम्हें हटाकर तुमसे अच्छा जो होगा उसे उस पोजीशन के लिए चुन लिया जायेगा, नहीं तो सरकार कुछ भी तरीका अपना ले, पर इस देश में एक बहुत बड़ा बदलाव नहीं ला सकेंगे और बदलाव के बाद लोग सरकारी नौकरी को यह सोचकर नहीं करेंगे कि यार एक बार सरकारी नौकरी लगी तो जीवन भर मैं अपना लालन पोषण कर लूंगा और अपने बच्चों को भी पाल लूंगा और फिर मुझे जीवन में कुछ और करने की जरूरत ही नहीं है मुझे सरकारी नौकरी जो मिल चुकी है।

लेकिन ऐसा कब तक चलेगा, कब तक हम खुद से ही भागते रहेगें और जिम्मेदारियों को समझने के बजाय रोज के हिसाब से

उससे पीछा छुड़ाने में लगे रहेगें या हम बार–बार सिर्फ उन चीजों को संभालने में लगे रहेंगे। ऐसे ना तो देश में क्रांति आ पाएगी ना हीं देश में आर्थिक सुधार हो पाएगा। देश की इकोनॉमी को सही तरीके से बढ़ाने के लिए पहले हम व साथ में बनाए हुए स्वदेशी प्रोडेक्ट की गुणवक्ता को बाकी सबसे आगे ले जाना होगा, जहॉ विदेशी मानक भी फीके पड़ जाये और उन्हें नये मानक बनाने पड़े हमारे देश की गुणवक्ता के हिसाब से, तब जाकर हम देश को उस मुकाम पर ले जा पाएंगे जैसा हम और हमारी आज की सरकार सोच रही है। ये सब एक इंसान के करने से नहीं होगा, इसके लिए हम सबको मिलकर और समाज में हर तबके, जाति–धर्म सबको मिलकर और सब की एक जैसी सोच व मानसिकता के साथ आगे बढ़ना होगा और जैसे देश वर्ल्ड बैंक का कर्ज चुकाने में अपनी असमर्थता दिखा रहा है और कुछ साल पहले तक तो ऐसा लगता था कि वर्ल्ड बैंक का कर्जा चुकाना नामुमकिन था, लेकिन धीरे–धीरे आज की सरकार ने उसको कम करना शुरू किया है। दूसरी तरफ देखा जाए तो पाकिस्तान इतना कर्ज में डूबता चला गया कि आज कोई भी देश उसको कर्जा देना ही नहीं चाहता है और वह पहले के कर्जों को चुकाने में असमर्थ है और धीरे–धीरे वह देश अपनी आर्थिक स्थिति खोने के साथ–साथ उस हालत में आ गया है कि वह अपने देश के लोगों की बेसिक जरूरत को भी पूरा करने में असमर्थ है। सोचिए कि अगर वर्ल्ड बैंक अपने पैसों की वसूली पर आ जाए और सबसे पैसा मांगने लगे, तो सरकार के पास ना तो जवाब होगा ना पैसा होगा, ऐसे में फिर क्या होगा, सरकार आम इंसान को दबाएगी और हमसे 4 गुना ज्यादा कर्ज या टैक्स के रूप में वो पैसे वसूल करेगी। ठीक यही हालात पाकिस्तान की है मौजूदा समय में और इसी वजह से आज जो हमारी सरकार हमारे लिए कर रही है वो तारीफ के काबिल है। पूरे विश्व में हमारी चीजों को आगे बढ़ाते रहने के लिए और हमारी सरकार पर भरोसा करके बाकी देशों ने उसे हाथों हाथ लिया, ऐसे ही हमको भी सरकार पर भरोसा रखना होगा और सरकार के साथ चलना पड़ेगा ताकि हम जल्द से जल्द किसी के भी कर्जे में ना रहे, ना किसी से हम दबे और ना ही

किसी के सामने कभी झुकना पड़े, इसके लिए हमें सरकार को यह ताकत देनी होगी कि वह जब भी आए पूर्ण बहुमत के साथ आए, चाहे नाम बदले या सरकार पर काम नहीं बदलना चाहिए। उसको किसी के सहारे की जरूरत ना पड़े ना ही कोई ये कहे कि अगर तुमने मेरा काम नहीं किया तो मैं अपनी पार्टी का सपोर्ट छीन लूंगा और तुम्हारी सरकार गिरा दूंगा। तो हमें लंगड़ी सरकार नहीं हमें तेज काम करने वाली सरकार चाहिए और जो अपने दोनों पैरों पर खड़ी हो ना की बैसाखी पर। इसके लिए आपकी कॉलोनी, आपके रिश्तेदार या फिर हमारा समाज सबको एक साथ आना पड़ेगा और फिर वो सरकार हो या आपकी द्वारा बनाई हुई कोई चीज, जिसे पूरे देश में लोग देखेगें लेकिन वहीं अगर कोई चीज आपने बनाई और उससे देश नहीं बन रहा है तो वह चीज वहीं बनकर वहीं खत्म हो जाएगी और इससे क्या होगा कि आपके ऊपर तो कर्ज बढ़ेगा ही बढ़ेगा और बदलती हुई सरकारों के साथ–साथ हमारे देश पर भी कर्ज और बढ़ता जाएगा और वह कर्ज जो वर्ल्ड बैंक का हम पर है, वह कम होने की बजाय धीरे–धीरे और बढ़ता चला जाएगा और हम जो वादे सुनते आ रहे है उन वादों की भरपाई हमें अपनी जेब से करनी होगी और जो कहते है कि महंगाई बहुत है तो उसी महंगाई की चादर के नीचे हम लोग दबते चले जाएंगे। पर जो नेता बनेंगे वह बहती गंगा में हाथ धोएंगे और उनके मकान बंगलो में बदल जाएंगे, उनके बैंक बैलेंस बढ़ते जाएगें और एस0बी0आई0 बैंक स्वीस बैंक में बदल जाता है, ऐसे में हम गरीब से और गरीब होते जाएगें और एक दिन हम इस कंडीशन में पहुंचा दिये जाएंगे की हम दो रोटी के मोहताज बन जाएंगे। तो हमें सबसे पहले यह देखना है कि कौन सी सरकार में कौन से चेहरे बदल रहे है या कौन से चेहरे सरकार बदल रही है, फिर हमें उन इंसानों के नजरियों को और उनके काम करने के तरीकों को देखना चाहिए क्योंकि इतने घोटालों और इतने बड़े–बड़े स्कैम होने के बावजूद भी और इतने सारे पैसों का यहां से वहां होने के बावजूद भी अगर हम बार–बार उन लोगों को मौका देते है सरकार बनाने का और उन्हें आगे बढ़ने का, तो हमसे बड़ा बेवकूफ कोई नहीं हो सकता। इसलिए हमें सबसे ज्यादा

इस समय इस चीज पर फोकस करना है कि हम जिसको भी आगे बढ़ाएंगे, उसपर कम से कम हम यह भरोसा तो कर सके की वह उस पैसे का सही इस्तेमाल करेगा और हमें सही दिशा में ले जाएगा। वह देश के बारे में सोचेगा, इस देश को आगे बढ़ाने के बारे में सोचेगा, वह हमारी आजादी जो हमें कितनी लोगों के बलिदान के बाद मिली है उसके बारे में सोचेगा किसी भी गलत काम को करने से पहले, साथ ही जब ये होगा तब हम यह गर्व से कह पाऐगें कि मेरा भारत महान क्योंकि कर्जा अगर किसी के भी ऊपर होता है तो वो महान कैसे होगा, तो मेरा भारत महान तभी बनेगा जब हम कर्ज से मुक्ति पा सकेंगे और आत्मनिर्भर बन सकेंगे। जब हम खुद ही अपने आप अपनी बनाई हुई चीजों का इस्तेमाल करना शुरू कर देंगे, जब हम बाहर से चीजें लाना बंद कर देगें और महंगें दामों पर चीजों को हमें नहीं खरीदना पड़ेगा, खुद ही बनाकर

उन चीजों का इस्तेमाल करो और खुद इन चीजों को सही करो, जो सस्ती व टिकाऊ हो और हमारे देश की बनी होगी जिस पर हमें पैसा भी कम लगाना पड़ेगा और वह हर सुविधा जो हम दूसरों को भोगते हुए देखते है कि उसके पास वो सारी सुविधाऐं है पता नहीं हमारे पास कब होगी, वो हर एक सुविधा और समय के साथ हमारे हर एक भारतीय के पास होगी। एक बात और कि सुविधायें मिलने भर से कोई देश महान नहीं बनता, उसको महान बनाने के लिए हमें सबको हर एक छोटी से छोटी बात, संस्कृति, कला, खान–पान, रहन–सहन और उसकी हर एक छोटी से छोटी चीजों व अपनी विरासत का सही तरीके से इस्तेमाल करना आना चाहिए, ताकि जब भी कोई हमारी उन चीजों को देखें तो वो यह कहे कि हॉ यह चीज सिर्फ और सिर्फ भारत में बन सकती है या मिल सकती है और फिर वो लोग भी हमारी चीजों के आदी हो जायेगें जैसे हम उनकी चीजों के आदि बन गये है।

जब हम उनकी बनाई चीजों को छोड़ेगें तब जाकर हम कहेंगे कि मेरा भारत महान, इसके लिए हमें कड़ी मेहनत के साथ–साथ

सबसे ज्यादा जरूरी है कि हम अपने काम में जिम्मेदारी और ईमानदारी रखें क्योंकि जहां जिम्मेदारी और ईमानदारी होती है वहां पर घोटाला, नाकामयाबी या हरामखोरी नहीं होती है और जब यह सब चीजें मिल जाती हैं तो हमें महान बनने में या आगे बढ़ने में जरा सा भी वक्त नहीं लगेगा और हम देखते ही देखते इस दुनिया के हर एक कोने में अपनी पहुंच और पकड़ बना लेंगे। जिस–जिस क्षेत्र में हम सुधरेगें उस–उस दिशा में देश सुधरेगा, पैसा कमाना बुरी बात नहीं है पर गलत तरीके से कामना और लोगों को बहला–फुसला कर व धोखा देकर कमाना सबसे बड़ा गुनाह है, ऐसे में न सिर्फ हम अपने देश का बल्कि बाहर से आने वाले विदेशी लोगों का भी विश्वास तोड़ते हैं, क्यों ? क्योंकि इससे वहॉ का नागरिक हमारे देश की बदनामी करेगा और उनके द्वारा जो विदेशी पैसा हमारे देश में आ सकता था और बाहर के पर्यटक, वह भी धीरे–धीरे आना बंद हो जाएगा या कम हो जायेगा। तो अपने हिस्से की जिम्मेदारी व ईमानदारी सबको रखनी चाहिए वो भी बिना किसी डर के या किसी वजह के और जब हम ईमानदार होंगे और जिम्मेदार होंगे तो दूसरे देश के लोग भी आकर यही कहेंगे कि नहीं भारत से ज्यादा सुरक्षित देश कोई नहीं है और इस एक कारण से यहां ज्यादा से ज्यादा लोग आएगें। वैसे भी हमारे देश में इतने पर्यटक स्थल, इतनी ज्यादा देखने की चीजे है, इतने तरह के व्यंजन है, इतने तरह के परिधान है और सिर्फ हमारे देश में ही हर प्रकार के मौसम मिलेगें, इतना बहुत है लोगों को हमारे देश में आने के लिए और जाने के बाद दुबारा आने को बेताब रहेगें और एक सपने सरीखी यादगार वापस लेकर जायेगें। लेकिन कुछ पुराने लोगों ने ऐसी धारणा या कुछ लोगों ने ऐसे हादसे देखें है, जिसकी वजह से आज भी हमारे भारत के बारे में लोगों की यह राय है कि भारत में चोरी व धोखाधड़ी बहुत आसानी से हो जाती है। अपने सामान का ख्याल रखो, अपने पैसे का ख्याल रखो, वहॉ आपको लोग ठग लेंगे, आपको लूट लेंगे, तो अपनी छवि को सुधारने के लिए हमें दोबारा से अपने भारत को एक नए मुकाम पर ले जाना होगा जो बदलाव मैंने खुद महसूस किया है अलग–अलग जगह

जाकर, पर फिर भी उन लोगों को सुरक्षा के साथ–साथ यह भी सुविधा देनी होगी या समझाना पड़ेगा कि नहीं आप जिस देश में है वहां पर आपको कोई नुकसान नहीं होगा, आप एक बार नहीं दो बार नहीं बल्कि कभी भी भारत आईए, आपको कभी कोई नुकसान नहीं उठाना पड़ेगा क्योंकि ये बदलता हुआ भारत है और किसी भी तरीके का कोई भी इंसान अगर गलत करता हुआ दिखे, तो हमें उसी समय उसको पुलिस को देना चाहिए और उसके खिलाफ खानापूर्ति नहीं बल्कि कार्यवाई करनी चाहिए या तो हमें खुद उसको रोकना चाहिए गलत करने से क्योंकि किसी को भी अगर हम रोकेंगे तो उस गलत इंसान को रोकने के लिए हमें किसी को कोई कारण बताने की जरूरत नहीं है इसके लिए सिर्फ आपका जमीर ऐसा होना चाहिए कि जब आप किसी इंसान को कुछ गलत करते हुए देखें तो इतनी हिम्मत हो कि उसे रोक सकें, इसके साथ ही आप उस विदेशी के साथ होने वाले कई सारे मानसिक बदलाव को भी रोकते है। यहां पर लोगों को सिर्फ अपना फायदा या अपना नुकसान नहीं देखना चाहिए, उन्हें यह भी देखना चाहिए कि उनकी वजह से समाज में कितना बड़ा बदलाव होगा और देश का या तो वो नाम रोशन करेगें या खराब करेगें, अगर आज आप ईमानदार बनेंगे तो आगे चलकर आपके बच्चे भी बनेंगे और जब एक बनेगा, तो 1 से 2 होंगे, 2 से 4, 4 से 5 और ऐसे करते–करते एक दिन हमारा देश ईमानदारी की ओर बढ़ता चला जाएगा।

आज भी हमारे देश में बहुत से परिवार दो वक्त की रोटी बड़ी मुश्किल से जुटा पाते है मैं ये नहीं कह रहा हूँ कि हमारे देश में रोजगार नहीं है या लोगो के पास काम करने के लिए नहीं है या वो मेहनत करने से पीछे हटना चाहते है, लेकिन दिक्कत तो सिर्फ ये है कि हम हर काम नहीं करना चाहते, हम काम अपनी सहूलियत के हिसाब से करना चाहते है। कुछ सोचते है कि मैं ये काम क्यों करूं ,ये काम मेरे लेवल या स्टैंडर्ड का नहीं है या ये काम उस जाति का है मैं ये काम क्यों करूँ, यह काम मैं इसलिए नहीं कर सकता हूँ क्योंकि मैं तो इतना पढ़ा लिखा हूँ, मैं ये काम कैसे कर सकता हूँ, मै तो इस देश को छोड़ कर विदेश जाने वाला हूँ। इस तरीके से

हमने खुद बेरोजगारी को अपने देश में बढ़ावा दिया है क्योंकि सब विदेश जा नहीं पाते और मनमाफिक काम ना मिलने के कारण यहॉ–वहॉ घूमते रहते है और बुराई की राह पकड़ने में दो सेकंड भी नहीं लगाते है, जब कोई कह देता है कि तुम तो पढ़े लिखे हो तुम मेरा साथ दो, मैं तुम्हें इतना पैसा दूंगा, तुम यह काम कर दो तुम्हें जो चाहिए वो मिल जाएगा। कोई इंसान अनपढ़ है और उसको काम नहीं मिल रहा है तो उनका फायदा कैसे उठाया जाता है कि मैं तुमको इतना पैसा दूंगा तुम जाकर उसको मार दो या ये चीज ले जाकर वहॉ दे दो तुमको इतना पैसा मिलेगा। तो हमें किसी के बहकाने या किसी के कहने पर नहीं बल्कि अपने दिमाग से काम करना चाहिए भले ही आप पढ़े–लिखे हो या नहीं और सोचा जाये तो कभी भी कोई भी काम छोटा या बड़ा नहीं होता और सबका समय कभी भी एक सा नहीं रहता। अगर कोई भी काम छोटा या बड़ा होता तो हमारे देश के प्रधानमंत्री चाय पिलाने वाले नहीं होते और कोई भी काम अगर छोटा होता तो धीरूभाई अंबानी पेट्रोल पंप पर तेल भरने वाले नहीं होते। तो काम छोटा नहीं होता है सिर्फ हमारे अंदर का जो अभिमान है वो ऐसे हालत पैदा करता है कि नहीं हम क्यों करें ये काम या मैं किसी के आगे क्यों झुकू इस चीज की वजह से हमें बेरोजगार रहना ठीक लगता है पर काम करना बेफजूल लगता है, क्यों यह सोच बना लेते है कि उसने किया होगा पर मैं तो नहीं कर सकता, यह मेरे साथ नहीं हो सकता या मैं उसकी तरह नहीं हूॅ और मैं अपनी मर्जी का मालिक खुद हूॅ। सच को सच और झूठ को झूठ बताने के लिए हमारे देश की जनता जल्दी तैयार नहीं होती है। बस वह सपने में जीना चाहता है कि कोई अलादीन का चिराग आएगा और वो जादुई चिराग उसके पास है जो उसको मिल जाएगा और वह जो चाहेगा वैसी उसकी इच्छाओं को पूरा कर देगा, कभी भी हम सच्चाई के साथ नहीं जीना चाहते बस सपनों में जीना चाहते है और एक ऐसे धोखे में या सपने में कि हम बस सुबह उठेंगे और अरबपति बन जाएंगे।

वैसे हमारे देश में हजारों के हिसाब से स्कूल व कॉलेज है और वहां पर पढ़कर निकलने वालों की संख्या अभी हजारों या

लाखों में है और कहा जाता है कि हर साल पढ़े–लिखो की फौज खड़ी हो रही है, यहां पर मैं बात करना चाहता हूॅ हमारे एजुकेशन सिस्टम की, जहां पर पढ़ाई हो रही है, पढ़ाई के नाम पर धंधा हो रहा है, एडमिशन हो रहा है, लेकिन पढ़ने के बाद उनको नौकरी मिलेगी या नहीं मिलेगी इसके बारे में कोई बात नहीं करना चाह रहा है और उनमें से कुछ जो ज्यादा टैलेंटेड होते है उनको तो नौकरी मिल भी जाती है और बाकी सब इधर–उधर भटकते रहते है और अक्सर वो काम करते पाये जाते है जिसकी डिग्री उनके पास नहीं है मतलब पढ़ाई पर लाखों रूपये बर्बाद करने के बाद उस पढ़ाई का काम न मिलने पर दूसरा काम किया जाता है जो अपने आप में एजुकेशन सिस्टम की कमी को दर्शाता है, बावजूद उसके कहा जाता है कि सरकारी विभागों में पोस्ट खाली है, करोड़ो केस पेडिंग है पर कोर्ट में जजों की कुर्सी खाली है और कहा जाता है कि काम करने के लिए योग्य लोग नहीं है। यहां वहां हर जगह वैकेंसी है पर इतने पढ़े–लिखो के बावजूद भी वो खाली जगह भर नहीं पा रही है और वैकेंसी बढ़ती जा रही है। क्यों ऐसा हो रहा है ? इसका जवाब हम पढ़े लिखे लोगों के पास भी नहीं है। तो फिर क्यों वह जगह खाली है अबतक ? इसकी एक साफ–साफ वजह है कि सरकारें काफी समय से शायद ये चाह ही नहीं रही कि उन जगह को भरा जाए और इन युवाओं को पथभ्रष्ट होने से बचाया जा सके, इनको अगर समय पर रोजगार नहीं मिला तो यह सब मिलकर कुछ ना कुछ गलत काम करना शुरू कर देंगे जो हम अक्सर पेपर में या न्यूज में देखते है कि बीटेक के स्टूडेंट ने आईआईटी या किसी टॉप कॉलेज से कोर्स किया या इस इंस्टीट्यूट से कोचिंग ली और वह टॉप कर गया, लेकिन इन सबके बावजूद भी वो चोरी चकारी, साइबर क्राईम करते है और इनमें से कुछ सारी चीजें होने के बावजूद भी हताशा या निराशा में क्राईम करते है जिससे हमारे देश में क्राइम कम नहीं हो पा रहा है। वो क्यों नहीं कम हुआ ? क्योंकि वह स्टूडेंट जो थे उनको टाइम पर वह सहायता, वह गाइडेंस या उनको वह माहौल नहीं मिला और टाईम पर काम नहीं मिला, तो ऐसे में उस इंसान के पास दो ही रास्ते

होते है पहल यह कि वह हर तरफ से दुखी होकर आत्महत्या कर लें या फिर कोई ऐसा काम करें जो अनैतिक या गैरकानूनी हो, जिससे उसकी आजीविका चल सके या वो अपने शौक पूरे कर सके क्योंकि हर चीज को तब तक ही दबाया जा सकता है, जब तक की पेट की भूख परेशान ना करें क्योंकि हम सब कुछ छुपा सकते है, दबा सकते है, जबतक भूख ना लगी हो वरना हम एक दानव बन जाते है और किसी भी इंसान की अगर आजीविका भी चल सके तो वह क्यों कोई गलत काम करना चाहेगा। हर एक इंसान अपने लिए व अपने बच्चों के लिए और परिवार के लिए या फिर अपनी गर्लफ्रेंड के लिए, पत्नी के लिए एक बेहतर जिंदगी व बेसिक चीजें चाहता है, उनको खुशी देने के लिए कामयाब बनना चाहता है या फिर कुछ भी करना चाहता है ताकि वो अपने व परिवार के सपने पूरे कर सके, पर असल में जो जिंदगी है वह पिक्चर की तरह नहीं होती है जैसा अक्सर हम पिक्चर देख के सोचते है। इसी वजह से इंसान वक्त व हालातो के आगे मजबूर होकर कई बार क्राईम कर बैठता है और वो अपने साथ–साथ घर के हर सदस्य को भी दुःख पहुॅचाता है और बाद में परिवार के सदस्य उसके द्वारा किये गये गलत काम के कारण, उस व्यक्ति की बेल कराने के लिए अपने आप को दुःख पहुॅचाते है फिर कर्जा लेकर और बुरी जिंदगी जीते है।

कहते है ना कि स्वर्ग व नर्क यहीं है उसके लिए कहीं जाने की जरूरत नहीं है क्योंकि आपके कर्म ही आपको स्वर्ग व नर्क की अनुभूति यहीं करवाते है। तो हम क्यों ऐसा काम करें जिससे बाद में हमें पछताना पड़े या फिर हमें या हमारे घर वालों को बाद में पछताना पड़े और क्राइम करने के बाद हम सिर्फ क्रिमिनल बन सकते हैं। इसी वजह से हम यह जस्टिफाई नहीं कर पाते कि यह क्रिमिनल है भी या नही, क्या यह इंसाफ है हमारे देश का या सरकार व कानून जो इन सबके द्वारा परेशान किया गया वो व्यक्ति जिसको उस वक्त जॉब या न्याय नहीं मिल पाया। जब इतने लोगों को नौकरी नहीं मिल सकती ना हीं न्याय, तो क्या फायदा इतने स्कूल, कॉलेजों को खोलने का और क्यों परमिशन दी गई इतने कॉलेजों को खोलने की और क्या फायदा हुआ इतने लोगों को

पढ़ाने–लिखाने से जब बाद में बेवकूफ ही बनना है कॉलेज से पढ़कर बाहर निकलने पर, ठीक ऐसा ही न्याय प्रक्रिया में भी होता है। लोग कॉलेज और स्कूल तो खोल लेते है और खूब पैसा भी कमाते है और इसके बाद जो बेरोजगार वह छोड़ देते है वह किसके भरोसे, जैसे की बाद में वह सिर्फ समाज की जिम्मेदारी रह जाती है, लेकिन इस पढ़ाई के बीच में और इन सबके बीच में हमें ऐसी सुख–सुविधा और ऐसी चीजें दिखाई जाती है कि अगर आप यह करोगे तो आप लाखों रुपए कमा सकते हो, आप यह करोगे तो आप ऐसा घर बना सकते हो और आप यह बन सकते हो, पर सब कुछ के बाद भी कई मां–बाप का सपना अधूरा रह जाता है क्योंकि सब कुछ पैसों पर आकर रुक जाता है क्योंकि अगर आपके पास रुपया नहीं है तो आप कुछ नहीं हो और पढ़ते वक्त हर एक इंसान ये उम्मीद करता है कि मैंने पढ़ लिख लिया है और एक न एक दिन मैं कुछ बनकर रहूँगा और सबके दुःख दर्द दूर कर दूंगा और जो भी मेरे घर में मेरी पढ़ाई के पूरा होने पर मुझे कुछ बनते हुए देखना चाहते है मैं उन सबके लिए कुछ ना कुछ करके दिखाऊंगा। इसी वजह से तो लोग अपने बच्चों को इंजीनियर, डॉक्टर या पता नहीं क्या–क्या बनाना चाहते है और लाखों, हजारों, करोड़ों रुपए की फीस देते है, पर जब बात नौकरी पर आती है तो वापस वह अपने मां–बाप के पास जाते है कि सपना पूरा करने के लिए मेरे पास इतने पैसे नहीं है आप इतनें पैसों की मदद और कर दो, ताकि मैं ये डिप्लोमा और कर सकूँ या उस नौकरी को पा सकूं। पर सबके जीवन में एक वक्त ऐसा आता है कि सब कुछ होने के बावजूद भी इंसान इतने गुस्से में आ जाता है या टेंशन में कि वह ना तो कुछ कर पाता है और ना कुछ हासिल कर पाने के कारण अवसाद में चला जाता है और वह सही रास्ते के बजाए गलत रास्ते को चुन लेता है क्योंकि पढ़ा, पैसे भी खर्च किये, पर नौकरी के लिए और पैसे या सिफारिश कहाँ से लाये। वहीं गलत रास्ता देखने में तो छोटा व हसीन प्रतीत होता है और वह शुरू–शुरू में बड़ा अच्छा लगता है क्योंकि उसमें सीधे–सीधे चल के बस एक ही चीज दिखती है कि हाँ मुझे पैसा मिलेगा और जितनी आसानी से हम दो

नंबर का काम करके पैसा कमा सकते हैं उतनी आसानी से हम एक नंबर में ताउम्र नहीं कमा पाते है, इसी वजह से आज के दौर में न सिर्फ अनपढ़ बल्कि पढ़े–लिखे लोग भी इस तरह के काम धंधों में घुस जाते है ये सोच के कि ज्यादा से ज्यादा जेल होगी पर सही हाथ मार लिया तो लाइफ सेट है और ऐसे भटके लोगों का बाखूबी फायदा उठाया जाता है और एक बार घुसने के बाद वहां पर उन लोगों को तैयार करने वालों की भरमार होती है। कुछ लोग पढ़ने के बाद शिकार होते है तो बाकी लोग बिना पढ़े शिकार हो जाते हैं, लेकिन एक बात मैंने देखी है कि जो लोग अनपढ़ होते है उनके पास पढ़े–लिखो से ज्यादा ज्ञान व जानकारी होती है, साथ ही कई तरीके की प्लानिंग होती है और वो बेहद चालाक भी होते है, उनके मुकाबले अगर पढ़े–लिखे लोगों की बात की जाए तो वो उनसे बुद्धू होंगे क्योंकि उन्होंने जो पढ़ाई की है वह बस उसी तक सीमित रहेगें, लेकिन जो अनपढ़ है वो यहॉ–वहॉ से दुनिया भर की चीजें देख–देख कर व सीख–सीख के ज्ञानी बन जाते है, एक तो पहले से ही उनके पास कोई डिग्री नहीं होती है पर उनके पास प्रैक्टिकल ज्ञान बहुत ज्यादा होता है क्योंकि वो छोटी सी उम्र में किसी को गुरू बनाकर एक हुनर सीखकर थोड़े दिनों में उस काम में महारत हासिल करके अपना काम खोल लेते है। इतना ही नहीं वो क्या बनना चाहते है या क्या बनाना चाहते है या क्या बन सकते है वो सबके लिए तैयार रहते है। यहॉ पर बस मेरा कहना यही है कि वो सारे युवा जो मॉ–बाप के सपने को पूरा न कर पाने की वजह से उन सपनों को अपने बच्चों के द्वारा पूरा करते हुए देखना चाहते है वो सारे के सारे गलत है क्योंकि उनकी जो प्रतिभा है उसको तो आपने पनपने नहीं दिया। वहीं दूसरी ओर सारे युवाओं को अपने सपने पूरा करने के लिए साथ ही कुछ भी अनोखा करने में वो पीछे नहीं हटते ना ही उनमें किसी तरह का कोई डर होता है और वो चाहे तो उसको अपनी जीत की आदत बना लें या वो जीत की दुनिया का सबसे अमीर आदमी बनना चाहें तो भी इस बात से उन्हें कोई डर नहीं लगता, उन्हें बस एक चीज पता होती है कि उन्हें पैसे से मतलब है। वो कहते है ना कि बच्चा जैसा भी हो मां–बाप

को प्यारा होता है और बच्चे की हर गल्ती न सिर्फ मां–बाप की परवरिश को अंकित करता है बल्कि पूरे समाज में उस खानदान पर एक बदनामी का दाग भी लगता है अगर वो बच्चा संस्कारी ना हो। इसी वजह से ऐसा कोई भी काम या डिसीजन लेने से पहले इंसान को कई बार सोचना चाहिए कि जो मैं कर रहा हूॅ उससे मेरे परिवार और मेरे खानदान पर और समाज पर क्या असर होगा।

वरना अच्छा खासा परिवार एक सेकंड में बिखर जाता है और वो भी सिर्फ एक इंसान की गलती की वजह से, बाद में वो दुनिया और समाज में मुंह दिखाने के काबिल नहीं रहता। ऐसी किसी घटना के बाद वह फिर से आपस में जुड़ने की कोशिश करता है पर चाहकर भी वो इस तरह के माहौल से खुद को पूरी तरह से नहीं निकाल पाता है। इस तरीके से जब कई साल बीत जाते है तो हमें पता चलता है कि कई लोग गुमनामी की मौत मर चुके है। हर गुनाह करने वाला यह सोचकर गुनाह करता है कि मैं इसके अलावा कर ही क्या सकता हूॅ और वैसे भी गुनाह करने से पैसे तो मिलेगें और कौन इतना पैसा देगा मुझ जैसे इंसान को, इसी वजह से वो चाह कर भी गुनाह की दुनिया से नहीं निकलना चाहता और चाहे कितना भी सुधारने की कोशिश करो वह क्रिमिनल माइंडेड ही रहेगा। फिर चाहे वो पहली बार गुनाह करें या आखरी बार, उनके अंदर जो लालच है उस लालच के चक्कर में पड़कर वह कोई और काम करना ही नहीं चाहता क्योंकि वो गुनाह करने को अपना धर्म समझता है। कोई भी व्यक्ति जो कानून का जानकार हो या किसी भी प्रकार का प्रतिष्ठित सामाजिक इंसान हो, इससे उसे कोई फर्क नहीं पड़ता कि वो क्रिमिनल क्यों बना, बस उनको एक ही चीज दिखती है कि वह इंसान गलत है और उसने गलती की है, फिर इस बात के लिए बहस होती है दलीले दी जाती है हर न्यूज़ चैनल पर और डिबेट की जाती है फिर कई लोग इस बात को बताते है कि उसने ऐसा किया, उसने ये किया, लेकिन उसके पीछे जो कारण थे उसके बारे में किसी ने कोई बात नहीं की। जबकि इसके लिए सरकार को काउंसलिंग करवानी चाहिए व लोगों को कैंप में भेजना चाहिए। जो बच्चा बचपन से ऐसे हालातों से गुजरा हो, जिसने

अपने घर वालों को कभी खुश नहीं देखा हो तो वो उनकी खुशी की खातिर कुछ भी कर सकता है। पर इसके विपरीत अगर कानून ऐसे किसी क्राइम करने वाले को या पहली बार क्राइम करने वालों को अगर माफ कर दे और उन्हें रिहैबीलेशन सेंटर भेज दे बजाए जेल के और उनको कोई काम करना सिखा दे और बाद में उस काम को करने में सहायता करें तो हम न सिर्फ एक क्रिमिनल को कम करेंगे, बल्कि एक और इंसान को मेहनत करना सिखा कर, उसे समाज की मुख्य धारा में जोड़ सकते है, हॉ ये सब वो नहीं समझ पायेगा, जो इंसान सरसे लेकर पैर तक नशे में डूबा हो और उसे सिर्फ नशा ही करना है हर हालत में और ऐसे लोगों का शरीर ही इस लायक नहीं रहता नशा कर–कर के कि वो कोई काम कर सकें या सही–गलत का फैसला कर सकें। इससे न ही सिर्फ जेल में हम उन्हें सड़ने के लिए डालने से बच सकते है, साथ ही साथ कोई भी अपराधी यह नहीं चाहता कि वह पैसों के लिए बार–बार अपराध करें, हॉ अगर फितरत बन गई है हमेशा अपराध करने की, तो बात अलग है और ऐसे अपराधी किसी भी सुधार ग्रह में जाकर भी ना कुछ सीखते है बल्कि वहॉ भी कोई नया अपराध करने के बारे में सोचते रहते है। जब कोई एक बार बदनाम होता है तो उसके बाद उसे बदनामी से डर नहीं लगता और वह फिर कोई भी काम करने से नहीं डरता है और होता यह है की पहली बार तो छोटा काईम होता है फिर बड़ा होता है और बाद में एक भयानक अपराध हो जाता है। इस तरह से वह या तो जिंदगी भर के लिए जेल चला जाता है या फिर पुलिस की गोली का शिकार होता है। दूसरा हमारे समाज की ऐसी मानसिकता है कि किसी को भी जात, पात या बिरादरी से ना जोड़कर बल्कि एक इंसान के रूप में देखें और हमारा समाज जब ये सोच छोड़ देगा की ये तो जेल जाने वाला बंदा है या ये हमारे समाज के लिए बुरा है साथ ही वह अब किसी बिरादरी में उठने बैठने लायक नहीं है, ना ही वो सबके बीच रह सकता है और नाहीं कोई उसे ठीक नजरों से देखता है। तो वह इंसान कैसे आराम से या सुकुन में रह सकता है जो किसी गलत वजह से या किसी भी वजह से जेल गया हो या उसने अगर कोई

गलती की है तो इसका यह मतलब नहीं है कि उसे हर एक चीज के लिए जिम्मेदार बना दो और उस जिम्मेदारी का बोझ उस इंसान पर इसलिए डाल दो क्योंकि वह सिर्फ जेल गया था। किसी गल्ती के कारण कानून ने अगर उसको सजा दी है तो वह सजा काट के बाहर आया है इसका मतलब है कि उसने उस गल्एती की सजा काट ली है। तो फिर क्यों हम उस इंसान को समाज में रहने लायक नहीं समझते है। कानून का तो काम यही है कि चाहे वह इंसान गुनहगार हो या फिर कानून को शक हो बस उसे पकड़कर जेल भेज दिया जाता है, किसी वजह से किसी के साथ कुछ अत्याचार हुआ हो और वो खुद को बचाने में या फिर गुस्से के कारण उससे कोई अपराध हुआ हो और वो जेल गया हो, पर बार–बार सरकार या कानून उसके साथ गलत कर रही है क्योंकि जो शक्ति इन्हें दी गई है उससे किसी एक को नहीं बल्कि कई लोगों को नुकसान उठाना पड़ रहा है और सबसे ज्यादा युवाओं के साथ गलत हो रहा है, वो भी जैसा दूसरे देश चाहते है क्योंकि सभी जानते है कि भारत में लगभग 64 प्रतिशत युवा है और युवा किसी भी देश के लिए बहुत उपयोगी होते है क्योंकि वो हर क्षेत्र में बदलाव ला सकते है इसी कारण कानून युवाओं के हित के लिये नहीं बल्कि उनके भविष्य को बिगाड़ने के लिए बनाया जा रहा है जिसमें वाकई बदलाव की जरूरत है। इसको उदाहरण से समझते है कि जब अंग्रेज गए थे तो उन्होंने कहा था कि हमारे द्वारा बनाई गयी धाराओं को 50 साल तक नहीं बदला जाऐगा, लेकिन 50 साल पूरे होने के बाद भी संविधान और धाराओं को न बदला गया और जो बदला गया या जोड़ा गया वो भी उनके हिसाब से एबीसीडी करके नई धाराओं को जोड़ा गया। जिसके चलते हम आज भी उसी पुरानी धाराओं का शिकार हो रहें है, और इंसान जो देखता है, जो सुनता है, जो समझता है, उसी के चलते है वह अपना नजरिया बनाता है, और इसके चलते छोटी–छोटी बातों पर युवा जेल जा रहे है और जेल जाकर छोटे अपराधी से बड़े अपराधी बनने की तरफ अग्रसित होते है क्योंकि जेल जाकर बाहर आने के बाद वैसे ही कोई आपको नौकरी नहीं देगा। देखा जाये तो हमारे भारत में ना तो

एक तरह के धर्म है, ना बोली है, ना जाति है, ना ही एक तरीके का वातावरण, हर चीज एक दूसरे से अलग है और इसी वजह से हमारा संविधान यहाँ–वहाँ के कानूनों से मिलकर बना है जो पूरी तरीके से सही साबित नहीं हुआ है और जो कानून बना हुआ है वो यकीकन किसी एक जाति या धर्म को देखकर तो नहीं बनाया गया है ऐसा भी मैं नहीं कह सकता हूँ, इसलिए पूरे भारत को देखते हुए हमें अपने कानून को बदलने के साथ–साथ, हमें ये भी देखना होगा कि हमारे यहां की संस्कृति, सभ्यता और परंपराएं क्या रही है। हर जगह उन कानून को लागू करना और उन्हीं को पूरी तरीके से शासन के द्वारा स्थापित करना, और नये कानून को लाने के साथ ये करना होगा कि आपको उस जगह की जनता और उस जगह के समाज को जागरूक करना पड़ेगा क्योंकि अगर आप चाहते हो कि जो संविधान में बदलाव हो और जो बदला हुआ कानून पूरे देश में लागू होगा वो सभी को समझ में आये और सबको उसका पालन करना आ सके, तो उसके लिए सरकार को सबसे पहले जागरूकता फैलानी होगी, हर बिरादरी, धर्म और सामुदायिक लोगों में, ताकि कोई एक या कोई दो लोग मिलकर ये ना बोले कि हमने तो यह चीज सोची या सुनी ही नहीं थी, अगर हमने कोई नेता बनाया है या हमारे यहाँ कोई अध्यक्ष है या हमारे यहाँ कोई एमएलए–एमपी है या उनकी जो भी पोस्ट हो, उनको उनकी भाषा में मतलब सरल भाषा में अपने क्षेत्रवासियों को बता सके कि ये बदलाव आया है कानून में, जो हमारे प्रदेश में लागू होगा और बाकी में क्या–क्या बदलाव हुए है ताकि उनको जानकारी रहे समय–समय पर, जैसे चुनाव के समय शहर–शहर जाकर भाषण देते है ठीक वैसे ही किसी भी तरह के कानूनी बदलाव व सरकारी योजनाओं के बारे में भी बताना चाहिए, इसके लिए जो फंड की जरूरत पड़ेगी वो वैसे ही सरकार को देना चाहिए जैसे चुनाव के वक्त लगाये या दिये जाते है।

आज भी अगर देखा जाए तो हिंदुस्तान का साक्षरता परसेंटेज 100 प्रतिशत नहीं है, इसी के चलते जिस भी तरीके के कानून बनते है या बनाए जाते है, उनको आज भी लोग सही तरीके से नहीं समझ पाते ना जानते है ना हीं उनके बारे में उनको ठीक से पता

होता है कि किसमें कितनी सजा है या कितना जुर्माना है और किस–किस तरीके के प्रावधान है। दूसरा इतने सारे साक्षरता अभियान व नये–नये टॉपिक बुक में जोड़ने के बाद भी व स्कूल कॉलेज में इन्हें चलाने व जोड़ने के बावजूद भी अगर आज तक लोगों के जीवन में वह चीज पूरी तरीके से जहन में नहीं उतरी है, तो इसमें कहीं ना कहीं बहुत बड़ी खामी हमारे एजुकेशन सिस्टम में है और सरकार द्वारा चलाई जा रही क्रियाकलापों में या उनके द्वारा चलाई जा रही योजनाओं में क्योंकि जो उनके जीवन में काम आने वाली बातें हैं वह चीज उनको पता ही नहीं होती है या जो उनके इस्तेमाल में आ सकती है वो भी उनको पता ही नहीं होती है। हम लोग स्कूल में वो चीजें पढ़ते है जो हमारे जीवन में 90 प्रतिशत काम ही नहीं आती है उसका सिर्फ 10 प्रतिशत ही काम आता है और जो जीवन में हमारे 90 प्रतिशत तक काम आती है उन चीजों का स्कूल के किसी भी तरीके के पाठ्यक्रम में शामिल ना होना ही एक तरह की बहुत बड़ी खामी है अगर सहमत नहीं है मेरी बात से तो सोच के बताइए कि कौन से सब्जेक्ट की कौन सी चीज काम में आई फिजिक्स–मैथ के फॉरमूलें, केमिस्ट्री की पीरिआडिक टेबल, हिन्दी साहित्य या भूगोल–इतिहास, किसी भी एक सब्जेक्ट में हम आगे बढ़ते है बाकी सब समय के साथ भूल जाते है तो क्यों नहीं शुरूआत से अपने मन माफिक सब्जेक्ट को पढ़ते है। कानून की या धर्म की जानकारी के बिना एक शिक्षित इंसान बेकार है क्योंकि जो ज्ञान वो पहले लेकर जिंदगी को बेहतर बना सकता था वो बाद में उधार लेकर या सबकुछ बेचने के बाद सिखता है पर मर्जी से नहीं, कुंठा और गुस्से के कारण, फिर उसका इस्तेमाल भी वह ठीक तरीके से नहीं कर पाता है और ना ही वह संविधान और कानून को समझ कर अपने जीवन को सही दिशा में ले जा पाते है क्योंकि जब आप किसी चीज से जुड़ते है तभी आप उस चीज के बारे में जानकारी ले पाते है। जब किसी पर कोई केस होता है या वह कोर्ट जाता है तब उसको पता चलता है कि वह इतनी तरीके की धाराओं में फंस चुका हैं। सड़कों पर जब चालान कटता है तब हमको पता चलता है कि इस धारा के कारण चालान कटा है या

हम जब गाड़ी ले लेते है और गाड़ी चलाते है तब हमें पता चलता है कि हमें किन–किन कानूनों का पालन करना है, नहीं तो हमारा चालान कट जाएगा और इसकी जिम्मेदारी सड़क परिवाहन के अधिकारी की होती है तब जब कोई लाईसेंस बनवाने जाता है तो बिना सभी नियम बताये लाईसेंस नहीं देना चाहिए पर इतना भी नहीं होता भारत में क्योंकि ज्यादातर काम तो दलाल ही कर देते है। इसी तरीके से आई0पी0सी0 और सीआरपीसी में जितनी धाराएं है और उनका पालन किस तरीके से करना है इसके बारे में सभी को जानकारी सही समय पर देना भी सरकार व कोर्ट का काम है। कुछ साल पहले मैंनें एक सर्वे भी किया था जिसमें 20 सवाल पूछे थे मैनें और वो भी हमारे समाज के पढ़े–लिखे लोगों से और उन सबको बहुत मामूली जानकारी थी। जब तक समाज और बिरादरी के लोग हर तरीके के कामों के साथ कानून और कानून से बनी जानकारियों के बारे में सही से नहीं जान पाऐंगे और उसमें समाज और हर बिरादरी के लोग आगे बढ़कर एक दूसरे का हाथ नहीं थामेंगे और सरकार द्वारा चलाई जा रही सभी योजनाओं या अभियानों में जब तक पूरी तरीके से हर इंसान शिरकत नहीं करेंगे, साथ ही साथ गांव–गांव और हर एक छोटी–छोटी जगह पर जाकर लोगों को इस चीज का ज्ञान नहीं देंगे, तब तक हमारे देश में लोग इसी तरीके से कानून के चगुंल में फंसतें रहेंगे और पर दुनियादारी की बातें सीखते रहेंगे, बार–बार मैं मानसिकता व समाज की सोच बदलने की बात इसलिए लिख रहा हूॅ क्योंकि मेरी संस्कृत की मैडम ने बताया था कि किसी भी चीज को बार–बार देखने, पढ़ने व बोलने से वो चीज कंठस्त हो जाती है जैसे गााने जो एक बार में नहीं बार–बार सुनने पर याद हो जाते है ठीक वैसे ही मेरे बार–बार लिखने से हो सकता है कि लोगों की व सरकार की सोच बदले। ऐसा करके हम उनको बता सकेगें कि अपने जीवन को किस तरीके से जीना है और किस तरीके से अपने जीवन को कानून और जेल से बचाना है या कोई भी गलती करने से कैसे बचना है, पर इसके बारे में सब नहीं जान पाते क्योंकि फिजिक्स, केमिस्ट्री और बायोलॉजी पढ़ने के बाद हमें नौकरी तो मिल सकती हैं पर कानूनी ज्ञान नहीं और सब सब्जेक्ट

को पढ़ाने वाले भी बहुत सारे लोग मिल जायेगें, इसी तरह कॉलेज में सारे सब्जेक्ट है जैसे हिंदी, फिजिक्स, केमिस्ट्री, मैथ, बायोलॉजी, सिविक्स, ज्योग्राफी, हिस्ट्री, इकोनॉमिक्स तो उसमें क्यों नहीं कानून को भी एक कोर्स के रूप में रखा जाता है, अलग से जो कॉलेज है वो हाई लेवल की पढ़ाई करायें पर बेसिक चीजें को स्कूल व कॉलेज में ही सिखाना चाहिए और साथ ही उसमें क्यों नहीं हमारी सांस्कृतिक, धरोहर या धर्म को रखा नहीं जाता है क्योंकि जब इंसान धर्म का पालन करेगा तो किसी भी तरीके के कानूनी या आपराधिक मामलों में पड़ने से बचना चाहेगा। ज्यादातर आपराधिक मामले या तो किसी के कहने या जोश दिलाने पर या किसी लालच में पड़ जाने पर या अपना आपा खोकर किए जाते है, तो जब तक हम इस तरह के अपराधों से समाज को भय मुक्त नहीं बना पाएंगे तब तक अपराध मुक्त नहीं बना पाएंगे और जब तक लोगों में जागरूकता व संदेश नहीं पहुंचा पाएंगे, तब तक हम अपने हिंदुस्तान को कैसे अपराध मुक्त और दुनिया का नंबर वन देश बना पायेगें।

आजादी के इतने साल बीत जाने के बाद भी और देश में इतनी तरक्की होने के बाद भी, आज भी कई गांव, कई प्रदेश और कई जगहों के लोग ऐसे है जहां पर उनको मामूली और बेसिक सुविधाऐं नहीं मिल पा रही है जैसे कि वहॉ पर आज भी लाइट नहीं है, वहॉ पर शिक्षा प्रणाली पूरी तरीके से चुस्त नहीं है, वहॉ पर आज भी स्वास्थ्य केंद्र या दवाओं का आभाव है,वहॉ पर आवा–गमन के साधन मौजूद नहीं है, तो सोचिए कि जब यह सब चीजें पूर्ण रूप से वहां मौजूद नहीं है तो कैसे उनको कानून के बारे में जानकारी हो सकती है। जैसे सरकार हर चीज के बारे में सोच रही है कि हमें उज्वला योजना चलानी है या हमें हर घर में लाइट पहुंचानी है, सबको टॉयलेट से लेकर, प्रधानमंत्री मकान योजना के अंर्तगत मकान और खाने पीने की चीजे मुहईया करवाना हो, तो मेरे हिसाब से सबसे पहले लोगों के अंदर शिक्षा और शिक्षा के साथ–साथ संविधान व अपनी सुरक्षा के बारे में जानकारी का होना जरूरी है ताकि हमारा एजुकेशन सिस्टम जो है वह यह सिखा सके कि आप जिस देश में रह रहे हो, उसमें आपका अधिकार क्या है और उन

यह हुआ है या नहीं और नहीं किया तो वहॉ क्या कर रहे थे। तुम्हारे साथ ऐसा हो सकता है जिस तरह की तुमपर धाराएं लगी है जिस कारण तुम्हें यह सजा मिल सकती है।

आदमी को पहले ही इतना डरा दिया जाता है कि उसके अंदर की सच्चाई तो कोर्ट में घुसने से पहले ही आधी खत्म हो जाती है और वकील जो बोलने को कहता है वैसे ही हम उसके कहने पर बोलना शुरू कर देते है क्योंकि सच्चाई कौन सुनना चाहता है सब सिर्फ केस जीतना चाहते है। यानी कि अगर हमारे अंदर सच्चाई है और हमने कोई गुनाह किया भी नहीं है, लेकिन वहॉ पर बैठा वकील या वहॉ पर रहने वाले लोग ऐसा माहौल बना देते है कि ऐसा लगता है कि अगर हमने कुछ भी बोला तो हमें जेल हो जाएगी, तो जो वकील बोले वह सच है हमारी सच्चाई खत्म हो जाती है एक बार वकील की फीस देने के बाद और झूठ के पास सौ सबूत होते है पर सच हमेशा अकेला होता है क्योंकि वो सच होता है और सच के पास कोई सबूत नहीं होता क्योंकि वो सच होता है, वैसे भी कोर्ट में हर इंसान आने से पहले दिमाग में एक पिक्चर बना कर आता है कि ऐसा नहीं ऐसा तो हुआ ही होगा, अरे कोई मरा है तो किसी ने मारा जरूर होगा या उसने प्रताड़ित जरूर किया होगा, चोरी करने वाले ने चोरी की होगी वरना क्यों कोई किसी की हत्या करेगा, क्यों कोई किसी का रेप करेगा, क्यों कोई किसी को झूठे इल्जाम में फंसा देगा, क्यों कोई पारिवारिक चीजों के मामले में एक दूसरे से लड़ेगा, क्यों कोई जमीन जायदाद के मामलों में एक दूसरे के खिलाफ जाएगा, क्यों चाचा भतीजा या मामा भांजे में लड़ाई होगी, क्यों घर परिवार एक दूसरे से लड़ेंगे, जब यह सब चीजें हम सब पेपर में व न्यूज में रोज देखते आ रहे है या सुनते आ रहे है, तो हमें ये लगता है कि हॉ ऐसा तो होता ही आ रहा है और होता ही रहेगा, जहॉ कहीं ना कहीं हमारा झूठ आज भी जीत जाता है और सच्चाई दब जाती है, जबकि कहा जाता है कि सच्चाई कभी ना कभी सामने जरूर आती है और सच हमेशा जीतता है। लेकिन जब सच जीतता है तब तक इंसान या तो इस दुनिया में नहीं होता या तो वह इसके लायक नहीं होता कि वह

बता सके कि हॉ वाकई सच जीता है। जैसा मैंने पहले लिखा था कि जो गुनहगार होता है उन्हें पता होता है, क्योंकि वह इतनी बार जेल जा चुका होता है कि उन्हें पता होता है कि किस धारा के अंतर्गत क्या सजा होनी है, किस तरीके से मुझे निकलना है कौन सा वकील करना है किस तरीके से मुझे किससे मिलना है कैसे मुझे बचना है। जो एक बार ये गुना–भाग कर लेता है वो फिर चाहे 100 गुनाह कर ले उसको पता होता है कि मुझे कैसे बचना है, लेकिन जिसने पहली बार गुनाह किया है या जो बेगुनाह है या फंसाया गया है या किसी वजह से वह जेल गया है, तो ऐसे लोग कई दिनों तक जेल में पड़े रहते हैं क्योंकि पहले तो वो सदमें में होते है, दूसरा निकलना कैसे है ये तक पता नहीं होता है। इसका साफ मतलब यह है कि हमारी तंत्र प्राणाली में या हमारी न्याय प्रणाली में कहीं ना कहीं एक ऐसा लुप होल है जिसकी वजह से वह इंसान जान ही नहीं पता कि जो गुनाह उसने किया है उसके लिए उसे क्या करना है या कैसे निकलना है या कौन सा वकील करना है। तीसरा जेल में सलाह देने वाले बहुत होते है जो कहते है कि मेरा वकील कर लो वो अच्छा है अरे वो अच्छा है तो आप अबतक जेल में क्या कर रहे हो, पर उस वक्त उस इंसान को वो व्यक्ति हितैशी लगता है और वो उसकी सलाह मान लेता है और इसी तरह उसके घर वाले भी नहीं जान पाते की क्या करें और यह जो खेल होता है यह एक–दो दिन वा महीनों का ना होकर कई सालों में तब्दील हो जाता है और यहां मैं कानून और सरकार की बात इसलिए कर रहा हूँ कि किसी भी देश के लिए यह बहुत अहम मुद्दा है कि एक देश को ठीक तरीके से चलाने व विकास करने के लिए ये दोनों प्रणाली जुस्त व दुरूस्त होनी चाहिए और तब हम दुनिया में अपने देश को एक अह्म स्थान दे सकते है। मैं फिर कहूँगा इसके लिए सबसे पहले हमें उस देश के अंदर का क्राइम कम करना होगा और जितना हो सके उतना लोगों को जागरूक करना होगा, जितना ही उस देश में क्राइम कम होगा उतना ही उस देश के लोग उस देश को आगे बढ़ा सकते है। वरना इस तरीके से तो लोग जेल जाते रहेंगे और जो क्राइम करना चाहते है वो क्रईम करते रहेंगे और उन्हें

ना हीं कोई रोकने वाला होगा और ना हीं कानून उनको रोक पाएगा क्योंकि उन्हें पता है कि उन्होंने जो किया है उसके बाद उन्हें कैसे निकालना है। हॉ यह जरूर हो सकता है कि देश को अच्छा बनाने के बजाय और बेकार हालत में हम ले जाऐगें, मैं यह भी मानता हूॅ कि यह काम एक–दो दिन का नहीं है, ना हीं एक–दो दिन में देश को क्राईम मुक्त कर सकते है, पर हॉ कोशिश जारी रखी जाए व हर शहर में लोगों को जागरूक किया जाए ठीक वैसे जैसे चुनाव के समय पूरे भारत में मतदान के प्रति जनता को नेता से लेकर अभिनेता तक वोट के लिए जागरूक करते है। जब इस काम को भी एक तरीके के आंदोलन में बदल़ दिया जाएगा, तो यह जरूर हो सकता है कि कुछ सालों में या महीनों में हम हालात में सुधार कर सके और क्राईम को कम कर सके, साथी क्रिमिनल माइंड को कम कर सके, साथ ही क्रिमिनल बनने वाले लोगों की तादात में कमी ला सकते है और साथ–साथ जो केस चल रहे है उनमें भी कमी ला सकेगें और जो चीज हम बचपन से सीखते है उसी चीज को हम आगे बढाते है इसे ऐसे समझते है कि जैसे घर बनता है एक–एक ईंट जोड़ कर वैसे ही एक बच्चा बड़ा होता है मॉ–बाप के लिए एक–एक दिन गिनकर, जैसे मकान बनने के बाद उस खाली कमरे में कुछ बोलों तो आवाज गूंजती है और सामान रखने के बाद आवाज दब जाती है, ठीक इसी तरह बेरोजगार व अनपढ़ का दिमाग बन जाता है खाली जिसमें जो आवाज डाली जाती है वो चारों तरफ से गॅूज के एक ही बात का एहसास कराती है कि ये करना ठीक है ऐसा कर लेते है, दूसरी तरफ पढ़ाई व ज्ञान से परिपूर्ण दिमाग उन आवाजों को गॅूजने नहीं देता और पहले वो बताता है कि ये सही है या गलत, जो गलत मान कर कुछ नहीं करते वो समाज में इज्जत से रहते है और जो नहीं मानते और ज्ञान होने के बाद खुद को ज्यादा शक्तिशाली समझकर क्राईम करतें है वो भी जेल में होते है उन अनपढ़ों के साथ जो मेरी आखों देखी बात है। इसीलिए मैंने जैसा पहले कहा कि इसमें सबसे अहम भूमिका मां–बाप की, फिर स्कूल की और फिर समाज की होनी चाहिए क्योंकि बचपन से वह जो देखता है अपने आस–पास वही वो

आगे चलकर करना चाहता है। तो कभी भी गरीब या किसी को भूखा देखो तो उसको पैसा देने की बजाए, खाना दें दो या उसको कोई काम दें दो ताकि वह भूख या किसी ऐसी वजह से कोई क्राइम ना करें। साथ ही हम किसी भी तरीके से किसी को भी नीचा दिखाने की कोशिश ना करें, समाज में एक तरीके का नजरिया रखें क्योंकि जब नजरिया बदलता है, तभी इंसान और समाज में बदलाव आता है वैसे तो सबका यह कहना है कि नजरिया बढ़ती उम्र के साथ अपने आप बदल जाता है और लोग सही दिशा में चलने लगते है। लेकिन आज के समय में नजरिया तो बदलता है लेकिन गलत चीज के लिए क्योंकि सब इतना नशा करने लगे है कि वह जोश में सही दिशा में ना जाकर जल्दी पैसा कमाने व अपने को बड़ा व दूसरे को छोटा दिखाने के चक्कर में भूल जाते है कि यह जो क्षणिक सुख है वह आपके आने वाले दुख का बहुत बड़ा कारण बनने वाला है। एक ये भी कारण है जिस वजह से पारिवारिक व घरेलू हिंसा के मामले बढ़ते जा रहे है, लेकिन ऐसे मामलों को कोर्ट और समाज को अलग नजर से देखना चाहिए, पर इन केसों को उसी तराजू में रखकर देखना गलत है और ये सोचना कि अगर ये क्राईम या हिंसा हुई है तो यह जरूर उनके परिवार ने सिखाया होगा या उनके घर परिवार में ऐसा माहौल होगा, तभी उन्होंने इसको मारा होगा, प्रताड़ित किया होगा या मारपीट की होगी, वो भी बिना सच्चाई जाने क्योंकि हमारे समाज की सोच ही ऐसी है कि वो गलती सिर्फ लड़के की या उनके परिवार वालों की मानेगें, लड़की गलत कैसे हो सकती है ना ही उसका परिवार। उसके बाद इस तरीके के काम जब एक परिवार में होते है तो वही परिवार जो एक अच्छी जिंदगी जी रहा था और सब लोग उसको सम्मानित नजरों से देख रहे थे, वो कलंकित हो जाते है और उसी कलंक के साथ पूरा जीवन जीता है क्योंकि भारत परिवारों से जुड़ के बना हुआ देश है इसीलिए यहॉ एक परिवार नहीं होते कई होते है जैसे हमारे नाना का परिवार होता है, बाबा का परिवार होता है, हमारी बीवी के घर वाले होते है, दोस्त होते है, रिश्तेदारों के रिश्तेदार होते हैं ऐसे करते–करते समाज में कई परिवार एक दूसरे से जुड़े होते है। वहीं

एक केस होने पर ये सभी जुड़े हुए परिवार, एक की बदनामी होने पर सब एक साथ बिखर जाते है कि उनके परिवार में ऐसा हुआ है, जिसकी वजह से मैं बार–बार कहता हूँ कि यह परिवार की नहीं बल्कि समाज की बदनामी है। पर नहीं कानून जानने वाले या रक्षा करने वाले तबतक नहीं मानते व जागते है जबतब उनके परिवार के ऊपर कोई बात नहीं आती है।

समाज में कुछ ऐसे भी मर्द है जो अपना घमंड नहीं छोड़ पाते है और ज्यादातर घरेलू हिंसा के मामलें में दो ही बातें सामने आती है पहला पति की दारू की आदत पत्नी को पसंद नहीं होती है और आए दिन इसी बात पर लड़ाई–झगड़ा होता रहता है और जो ज्यादा समझदार होते है वो तलाक ले लेते है। कुछ इस बात के आदी बन चुके होते है, वहीं कुछ या तो खुद को मार डालते है या फिर किसी अपने को मार देते है क्योंकि नशे में इंसान का अपने ऊपर से विश्वास व कंट्रोल खत्म हो जाता है और वह उतनी देर के लिए शहंशाह बन जाता हैं। नशे की हालत में उस इंसान से कुछ भी कहने से या कुछ भी करने से बचना चाहिए क्योंकि वो उस समय कुछ भी समझने की हालत में नहीं होता है और जो ज्यादा जोश में आ जाते है वो अपने होश खोकर आत्महत्या को ही अपनी आखिरी मंजिल जान के जान दे देते है। इसलिए ना ही पत्नी ना ही पिता या मॉ या फिर घर का कोई भी सदस्य क्यों ना हो, अगर सामने वाले ने नशा किया हो, तो उससे हमको कम से कम बात करनी चाहिए और उसे समझाने की बजाए अकेला छोड़ देना चाहिए क्योंकि उस समय वो जिस हालत में होता है वह कुछ भी समझ नहीं सकता और वो उस समय उस माहौल में होता है जहॉ से वह नशा करके आया होता है। उस वक्त उस इंसान को देखते हुए हमें उसको अकेला छोड़ देना चाहिए। खास तौर पर औरतों को जो हर बात को दिल पर लगा लेती हैं और वो गुस्से में धमकी तक दे डालती है कि मै अब नहीं रहूँगी या मैं आत्महत्या कर लूंगी, बस फिर क्या वो एक ही पल में कुछ ऐसा कर बैठना चाहती है जिससे नुकसान तो होगा, पर आपके मरने या मर जाने की धमकी देने से क्या वो इंसान सुधर जाऐगा, वैसे भी मर के कभी किसी ने जंग नहीं

जीती है और कोई भी आज तक ऐसा करने के बाद किसी को भी पूरी तरीके से बदल नहीं पाया है। यह सिर्फ लोगों के मन का विचार है कि मैं मर जाऊंगा तो वह अपने–आप सुधर जाएगा। अधिकतर शराब पीने वाले व्यक्ति बहुत हद तक इमोशनल होते है या हो जाते है और वह किसी की भी इमोशनल बात कहने पर वही करने पर आमादा हो जाते है जो उस समय साथ वाले व्यक्ति ने कहा होता है और वो सब उनके दिमाग में घूमता रहता है साथ ही वह नशा करने के बाद उसी ख्यालों में रहना चाहता है पर किसी ने भी उसे टोका नहीं बस फिर क्या उनका उन्माद टूटता है और फिर लड़ाई शुरू। अच्छा नशा करने वालों के भी कई वर्ग होते है, एक तो वो जो पार्टी में जाते है हाई–फाई वाली जहॉ कौन किसकी बीवी या कौन किसकी गर्लफ्रेंड के साथ नाचता है और खुले आम शराब व अलग–अलग तरह के नशे किये जाते है और खूब लिपटा चिपटी भी होती है, दूसरे वो जो मध्यमवर्ग के है जिसमें कुछ नशा घर में करते है ऑफिस से आकर या दोस्तों के साथ, जिसमें कुछ की बीवी तो कुछ नहीं कहती और कुछ तांडव करती है कि घर कैसे चलेगा ऐसे ही रोज–रोज नशा करते रहे। तीसरे वो लोग जो रोज कमाते है और सस्ता नशा करते है और फिर या तो सड़क पर पड़े मिलते है या घर जाकर खूब हंगामा करते है। इस तरह हम जो नशे के आदि बनते जा रहे है खासतौर पर हमारे देश का युवा वर्ग, तो वो समय दूर नहीं जब हम एक दिन फिर से भारत को वहीं पर ला देंगे जहां पर हम आजादी से पहले थे क्योंकि यही तो उन देशों का कहना है कि हमारे देश की सभ्यता व संस्कृति ही तो है जो हमें आपस में जोड़े हुए है और इसी कारण हम आज भी अपने परिवारों के अंदर बड़ो की इज्जत करते हैं पर तबतक–जबतक नशा ना किये हुए हो, वरना बड़े छोटे का लिहाज ही भूल जाते है। इसके बावजूद भी हम अपने रिश्तों को खुलेआम करने की बजाए उनको अपने परिवार के अंदर समेट के रखते है और हम नहीं चाहते कि हमारे परिवार के भीतर जो भी हो रहा है वो समाज को पता चले, यही है सबसे बड़ी सच्चाई जो आज भी भारतीय परिवारों को आपस में जुड़े हुए है। साथ ही हमारे भारत में ऐसे सपूत पैदा हुए है जो

दुनिया के लिए मिसाल बने है और यही हम चाहते है कि हमारे परिवार से भी कोई ऐसा सपूत पैदा हो जो बड़े होकर दुनिया के लिए मिसाल बने। इसीलिए आज भी हम नहीं चाहते कि हमारे परिवार के अंदर की बातें दुनिया या समाज में पहुंचे और इसीलिए हम चाहे नशे की बात हो या घरेलु हिंसा की, हम बाहर नहीं बताना चाहते है, इसी कारण यहॉ की सभ्यता व संस्कृति को विदेशी लोग भी पसंद करते है और चाहते है कि हमें भी ऐसा परिवार मिले या प्यार मिले।

मैं क्या हर कोई हमेशा ये चाहता है कि हमें भी ऐसा प्यार मिले जो जीवन भर साथ दे या ऐसा परिवार मिलें जहॉ प्यार भी गारंटी के साथ मिले, पर कोई भी चीज ज्यादा लंबे समय तक नहीं टिकती है इस दुनिया में, उसे किसी न किसी वक्त खत्म होना ही पड़ता है या समय के साथ खराब हो जाती है। ऐसे ही औरत चाहे कितने छोटे कपड़े क्यों न पहनें या कोई भी ऐसा काम करें जिसे हमारे समाज में सभ्य नहीं कहा जाता हो, पर जैसे हर चीज की एक समय सीमा होती है वैसे ही कोई भी औरत ज्यादा दिन तक ना वैसे कपड़े पहन सकती है और ना वह एक जैसा काम कर पाएगी , ये बात मर्दों पे लागू होती है पर यहॉ मैं विषेश रूप से औरतों या लड़कियों के बारे में बात कर रहा हूँ, हॉ तो मैं कह रहा था कि जैसे भी कपड़े पहन लें लड़कियॉ पर घूम फिर के एक बार फिर से वो भारतीय परिधान में वापस आ जायेगीं क्योंकि जो बात हमारे देश के परिधानों में बसी खूबसूरती की है वह दुनिया के किसी भी पहनावे में नहीं है। वैसे भी औरत का निखार या यौवन खुलकर भारतीय परिधानों में ही आता है और उसमें वह पूरी तरीके से स्वच्छ व सुंदर लगती है और उसमें कोई भी व्यक्ति उसे बुरी नजर से नहीं देखता है। पर इसके उल्टी तरफ जितना ज्यादा लड़कियॉ कपड़े छोटे करती जायेगीं उतना ही सामने वाले इंसान का दिमाग भी छोटा होता चला जायेगा और वह इंसान एक ना एक दिन उसे छूने की या कुछ करने की कोशिश करेगा। क्यों ? क्योंकि भगवान ने औरत के हर हिस्से को इतना सुंदर व आर्कषक बनाया है कि सामने वाले की नियत का फिसलना तए है पर यदि वह सही कपड़े में हो

तो ऐसा होने की संभावना ना के बराबर हो जाती है तबतक जबतक औरत खुद सहमती ना दें। वैसे भी कपड़ों से आपकी क्वालिटी व सुंदरता का ठीक–ठाक पता चल जाता है कि आप किस तरह के परिवार से हो और लोग अंदाजा लगा लेते है और उसी कारण वो एक औरत को इज्जत से देखतें है तो दूसरी को गंदी नजर से या झेड़खानी करने की कोशिश करने की नजर से देखते है। मान लीजिए किसी लड़की ने जींस पर टॉप पहन रखा है और उसकी जींस कमर से थोड़ी नीचे हो या टॉप हल्का सा ऊपर हो, बस फिर क्या सामने वाला ताड़ना शुरू कर देता है और बस उस हिस्से को देखकर जोश में आ जाता है, ठीक इसके उल्टे जब आप साड़ी पहनते हो तो सारा पेट व कमर दिख रही होती है तब कोई गौर से नहीं देखता, जबकि लड़की या औरत एक ही है पर निगाहें बदल गई कपड़े के साथ, इसी वजह से लड़की को ऐसे कपड़ो को पहनना चाहिए, जो उसे ना सिर्फ अच्छा दिखाये बल्कि उसकी सुंदरता को भी बढ़ाए, ना कि ऐसे की जिससे सिर्फ उसके मन को खुशी मिलती हो और अगर वो जिद करें कि नहीं मैं ऐसे ही कपड़े पहनूंगी भले ही समाज कुछ भी कहे, तो इसमें घर वालों को समझना व रोकना चाहिए, क्योंकि उनकी आज की बात से आगे बहुत बड़े हादसे को होने से रोका जा सकता है। साथ ही साथ हर लड़की को चाहिए कि वह किसी देखने वाले को कोई गलत संकेत न दें या अगर किसी ने कमेंट किया हो, तो चुप रहने के बजाए उसकी तुरंत शिकायत करें, फिर चाहे वो पुलिस स्टेशन हो या परिवार या कोई भी परिवार का सदस्य, जिससे बात करने में आप सहज महसूस करती हो और इतनी सी पहल करकर वो ऐसे मनचलों को सबक सिखाने के साथ, उनको एक सबक देंगी जिससे भविष्य में वो ऐसा नहीं करेगें या इस डर से नहीं करेगें कि कहीं पुलिस ना पकड़ ले। पर कुछ लोग कहते है कि हर बार औरत ही क्यों बदले, आदमी क्यों नहीं बदल सकते। ऐसा क्यों ? तो ऐसा इसलिए कि जो बात औरतों में है या सीधी भाषा में बोलूॅ की जो कद–काठी व कोमलता साथ ही खूबसूरत जो औरतों के पास है, वह आदमी के पास नहीं है और वैसे भी जो खूबसूरती भगवान ने

औरतों को दी है वो देखने योग्य है, ऐसा भी नहीं है कि आदमी सुदंर नहीं होते, पर उनमें वो खूबी नहीं होती जो एक औरत के शरीर की बनावट में होती है। इसी वजह से आदमी उस खूबसूरती के आगे अपने होश खो बैठता है और कुछ ऐसा कर बैठता है जो दोनों के लिए हानिकारक है। हॉ अगर ऐसा कुछ वाकई में पहनना है तो कोई ना कोई साथ में होना चाहिए या ऐसी किसी जगह पर कम से कम एक या दो घर वाले साथ जरूर होने चाहिए ताकि सामने वाला चाहकर भी कोई गलत बात या गलत हरकत न कर सके और एक बात जो अटल सत्य है, वो है कि जबतक लड़की एक कदम आगे नहीं बढ़ाएगी या छूने का मौका नहीं देगी तबतक किसी की भी हिम्मत नहीं होगी कि वो लड़की को छू भी पाये, बस कुछ केस में ऐसा नही होता है जहॉ लड़की की मर्जी ना हो और सामने वाला अपने नशे में चूर कोई कुकर्म कर डाले।

अगर बात बाहरी देशों की करूं, तो यह कहना गलत न होगा कि जितनी विविधतायें हमारे यहॉ की औरतों के पहनावे में है वैसा कुछ भी नहीं है विदेश में जैसे गुजराती, बंगाली, मराठी, राजस्थानी, कश्मीरी, लहंगा–चुनरी और न जाने कितने तरह के परिधान हमारे देश में है और उन परिधानों को और ज्यादा सुदंर बनाने के लिए अलग–अलग साजों–सामान व आभूषण भी है वो भी हमारी संस्कृति की ही देन है और ये, सिर्फ और सिर्फ हमारे देश में ही मिल सकता है और किसी देश में नहीं। लेकिन हम फिर भी अपनी सभ्यता व संस्कृति को छोड़कर ऐसी चमक के पीछे भाग रहे है जो सिर्फ कुछ ही दिनों की मेहमान है क्योंकि उनके जैसी ड्रेस व कपड़े लोग ज्यादा दिन तक नहीं पहन सकते है और वो वापस भारतीय परिधानों में लौट आयेगें, अगर सिखना ही है तो उनसे ये सिखो कि अपनी धरोहरों को और सुदंर कैसे बनाया जा सकता है व कैसे साफ–सफाई रखनी है। ये अजीब तरह के कपड़े पहनना उनको देखकर बिल्कुल भी हमारी संस्कृति से मेल नहीं खाता है, हमें ये बात हमेशा याद रखनी चाहिए कि हमने ही इन्ही विदेशी लोगो को पहले भी घुसने का मौका दिया था और उन्होंने हम पर करीब 200 साल तक शासन किया था और उनको यहॉ से निकालने में हमने न

जाने कितनी कुर्बानियॉ दी थी और कितनो को शूली पर चढ़ना पड़ा था, तब जाकर हमें आजाद भारत में सांस लेने का मौका मिला, पर हम एक बार फिर से वो ही गलती कर रहे है, कैसे ? वो ऐसे कि जहॉ से वो आए थे, वहीं से वो धीरे–धीरे अपनी चीजों को यहॉ लाकर हमें उन चीजों के प्रति आसक्त बना रहें है इसलिए हमें समझना चाहिए कि दूसरों की नकल और उनकी सभ्यता को अपनाने के बजाए, हम अबकी बार उन्हें अपनी चीजों के प्रति आसक्त बनाये तब जाकर पूरा होगा हमारा बदला। जब भी हम कोई चीज लेने जाये, तो उस चीज के बारे में जानकरी करके या पूरी तरह से समझ के ही उस चीज का खरीदना व इस्तेमाल करना चाहिए और जहॉ तक हो सके हमें भारत में ही बनी चीजों का इस्तमाल करना चाहिए और अगर कोई जरूरत की चीज है और वो भारत में अबतक नहीं बनी है तो पहले हमें उसको बनाना शुरू करना चाहिए और तब जाकर हमें उस विदेशी चीज को खरीदना चाहिए और हो सके तो उसका उपयोग धीरे–धीरे कम करके बंद कर देना चाहिए और हमें बार–बार वो ही गलती नहीं करनी चाहिए। वैसे भी इस 4 दिन की लाइफ में कब क्या हो जाए ये हमें पता नहीं होता, पर जो हम कर सकते है वो तो करना चाहिए और इसके लिए पहले हमें अपने आप को बदलना होगा, फिर परिवार को और बाद में समाज को बदलना होगा और देश खुद ब खुद बदल जायेगा इतने से बदलाव के बाद।

मैं लड़को से व हर एक आदमीयों से यह गुजारिश करूँगा कि वो हर एक लड़की से या अपनी पत्नी से या किसी भी औरत से तमीज से पेश आये क्योंकि आपके घर में भी बहन है, बेटी है, मॉ है, अगर उनको तकलीफ होती है और उससे आपको तकलीफ होती है तो जिसे आप तकलीफ दे रहे हो, वो भी किसी के घर की इ्ज्जत है या लाडली है, अगर हम उनके बारे में सोच लें तो हम कोई भी गलत काम करने से पहले दस बार जरूर सोचेगें कि नहीं हमें ऐसा नहीं करना चाहिए, वरना हम अपने घर की औरतों की नजरों से गिर जाएगें, साथी हमें ये भी सोचना चाहिए कि हमारे द्वारा लिया गया एक भी गलत कदम कल कहीं इनकी जिंदगी न बर्बाद कर दे

क्योंकि जिसके साथ आप कुछ गलत करने के बारे में सोच रहे हो, उसके भी घर में आदमी होगें और बदले की भावना के चलते उन्होंनें भी आपकी बहू–बेटी के साथ कुछ गलत किया, तब क्या करोगे और किसपर इल्ज़ाम लगाओगे। लेकिन इस तरह से कोई भी नहीं सोचता है बस कुछ देर के जोश में उस लड़की के साथ दो परिवारों को खत्म कर देता है,। ऐसा कुछ भी करना मेरे क्या सभी के हिसाब से बिल्कुल गलत है इसलिए हमें अपनी सोच व मानसिकता में परिवर्तन लाना होगा, ताकि हर लड़की खुली हवा में घूमने के साथ–साथ, खुलकर सांस ले सके, फिर चाहे रिश्ता कोई भी हो, हमें उस रिश्ते का पूरा सम्मान करना चाहिए न कि फायदा उठाना चाहिए और ना किसी ऐसे शख्स को घर बुलाना या लेकर आना चाहिए, जिसकी हरकतें व देखने का नजरिया बुरा हो या उसकी नीयत खराब हो, क्योंकि ज्यादातर रेप व छेड़खनी के मामलों में घर के किसी व्यक्ति या पड़ोसी या दोस्त–रिश्तेदार का हाथ होता है, पर आज भी कई ऐसे केस है जो दर्ज ही नहीं होते क्योंकि उसमें ज्यादातर केस घर–परिवार की इज्जत बचाने के कारण दबा दिये जाते है। या फिर आपस में हुए सेक्स की विडियो बनाकर दूसरे को ब्लैकमेल करते है, कई मामलों में तो ऐसा देखा गया है कि जिनके साथ ऐसा कुछ होता है, तो वो इतने बड़े ही नहीं होते कि वो जान सके या बता सके कि उनके साथ कुछ गलत हो रहा है या कौन कर रहा है और ऐसे लोग जरूरी नहीं किसी लड़की के साथ गलत करें ऐसे लोग लड़को को भी नहीं छोड़ते है। जबतक लड़की ना चाहे किसी की भी क्या मजाल कि कोई उसे हाथ लगा सके या अभद्र व्यवहार कर सके, लड़की जितनी सेल्फमोटिवेटेड, रिजर्व, जागरूक व अपने अधिकारों को जानने वाली होगी, उतना ही उसके अंदर आत्मविश्वास होगा, मातारानी का आर्शीवाद व गुस्सा होगा और बुरे समय पर वो चंडी बनकर अपने साथ कुछ भी बुरा करने वाले को जवाब देने की क्षमता रखती होगी। शायद मेरी बात को आप लोग समझने के बजाये, यही कहें या सोचने लग जाये कि, क्यों औरतें ही कपड़े ठीक से पहने ? क्यों वो अपने को ही चेंज करें ? क्यों नहीं आदमी अपने को चेंज करता है ? तो उसका जवाब यह

है कि रात के 12 बजे आज भी जितनी बेधड़क तरीके से एक आदमी बाहर जा सकता है औरत नही जा सकती है क्योंकि जो कुछ भी आदमी के पास होता है उसके जाने से या लुट जाने से समाज में उसकी किसी भी तरह की बदनामी नहीं होती है बल्कि लोग हॅसते है कि आदमी होकर लुट के आ गये, साथ ही कोई परिवार भी कलंकित नहीं होता है ना ही ज्यादा अपमान झेलना पड़ता है, दूसरी तरफ चाहे कितना भी सुधार हो जाये, एक अकेली औंरत खुद देर रात को बाहर नहीं जाना चाहती है भले ही वो कानून की रक्षक ही क्यों न हो। हॉ औरत को अपमातिन व बेईज्जत जरूर किया जाता है चाहे वह सही क्यों ना हो वो भी इसलिए क्योंकि वो एक रात के लिए भी कहां गई थी और क्या–क्या गुल खिलाके आयी है, साथ में ये ताना भी मारा जाता है कि अपनी नहीं हमारी ही इज्जत का ख्याल का लिया होता, इतना ही नहीं अगर एक लड़की रात को कहीं रूक जाये, तो घर वालें ही नहीं बल्कि आस–पड़ोस के लोग भी बातें करने लगते है कि उनकी लड़की तो हाथ से गई, पता नहीं कौन ऐसी लड़की से शादी करेगा, तब ये समाज क्यूॅ नहीं कहता है कि लड़की को भी बराबर का अधिकार मिलना चाहिए। क्या हुआ अगर वो रातभर बाहर थी या देर रात किसी के साथ आयी, जब हम खुद दोहरी मानसिकता रखते है तो फिर कैसे लड़का व लड़की एक समान हुए ये समझाये मुझे कोई। फिर सोचों कि ऐसे में उस लड़की पर क्या बीतती होगी ये कोई नहीं जान सकता है, जहॉ लड़को को आज भी कोई काम करने से रोका नहीं जाता है और उसे कोई डर नहीं है किसी भी तरह का, खासतौर से परिवार का, पर वहीं एक औरत हर काम डर–डर के करती है कि कहीं मेरी किसी बात से कोई नाराज हो गया तो मुझे काम करने से मना कर दिया जायगा, बावजूद इसके वो सुबह उठकर सबको नाश्ता देकर, सबका टिफिन लगाकर, घर के बाकी लोगों का दोपहर का खाना बनाकर ऑफिस जाती है वो भी टाईम पर और आकर बिना कुछ बोले शाम के काम में लग जाती है भले ही वो दिन भर कितना ही थकी क्यों न हो, बस इसी मानसिकता को बदलने के लिए मैं इतना सब कह रहा हूॅ कि हमारे समाज या

बिरादरी की सोच में कितना बड़ा बदलाव लाना जरूरी है वो भी समय रहते। वरना कोई भी लड़की खुली हवा में सांस लेने के लायक नहीं बचेगी और एक न एक दिन समाज बुरी तरह से बिखर जाएगा और तो और जिस तरह के कानून औरतों के लिए बन रहे है वह उन्हें फायदा पहुंचाने के बजाय उनको व समाज दोनों को नुक्सान पहुँचा रहे है क्योंकि समाज में संतुलन आदमी व औरत दोनों मिलकर बनाते है, पर यदि कानून इसी तरह आदमियों को मजबूर व परेशान करता रहेगा कि वह ना तो कुछ कह सकता है ना ही कर सकते है तो एक दिन ऐसा ना आये कि शादी तो छोड़ो वो औरतों से दूर होता जाये कि पता नहीं कब किस केस में फंसा दिया जाएगा, सोचो कि इससे प्रकृति पर क्या असर पड़ेगा व आगे कोई नई पीढ़ी आयेगी भी या नहीं, क्योंकि एक समय तक ही कोई बर्दाश्त करता है प्रताड़ना और जिस तरह से लोग कानून का फायदा उठा रहें है, इस तरह से तो कानून हम आदमियों में कुंठा के साथ–साथ एक बात और मन में बसा देगा कि औरतों से दूर ही रहो। तो क्या औरत अकेली रह लेगी ? क्या वह अकेले जीवन जीने के साथ–साथ बच्चे भी पैदा कर लेगी ? क्या आदमी व औरत अलग किये जा सकते है ? क्या प्रकृति के साथ इस तरह का खिलवाड़ करना सही है ? क्या एक लड़की के अंदर का प्यार, तड़प, इंतजार, बच्चा पैदा करने की खुशी, सुरक्षा या जो हक है उसका ममता देने का, यह सब क्या वो अकेली कर लेगी ? नहीं, क्योंकि प्रकृति ने दोनों को एक दूसरे का पूरक बनाया है इसी वजह से कोई भी ऐसा गुनाह या क्राईम जिसमें परिवार या औरत शामिल हो उसकी जॉच व रिपोर्ट पूरी ईमानदारी के साथ करनी व बनानी चाहिए, ताकि लोगों का विश्वास कानून पर बड़े नाकि खत्म हो जाए। अगर जॉच ही एकतरफा होगी, तो ऐसे में लोग या परिवार बागी हो जाऐंगें, क्योंकि यह बिल्कुल भी जरूरी नहीं कि हर बार औरत ही सही हो या उसके परिवार वाले और आदमी या उसका परिवार हर बार गलत ही हो यह जायज नहीं है, क्योंकि जब ये कहा जाता है कि आज के दौर में हर कोई कंधे से कंधा मिलाकर चल रहा है और हम अक्सर पेपर में या न्यूज में देखते है कि

आदमीयों ने मतलब कुछ लागों ने वहाँ पर लूटपाट, चोरी, डकैती, मर्डर या कोई भी क्राईम किया और ऐसी खबर को ब्रेकिंग न्यूज बना के दिखाया जाता है, जबकि देखा जाये तो आज के दौर में औरतें भी पीछे नहीं है और वो भी कुछ ना कुछ कर रही है जैसे कि मैंने देखा व सुना है कि मॉल में एक औरत ने कपड़ों के अंदर सामान भर लिया या औरत ने शादी के बाद सबको नशे की दवा देकर, अगले दिन सारा सामान लेकर चंपत हो गई या औरत ने अपने बच्चों के साथ आत्महत्या कर ली या अपने आशिक के साथ मिलके पति को मार दिया या चुपचाप घर छोड़कर भाग गई अपने प्रेमी के साथ। तो ऐसा नहीं है कि हर समय यही माना जाए कि आदमी ने ही गलत किया होगा, औरतें भी गलत कर सकती है।

लेकिन हाँ कुछ एक के साथ जुल्म हुआ या बर्बरता हुई है जिससे इंसानियत को भी शर्मिंदा होना पड़ा और जिसे कानून ने सजा भी दी और जेल भी भेजा, पर केस कैसा भी हो बस शक के आधार पर या कोई भी झूठी गवाही या किसी के कहानी कहने भर से या किसी के बदला लेने के लिए, कानून का इस्तेमाल नहीं करना चाहिए, साथ ही इसमें जॉच अधिकारी की अहम भूमिका होती है जिसे बिना किसी पक्षपात के जॉच करनी चाहिए, चाहे कोई कुछ भी कहे या कितना भी छोटा या बड़ा केस क्यों न हो, पर हमारे यहाँ हर एक चीज व रिश्ता एक दूसरे से जुड़ा हुआ है वो भी एक जंजीर की तरह और कभी भी कोई भी कड़ी खुल जाये, तो सब बिखर जाते है, इसलिए जिस बंदे से हमारे समाज को खतरा हो, तो सरकार का या कानून का कर्तव्य है कि उसकी सजा ऐसी होनी चाहिए जो मिसाल बन सके, जिससे ना सिर्फ समाज में खौफ हो, साथ ही वो सजा संविधान में भले ही ना लिखी हो, पर सबके लिए एक सबक बन सके ऐसी सजा की शुरूआत करनी चाहिए। यहाँ तक कि हमारे वेद–पुराण भी कहतें है कि सब कुछ हमारे हाथ में ही होता है पर नासमझी व जरा सी नादानी के कारण हम अपना बहुत बड़ा नुकसान कर बैठते है और आज भी हम चाह कर भी कई गलत कामों को रोक नहीं पा रहे है और शायद लोग भी मजबूर है कि किसके आगे झुके या कहाँ फरियाद लेकर जाये। वो किसलिए

? वो इसलिए क्योंकि हम आज भी सही या गलत का अंदाजा नहीं लगा पाते है, जैसे कि हमारी सोच बन गई है कि औरत करें तो औरत गलत, आदमी करे तो आदमी गलत, ऑफिस में कुछ गलत हो तो वह ऑफिस गलत, सरकार से गलती हुई तो सरकार गलत, बस किसी न किसी को गलत ठहरने में लगे हुए है और केस पर केस करके केसों की फाइलें और उनकी तादात बढ़ा रहे है या फिर लोगों को फंसा रहे है या फिर किसी न किसी को मोहरा बना रहे है, उसके बाद फिर कुछ दिनों में या तो सब भूल जाएंगे या फिर सरकार के पक्ष और विपक्ष वाले लोग आकर बहस करेंगे टीवी पर, डिबेट होगी और कुछ लोग कहेंगे इसमें सरकार की गलती थी तो कुछ कहेंगे नहीं इसमें कानून की गलती थी, कुछ कहेंगे इसमें प्रशासन की गलती थी और फिर सब कुछ भूलकर एक नए दिन के साथ उसी जिंदगी में वापस लौट जाएंगे और मामला अगर जरूरत से ज्यादा बड़ा हुआ, तो लोग उस तारीख पर हर साल देश में कुछ न कुछ प्रदर्शन करते रहेगें या कोई कार्यक्रम करके हमें याद दिलाऐंगे की हॉ भाई उस समय यहॉ ऐसी घटना हुई थी और अभी तक इस फैमिली को न्याय नहीं मिला है। अगर मेरी इस बात से सहमत नहीं है तो उदहारण देता हूॅ कि सुशांत सिंह राजपूत के केस में शुरू में खूब हंगामा हुआ और रोज किसी ना किसी को पुलिस स्टेशन आते–जाते देखा गया और अब क्या हो रहा है उस केस में किसी को कुछ पता नहीं है, उस समय भी खूब आरोप–प्रत्यारोप लगाये गये और बहस हुई, पर सब ठंडे बस्ते में चला गया समय के साथ। अक्सर हम ये मान लेते है कि अब ऐसा दोबारा नहीं होगा, अगर हम आंदोलन करेगें या हम कैंडल मार्च लेकर निकलेंगे, पर एक बार अगर दिल से सोचकर देखें कि जो उस हादसे में मारा गया या जिसके साथ ऐसी घटना हुई है या जो जो उस हादसे से गुजारा होगा, उसकी आत्मा को कितनी चोट पहुॅची होगी, मेरी तरफ से मैं यही कहूॅगा कि भगवान ऐसी किसी भी इंसान की आत्मा को शांति दे और भविष्य में ऐसी कोई घटना ना हो ऐसी दुआ करनी चाहिए, बजाए आंनदोलन या कैंडल मार्च निकालने के। दूसरी तरफ जिसके साथ कुछ गलत हुआ है या

कानून की वजह से गलत हो रहा है और उसको अभी तक न्याय नहीं मिला हो, तो ये लंबी कानूनी प्रक्रिया के कारण जो संजीदा मामलों में देर लगती है न्याय मिलने में वो कहाँ तक सही है, वहीं किसी फिल्म पर प्रतिबंध लगाना हो या किसी नेता का केस हो या बिजीनेस मैन ने किसी बात पर पी0आइ0एल0 डाली हो तो ऐसे मसलों पर तुरंत कार्यवाही क्यों होती है और बाकी केसों के ऑर्डर आते–आते या तो वो इंसान मर जाता है या जितनी सजा उस केस में होगी उससे ज्यादा साल वो कोर्ट कचहरी के काट लेता है या उससे ज्यादा पैसे खर्च कर चुका होता है या फिर उस न्याय की एहमियत ही नहीं रहती या न्याय मिलते–मिलते इतनी देर हो जाती है कि वो इंसान कुछ करने लायक ही नहीं रहता। पर जहाँ देश में करोड़ों के हिसाब से केस पेंडिंग है तो अगर वाकई में किसी के साथ गलत हुआ है तो उस व्यक्ति को भी उसी लाईन में लगना पड़ता है न्याय के लिए और पता नहीं ये कौन तय करेगा न्यायालयों के लिए कि उसको उस केस में जो तथ्यों व गवाहों के हिसाब से सबूत जुटाये गये है उससे उसे फांसी होगी, आजीवन कारावास होगा या वो बरी होगा। पर कई हादसों के बाद जनता खुद ही जज बन जाती है और कुछ साल पहले तो मीडिया ट्रायल में ही किसी को भी दोषी या बेगुनाहगार साबित कर दिया जाता था, जिसपर बाद में कोर्ट ने रोक लगाई थी, पर जनता पर लगाम कौन लगायेगा। पर सोचकर देखिए कि जो इंसान जज की कुर्सी पर बैठा है वो जजमेंट किस आधार पर करता है सबूत, गवाह और पुलिस की कि गई जॉच के आधार पर, ना कि जनता के आक्रोश के कारण, दूसरी बात यह भी हो सकती है कि महिलाओं के लिए नये–नये कानून बनाना और दूसरा उन कानूनों का सही से इस्तेमाल ना करना, तीसरा यह कि जिस पुलिस को समाज का रक्षक कहते है वो भी अपनी वर्दी का भरपूर उपयोग करती है क्योंकि पुलिस वाले ही यह तय करते है कि क्राईम करने वाला वाकई क्रिमिनल है या नहीं और उस आधार पर सबूत व चार्जशीट तैयार करते है, जो उनका काम है, साथ ही किसी नतीजे पर पहुँचने से पहले उनको पक्ष और विपक्ष दोनों को सुनना और

सही–सही लिखना चाहिए रिर्पोट में, साथ ही उस हालत को समझना चाहिए जहॉ पर वो घटना हुई थी क्योंकि वो ही होते है उस जगह सबसे पहले पहुॅचने वाले, इसके साथ ही पारिवारिक मामलों में उन्हें पुलिस की तरह नहीं बल्कि एक आम इंसान की तरह सोचना चाहिए कि क्या ऐसा वो परिवार कर सकता है या नहीं और अगर किसी को रंगे हाथों पकड़ा है तब कोई बात नहीं, लेकिन सिर्फ शक के आधार पर जो लगभग हर केस में वो करते है वो नहीं करना चाहिए और अपनी रिर्पोट बनाने के पैटर्न को, जो वो हर केस में इस्तेमाल करते है उससे बचना चाहिए और जो रिर्पोट बनाने का पैटर्न है उसे आप–हम पुलिस की केस डायरी में देख सकते है। वहीं यह भी मैंने देखा है कि वो अपनी तरफ से केस को रफा दफा करना चाहते है कि हमारा काम रिर्पोट बनाने तक का था और बनाकर कोर्ट में जमा कर दो, बाकी सब कोर्ट देख लेगा। लेकिन अगर किसी इंसान ने ऐसी किसी घटना को अंजाम दिया है और वह आज भी अगर समाज में खुला घूम रहा है तो यह भी पुलिस की कमियों को दिखाता है जिसमें कई बार पुलिस बस केस निपटाने के लिए किसी को पकड़ कर जेल भेज देती है और जिसने वाकई में क्राईम किया हो वो आजाद घूम रहा होता है एक बार फिर से एक नई घटना को अंजाम देने के लिए। तो किसी को सिर्फ समाज में लाकर खड़ा कर देना या न्यूज बना देना या दिखा देना कि कैसे केस सॉल्व कर लिया है और उस मुजरिम को पकड़ लिया है जबकि असल में मुजरिम आज भी बाहर है, तो ये मानकर चलिए की आपने समाज में अभी के लिए तो शांति बहाल कर दी, पर भविष्य के लिए आपने एक ऐसे खूंखार दरिंदे को छोड़ रखा है जो कभी भी फिर से दरिंदगी फैला सकता है और यह एक केस या एक बार की बात नहीं है, ना ही सिर्फ हमारा भारत ही इस तरीके की घटनाओं का शिकार होता है बल्कि इस तरीके की घटनाऐ आज के दौर में लगभग हर एक देश में हो रही है, कुछ पैसों की वजह से, कुछ नेता नगरी की वजह से, कुछ भारी ताकतों की वजह से, तो कुछ आंतरिक वजह से और इसी भ्रष्टाचार की वजह से कानून व न्याय में ना सिर्फ देरी हो रही है बल्कि असली गुनाहगार को

छोड़कर रिश्वत देकर या दबंगई दिखाने के कारण बेगुनाह जेल या सजा काट रहे है।

अच्छा जरा ये सोचकर देखिए कि बंटवारे की वजह से बने कश्मीर को मुद्दा बनाके कितने सालों से राजनीति की जा रही है, कितने चुनावों में इसी बात का बार–बार मुद्दा बनाया गया, पर हर बार कश्मीर को मुद्दा बनाके चुनाव लड़ने से न ही कश्मीर का हल निकल सकता है और न चुनाव ही बार–बार जीता जा सकता है। दूसरा जब दोनों देशों की जनता की आवाज एक होगी व आपस में दिलों को जोड़ लेंगे, तो जमीन भी एक होगी और कश्मीर भी एक, वरना इस जमीन के टुकड़े के पीछे ना सिर्फ खून बहेगा बल्कि परिवार के परिवार खत्म होते जायेगें और जो एकता थी वो एक न होने के बजाए, खत्म होती चली जाएगी और कुछ बेबुद्धि लोग कभी भी इसको खत्म नहीं होने देंगे क्योंकि वो नहीं चाहते कि दोनों देश खुश हो, एक हो और जब आग लगाई है तो दोनों तरफ से कोई न कोई जरूर इसमें भस्म होता रहेगा समय–समय पर। क्या फायदा उस जमीन का जो किसी को किसी भी तरह की खुशी या सुकुन देने का मौका ही नहीं देती है और अगर ऐसा ही चलता रहा तो मेरे हिसाब से न तो कोई जश्न मनाने के लिए बचेगा, न ही कोई अपनों को खोकर उस जमीन पर जश्न मनाना चाहेगा। कहने के लिए तो दो अलग देश आपस में लड़ रहें है, पर अभी तक यह बात समझ में नहीं आती है कि 200 साल तक कैसे हम एक होके लड़े थे अंग्रेजों के खिलाफ और देश आजाद करवाया और उनके बस कह देने से कि तुम मुस्लिम हो अपना अलग देश मांगो, वरना इस आजाद भारत में तुमको कुछ नहीं मिलेगा, तो क्या हमने भारत को आजादी इसलिए दिलवाई थी कि हम इसके दो देश बना सके वो भी धर्म के आधार पर और अगर ऐसा नहीं था, तो उन चंद लोगों के भड़काने पर देश के टुकड़े क्यों कर दिये, मतलब वो हारकर भी जीत के चले गये, इसी कारण के चलते कोई भी बंटवारे के बाद आने वाले समय में खुशहाल नहीं रह सकता था क्योंकि दिमाग में उनके प्रेम की जगह लड़ाई, नफरत व गुस्सा भर गई और कई लोग हिंसा को ही अपना धर्म मानने लगे कि ये भी मेरा है और ये भी

छीनना है। इस तरह से एक दूसरे पर इल्जाम लगाने से या पीढ़ी दर पीढ़ी इस बात को और बढ़ाने से दोनों देशों की दुश्मनी कैसे मिटेगी क्योंकि पुरानी नस्ल के साथ–साथ नई नस्ल के दिमागों को भी खराब किया जा रहा है आतंकवाद के नाम पर या जिहाद के नाम पर और तो और ये प्रकृति का नियम भी है कि दिलों की नफरत को कभी भी दोस्ती में नहीं बदला जा सकता है। मैं पूछता हूँ कि क्या फायदा ऐसा करने से, कोई ट्रॉफी या कोई ऐसा मान–सम्मान या कोई ऐसा तमगा या मेडल तो मिलेगा नहीं, तो ऐसा काम करने से या किसी को मार कर या आतंकवाद फैलाकर किस तरह की आंतरिक संतुष्टि मिल रही है ऐसे लोगों को इसका अंदाजा तो मैं बिल्कुल भी नहीं लगा पाया हूँ अभी तक। इस नफरत से क्या–क्या हुआ है बीते कई सालों में, पहला कि जब तक दिल गंवारा नहीं करता तब तक कोई लाख कोशिश कर लें पर किसी को भी एक नहीं कर सकता है या उसका मन नहीं बदला जा सकता है, दूसरा सालों से लोग मर रहे है और कई राजनैतिक पार्टीयॉ दोनों देशों की, इसे मुद्दा बनाकर वोट मांगती आयी है, तीसरा दोनों तरफ के लोग कई सालों से अपनों से मिलने को तरस रहे है, चौथा 75 साल बाद भी एक लाइन और एक नया नाम मिलने के बाद भी आजतक क्यों वो चंद लोग मन में पाली दुश्मनी भुलाके शांति से जीना नहीं चाहते है और दूसरों को भी चैन से जीने नहीं देते है, भले ही भारत में न मिलों अलग देश बने रहो, पर अच्छे देश बनों और मुस्लिम धर्म के उत्थान के लिए काम करो न कि उसके पतन के लिए, चौथा किसी की बातों में क्या वाकई इतना दम था कि वो जाते–जाते हमारे देश या हमारे घर के टुकड़े कर गये या फिर आजादी की चमक ने कुछ लोगों को सत्ता का लालची बना दिया था, जिस वजह से अपना देश व अपना धर्म सही लगा या जो इन नेताओं को भड़का रहे थे उनको रोकने वाला कोई नहीं था क्या और जैसे आजतक 5 साल के लिए कोई पार्टी सत्ता में रहती है और उस पार्टी का नेता प्रधानमंत्री बनता है तो उस वक्त भी देश के टुकड़े करने के बजाए बना देते नेता, रहते तो भारत के नेता और 5 साल बाद चुनाव जीत कर कोई दूसरा बन जाता और

ऐसी कौन सी आग लगी थी कि देश का प्रथम प्रधानमंत्री बनने का तमगा अपने आगे लगवाने के लिए देश का विभाजन करना भी जायज लगा और सिर्फ इतना सा और बलिदान दे देते ताकि देश का विभाजन तो नहीं होता और शायद आतंकवाद का जन्म भी कभी नहीं होता, पांचवा यह कि अंग्रेंजो ने जबतक शासन किया तबतक सबको दबा के रखा मतलब हर जाति व धर्म को और जाने के बाद अपने बनाये गये कानून के बोझ तले दबा गये और साथ ही देश का बंटवारा भी करवा गये और हम बेवकूफों की तरह वही करते रहे जो वो चाहते थे। जब इतने सालों तक हर धर्म के लोग यहॉ रहते रहे और जंगे आजादी में बराबर का खून बहाया, तो यह कैसा नया देश व मुस्लिम देश और क्यों इसे बनाने की बात उठी, सिख, जैन व ईसाई और न जाने कितने धर्म के लोग भी तो थे इसी देश में, लेकिन यह कहॉ की बुद्धिमानी है कि चंद लोगों की सोच ने भारत का ही नहीं अपितु पूरे विश्व का नक्शा बदल दिया। बंटवारा भारत का किया, एक धर्म को देश से अलग बताया, ये तुम्हारा और हमारा बताया, आतंकवाद को फैलाया, जिसे हम भारतीय और ऐसे आतंकी हमले पूरा विश्व भी झेल रहा है इतने सालों से, जिसका अभी तक पूर्ण रूप से समाधान कोई भी देश नहीं कर पाया है। शायद इसी वजह से यह आतंकी संगठन इस तरह से सोचते है कि इस सब के बाद वह हमेशा बचे रहेंगे और जगह–जगह आंतक फैला के वो जो चाहते है वो उन्हें मिलता जायेगा, तो अब आतंकवादियों का काम और नाम बदल लो दुनिया वालों क्योंकि ये बदलता हुआ भारत है और जैसे आजतक कुछ नहीं मिला बेगुनाहों की जान के सिवाय, तो अब ना आगे कभी कुछ मिलेगा और न ही अब कोई बेगुनाह अपनी जान गवायेगा। कम पढ़े लिखे और जज्बातों में बहने वाले परिवार इस बारे में सोच ही नहीं पाते, साथ ही उन परिवारों को जरा सी भनक भी नहीं होती शायद कि जरा सी उम्र में उनका बच्चा नफरत पालने जा रहा है और खुद के साथ–साथ दूसरों को भी इस बारे में ढोल पीट–पीट कर बताओ कि मैंनें गलत रास्ते को चुना है, तुम भी आओ और बर्बाद हो जाओ परिवार सहित, ये सबको जन्नत भेज रहे है या रास्ता बता रहे है वहॉ जाने का। इसके बजाए अगर वो पढ़े

लिखे होते तो अपने परिवार को भी सही दिशा देने के साथ–साथ एक–एक करके बाकी परिवारों को बदल सकते थे, पर आतंकवादी कैसे बनाये जाते, इसलिए पढ़ने मत दो और दोनों देशों में मदरसे यही अपनाते है और जो मदरसे नहीं जाते है या अपनाते है वो अपने देश में, मुस्लिम देश में या किसी भी देश में नाम कमाते है और ऐसे चंद लोगों की वजह से हर देश में मुस्लमानों को हम काम करते हुए व नाम करते हुऐ पायेगें वरना जिसे ये अपना देश मानते है वो ही इनकी मारने पर लगा हुआ है चाहे अमेरिका के टॉवरों पर हमला हो या भारत के ताज पर। खुद उनके देश की सरकार व ऐजेंसियॉ कितनी बार भारत, कश्मीर व अपने ही कौम के लोगों की जिंदगी पर हो रहे अत्याचार के बारे में झूठी बातें फैलाके इस बात का मुद्दा बनाकर सालों से अपने ही लोगों की भावनाओं से खेलते आ रहे है, ऐसा करके वो सिर्फ अपने स्वार्थ के बारे में ही सालों से सोच रहें है और वहॉ की जनता भी आज तक न एक कायदे का नेता चुन पायी है और ना वहॉ के हुक्मरानों ने चुने जाने के बाद जनता के साथ न्याय किया इतने सालों में। ऐसे में मेरा यह मानना है कि कोई भी देश क्यों न हो, जो यह सोच रखते है कि चाहे देश में कुछ भी हो हमारा अपना काम बनता है तो हमें क्या मतलब की क्या होगा जनता का, यह सोच वाले न ज्यादा दिन शासन कर सकते है और न ही अपने देश को किसी मुकाम पर ले जा सकते है। अगर देश को चलाने वाले अपने स्वार्थ से ऊपर उठकर देश के बारे में सोचेगें तो इस तरह की घटनाऐं बार–बार नहीं होती, वो भी बिना सोचे क्योंकि जहॉ वो इंसान बैठा है वो ऐसे किसी भी संगठन को बढ़ने नहीं देते और ना नौजवानों को आग में ऐसे कूदने देते और अगर बाकी जो एक होना चाहते है तो उन्हें यह दोनों मिलकर मतलब दोनों देश साथ लेकर आते और आतंकी संगठन चलाने वालों को कभी एक साथ होने नहीं देते। ऐसे लोगों को जल्द से जल्द हटाना चाहिए किसी भी निर्णय लेने वाली जगह से क्योंकि ऐसे लोग ही एकता जैसे काम में रुकावट बनते है या यूँ कहे की जो ना तो खुद खुश है और ना ही वह किसी दूसरे को खुश देखना चाहते हैं और खुद का नाम न लेकर अल्लाह का या किसी दूसरे

की कुर्बानी का नाम लेकर लोगों को बर्गलाते रहते है और उनके अंदर की मासूमियत खत्म करके उनके अंदर आतंकी व बर्बाता की भावना को पैदा कर रहे हैं, वरना न तो कोई जानबूझकर एक दूसरे से लड़ना चाहता है न ही कोई ऐसा काम खुशी से करना चाहता है जिससे उसकी जिंदगी तो जाये ही, साथ में परिवार को भी दुःख व बदनामी पहुँचाये और जो ऐसा करते है वो एक इंसान मॉ की ममता को और इंसानियत दोनों को साथ में खत्म करते है। इसी वजह से मैं आज के युवाओं से कहना चाहूँगा कि वह खुद आगे बढ़ें और अपने आसपास के साथ–साथ दोनों देशों के नागरिकों के अंदर जागरूकता पैदा करें जितना कानून व नियम के हिसाब से किया जा सके, यह बात जहन में रहकर कि जंग से कभी भी किसी का भला नहीं हुआ है बस मैदान ही लाल हुआ है खून से और उस खून से तारीखों का इतिहास बनता रहा है। कितने परिवार के परिवार यूँ ही अपनों को खोते गये है बिना वजह की जंग के कारण और हमें जंग से बचने के साथ–साथ जंग करने वालों के खिलाफ एक जुट होकर कदम बढ़ाना होगा, साथ ही युवा को हर वो कोशिश करनी चाहिए अपने स्तर पर जो ना तो आज तक कोई पार्टी कर सकी है, न कोई पहले की सरकारें, इस बेवजह की जंग के खिलाफ मोर्चे निकालो, भूख हड़ताल करो, आंदोलन करो, दोनों देशों के युवा एक ही दिन निकले हर उस व्यक्ति के खिलाफ जो जंग चाहते हैं, इस नारे के साथ कि हम पहले भी एक थे और हमें एक ही रहने दो भले दो रहें या एक देश, पर हमें इंसान रहने दो सरहद या जमीन का टुकड़ा नहीं, बहुत हुआ हिन्दु–मुस्लिम का खेल। अगर हम जंग लड़ने से मना कर दें या उन संगठनों का हिस्सा ना बने, जो देश विरोधी या धर्म विरोधी बातें करते हो, तो ये आंतकवाद फैलाने वाले खुद ब खुद खत्म हो जायेगें, चाहे देश कोई भी हो जो दहशतगर्दी फैलाने की बात करते हो, वो अपने आप गुम हो जायेगें और ये ही एक सबसे कारगर तरीका लगता है, जहॉ इंसान ही इंसान को बदलने की कोशिश करेगा और आतंकवाद को जड़ से खत्म कर सकेगा, इससे सिर्फ हमारा देश ही नहीं बल्कि दोनों देश एक साफ सुथरी व अमन–चैन की जिंदगी जी सकेगें

और साथ ही साथ नयीं ऊँचाइयों को भी छू पाऐंगें, वरना खुद को बर्बाद करने के साथ–साथ बाकी लोगों को भी ऐसा करने से नहीं रोक पाऐंगें और वो सारे संगठन आग लगाकर हाथ सेकते रहेगें व मासूमों को मरने के लिए तैयार करते रहेगें और ऐसे में वो युवा उनकी बात मानकर वो ही करते रहेगें जो वो करवाना चाहते हैं, इस तरह से वो सिर्फ दूसरों को भड़काते रहेगें और किसी को भी दोस्ती करने के बारे में सोचने नहीं देगें और न बदलने देगें। एक कहावत है कि जब जागो तब सवेरा, इस बात को चरितार्थ करने का समय नजदीक आ रहा है और इसको पूरा करने के लिए नई जनरेशन का एकजुट होना बहुत जरूरी है और साथ ही पूरे विश्व को भी, सरकारें बदलने के साथ साक्षरता का स्तर बढ़ने से व शिक्षा के कारण जो ज्ञान हमें मिलता है उससे ही हमें समाज में व देश में हो रहे अच्छे व बुरे का पता चलता है, साथ ही सही और गलत में हम पहचान भी कर सकते हैं अगर हम शिक्षित हैं। वैसे भी आज के जमाने की नस्ल को बहुत अच्छे से पता है कि हम युवा अगर चाहे तो कोई भी बड़े से बड़ा काम भी चुटकी भर में निपटा सकते हैं और अगर अपने पर आ जायें व अपने जोश को सही दिशा में ले जायें तो घर या समाज ही नहीं बल्कि किसी भी देश को बना या बिगाड़ सकते है। आज के युवा ऐसे है कि सरकार ने सपोर्ट किया तो ठीक वरना हम किसी भी चीज को अपने लिए बना सकते है और जो सही है उसको सही दिशा में लाने के लिए एकजुट होकर हम हमेशा कार्य कर सकते है और आज के युवाओं के अंदर एक चीज बहुतायत में है कि वो जितने भावुक है उतने ही वह जोशीलें भी है। वैसे आज के युवाओं को अपने मन में खींची गई रेखा को लक्ष्मण रेखा न मानकर, यह कभी भी नहीं सोचना चाहिए कि हॉं कोई रावण आ सकता है और हमारे यहॉं से उस चीज को चुरा कर जा सकता है और यहॉं रावण वो है जो हम लोगों का सुख चैन, अमन–शांति लेकर जा रहा है, तो असल में जो लक्ष्मण रेखा हम दो देशों ने आपस में खींच ली है उसमें जो रावण की भूमिका निभा रहें हैं वो हैं, वो सारे आतंकवादी संगठन जो चुपके से आते है बार–बार भेष बदलकर ताकि घुसपैठ करके, हमारे लोगों का सुख–चैन छीन

सकें जैसे रावण ने श्री राम का छीना था और राम जी ने जैसे घर में घुसकर मारा था ठीक वैसे ही हम भी आजके रावण को घर में घुसकर मार गिरायेगें। इस सबके लिए उन्हें कहॉ से मदद मिलती है उससे हम सब वाकिफ है और जो बम–बारूद वो गिराते है वो कौन देता है ये भी लगभग सभी जानते है, साथ ही लोगों के मन में जहर घोलने वाले इन आतंकी रुपी भेष बदले इंसानों का खात्मा करना है और जो लक्ष्मण रेखा खींची है उसको उसी तरीके से मिटा देना है जैसे सागर की लहरें किनारे पर आकर हर पॉव के निशान मिटा देती है वो भी बिना किसी तरह के भेदभाव के और सबकुछ वापस अपने साथ ले जाकर सागर में मिला देती है। अगर टाइम रहते सब बदल गया तो यह दोनों देश फिर से एक होकर पूरे विश्व पर भारी पड़ेंगे वो भी हर क्षेत्र में, हॉ मैं यह ही कहना चाह रहा हूँ कि लाईन मिटा दी जायें, तब दो देश कहॉ रहेगें वो पहले कि तरह भारत ही कहलायेगें और अगर दो नाम भी रहे तो भी इंसानियत तो बच जायेगी और यह कत्लेआम तो खत्म हो जायेगा, पर यह होना मुश्किल है पर नामुमकिन नहीं है, फिर कहूँगा कि देश भले ही दो रहें पर आपस में सौहार्द व अपनापन होना चाहिए। इसको ऐसे समझते है कि एक मॉ के दो बेटे है पहला किसी शहर में कमाने गया, दूसरा दूसरे शहर में, तो वो दो अलग जगह गये, पर असल में वो एक ही मॉ के बेटे कहलायेगें, इसी तरह देश भले ही दो हो पर व्यापार, त्यौहार, सबसे जरूरी क्रिकेट और आपस में मिलने के लिए वीजा ना लगना और कोई बार्डर का न होना यही बात दर्शाता है कि दोनों या तीनों या जो–जो अलग हुए हैं वो सब हैं तो भारत मॉ के बेटे ही और इस सपने को सोचने भर से ही मन प्रसन्न हो जाता है अगर आप भी ऐसा चाहते हैं या सोचते हैं और अगर यह हकीकत में चरित्रार्थ हो जाये, तब सोचकर देखिए कैसा लगेगा, वो शायद जीवन का सबसे अच्छा अनुभव होगा, दोनों देशों या उन सभी देशों के लोगों के लिए जो भारत से अलग हुए हैं।

वैसे भी जब तक हम या कोई भी विकासशील देश अपने आंतरिक मसले नहीं सुलझा लेता, तब तक पूरी तरीके से विकसित देशों में नहीं गिना जाएगा, परमाणु ताकत बढ़ा लेने से, मिसाइलों

का सफल परीक्षण कर लेने से या अंतरिक्ष में ढेरों सैटेलाइट भेजने से क्या फायदा जब एक–एक करके उन्हें देखने व इस्तमाल करने वाले ही ना रहे क्योंकि हर देश का रक्षा बजट पिछले साल के मुकाबले बढ़ता ही जा रहा है और आज के इंसान को इंसान से इतना खतरा है कि वो बम के साथ जैविक हथियार भी बना रहा है कि बम से बच भी गये तो वायरस से नहीं बचोगे, पर यही पैसा अगर देश को आगे बढ़ाने में व खूबसूरत बनाने में और जो प्रकृति ने हमें दिया है उसको संवारने में लगाते तो बात ही कुछ और होती। वैसे और कोई भी मसला इतनी आसानी से सुलझाया नहीं जा सकता जितनी आसानी से रक्षा बजट पास कर दिया जाता है और बाकी सब में कुछ ना कुछ टाइम जरूर लगता है पास होने में, इस जमीनी लड़ाई व इसके लिए बनाए गये बजट के कारण कितनी माताओं को जब एक दिन पता चलता है कि उसका बच्चा जंग में मारा गया और उसके शरीर में इतनी गोलीयॉ लगी है या बम से चीथड़े उड़ गये है तो उस पर मॉ परं क्या गुजरती होगी क्योंकि जिसने अपनी छाती से उसे दूध पिलाया था आज उसी छाती पर लगाके जब वह मॉ अपने बेटे को खून में सना देखती है तो वह खून उसी छाती को लगता है जहॉ कभी दूध का रंग सफेद था जो अब लाल रंग का हो चुका है और जिस जमीन के लिए वो लड़ा था वो भी नहीं मिली क्योंकि अभी और माताओं के दूध का रंग लाल होना बचा है, देश की रक्षा करना गर्व की बात है वर्दी पहनना एक अदभुत एहसास देता है और शहीद होना भी किसी–किसी को नसीब होता है और हम जो भी बना रहें हैं वो अपनी रक्षा के लिए वो भी आत्मनिर्भर तरीके से, लेकिन किसी को दिखाने या जंग के लिए नहीं, पर जब कोई हमारी भारत माता पर गंदी भावना या आंतक फैलाने के लिए कदम रखता है तो उसे जवाब देने के लिए हमें हथियार उठाने पड़ते है और जंग में एक इंसान दूसरे को मारता है पर वो आतंकवादी शहीद नहीं कहलाता है फिर भी वो मरने को तैयार है, पर उस मॉ पर क्या बीतती होगी यह तो वह मॉ ही जानती होगी या तो भगवान जानते होगें क्योंकि बाकी सब के लिए बस वो जंग या एक न्यूज़ ही होती है, जहॉ एक और सिपाही जंग

में शहीद होता है और एक आतंकवादी मारा जाता है, इसलिए यह बात सोचनी चाहिए कि कबतक आपस में हम जंग करके व एक–दूसरे को मारकर, हर उस मॉ से जो जंग में लड़ने गया है उसके बेटे को छीनते रहेगें। यह बम बारूद हमने क्यों बनाये ताकतवर बनने के लिए या दूसरे इंसान को मारने के लिए, इतना ही न, या और कोई वाजिब कारण हो तो मुझे बताये कि इस वजह से बम बनाना जरूरी था, एक इंसान को मारने के लिए इतने तरीके के अस्त्र–शस्त्र इंसान बना रहा है और सबको गर्व से दिखाता है कि देखो मैं इतना पावरफुल हूॅ मेरे पास इतनी तरह की मिसाइलें है, मेरे पास यह टैंक है, मेरे पास इतने परमाणु बम है, कब तक यूॅ बेकसूर लोग एक–एक करके मरते रहेगें, बात यहॉ भारत या पाकिस्तान की नहीं हो रही है, यह बात हो रही है पूरे विश्व की, जहॉ अलग–अलग देश अजीबों गरीब कारणों से युद्व कर रहें है, कोई रूस से, तो कोई यूक्रेन से, कोई साउथ कोरिया से, कोई अमेरिका से, तो कोई ईरान से, कोई अफगानिस्तान से, तो कोई तालिबान से, कोई पाकिस्तान से या लड़ाई किसी भी देशों के बीच चल रही हों, हर जंग में एक मॉ का बेटा जो उसे प्यारा होता है वो सिर्फ अपने देश की खातिर लड़ रहा होता है या कुछ उस देश के हुक्मरानों के कहने पर लड़ रहे होते है कि हमें इस जमीन के लिए लड़ना है।

लड़ाई चाहे किसी भी देश की हो पर मरता तो एक सिपाही ही है और वह सिपाही एक मॉ का राज दुलारा होता है, भले ही देश को इस बात से ज्यादा फर्क ना पढ़ता हो क्योंकि यह कहा जाएगा कि आपने स्वंय चुना था सेना में जाना और आपने देश की रक्षा के लिए अपने प्राण निसार खुद करना चाहते थे, इस पहलू से देखा जाये तो यह बात भी ठीक है, लेकिन एक बात यह भी देखने वाली है कि आज के कई युवा इसलिए भी फौज में जाना चाहते है क्योंकि एक तो सरकारी नौकरी मिलेगी, दूसरा दारू और खाना मिलेगा, तीसरा नये–नये हथियार मिलेगें और धीरे–धीरे वो जब इसका आदि बन जाता है तब उसको यह फर्क नहीं पड़ता कि कहॉ हूॅ बस एक जज्बा घर जाता कि अब देश के लिए कुछ कर गुजरना

है इसलिए फौज में युवा भले ही कुछ और सोचकर जाते हों और खुद ही चुनते भी हों उस नौकरी को, पर वो वर्दी, बार्डर और बाकी को देखके वो भी गर्व का अनुभव करने लगता है, पर फिर वो ही बात कि आखिर में चाहे मर्जी से गया हो या नहीं, लड़ाई लड़नी तो जमीन के लिए ही है। कैसे न कैसे करके हर मॉ अपने बच्चों को बड़ा करती है लेकिन इस दिन के लिए नहीं कि वह चंद दिनों की खुशी देने की बजाए जिंदगी भर के लिए ऑसू देकर उसके सामने लाकर लेटा दिया जाए और कहा जाये कि आपका बेटा रणभूमि में लड़ते हुए शहीद हो गया तो उसी समय उस मॉ की ऑखें पथरा जाती है, यहॉ एक बात और जोड़ना चाहता हूॅ कि कुछ ऐसे होते है जो बचपन से ही सेना में भर्ती होना चाहते है वजह दो, एक कि उनके परिवार में ज्यादातर फौज में होते हैं, दूसरें वो जो यह सपना लेकर जीते है कि मुझे फौज में ही जाना है, पर एक तीसरी वजह है मजबूरी जैसे गरीबी, कम पढ़ा लिखा होना, कोई और काम में मन न लगना या दोस्तों के कहने पर फौज में जाना, पहले दो वजहों में तो मॉ तैयार रहती है कि जंग में कुछ भी हो सकता है, पर तीसरी वाली नहीं। एक और बात कि कोई बाहरी लड़े तो समझ में भी आता है पर आपस में सिर्फ हिंदू–मुसलमान का भेद करके, यूॅ लड़ना और एक दूसरे को बस शक की वजह से मार डालने की निगाह से देखना कहॉ तक सही है, हॉ अगर दूसरे मुल्क से आप लड़ाई लड़ते हो, तो एक बार के लिए समझा भी जा सकता है क्योंकि वहॉ पर आपकी भाषा, धर्म, संस्कृति सब अलग होती है और आपको अपनी संस्कृति, धर्म और अपने लोगों को बचाने के लिए लड़ना पड़ता है जैसा कई बार अमेरिका या ऑस्ट्रेलिया या कई देशों में हुआ है हमारे लोगों के साथ या उस धर्म के लोगों के साथ, पर अपने ही घर के अंदर लड़ाई लड़ने से और अपने ही लोगों को मार डालने से किसका फायदा हुआ है यह तो मुझे अब तक पता नहीं चल पाया है पूरी तरह से। पर इसका ये मतलब नहीं है कि बच्चों की लड़ाई में बड़े भी अपना हाथ डाले कि अगर कोई दो लोग आपस में लड़ रहे है तो उनको समझने के बजाए और भड़काओ, जो देश वाकई में बड़े बनते है अपने आप में, वह उनको

रोकने के बजाए उनको बढ़ावा दे, हथियार दें कि नहीं तुम लड़ो तुम सही कर रहे हो और बड़े बनने के बजाय खुद उसमें शामिल हो जाते है। इससे न तो वो समस्या हल होगी और ना ही कोई जरिया मिलागे कि वाकई में लड़ाई क्यों हुई और क्या संस्कार देगें हम अपनी आने वाली पीढ़ी को कि आपस में मिलजुल के रहने के बजाए ऐसे ही लड़ाई झगड़ा करो और यही बात बाकी देशों पे भी लागू होती है जिन्हें मिलजुल कर रहना चाहिए बजाए जरा–जरा सी बातों पे लड़ने के और ऐसी लड़ाई धीरे–धीरे अह्म की लड़ाई में बदल जाती है कि मैं क्यों झुकूं और आम इंसान ये समझ ही नहीं पाता है कि लड़ाई में तो तानाशाह या देशों द्वारा बनाये गये नियम व कानून है जिनको न मानने की वजह से जंग होती है पर हम बेचारे क्यों मारे जाते है।

जंग व लड़ाई की तरह शक भी वो बला है जो हरे–भरे परिवार को, देश व समाज किसी को भी राख कर देता है, जैसे घर बनाने में समय का पता नहीं लगता है ठीक वैसे ही किसी भी चीज को खत्म करने में शक को वक्त नही लगता और किसी रिश्ते को तोड़ने में चाहे घर हो या देश शक ही सबसे ज्यादा अहम भूमिका निभाता है। शक वो चीज है जो इंसान की इंसानियत एक पल में खत्म कर देती है और बाद में आप सफाई देते–देते बर्बाद हो जाओगे और शक का इस्तेमाल हर मतलबी अच्छे से करना जानता है फिर चाहे घर हो, समाज हो या देश हो सिर्फ शक पैदा कर दो दोनों के बीच लड़ाई अपने आप शुरू हो जायेगी। पर फिर एक बात दिमाग में आती है कि इतने सरकारी आफिस, इतने डिपलोमैट, इतनी तरह की संधियॉ व इतने विद्वान लोगों के होने के बाद भी व इतने सालों से न जाने कितने तरीके अपनाने के बाद भी आखिर कोई क्यों नहीं इस बात का निष्कर्ष निकाल पा रहा है कि कैसे शांति व अमन बहाल किया जा सके दो लड़नें वाले देशों के बीच और अक्सर शांति तब बहाल करने के बारे में सोचा जाता है जब लगता है कि अब मामला ज्यादा बिगड़ने वाला है या जान–माल का ज्यादा नुक्सान हो चुका है। इसका तो एक ही मतलब हुआ कि शायद इस बात का सही तरीके से सॉल्यूशन कैसे निकालना है

इसकी कोशिश ही सही ढंग से नहीं की जा रही है, नाहीं कोई इस दिशा में गहन विचार करके सोचना चाहता है या फिर ये भी हो सकता है कि हम आधे अधूरे मन से कोई काम कर रहे है। वरना दुनिया में इंसान ही सिर्फ ऐसा प्राणी है जो चाहे तो कुछ भी कर सकता है पर चाहे तब ना चाहे तो वह भारत को और पाकिस्तान को हर बार इलेक्शन में या फिर हिन्दु–मुस्लिम का मुद्दा बनाकर लड़ रहे किसी भी उम्मीदवार को वोट न दें, चाहे तो झूठे वादे करने वाले कि भारत–पाक के रिश्तों में सुधार की कोशिश की जाएगी अगर आप हमें वोट दे और उनको भी वोट न दें, चाहे तो ऐसे लोग जो कहें कि भारत और पाकिस्तान के बीच में शांति वार्ता का प्रस्ताव रखा जाएगा अगर आप हमें वोट दें और उसको भी वोट न दें, पाकिस्तान के कब्जे वाले कश्मीर को वापस ले आयेगें इसके लिए आप हमें वोट दें, हम गरीबी मिटा देगें, नौकरियों की बाढ़ ला देगें, देश को कर्ज मुक्त बना देगें, कानून बदल देगें, कुछ लोगों को आरक्षण दे देगें, किसानों के कर्ज माफ या कम कर देगें ऐसे कितने वादे किये जाते है वोट के लिए और काफी कुछ मैनें 2024 के चुनाव में भी देखा और ये भी देखा कि हमने जिसको चाहा उसे चुना ना कि वादा करने वालों को, ये ही मैं कह रहा हूँ कि हम चाहे तो किसी को भी बना या बिगाड़ सकते है और जिसकी चाहे सरकार बना सकते है या उसे मिटा सकते है, चाहे तो चांद में पहुँच कर दुनिया को अचंभित कर सकते है और चाहे तो बिना यूरेनियम के पामाणु बम भी बना सकते है पर चाहे तो। अरे अंग्रेजों ने भारत में पाकिस्तान बना दिया और हमनें उसको अलग देश व नाम दे दिया, वरना कश्मीर तो एक ही है और वो आजादी से पहले भी वहीं था और अब भी वहीं है, वह ना तो भारत का है ना पाकिस्तान का है, वह हर उस इंसान का है जो इस धरती पर पैदा हुआ है वह हर उस इंसान का है जो प्राकृतिक सुंदरता को चाहता है, हर वो इंसान जिसके मन में प्यार है, जो इंसान रिश्तों को मानता हो, उसका है कश्मीर और ऐसा इंसान कभी भी किसी भी तरह की जमीन के टुकड़े के लिए लड़ने को तैयार नहीं होगा, साथ ही ना कभी भी किसी के कहने से राजी होगा और वह जानता है कि इस लड़ाई से

किसी का कुछ फायदा नहीं होने वाला है और कश्मीर मेरा है, मेरे परिवार का है मेरे मुल्क के सभी लोगों का है और ये जमीन का टुकड़ा नहीं है जो कोई लड़के या बम फोड़के हथिया ले, ये भी हम ही चाह सकते है कि ऐसा न हो और हम ही चाह सकते है कि इसे मुद्दा या जमीन का टुकड़ा न समझा जाये। पर अब तक क्या हुआ है बस लोग मारे गए, कुछ अपनी ड्यूटी के कारण, तो कुछ किसी के भड़का देने के कारण और कुछ बेवकूफ लोग बस बंदूक उठाकर सोचते है कि वो सब कुछ पा लेगें, पर कहते है ना कि गलतफहमीं कभी भी नहीं पालनी चाहिए जैसा आजतक कुछ लोग पालें बैठे है। पर मैं एक बात गारंटी से कह सकता हूँ कि जो लोग शहीद हुए है सरहद पर शहीद होने वाले सैनिक के परिवार के दुःख का अंदाजा हर कोई लगा सकता है आसानी से अपनी–अपनी तरह से, पर कोई भी ये बयान नहीं कर सकता कि जब खुद किसी के सामने उसके किसी अपने कि जान जाती है तो कैसा लगता है क्योंकि मौत ही दुनिया का अटल सत्य है जिसे कोई भी मानना नहीं चाहता, शायद जितना दुःख आपको होता है उससे कहीं ज्यादा दुःखी उस सैनिक का दोस्त होता है क्योंकि उनकी दुनिया व उनका परिवार उनका वो साथी ही होता है और उसके सामने उसके साथी को जब कुछ होता है तो उस दर्द को कोई बयान नहीं कर सकता है।

जंग करने व लड़ाई करने से कभी किसी का फायदा नहीं हुआ है जब तक एकता की शक्ति को नहीं पहचाना जाएगा, तब तक कोई भी ना तो खुश होगा ना ही वह कभी चैन से रह पाएगा, बस जंग और जंग और तबाही, क्यों नहीं हम यह सोच सकते कि इतने सालों की लड़ाई के बाद भी जब कुछ नहीं बदला तो आगे क्या बदलेगा। लगातार घी में आग डालने से आग बढ़ेगी ना कि कम होगी, शायद मेरी बात को हर कोई जानता हो मानता हो, पर हर कोई सोचता है कि कौन करेगा, क्या हम बस किसी के इंतजार में आपस में यूंहीं परिवारों को तबाह करते रहेगें, अपने ही बच्चे को मार कर व उनका खून देखकर खुश होना किस तरह होशियारी है, भारत हर बार कहता है सबसे कि हम कभी नहीं चाहते कि ऐसा कुछ हो या हम युद्ध लड़ना चाहते हो, कभी भी भारत की तरफ से

किसी भी तरह की जंग के लिए पहल नहीं हुई है। पर जैसे यह बात भी सही है कि समाज में जैसे एक समान लोग नहीं रहते है और कोई अगर जबरदस्ती किसी का घर तोड़कर घर में घुसे, तो उसे समझा बूझाकर और ना माने तो फिर मारकर घर से निकाला जाता है और बाद में समाज में रहने वाले लोग मारपीट करके फिर आपस में एक हो जाते है एक साथ रहने लगते है, पर देशों के बीच की लड़ाई को खत्म करना इतना आसान नहीं होता और जब कोई देश में जबरदस्ती घुसने की कोशिश करता है तो वहॉ अपनी रक्षा न करना बुजदिली होगा या जवाब ना देना कायरता होगी, तो ऐसे में लड़ना जायज है, इस तरह चोरी से घुसने का मतलब ही है कि आपका इरादा ठीक नहीं है और आप आतंक फैलाने के इरादे से आ रहे हो जिसका जवाब देना सौ प्रतिशत सही है। मैं कई बार कह चूका हूँ और कहता रहूँगा कि इससे होगा क्या, हम रक्षा कर रहे है किस चीज की जमीन की और जमीन किसकी है किसी की भी नहीं, हम पैदा होते है मिट्टी से और मिट्टी में मिल जाते है, लेकिन फिर भी जमीन की लड़ाई में हम अपना जीवन बिता देते है और हर बार एक नई लड़ाई हजारों की तादात में लोगों को मार के चली जाती है और हजारों लोगों के परिवारों को तबाह कर जाती है। अरे जमीन अपनी हो या किसी भी देश की पहले एक दूसरे के बीच में खुद ही रेखा खींचकर बाद में खुद ही ये कहना कि यहॉ से वहॉ तक हमारी सीमा है और वहॉ तक तुम्हारी सीमा है, बस इन रेखाओं के चक्कर में इंसान अपनी इंसानियत तक को भुला बैठा है। हमने कभी भी बिना वजह के पाकिस्तान की या किसी भी देश की बुराई तक नहीं की क्योंकि हमनें हमेशा अमन व चैन की राह चाही है और कितनी बार हमने अपने पड़ोसी को सुधरने के लिए मौका भी दिया और दोस्ती का हाथ भी बढ़ाया, इसी के तहत समझौता एक्सप्रेस या बस सेवा भी शुरू की, पर अगर किसी को किसी से दोस्ती करनी है तो सबसे पहले उसे यह भी सोचना चाहिए कि हम बात सच्चे मन से कर रहें है या ऊपरी मन से क्योंकि दोस्ती के बीच में ना तो कोई फौज होनी चाहिए, ना ही कोई रेखा और न ही

आतंकवाद, तब तो दोस्ती या रिश्ता कायम किया जा सकेगा वरना लड़ते रहो।

जैसे हम अपने देश के हर हिस्से में बिना किसी रोक–टोक के आ–जा सकते है वैसे ही हर उस देश में भी आ–जा सकें जहॉ भी हमारे दोस्ती के संबध है नाकी वीजा का नियम रहे आने–जाने के लिये। यहॉ एक बात सोचने लायक है कि वीजा का नियम किस लिए बनाया गया, मतलब पहले रेखा खीचीं फिर उसे एक देश का नाम दिया और फिर देशों में आने–जाने के लिए नियम बनाये मतलब वीजा, फिर वही बात आती है कि इंसान को इंसान से डर लगता है क्योंकि किसी भी देश में दो चीजें ही तो सबसे ज्यादा अलग होती है एक संस्कृति दूसरी वहॉ की भाषा, बाकी सारे काम तो हर देश के लोग एक जैसा ही करते है जैसे खाना, नहाना, नौकरी करना, दुकान पर जाना और रोजमर्रा के बाकी काम तो सब एक जैसा ही करते है तो फिर ये वीजा किसलिए, संस्कृति या भाषा की रक्षा करने के लिए, ऐसा तो नहीं होगा क्योंकि हमारे देश के हर हिस्से में जाने के लिए तो वीजा नहीं लगता है क्योंकि जितनी तरह की भाषायें व संस्कृति हमारे देश में है उतनी तो पूरे विश्व के सभी देशों को मिलाकर भी नही हो सकती है, इसलिए ये वीजा का सिस्टम मुझे समझ नहीं आया कि इंसान को घूमने या दूसरे इंसान से मिलने के लिए परमिशन लेनी पड़े। तो जैसे हम अपने देश में किसी भी जगह जा सकते है चाहे वह बस हो या ट्रेन हो या हवाई जहाज या चाहे कोई भी साधन हो, बस इसी तरह पूरे विश्व में होना चाहिए कि इंसान कहीं भी आ जा सके, हॉ इस बात से मैं सहमति रखता हूॅ कि हमें हर देश के कायदे व कानून को मानना चाहिए क्योंकि वो कायदे उनकी सभ्यता के हिसाब से बने है जिनका हमें पालन करना चाहिए।

इंसान चाहे तो सब कुछ कर सकता है और वह अपने इरादों के द्वारा तो पहाड़ तक को तोड़कर रास्ता बना सकता है और यह तो सिर्फ 76 साल पुरानी दीवार या लाईन है, बस एक बार दिल को मिलाने की व एक होना का निश्चय करने की जरूरत है, बस फिर

क्या दीवार और क्या इंसानों के दिलों में भरा गुस्सा, सब एक बार में शांत हो जाएगा और अगर सच कहा जाए तो दोनों देश की आम जनता भी यही चाहती है की जंग ना हो और सब लोग आपस में मिलकर रहे। लेकिन कुछ लोगों के बुने हुए इरादों ने और कुछ लोगों के बनाये हुए इन काफिरों की वजह से और इन आतंकवादी संगठनों ने इस चीज का फायदा उठा रखा है और वह आम लोगों के दिलों में यह डर पैदा करते रहते है कि हमारे मुस्लमान भाईयों पर सालों से जुल्म हो रहा है और हम उसका बदला लेकर रहेगें और उनके इन तरीको से ही लोग अच्छाई व बुराई में शायद फर्क नहीं कर पा रहे है और उन लोगों ये भी कहकर डराया जाता है कि अगर आप ऐसा नहीं करोगे तो आपको जन्नत नहीं मिलेगी और वो 72 हूरें नहीं मिलेगीं, वो लोग ऐसे भरोसे से बोलते है जैसे वो रोज उनसे मिलते है या वो हुरे उनके यहाँ काम करती हों और हजारों को अपने स्वार्थ के लिए मरवा के सब को जन्नत दिलवा चुके है। जबकि असल में कुरान में तो क्या किसी भी धर्म ग्रंथ में किसी को भी मारना जायज नहीं बताया गया है और ये तो बिल्कुल भी नहीं की आप इंसानों को मारो तो आपको जन्नत मिलेगी, सीधी सी बात है जो सभी धर्म ग्रंथ कहते है या फिर ईश्वर हो, खुदा हो या कोई भी पूजनीय देव–गुरू–ईष्ट कि ये सृष्टि उनसे ही उत्पन्न हुई है और सभी उनके बच्चे है, तो जो हम सबका पिता है परमपिता है वो ये कहेगा कि मेरे बच्चे तुम मेरे दूसरे बच्चे को मारों और ऐसा करके तुम मेरे करीब आ जाओगे और तुम्हें जन्नत नसीब होगी। क्या कोई भी पिता ये चाहता होगा ? नहीं न और कोई चाहता हो तो मुझे भी बताईयेगा और फिर आतंकवाद के बारे में सोच के देखियेगा या किसी को मारने के बारे में सोचिऐगा, फिर आप बम फोड़कर दिखाईऐगा क्योंकि धर्म के हिसाब से तो सामने वाला आपका भाई या बहन होगा। फिर कभी भी आप किसी जंग में शस्त्र नहीं उठा पाओगे, पर ऐसा सिर्फ आस्तिक कर सकता है न की नास्तिक क्योंकि उनके हिसाब से उनका दिमाग खराब करने वाला ही उनका भगवान होता है।

सबको ईश्वर ने काफी कुछ दिया है वो भी उनकी हैसियत के हिसाब से और इंसान व सृष्टि के लिए कुछ नियम भी बनाये, पर हम उन नियमों को तोड़कर खुद खुदा बनने में लगे है। ऐसे में आपको खुद उनसे लड़ना होगा जो अपने आपको खुदा समझते है या गलत रास्ता पर ले जा रहे है या सबके खिलाफ दुश्मन बना रहे है उदाहरणतः जैसे भारत में हुए हमले में हमनें देखा था जब ताज होटल पर हमला हुआ था, जिसमें कसाब जैसे कम उम्र के लड़के जो 10 से 15 की तादाद में आए थे, वह सब मारे गये पर उन्होनें मरने से पहले सैकड़ो मासूम लोगों को मारा, जिनकी कोई गलती नहीं थी बस वो उस मानसिकता के शिकार बने, जो उनके जहन में भरा गया था और वो भूल गये थे कि वो क्या कर रहे है क्योंकि उनका माईडंवाश इस कदर हुआ था जो उनको ऐसा करने पर सीधे 72 हूरों के पास ले जायेगें, उनकी कुरान के मुताबिक जन्नत में 80000 नौकर और 72 हूरें मतलब 72 वाईफ जो आपकी सेवा करेगीं। जो लोग ये कह कर और आतंकवाद को बढ़ावा देने के साथ उन बच्चों के दिमाग में जहर भरकर इंसानियत व मुस्लिम धर्म को बदनाम कर रहे है, उन लोगों को ना तो समझाने की कोशिश की जा सकती है ना ही उन लोगों के ऊपर किसी तरह का दबाब बनाया जा सकता है क्योंकि वह एक ही चीज जानते है कि नहीं हमें बदला लेना है और कश्मीर को पाकिस्तान में मिलाना है, तो वो लोग ना तो इंसान रहें ना ही किसी धर्म के नुमाईदें, वो तो ऐसे जानवर बन गये है जो इंसानियत के लिए खतरा बन गये है और ऐसे लोगों को चुन–चुन कर सबके सामने सजा देनी चाहिए और इनके खिलाफ हथियार उठाना बिल्कुल जायज है और ऐसे इंसानों का दूसरे इंसान द्वारा मारना पूरी तरह से न्याय संगत है और इसके लिए परमपिता परमेश्वर भी आपको आर्शीवाद ही देगें क्योंकि वो धर्म के नाम पर जिन मासूमों लोगों को मार रहें है तो उनका मरना ठीक वैसा ही है जैसे राक्षसों का अंत करना मानवता के लिए जरूरी है।

इसलिए एक बार फिर से सोचो की बदला लेना किससे है क्योंकि तुम खुद इंसान हो और तुम सामने वाले को इंसान ना समझ के दुश्मन मान रहे हो, जबकि तुम खुद तो अमर होकर आए

नहीं हो, एक दिन तो तुम्हें भी मरना है और ऐसा तो है नहीं कि अगर गोली तुमने चलाई, तो दूसरी गोली तुमको आकर नहीं लगेगी या तुम बच जाओगे और किस्मत भी रही तो कब तक, एक दिन तो आयेगा जब तुम्हें तुम्हारे कर्मों की सजा मिलेगी, तो जीते जी भी न तुम्हें वो जमीन मिलेगी ना ही मरने के बाद हॉ दफन होने के लिए जितनी जमीन चाहिए वो जरूर मिलेगी, इसलिए गोली का जवाब गोली से, बंदूक का जवाब बंदूक से और बम का जवाब बम से देने से अगर कोई भी मुश्किल आसान होती या उस देश की जनता की सुरक्षा होती तब तो ऐसा करना जायज है। अगर धीरे–धीरे उन लोगों को समझाया जाए कि वह धर्म के नाम पर जो करने जा रहे है और जिनको धर्म के नाम पर बरगलाया जा रहा है और वो जहॉ आतंक फैलाने जा रहें है या जिन परिवारों का अहित करने के लिए जा रहे है उनका क्या कसूर है बस इतना कि वो भारत में पैदा हुए है और आतंकवादी संगठन कश्मीर के नाम पर देश के अलग–अलग शहरों में बम विस्फोट करवाते है, पर कई सालों की अथक मेहनत के बाद भी वो–वो नहीं पा पाये, जिसके लिए उन्होनें आतंकी कैंप लगवाये, जहॉ आपको दूसरो को मारना सिखाते है और कैसे मानव बम बनना है व इतनी बर्बरता फैलानी ये सिखाया जाता है, इतना ही नहीं ये भी सिखाया जाता है कि सामने वाले का खून देखकर डरने की बजाए मजा लेना है ठीक वैसे ही जैसे बकरा या मुर्गा काटने में आता है और बचपन से अपने आस–पास जानवर कटते देख वैसे भी उनके अंदर का खून के प्रति डर खत्म हो जाता है। पर अब ये संगठन सिर्फ कश्मीर के नाम पर नहीं बल्कि विश्व के हर देश में आतंक फैला रहे है कि वो जो चाहे उसे पूरा करो और इसी बात से परेशान होकर लगभग हर देश आतंकवाद के खिलाफ एकजुट हो रहा है इस सोच के साथ की आतंकवाद का खात्मा कर सके और जो देश उनको सर्पोट कर रहे है उनको भी सर्पोट देना बाकी देश बंद कर रहें है और वो समय जल्दी आयेगा जब विश्व आतंकवाद व आतंकवादियों से मुक्त हो जायेगा और धीरे–धीरे यह इतिहास का हिस्सा बन जायेगा और एक दिन पूरा विश्व आतंकवाद के डर से मुक्त हो जाएगा।

ये अक्सर देखा गया है कि दो लोगों की या दो देशों की लड़ाई में फायदा हमेशा तीसरा उठाता है, जैसे भारत व पाक की लड़ाई में चाईना उठाता है और सामने से नहीं बल्कि पीछे से पाक को सर्पोट करता है। पाकिस्तान जो आतंक का गढ़ माना जाता वो भी इतने सारे मुस्लिम देशों में जहॉ पर तरह–तरह के आतंकवादी संगठन बने जो आतंकी बना रहे है, पर थोड़ा पीछे जाये और सोचे की ये कब बने या कितने साल पहले बने ये ठीक–ठीक शायद कोई नहीं बता सकता है और शायद ये भी कोई नहीं बता सकता है कि किसने और क्यों इसके बारे में सोचा ? क्यों ऐसे संगठन बनाए ? जब भारत का बटवारा हुआ था तो खूब लड़ाई हुई थी और दोनों तरफ के लोग मारे गए थे, लेकिन वह एक बुरा सपना था जो बीत गया था। लेकिन आज भी उसी चीज को दिल में एक मिशन बनाकर और आतंकी गुटो को बनाकर, अपने ही लोगों को भड़काकर और चंद बेवकूफ पैसो के कारण उनकी बातें सुनकर वो करने लगे जो वो कहते गये, लोगों को हमारे यहॉ भेजकर समय–समय पर आतंकी हमले करवाते रहे और अलग–अलग प्रदेशों को बम विस्फोट करते रहे और पकड़े ना जाये तो कभी पाकिस्तान में, तो कभी किसी और देश में जाकर छुप गये, आखिर में ये लोग है कौन जिनकी खुद की कोई पहचान नहीं है और ना ही ऐसे लोग किसी भी देश के हो सकते है क्योंकि अगर वह किसी देश के होते तो उनको उस देश के लोगों से लगाव होता और यूँ नहीं मरने के लिए उनको यहॉ–वहॉ भेजते, इन लोगों का किसी देश से कोई लेना देना नहीं होता है ये वो खानाबदोश लोग है कि जो भी इन्हें धर्म विरोधी भाषण देने को बुलाये या आतंकी आर्मी बनाने को कहे ये वहॉ पहुॅच जाते है इसलिए ये कभी अफगानिस्तान भाग जाते है, तो कभी पाकिस्तान में छिप जाते है, तो कभी ये तालिबानी बन जाते है, तो कभी कोई ग्रुप के लीडर बनकर इस्तानबुल भाग जाते है, तो कभी साउदी अरब तो कभी ईरान या ईराक और वहॉ जाकर बड़ी शान से बताते है कि मैं इस संगठन का मालिक हूँ और मैनें इतने देशों में बम विस्फोट किये है अबतक, किसी देश में जगह न मिलें तो ये दुबई भाग जाते है जैसे दाउद इब्राहिम, जो खुद काफिरों की

जिंदगी जी रहा हो और यहॉ–वहॉ भाग के जिंदगी बिता रहा हो तो ऐसे लोगों पर कोई भरोसा कैसे कर लेता है, ऐसे लोग जहॉ जाते है वहॉ के बच्चों को बरगला के व दिमाग में दूसरे धर्म के प्रति भड़का के आतंकी बनाते है तो ऐसे लोगों को जो भी देश शरण दे रहा है वो अपने देश के बच्चों व उनके परिवारों को बर्बाद कर रहा है, इसलिए ऐसे लोगों को ढूढ़ कर खत्म कर देना चाहिए या किसी भी हालत में इन्हें अपने देश में नहीं शरण देनी चाहिए और इनकी सोच को ऐसे ही मारा जा सकता है कि इन्हें लोग सुनना व अपनाना बंद कर दें, ऐसा करके ही हमसब की सबसे बड़ी जीत होगी और न जाने कितने लोगों को मारने से व मरने से रोका जा सकता है और जो दहश्त फैला रहे है उन्हें जन्नत तो क्या उन्हें वो सजा मिलती है कि अगर जीते जी किसी को नर्क देखना है तो वह इनको देखे, जिनके हाथ पैर नहीं है मानव बम बनने के चक्कर में या जो सेना की गोली खाकर रोज तड़प–तड़प के जीते है या कुत्ते की मौत पाते है जो न घर के रहें न घाट के और पकड़े जाने पर भगवान से दुआ करते हैं कि मैं मर जाऊॅ और ऐसे लोग इतने दर्द में जीते है जबतक जीते है कि उनके घरवाले खुद चाहते है कि वो मर जाये और ऐसे लोग सड़–सड़ के व बदबूदार मौत मरते है, जिनको आखिर में खुद उनका अपना परिवार भी हाथ तक नहीं लगाना चाहता है।

अच्छा इसमें एक हद तक लोगों को तरह–तरह का लालच भी दिया जाता है साथ ही उनको धर्म क्या कहता है और क्या नहीं है इसका गलत ज्ञान दिया जाता है और जो इस तरीके का काम करते है वो ये नहीं सोचते है कि खुदा कभी किसी का खून नहीं मांगते है या चाहते है और कहते भी है कि अगर आप किसी को लगातार डराते रहोगे तो एक दिन उसके अंदर का डर ही खत्म हो जाता है और तब वो दुनिया के लिए सबसे खतरनाक इंसान बन जाता है, इसी तरीके से भारत को भी लगातार परेशान किया जा रहा है सालों से और लगातार बार–बार इम्तिहान लिया जा रहा है पर जब अति हो गयी तो सर्जिकल स्ट्राइक की गई और घर में घुसकर हम उनको मार के आये थे और आने वाले समय में कहीं

ऐसा ना हो कि जो यह लोग सोच रहे है या छोटे–छोटे आतंकी हमले या टुकड़ी बनाकर के घुसपैठ करने में लगें हैं, तो कबतक हम अच्छा बनकर रहेगें और जिस दिन हम अपने पर आ गये तो विश्व के नक्शे से ही इनका नाम मिटा देगें, अगर समय रहते ये लोग अपनी हरकतों से बाज नहीं आये, इसके साथ ही उनका साथ देने वाले जो देश है वो भी एक बार के लिए सोच ले कि हमने अगर ऐसी किसी भी जगह हाथ डाला जहां पर हमें डालना नहीं चाहिए था तो हमारे साथ क्या हो सकता है। अच्छा जिस तेजी से ये अपने देश के नौजवानों को मरवा रहे है तो शायद ये नहीं सोचते कि इतनी तादाद में अगर उनके देश के नौजवान मर जाएंगे, तो एक दिन उनको अपने स्लीपर सेल और अपने यहॉ के आतंकी संगठनों के लिए बंदे कहॉ से लायेगें, हॉ ये जरूर है कि मुस्लिम लोग बच्चे कुछ हद से ज्यादा पैदा करते है शायद इसी सोच के साथ कि इसे भी आतंकवादी बनना है, लेकिन अगर इतनी तादाद में खुद अपने लोगों को मरने के लिए तैयार करेंगे तो एक समय ऐसा आयेगा जब युवा बचेगें ही नहीं सिर्फ बूढ़े और लाचार लोग ही बचेगें। तो ये जानते हुए भी अगर ऐसा काम कर रहें तो एक ही वजह हो सकती है इसके पीछे कि वो खुद को नबी या पैगंबर का अवतार समझने लगे है और ये सोचते है कि इनको भी वैसे ही याद किया जायेगा जैसे उन नबी या पैगंबरो को याद किया जाता है, जो होना नामुमकिन है। इससे अच्छा है कि अगर वह खुद सुधर सके वरना ऐसे भी देश है जो इतना प्रभुत्व रखते है जैसे अमेरिका, जिन पर ऐसे लोगों ने हमला किया था तो अमेरिका ने अफगानिस्तान और पाकिस्तान के घर में घुस कर उन लोगों को मारा था।

इसलिए ताकतवर व आतंकवाद झेलने वाले देशों को ये सोचना चाहिए कि आज जो हो रहा है, वो आने वाले कल में और बढ़ सकता है जिसपर पूर्णरूप से नियंत्रण करना जरूरी है। हम भारतीय किसी भी देश में हो किसी भी तरह के गलत काम में हमारा नाम कभी नहीं आता है और विश्व में कहीं भी कुछ गलत हुआ हो तो जो पकड़े जायेंगें वो पाकिस्तान से ही निकलेगें या उस घटना का पाकिस्तान से लेना–देना जरूर होगा, ये बात मैंने कुमार

विश्वास जी के एक यूटूब विडियो में सुनी थी जो बिल्कुल सही बात है इसीलिए मैंनें इसे लिखा। तो ये वो ही बंदे होते है जो शिष्य है ऐसे मौलवियों के जो खुद दिमागी रूप से बीमार है जो सालों से एक ही राग अलाप रहे है कि भारत में हम इतने सालों से बम फोडते व आतंकवाद फैलाते आ रहे है और हमारे बाद तुमको ये कायम रखना है जो हम पिछले 76 सालों से करते आ रहे है, ऐसा सोच के की कभी न कभी हम भारत को झुका लेगें ये वो दिमागी रूप से बिमार लोग सोचते है कि एक दिन पाकिस्तान से भारत कहेगा कि हम आपके सामने झुकते है, आप यह सब करना छोड़ दो, वो मंदबुद्धि वाले कभी भी नहीं समझ सकते कि हकीकत में वो जो सपना देख रहें है वो कभी सच नहीं हो सकता बल्कि भारत ने उन्हें इतना मौका दे रखा है कि वो ऐसा सपना देख सके वरना बाप को पता होता है कि कब बच्चे के कान मरोड़ने है। दूसरा जब ये लोग लंदन या अमेरिका में बम फोड़ते है तो उसका जवाब उनको तुरंत दिया जाता है, पर हम कई बार पहले चेतावनी देते है कि खुद अपने आप अपने यहॉ बने संगठनों के खिलाफ ऐक्शन लो वरना हम अपने तरीके से जब ऐक्शन लेगें तो दर्द भी नहीं होगा और चोट भी पता नहीं चलेगी कि कहॉ–कहॉ लगी है और उतने हिस्से को मैप से गायब कर दिया जायेगा, वैसे भी भारत की ताकत का लोहा पूरा विश्व मानता है कि हमने जब–जब जबाब दिया है तो नियम व कानून के साथ और चोट भी ऐसी पहुॅचातें है जो इतिहास की एक महत्वपूर्ण तारीख बन जाता है। तो ये सिर्फ एक जाति पर लागू नहीं होता है चाहे कोई भी जाति–धर्म का व्यक्ति क्यों ना हो और कोई किसी भी धर्म को मानने वाला क्यों ना हो, वह अगर यह सोचकर भारत में आता है कि यहॉ नहीं तो वहॉ या मैं इस जगह धमाका करूंगा या अबकी बार इस तरीके से लोगों को मारूंगा, तो इससे सरकार झुक जाएगी और जैसा हम चाहेंगे तो वो उनको पूरा करना पड़ेगा, लेकिन आप इससे सिर्फ लोगों के अंदर थोड़ी देर के लिए शायद डर पैदा कर सकते हो, लेकिन हम भारतवासी है, जो इतने हमले होने के बावजूद भी हमारी एकजुटता को न कभी तोड़ पाये है ना कभी तोड़ पायेगें, हम हमेशा साथ रहे है और हर बार करारा

जवाब दिया है हमनें कि हम पर कितने बार भी हमला करो, पहले तो हम अपनों को सही जगह ले जाते है और उनकी मरहम पट्‌टी करवाते है और फिर एक–एक को ढूंढ़ कर मारते है, साथ ही वो ये मनाये कि घड़ा इतना न भर जाये कि तुम्हारे देश का नाम ही मिट जाये। पर इन सब धमाकों से क्या पहले मिला था और क्या अब मिल जाएगा क्योंकि ना तो वो जमीन का टुकड़ा उनको पहले मिला और ना भविष्य में कभी मिल पायेगा, अगर मिलता है तो सिर्फ यही कि दोनों देशों की आम जनता या निर्दोष लोग मारे जाते है, बाकी दोनों देशों की जनता यह खुद तय करें कि हमे किस तरीके के नेता को चुनना है या नहीं चुनना है क्योंकि एक प्रभुत्व रखने वाला प्रधानमंत्री ही अपनी देश की सेना का सही संचालन कर सकता है और ऐसे संगठनों को खत्म करवा के इंसानियत को बचा सकता है और आने वाली पीढ़ी को एक खुशहाल देश दे सकेगा।

ऐसे संगठन जब बाहरी लड़ाई से नहीं जीत पा रहे थे, तो उन्होनें कई लोगों को गुप्त रूपों से भेजना शुरू किया बकायदा उनको ट्रेंड करके कि आपको वहॉ पर जाकर काम करना है और आम लोगों के बीच में घुल के रहना है और मौके का इंतेजार करना, बाकी काम टेक्नॉलॉजी करती है, उसके बाद काम बस इतना कि हमें खुफिया जानकारी दीजिए कि वहॉ क्या चल रहा है तो यहॉ पर हम वैसी तैयारी कर सकेगें, इससे बचने के लिए कोई सैनिक नहीं बल्कि हमें या आम जनता को पहले जागरूक होना होगा कि जब भी हमें हमारे बीच के किसी भी नये व्यक्ति पर संदेह हो या हमें किसी तरीके का ऐसा कुछ दिखता है जो आम नहीं है, तो हमे उसे नजरअंदाज करने के बजाए, तुरंत उसकी खबर करनी चाहिए और ये सिर्फ चंद लोगों से नहीं हो सकता है उसके लिए हम सबको एक साथ होना पड़ेगा और मदद करनी होगी सरकार की व सरकारी एजेंसियों की ताकि कार्यवाही तुरंत हो सके और बड़े हादसे को होने से रोका जा सके और जिन्होनें उन्हें भेजा था वो भी हैरान रह जायेगें कि किसी एजेंसी ने नहीं बल्कि आम इंसान ने पकड़ा। क्योंकि आम इंसान का साथ न हो तो उन्होंने पहले एक कांड किया था जब वो कंधार में हमारा प्लेन हाईजैक करके ले गये थे और

कुछ लोगों ने पैसे लेकर व इंसानियत छोड़कर उनका साथ दिया था प्लेन में हथियार ले जाने में और उसके बाद यह कहा गया था हमसे कि इसमें इतने लोग फंसे हैं और इतने लोगों की जान खतरें में है और अगर उनको जिंदा चाहते है हम तो उनकी शर्तें माननी पड़ेगी, पर आखिर में हमारे देश के कमांडो ने वहॉ जाकर ना सिर्फ हमारा प्लेन वहॉ से लेकर आए थे बल्कि उनके मनसूबों को भी पूरी तरह से कामयाब नहीं होने दिया था ऐसा ही कुछ एक हिन्दी मूवी जमीन में दिखाया गया था। तो ऐसा हम पहले भी करते आये थे और आगे भी करते रहेगें लेकिन वो नासमझ आज भी यही समझते है कि वह जो चाहे वो कर सकते है और वह सरकार को किसी ना किसी तरीके से झुका लेगें और मेरा ये मानना है कि चाहे वो नेता हमारे देश की किसी भी पार्टी का हो, पर वो पार्टी से पहले देश का है और देश के नागरिक का वह एक प्रतिनिधित्व करने वाला इंसान है और किसी भी पार्टी या किसी भी रैली या किसी भी तरीके के चुनाव से पहले हर एक नेता एक इंसान है और इंसान का धर्म है इंसान की मदद करना वरना इंसानियत कब की खत्म हो जाती, तो जब भी कोई ऐसी घटना होती है तो हमें राजनीति छोड़कर सबसे पहले यह देखना चाहिए कि इससे हमारे देश पर क्या असर पड़ेगा। जब मैंनें किताब लिखना शुरू किया था सन् 2013 में तब जो सरकार थी उसके बारे में क्या बोलूं और जो सरकार आज है तो मैं उसके लिए क्या बोलूं क्योंकि इस सरकार के बारे में तो हर कोई बात कर रहा है और हॉ इतना जरूर कह सकता हूँ कि इन 10 सालों में या आने वाले कुछ समय में अगर भारत की स्थिति ऐसी ही रही, तो ये तय है कि भारत सिर्फ विश्व गुरु या विश्व की सबसे बड़ी ताकत बनकर उभरेगा, साथ ही जो आतंकवादी और आतंकवादियों को पनाह देने वाले देश है, उन सब के ऊपर भी एक बहुत बड़ी तलवार लटकने लगी है क्योंकि ऐसे लोगों का या तो खत्म होने का नंबर आ गया है या संगठन छोड़ बदलने का, वजह है आज भारत के पास सशक्त सरकार है और उससे भी काबिल नेता जिससे वो सारे अपने आप डर–डर के जीऐगें, साथ ही ये भी दिमाग में रहें कि भारत में एक ऐसा लीडर या एक ऐसा नेता आया

है जो भारत को आत्मनिर्भर बना रहा है और वह अब इस तरीके के हमले से ना ही सिर्फ लड़ने के लिए तैयार है बल्कि इस तरीके की घटनाओं को न होने से भी रोकने के लिए तैयार है और सोचने के बजाये तुरंत एक्शन लेने वाला है। हॉ अगर कुछ चंद लोग यह सोचे कि हॉ हम जंग जीत गए है और हमने कश्मीर का आधा हिस्सा हासिल कर लिया है और हमने सरकार को झुका लिया है तो यह उनकी सबसे बड़ी गलती है, हमने चाहा तो हमने तुम्हें दिया और अगर हम चाहेगें तो उसे भी वापस ले सकते है कभी भी, इसका उदाहरण इतिहास देता है चाहे वह कारगिल वॉर हो, चाहे 1971 का युद्ध हो, 1965 की लड़ाई, हर बार हमने जंग जीती है और वो बारबार हार कर भी बेशर्म बनकर रोज घुसपैठ करने की कोशिश में लगे रहते है।

हम वो भारतीय है जो न सिर्फ अपने देश के लोगों का बल्कि बाहरी मुल्कों में फंसे लोगों का भी ख्याल रखा है और कई बार उन्हें सुरक्षित भारत भी लाया गया है वो भी बिना किसी का धर्म जाने क्योंकि हमारे लिए उनकी पहचान इतनी ही है कि वो भारतीय है। कितनी बार गैर मुल्कों की मदद की है वहॉ पर अमन व शांति लाने के लिए, पर ऐसे कई राक्षस अलग–अलग देशों में धर्म व जमीन के नाम पर सालों से आतंक फैलाते आ रहे हैं और धर्म के साथ–साथ इंसानियत को भी शर्मशार करते आ रहे है और ऐसे इंसान जो खून पीना जानते हो, ऐसे लोगों के शरीर को मरने के बाद न कोई हाथ लगाने वाला होता है और न इनको 2 गज जमीन ही नसीब हो पाती है। ऐसे लोग किस धर्म के होगें जिनके लिए कोई फातिहा तक पढ़ने वाला ना हो, जिनका कोई अपना मिट्टी तक डालने वाला ना हो, ऐसे लोगों की तो मौत भी शर्मिंदा हो जाती है, इन्हें तो खुद पर शर्म आनी चाहिए कि हम जिस धर्म के नाम पर जो भी करने जा रहे हैं, वही धर्म हमें कल को, ना अपनाएगा और नाहीं उस धर्म के कोई रहनुमा हमें हाथ लगाने आएगा, ये सब देख व सुन के भी कैसे कोई बार–बार उनके बहकावे में आ जाता है। कितनी गलतफहमियॉ फैलाई गई, कितने तरह के दंगे–फसाद किए गए, कितने तरीके के लोगों को उठाया

गया पैसों के लिए, कितने तरीके के लव–जिहाद हुए, ये शिक्षा भी दी जाती है कि हिन्दू लड़की को पटा कर शादी करो और एक हिन्दु कम करके चार मुस्लमान पैदा करो, इम धर्म के लिए जो बन सकता है वो करो और पैसों की चिंता मत करो फंडिंग हो रही है जितना बड़ा काम करोगे उतना पैसा कमाओगे। पर ये भारतीय होने की बजाय एक मुस्लमान होकर रहना ज्यादा पसंद करते है ऐसा इसलिए क्योंकि हम वो जज्बाती लोग है जो इंसान को इंसानियत के नाम से अपनाते है न कि धर्म के हिसाब से, इसी कारण विश्व के कितने धर्म व अलग–अलग जाति के लोग आये और हमनें सबको अपनाया नाकि हमनें धर्म के हिसाब से विरोध करके उनको भगा दिया और इसलिए रोहिंगया से आये लोग व बांगलादेश से आये लोग इतनी आसानी से भारत में नहीं घुस पाते और यहॉ के नेता उनको कुछ भी करके वोट देने लायक नहीं बना पाते जिससे उनका और भारत देश दोनों का नुक्सान हो रहा है और इसी गंदगी को आज की सरकार साफ करेगी ये मुझे लगता है। हमारे देश की औरत बिना बुर्के के अपनों के साथ खुद को महफूज समझती है और पाकिस्तान की औरतों या किसी भी देश की मुस्लिम औरतें बुर्के के पीछे होने के बावजूद भी सुरक्षित महसूस नहीं करती है वजह है कि जितनी आसानी से हम लोग एक दूसरे से बड़ी जल्दी घुल मिल जाते है ये किसी और सभ्यता में या देश में ना तो देखा जा सकता है ना इतिहास में मिलता है और हमारी इसी बात का फायदा कुछ लोगों नें काफी साल उठाया है।

ठीक है आजादी के समय उनने टुकड़े करवाये तो उनके वापस जाने के बाद और इतना खून–खराबा करने के बाद, जब माहौल ठीक होने लगा था, तो रहने देते भारत–पाकिस्तान और आपस में एक दूसरे पर पाबंदी या एक दूसरे से लड़ने के बजाए, उस तीसरे देश की चाल समझने के बाद अगर हम मिलकर रहते, तब उस इंग्लैंड की असली हार होती, इसको ऐसे समझते है कि हर देश में कई बार आंतरिक झगड़े होते है कि हमें इस प्रदेश का बंटवारा करना है और काफी हो हल्ला होने के बाद, एक प्रदेश को दो प्रदेशों में विभाजित कर दिया जाता है जैसे अपने भारत में कई

प्रदेशों में हुआ है पर आखिर में रहता तो वो देश का हिस्सा बनकर ही, बस कुछ कानून व कुछ तौर तरीके बदल जाते है। पर आजादी के बाद बने दोनों देशों ने राजनीति करी और दोनों देशों ने इसे मुद्दा बना के चुनाव लड़ा और इसी राजनीति ने दोनों देशों को कभी एक नहीं होने दिया, फिर एक दूसरे को खत्म करने के लिए हथियार बनाने में या खरीदने में लगे रहे, वो भी एक दूसरे से बढ़कर पर इसमें भी वो भारत से पीछे रहा।

भारत के बंटवारे से पहले जब दो नहीं एक देश था, तब हर कोई एक दूसरे को चाचा, ताऊ, बाबा, भाईजान से संबोधित करता था, साथ खाते थे, त्यौहार साथ मनाते थे, पर वो ही जो दोस्त थे वो बंटवारे के बाद दुश्मन बन बैठे। इससे सरकारों को हो सकता है कि राहत मिलती हो पर हमारे देश के सैनिकों को नहीं, जो साल भर रेगिस्तान, बर्फीलें पहाड़ों में, नदियों में और न जाने कैसी–कैसी जगह पर रखवाली करते है, वो भी सिर्फ हमारी खातिर, अगर दो नहीं एक होते तो सब साथ में रहतें और बाकी किसी देश की इतनी हिम्मत ही नहीं होती कि वो ये सोच पाते कि वो हम पर हमला करें।

वैसे सोचा जाये तो हमारे देश के कानून को भी एक बहुत बड़े स्तर पर बदलाव की जरूरत है क्योंकि जो कानून अभी है वो सन् 1860 मे बना है और वो जो समय था या जो मान्यतायें थी और औरतें के अधिकार बस गिनती के ही थे उसके बारे में जो आज की सरकार सोच रही है वो काबिले तारीफ है। जैसे पहले कई प्रथायें थी, जैसे एक प्रथा थी सति होना, मतलब कि उस पुरूष की पत्नी को भी उसके साथ लेटा दिया जाता था चिता पर पति के साथ, जिसे खत्म कर देना बहुत जरूरी था, दूसरी बाल विवाह प्रथा को बंद करना जहॉं बचपन में ही शादी कर देना, तीसरी जमींदारी प्रथा और न जाने ऐसी कितनी सारी प्रथाओं का बंद होना था और बंद होना बाकी है, इसी तरह कानून में व संविधान के कुछ हिस्सों में भी कई तरह के संशोधन व बदलाव की बहुत जरूरत है।

अक्सर मैनें ज्यादातर मामलों में, जो न्यूज़ में या अखबारों में देखा या पढ़ा है, जिसे पढ़ने में बड़ा मजा आता है कि किसी महिला का 3 साल से अवैध संबंध था और वो आदमी उसका इस्तेमाल कर रहा था, पड़ोसी ने या दोस्त ने रेप किया या फिर किसी ने किसी के साथ जबरदस्ती की गॉव के इलाके में, ऑफिस में झेड़खानी हुई, अब सारी खबरों को एक पुरूष के नजरिये से देखिये या पढ़िये, ना आपका पढ़ने का मन करेगा, ना ही कोई जानना चाहेगा कि ऐसा भी हुआ होगा कि कोई महिला भी कभी किसी आदमी को छेड़ सकती है या रेप कर सकती है या उस लड़के का पीछा कर रही थी या पैसे देकर उस लड़के को उठवाया या साथी के साथ मिलकर उसकी हत्या कर दी, जैसे ताली दोनों हाथों से बजती है वैसे ही हर खबर या घटना भी एक जैसी नहीं हो सकती जबतक दूसरा हाथ ना हो या औरत की थोड़ी सी भी गलती न हो, वरना करोड़ो औरतें कॉलेज से लेकर जॉब पर जाती है, पर सबके साथ तो गलत नहीं होता, इसको एक और तरह से देखा जा सकता है कि कोई भी अगर एक दो बार छूने की या परेशान करने की कोशिश करें तो तुरंत समझ जाओ कि वह कुछ और चाहता है और अगर इग्नोर किया तो फिर वो मौका तलाशता है कि पहले से ज्यादा बड़ी हरकत कर सकूॅ, पर लड़की जब गलत करती है तो जान पाना मुश्किल होता है क्योंकि समाज में औरतों को बेबस, लाचार और कमजोर तरीके से देखा गया है जबकि क्राईम रिर्पोट इस बारे में कुछ और ही कहती है। वैसे सारे लोग एक जैसे नहीं होते ये भी हमारा समाज कहता है, पर जो पहले से ही कुछ सोचकर बैठे होतें हैं वह पहले रास्ता बनाते है घर में घुसने का, फिर धीरे–धीरे बोलचाल बढ़ाते है फिर एक दूसरे से घर–बार की बातें शेयर की जाती है और अंत में सबकुछ करने के बाद, जो वह सोचकर आया था उसे पूरा करने के बाद, वो फिर और बढ़ा करने के बारे में सोचता है कि जो किया है अब वो बार–बार कर सके और कुछ ऐसा इंतेजाम किया जाये ताकि जिसके लिए मेहनत की अब वो हाथ से ना जाये, जिसे सामने वाले ने सपने में भी नहीं सोचा होगा कि वो उसकी एक फिल्म बना लेगा ताकि वो ब्लैकमेल

कर सके और वो ज्यादा समय तक वो कर सके जो वो करना चाहता था, ये काम लड़का या लड़की कोई भी कर सकता है, यकीन न हो तो काईम पेट्रोल देख लो या सावधान इंडिया या पेपर पढ़ लो। कुछ वाकई में कुछ गलत करने वाले नहीं होते हैं क्योंकि वो बदनामी से डरते है, यहाँ तक की कई महीनों तक या फिर सालों तक साथ रहकर भी और सेक्स न करके भी बस वो एक दूसरे पर अपना हक चाहतें है और आजकल इस तरह के ज्यादातर मामलों में कई तरह के काबिल लड़कों को रेप के इल्जाम में फंसा दिया जाता है वो भी सिर्फ इसलिए कि वो हक जताने से मना कर देते हैं, इसमें मुझे तो सिर्फ एक बात ही समझ में आती है कि वह उस समय जब साथ रहते थे और फिर हक वाले मोड़ तक आते–आते जरूरत से ज्यादा गंभीर हो जाते हैं और वहाँ किसी भी हालत में उनमें से कोई एक–दूसरे को पाना चाहता है फिर चाहे वो लड़का हो या लड़की, पर कई बार बस कोर्ट कचहरी से बचने के कारण उससे शादी की हामी भर देता या देती है इसका ये मतलब नहीं है कि शादी न करने के बाद आपपर झूठे इल्जाम नहीं सकते, पर यह एक अलग मैटर है क्योंकि जो इंसान रेप करने आएगा वह कभी भी दोस्ती नहीं करना चाहेगा और वो मौका मिलते ही हाथ साफ करने के बारे में सोचेगा जिन्हें मैं मानसिक विक्षिप्त कहता हूँ, जो कुछ भी करने से पहले या बाद में ये नहीं सोचते कि मैनें जो किया उससे मेरी और सामने वाले की जिंदगी पर क्या असर पड़ेगा, पर जबतक पता चलता है तबतक वो जेल में होता है और सामने वाला बेपनाह तकलीफ के साथ अस्पताल में होता है। आज के मॉर्डन परिवारों में लोगों के पास हर बात के लिए समय है सिर्फ घर व बच्चों के लिए नहीं और पार्टी या मीटिंग में जाना हो तो घर के बच्चों को नौकरों के हवाले या बड़े हैं तो अकेला छोड़ के जाते है और ऐसे समय पर अक्सर घर पर काम करने वाले लोग रोल में आते है जो इस बात का फायदा उठाने के लिए अपने जैसे बाकी को भी तैयार करते है और वो घर को लुटने के साथ–साथ बच्चों के साथ रेप या मर्डर करके ऐसी घटनाओं को लूट व डकैती में दिखना चाहते है पर बच तब भी नहीं पाते है क्योंकि चोरी करने के

100 तरीके और पकड़े जाने के 101 तरीके, जो 100 प्रतिशत सच है पर इसमें क्राईम में जो होता है उसका असल में जिम्मेदार कौन ? वैसे ही हमारी सुप्रीम कोर्ट में लगभग 5 करोड़ केस लंबित पड़े हैं और 5 करोड़ के आसपास तहसील और अन्य मामलों में लंबित पड़े है, तो क्या केस के जजमेंट के साथ वह मानसिकता और अपराध खत्म हो जाता है ? नहीं, बस एक केस खत्म होता है। जब दो लोग आपसी सहमति से साथ में रह रहे थे और बाद में किसी वादे के टूट जाने पर केस कर देते है या सिर्फ बदला लेने की भावना से, वो भी सिर्फ गुस्से में आकर कि कानून द्वारा उसको सबक सिखाना है, तो ऐसे लोगों को सजा देने से ये कैसे साबित होगा कि किसने अपराध किया उस इंसान ने या कोर्ट ने ? इससे ना ही क्राईम कम हुआ, ना ही सही इंसान को न्याय मिल सका बल्कि कई साल के लिए वो भी फंस गया क्योंकि कितने केस आज भी सुनवाई का इंतजार कर रहें है। वैसे भी भारत में कोई भी केस 5 साल या 7 साल या कुछ सालों चलते रहते है और केस को आगे बड़ाने के न जाने क्या–क्या कारण बताए जाते है और अगर कोई केस आंदोलन का रूप ले लेता है तब हमारी सरकार किसी धारा में जोड़ घटाना शुरू कर देती है और फिर जिससे फायदा होगा वैसा ही कानून बना देती है और फिर इतनी बड़ी सजा का डर दिखाया जाता है कि शायद अब तो जुर्म कम होगा, इसीलिए कोई जान बूझकर आपसे मेल जोल बढ़ाना चाहे, तो आप सावधान हो जाइए क्योंकि इसका अंदाजा आप तुरंत नहीं लगा सकते, इसी वजह से ज्यादातर इंसान धोखा खाते है। दूसरी तरफ इतनी बड़ी जिंदगी है कि बिना मेल मिलाप के जिंदगी जीना कठिन हो जाता है क्योंकि आस–पड़ोस, ऑफिस या कॉलेज में आप किसी न किसी से तो बात करोगे या मिलोगे, पर हर इंसान को उतनी हद ही पार करनी चाहिए कि वह आगे जाकर किसी बड़ी परेशानी में ना पड़े, सबको अपने व्यक्तित्व व अपनी इज्जत की लक्ष्मण रेखा कभी भी किसी को पार नहीं करने देना चाहिए। अरे हमें आज से भले ही नहीं कम से कम रामायण के समय की बात से सबक लेना चाहिए, जब सीता जी ने लक्ष्मण रेखा पार की तभी रावण उन्हें कुटिया से ले गया था,

वरना रावण की भी हिम्मत नहीं हुई थी उस रेखा को पार करने की, सोचिए जिसने हिमालय पर्वत को उठा लिया था उससे भी एक रेखा पार नहीं हो सकी थी क्योंकि वो रेखा मर्यादा के तहत खीचीं गई थी, चाहे कोई भी युग हो राम व रावण दोनों इंसान के अंदर ही होते है और आज भी वक्त के हिसाब से लोग राम या रावण बन जाते है। इसी वजह से आपको हमेशा अपनी रेखा या मर्यादा को जान के किसी भी काम को करना चाहिए और हमेशा सावधान रहना चाहिए, इसलिए खुद पर भरोसा करना चाहिए क्योंकि एक बार सावधानी हटी और दुर्घटना घटी। इसी वजह से हर एक औरत को यह बात ध्यान में रखनी चाहिए कि वह जब भी एक कदम आगे बढ़ाएगी तो सामने वाला 10 कदम बढ़ायेगा क्योंकि वह उंगली पकड़ने नहीं आएगा वो सामने वाले का हाथ पकड़ने की कोशिश करेगा, ऐसा इसलिए की बिना इजाजत के कोई उस हाथ को, हाथ नहीं लगा सकता, बस थोड़ी सी सावधानी ही किसी भी तरह की अनहोनी को होने से बचा सकती है। ऐसा माना जाता है कि आदमी बिना औरत के और औरत बिना आदमी के अधूरी है, पर मैं ऐसा नहीं मानता क्योंकि दोनो का साथ होना सिर्फ बच्चा ही पैदा कर सकता है, पर अपनी इज्जत व अपनी जिंदगी जीने के लिए कतई जरूरी नहीं है दोनों का साथ रहना, जबतक मॉ–बाप रिश्ता तय न करें या आप खुद लव मैरिज न कर लो तबतक रिश्ता न बनाओ और उससे पहले साथ रहना दोनों के लिए हानिकारक है।

औरत हो या आदमी कभी भी किसी एक को देखकर इतना उत्सुक नहीं होना चाहिए कि पल भर के लिए दिमाग के न्यूरॉन इतने बढ़ जाये कि वो आपको गलती करने पर मजबूर कर दें, बाद में जब होश आयेगा तो पछताने से कुछ नहीं होगा, दूसरा यह नहीं कहना चाहिए कि वो लड़का या लड़की खराब है क्योंकि आप ऐसे ही किसी के बेटे या बेटी से विवाह नहीं करना चाहोगे जो क्षणिक खुशी दें या वो पहले से ही सामाजिक रूप से बदनाम हो। एक भाई या बेटे को हर एक मॉ या बहन किसी आधार पर नहीं बल्कि सिर्फ प्यार की ही दृष्टि से देखती है क्योंकि यह एक प्राकृतिक नियम है, पर जब वो लड़का कुछ गलत कर दें तो सारी की सारी गलती मॉ

व उसकी परवरिश पर आ जाती है, जिसको निशाना बनाके यह निर्णय लिया जाता है कि मॉ ने ही ऐसी परवरिश की होगी तभी ये ऐसा है। पर क्या यह सही है हर मामलें में ? यह बात आप खुद ही सोचो क्योंकि लड़की के गलत करने पर मॉ–बाप पर बात नहीं आती है बस ये कहा जाता है कि उस लड़की का चाल–चलन ठीक नहीं है। अब अगर कोई गलती करे तो उसे सजा तो मिलनी ही चाहिए यह ठीक है पर खुद ही गलती करो और सजा दूसरे को मिले तो किसे ब्लेम करें या दोषी ठहराए, जैसे कोई किसी को बिना बताए घर से निकल जाए, जहॉ जाना हो उसके बाजाए कहीं और चला जाए, फिर किसी भी बात की वजह से घर न आना और इतना ही नहीं अपने घमंड या गुस्से के कारण बिना बताए फिर कहीं और चले जाना, चाहे अकेले या फिर दोस्तों के साथ और ऐसे में कोई कुछ कर दे अकेला पाकर या कोई हादसा हो जाये, तो सारी गलती किसकी कही जायेगी उसकी जो भागा है या उसकी जिसने पाला है या उसकी जिसने गुनाह किया है। ठीक है कि आप जरूरत से ज्यादा बड़े हो गये हो और आपका दिल किसी पर आ गया है पर आप सबकुछ भूल कर व अपने संस्कार भूल कर या अपनी मनमानी कर रहे हो, तो ये बात ठीक है क्या ? इसको ऐसे समझते है कि एक जंगल में जहॉ शेर तो होगा ही और उसके सामने अचानक से एक हिरन आ जाए या कोई जानवर रास्ता भटक जाए, तो वह शेर किसी की भी बात सुनने में या समझने की बजाय उस जानवर को पकड़ कर मार ही डालेगा, हॉ अगर वह जानवर शेर से ज्यादा शक्तिशाली हुआ तो वह बच जाएगा, इसी तरह हमारे समाज में भी है आप भटक कर यहॉ–वहॉ नहीं घूम सकते हो और न ही आप खुलेआम प्यार व सेक्स कर सकते हो, ऐसा इसलिए कि यह सारे कृत्य भविष्य में किसी भी अप्रिय घटना को अंजाम दे सकते हैं, क्योंकि सेक्स एक ऐसी चीज है जो इंसान को कुछ पल के लिए सब कुछ भूलने पर मजबूर कर देती है और थोड़ी देर के जोश की खातिर इंसान दूसरे की जिंदगी के साथ–साथ अपनी जिंदगी भी बर्बाद कर बैठता है भले ही आप एक दूसरे के साथ सालों से क्यों न रह रहे हो या सालों से एक दूसरे को जानते हो और यह भी

याद रखना चाहिए कि हम भारत में है न की विदेश में जहॉ सेक्स फ्री है। इसी वजह से अपनी सुरक्षा खुद करना हमारा फर्ज है और कहीं भी किसी के बुलाने पर जाना वो भी अंजान जगह या पहली बार कहीं जाना या रात को देर तक घर से बाहर रहना किसी भी तरह की मार्डन सोच को नहीं दर्शाता है, बल्कि आने वाली किसी अनहोनी को दावत देने जैसा है जिसे रोकने के लिए आजकल के बच्चों के मॉ–बाप को जिम्मेदारी लेनी होगी कि बच्चे कोई भी ऐसी जगह न जाये जिससे बाद में कोई अनहोनी घटना घटे। अरे घूमो–फिरो, हर जगह जाओ पर अकेले नहीं, औरत हर बात में शक्तिशाली नहीं बन सकती है क्योंकि प्रकृति ने उन्हें इतना रूपवान, आकर्षक, शारीरिक बनावट व कोमल बनाया है कि खुद एक बार देवराज इंद्र का मन माता अनुसूईया पर आ गया था, बाद में उन्हें श्राप मिला था गौतम ऋषि द्वारा और माता को भी, तो जब भगवान नहीं बचे औरत की मोहकता के आगे तो सोचो हम तो बस तुच्छ से इंसान भर है, पर लड़की आज के समय में अपनी रक्षा कर सकें इसके लिए उन्हें बचपन से ही सेल्फ डिफेंस करने की काबीलियत सीखनी चाहिए और इसके लिए सबसे पहले मॉ–बाप को अपनी सोच में बदलाव लाने की जरूरत है। भले ही आदमी के बराबर ताकत हासिल नहीं कर सकती हैं लेकिन अगर किसी ने किसी वजह से उन्हें छेड़ा, तो वो उसका मुकाबला जरूर कर सकती है, वहॉ हिम्मत दिखानी अच्छी बात है, लेकिन ऐसा बिलकुल नहीं होना चाहिए कि वह खुद को इस हाल में खुद ही ले जाये, जहॉ बात हाथ से निकल जाये, पर अगर वो यह सोचती है कि मैं सही हूॅ और जहॉ मन करेगा मैं जाऊॅगी, तो यह बात पूरी तरह से गलत है क्योंकि वह कितनी भी बहादुर क्यों न हो, पर वो लड़के की तरह ताकतवर नहीं हो सकती जो कि एक प्राकृतिक बनावट है लड़का व लड़की के बीच में, हॉ जो जिद और आखिर तक लड़ने की क्षमता लड़कीयों में पाई जाती है वह लड़को में कम पाई जाती, लेकिन मैं सब कुछ कर सकती हूॅ वो भी अकेले, इसी धारणा के चलते वो कई बार ऐसे हादसों की शिकार होती हैं, जहॉ पर वो जरूरत से ज्यादा अपनों पर कम और खुद पर ज्यादा भरोसा करती है और ऐसा मैंनें

खुद देखा है, एक ऐसा वाक्या जिसमें मैं कह सकता हूँ कि अगर कोई आपसे घुलने व मिलने की कोशिश करें या फिर किसी बहाने से छूने की या छेड़ने की कोशिश करें और आप उस वक्त उसे करारा जवाब दे दो तो जिंदगी में कभी भी वो दोबारा ऐसी गलती नहीं करेगा, जैसे मेरी एक बहुत करीबी दोस्त या यूँ कहें कि कभी वो दोस्त से बढ़कर भी थी, मैं उसके साथ ऑफिस जाता था दिल्ली प्रताप नगर में और एक दिन उसके बॉस ने आके उसके सिर पर हाथ फेरा गुड मॉर्निंग करने के लिए, तो उसने उसी समय खड़े होकर जवाब दिया कि मुझे कहीं भी छूने की या पकड़कर विश करने की जरूरत नहीं है और न ही मेरे बालों को हाथ लगाने की जरूरत है, उस समय की वो बात मुझे इसलिए पसंद आई थी कि उसके बाद आगे से फिर कभी ऐसा नहीं हुआ, न ही किसी और ने सोचा उसके साथ ऐसा करने के लिए, वरना अगर वह उस दिन विरोध नहीं करती, तो वह इंसान एक दिन जरूर जरूरत से ज्यादा आगे बढता और उसे देखकर बाकी भी वैसा करने की कोशिश करते क्योंकि हर कोई खूबसूरत लड़की को किसी न किसी बहाने छूना चाहता है और वो लड़की वाकई में बहुत ही गजब की खूबसूरत थी उस पूरे ऑफिस में और मैं ये दावे के साथ कह सकता हूँ कि हॉ भगवान ने जैसे उसे काफी फुर्सत में बनाया था क्योंकि जो सर्व गुन समपन्न वाली बात एक लड़की में होनी चाहिए वो सब उसमें था और जो उसे एक बार देखता था वो दुबारा पलट के न देखे ऐसा मैनें नहीं देखा 4 सालों में जबतक मैं उसके साथ रहा। बस इसी सोच व मानसिकता को बदलने की जरूरत है हर लड़की को कि शुरू में ही टोक दो या रोक दो, इस तरह से हम ऑफिस में होने वाली सेक्सुअल हैरेसमेंट जैसी घटनाओं को कम कर सकते हैं, वरना धीरे–धीरे कब छोटी सी बात बड़ी बन जाती है कोई इस बात का अंदाजा भी नहीं लगा सकता है। सोचो कि अगर शुरू में हम सतर्क रहें और पहले ही टोक दें तो इतनी सारी धाराओं की जरूरत ही नहीं पड़ती और कुछ धारायें जो दशकों से चली आ रही है उनको सरकार चाहे तो एक दिन में बदल सकती है और काफी कुछ बदल भी है 2024 में जिसमें आदिकाल से चले आ रहें कानूनों

को बदला भी और कोशिश की गई है कि आज के हिसाब से कानून में बदलाव लाया जा सके, अब ये कितने कारगर साबित होगें ये कुछ सालों में पता चल ही जायेगा, जबकि पहले की सरकारें उन्हीं धाराओं में ए, बी, सी और न जाने कैसे–कैसे नए तरह के नियम व धाराओं को जोड़कर कानून को और शक्तिशाली बनाने की कोशिश की जाती रही है। पेपर में पढ़ा कि तीन लड़को को एक लड़की को घूरने व पीछा करने के कारण जेल भेज दिया गया, वो भी धारा 354 ए के तहत, वह कुछ दिन जेल में रहे और कुछ दिनों में उन्हें बेल मिल गई, अच्छा मैं खुद कानून का बंदा होने की वजह से एक बात समझ नहीं पाया कि अगर वो धारा नॉनवेलेबल है, तो बेल कैसे मिल जाती है और अगर तथ्यों के आधार पर बेल देनी ही है तो फिर इतने दिन जेल में क्यों भेजा जाता है, शायद ये सोच के कि उसे अभी और बड़ा अपराधी बनाना है और ये भी हो सकता है कि उसकी मानसिकता में और कुंठा पैदा करने के लिए, जेल भेजना जरूरी था, जैसा मैनें पहले भी कहा है कि बेगुनाह जेल जाता है तो वो अपमानित या कुंठित होकर निकलता है और जो वाकई अपराधी है उनके लिए जेल एक पिकनिक मनाने की जगह है। पर जो बेगुनाह है वह बाहर आकर कुछ नहीं तो बदला जरूर लेगा क्योंकि मन से व जहन से वो पल या घटना नहीं जाती है जिस दिन उसे जेल भेजा जाता है और जबतक वो जेल में रहता है रोज घुट–घुट के जीता है और अंदर ही अंदर गुस्से को पालता है, वह प्लान करता है, घात कैसे लगानी है यह सब तैयारी वो जेल से ही करना शुरू कर देता है क्योंकि जेल जाके अच्छे–अच्छो को क्राईम करने की डिग्री व भांति–भांति के लोग मिल जाते है ज्ञान देने के लिए कि बाहर निकल कर कैसे घटना को अंजाम दिया जा सकता है और वह कब या क्या करेगा और कैसे करेगा, इस बात का पता न परिवार, न पुलिस और न कानून को होता है। पर पता नहीं क्यों जेल में लिखा होता है कि जेल में लाना का मकसद आपसे बदला लेना नहीं है बल्कि आपको सुधार कर समाज की मुख्य धारा में जोड़ना है। पर किसी को इस तरह से बदलने के बजाय, अगर शुरू में वह लड़की सबसे पहले उन्हें नजरअंदाज करें या फिर किसी को

साथ लेके जाने लगे, फिर भी ना माने तो परिवार में बताए, फिर भी ना माने तो पुलिस को बताए और पुलिस अगर थोड़ी सी शक्ति व बुद्धि से भी काम ले, तो आम इंसान की तो पुलिस के नाम से ही या देखते ही आत्मा हलक में आ जाती है कि पुलिस ने बुलाया है या पुलिस घर आ जाये और अगर वह थोड़ा भी समझदार व शरीफ घर का हुआ तो वह आगे से ऐसा कुछ नहीं करेगा, हॉ वह अगर बदतमीज हुआ या फिर उसका कोई भी ठिकाना नहीं हुआ या घर–परिवार में कोई इज्जत न हो, तो ऐसे में वह ना तो कानून से, ना तो समाज के कहने पर सुधरेगा और न डरेगा, ऐसे में लड़की को न तो घर में अकेला रहना चाहिए और अगर बाहर जाना जरूरी है तो वह घर के किसी इंसान को या फिर अपने साथ किसी भरोसे वाले को अपने साथ लेकर जाए, जबतक उस इंसान का कोई सही इंतजाम न हो जाये। जब सारे देशों में रेप के लिए अलग–अलग कानून बने हुए है और वहॉ पर भी इस तरह की घटनाओं को होने से नहीं रोका जा सका है, तो फिर हमारे देश को इस बात पर ये सोचना चाहिए कि ऐसी घटनाऐं दो वजह से होती है, एक तो मानसिकता और दूसरा परिधान, बाकी देशों के परिधानों में जितनी अभद्रता है उतनी हमारे देश में नहीं है, वो जैसे कपड़े पहनती है और उनके देश में सेक्स फ्री होने के बाद भी क्राइम रेशों कम नहीं है बल्कि आकड़े बताते है कि हमारे देश के मुकाबले वहॉ रेप का रेशों कहीं ज्यादा है, तो इस मुकाबले में हमारा देश तो उनसे काफी हद तक पीछे है और इस मामले में हमें पीछे रहने में ही फायदा है। बात चाहे आतंकवाद की हो, रेप की हो, घूस की हो, घोटाले की हो या मर्डर की, हर देश में कुछ ना कुछ कम ज्यादा जरूर मिल जाएगा, कोई भी देश 100 प्रतिशत परफेक्ट नहीं हो सकता है, हर एक इंसान को दूसरे की सहायता की जरूरत कभी ना कभी जरूर पड़ती है, चाहे कोई कितनी भी ताकत क्यों न बढ़ा ले, चाहे वर्ल्ड बैंक से कितनी भी सहायता क्यों न लें–लें, तब भी विश्व के शक्तिशाली देशों में से एक अमेरिका भी बिना अपने सहायक देशों से मिले किसी पर हमला नहीं कर सकता है या अपनी सेना को उन देशों की सहायता के बिना वहॉ नहीं भेज सकता है। इसलिए

कोई यह नहीं कह सकता कि वह पूर्ण रूप से सक्षम है वो चाहे सहमत हो या न हो, पर यहाँ एक बात किसी से छुपी नहीं है कि हमारे देश के लोग हर देश में मिलेगें, चाहे साइंटिस्ट हो, डाक्टर हो, चार्टेड अकाउंटेंट हो, वकील हो, इंजीनियर हो या फिर किसी भी देश की क्रिकेट टीम हो, हम हर जगह काम कर रहे है और हमारी सहायता व काम के बिना वो देश काफी कुछ नहीं कर सकते है और अगर वह कोई चीज बनाते है तो न सिर्फ वो देश बल्कि हमारे देश का भी नाम रोशन होता है, चाहे इंग्लैंड के प्रधानमंत्री हो या गूगल के नये सी0ई0ओ0 और न जाने कितने ऐसे देश है जो भारतीय से भरे है और वो अब विदेशों में भारत का झंडा गाड़ रहें हैं।

हमारे देश में न जाने कितने तरह के मंत्रालय, आयोग, दफ्तर व नई–नई योजनाऐं होने के बाद भी वो सारी सरकारी योजनाऐं उन तक नहीं पहुँच पाती है जिनको उन योजनाओं की सबसे ज्यादा जरूरत है। बावजूद इसके आज भी हमारे देश में बहुत से परिवार गरीबी रेखा के नीचें जी रहे है, आज भी आम इंसान अपनी इच्छा पूरी करने के लिए तिल–तिल करके पैसे जोड़ता है, आज भी हमारे देश में इतने तरह के टैक्स है जिनके चलते छोटी से छोटी सुविधा की चीजों के लिए हमें टैक्स देना पड़ता है। उपर से विश्व बैंक का इतना कर्जा है कि लगभग हर भारतीय करीब ड़ेढ़ लाख रूपये के नीचे दबा है और यह भी समय–समय पर याद दिलाता है कि हम उनके कर्जदार है क्योंकि पैसा लिया गया अपने ही देश की तरक्की के नाम पर, पर वो पैसा कहाँ गया यह भी सरकारी रिकार्ड में नहीं है पूरी तरह से शायद और आम जनता को तो वैसे ही कुछ नहीं पता होता है, एक और मजेदार बात यह है कि हम कई ऐसी चीजों को इस्तमाल करने के लिए टैक्स भरते है जो हमारे ही देश में बनी है मतलब हम अपने देश में बनने वाली वस्तुओं को ऊँचे दामों में खरीदते है या इस्तेमाल करने के लिए टैक्स भरते हैं जैसे हाईवे पर लगे टोल टैक्स, टी0वी0, फ्रिज या ऐ0सी0 जैसे समानों के लिए राज्य व केंद्र के टैक्स जिसे हम एस0जी0एस0टी0 या जी0एस0टी0 के नाम पर देते है। दूसरा यह भी दिखाया व बताया जाता है कि

वस्तुओं के पैकेट पर लिखे एम0आर0पी0 पर आप तोल–मोल कर सकते हो, पर कोई दुकानदार किसी ग्राहक को एम0आर0पी0 से तोल–मोल करने दें तब ना, वह साफ–साफ कह देता है कि लिखी हुई राशि पर लेना हो तो बात करो वरना दूसरी दुकान देख लो, पर कुछ चीजे ऐसी है जिनके बारे में आप तोल–मोल कर ही नहीं सकते हो जैसे दवा, दारू, कपड़ा या किसी भी मॉल से लिया हुआ सामान, सबको छोड़कर सिर्फ दवा को अगर ले तो इंसान एक तो वैसे ही इतनी हड़बड़ी में रहता है कि जल्दी से दवा खरीद के वो मरीज तक पहुँचा सकें और उस समय उसमें लिखा रेट कौन देखे, जितना मेडिकल स्टोर वाले ने बोला हम उतने पैसे देकर निकल जाते है, इसी तरह कोई भी दुकानदार क्यों मोलभाव करें और पैसे किसे अच्छे नहीं लगते और इस तरह की सिचुऐशन में तो वैसे भी कोई क्या बोलें, कोई भी अपने हिस्से की ईमानदारी नहीं दिखाना चाहता है, तीसरी बात को आप सच मानिये कि मेरे कुछ एम0आर0 दोस्त है और उनसे जब दवा लेता हूँ तो वो दवा मेडिकल स्टोर से आधे से भी कम दाम में मिल जाती है, तो सोचिए की कितना मारजिन व मुनाफा है दवा के काम में और सामने वाले को आप लूट भी रहे हो और कोई कुछ नहीं कर पाता है। आज के समय में हर कोई बस दूसरे से ज्यादा पैसे कमाने में, दूसरों को नीचा दिखाने में, उनकी टांग पकड़कर आगे न जाने देना से लेकर, जल्दी से जल्दी अमीर बनने के बारे में सोचता है, पर क्या फायदा इससे कि तुमने किसी को लूटकर या धोखा देकर पैसा कमाया और बाद में वही पैसा कोई दूसरा तुम्हें धोखा देकर कमा लेगा और आप खुद भी कुछ नहीं कर पाओगे, ऐसा अधिकतर मेडिकल स्टोर वाले करते है जो दवा में कोई भी कंसेशन या छुट नहीं देते है, ठीक ऐसे ही अपने मनमुताबिक कपड़े वाले भी करते है और वो दुकानदार जितने रुपए मीटर कपड़े के दाम बताएगा, आप थोड़ा बहुत कम–ज्यादा करोगे, पर वाकई में उसका रेट क्या था असलियत में इसका आपको पता ही नहीं होता है और कहीं आप रेडीमेड की दुकान पर गए तो वहाँ सब पर पहले से ही टैग लगा होता है और आप उतने ही पैसे देके आओगे या फिर छुट भी वो ऐसे देते है कि 2 के साथ

एक फ्री या इतने का सामान लो तो ये तोहफा मिलेगा और हम बेवकूफ बनते है बड़ी आसानी से, यहॉ तक की मैं भी इस बेवकूफी का शिकार हुआ हूँ।

मैं यहॉ फिर बता दूँ कि मैं कोई व्यक्ति विशेष के बारे में या कारोबार के बारे में बात नहीं कर रहा हूँ, मैं यहॉ सिर्फ पैसे के प्रति लोगो की ईमानदारी के बारे में बात कर रहा हूँ, इसके आगे अगर देखें तो बात दुकानदार से बढ़कर मॉल तक पहुँच जाती है और वहॉ तो हर चीज में एक ऐसा टैग लगा होता है जिसे कंप्यूटर से स्कैन करके हर चीज का एक डिजिटल बिल तैयार कर दिया जाता है और आपके हाथ में थमा दिया जाता है और आप बड़ी खुशी से उस बिल का पैसा देकर आते है और ऐसी जगह की एक और खासियत होती है कि लेने आप 10 सामान जाओ पर 25 से ज्यादा सामान लेकर निकलते हो और जहॉ आप 500 रूपये खर्च करने गये थे घर से सोच के, वहॉ आप 2000 रूपये खर्च करके बाहर निकलते हो, तो कोई ये बताऐं कि वहॉ कैसे कोई तोलमोल करें या फिर वहॉ रखी हर चीज का बिल्कुल सही दाम लगाया जा रहा है। अब चाहे मॉल हो या दुकानदार आपको सब जगह धोखा ही मिलना हैं क्योंकि कहीं पर भी पारदर्शिता नहीं है, फर्ज करिए कि आपका टी0वी0 खराब हो जाए और कोई भी मैकेनिक ठीक करने आए, तो वह जो बोलेगा आप वो ही करोगे और जितने पैसे वह मागेंगा आप उससे थोड़ा बहुत कम ज्यादा करोगे, पर वह वाकई में कितने का काम करके गया, आपको पता ही नहीं चलेगा क्योंकि आपको उस चीज के बारे में जानकारी नहीं है, तो सोचो हम कितनी छोटी–छोटी बातों पर धोखा खाते है और रोज किसी न किसी चीज के लिए लुटते रहते है, पर तब भी हम निराश नहीं होते उस चीज को बनवाने में बार–बार हर बार क्योंकि हम अपनी हर चीज से प्यार करते है और खराब हो जाने पर दु:खी भी बहुत होते है, हम भले ही मॉल में ज्यादा पैसे खर्च करके आये या मोल–तोल करके कोई चीज खरीदें, हम जल्दी से अपनी हर एक चीज को नहीं फेकतें है और उसको एक परिवार के सदस्य की तरह रखते हैं, इसी वजह से हम अमेरिका या लंदन वालों की तरह कोई भी चीज के खराब हो

जाने पर उसे बनवाने के बजाय फेंक कर नई चीज ले आते है और काफी मायनों में हम आज भी उनके जैसा नहीं बन सकते है इसलिए हम एक ही चीज को बार–बार इस्तमाल करके व बनवाकर भी खुश रहते है। तो इसका मतलब यह नहीं है कि हमारे पास पैसे बहुत ज्यादा है कि हम इन चीजों को बनवाने के लिए बार–बार पैसा खर्च करते है बजाये नई चीज खरीदने के, ऐसा नहीं है कि हम नई चीजें नहीं खरीद सकते है बिल्कुल ले सकते है, पर नहीं लेते क्योंकि हम अपने घर में आने वाली हर एक चीज को दिल से लाते है और घर में लाकर पहले उसकी पूजा करते है तब उसका इस्तमाल करते है। इसी वजह से हम बाहर फेंकने या कबाड़ में देने की बजाये उसे ठीक करवा कर बार–बार इस्तमाल करने की आदत बना लेते है, वैसे भी हम भारतीय हर बात व चीज को भावनाओं से जोड़ते है और पत्थर क्या हम तो वस्तुओं को भी पूजते है इसीलिए तो हम भारतीय कहलाते है।

इतना ही नहीं आप दुनिया में कोई भी चीज बना लो और एक बार भारतीयों को दिखा दो बस, हम उससे अच्छी, सस्ती और टिकाऊ चीज बना देगें, शायद आप यह कहेंगे कि यह तो विदेशी थी पर भारत में तो इसका नक्शा ही बदल गया क्योंकि हमारे देश का टैलेंट ही कुछ ऐसा है कि हम हर चीज का जुगाड़ ढूढ़ ही लेते है। बस एक चीज है कि हम खुद कोई काम जल्दी से करना नहीं चाहते, जो है उसमें ही काम चला लेते है, हम भारतीय हनुमान जी की तरह हो गए है जिनके पास है तो सारी शक्तियां, पर उसका इस्तमाल कैसे व कब करना है यह भूल जाते हैं, पर जब समय आता है या हमें कोई याद दिलाता है तो हम कुछ भी कर सकते हैं या फिर हमें कोई परेशान करता है तो हम भी हनुमान जी की तरह लंका दहन कर आते है और अगर बात सुरक्षा की हो, तो समय से पहले उस चीज को बना लेते है जैसे हाल ही में हमनें कोरोना वैक्सीन बनाई थी। देखा जाये तो विश्व के सारे लोगों को अगर एक तरफ कर दिआ जाए तो वो सब एक जैसे दिखेगें, पर वहीं किसी भारतीय को उनके आगे खड़ा कर दिया जाए तो हमें दूर से ही पहचान लिया जाएगा क्योंकि हमारे देश की हवा व मिट्टी में ऐसा

जादू है जिसकी वजह से हम दुनिया के हर इंसान से भिन्न है। यहाँ तक की हमारे देश में गरीब से लेकर अमीर तक भले ही अलग–अलग पहचान रखते हो, पर चाहे कुछ भी हो जाये, कोई भी अपने देश के बारे में बुरा नहीं सुन सकता है, ठीक वैसे ही हमारे देश के अंदर चाहे कैसी भी बात क्यों न हो जाये पर जरूरत पड़ने पर एकता दिखाने के लिए हम चंद सेकेंडों में एकजुट हो जाते है फिर चाहे कश्मीर से लेकर कन्याकुमारी हो या गुजरात से लेकर आसाम तक, सब एक ही आवाज में बोलते है कि मेरा भारत महान, वंदे मातरम, सारे जहाँ से अच्छा हिन्दुस्तान हमारा। मैं बाकी देशों के बारे में तो नहीं कह सकता हूँ पर हमारे देश में इतनी विविधिता, धर्म, संस्कार व जाति होने के बावजूद भी और हमारी भावनाओं में इतना फर्क होने के बावजूद भी हमारी एकता व अखंडता सबके लिए एक मिसाल है चाहे बात आजादी से पहले की हो या बाद की, इसलिए हमारे देश का हर इंसान वक्त पड़ने पर एक दूसरे के लिए खड़ा रहता है, भले ही जमाना बदलते वक्त नहीं लगता है पर वो समय भी आ गया है या नजदीक है जब युवाओं को इस देश को संभालना होगा, युवाओं को हर बात पर आने वाले जोश के साथ होश भी रखना होगा, हमें बाहरी से ज्यादा आतंरिक चीजों के बिखराव को समेट कर सही करना होगा ताकि किसी को कहीं से कोई भी कमी नजर ना आए, फिर चाहे बात राजनीति की हो, पढ़ाई की हो, भ्रष्टाचार रोकने की हो या फिर किसी भी पोस्ट के लिए लिया गये एग्जाम की हो, सब जगह बस जागरूकता की कमी होने के साथ–साथ, वहाँ फैले भ्रष्टाचार को खत्म करने के साथ, बस हर एक को अपने हिस्से की ईमानदारी रखने की जरूरत है, हर काम को टाइम पर करने की जरूरत है। एक बात और हमें बदलनी पड़ेगी कि किसी को भी दूसरे की गलती निकालने के बजाय उसे ठीक कैसे करना है या अच्छा कैसे किया जाए उसको, यह समझने की जरूरत है ताकि जो गलती हम बार–बार लगातार करते आ रहे है उसे अब दोहराया न जाए, इसके लिए मैं अपने देश के हर एक इंसान से कहना चाहूँगा कि वह सबसे पहले घूस या रिश्वत के नाम पर कोई भी पैसा न ले और ना ही दें, ना ही अपने देश का पैसा

हमें किसी भी हालत में विदेश में जमा करना चाहिए और जिन्होंनें जमा किए भी हैं वो या तो अपने आप पैसे वापस लेकर आये या फिर सरकार अपनी तरह से वापस लाने की कोशिश करें क्योंकि उस पैसे से उस देश का फायदा होगा और हमारे देश का नुकसान होगा।

मुझे मालूम है कि कहना आसान है पर करना उतना ही मुश्किल काम हैं, पर आसान काम तो कोई भी कर सकता है, लेकिन बात तो तब है जब आपको मुश्किल काम करना पड़े वो भी आसान तरीके से, पर हम खुद को ऐसा ना करने के साथ ही अगर कोई हमारे सामने ऐसा करना भी चाहे तो उसे भी पता नहीं क्यों रोका जाता है। इसलिए अगर आपसे कोई जबरदस्ती करें या काम न करने दें तो उसके खिलाफ जरूर कार्यवाही करवानी चाहिए और उसकी शिकायत भी करनी चाहिए, ऐसा नहीं है कि हर इंसान बिकाऊ हो या फिर कोई भी आपकी बात सुनने वाला नहीं है, बस सही समय पर सही इंसान से मिलने की जरूरत है और जिस वक्त इंसान ऐसा ना करके और सच का सामना न करके उसको तकलीफ को सहता है, तो समझों वो उसी वक्त अपनी नजरों में गिर जाता है, यहॉ तक कि वहॉ अगर सुधार हो भी जाए किसी और के कारण, तो भी मैं दावे के साथ यह कह सकता हूॅ कि वह फिर भी आगे नहीं आयेगा, बस खुद से बातें करेगा की काश मैनें भी समय पर आवाज उठाई होती, तो दूसरे के साथ बुरा नहीं होता और इस बदलाव के लिए मुझे सराहना मिलती। पर अगर हम किसी एक को भी इस तरह से लाइन पर ले आए, तो वह दूसरे को भी लाइन पर ला सकता है, वाकई में अगर सोचा जाए तो एक दिन हमारा भारत जिसे हम बचपन से जानते व सुनते आ रहे है कि ये सोने की चिड़िया कहा जाता था, वह फिर से सोने की चिड़िया कहलाएगा, बस हमें सोने की चमक से बचना होगा जो अक्सर इंसान को अंधा बना देती है और उसकी चमक के आगे कई बार सच्चाई तक फीकी पड़ जाती है, बस हमें करना यह है कि हमें इंसान का चरित्र सुधारने के साथ, भ्रष्टाचार को खत्म करना है और अपने व्यक्तित्व को साफ सुथरा करना है बस इतना सा बदलाव

करने से भी हमारा भारत सोने की चिड़िया के समान चमक उठेगा और जब पूरे भारत में हर इंसान एक दूसरे को धोखा देने के बजाए और पैसे को सबकुछ मानने के बजाए, एक दूसरे को आगे बढ़ाने में मदद करेगें तब भी हमारा देश चमक उठेगा और हमारा देश अपनी चमक से पूरी दुनिया में एक अनोखी चमक बिखरेगा और मुझे नहीं लगता कि जो बात मैं यहॉ लिख रहा हूॅ यह बात लोगों को पहले से पता नहीं होगी या मैं कोई रॉकेट साइंस की बातें लिख रहा हूॅ, जो किसी की भी समझ से परे हो, यहॉ तक कि हम जानते भी होगें, पर कहते है न कि जब सामने वाला खुले आम कमा रहा है और घूस या गलत काम कर रहा है तो फिर बाकी के मन में ऐसा करने का विचार क्यों नहीं आयेगा कि मैं क्यों नही बहती गंगा में हाथ धोलूं और इस तरह से एक–एक करके सब उसमें डुबकी लगाने के बारे में सोचने लगते है। एक बात और की पढ़े लिखे लोगों को तो पढ़कर बताया या कानून का डर दिखाके समझाया जा सकता है, पर जो पढ़ना नहीं जानते उन्हें कैसे समझाया जायेगा, तो इसका भी एकदम आसान तरीका यह है कि जब हमारे देश में इतने सारे नौजवान हर साल पढ़कर निकलते है और उन्हें जब सब कुछ समझ में आता है इतनी पढ़ाई के बाद, तो वह भी अपने आस–पास के गरीबों व अनपढ़ों को कम से कम कुछ घंटे देकर समझा सकते है कि क्या सही है और क्या गलत, साथ ही दोनों के बीच का अंतर भी और वह इंसान थोड़ा सा भी सुधरेगा तो वो आपके जाने के बाद किसी दूसरे को भी जाकर समझाएगा और वह फिर सोचेगा कि कहॉ मैं गलत था और ऐसा करके अगर 10, 20, 50 लोगों में भी सुधार आया तो यह जरूर मान लीजिये कि हम भारत को बदलने की राह पर निकल चुके है और जो पढ़कर निकले है उन्हें सिर्फ अपनी जॉब या बिजीनेस के साथ–साथ बस थोड़ा सा टाईम ही तो देना है उनको लोगों को जो पढ़ नहीं सकते या दिशा से भटक गये है। इससे होगा यह कि फिर वह कुछ गलत नहीं करेगा क्योंकि सारे लोग एक जैसी बातें कर रहे होगें, इससे एक अनपढ़ की जिंदगी में तो सुधार आयेगा ही साथ ही वो अपने परिवार व बच्चों को भी सही राह दिखा सकेगा।

इससे और भी कई फायदे होगें जैसे :–

1 एक तो हम अपने देश में क्राइम करने वालों को घटा पाऐगें।

2 दूसरा धीरे–धीरे लोग किसी भी तरह की गैरकानूनी घटनाओं को अंजाम देना बंद करेंगे।

3 वो गलत की बजाए सही काम करने के बारे में सोचेगें।

4 अपने बच्चों को छोटी सी उम्र में काम करवाने की बजाए पढ़ायेगें, जिससे बाल मजदूरी पर रोकथाम लगेगी।

5 रोज कच्ची शराब पीना छोड़कर घर आके बीवी व बच्चों से मारपीट व गाली गलौज करना बंद कर देगें।

6 समाज में अपनी पहचान बनाने के साथ इज्जत की दो रोटी खा सकेगें।

7 सरकार द्वारा चलाई जा रही योजनाओं का लाभ उठा सकेगें।

लेकिन इसके बावजूद भी कोई नहीं सुधरता है या सुधरना चाहता है तो इसका साफ मतलब हुआ कि उसकी मानसिकता खराब है और वह ऐसे नहीं मानेगा, तो बजाए उसे जेल भेजने के किसी रिहैबिलिटेशन सेंटर पर भेजना सही रहेगा, उसके साथ–साथ उसे उसके परिवार के भविष्य के बारे में बताना होगा ताकि वो खुद के लिए ना सही परिवार के लिए डरे, इसके बाद आगे होने वाले नुक्सान के साथ–साथ उसकी जिंदगी की एहमियत व दूसरों के साथ कैसा व्यवहार करें, ये भी सिखाना होगा ताकि वो बाहर आकर फिर से कोई गलत काम दोबारा ना करने के बारे सोचे, वरना हमारे देश का कानून ऐसे लोगों को पकड़ कर जेल भेजता रहेगा और वो इंसान महीनें भर में या साल भर में बेल लेकर फिर बाहर आकर कोई दूसरा या पहले से बड़ा क्राइम करने के बारे में सोचेगा। किसी इंसान को मारने से या डराने से अगर कोई सुधरता तो कब का हमारा देश हो या विश्व का कोई भी देश हो, सब क्राइम से व

क्रिमिनलों से मुक्त हो जाते, पर ऐसा नहीं है क्योंकि जो बात प्यार की ताकत में है वो किसी भी इंसान की मानसिकता व स्वभाव को बदलने की ताकत रखता है और प्यार की ताकत किसी एक में नहीं बल्कि हर इंसान के अंदर छुपी होती है, इंसान चाहे कितना ही बुरा क्यों ना हो, कहीं ना कहीं, किसी न किसी से, वो प्यार जरूर करता है, बस उसी प्यार को ढूंढ कर उसकी नजरों के सामने लाके उसको समझाया जा सकता है कि अपने लिए न सही अपने इस प्यार की खातिर गलत काम करना बंद कर दो।

कोई भी देश कभी खराब नहीं होता क्योंकि हर देश में पेड़–पौधे, प्राकृतिक सुंदरता, कुदरत ने पहले से ही दी हुई है, इसलिए हमारे देश की या किसी भी देश की बात हो, आम जनता बस एक बात जनती है कि ये मेरा देश है, मतलब आपकी खुद की पहचान आपके देश के नाम से है जो कुछ हद तक सही है पर उसके आगे क्या क्योंकि सब देशों की अपनी अलग परंपरा, संस्कृति व कानून है, दूसरी सच्चाई कि देश कोई भी हो इंसान के शरीर का खून का रंग लाल ही होता है, बस हमनें सबको देखने का नजरिया बदल दिया है, पर जब बनाने वाले ने किसी के साथ भेदभाव नहीं किया तो हम क्यों उसकी संरचना को बर्बाद करने पर लगे हुए है वो भी सिर्फ अपने स्वार्थ के कारण।

बात फिर से अगर राजनीति की करूँ तो उस समय के नेताओं ने देश को कभी दिल से शायद अपना माना ही नहीं था, लेकिन जिन्होनें दिल से ही नहीं बल्कि देश को ही अपना सबकुछ माना था एक माँ की तरह, तो उन्हीं की वजह से ही हमें आजादी मिली वरना हम आज भी शायद आजादी की लड़ाई लड़ रहे होते या तो हम यह सोचते होते कि कोई तो आयेगा आजादी दिलाने के लिए। भगत सिंह, आजाद, मंगल पांडे, गांधी, रानी लक्ष्मी बाई, सोचो की यह और इनके जैसे महान लोग जो आजादी के लिए लड़े, पर अगर यह सब भी कुछ न करते और किसी और के करने का इंतजार करते कि काश कोई आएगा और आजादी दिलाएगा, तो क्या मिल जाती हमें आजादी ? जैसे कोई बच्चा दुआ करें कि मैं

पास हो जाऊँ, पर वह खुद कुछ पढ़े लिखे नहीं, न ही ठीक से पेपर दे, तो रिज्लट क्या आयेगा खुद ही सोच लिजिए और तब सारा का सारा गुस्सा भगवान पर उतारते है या भगवान को दोषी मानते है क्योंकि उससे पहले भगवान को काफी रिश्वत दी जाती है कि पास हो गया तो ऐसा करूंगा या वैसा करूंगा, अरे भगवान भी उसी की मदद करता है जो अपनी मदद खुद करना चाहे। इसी बात पर एक छोटी सी कहानी याद आई है कि एक साधु अपनी कुटिया में रहता था और रोज भगवान श्री कृष्ण की पूजा करता था, पर एक दिन वह बीमार पड़ गया तो वह मंदिर गया और वो उसी जगह पर बैठ गया जहॉ रोज बैठता था और भगवान की स्तूति करने लगा वहीं लेटे–लेटे, तभी भगवान ने दर्शन देकर पूछा कि क्या परेशानी है, साधु बोला भगवान मुझे बुखार है और मैं कुछ कर नहीं पा रहा हूँ, कृपा करके मुझे ठीक कर दें, भगवान ने तथास्तु बोला और अंतर ध्यान हो गए और वह ब्राह्मण ठीक हो गया, कुछ दिनों के बाद वो फिर बीमार पड़ा और उसने भगवान की मूर्ति के सामने बैठकर फिर से आग्रह किया कि हे भगवान मेरा बुखार ठीक हो जाये, वह सुबह से शाम तक भगवान को भजता रहा, उनको सजाता रहा और पूजा करता रहा, पर इस बार भगवान नहीं आए, इसके बाद वह क्रोध में उठा और हकीम के पास जाकर दवा लाया और मन ही मन भगवान को कोसने लगा कि मैनें आपकी इतनी स्तुति की, पूजा–पाठ की, पर आप नहीं आए, तो मैं अब से आपकी पूजा कभी नहीं करूँगा, ठीक उसी पल भगवान प्रकट हुए और बोले कि जो मेहनत तुमने मेरी पूजा आराधना के लिए की, उससे कम मेहनत में तुम हकीम के यहॉ से दवा ले आए, मैं हूँ पर तब, जब तुम खुद कुछ करने के लिए मेहनत करो, इस तरह से मेरी स्तूति करके तुम हर बार छोटी–छोटी बात के लिए मुझे याद करके अपना स्वार्थ सिद्ध करवाना चाहते हो, पर जैसे तुम क्रोध में हकीम के पास गये, वैसे तुम पहले भी जा सकते थे, साधु को बात समझ में आ गई और जाते–जाते भगवान बोले कि मैं तुम्हें परेशानी से निकलने का जरिया बता दूंगा, तुम्हारी हर परेशानी हर लूंगा, पर बिना मेहनत के मेरी कृपा नहीं पा सकते हो और मैं उसी की मदद करता हूँ जो

खुद अपनी मदद करना चाहे, यूँ सारा काम छोड़कर बस मुझे याद करना बेकार है, इसलिए धर्म के साथ–साथ कर्म करना भी उतना ही जरूरी है और तुम्हारे हर कर्म का हिसाब मैं रखता हूँ और समय–समय पर उसी अनुसार फल भी देता हूँ और एक सलाह देता हूँ तुम्हें व सारी मानव जाति से कहना चाहता हूँ कि खुशी के समय तुम सब मुझे भूल जाते हो और परेशानी आने पर हर उस जगह जाते हो किसी के कहने पर कि वहॉ जाने पर भगवान मांगी हुई मन्नत पूरी करता है, तो पहले कि जब तुम्हारे कर्मों के हिसाब से तुम्हें आनंद मनाने का समय देता हूँ तो मुझे भी उसमें शामिल किया करो और मेरे हर स्थान पर जाने से तुम्हें आत्मिक सुख तो मिलेगा पर वहॉ जाने पर मुराद पूरी होगी यह पूर्णता सच नहीं है क्योंकि जब तुम दुःखी होते हो तो मैं भी दुःखी होता हूँ, पर वो ही समय तुम्हारी परीक्षा का होता है कि तुम मुझपर विश्वास करते हो या मुझसे नराज होके मुझे कोसोगे और जो विश्वास रखता है उसके सब दुःख हर लेता हूँ और जो नहीं करते वो तबतक परेशानी में रहते है जबतक वो अपनी गलती न समझकर मेरी शरण में नहीं आता है, तो चाहे समय कैसा भी हो जो मुझे साथ लेके चलता है वो दुःख–सुख से परे होता है और मुझे न मानने वाला जिंदगी भर किसी न किसी वजह से परेशान रहता है, पर मैं उसको भी समय–समय पर मौका देता हूँ बदलने का और वो अगर मेरा इशारा समझकर बदल जाता है और मेरी शरण में आता है वो फिर कभी न अकेला होता है और न किसी परेशानी में परेशान होता है क्योंकि वो जानता है कि प्रभु परीक्षा ले रहे है और वो ही सब ठीक करेगें समय के साथ।

भगवान खुद गीता में यह कहते है कि मुझे ना सिर्फ धर्म का पालन करने वाला पसंद है, नाहीं सिर्फ कर्म करने वाला, यह कोई व्यक्तिगत टिप्पणी नहीं कर रहा हूँ किसी पर मैं, जैसा लिखा है ग्रंथ में वैसा ही बोल रहा हूँ, इसलिए जो दोनों का पालन करता है और अपनी पूरी जिम्मेदारी निभाता है मैं उसी के साथ हूँ। कहने का तात्पर्य यह है कि आप सिर्फ धर्म में लगकर अपने कर्म से पीछे हटोगे या कर्म करने में लगे रहो और धर्म को भूल जाओ यह दोनों

गलत है क्योंकि धर्म के रास्ते पर किसी तरह की गलती करने पर आप ईश्वर के पास जाओगे क्षमा याचना करने, पर कर्म की राह पर गलती करने पर किसके पास जाओगे, जाहिर सी बात है ईश्वर के पास ही, इसीलिए हमें दोनों को साथ लेके चलना चाहिए। जैसे आपने अगर ग्रहस्थ आश्रम ले रखा है और आप काम तो धर्म का कर रहे हो पर खुद का परिवार परेशान है तो इस तरह से तुम मुझे नहीं पा सकते हो, ना ही खुद के लिए भी कभी कुछ अच्छा कर सकते हो इसीलिए कोई भी काम ऐसा मत करो जो धर्म के खिलाफ हो और ऐसा भी कोई काम मत करो जिससे आपके कर्म क्षेत्र में हानि हो, बस हमें इतना ध्यान रखना है कि हमें अपने कर्म के साथ धर्म का भी पालन करना है क्योंकि कोई भी कार्य बिना धर्म के किया जाये तो वो काम कितनी भी लगन या निष्ठा से किया जाये आप उसमें कभी भी पूर्ण रूप से सफल नहीं हो सकते हो। खुद भगवान ने राम अवतार लेके हमें दिखाया व सिखाया था कि वो खुद हर चीज के मालिक है पर किसी भी कार्य को करने से पहले वो खुद अपने ईष्ट देव जो देवों के देव महादेव है उनको प्रणाम करके और पूजा करके कोई भी कार्य करते थे, तो हम मानव इतना तो कर ही सकते है और इतना करने से हम खुद ब खुद भगवान के प्रिय बन जायेगें। इससे होगा यह कि तुम्हारा कोई भी काम कभी नहीं रुक सकता और मेरा एक दोस्त एक बात कहता था 'कि तू करता वह है जो तू चाहता है पर होता वह है जो मैं चाहता हूँ, तो तू वो कर जो मैं चाहता हूँ फिर देख होगा वह जो तू चाहता है' बात कहने में वह सुनने में जितनी सरल लगती है उतनी है नहीं क्योंकि इंसान के अंदर सब कुछ होते हुए भी, एक बात प्रचुर मात्रा में है और वो है उसका घमंड या अहंकार, जिस कारण वो अपने आगे किसी की भी ना ही कोई बात सुनना चाहता है न करना चाहता है। वह हर काम सिर्फ अपनी मर्जी से करना चाहता है, मन हुआ तो धर्म का साथ दिया, मन नहीं है तो कौन सा धर्म या कौन सा भगवान और यह बात हर धर्म के लोगों पर लागू होती है, इतना ही नहीं वो कर्म क्षेत्र में आई किसी भी परेशानी की वजह से धर्म का सहारा लेगा और मंदिर, मस्जिद, गुरूद्वारा या चर्च सब जगह जाने

को तैयार रहता है और कोई कुछ भी सलाह दे वो वैसा करने को तैयार रहता है और अगर उसकी परेशानी या समस्या दूर हो गई तो वो उसी को मानने लगता है जहॉ पर भी उसकी इच्छा पूरी हुई है वरना नास्तिक तो वो पहले से ही था। हम इंसान किसी को भी तब मानते या अपनाते है जब हम किसी मुसीबत में फंस जाते है फिर देखों कितने तरह के दान, अनुष्ठान, नमाज, प्रेयर, मन्नत, जप–तप और हर जगह पर माथा टेकने को तैयार हो जाते है और तब सारे देवी–देवताओं को एक साथ एक ही दिन में याद कर लिया जाता है, मतलब जब सारे दरवाजे खुद बंद कर लिए तो बाद में सिर्फ वही एक शक्ति नजर आती है या दरवाजा खुला नजर आता है। यह सरासर गलत है कि जब किसी ने साथ नहीं दिया तो सारा काम व अहंकार छोड़कर एक ही दिन में सभी देवी–देवताओं, पंडित, मौलवी, बाबा, तांत्रिक सबको खुश करने के बारे में सोचने लगता है कि कोई तो मानेगा और मेरा बिगड़ा काम बन जायेगा।

एक बात मैनें आज के भारत में और देखी है कि कोई अच्छा या सही काम कर रहा हो या करना चाहे, तो हमसे वो भी नहीं देखा जाता, ना ही हम पचा पाते है जैसे मेरी अपनी कालोनी में सालों से कच्ची सड़क थी और जब हमारे यहॉ के युवा बच्चें जो पार्टी कार्यकर्ता भी है उन्होनें मिलकर सारे कार्यालयों से व नेता–नगरी से परमिशन लेके काम करवाना चाहा तो खुद को ज्यादा बुद्विजीवी समझने वाले लोगों ने काम को कई बार रूकवाया, मतलब खुद कुछ नहीं कर पाये बरसों से और जब किसी ने करवाना चाहा तो उसमें भी तांग अड़ा दी, इसी तरह आज की सरकार में मोदी जी कुछ कर रहे है तो वो लोग जो कुछ नहीं कर पाये सालों से सत्ता में रहने के बाद भी या दूसरों के गुलाम रहे अजादी के बाद भी, वो सच को सच न मानकर यह कहते फिरते है कि सरकार आपकी, कानून आपका तो जो चाहे वो करो, तो मुझे ये समझ नहीं आता कि जब सत्ता व सरकार तुम्हारे पास थी तो तुमने क्यों नहीं कुछ कर लिया और अगर आज सब कुछ सरकार के हाथ में है तो वो क्रिकेट वर्ल्ड कप में ऑस्ट्रेलिया व उसके सारे प्लेयर खरीद लेती क्योंकि मैदान भी उनका, स्टेडियम का नाम भी उनपर,

राज्य भी उनका, पैसा भी हमारे देश की क्रिकेट बोर्ड के पास सब देशों से कहीं ज्यादा है फिर कैसे भरतीय टीम हारी, यह वो कहॉ समझ सकते है जो देश को उन्नति करता देख सिर्फ चिल्लाते रहते है और खुद जिम्मेदार न बनकर बात–बात पर यह कहना कि यह तो हमनें शुरू किया था इस सरकार ने नहीं, या यह कहते है कि सरकार सिर्फ अपनी चला रही है, तो ऐसे लोग भी मेरी नजर में देशद्रोही से कम नहीं है क्योंकि सरकारे बदल जायेगीं, जो कल किसी के पास था वो आज किसी और के पास है और कोई अमर तो है नहीं, इसलिए जो काम करेगा उसी के पास देश की कमान चली जायेगी और देश हित में किया गया काम एक बार ही करने से हमेशा देश व देशवासियों के दिल में बस जायेगी, जो हर 5 साल में नहीं बदलेगा, हॉ जिसने बदलाव किया और जिम्मा उठाया है उसका नाम जरूर हमेशा के लिए अमर हो जायेगा। रही बात सरकार की तो जितना भारत का साक्क्षरता प्रतिशत बढ़ेगा और समाज के प्रति जागरूकता बढ़ेगी, तो यह तय है कि देश की जनता भी उसे ही चुनेगी जो देशहित में काम करें, नाकि बढ़े–बढ़े वादे व सपने दिखाए वो भी दिन में क्योंकि चुनावी रैलियॉ दिन में ही होती है।

भारत में आज भी कई कार्यालयों में कई लोग आज का काम कल पर डालना चाहता है, कोई भी अपना काम 100 प्रतिशत रोज नहीं देना चाहता है, पर सोचते ऐसा है कि वह अपना 100 प्रतिशत दे रहे है, पर देखा जाये तो वह खुद से झूठ बोल रहे हैं क्योंकि किसी अपवाद को छोड़कर लगभग हर इंसान अपनी जिंदगी में सिर्फ 5 प्रतिशत ही गुजरें हुए कल को याद रखता है, बाकी दिमाग का 95 प्रतिशत याददाश्त से गायब हो जाता है और जोर डालने पर याद कर पाते है कि कल क्या–क्या किया था वो भी मोटी–मोटी बातें या फिर यह कहें कि हम उस 5 प्रतिशत में ही खुश हो जाते है इसलिए आज का काम आज में ही करना चाहिए और इसी कारण अक्सर लोग कहतें मिलेगें कि कल आपने कुछ काम बोला था जरा याद दिलाना मैं अभी निपटा देता हूॅ या मुहावरा बोल देते है कि कल की बात कल पर छोड़ो, रात गई बात गई। ये बात

एम0सी0ए0 में कंप्यूटर सांईस को पढ़ते वक्त मेरी एक मैडम जिनका नाम है मोनिका, उन्होनें बताया था कि परवरिश करने के दौरान हर मॉ–बाप अपनी जिंदगी का 100 परसेंट अनुभव अपने बच्चे को देते है, पर बच्चा सिर्फ 5 प्रतिशत ही याद रखता है और यह सबके साथ होता है, चाहे उम्र कुछ भी हो, जैसे मॉ–बाप कहते है कि चलती गाड़ी से मत उतारना या जीवन के किसी भी फैसले में जल्दबाजी मत करना, किसी भी प्रकार के नशे का सेवन मत करना, पर उन सारी बातों को नजर अंदाज करके हम अपनी मस्ती में रहते है, वहीं अगर किसी भी तरह का एक्सीडेंट हो जाए, तब शायद उसे समझ में आऐगा कि मॉ–बाप क्यों डरते थे और क्यों छोटी–छोटी बातें बताते थे और टोकते थे, पर उस वक्त अपने मॉ–बाप को समझने के बजाये वो अपने मॉ–बाप से लड़ाई लड़ते है और उनकी कही गई सारी बातें बे बुनियाद व बकवास लगती है और ठीक ऐसा अनुभव मैं अपने जीवन में कर चुका हूॅ जब मॉ–बाप की बात न मानकर मैनें भी जोश से काम किया बजाए होश के और जीवन में बहुत बड़ा नुक्सान उठाया। पर अक्सर हम मॉ–बाप की कही बातों के बारे में ज्यादा कुछ नहीं सोचते है, वो ही बच्चा जो आज उन्हें गाली दे रहा है या बात नहीं मान रहा है या उन्हें अपना दुश्मन समझते है, वो सिर्फ इसलिए कि ऐसा आप सिर्फ अपने मॉ–बाप के साथ ही कर सकते हो क्योंकि तुम कल भी उनकी जान थे और आज भी उनकी जान हो और वो अपने बच्चे की खुशी की खातिर सब बर्दाशत करते है, बस वो यही सोचते है कि परवरिश में कहॉ गलती हो गई, वो तब भी आपको नहीं अपने को ही दोषी मानते है। पर प्रकृति का घटनाक्रम कुछ ऐसा है कि आप जो करते हो वही आप के साथ भी होता है, फिर चाहे वो गलती कोई बड़ा करें या छोटा, लेकिन जब वह बच्चा बड़ा होकर खुद मॉ या बाप बनता है तो वह भी अपनी जिंदगी का 100 परसेंट अपने बच्चों को देना चाहता है, पर जैसे हम 5 प्रतिशत में खुश हो जाते थे ठीक इसी तरह वह बच्चा भी 5 प्रतिशत में ही खुश हो जाता है। देखा जाये तो सृष्टि का जो चक्र लगातार चलता रहता है हम उसी को रोज चैलेंज करते है और अगर देखा जाए तो हम इसी तरह अपने को

होशियार दिखाने व बड़ो की बात न मानकर यह दिखाने के चक्कर में खुद का नुक्सान कर बैठते है या फिर किसी अपने को खो बैठते है। इसका सबसे बड़ा कारण सिर्फ एक ही है कि आज की भाग दौड़ भरी लाइफ में किसी के लिए किसी के पास टाइम नहीं है और मोबाइल क्रांति के बाद तो ज्यादातर सबका काम फोन पर ही हो जाता है और सुविधा की वजह से हमें कहीं जाने की जरूरत भी नहीं पड़ती, जिस वजह से हम धीरे–धीरे आलसी बनते चले जा रहे है। लेकिन जब हमारा यह सपना टूटता है तो बहुत दुख होता है क्योंकि आज भी शहरों के मुकाबले गांव के लोगों में प्यार व अपनापन शहरी लोगों के मुकाबले ज्यादा है, वह आज भी सादा जीवन उच्च विचार वाली सोच पर काम करते है और आज भी भारत के गॉव में रहने वाला हर किसान न सिर्फ मेहनती है बल्कि वह सिर्फ छोटी सी बात पर खुश भी हो जाता है लेकिन वो भी उनको कम ही नसीब होती है और जो उनका हक है उसके लिए भी उन्हें काफी संघर्ष करना पड़ा है खासतौर पर पहले की सरकारों के कार्यकाल में और इस मसले को पूरी तरह से शायद इसलिए भी खत्म नहीं किया जाता है क्योंकि चुनाव कैसे लड़ेगें जो कि सबसे बड़ा मुद्दा रहा है लगभग हर तरह के चुनावों में। आज भी जब गांव में सुबह के समय चाय बनती है तो एक अलग ही खुशबू देती है, उनका खाना आज भी इतना शुद्ध होता है कि कहीं भी जरा सी भी मिलावट की गुंजाइश नहीं दिखती है और ऐसा भी नहीं है कि उन्होंने शहर या ऊंची इमारतें नहीं देखी है, बल्कि वो अपने काम से खुश है और शहर आकर भी आपके लिए वो ही लोग बड़ी से बड़ी इमारत बनाते है वो भी बिना थके और बिना रूके, साथ ही वो आज भी भारत की मिट्टी में भारत मॉ को पुकारने वाले एक सच्चे भारतीय है ठीक वैसे ही जैसे सरहद पर खड़ा एक फौजी। ऐसा भी नहीं है कि वो आज की चमक–धमक से अंजान है पर वो आज भी बिना स्वार्थ के सिर्फ देना जानते है चाहे कितना भी कर्जा क्यों ना हो उनपर या उनका परिवार कितना भी परेशान क्यों ना हो, वह सिर्फ अपनी फसल को लहराते हुए देखना चाहते है, जैसे हर मॉ अपने बच्चे को बढ़ा होते हुए देखकर खुश होती है ठीक वैसे ही एक

किसान अपनी फसल के हर बोए दाने को खिलता हुआ देखकर खुश होता है।

लेकिन ठीक इसके विपरीत शहर की लाइफ होती है, जहाँ ना तो सुबह का पता होता है ना शाम का, बस काम और काम, इसके अलावा दिखावा व पैसे की चमक आदि कई कारण होते है जो धीरे–धीरे शहरी लोगों को मशीन बनाती चली जा रही है और एक दिन वो ही शहरी इंसान जरूरत पूरी करने में जब नाकामयाब होता है तो वो या तो डिप्रेशन में चला जाता है या फिर घोटाला करता है, और चोर बन जाता है या थक हार के आत्महत्या कर लेता है क्योंकि मशीन नहीं थकती पर इंसान जिसने मशीन बनाई, वो जरूर थक जाता है और अपना अस्तित्व व वजूद खोने के कगार पर पहुँच जाता है, जिंदा है तो जेल जाके या फिर वो उस शहर में ही गुमनाम होके जीता है और अगर मर भी जाये, तो 10 से 15 लोगों के बजाये किसी को कोई फर्क नहीं पड़ता है ना ही ज्यादा लोगों को पता चलता है। वहीं जब इस भाग दौड़ भरी लाईफ में और इस प्रदूषण से भरी लाइफ में आज का किसान इंजेक्शन लगाके हर एक चीज को ज्यादा बनाने के चक्कर में व हर चीज को ज्यादा बिकने वाली और ज्यादा मुनाफा कमाने के बारे में सोच रहा है तो इसमें गलत क्या है क्योंकि जब आप हर तरीके का गलत काम करके भी खुश हो, तो वो भी तो इंसान है और उनके भी बाल–बच्चे है इसलिए जो पहले से ही इनफेक्टेड है हम वही खाना खा–खा कर, एक दिन बीमार पड़ जाते है और इसका दोषी किसान नहीं बल्कि हम लोग है। ऐसे में कोई भी नीम–हकीम क्या करेगा बस उस मर्ज को आराम देने के लिए नई–नई दवाईयाँ बतायेगा या देगा, नही तो मशीनें बनाते जा रहे है, उदाहरण के लिए रिफाइंड ऑइल जो तरह–तरह के बनाके ऐसे पेश किये जाते है कि इसको खाने के क्या–क्या फायदे है साथ ही यह भी बताया या दिखाया जाता है कि न खाने से कितने बड़े–बड़े नुक्सान होगें, पर यह नहीं बताया जाता कि इसके इस्तमाल से इंसानों को क्या–क्या नुक्सान होगें और कैसी–कैसी बिमारियाँ होगीं, यह भी नहीं बताया जाता क्योंकि सब एक दूसरे से मिले है वो भी कुछ परसेंटेज पर। तो जब आप कचरा

खाओगे मांस–मदिरा के रूप में, तो शरीर में कचरा ही जमा होगा, कैसे ? वो ऐसे कि जब कोई मरता है तो हम उसे कब्रिस्तान लेकर जाते है और उसकी मृतक देह को अप्रवित मानते है, तो रोज हम जिस भी जानवर को खाते है तो हम खुद के अंदर एक सुपर स्टार कब्रिस्तान बना रहे है और जबतक शरीर में देशी ताकत है मतलब बचपन का खानपान, वो झेलता है हमारी यह बाहरी आदतें और बाद में फिर ऐसी बिमारी लगती है कि जहॉ पैसा सस्ता लगता है खाने के आगे, वहीं सस्ती व बिना मांस–मदिरा के चीजे खाते तो शायद खुद को बचाया जा सकता था, वरना उसका कई गुना बीमारी ठीक करने में लग जाता है और फिर डॉक्टर वो ही सादा खाना व देशी चीजों का सेवन करना बताता है, मतलब कि अगर हम प्रलोभन में न फॅसते, तो हमारा शरीर यूॅ ही साथ नहीं छोड़ता, पर कायनात की व कुदरत की सबसे मजबूत व टिकाउ मशीन को हम खुद बर्बाद करने में लगे है और पैसा कमाने वाले दिन ब दिन नई–नई घटिया वस्तुऐं बाजार में लाते रहेगें और आम इंसान सस्ते के चक्कर में यूं हीं फंसते रहेगें, जरा कुछ साल पहले की सोच के देखो कि क्या कोई भारतीय यह बता सकता था कि किसी ने भी रिफाइंड ऑइल का नाम भी सुना था, मेरे ख्याल से तो नहीं क्योंकि हम सिर्फ घी, सरसों कच्ची घानी का तेल या मक्खन खाने वालों में से एक थे, हॉ कभी–कभी डालडा उपयोग होता था, वो भी किसी घर के कार्यक्रम में या दिवाली–होली–ईद या किसी भी धर्म के त्यौहारों में। यहॉ मैं यह बताने कि कोशिश कर रहा हूॅ कि आजादी के बाद भी हम क्यों विदेशी चीजों के गुलाम बनते जा रहे है और कचरा इस्तेमाल कर रहे उनका फेंका हुआ, फिर चाहे वो ऑटोमोबाईल हो, खाने का तेल रिफाइंड ऑइल हो, सजावट का समान, टाईल्स, टेक्नॉलिजी हो या मनोरंजन का सामान, जो वो इस्तेमाल करते है वो हमें नहीं देते, पर हम यहॉ की हर चीज जो फर्स्ट क्लास है वो हम एक्सपोर्ट करते है और उनके यहॉ की बेकार, थर्ड क्लास या इस्तेमाल की हुई चीजों को हमारे यहॉ इंपोर्ट किया जाता है, क्यों ? क्योंकि उनके यहॉ हर चीज का मानक है और हमारे यहॉ जैसे कोई मजबूरी है, वो भी शायद इसलिए कि अच्छी चीजे थोड़ी महंगी होती है, जिस कारण

हम बुध बाजार, शनि बाजार, लालकिला के सामने की मार्केट हो या देश के हर शहर में ऐसे बाजार व मार्केट है जहॉ विदेशी सामान सस्ता मिलता है या हम खुद ढूढ़कर या पता करके वहॉ जाते है और अगर एक के साथ दूसरा फ्री हो, तो फिर चाहे वो हमारे काम का हो या न हो, हम खरीद तो लेते है और फिर किसी त्यौहार की सफाई के दौरान या घर में पेंट करवाते समय, जब हम चीजें बाहर निकालते है तब हम उस चीज को देखते है फिर याद करते है कि अरे यह तो तब खरीदा था और उस वक्त तक या तो वो चीज बेकार हो जाती है या एक्सपायरी डेट निकल जाती है।

इसी तरह से जिन चीजों की एक्सपायरी डेट निकल जाती है वो भारत में इस्तेमाल के लिए भेज दी जाती है या जो वहॉ नहीं चलती या धुल पाती है, वो सब यहॉ बखूबी इस्तेमाल में आ जाती है, इसी तरह अगर आपको वायरस फैलाना हो या दवाई के लिए ग्राहक बढ़ाने हो, तो भारत से अच्छी मार्केट कहॉ मिलेगी, इसीलिए विदेशी कंपनीयॉ नयी दवा बनाने के साथ उसका वायरस या फिर उस तरह के खाने के उत्पाद को इस तरह बना के उनका प्रचार करती है कि यह नहीं खाया तो क्या–क्या नुक्सान होगें, जिसके लिए किसी फेमस इंसान या सेलेब्रिटी के चेहरे का उपयोग किया जाता है ताकि लोग उसपर भरोसा करके उन चीजों को खरीदें और वो लोग भी पैसों के लिए उस जहर का प्रचार करते है, लेकिन कोई भी प्रचार करने वाला फेमस इंसान खुद उनका इस्तमाल नहीं करता है उदाहरणतः कोका कोला, पेप्सी या इसी प्रकार के अन्य पेय पदार्थ जिनको एक से बढ़कर एक प्रचिलित व्यक्ति प्रमोशन करते है और साल दर साल सिर्फ चेहरे बदलते है और हमारे यहॉ लगभग हर फंक्शन या पार्टी में यह पेय पदार्थ मिल जायेगें, उस वक्त हम जिस खुशी से इसे पीते है उतने ही दुःख व चिंता जताते हुए वॉट्सअप पर मैसेज करते है कि कोका–कोला व ऐसे बने हुए पेय पदार्थ लिवर, किडनी व दोनों आतों को किस–किस तरह से और कितना नुक्सान पहुॅचाते है। लेकिन वो ज्ञान देने के लिए होता है खुद पर अप्लाई नहीं होता है, इसी तरह से बाकी के सस्ते सामान या नुक्सान देने वाले सामान को जानते हुए भी कि ये

नुक्सानदायक है सिर्फ स्वाद की वजह से या ज्यादा मिल रहा है तो ले लेतें है और फिर अस्पताल के चक्कर काटते है। पहले कि तो सरकारों के बारें में क्या ही कहूँ लेकिन 2014 के बाद से आई सरकार ने काफी बदलाव किए है, जहॉ विदेशी चीजों पर कम व स्वदेशी वस्तुओं पर ज्यादा फोकस करने का प्रयास किया जा रहा है और कई चीजों के साथ–साथ उन ऐपों पर भी प्रतिबंध लगाया गया है, जो हमारे देश की सभ्यता व संस्कृति के लिए एक वायरस थी। जब हम आत्मनिर्भर बनेगें तो रहने–खाने का लाईफस्टाईल अपने आप सुधर जायेगा और विदेशी चीजों के साथ हम नाता तोड़ेगें और स्वदेशी चीजें खाके या पहन कर फिर से उस भारतीयता की पहचान बनेगें जो लोहा तक पचाने की शक्ति रखता था और किसी भी माहौल में खुद को दूसरे से उपर रखता था। जो धीरे–धीरे बदल रहा है और हम अब फिर से केमिकल खेती को छोड़कर ऑरगैनिक व स्वास्थवर्धक खेती की तरफ अग्रसित है, जिसमें सरकार भी मदद कर रही है और हर संभव प्रयास कर रही है देश को विकासशील से विकसित देश बनाने में, जिसके लिए हमें भी सरकार का साथ देना होगा, ताकि हम फिर से सोने की चिड़िया कहलायें। बस हमें सस्तें और उसकी गुणवक्ता चेक किये बिना कोई भी सामान लेने से गुरेज करना होगा क्योंकि वो खुद हुकुमत करने के बजाए, हमें शारीरिक व मानसिक रूप से गुमराह कर रहे है और वो इसमें कुछ हद तक सफल भी हो रहे थे या हो जाते, पर हम वो डिब्बे है जिसे हमेशा किसी इंजन की तलाश रहती है, ऐसा प्रेमचंद जी ने कहा है और वक्त–वक्त पर हमें कभी भगत सिंह ने, कभी अन्ना हजारे जी ने, कभी मंगल पांडे ने, कभी झांसी की रानी ने, पद्मावती ने, सावरकर जी हो या सुभास चंद बोस, बिस्मिल हो या आजाद, विवेकानंद जी हो या फिर हमारे आज के युग के क्रांतिकारी सोच रखने वाले प्रधानमंत्री मोदी जी और कितने ऐसे थे जिनका नाम नहीं लिया, पर वो सब इंजन का काम कर रहे थे या कर रहे है। जिन–जिन देशों की बनी चीजों को हमें इस्तमाल करने पर भी बुरा नहीं लगता है या शर्म नहीं आती है, उसकी दूसरी तरफ हम उनकी बनाई चीजों के ना सिर्फ आदी बनते जा रहे है बल्कि उसको

इस्तमाल करने में अपनी शान समझते है, तो एक तरफ ना सिर्फ हम अपने देश की बनी चीजों को बदनाम कर रहे हैं साथ ही भरोसा भी नहीं कर रहें अपनी बनाई चीजों पर और पता है क्या कहते है हम उनकी चीजों को अपना कर कि मैं तो सिर्फ ब्रांडेड चीजों का ही इस्तेमाल करता हूॅ। फिर चाहे वो खाने की चीज हो या पहनने की, भले ही उसे खरीदने में हमारा नुकसान हो रहा हो या फिर हमारी सभ्यता का, हम उसमें भी खुश है। पर अगर हम भारतीय न सिर्फ उनकी चीजों का बल्कि उनके बनाये हर उत्पाद को इस्तेमाल में लेना बंद कर दें, तो इससे ना हमारी जरूरत पर कोई असर पड़ेगा, नाहि हमारी शान ओ शोकत में और ये काम सबसे पहले उनको करना होगा जो ऐसी चीजों के फेस बने हुए है और उनका प्रचार करते है और इनकी वजह से ही हम अपने देश में बनी चीजों को मतलब मेड इन इंडिया वाली चीजों को विदेशी चीजों से कम आंकते है, जिस कारण विदेशी वस्तुओं को ब्राडेंड व अपने देश की चीजों को छोटा व ब्राडेंड नहीं समझते है और उनकी मंहगी चीजे हम शौक से खरीदते है, जिसका फायदा उस देश को होता है, लेकिन अपनी चीजों को सस्ता समझकर हम इस्तेमाल तक करने में शर्मातें है कि कहीं किसी ने पूछा लिया तो मेरी बेइज्जती हो जायेगी, वहीं अगर हम यह कहें कि मुझे छोड़ो तुम भी आगे से स्वदेशी ही खरीदना व दूसरों को भी प्रोत्साहित करना क्योंकि भारत हमारा देश है और हमसब मिलकर ही अपनी बनाई चीजों को अपने यहॉ और विदेशी मारकेट में भी ब्रांडेड बना सकते है, जैसे उनकी चीजों को इस्तेमाल करके हम उनकी चीजों का फ्री में प्रचार करते है, वैसे ही जब वो हमारी चीजों का इस्तमाल करेगें तो वो भी विश्वास करेगें और हमारी चीजों की मारकेटिंग भी करेगें। कैसे आज भी पुराने लोग हमसे कहते है कि जरा अग्रवाल जी के यहॉ से 2 मीटर कपड़ा लेते आना और अगर पैसे कम भी पड़ जाये तो कोई बात नहीं वो जानते है कि तुम मेरे बच्चे हो और उनके पैसे बाद में मिल जायेगें अगली सैलरी आने पर, गुप्ता जी के यहॉ जाकर राशन लिखवा देना और मैं जब निकलूंगा तो पैसे दे आऊॅगा, वहीं किसी भी ब्रांडेड शोरूम पर या मॉल में जाके 1 रूपये कि भी

आप उधारी नहीं कर सकते, मतलब सिर्फ अपना ही अपने पर विश्वास करके उधार दे सकता है, पर फिर भी हम जलील होना चाहते है कि सामान तो ले लिया और पैसे कम पढ़ गये तो वहीं दस लोगों के बीच सामान कम करने लगते है या उधार मांगते है किसी से, फिर उस उधार को चुकाने के लिए दूसरे से उधार मांगते है या क्रेडिट कार्ड का बिल भरते है या बैंक से लोन लेते है और जो सामान लाये थे उसका ढंग से उपभोग करने के बजाए घर में कलेश मचता है कि क्यों इतने का सामान लिया, अब कैसे पैसे चुकाउंगा, समझ आ रहा है कि ब्रांडेड व स्वदेशी में कितना बढ़ा फर्क है।

जैसे पहले हम सिर्फ देशी व घर में बनी चीजों का इस्तेमाल करते थे और बाहरी चीजों को पसंद नहीं करते थे, मतलब बाहर का फास्ट फूड मुझे याद नहीं मैनें या परिवार के किसी सदस्य ने खाया होगा आज से 15 या 20 साल पहले और जब कुछ खाने का मन करता था तो घर में ही सब मिलकर बना लेते थे और वो दिन किसी त्यौहार से कम नहीं होता था, महीने में एक बार वी0सी0आर0 का आना, सालभर मेले का इंतजार करना कि रामलीला में घूमने को मिलेगा और हमें टिक्की–बताशे खाने को मिलेगें, झूला झूलने को मिलेगा आदि, वो हमारे बुजुर्ग या माता–पिता आज भी वैसे ही है और शायद हम वो आखिरी पीढ़ी है जो उनके कहने पर चल रहे है क्योंकि हम दूरदर्शन के जमाने की पैदाइश है या जो भी 1980 से 2000 के बीच पैदा हुए है, उनमें हमारे बुर्जुगों के संस्कार बाकी है वरना आज का युवा पैर भी ऐसे छूता है कि उसके कमर में बहुत दर्द है या झुकना किसी के सामने अपनी बेइज्जती लगती है इसलिए वो घुटनों से उपर की हाथ लगा कर अपनी फॉरमेलिटी पूरी करते है उसमें भी उनकी इज्जत कम ही होती है और बात–बात पर उन्हें बुरा लगता है और कहते है कि आपके रिश्तेदार है आप ही रिश्ता निभाओं। आज भी हमारे बुर्जुगों ने न ही इंसान और न ही दुकान बदली है ना कभी बदलेगें, अगर उनसे कहो कि वहॉं से छोड़ो यहॉं से सामान ले लो, पर उनको भरोसा नहीं होता किसी भी नई चीज या नई जगह पर, असल में वो ही बचे है जो

स्वदेशी अपनाते है जैसे उनका कच्छा–बनियान, दाढ़ी बनाने का समान, न्यूज पेपर, एक ही डेयरी से सालों से बंधा दूध, पान की दुकान, कपड़े की दुकान, यहॉ तक की बाल कटवाने व सेविंग की दुकान, यही बची है वो आखिरी पीढ़ी जो चमक को नापसंद करते है और अपने बच्चों को भी स्वदेशी चीजों को अपनाने की सलाह देने वाले, साथ ही विदेशी चीजों की खिलाफत करने वाले बस यह ही लोग बचे है, जिन्होंने अपनी जिंदगी के अह्म पल महात्मा गांधी जी के साथ दंडी यात्रा, नमक छोड़ों आंदोलन और खादी अपनाओं और विदेशी चीजों का बहिष्कार करने के बारे में बताया और सिखाया, कभी सोचा है कि जिस आजादी के लिए हमारे वीर पुरूषों व महिलाओं ने बलिदान दिया था और विदेशीयों का बहिष्कार किया था, कभी सोचा है कि हमें आजादी की कहानी या फिल्में देखकर क्यों जोश आता है ? क्योंकि वो ही असल लढ़ाई थी और अपने देश के प्रति सभी भारतवासीयों का अथाह प्रेम और सर्मपण था, जो किसी भी जाति धर्म से बढ़कर था और आज जो लड़ाई जारी है वो कुंठा की व प्रभुत्व की लड़ाई है। पता नहीं क्यों हम उन ही चीजों को अपनाने में व बाहरी देशों की कंपनियों का करोबार करने के लिए मरे जा रहें है और इसमें कई बड़े बिजनेस मैन बाहरी कंपनियों को ना सिर्फ यहॉ ला रहे है साथ ही अपनी नहीं उनकी शर्तों पर काम करने को तैयार है। कभी सोचा है दिल से कि भारत को क्यों सोने की चिड़िया कहा जाता था क्योंकि हमारे देश में हर कुछ बहुतायत मात्रा में था, जिस वजह से उन सारी बेशकिमती चीजों को चुराके या बर्बाद करके वो ही विदेशी लोग अपने देश में ले गये, जितना भी वो यहॉ से लेकर जा पाये या जो भी वो लेकर जा सकते थे उस समय के सन–साधनों के हिसाब से, इतना ही नहीं हमारे भारत को न सिर्फ अग्रेंजो ने लूटा, बल्कि अलग–अलग शासकों ने भी लूटा, फिर चाहे वो सोना–चांदी हो, हीरे–जवाहरात हो, कपड़े हो, दूध–दही–मक्खन हो, जो–जो भारत में प्रचुर मात्रा में था वो थोड़ा–थोड़ा करके यहॉ से लूटकर ले जाते रहे। पर वो लूट कर भी वो नहीं छीन पाये जो हमारी जड़ों में था।

पता नहीं क्यों आज भी हमारे देश में घी, मक्खन या सरसों तेल के होते हुए भी हम सोयाबीन रिफाइंड ऑइल, राईस ग्रेन ऑइल या कॉर्न ऑइल को अच्छा समझते है और रोज इस्तेमाल भी करते है, जबकि हमारे वैज्ञानिक कितनी बार कह चुके है कि रिफाइंड ऑइल हमारे शरीर के लिए ठीक नहीं है, इसके साथ ही वो कई बिमारियों को दावत देता है क्योंकि इसमें प्रचुर मात्रा में फैटी ऐसिड होता है, जो सेहत के लिए हानिकारक होता है, जो शरीर की हड्डीयों को बहुत नुक्सान पहुँचाता है जिससे जोड़ो का दर्द, हड्डीयों का कम उम्र में कमजोर होना, बाल गिरना व कम उम्र में बालों का सफेद होना, शरीर में ताकत की कमी, जल्दी थक जाना, हार्ट अटैक आने का खतरा, कैंसर को दावत देना, डायबटीज को बढ़ना और हमारी रोग प्रतिरोधक क्षमता को दिन ब दिन कम करना, ताकि हम जल्दी–जल्दी बीमार पड़े और उनकी बनाई दवाओं का सेवन करें, फिर एनजिओं प्लास्टिक जैसी सर्जरी करवाओं, जो होती तो कुछ हजार रूपये की है विदेशों में पर यहाँ भारत में डॉक्टरों का बिजनेस कैसे चलेगा तो उसके लिए हम लाखों रूपये देते है, छोटी सी उम्र में घुटनों का या कुल्हे का ऑपरेशन करवा रहे है हम लोग, लीवर–किडनी बदलवा रहें हैं उन दवाओं के सेवन से और अस्पताल यानि उनकी दुकान चलती रहे और विदेशी कंपनियों के बनाये उपकरण व दवायें धड़ाधड़ बिकती रहे। ये सब सिर्फ इसलिए हो रहा है कि हम आत्मनिर्भर नहीं बल्कि उनकी बनाई चीजों पर निर्भर रहें, जबकि सरकार कह रही है कि आत्मनिर्भर बनो जिसके लिए वो भी कितने तरीके की मदद दे रही है, छोटे या एम0एस0एम0ई तरह के बिजीनेस के लिए, तो जो समय रहते सुधर गया वो भारतीय आत्मनिर्भर बन जायेगा, वरना विदेशी चीजों पर हम निर्भर तो हैं ही ना जाने कितने कारणों की वजह से।

पर एक बार हमें बस अपनी अंतर आत्मा में झांकने की जरूरत है कि हम वो भारतीय है जो अपने देश को माता कहकर बुलाते है, यह भारत है हमारा भारत, जिस देश का हर नागरिक चाहे देश में हो या विदेश में, वो गर्व व फर्क से सिर उठाके नेशनल ऐंथम गाता है और सब शान से खड़े होकर तिरंगे को सलामी देते

है। सरहद पर खड़ा चाहे वो जवान हो, बच्चा, बूढ़ा या किसी भी मजहब का इंसान हो, पर अगर वो भारतीय है तो वो हर धर्म, काम, धंधे, समुदाय या किसी भी चीज से बढ़कर तिरंगे के आगे सजदा करता है, अजादी से पहले की बात हो या आजादी के बाद की, हम आज भी वंदे मातरम सुनके या गाके जोश से भर जाते है और आज भी आजादी की लड़ाई में शहीद हुए हर शहीद को याद करके यह सोचता है कि काश मैं भी उसमें शामिल होता, पर हर शहीद किसी भी तरह का नाम कमाने के लिए शहीद नहीं हुआ था, वो सारे देश को अपना सबकुछ मान चुके थे, पर अगर हम वाकई उनकी शहादत से गर्व का अनुभव करते है तो उनके द्वारा हमें दी गई आजादी को फिर से दूसरों की गुलामी न करके या उनकी चमक–धमक से आर्कषित न होकर, उनकी तरह बनने के बारे में नहीं सोचते। पर नहीं विदेशी अपनी चीजों को तो सुंदर बना रहे है और हम उस चमक से आर्कषित होकर उनकी चीजों को और ज्यादा खूबसूरत बनाने में लगे है, वो भी चंद पैसों के लिए क्योंकि उन्हें हमारे यहॉ के लेवर आधी से भी कम कीमत में मिल जाते है। दूसरा जो हमारे देश में खूब देखने को मिलता है कि एक बार कोई विदेश चला जाये फिर यह सुनने को मिलता है कि यह फलाने देश से आया है और फिर हम उसे कैसे बुलाते है कि यह अमेरिका रिर्टन है, यह लंदन रिर्टन है, यह दुबई या साउदी अरब से आया है आदि, वहीं इसके विपरीत कोई विदेशी जो किसी प्रोजेट के लिए या फिर घूमने भारत आया था या फिर किसी बिजनेस के सिलसिलें में यहॉ आये, तो उसके देश में कोई नहीं कहता कि वो भारत रिर्टन है, वो बड़े ही कैजुएल ढंग से बाकी को बताता है कि कुछ वक्त के लिए एक प्रोजेट के सिलसिलें में या घूमने भारत गया था, यह सबसे बड़ा फर्क है हमारी और उनकी सोच में, किसी को इतना भी मत चढ़ाओं कि जब गिरे तो कई लोगों की जिंदगी बर्बाद हो बाद में। अरे जिसने अपना देश ही पूरी तरह से देखा न हो, न अपना इतिहास जानता हो, अपनी संस्कृति, अपने देश में उपलब्ध हर तरह के साजों सामान वो कैसे समझेगा भारत को, वो बस विदेश जाके दो चार फोटो खींचकर यहॉ आकर सबको ऐसे दिखाता है जिससे

हमसब काफी इंम्प्रेश हो जाये और उसके आगे फलाने देश से रिर्टन का तमगा लगाकर उसके आगे–पीछे घूमना शुरू कर देते है। पर मेरी नजर में ऐसा इंसान किसी देश का सगा नहीं हुआ, ना अपने देश का जिसने उसे विदेश जाने लायक बनाया यहाँ से पढ़–लिख के, ना उसका हुआ जिसने उसे काम व पैसे दिये, तो कैसे वो आपका लोगों का हो सकता है, मुझे याद नहीं कि कोई विदेश से आके इतना नाम कमा सका हो, जिसे हमारे देश का एक भी बच्चा जानता हो, पर जिसे हम जानते है वो इसी देश में काम करके नाम कमा सके है और पूरा विश्व जानता है उन्हें तो विदेश जाने का फायदा क्या हुआ सिवाये चंद पैसों के और ढेर सारी बेइज्जती के।

एक बहुत ही महत्वपूर्ण बात मैं यहाँ जोड़ना चाहता हूँ कि हमारे देश के ज्यादातर होनहार बच्चों को उनके मनमाफिक काम करने देने के बजाए, ज्यादातर माँ–बाप अपने बच्चों को उन सपनों को पूरा करने के पीछे लगा देते हैं जिन्हें वो खुद पूरा नहीं कर पाये अपनी ज़िंदगी में, फिर वो, वो सबकुछ करते हैं उन सपनों को पूरा करवाने के लिए अपने बच्चों से और ठीक–ठाक प्रेशर भी बनाते है कि यह मेरा सपना जरूर पूरा करेगा, इसी के चलते उन बच्चों के अंदर जो विशिष्ट या विषेश प्रतिभा होती है वो समय के साथ खत्म होती जाती है और फिर जिस सपने के लिए उसे तैयार किया जा रहा था, तो वो न उस सपने को पूरा करने लायक बचता है नाहिं जो वो कर सकता था उसके लायक बन पाया, फिर समय का चक्र घूमता है और वो बच्चा फिर अपने सपनों को अपने बच्चे के अंदर ढूंढ़ने लगता है। पर जिन्हें उड़ान भरने दिया जाता है या वो जो समय पर विरोध कर पाते है वो इतिहास में अमर हो जाते है, हाँ विरोध का मतलब यह बिलकुल नहीं है कि माँ–बाप की आज्ञा की अवहेलना करकर फालतू का कोई काम किया जाये या फिर बात न मानकर बस रात–दिन कोई भी काम करते रहो, इससे क्या फायदा कि आप जिस काम को करकर खुश ना रह पाओ और वो काम, काम न रहकर बोझ लगने लगे, तो वो काम करने का कोई फायदा नहीं क्योंकि वो खोया तो अपने सपनों में ही रहेगा। यह बात भी सही है कि जिस काम के लिए माँ–बाप पैसा जोड़ते है वो भी सिर्फ

अपने बच्चों के उज्जवल भविष्य के लिए और अगर वो ऐसा न करें, तो समाज ही कहेगा कि कैसे मॉ–बाप है जो अपने बच्चों को सही शिक्षा या परवरिश ना दे पाये, तो खुद के सपने को पूरा करवाना हो या समाज की बातों से बचना हो, तो दोनों हालातों में पिस्ता बच्चा ही है। पर कहीं आपका बच्चा वो ना करें जो आपने सोचा था और वो ही पैसे बाद में बीमार पड़ जाने के बाद डाक्टर को या परिवार में आये किसी संकट के दौरान खर्च हो जाये, तो जीवनभर उस बच्चें को ताना दिया जाता है कि तेरे लिए पैसे जोड़े थे कि तू कुछ बनकर दिखाएगा, पर तू तो बेकार, निकम्मा और नालायक निकला और मेरी जिंदगी भर की मेहनत की कमाई बेकार कर दी और यह ताने रोज अलग–अलग तरह से दिये जाते है, जिसे बच्चा सुनते–सुनते एक दिन दिमाग से या तो कुंठित हो जाता है या फिर कोई गलत काम करने के बारे में सोचता है जैसे नशा, जुआ इत्यादि चीजें या घर छोड़कर भाग जाता है। वैसे भी आज के दौर में इतनी चमक व सुंदरता शहर में इस्तमाल की जा रही है कि अगर कोई एक बार घूम कर आए या धोखे से वहॉ पहुॅच जाये, फिर वह उस चमक के पीछे भागता है, लेकिन उसके पीछे की अशुद्धता किसी को भी दिखाई नहीं पड़ती उस वक्त और जब बर्बाद होकर या धोखा खाकर पीछे मुड़ के देखता है कि मैनें क्या–क्या खो दिया, तब हमें फिर से गांव की याद आती है, मतलब अपनी जड़ो की जहॉ हम छोटी–छोटी बातों पर खुश हो जाते थे और पूरा गॉव मिलके जश्न मनाता था, हर किसी को एक दूसरे की परवाह होती थी, खेतों में लहलहाती फसल की खुशबू हमें एक अलग सा आनंद दे जाती थी और हकीकत में यह ही लोग बता सकते है कि हमारा देश कितना अच्छा है और कितना प्यारा है। जहॉ हमारे देश का हर किसान फसल व बीज को उत्पन्न करने से पहले, हर साल एक टाइम टेबल बना लेता है मन ही मन कि कौन से मौसम में कौन सी खेती करनी है और पिछले साल जो नुक्सान हुआ था उसे भी भरना है तो उसके लिए क्या–क्या इंतेजाम करने है, उसी के अनुसार वो चलता है वो भी किसी भी तरह के मौसम या हालातों की परवाह किये बिना क्योंकि अगर किसान ने काम नहीं किया, तो मान

लीजिए कि किसी भी देश में चाहे अमीर हो या गरीब, कोई भी किसी भी तरह का काम नहीं कर पायेगा क्योंकि भूखे पेट भजन नहीं होये गोपाला, ले तेरी कंठी ले तेरी माला, मतलब भूखे पेट कोई भी काम नहीं कर सकता है और हर कोई काम भी पेट भरने के लिए ही तो करता है। लेकिन खाने के उस स्वाद के पीछे किस–किस का कितना पसीना बहा और कितनों की जान गई है, इसका अंदाजा कोई नहीं लगा सकता है क्योंकि चाहे गर्मी हो या बरसात या चिलचिलाती धूप हो या ठंडा से ठिठुरा देने वाला मौसम या बरसात में बाढ़ के हालात हो, एक किसान भी सिपाही की तरह अपनी फसल के लिए खड़ा रहता है ताकि देश के हर नागरिक को अन्न दे सकें और कोई भूख से ना मरे, इस बात को जहन में बिठा कर वो हमारे लिए अनाज उगाते है। ठीक वैसे ही जैसे बॉर्डर पर तैनात हमारे सिपाही जो हर खतरे को समाप्त करने की क्षमता रखने के साथ, भारत के हर नागरिक को यह संदेश देते है कि तुम अपना काम ईमानदारी से करो, हम दुश्मनों को न सिर्फ संभाल लेगें बल्कि हर भारतवासी को रोज चैन की नींद से सोने देने के लिए खुद जगते रहेगें, चाहे हालात कैसे भी हो, हम सीने पर गोली खाकर भी मरेगें नहीं क्योंकि जब तक भारत रहेगा, हम हर भारतवासी के दिल में रहेगें। बात फिर किसानों की और भारत की जलवायु की करते हैं क्योंकि हमारे देश में विभिन्न प्रकार की जलवायु पाई जाती है, इसलिए हमारे यहॉ अलग–अलग तरह की कई तरह की फसलें उगाई जाती है, फिर चाहे वो जम्मू कश्मीर से लेकर कन्याकुमारी तक क्यों न हो या फिर गुजरात से लेकर आसाम तक, हर जगह अलग–अलग तरह की फसलें, फल व फूल उगाए जातें है और यह बात हम इतिहास में भी देख सकते है कि जब राजा महाराजा की थाली की बात होती है तो जितनें पकवान उनके लिए बनते थे वो आज की सोच में भी कम पड़ जाएगें, हमारे यहॉ न सिर्फ स्वादिष्ट व्यंजन बल्कि इतना प्यार मिलता था खाने को कि उस खाने को खाने वाला वो राजा या आम इंसान यह सोचने पर मजबूर हो जाता था कि यह खाना वाकई इतना स्वादिष्ट है या फिर उसमें बनाने वाले का प्यार शामिल है और खाना कैसा

भी हो अगर मॉ ने बनाया है तो उससे स्वादिष्ट खाना पूरे विश्व में कोई नहीं बना सकता है, कहते है कि मन से जो चीज ना बनाई जाये वो खाना होती है और मन से जो बने उसे भोजन या भगवान का प्रसाद कहते है।

अगर मैं हमारे देश की शक्ति या ताकत की बात करूँ, तो जो शक्ति परीक्षण हमने किया या दुनिया को जिस बात के लिए हमनें अपनी ताकत का लोहा मनवाया हो, तो कोई भी हमें किसी भी तरह से कमजोर नहीं समझ सकता है। जब हमने पोखरन में परमाणु परीक्षण किया था, उससे पहले तक सारे विकसित व बड़े देश खुद को ताकतवर कहने वाले थे और लगभग सभी देशों ने यूरेनियम और जरूरी चीजों पर रोक लगा दी थी ताकि हमें परमाणु बम बनाने की चीजें किसी भी हालत में न मिलें, तब भी हम नहीं हारे और हमारे ए0पी0जे0 अब्दुल कलाम जी ने बिना उन चीजों के परमाणु बम बनाके दुनिया को चौंका दिया था कि भारत अपने पर आ जाये तो वो नामुमकिन को भी मुमकिन बना सकता है। परमाणु परीक्षण के बाद पूरा विश्व सकते में आ गया था जबकि हम पर जमीन से लेकर आसमान तक से नजर रखी जा रही थी कि भारत परमाणु बनाने की दिशा में कुछ कर तो नहीं रहा है। फिर कैसे ? कब ? और कहॉ तैयार हुआ ? और उस परिक्षण के कुछ दिनों के बाद ही ऐसे परीक्षण पर रोक लगा दी गई थी। मतलब हमारे एक परीक्षण ने पूरे विश्व को हिला डालने के साथ–साथ हमारी ताकत का भी एहसास कराया था, बस यही खूबी है हमारी कि जब भी कोई सोचता है कि इस कारण से हम उनपर निर्भर होगें, तो निर्भर होने की बजाए जो हमारे पास है उसी में से हम वो कर डालते है जो दूसरे सोच भी नहीं पाते है। लेकिन अगर इस बात का कॉप्टीशन हम बाकी देशों से करें, तो ठीक ढंग से पता चल सकेगा कि हम सच बोल रहे है या झूठ क्योंकि आज साईंस के दौर में हर कोई प्रमाण मांगता है कि उनके पास जो है उतना या उससे ज्यादा हमारे पास है कि नहीं।

राजनीति में हम जब किसी को अपना प्रतिनिधि चुनते हैं तो वो सिर्फ इसलिए नहीं कि हम खुशहाल रहें बल्कि इसलिए कि चाहे कुछ भी हो, वो हमारे देश को सबसे आगे लेकर जायेगा। पर मैनें कुछ दिन पहले एक सर्वे में भारत का स्थान देखा जो अच्छा नहीं था, जहॉ भारत काईम के मामले में काफी ऊपर पहुॅच चुका है यह भी दिखाया गया एक ग्राफ के माध्यम से, इसी वजह से हमें क्राइम को नहीं क्रिमिनल की मानसिकता को बदलना होगा और यह काम कोई नेता या पार्टी नहीं कर सकती है, बाकी चीजों में जब प्रधानमंत्री जी अगुआई करने के साथ हर क्षेत्र में जब भारत को आगे लेकर जा रहें हैं, तो इसका साफ मतलब है कि हमने नेता तो सही चुना, बस अपनी गलतियों को व आवेश में आकर की गई गलतीयों को कम करने की आदत को अपनाना होगा, जिससे हम काईम के क्षेत्र में भी बाकी देशों से पीछे हो जाये मतलब कि हमारा काईम रेशों कम हो जाये। मैं फिर कहता हूॅ कि सब में आगे होने के बाद भी सिर्फ इस क्षेत्र में पीछे रहें, तो कैसे हम भारत को सबसे अनूठा व अलग देश बना पायेगें और छोटी–छोटी गलतियों से कैसे इस जीवन का व देश का बेड़ा पार लगा पायेगें। इसमें मैं ना चोरी की, डकैती, लूट–पाट वगैराह की बात कर रहा हूॅ क्योंकि यह तो आम बात है जिसकी वजह से जेल में आधे से ज्यादा लोग इन केसों में है और बाकी दहेज हत्या या प्रताड़ने वाले होते हैं, बस फिर क्या हम इस तरह से सुधरने के बजाये, उसमें उलझे रहते है, पर रिश्ते जितने मजबूत होते है उतने ही नाजुक भी होते है और छोटी सी बात पर कई घर तबाह हो जाते है।

इसी वजह से हमें क्राइम को नहीं क्रिमिनल की मानसिकता को बदलना होगा, इसके लिए जेल को किसी ऐसी जगह बनानी या होनी चाहिए, जहॉ उनको धर्म व कर्म का मार्ग बताने के साथ, पाप व पुण्य के बारे में भी सिखाना व बताना चाहिए क्योंकि जब धर्म के नाम पर दिमाग को इस तरह से परिवर्तित किया जा सकता है कि वो जिहादी बनके कुछ भी कर सकता है, ठीक वैसे ही हमें क्रिमिनलों का माईंड वाश करके उनको धर्म व कर्म के हिसाब से जीना सिखा के समाज की मुख्य धारा में भेज सकते है और समाज

में भेजने से पहले ऐसे मानक तय किये जाएं, जो यह तय करें कि यह समाज में रहने लायक हो गया है या नहीं, ठीक वैसे ही जैसे पागलखाने में रह रहे मरीजों को एक तय मानक पर परखने के बाद छोड़ा जाता है कि अब वो समाज के लिए खतरा नहीं है और ये काम कोई नेता या पार्टी नहीं कर सकती है। वैसे भी कहा जाता है कि किसी से बदला लेना हो तो केस में फंसा दो उसे या उसके परिवार में से किसी पर केस कर दों, बस फिर क्या देखते ही देखते वो बर्बाद हो जायेगा, पैसा भी खर्च करते–करते और उधार लेते–लेते और अंत में यह नौबत आ जायेगी कि वो या तो जीवन से हार जायेगा या सामने वाले को नुक्सान पहुॅचायेगा, समाज में कहते हुए सुना है कि हरा पेड़ सूख जाये पर केस है जो खत्म ही नहीं होता है।

शहर की चमक से शायद ही आज का कोई भी गाँव अछूता रहा हो और शायद ही कोई गाँव हो, जहॉ का युवा शहर में ना रह रहा हो, पर जब गाँव का बंदा शहर जाके कुछ ही दिनों में अपने अन्दर ऐसा चेंज लेकर आता है कि फिर वो अपने ही गाँव में आके कटा–कटा महसूस करता है और अपने ही घरवालों को खेती या जो भी काम वो करते है उसे छोड़ने के लिए कहता है और अपने साथ शहर जाने के लिए मजबूर करता है। ऐसा इसलिए कि जो सुख–सुविधा व चमक का वो आदि बन चुका है, वो गाँव में न मिल पाने की वजह से वो अपने ही लोगों को ताने मारता है कि गाँव में कुछ नहीं रखा है, लाइफ शहर में है। पर इसके उल्टी तरफ शहरों के मुकाबले आज भी देखा जाए, तो गाँव में अखबार, प्रदूषण, मूवी हाल या दूषित वस्तुऐं कम देखने को मिलती है क्योंकि वो आज भी पेपर पढ़ने के बजाये आज भी चौपाल लगा के बात करना पसंद करतें है, कूलर, फ्रिज, टीवी आदि सामान वो लेकर तो आते है, पर इस्तमाल में इतना नहीं लाते, जितना शहर वाले लाते है, इसीलिए आज भी गाँव की आबो हवा शहर के मुकाबले काफी बेहतर है और जो गाँव छोड़कर शहर जाकर बस गए है, वो ही गर्मीयों की छुट्टीयॉ मनानें अपने या फिर किसी भी गाँव में जाते है या हिल स्टेशन जो असल में होता तो पहाड़ी गाँव ही है, वो भी किसलिए जाते है ताज़ी

हवा के लिए और वहॉ का शुद्ध भोजन खाने के बाद, वो फिर सोशल मीडिया पर फोटो ऐसे डालते है कि गाँव की ताज़ी हवा व ट्यूबेल में नहाते हुए, पर तब हमें शर्म नहीं आती है, गाँव में रहते हुए, खाते हुए, नहाते हुए। लेकिन कोई यह नहीं सोचता है कि अगर वो भी शहर जाकर बस जाते है, तो किसके पास घुमने जाते या फोटो खींच पाते सोशल मीडिया के लिए। आज के इंटरनेट व भाग दौड़ वाली लाइफ के होते हुए भी, कई गाँव इन सुविधाओं से दूर है और आज भी उनको कई किलोमीटर का रास्ता तय करके चीजों को सीखने या इलाज के लिए काफी दूर जाना पड़ता है। इन चीजों को देखते हुए सरकार, आयोग व कई तरह की संस्थाए, इस दिशा में काम तो कर रही है और लोगों में सरकार द्वारा दी जा रही सुविधाओं व जरूरी चीजों के प्रति जागरूक भी कर रही है, पर जितने बड़े पैमाने पर यह काम होना चाहिए, वो हो नहीं पा रहा है, क्यूों ? वो इसलिए कि इंसान की एक फितरत होती है कि वो अपनी जरुरत के हिसाब से किसी भी चीज़ को अपनाता है या सीखता है, साथ ही वो कोई भी चीज को तभी अपनाता है जब उसे अपना फायदा नज़र आता है, इसको एक उधाहरण से समझते है, जैसे मोबाइल फोन वाली कंपनीयॉ जो मोबाइल टावर के लिए कॉलोनी, गाँव, क़स्बा व शहर, हर जगह एक मकान या दुकान देखती है, जहॉ वो अपना टावर लगा सके, जिसके लिए वो अच्छा खासा पैसा भी देती है, पर मैं यहाँ यह कहना चाहता हूँ कि जब बी0एस0एन0एल0 लैंडलाइन फोन लगा रहा था और लोग घंटों लाइन में लगे रहते थे कि मेरे यहाँ पता नहीं कब घंटी बजेगी और उसके लिए जुगाड़ लगाते थे कि किसी तरह मेरा नंबर पहले आ जाए। पर कई बार हम जरुरत के लिए नहीं, बस दिखावे के लिए भी चीजे लगवाते है या लेकर आते है जैसा मैंने पहले कहा था, बस उसी दिखावे के चलते लैंडलाइन लगवा लेते थे, पर उस वक्त भी हम नहीं समझ पाए कि दिखावे से ज्यादा हमारी जरुरत पूरी हो रही है या नहीं, वहीं जब बिल आता था तो उसी कनेक्शन को या तो कटवा दिया जाता था या फिर कनेक्शन को कर्मशियल में बदल के पी0सी0ओ0 में इस्तमाल किया जाता था। वो क्यों ? वो इसलिए

की उसमें उनको अपना फायदा दिखा, फिर घर, गली व बाजार में सैकड़ों पी0सी0ओ0 बूथ खुल गये थे। हॉ आज के दौर के युवा पी0सी0ओ0 से शायद पूरी तरह से रूबरू नहीं होगें, पर यह उस वक्त की सच्चाई है ठीक वैसे ही आज के दौर का सच ये है कि अब हर जगह मोबाईल व उसकी ऐसेसरीज की दुकाने मिल जाती है। वक्त बदलता है और उसी के अनुसार हमारी जरूरतें भी, पर जैसे मैंने कहा कि हमारी फितरत नहीं बदलती है क्योंकि तब हम किसी और का फ़ोन आने पर बहाना बना देते थे कि वो घर पर नहीं है। पर जरुरत बदली और पैसे के लिए इंसान ने अपने ही छत्त पर टावर लगाके खुद ऐसी बिमारीयों को दावत दे रहें है, जिसका इलाज़ वो नहीं करवा सकते है, मतलब इस तरह के काम से ज़रुरत तो पूरी हो रही है, भले ही नुक्सान कुछ भी हो, ऐसा इसलिए भी हो रहा है कि जो प्रलोभन वो देते है या ऐड में वो जो दिखाते हैं हम उसको सच मान लेते है कि इस मोबाईल में फोटो कहीं बेहतर है, रेडियो है, ज्यादा मेमोरी है, लॉन्ग बैटरी है, ताकि आप घंटो बात कर सके या गाना सुन सके और एक ऐसी चीज़ जो आप जेब में डाल के घूम सकते हो। बाहरी कंपनियॉ इसलिए भी सफल हुई क्योंकि बी0एस0एन0एल0 द्वारा लगाये हुए टावरों में उन्होनें अपने नेटवर्क बी0टी0एस0 को स्थापित किया और महीने के हिसाब से पैसे भी दिए, हुआ यह की जहॉ बी0एस0एन0एल0 के मोबाइल टावर लगे थे, अब उन्हीं टॉवरों से उनके मोबाइल फ़ोन ज्यादा अच्छे नेटवर्क व नई टेक्नॉलजी के साथ ज्यादा अच्छे ऑफर के साथ हर जगह अपनी पहुॅच बना रहें है और एक बार कोई कंपनी, वहाँ पहुचीं नहीं, की बाकी कंपनियां भी होड़ लगाने वहाँ पहुँच जाती थी और देखते ही देखते वहाँ की दुकानों पर, कई रंगों की झंडी पन्नी लटकी देखने को मिलती थी, वो भी नए–नए ऑफर के साथ, मतलब जिसका टॉवर इस्तेमाल किया वो घाटे में जा रही थी हर दिन और आप उन्हीं के टॉवरों को इस्तेमाल कर वो अरबों पति बन रहे थे। पर यह ही चमक व चाल गाँव वाले नहीं समझ पाते है और वो फोन या सिम तो ले लेते है, पर उससे सम्बंधित बहुत सारी बातों को सालों तक नहीं समझ पाते हैं क्योंकि कंपनियां

शुरु में जो सपने दिखाती है, उसमें वो सिर्फ कस्टमर जोड़ती है और फिर कैसे उन्हीं ग्राहकों को लूटा जाए, यह वो कंपनियॉ अच्छे से जानती है क्योंकि तब तक वो ग्राहक प्रलोभन में आ चुके होते है खुद ही याद कीजिये कि पहले टॉप के कूपन आते थे जिन्हें स्क्रैच करके एक कोड डालते थे, फिर वैलिडिटी और डाटा के कूपन आये, फिर प्लान आये इतने के रिचार्ज से एक महीने की वैलिडिटी व इतना डाटा मिलेगा जो 100 से 150 रूपये के बीच होता था और हम वो भी अपनाते गये और अब 500 से लेकर 800 रूपये तक के रिचार्ज है मार्केट में और हम वो भी अपना चुके है, मतलब समझे कि वो धीरे–धीरे अपने प्लान में सफल होते जा रहे है और हम 10 रूपये के रिचार्ज से शुरू हुए थे और अब हजारों तक जा पहुॅचें है। इसी तरह कंपनियां पहले शहरों में अपने प्रोडक्ट लॉच करती है और सफल या असफल होने की परिस्तिथियों में वो बाद में गाँव पहुॅचती है, जैसे कोई पिक्चर आल ओवर इंडियां रिलीज होती है और बाद में वो रीलें गाँव भेजी जाती है, अगर असहमत हो तो कभी गाँव जाके मूवी देख लेना, जो प्रिंट व कलर दिखेंगें, तब आप खुद ही सहमत हो जाओगे और मेरी कंपनी वाली बात से भी सहमति रखेगें।

एक यह भी कारण है कि शहर का इंसान आसानी से गाँव में सहज महसूस नहीं करता है क्योंकि जो भाग दौड़ भरी लाइफ उसने देखी होती है, वो उसे वहाँ नहीं मिलती है, इस बात से सहमति के लिए कभी भी किसी गाँव में कुछ दिन रह के देखिये, वहाँ लोग सूरज निकलने से पहले उठ जाते है और आप भी उसी वक्त उठोगे क्योंकि आप कमरे में नहीं बल्कि खुले आसमान के नीचे सो रहे होगे और सूर्य की किरणें आपको उठा देगीं, भले ही और कोई उठाये या ना उठाये। फिर सब काम करने के बाद जब आप टाइम देखोगे, तो ज्यादा से ज्यादा 8 या 9 बजे होते है और आप सोचोगे की घर में तो अराम से 11 या 12 बज जाते थे। फिर पूरा दिन इतना बड़ा लगने लगता है कि आप जिसमें भी अपना टाइम व्यतीत करना चाहो, कर लो, पर टाइम काटे नहीं कटता है क्योंकि हम शहरों में देर से साते है और देर से जागते है ठीक इसके

विपरीत गॉव में होता है जल्दी सोना व जल्दी उठना, एक यह भी कारण है जिस वजह से शहर के लोगो का गाँव में समय नहीं कटता है व मन नहीं लगता है। हॉ हर किसी को नयी जगह जाकर 2 से 3 दिन तो बहुत अच्छा लगता है, पर उसके बाद वो बोर होने लगता है, चाहे गाँव वाले शहर जायें या शहर वाले गाँव जायें, एक और बड़ी वजह है लाइट या बिजली की, जो शहरों की अपेक्षा गाँव में कम आती है और आज के दौर में लगभग हर चीज़ बिजली से ही चलती है, फिर चाहे वो टीवी हो, फ्रिज हो, एसी हो, कूलर हो, पंखा हो, वाशिंग मशीन हो या गॉव का ट्यूबेल हो, सबमर्सिबल पंप हो, मोबाइल या लैपटॉप इत्यादि सामान और धीर–धीरे हम इन चीजों के आदि बन चुके है, इसलिए हम कहीं भी ज्यादा दिनों तक नहीं रुक पाते है और इन सब चीजों के आभाव में व यूज न कर पाने के कारण भी गॉव में लंबे समय तक न रूक पाना भी एक सबसे बड़ा कारण बनता है क्यूंकि बिजली के बिना तो जैसे हमारा जीवन अधूरा सा लगने लगता है। जबकि बिजली के अलावा गाँव में हमें बाकी सब कुछ मिलता है वो भी प्राकृतिक रूप से, वो भी शहर से लाख गुना अच्छा जैसे स्वच्छ हवा, खाना–पानी, लोगों के मन की शुद्वता और बाकी सब कुछ शुद्ध मिलता है, पर हम शुद्धता को छोड़कर प्रदुषण व गंदगी की तरफ आकर्षित रहते है, जिस वजह से गाँव व शहरों के बीच में एक अनचाही दूरी बनी रहती है, पर ये दूरी भी ज्यादा दिनों तक नहीं रह पाएगी क्योंकि जितनी तेज़ी से गाँवों का विलय शहरों में हो रहा है ये वाकई में एक बहुत बड़ी चिंता का विषय है। आबादी बढ़ने के कारण लोगो को रहने के लिए ज़मीन चाहिए, कारोबार बढ़ाने के लिए जमीन चाहिए, जो शहरों में बची नहीं है, बावजूद इसके की बहुमंजिला इमारतें बनाने के बाद भी लोगो के पास घर नहीं है, इसलिए सबसे पहले शहर के पास वाले गाँव खत्म हो रहे है, कुछ सरकारी कारणों की वजह से भी जैसे एअरपोर्ट का या हाईवे का बनना जो काफी हद जरूरी भी है भारत के विकास के लिए और काफी कुछ निजी कंपनियों के कारण और धीरे–धीरे वो शहरों की तरफ विस्तार करना शुरु करती जा रही है और देखते ही देखते कब गाँव खत्म हो जाते है, यह आम इंसान

जान ही नहीं पाता है, पर यह आने वाले समय में नुक्सान का कारण बनेगा या फायदे का, इसका अंदाजा कौन लगाएगा, शायद वक्त ही हमें आईना दिखायेगा ? कहीं कुछ गलत भी हो रहा हो, तो इससे किसी को क्या फर्क पड़ेगा क्योंकि हम एक बात खुद से व परिवार से कहते है कि अपने काम से काम रखो और हमारा समय काम बस काम करते–करते निकल जाता है, लेकिन हम तब तक नहीं जागते, जबतक हमारे साथ कुछ गलत ना हो, तब यह सोचते है खुद को कोसने के अलावा, कि अगर उस वक़्त हमनें दूसरे की मदद की होती तो आज बाकी भी हमारी मदद करते। ऐसी ही सोच के कारण गाँव की जो शुद्धता, हरियाली या मासूमियत थी, वो खत्म होती जा रही है, इतना ही नहीं आस–पास के जंगल काटे जा रहे है, जो मौसम में अनिमियत्ता ला रहें है इसके साथ ही जानवरों की जिंदगी भी खतरे में आ रही है, जबकि साइंस खुद कहती है कि अगर जानवर खत्म हुए, तो मानव जीवन भी खतरे में आ जायेगा या खुद के विनाश की तरफ अग्रसित हो जायेगा, पर हम आँख बंद करके सिर्फ पैसा कमाने में लगे हुए है और प्रकृति को लगातार नुक्सान पहुँचा रहे है, दूसरी तरफ जो बिल्डर्स है, बिजनेसमैन है या प्रॉपर्टी डीलर है, वो गाँव की ज़मीनों को सस्तें दामों पर खरीद कर, फिर उन पर बड़ी–बड़ी इमारतें बनाके या फैक्ट्री लगा के, ऊँचे दामों पर फ्लैट या सामान बना कर बेचते है। तो हम दोनों तरफ से लूटते है, पहले सस्ती ज़मीन बेच कर, फिर उसी जमीन पर बने उत्पादों को ऊँचे दामों पर खरीद कर दुबारा लुटते है।

हर इंसान अपने व अपने परिवार के सपने पूरा करना चाहता है, इसी कारण वो लालचवश करे या किसी दबाब में आकर या फिर किसी ज़रुरत के कारण, वो अपनी जमीन बेच देता है और निकल पड़ता है अपने सपने को पूरा करने, फिर देखते ही देखते वो गाँव एक प्रदुषण से भरे शहर में तब्दील हो जाता है। मैं यह नहीं कहता की आधुनिकता के साथ जीना बेकार है या हर तरह की सुख सुविधा का उपभोग ना करें, लेकिन किस कीमत पर, यह भी सोचना व देखना चाहिए, लेकिन जरा सोच के देखें की एक–एक करके

अगर हर किसान या गाँव यूँ ही तबाह होते गए, तो खेती कौन करेगा, कहाँ से आएगा खाद पदार्थ क्यूंकि शहर के लोग जो पैकेज फूड लाके, बस 2 मिनट में खाना बना लेते है, वो कैसे बनायेगें क्योंकि जब तक रॉ मटेरियल ना हो तो कुछ भी कैसे बन सकता है और जब सब उपभोग करने में लग जायेगें तो काम कौन करेगा, फसल कौन उगाएगा। वैसे भी हमारा भारत कृषि प्रधान देश रहा है पर जैसे डॉक्टर का बेटा डॉक्टर बनना चाहता है, वकील का बेटा वकील, पर किसान का बेटा किसान नहीं बनना चाहता है और खुद किसान भी यह नहीं चाहता है, वो सोचते है कि मेरा बेटा पढ़ लिखकर नौकरी करें, जो वास्तव में बहुत गंभीर विषय है सोचने के लिए क्योंकि बरसों से किसान सिर्फ फसल नहीं, बल्कि वो प्यार व अपनापन भी देते आये है, जो हम भारतवासियों को एक–दूसरे को बरसों से जोड़े हुए है, रिश्तों का मोल, बड़ो की इज्ज़त करना, एक दूसरे की मदद करना, यह ही तो हमारे देश का खजाना था क्योंकि फसल उग जाने के बाद गॉव का हर इंसान व आस–पास के लोग मिलकर फसल काटते है और वो ना सिर्फ आपस में मेल मिलाप बढ़ाते है बल्कि कई नये रिश्तें भी जोड़ते व बनाते है और हमारा यह खजाना कोई भी लूट के नहीं ले जा सका है अभी तक। फिर चाहे सारे देश कितने भी आगे क्यूँ ना निकल जाए, पर वो हमारा यह खजाना कभी नहीं लूट सकते और कोई भी देश इस बात में हमसे आगे नहीं निकल सकता है क्योंकि परिवार व परिवार के बीच का प्यार हमारे देश से ज्यादा, बाकी किसी देश में नहीं मिल सकता है और जो इज्जत, मान, सम्मान, प्यार हमारे देश में रह गया है वो आज भी शहरों के मुकाबले गाँवों में ज्यादा देखने को मिल जाता है क्योंकि शहर में लोग एक ही बिल्डिंग में रहते हुए भी एक–दूसरे से अंजान रहते है, यहाँ तक की हम किसी से सिर्फ पता ही पूछ ले, तो सामने वाला न में ही उत्तर देगा क्योंकि उन्हें पता ही नहीं होता है या वो ऐसा महसूस करवाते है जैसे कि आपने उनकी किडनी मांग ली हो। वही गाँव में हर कोई हर किसी के बारे में जानता है कि किसके घर में कितने लोग रहते है या वो क्या–क्या कार्य करते है, वो सब जानते है, शहर में रिश्ते जोड़ने पड़ते हैं, वही गाँव में

सब अपने आप रिश्ता बना लेते है, किसी का जमाई पूरे गाँव का जमाई होता है, जीजा पूरे गाँव का जीजा होता है, किसी का बेटा या बेटी कुछ बन जाए या नाम कमाए जैसे अगर किसी का बेटा फौज में है और वो जंग जीत के आए, तो पूरा गाँव झूम उठता है और अगर शहीद हो जाए, तो पूरे गाँव में मातम छा जाता है। पर आज के दौर के बच्चे हमारे भारत के आंतरिक प्रेम को नहीं देख पा रहे है। क्यूँ ? क्योंकि अगर उनके पैर में बारिश के कारण मिट्टी लग जाए, तो वो मुहँ बनाते है, ट्यूबबेल में नहाने का सुख कहाँ मिलेगा, तालाब या नदी में गोता लगाने का सुख मिलने के बजाये रुके हुए पानी में स्विमिंग सूट पहन के नहाना, वो सुख कभी नहीं दे सकता है, पतंग उड़ाना, कॉमिक्स पढ़ना, गली में रात को आइस–पाइस मतलब हाईड एंड सीक खेलना और किसी के भी घर में जाकर छुप जाना, टोली बनाके होली खेलना, फिर सभी का साथ में इकठ्ठा होके मिलने जाना और एक दूसरे को कई दिनों तक चिड़ाना कि तेरा कलर अभी तक नहीं गया, दिवाली पर अपने हाथ से झालर बनाना व दूसरों के घर पर जाकर मदद करना, ईद पर सिंवई खाने जाना, दोस्त के साथ चर्च जाना और क्रिसमस पर केक खाना, लोहरी पर गज़क और रेवड़ी खाना, ईटों के टुकड़ों को एक के ऊपर एक रख कर पिट्ठू गरम खेलना, पर यह सुख पाने या भोगने के बजाये, आज का युवा आधुनिकता के पीछे पड़ा है और मोबाईल ऐप पर ईमोजी या फ़ॉर्वर्डेड मैसेज भेज के सारे त्यौहार मना लेता है, बाहर खेलने के बजाए मोबाईल पर ही टीम बनाकर गेम खेलना और शरीर के अंगो को स्फूर्ति देने के बजाए उनको मानसिक रूप से कमजोर करना और छोटी सी उम्र में ही सबकी आंखों पर चश्मा चढ़ जाना, किसी भी भौतिक रूप के कार्यक्रमों में आज का युवा सम्मिलित होने में पता नहीं क्यों शर्माता है यहॉ तक की स्कूल के सांस्कृतिक प्रोगामों में भी हिस्सा लेने से कतराते है बस कुछ को छोड़कर , वहीं गाँव जाने के नाम पर ऐसे एक्सप्रेशन देते है जैसे उनका कलेजा मांग लिया हो। दूसरा आज के लोगों के पास समय का नहीं होना एक बात है और इसके साथ उनके पास जगह का भी कम होना एक बहुत बड़ी बात है, इसलिए तो किसी

मेहमान के आने पर शहर का इंसान परेशान हो जाता है, यहाँ तक की उसका कई महीनों का बजट तक बिगड़ जाता है, साथ ही घर में सुलाने के लिए जगह बनानी पड़ती है और खूब सारा एडजस्टमेंट करना पड़ता है, फिर मेहमान के जाने के बाद हर काम को नापतौल के किया जाता है वो भी अपने बजट को सुधारने के लिए। पर इसके उल्टी तरफ कभी आप गाँव जाकर देखो, चाहे कितने भी मेहमान आयें, उनकी खुशी साफ झलकती है और वो आपको वो अनुभव करायेगें, जो आपने पहले कभी नहीं महसूस किया होगा, ऐसी आओ भगत करते हैं कि मन करता है कि हमेशा के लिए यहीं बस जाए, पर आधुनिकता हमें वहाँ रहने नहीं देती क्योंकि जिन सुविधाओं के हम आदि बन चुके है, वो हमें वहाँ नहीं मिलती है। हम जितना विकास करतें जायेगें, रिश्तों के मामले में उतने ही खोखले होते जायेगें, अब विकास जरूरी है या रिश्तें इसका फैसला कोई विदेशी नहीं बल्कि हमें ही करना होगा और दोनों में कैसे सामंजस्य बिठाना है यह भी हमें ही तय करना होगा ? पर हम आज के दौर में विकास को ही चुनेगें क्योंकि अकेले अपार्टमेंट में रहते हुए, विदेशीयों की तरह बाहर का फास्ट फूड खाते–खाते, अपने माँ–बाप से दूर रहकर और सीमित लोगों से मिलने के कारण रिश्तों को समझने के बजाए विकास का ही पक्ष लेगें, लेकिन रिश्तें वो डोर हैं जो इंसान को सब जगह से हताश हो जाने के बाद और विकास करने के बाद, जब वो अकेला पढ़ जाता है तो आखिर में उसे रिश्तों की या परिवार की ही याद आती है या परिवार के पास ही जाना चाहता है। ऐसा क्यों होता है वो इसलिए की बच्चा जब घर से दूर जाता है पढ़ने या कुछ बनने के लिए और अपनी जिंदगी फास्ट फूड की दुकानों पर बिताता है और जब वो लगभग सब कुछ मन माफिक पा लेता है या अगर वो किसी कारण वश नाकाम भी होता है, तब वो जिन्दगी के उस मुकाम पर पहुँचता है जहाँ से वो वापस अपनों को धूड़ता है जिनको वो कुछ बनने के चक्कर में पीछे छोड़ आया था, पर ऐसे में जब वो वापस लौटता है तो हो सकता है कि जिंदगी की भागदौड़ के बाद आपको कुछ मिल जाए या फिर वो इतनी दूर जा चुके होते है कि वो उन्हें चाह कर

भी नहीं मिल पाते है क्योंकि समय इतनी जल्दी गुजरता है कि पता ही नहीं चलता है कि जिंदगी कब गुजर गयी, वो भी विकास या अपने सपनों को पूरा करने के कारण, साथ ही समय ही हमें यह महसूस ही नहीं होने देता कि हम क्या खो रहे है और क्या पा रहे है हर गुजरते हुए वक्त के साथ। पर जो इंसान रिश्तों या परिवार की खुशियों की सेज पर विकास करना चाहता है या खुशियाँ ढूढ़ना चाहता है, तो हो सकता है कि वो कुछ पल के लिए तो खुशी ढूढ़ ले, पर आतंरिक खुशी का अनुभव नहीं कर सकता है फिर चाहे फास्ट फूड की दुकान दुनिया की सबसे टेस्टी या बेहतरीन क्यूँ ना हो, पर जो बात माँ के हाथों के बनाये खाने की है, वो दुनिया के किसी भी भोजन में नहीं मिल सकती है।

अरे बड़े–बड़े देशों में लोग बचपन से बुढ़ापे तक बाहर का खाना खा खाकर या फिर फास्ट फूड पर जीते है, तो उन्हें वो एहसास कहाँ से आएगा। इसी कारण वो बड़ी आसानी से अपने माँ–बाप से अलग भी हो जाते है, जिसकी देखा–देखी अब हमारे यहाँ भी कुछ परिवार उनके नक्शे कदम पर चलना चाह रहे हैं और अपने बच्चे को बचपन में ही बोर्डिंग स्कूल में भेज देते है, जिससे वो बच्चा एक कुंठा के साथ बड़ा होता है जिस कारण वो प्रेम या परिवार का मतलब जाने बिना, वो अर्थ या पैसे के पीछे भागते हुए अपना जीवन बिताता है और फिर चाहे बिजनेस हो या रिश्ता, उसके लिए सब एक कॉन्ट्रैक्ट की तरह होता है क्योंकि एहसास तो उसका बचपन में ही खत्म हो जाता है जैसे ही वो परिवार व रिश्तों से दूर होता है। इसी आधुनिकता के आगे लगभग सारे देश धीरे–धीरे यह मान चुके है कि परिवार व रिश्तों की एहमियत क्या मतलब रखती है इसीलिए वो अब परिवार व अपने लोगों की जरुरत को ध्यान में रखकर हर काम कर रहे है, वो अपने वेस्टर्न कल्चर को छोड़ रहे है और हम भारतवासी अपनी अमूल्य संस्कृति व धरोहर को छोड़ कर वेस्टर्न कल्चर अपनाते जा रहे है और बड़ी शान से उसको अपनाकर गर्व का अनुभव करते है। साथ ही दूसरों को भी सलाह देते है कि तुम भी अपनाओ, वरना तुम हमारी सोसाइटी में उठने बैठने लायक नहीं रहोगे, प्यार, सम्मान, इज्जत, शर्म, लिहाज़,

अपनापन यह सब जो हमें अपने बुर्जुगों से विरासत से मिला था, वो हम खुद धीरे–धीरे खत्म करने पर अमादा है। जिससे ना सिर्फ अपराध बढ़ रहे है बल्कि लोगों की मानसिकता भी दूषित होती जा रही है और इसी दूषित मानसिकता के कारण लोग इतनी तेज़ी से आगे बढ़ रहे है कि अपनी जवानी के जोश में वो गलत करने से जरा सा भी गुरेज नहीं करते है। इस आधुनिकता के दौर में कब बच्चा बचपन को छोड़कर जवान होकर और जवानी से बुढ़ापे की तरफ अग्रसर हो जाता है इस बात का उसे ठीक तरह से भान ही नहीं होता है, जैसा मैंने अपनी पहली किताब इच्छा–मृत्यु में लिखा है कि इस भाग दौड़ भरी जिन्दगी में हम यह क्यूँ भूल जाते है कि जितनी रफ्तार से हम जिंन्दगी को जीते हुए आगे बढ़ते है, उतनी ही तेजी से मौत की तरफ भी बढ़ रहे है क्योंकि जीवन और मृत्यु दोनों रेलगाड़ी की दो पटरीओं की तरह है जो बराबर साथ चलती है और जिसका स्टेशन आया वो उतर गया, मतलब वो इस लोक को छोड़कर परलोक चला जाता है। पर इस सच्चाई से मुहँ फेरकर हम वो सब कुछ करते है जिससे हमें संतोष या खुशी मिले और हम इस दुनिया में वो कर्म करते है जो हमें भूल कर भी या सपने में भी नहीं करने चाहिए, जैसे दूसरों से नफरत, दिखावा, दुश्मनी, बदला, व्यभिचार, व्यसन, सुंदरता के प्रति आकर्षण, दूसरे की चीजों को हड़पने के बारे में सोचना, हम अपनी इस प्रवृति के कारण ना सिर्फ अपने साथ बल्कि पूरी इंसानियत के साथ भी बुरा करते है और अपने मनुष्य होने के धर्म व कर्म से कोसों दूर हो जाते है। जब हमारे भारतवर्ष की नींव ही धर्म व कर्म पर है और धर्म ही हमारी संस्कृति का मुख्य भाग है, तो जो अधर्म हम रोज कर रहे है, उस कर्म का फल यहीं भोगेगें, मतलब स्वर्ग भी यहीं है और नरक भी यहीं है, वैसे भी हमारे देश में इतनी तरह की विविधितायें है कि कुछ–कुछ दूरी पर खान–पान, भाषा, हवा–पानी, पहनावा बदल जाता है, जैसे एक कहावत द्वारा बताया गया है 'की पांच कोस पर बदले पानी, पांच कोस पर वाणी' तो कोई भी देश हमारे देश से मुकाबला तो वैसे ही नहीं कर सकता है क्योंकि सारे देश सीमित है किसी ना किसी चीज के न होने के कारण और हम असीमित है,

फिर चाहे हमारी भाषाओं में विविधिताओं की वजह हो, मौसम के विषय में हो, कलाकृतियों के विषय में हो, भोजन से लेकर पहनावे की हो और धर्म व जाति–जनजाति के विषय में हो, जिस भी चीज के बारे में आपके मन में खयाल आयेगा, तो आप पायेगें कि हम हर क्षेत्र में दुनिया से बेहतर है और असीमित है हर विषय में। दुनिया का कोई भी देश चाहे कितनी अच्छी से अच्छी चीज बना ले, पर हमसे अच्छी नहीं बना पायेगें और जो चीज हम बनाते है, वो आम इंसान से लेकर, हर वो देश खरीद सकता है जो आर्थिक रूप से कमजोर हो, साथ ही अगर किसी की जान के ऊपर बात आये या महामारी जैसा संकट भी आये, तो भी हम सबसे पहले दवा बनाते है और यह हम कई बार पहले भी कर चुके है साथ्थ ही सबको फ्री में वो दवा भी मुहईया करवाते है जैसे अभी कुछ वक्त पहले कोरोना की दवा बनाई जो ना सिर्फ सबसे सक्षम व असरदार है बाकी किसी भी देश की वैक्सीन के मुकाबले, साथ ही उसे सम्पूर्ण भारतवर्ष में सबको फ्री में लगाके, दुनिया के हर उस देश को भी दिया, जो ना महंगी दवा खरीद सकते थे या जो खरीद सकते हो दोनों को। जिसके लिए सरकार व हर वो साइंटिस्ट बधाई का पात्र है जिन्होंने रिकॉर्ड समय में व कम लागत में कोरोना जैसे वायरस से लड़ने व उसपर काबू कर सके ऐसी दवा बनाई। वरना हो सकता था कि मैं भी यह किताब लिखने के लिए नहीं रहता, खुद अपनी आखें के सामने बहुतों को कोरोना काल में जाते हुए देखा, पर बहुतों के बचने पर खुश भी हूँ। दूसरा हमारा चन्द्रयान जो उस जगह उतरा जहॉ पूरा विश्व सोच रहा था और ना जाने कितने क्षेत्र में हम वो करते आये है जिसकी बाकी देश कल्पना या बनाने के बारे में सोच सकते है, एक और उदाहरण से समझते है कि अगर भारत ने जीरो व दशमलव न दिया होता, तो जो देश महान होने का दम भरते है वो विकास तो क्या छोटी–छोटी चीजों के लिए भी मोहताज होते और अंतरिक्ष उनके लिए दूर की चिड़िया होता। इसलिए मैंने कहा की विश्व के देशों की शक्ति सीमित है और हमारा भारत असीमित है। भले ही कुछ क्षेत्रों में हमारा नम्बर अव्वल ना हो, पर इसका यह मतलब नहीं है कि वो सर्वश्रेष्ठ हैं और हम कुछ भी नहीं उनके

आगे, लेकिन जो हम कर सकते है उसकी गड़ना नम्बरों में नहीं आकिं जा सकती है, साथ ही हमारे देश के अंदर जो–जो चीजे बसी या बनी हुई है, वो कोई और देश चाह कर भी नहीं कर सकता है, हाँ एक बात यह जरूर है कि वो जो कर सकते है वैसा करने के लिए हमने अपने आप को उतना सक्षम बना रखा है और हो सकता है कि उनसे बेहतर चीज बनाने में हमें एक दो साल आगे पीछे लगे, पर जब बनेगी वो चीज तो यह निश्चित है कि उनसे बेहतर ही बनायेगें जो वाकई में एक अटल सत्य है।

जो हमारे पास है और जिसको हर देश के लोग यहॉ आकर ढूंढतें है, साथ ही यहाँ आकर भारत के कल्चर पर रिसर्च करते है, फिर चाहे दुनिया की बड़ी से बड़ी यूनिवर्सिटी हो या कॉलेज हो, चाहे वो अमेरिका का हो या लन्दन का हो या दुनिया के किसी भी देश का, वो भारत के कल्चर व यहाँ के रहन–सहन से इतना प्रभावित है कि ऐसा माना जाता है कि एक बार जो भारत आया, वो यहाँ की सुंदरता व यहाँ के रहन–सहन को देखकर के मंत्र–मुग्ध हो जाता है और फिर यहाँ से वापस नहीं जाना चाहता, इसका उदाहरण है मथुरा में बसा विदेशीयों का राधा–कृष्ण मंदिर जहॉ विदेशी आकर यहीं के हो जाते है और बस एक ही चीज जानते है या रटते है, 'हरे कृष्णा हरे कृष्णा, कृष्णा कृष्णा हरे हरे, हरे राम हरे राम, राम राम हरे हरे', वहीं यह बात सोचने लायक है कि बाहर के लोग यहाँ आकर जाना नहीं चाहते, पर हमारे देश का युवा अपने ही देश को छोड़ कर बाहर जाने के लिए ललायित रहता है। बाहर जाके पढ़ना, वहाँ का रहन–सहन और चमक आज के युवाओं को बहुत पसंद आती है पहले भी आती थी पर तब बड़े लोगों के बच्चें ही ऐसा सोचते थे और इसी चमक को पाने के लिए, वो अपना सब कुछ पीछे छोड़ने को तैयार है। सिर्फ एक बार अपने नाम के आगे यह लिखवाने के लिए की वो विदेश से पढ़ के या काम करके आया हैं। ताकि बाकी लोगो से वो थोड़ा अलग लग सके और लोग उसके आगे पीछे घूमने लगें, जिससे उसमें गर्व की बजाये घमंड आ जाता है और यह तो सर्व विदित है कि घमंड इंसान के पतन का सबसे बड़ा कारण बनता है, अगर कोई बाहर से पढ़कर आता भी है तो

देश आकर फिर से वापस जाना चाहता है क्योंकि उसे अपना ही देश तब अच्छा नहीं लगता और किसी कारणवश अगर उसे यहाँ रुकना भी पड़े, तो वो ज्ञान वो अपने लिए इस्तमाल करता है न की देश के लिए, कोई अपवाद हो तो बात अलग है। इसमें मैं क्या कोई कुछ भी नहीं कह सकता है पर ऐसा होता बहुत कम है कि कोई अपने लिए बाद में सोचे, देश के लिए पहले, सिवाए बॉर्डर पर तैनात सिपाहीओं के, जिनके लिए देश से बढ़कर कुछ भी नहीं होता। मेरे हिसाब से विदेश की परिभाषा यह है कि जहॉ की सभ्यता, संस्कृति, बोली, रहन–सहन आप से अलग हो जाए, वो ही विदेश है और हम अपने देश के अलग–अलग हिस्सों में जाकर, विदेश का अनुभव कर सकते, नाकि सिर्फ पासपोर्ट में वीजा लगा होने से ही, हम विदेशी कहलायेगें, बाकी सबकी अपनी–अपनी सोच है। देखा जाए तो बस सोच का फर्क है क्योंकि जैसे गाँव, शहर व लोग हमारे देश में है, ठीक वैसे ही विदेशों में भी है, हमारे देश की ही तरह उनके यहाँ भी सारे प्रदेश या शहर विकसित नहीं है, जैसे हमारे यहाँ कुछ शहर ज्यादा भव्य और विकसित है, वैसे ही उनके यहाँ भी है, जैसे हमारे यहाँ कुछ शहरों की अपनी एक अलग पहचान व खासियत है, ठीक वैसे ही विदेशों के कुछ शहरों की भी है, जैसे यहाँ पर कुछ लोग कानून का पालन नहीं करते है ठीक वैसे ही वहाँ पर भी लोग ऐसा करते है, यहाँ अगर चोरी, लूटपाट, रेप, हत्या जैसे क्राइम होते है तो वहाँ भी होते है, जबकि मैंने एक सर्वे में पढ़ा था कि ऑस्ट्रेलिया और अमेरिका में रेप का प्रतिशत हमारे यहाँ से काफी ज्यादा है, बावजूद इसके की उन मुल्कों में सेक्स फ्री है, मतलब वो सार्वजनिक जगह पर किस या चुबंन कर सकते है इत्यादि, जिसको विस्तार से यहाँ लिखना मैं ज़रूरी नहीं समझता हूँ, तो जहॉ इतना खुलापन है वहॉ भी क्राइम ज्यादा है वो भी हमारे देश के मुकाबले, एक फर्क है वो भी काफी बड़ा कि वहॉ केस इतने लंबे नहीं चलते जितने हमारे यहॉ। एक और चीज़ में वो थोड़ा बहुत हमसे अलग है कि हम जरुरत पड़ने पर कोई काम करते है और वो अपनी चीजों को ज़रुरत से पहले बना रहे है और रोज़ अपनी लगन व ईमानदारी के साथ काम करते है उस चीज को बनाने में ताकि जरूरत पर वो

चीज काम आ सकें और हमें जब लगता है कि किसी भी चीज की जरूरत है तब हम उस चीज पर काम करते है और उसमें भी पैसा बनाने के बारे में सोचते है हॉ वो चीज बन तो जाती है पर उसमें हमारी ईमानदारी घोटाला कैसे किया जाये इसमें दिखाते है और जहॉ घोटाला करने को न मिले तो वो चीज काफी सालों में बनती है। वरना ऊँची इमारतें उनके यहाँ अगर है, तो हमारे यहाँ भी है, वो अपनी चीजों को सुन्दर व पर्यटन के अनुकूल बना रहे है और हमें प्रकृति ने विरासत में जो सुंदरता दी है, हम उसे ही सहेज नहीं पा रहे है। एक कहावत है हमारे यहाँ की 'घर की मुर्गी दाल बराबर' यह मैंने इसलिए कहा की हमारा देश व हमारे देश की सुंदरता विश्व विख्यात है और यह भी सब जानते है कि चाहे प्राकृतिक सुंदरता हो या मौसम में विविधिता या फिर इमारतों की भव्यता हो या फिर धार्मिक अनुष्ठान की, हर बात में हमारा भारत महान है और सबसे खूबसूरत देशों में गिना जाता है और न जाने कितनी वर्ल्ड हेरिटेज साईट हमारे देश में मौजूद है। पर वो, जो कुछ भी नहीं थे, वो अपनी मेहनत से यहाँ–वहाँ से चीजे इकठ्ठा करके अपने देश को और सुन्दर बनाने में लगे है और उस सुंदरता को किस तरह बचाना है इसपर भी वो कुछ न कुछ काम करते रहते हैं, वहीं हमारे देश में लोग विरासत में मिली सुंदरता को गन्दा व दूषित करने में लगे हुए है और कहते है कि कितना प्रदूषण होता जा रहा है।

पर राजनीति में जो उलट फेर हुआ 2014 के बाद, उसके बाद से हर भारतीय गौरवान्वित है और सरकार ज्यादातर अपने देश की धरोहरों को फिर से ठीक कर रही है जिससे न सिर्फ पर्यटन को फायदा होगा बल्कि उन जगहों को दूबारा सही होते हुए देख हम सभी बहुत आनंदित है क्योंकि इससे पहले किसी ने भी नेशनल हेरिटेज व हमारे देश को गौरान्वित करने वाली धरोहरों को बचाने व पुनः ठीक करने के बारे में इतनी गंभीरता से नहीं सोचा, वरना अपने देश की सुंदरता व हमारी धरोहर कहने वाली इमारतों को देखने जो पर्यटक पूरे विश्व से आते है, वो न केवल भारत की धरोहर को देखने आते है बल्कि वो विदेशी मुद्रा से भी भारत का खज़ाना भरते है। तो हमें और ज्यादा मेहनत करके व उन जगहों को गंदा न

करके, हमें अपनी विरासतों को बचाने के साथ, उनकी समय–समय पर हर तरह से देखभाल करने की भी जरूरत है क्योंकि विदेशी नागरिक जब ऐसी किसी जगह पर भ्रमण करने जाते है तो वो अनावश्यक गन्दगी नहीं फैलाते है, पर हम ऐसा करते है जिससे चारों तरफ गन्दगी फैला के उस जगह के वातावरण के साथ–साथ उस धरोहर को भी नुक्सान पहुॅचाते है और ऐसा सोचते है कि वो आखिरी इंसान है वहॉ जाने वाले और उनके बाद कोई नहीं आएगा उस परिसर में, जहॉ वो गन्दगी फैला के आये है। पर मैं फिर से सरकार को धन्यवाद कहूँगा, जिन्होंने स्वच्छ भारत अभियान चलाया है जिससे न सिर्फ देश की खूबसूरत जगहों के अलावा, हर शहर में स्वछता आनी शुरु हो गयी है और अब हम धीरे–धीरे गन्दगी को छोड़ कर साफ–सफाई करने के साथ, गन्दगी कम करना सीख रहें है और इसके साथ ही हमें ट्रेन में, गाड़ी में, बस में या घर के आस पास हो, किसी भी तरह के सामान का रेपर या कोई भी कूड़ा हो, बस खिड़की खोलकर बाहर फेकनें से बचना होगा, साथ ही सड़क हो या गली या ट्रेन की पटरी हो, हमें इनके साथ–साथ किसी भी जगह को गन्दा करके आगे बढ़ जाने की आदत को बदलना होगा और इस सोच को भी कि कोई तो आकर साफ कर ही देगा, कोई क्यों हम खुद क्यों नहीं यह जिम्मा उठाते है। पर यह गलत है कि बस अपनी मस्ती में चूर होकर, सब कुछ इधर–उधर फेकतें रहना, यह मेरी समझ में नहीं आता कि क्या फायदा इस तरह से गन्दगी फैलाने का, इस बात के ऊपर मैं एक बात जरूर कहना चाहूँगा कि इस मामले में दक्षिण भारत जो है, वो अपने प्रदेश व शहर के साथ–साथ हर छोटी से छोटी जगह की सफाई के बारे में सोचते है जैसे आप साउथ के किसी भी रेलवे स्टेशन पर जाके देख सकते हो और मेरी बात से सहमति रख सकते हो। वहीं नार्थ के स्टेशनों में पटरी पर धोखे से कुछ गिर जाए, तो उठाना तो दूर, देखने का भी मन नहीं करता है, पर साउथ के प्लेटफार्म भी इतने साफ व कम भीड़ वाले होते है कि आपकी कोई छोटी से छोटी चीज कहीं भी गिर जाए, तो दूर से आप देख सकते हो, शहर की सड़के हो, नदी–नाले हो, सार्वजनिक शौजालय हो, पब्लिक प्लेस हो, वो खुद

न तो जल्दी से गन्दगी करते है और अगर किसी को गदंगी करता हुआ देखते है तो वहीं टोक देते है और स्टेशन की पटरियों को साफ करने में बहुत बड़ा हाथ बायों टॉयलेट का भी है जो मल–मूत्र को सीधे पटरियों पर गिरने नहीं देती है। कहने को तो साउथ भी है तो हमारे भारत का हिस्सा ही, पर यहॉ कुछ सोचेंगें की वहॉ का शिक्षा स्तर काफी उॅचा है, मतलब एजुकेशन परसेंटेज, पर यह बात सही नहीं है क्योंकि मैं भी रहा हूँ साउथ के ज्यादातर शहरों में और मैनें देखा है कि सिर्फ पढ़े लिखे ही नहीं, बल्कि आम नागरिक भी सफाई में सहयोग करते है। हाँ मैं इस बात से इंकार नहीं करता हूँ कि वहाँ गन्दगी बिलकुल नहीं है, पर तुलनात्मक दृष्टिकोण से देखें तो नार्थ के मुकाबले काफी कम है, मैं ऐसा इसलिए भी कह रहा हूँ कि नार्थ का मैं रहने वाला हूँ और यहाँ पर पान, गुटका, तंबाकू भरपूर मात्रा में खाया जाता है और किसी भी पब्लिक प्लेस में अच्छी उंचाई तक थूक के निशान देखें जा सकते है, और देखने वाली बात यह है कि जहॉ लिखा होता है कि यहाँ पिसाब करना मना है, वहाँ सबसे ज्यादा पिसाब मिलती है, यहॉ गंदगी फैलाना मना है वहाँ सबसे ज्यादा गन्दगी मिलेगी, यह हमारी बेशर्मी व ढ़ीटता दिखाता है कि पहले हम जगह को खुद गंदा करेगें और बाद में सरकार या नगरपालिका या संबंधित कार्यालय को बदनाम करेगें, आखिर क्यूँ ? जब सरकार स्वच्छ भारत अभियान चला रही है, तो वो केवल एक शहर या प्रदेश के लिए नहीं है, पर हम घर से बाहर निकलकर कूड़ा डालने में भी आलस्य करते है और अपने मन मुताबिक खाली जगह या आस–पड़ोस के खाली प्लाटों पर फेंकते है। बस हमें ये जिम्मेदारी खुद ही उठानी पड़ेगी क्यूंकि देश हमारा है तो इसको सुन्दर व स्वच्छ हमें ही बनाना है, कोई बाहर से थोड़ी ही आएगा। यह हमारी जिम्मेदारी बनती है कि जो भी बाहर से आते है, उनको हम अपने देश की कैसी तस्वीर दिखाते है क्योंकि जो वो देखेगें या सुनेगें, वही हमारे देश की पहचान बनेगा और ज्यादा से ज्यादा पर्यटकों को आने के लिए प्रोत्साहित भी करेगा और यहाँ से जो घूम के जाएगा, वो बाकी को भी बताएगा की भारत में ऐसे लोग है, इतनी साफ–सफाई है, लोग बहुत सहयोगी है और हर जगह पर्यटन

की जगह कमाल की है, ट्रेनें साफ सुथरी है, लोकल ट्रांसपोर्ट बहुत फ्रेंडली है, तो जो हमारे हाथ में है वो हमको ही करना है ना की सरकार के ऊपर छोड़ना है।

कुछ साल पहले तक कई बार सुनने में आया या न्यूज़ में देखा व पढ़ा था कि उस देश के विदेशी पर्यटक का मोबाइल, कैमरा चोरी कर लिया, बहला फुसला कर या कुछ खिलाकर उनका सामान लूट लिआ, उनके साथ रेप करने की कोशिश की या किया, जो अब कम सुनाई देता है। पर कभी भी किसी भी समय इस तरह की हरकत हम भारतीयों को शोभा नहीं देती है क्योंकि हमारे यहाँ अथिति देवो भवः की परंपरा रही है और हम मेहमान को भगवान् का दर्जा देते है, साथ ही किसी भी तरह का गलत काम हमारी संस्कृति व देश के चरित्र को बदनाम करेगा और बाहर के लोगों के साथ ही क्यूँ, किसी के भी साथ गलत सोचना या करना, हमारी संस्कृति व संस्कारों के खिलाफ है। जो बाहर से हमारे यहाँ आया है वो अपने देश की संस्कृति को प्रदर्शित कर रहा है और हम अपनी, तो जो जैसा कार्य करेगा, वो अपने देश का नाम या बदनाम खुद कर रहा होगा। इसको ऐसे भी समझते है कि अगर आप किसी के घर जाओ, तो आप शालीनता व सभ्यता दिखाओगे, पर वो आपके साथ बदसलूकी या बेरुखी करें, तो क्या आप भूल से भी कभी वापस उनके यहाँ जाने के बारे में सोचोगे, नहीं ना, ठीक ऐसे ही जो बाहर से आया है, उसके साथ हमनें बेरुखी की, तो क्या वो या उसके साथ का कोई भी वापस आना चाहेगा, नहीं ना। इससे हम अपना ही नुक्सान करेगें क्योंकि जो गाइड है वो बेरोजगार हो जायेगें, जिन्होनें पर्यटन स्थल पर होटल व दुकानें खोली है, वो कैसे चलेगीं, लोकल ट्रांसपोर्ट व टूरिस्ट बसे और उनमें काम करने वाले हजारों लोग बेरोजगार हो जायेगें और इसमें सरकार का नहीं, हमारा हाथ होगा और हम अपने हाथों अपना नुक्सान करेगें। भलाई एक बार के लिए भुलाई भी जा सकती है, पर कोई अप्रिय घटना जीवन भर याद रहती है, भले ही लाखों लोग बाहर से आते हो और हादसा सिर्फ कुछ के साथ हुआ हो, ऐसे में धीरे–धीरे उनकी संख्या घटने लगती है। तो उन लोगो की संख्या बढ़ाना व घटाना हमारे हाथों में ही है,

भले ही विदेशी कुछ बोल कर न जाएँ, बस एक दुखःद एहसास लेकर जाए, पर जो स्वदेशी है और बाहर घूमने गये है और कुछ गलत हो जाये उनके साथ तो उनके नाते रिश्तेदार ताना मार–मार के जीने नहीं देगें, की हमने तो पहले ही मना किया था की वहाँ मत जाओ, अब भुग्तों और ऐसे में अपने सबसे पहले साथ छोड़ देते है। तो जो आपके थे, वो आपके नहीं हुए और ऐसी किसी घटना के बाद जीवन भर के लिए एक दर्द दिल में रह़ जाता है, इसीलिए कोई भी जरा सी लालच या सुख के लिए किसी भी पर्यटक के साथ या अपने देश के लोगों के साथ कभी भी कोई गलत काम ना करें क्यूोंकि वो एक पल में की गयी गलती आपके व उस पर्यटक, दोनों का सुख जीवनभर के लिए ले जाएगी, हॉ पैसे ऊपर नीचे करना या पैसों के लिए आप बेवकूफ किसी को बनाते भी हो तो एक बार के लिए चलेगा कि उसके पैसे ज्यादा खर्च हुए, लेकिन इज्जत पर बात आये तो न तो वो कभी खुद को माफ करेगा न ही उसको जिसने वो गलती की हों, इससे आप जेल तो जाओगे ही और वो जीवनभर का दर्द लेकर जायेगा। ऐसी कोई घटना अपने देशवासी के साथ हो जाए और वो अगर भूलना भी चाहे, तो हमारे अपने भूलने ही नहीं देते और बात–बात पर ताना मरते रहते है और यह ताना मारने वाला काम भी हमारे ही देश बहुतायत में होता है दूसरे देश के मुकाबले, क्यूोंकि वहॉ लोग इतनी आसानी से आपस में एक दूसरे से घुलते मिलते नहीं है एक बार कोई बात हो गई तो हो गई। पर स्वदेशी हो सकता है कि वो किसी हादसे को भले ही ना बताये ताने के डर से, पर वो बात जुबान से उतर कर जहन में बस जाती है, कई बार ऐसे हादसों का शिकार हुआ व्यक्ति विदेशी हो या स्वदेशी, वो घटना का जिक्र भले ही ना करें, पर मीडिया कहाँ चुप रहने वाली है और इसी कारण से उस घटना के बारे में ना चाहते हुए भी सबको पता चल ही जाता है, इसके फलस्वरूप पर्यटन स्थलों पर लोगों के आने–जाने पर फर्क पडता है और कई बार तो मीडिया खुद ही मीडिया ट्रायल कर देती थी, पर कोर्ट के हस्तक्षेप करने के बाद मीडिया ट्रायल बंद हुआ, वरना मीडिया पहले ही उस व्यक्ति को गुनाहगार साबित कर दिया करती थी, जो कि

आज से कई साल पहले तक बहुत प्रचिलित था, जिस पर सुप्रीम कोर्ट ने रोक लगाई क्यूोंकि सच क्या था, उस घटना के पीछे यह मीडिया की वजह से आम जनता जान ही नहीं पाती थी और जो मीडिया दिखाती थी, वो ही हमसब सच मान लेते थे। दूसरी तरफ कोर्ट में केस चलने के दौरान, वो व्यक्ति समाज में इतना बदनाम हो जाता था कि ना तो कोई काम देता है केस खत्म होने के बाद और जहॉ वो काम किया करता था, वहॉ से भी निकाल दिया जाता था और कोर्ट से अगर वो बरी कर भी दिया जाए, तब उस वक्त मीडिया यह नहीं दिखाती है कि हमनें जो उस समय दिखाया था वो पूरी तरह से सच नहीं था और कोर्ट ने उस इंसान को इल्जाम से बरी कर दिया है। साथ ही जिस केस में हमने जिसको बदनाम किया था, वो बेगुनाह है और आप सब भरोसा कर सकते है कि वो इंसान गलत नहीं है और उसको आप सब काम भी दे सकते है, पर ऐसा आजतक नहीं देखा है मैनें की मीडिया ने ऐसा कुछ केस में बरी होने के बाद उस इंसान के बारे में बोला हो बस इतना कह दिया या लिख दिया जाता है कि इतने सालों से चले आ रहे केस में कोर्ट ने इनको बरी किया या सजा दी और यह भी आपको किसी चर्चित केस में देखने को मिलेगा हर केस में नहीं क्योंकि इतने पेज न अखबार में होते है न न्यूज चैनल वालों के पास ऐसी खबरों के लिए कोई शो होता है दिखाने के लिए, वैसे भी किसी के चरित्र पर एक बार उंगली उठा दो और वो बेगुनाह हो, तो बाद में सौ सबूत पेश कर दो, पर समाज फिर भी उसे चरित्रहीन या जेल से लौटे व्यक्ति के रूप में ही देखेगा, इसलिये किसी पर भी आरोप लगाने से पहले, यह सोचना चाहिए कि क्या हम जो कर रहे है उसका आधिकार है भी हमारे पास या नहीं और अगर अधिकार है तो कानून व कोर्ट क्यूँ बने है और अगर कानून पर भरोसा है तो हम कौन होते है किसी पर आरोप–प्रत्यारोप लगाने वाले।

आजादी के समय की बात करूं तो हमारे देश के रूपए की वैल्यू उतनी ही थी, जितनी डॉलर की थी, पर धीर–धीरे करके हम कर्जा लेते गये और हमारा रूपए नीचे जाता गया और डॉलर ऊपर, पर इतने बुद्धि जीवी नेता होते हुए भी ऐसा क्यूँ हुआ साल दर

साल, तो इसको उदहारण से समझते है कि किसी इंसान को हर एक चीज दे दी जाए, वो भी एक शर्त के साथ की या तो उन चीजों को उधार में दे दी जाए, मतलब आप इस्तेमाल करो अभी और पैसा बाद में दे देना, तो अगर यह सब जानते व देखते हुए भी, हम बेवकूफों की तरह सारी सुविधाओं व साधनों का भोग करने में लग गए थे, वो भी यह भूल के कि यह सब हमको कर्जे के रूप में नसीब हो रहा है, जिसे कभी ना कभी हमें चुकाना भी पड़ेगा, वरना ब्याज बढ़ता रहेगा। लेकिन कल की चिंता कौन करें और जैसे किसी एक के कर्जे के बारे में घर में पता चलता है तो घर का हर एक सदस्य कुछ न कुछ कटौती करके, उस कर्जे को उत्तारने में लग जाता है, मतलब किया एक ने भुगतना पड़ा सबको, ठीक यही बात देश पर भी लागू होती है, तो जो कर्जा है हमपर है या हमारे देश पर उसके बारे में कौन सोचेगा क्योंकि सब अपने घर को साफ करने के बारे में पहले सोचेगें, कोई भी देश की सफाई के बारे में क्यूँ सोचे और मन में यह भी ख्याल आयेगा कि जिसने लिया है वो ही भरे और सरकार जिसकी थी उसने उधार लिया, तो सरकार ही उस पैसे को भरेगी। लेकिन जैसे घर में एक की गलती के बाद, सब साथ देते है, ठीक वैसे ही कई सालों तक शासन करने वाली एक पार्टी ने अगर इतना कर्जा कर दिया था, जिससे ना सिर्फ पैसे की वैल्यू कम हुई बल्कि हम अरबों डॉलर के कर्जे के नीचे दब गए, तो मेरा मानना है कि जब भारत को एक सशक्त नेता व पार्टी मिल गयी है और वो ना सिर्फ कर्जा कम करने के बारे में प्रयासरत है, साथ ही भारत को नयी बुलंदी तक लेकर जाने का प्रण भी किया है। तो सबसे पहले हमें उनका साथ देना होगा चुनाव में उनको चुन के, बिलकुल वैसे ही जैसे पूरा घर किसी एक की गलती के बाद एकजुट होके उस गलती को सुधारतें है। दूसरा हमें भी सरकार का साथ देना होगा ताकि जल्द से जल्द कर्जा चुकता हो सके और डॉलर नीचे आ सके, जिससे न सिर्फ महंगाई कम होगी बल्कि अपनी सुविधा का सामान भी हम उचित मूल्य पर खरीद सकेगें। इसके लिए सबसे पहले हमें स्वदेशी चीजों का इस्तेमाल करना होगा, ताकि रूपए की कीमत बड़े और विदेशियों के भण्डार के

बजाये देश का भण्डार बढ़ सके और यह काम हमारे देश में आसानी से हो सकता है, वो क्यूँ ? वो इसलिए कि विश्व के 65 प्रतिशत युवा हमारे देश में है एक सर्वे के अनुसार, तो हम अपनी युवा शक्ति के जरिये हर एक क्षेत्र में मेहनत करके न केवल स्वदेशी वस्तुओं की खपत बड़ा सकते है, साथ ही विदेशी वस्तुओं से कम दाम पर उपलब्ध कराकर, विदेशी चीजों का बहिष्कार करने के बारे में प्रेरित कर सकते है और इस ओर सरकार ने भी कदम उठाया है और कई देश की कम गुणवत्ता वाली चीजों व ऐपों पर भी बैन लगाया है। सालों से हम अलग–अलग पार्टी के नेताओं को चुनते आ रहे है यह सोचकर की यह सरकार मंहगाई कम करेगी और वर्ल्ड बैंक का कर्जा कम करेगी, पर लम्बे समय तक राज करने वाली पार्टी ने शायद ही इस दिशा में सोचा, अगर सोचा होता तो सबसे पहले वो यह हिसाब दें कि ऐसी कौन सी महत्तवपूर्ण चीज के लिए कर्जा लिया और फिर और कर्जा लिया, तो चुकाने के बजाये और कर्जा लिया और जो कर्जा लिआ जिस भी चीज के लिए तो क्या काम हुआ उस पैसों से, नही हुआ तो वो पैसे कहॉ–कहॉ व कैसे इस्तमाल में लिये गये, इसका भी प्रमाण दें क्योंकि उस कर्ज के कारण आम जनता से कितने तरह के टैक्स लिए गये व लिए जा रहे है व लगातार मंहगाई की मार हम सालों से झेलते आ रहे है और कर्जा है कि कम ही नहीं हो पा रहा है, लेकिन पिछले 10 सालों में जो पार्टी सरकार बनाकर आई है उनका काम व सोच वाकई प्रशंसनीय है।

पहले हम गुलाम हुए अपनों के धोखे व लालच के कारण और अब हम गुलाम बन रहे है कर्जे के कारण, वो भी एक विदेशी बैंक की ताकत के आगे, बार–बार हम गलती करके जाने वाले दिन के साथ सब कुछ क्यों भूल जाते है। पहले के नेता अपने कार्यकाल पूरा होने के समय तक शायद डरतें होंगें कि अगली बार सत्ता मिलेगी की नहीं और उसको हासिल करने के लिए पैसा पानी की तरह बहाया जाता था, तो इतना पैसा कहाँ से आता था और स्विस बैंक में जिन नेताओं का व उनके करीबियों का अरबों रूपए जमा है, वो पैसा कहाँ से आया और क्यूँ वहाँ बेकार पड़ा है। अगर वो वर्ल्ड

बैंक का पैसा नहीं है, तो मतलब साफ है कि वो भारत की जनता की मेहनत का पैसा है, जो उनके काम नहीं आया, वो भी सिर्फ इसलिए की उन्होंने पार्टी को चुना नेता के ऊपर, जो मैंने अपने बुजुर्गों के मुख से सुना था कि वो सिर्फ एक ही पार्टी को आँख बंद करके वोट देते थे किसी नेता को नहीं और जो नेता जितता था, वो फिर लग जाता था देश की जनता को लूटने अगले 5 सालों के लिए, उनमें से कुछ देश की तरक्की के नाम पर कर्जा लेते थे और कुछ अपना बैंक अकाउंट भरते थे। पारदर्शिता के नाम पर कुछ था ही नहीं और राईट टू इनफार्मेशन एक्ट 2005 को भी मंत्रालय और पार्टी से दूर रखा गया था कि कोई जानकारी लेना भी चाहे तो कोई जरिया ही नहीं था, बस तानाशाही जैसी नेता नगरी थी या अपनी हुकूमत दिखाना बस आता था कि पहले खुद नेता बनो फिर बेटा हो या बेटी उनको नेता बना दो क्योंकि राजाओं के समय उतराधिकारी होता था उनका ज्येष्ठ पुत्र, शायद वो ही प्रथा चलाई एक पार्टी ने सालों तक और उसके साथ चलने दो राजनीति, साथ ही बेवकूफ बनाते रहो आम जनता को बड़े–बड़े सपने दिखाकर और जब आईने से धूल हटी, तो वो ही पार्टी सीट तो छोड़ो लड़ाई लड़ने के लिए भी सभी से दोस्ती करने को या उनकी सर्तों पर चुनाव लड़ने को तैयार है। पर पिछले 10 सालों में वो सफल नहीं हुए और अबकी बार के भी चुनाव में हारे और शायद आगे भी नहीं जीत पायेगें, अगर अपनी पार्टी के कार्यों में पारदर्शिता नहीं लायेगें समय रहते, साथ ही जनता को अपने इतने लम्बे कार्यकाल का सही–सही हिसाब ना दें–दें और बड़े–बड़े झूठे वादे करने से बचें जैसा इस बार के चुनाव में वादा किया कि सबको 1 लाख रूपये देगें जो मुमकिन नहीं था और कई लोगों ने उनकी बात पर विश्वास किया और बेवकूफ बनें क्योंकि राजनीति करने के लिए नए–नए नुस्खे तो हर पार्टी चुनाव से पहले निकालती रहती है, पर अगर सत्ता में रहते हुए सत्ताधारी पार्टी ने आज का काम आज ही किया होता, कल पर न छोड़ा होता, तो सत्ता कभी नहीं जाती किसी भी पार्टी की क्यूंकि कल कभी आया ही नहीं, ना किसी राजा के लिए, ना राजनीति करने वाली पार्टिओं के लिए और जो इस को समय रहते समझ

गये, वो जनता के दिलों में बस गये, फिर चाहे वो किसी भी पार्टी का क्यों न हो। वहीं जो आज का काम कल पर टाल के आज में सुख ढूंढते है, वो ना सिर्फ आज में दुखी होते है बल्कि अपने आने वाले कल को भी बर्बाद करते है। इसे ऐसे समझते है कि स्कूल में आज आपको होमवर्क मिला, पर आप खेलने में लग गए, की कल कर लूँगा और कल जब स्कूल गए, तो फिर काम मिला, पर कल का काम पूरा नहीं किया, तो वैसे ही एक टेंशन, फिर वो थोड़ा और आगे की सोचता है कि रविवार को सारा काम कर लूँगा और होता यह है कि बाकी सब दोस्तों ने काम कर रखा था, तो वो जब खेलने जाने लगे, तो वो जब उसको बुलायेगें तो घर वाले जाने नहीं देगें कि पहले अपना काम पूरा करो, इससे हुआ यह की सबको खेलता देख काम करने का मन वैसे ही नहीं करेगा और धीरे–धीरे वो सबसे पीछे होता चला जाता है। फिर जब समय गया तब किसी भी अच्छे बच्चे की कॉपी लेकर जल्दी से देख–देख कर कॉपी करके काम पूरा कर लिया, मतलब सीखने के समय खेला और काम करते वक्त नकल की, तो न ज्ञान मिला न सम्मान मिला क्योंकि जब पढ़ा ही नहीं, तो नंबर कैसे अच्छे आते। ठीक ऐसे ही राजनीति में कुछ पार्टी के साथ हुआ कि जरूरी कानून या अध्यादेश आज या बदलते समय के साथ लागू करने की जरुरत थी, पर उसे कल पर टाल दिया गया। जहाँ, जब, जिससे महत्वपूर्ण रिश्ते बनाने थे, वहाँ मैत्री करने के बजाये अपने अहम् में रहे जैसे अमेरिका से जो रिश्ते आज है भारत के, वो पिछले कई सालों पहले तक नहीं थे, सिर्फ एक अमेरिका ही नहीं, आज लगभग हर देश के साथ भारत के मधुर व मजबूत सम्बन्ध है, दूसरा यह की विरासत में मिली हुई पार्टी व नाम के कारण ज्यादा मेहनत नहीं करनी पड़ी और गद्दी मिलती गयी, पर जनता द्वारा कसौटी पर अगर आप खरे नहीं उतरोगे और दूसरे की कॉपी लाके नकल करके पास होना चाहोगे कि पहले से जो होता आ रहा था वैसा ही आप भी देखा देखी करोगे, तो बदलते हुए विश्व, समाज, देश व भूगोल के कारण, आप वो नहीं दे पाए जो जनता चाहती थी। इस कारण आपको उतार दिया गया गद्दी से और जो समय की धारा प्रवाह के साथ चला और जिसने अपनी व पार्टी

की सोच को आज के दौर के हिसाब से बदला और समझा कि जनता क्या चाहती है वो गद्दी पर विराजमान रहेगा, जब तक जनता को वो मिलता रहेगा जो वो चाहती है।

घोटाला या स्कैम यह दो शब्द कितने बार सुने है हमने कुछ साल पहले तक और आजतक सुनते आ रहे है जैसे 2 जी स्पैक्टरम घोटाला हुआ, नीरव मोदी कितने करोड़ लेके विदेश भाग गया, माल्या ने इतने करोड़ का घोटाला किया, चारा घोटाला, स्टाम्प पेपर घोटाला, शराब घोटाला, हवाला, एन0एच0आर0एम0 घोटाला और ना जाने कितने घोटाले व कितने तरह के केस चल रहे है, इसका मतलब समझते है क्या हम लोग, बिलकुल नहीं, क्यूँ ? क्योंकि आम इंसान उस लेवल तक ना पहुँच रखता है, ना ही इतनी समझ, हम लोग तो बस कानून व सरकार की प्रतिक्रिया और न्याय का इंतजार करते है। हाँ हमसब यह जरूर जानते है कि यह सारा पैसा देश का था और उस पैसे को जो हमारे देश का था, उसको अलग–अलग देशों में छुपा के रखा है, वो भी जरुरत से ज्यादा, तो फिर कैसे हमारे देश के पास पैसा नहीं है या हम पर किसी तरह का कर्ज है क्योंकि क़र्ज़ के बराबर या हो सकता है ज्यादा ही, विदेशी बैंकों में बंद हो। तो कैसे यह कहा जा सकता है कि हमारे देश के पास पैसा नहीं है या हमारे पास जरूरत के मुताबिक़ पैसे नहीं है, सब बकवास की बातें हैं क्योंकि सब कुछ होते हुए भी हम दूसरों पर आसरित है और अपने देश का पैसा यहाँ वहाँ जमा करके, दूसरे देशों से उधार लेते है, सरकारें तो बार–बार बदली, पर देश के हालत नहीं बदले और ना ही कर्जा कम हुआ, समय के साथ हर देश ने अपने कानूनों में बदलाव किया ताकि भ्रष्टाचार को रोका जा सके और पहले की तो छोड़ो, पर आज जो सरकार है, वो अपने स्तर पर पैसा लाने के लिए कम से कम कोशिश तो कर रही है। पर कुछ धूर्तों ने तो साफ मना कर दिया, जब विदेशी बैंकों ने कहा की जिसका पैसा है वो बताये क्योंकि जैसा मैंनें कहा, हर देश का कानून बदल रहा है समय के साथ और बैंकों का कानून तो वैसे भी हर देश में सबसे सख्त और काफी सिक्योर होता है क्योंकि बात हमारे–आपके पैसों की है, तो कैसे कोई भी बैंक सरकार के या

किसी के भी कहने पर पैसा दे देगी या किसके नाम पर कितना जमा है बता देगी, ये इतना भी आसान नहीं है, हाँ एक तरीका यह है कि उन पैसों को सरकार राष्ट्रीय संपत्ति घोषित कर दें, तो किसी भी बैंक का कोई भी नियम उन पैसों को भारत आने से नहीं रोक पायेगा क्योंकि जिनका पैसा था या है, वो तो पहले ही मना कर चुकें है कि पैसा उनका नहीं है, इससे ज्यादा इस विषय पर मैं बात नहीं कर सकता हूँ।

कभी किसी ने देखा या सुना हो की गुनाह या गलती करनें के बाद कोई आसानी से अपनी गलती स्वीकार करें, ऐसा नहीं सुना होगा किसी ने, इसलिए जिन्होंने भारत या अपने देश के पैसे को अपने देश में रखने के बजाये दूसरे देशों में जमा कराया, वो कैसे गलती मानकर उन पैसों को वापस लेकर आयेगें। एक तो वो कानून की नजरों में गुनहगार बनेगें दूसरा मोदी जी का डर, चलो एक बार के लिए कानून को छोड़ भी दें, तो देश की जनता से कैसे नजर मिलायेगें और कैसे वोट की राजनीति करेगें। इससे अच्छा है की साफ मना कर दो कि न मैं कुछ जानता हूँ, न मैंने कोई घोटाला किया है और सरकार पर आरोप लगा दो कि यह सब सरकार की चाल है हमें बदनाम करने के लिए और फिर आरोप प्रत्यारोप लगाना शुरु कर दो, जो सालों से हम देखते आ रहे है सरकार व विपक्ष के बीच में और कुछ दिनों में मुद्दा बदल जाता है क्योंकि हम भारतवासी बातों को भूल भी बड़ी जल्दी जाते है, फिर जो ताज़ी खबर चल रही होती है, हम उसपर अपना ध्यान केन्द्रित कर लेते है। पर जब चुनाव आते है, फिर नए वादे आते है, तब हमें फिर से यह सारी बातें याद दिलाई जाती है कि इस बार हम यह करेगें, यह सुविधायें देगें, इतनों का कर्जा माफ कर देगें इत्यादि वादें, जबकि पूरा कुछ नहीं होता था पहले की सरकारों द्वारा क्योंकि बात चुनाव तक थी, चुनाव जीत गये और वादे भूल गये, पर जिसने बोला कम और काम करके दिखाया वो ही शासन भी कर सकता है और देश की जनता का प्यार व आर्शीवाद के साथ वो अब भी शासन कर रहा है और जिसने फिर से झूठे वादे किये उनके पार्टी कार्यालय के आगे लोग

इंतेजार कर रहे हैं किये गये वादों के पूरा होने का जिन्होंने उस प्रलोभन में आकर वोट डाले थे।

बात जब विकसित और विकासशील देशों की आती है तो हमें विकासशील देशों की गिनती में गिना जाता है, वो भी इन महान घोटालों के कारण क्योंकि वो ही पैसा न सिर्फ देश को कर्ज मुक्त करवाने के काम आता बल्कि आने वाली पीढ़ी को भी असल में आज़ाद भारत और क़र्ज़ मुक्त भारत दे पाता और उस पैसे से देश के हर क्षेत्र का विकास हो पाता और हम विकसित देशों में गिने जाते। इसके अलावा एक बात और है जो किसी भी देश को विकसित या उस देश की सरकार बनाने में मदद कर सकतें है, वो है उस देश के एलिट या धनवान लोग और उनमें से कुछ सामने से मदद करते है और कुछ छुप कर, कैसे ? वो ऐसे कि हमारे शास्त्रों में भी लिखा है कि जरुरत से ज्यादा कुछ भी हो अगर इंसान के पास, तो उसे उन चीजों को धर्म व मानव कल्याण के कार्यों में लगाना चाहिए, फिर चाहे वो धन हो, भोजन हो, वस्त्र हो या कारोबार में कमाया गया एक नंबर का पैसा क्योंकि पृथ्वी का एक अटल सत्य है कि जो कुछ भी आपने जीवन में कमाया या जमा किया है, वो आपको यहीं इस्तेमाल करना होगा कुछ साथ नहीं जायेगा क्योंकि जैसे हम न कुछ साथ लाये थे ठीक वैसे ही न कुछ साथ लेकर जा पायेगें इसलिए आप धन को तिजोरी में बंद कर लो या सबसे सुरक्षित बैंक में जमा करलो, वो न तो अपने आप कुछ करेगा और न ही वो आपको पुण्य का भागीदार बनायेगा, न ही आपके जीवन के बाद आपके साथ जाएगा, न ही उसके हाथ–पैर निकलेगें और यह सोचना की मेरे बाद मेरे परिवार को कोई कस्ट नहीं होगा, वो भी सिर्फ धन के कारण, तो यह सोचना भी गलत है क्योंकि सब अपना भाग्य लेकर पैदा हुए है और यह ज़रूरी नहीं कि जो धन आपने कमाया हो या जमा किया हो, वो आपके बाद में आपका परिवार उसे संभाल सके। इसलिए अपने जीवन काल में जो धर्म व कर्म आप करते हो, वो ही जीवन के बाद आपके आखिरी पड़ाव को निश्चित करेगा कि आखिरी यात्रा सुगम होगी या तकलीफों से भरी, और आपके जाने के बाद लोग आपको याद करेगें

आपके काम के लिए या कोसेगें कि अच्छा हुआ मर गया दुनिया से एक पापी कम हुआ, उस वक्त चाहकर भी कोई अपने साथ एक पैसा भी साथ नहीं लेकर जा सकता है और वहीं अगर आपने धर्म के कार्यों में अपना धन व जीवन लगाया है, तो आपके जाने के बाद भी लोग आपको याद रखेगें और आपके परिवार को भी सम्मान देगें, यह धन जो आपने कमाया है जीते जी वो कभी खत्म नहीं हो सकता है और यह धर्म का धन आपको आदि काल के लिए अमर कर देगा और जो भौतिक धन कमाने के लिए आपने मेहनत, लग्न, योजना व बुद्धि का इस्तेमाल किया वो सब यहीं धरा रह जायेगा।

वैसे भी सम्मान अच्छे कर्म व धर्म से ही कमाया जा सकता है जिसे सिर्फ एक बार जमा करना पढ़ता, वो फिर जीवन भर खत्म नहीं होता जैसे हमारे देश के राजाओं के बारें में हम इतिहास में पढ़कर व उनके द्वारा किये गये धर्म के कामों को देख सकते है, हर वो राजा जिसने धर्म का साथ दिया, वो आज भी भारत के हर नागरिक के दिलों में जिंदा है, भले ही बात 100, 200 या हज़ारों साल पुरानी हो, मैं किन किनकी बात कर रहा हूँ, मैं जिन जिनकी बात कर रहा हूँ उनमें से कुछ प्रमुख राजाओं के नाम मैं फिर याद दिलाना चाहता हूँ सबके तो नहीं गिना सकता वरना एक और किताब लिखनी पढ़ेगी, तो कुछ के बारे में जिक्र कर रहॉ हूॅ जैसे :–

1 पहले बात करते है सम्राट अशोक, जो मौर्य वंश के तीसरे शासक थे और सबसे शक्तिशाली थे, साथ ही कलिंग युद्ध के बाद, उनका जो मन बदला, तो उन्होनें तलवार छोड़ के धर्म को अपनाया और उसी धर्म के कारण वो सम्राट अशोक से महान अशोक कहलाये।

2 दूसरे वो है जो पिछले 3000 सालों में सबसे बुद्धिमान राजा थे भारत के इतिहास में, वो है उज्जैन के राजा महाराज विक्रमादित्य, जिनके शासन काल को स्वर्णिम काल कहा जाता है, वो न्यायप्रिय, वीर, परोपकारी, धर्मात्मा राजा थे, जिन्होनें 57 ईशा पूर्व विक्रम संवत की शुरुआत की, जो आज भी हिन्दू कैलेन्डर प्रणाली का मूल आधार है।

3 तीसरे वो है जो भारत के सबसे ताकतवर राजाओं में से एक थे महाराज पृथ्वीराज चौहान जिनका नाम गर्व से लिया जाता है जिन्हें राय पिथोरा भी कहा जाता था, जो चौहान वंश के राजा थे, उनके राज्य में पंडितो व कवियों को बहुत सम्मान मिला था, उनकी प्रतिमायें आज भी अजमेर और दिल्ली में देखी जा सकती है, प्रसिद्व ग्रंथ पृथ्वीराज रासों में महान राजा पृथ्वीराज जी के विषय में जानकारी के साथ कई तरह के चित्रों से भी उनका राज्यकाल दर्शाया गया है।

4 चौथे वो है जिन्हें भारत देश का प्रथम राजा व महान शासक चंद्रगुप्त मौर्य कहा या माना जाता है, जिन्होंने मौर्य वंश की स्थापना की और निर्विवाद रूप से वो भारत के पहले राजा थे क्योंकि उन्होंने न केवल प्राचीन भारत में सभी खंडित राज्यों को जीता, बल्कि उन सभी को मिला कर एक बड़ा साम्राज्य खड़ा कर दिया, जिसकी सीमाएं अफगानिस्तान और फारस के किनारे तक विस्तृत थी।

5 पांचवें है सोलार वंश के महान राजा हरिश्चंद्र, जो सत्य व दान की मूर्ति माने जाते थे और जिनका जिक्र हमारे पुराणों में भी मिलता है जैसे महाभारत, मारकंडे पुराण, ऐतारेया ब्रहमणा और देवी भागवत पुराण में और दान की ऐसी मूरत थे कि उन्होनें अपने परिवार व खुद को भी दान कर दिया अपने साम्रराज्य के साथ और दास बनकर रहे, हम ऐसे दानवीरों और महान राजाओं के भारत के वंशज है।

6 छठे है छत्रपति शिवाजी महाराज, जिन्हें राजे भोसले के नाम से भी जाना जाता था, उनकी शक्तिशाली युद्व नीतियों तथा मजबूत सैनिक बल के कारण ही उनकी प्रसिद्वि और आम लोगों के बीच उनकी लोकप्रियता बढ़ी और उनके शासनकाल में मुगलों की नीदें हराम रही, उनको ही गुरिल्ला युद्व का जन्मदाता माना जाता है।

7 सातवें है मेवार के राजा महाराणा प्रताप जो राजपूतों के वंश के सबसे ताकतवर राजा हुए और जिन्हें मुगलों के साथ हुए

युद्व के लिए हमेशा याद किया जायेगा और भारत की आजादी के लिए वो अपनी अतिंम सांस तक युद्व करते रहे।

और न जाने कितने महान राजा हुए है हमारे भारतवर्ष में, पर इन सबसे ऊपर दो राजा कह लो या भगवान् का पृथ्वी पर अवतार कह लो, जो अवतरित हुए थे हम सबके अंदर धर्म की स्थापना के साथ मर्यादा में रहना व मर्यादा में कैसे रहा जाता है यह सिखा के गये, एक वो है जो हमारे जीवन के शुरुआत से मृत्यु तक साथ रहते हैं, दूसरे वो है जो हमें सबके साथ प्रेम से व संसार में कैसे धर्म के साथ रहा जाए व अधर्म का नाश कैसे किया जाए वो हैं, इसके लिए भगवान ने स्वयं गीता उपदेश भी दिया। जी हाँ मैं भगवान् श्री राम की व श्री कृष्ण की बात कर रहा हूँ, इन सबके शासन काल में भारत की या उस समय कहे जाने वाले आर्यावर्त की प्रजा न केवल सुखी थी, बल्कि धर्म, न्याय, परोपकार, प्रेम, उल्लास हर जगह मौजूद था। तब भी जातियाँ थी, अलग बोलियाँ थी, अलग प्रान्त व समुदाय थे, पर सब जगह अमन व चैन था, यह सब इन राजाओं के काल में रहा, कहने का तात्पर्य यह है कि पहले जब राजशाही व्यवस्था थी, तब प्रजा आज के मुकाबले ज्यादा सुखी व समृद्ध थी और एक इंसान का न्याय सर्वोपरि था और वो न्याय सबको मान्य भी होता था। अब जब लोकतंत्र है, जो की एक राजनितिक प्रणाली है, उसमें भी लोग सुखी नहीं है क्योंकि नेता जो बनता था, वो जनसेवा से ज्यादा स्वयंसेवा में ज्यादा रूचि रखता था और आज की केंद्र सरकार काफी हद तक लोगों के सुख व उनकी सुविधा के लिए काम कर रही है, पर राज्य सरकारें अब भी घोटाला करने व अराजकता फैलाने में लगी हुई हैं जिसे हम खबरों में व अखबारों में देखते व पढ़ते रहते हैं आये–दिन। देश का एक वर्ग है जिसको हमेशा राज्य सरकारों से फायदा हुआ है, वो है वो अमीर या बिजनेस मैन लोग जो और अमीर बनने के लिए राज्य सरकारों पर निर्भर है कि टेंडर व सरकारी जमीन का आवंटन उन्हें ही मिले क्योंकि राज्य सरकारों का भी स्वार्थ उनसे जुड़ा होता है या कुछ बड़ी पार्टियों का भी और चुनाव में जो धन राशि चाहिए होती है उसका एक बड़ा हिस्सा उन्हें इन्हीं लोगों से जो प्राप्त होता है,

इसलिए उन्हें उनकी शर्तों पर टेंडर देने पड़ते है या वो सरकारी जमीन मिल जाती है, इसका पता हमें तब चलता है जब कोई घोटाला सामने आता है। दूसरा तरीका जो मैं बताना चाहता हूँ जिससे हमारे देश का नक्शा ही बदल जायेगा अगर ऐसा हो जाये, वो यह है कि जो अमीर है वो कितने भी अमीर क्यों ना हो जाए, वो अपने साथ तो कुछ नहीं लेकर जा पायेगें, तो क्यों नहीं वो एक गाँव या दो चार गाँव को बदलने के लिए आगे नहीं आते है, वो भी सिर्फ बेसिक चीजे देकर उनको जैसे स्कूल, हॉस्पिटल, ट्रांसपोर्ट आदि और सिर्फ बिजनेस मैन ही क्यों जिनके पास भी पैसा हो वो भी ऐसा कर सकते है जैसे फिल्मस्टार या किसी भी कला क्षेत्र से हो, कोई भी नेता हो चाहे सत्ताधारी या गैर सत्ताधारी, धर्मगुरु हो या कथा वाचक, किसी भी तरह के खेल से जुड़ा खिलाड़ी हो, बिल्डर्स हो या कोई भी जिसके पास अपनी सभी जरूरतों को पूरा करने के बाद और जो उनपर आश्रित हों, तो कम से कम उनकी सैलरी व अपने परिवार में भविष्य में घटित होने वाली महत्वपूर्ण आयोजनों को भी ध्यान में रखकर, अगर पैसा बच रहा हो या उनका मन व धर्म गवाही दे रहा हो, तो उनको खुद आगे आकर सरकार की या अपने दम पर सुधार लाने की कोशिश करनी चाहिए, बस इतने से बदलाव से भी बहुत बड़ा अंतर आ जायेगा। वैसे कल कौन जिंदा रहेगा या कल क्या होगा, किसी को इस विषय में कुछ ज्ञात नहीं है फिर भी हम अपने आने वाले कल में जीते है, कल के विषय में सोचना कुछ हद तक तो ठीक है, पर कल के चक्कर में अपने आज को क्यों बर्बाद करना और जितने भी अमीर लोग है भारत में, वो चैरिटी या किसी एनजीओ में पैसा देना अपना कर्म या धर्म समझकर यह सोचते है कि मैनें इस साल बहुत पैसा दान कर दिया, पर इसके बजाए हम सीधे ही कुछ गाँव को सपोर्ट करें, तो वैसे ही हमें किसी एनजीओ की या चैरिटी की जरुरत नहीं पड़ेगी क्योंकि जो चैरिटी आप करते हो वो ज्यादातर हॉस्पिटल के नाम पर या किसी के इलाज के नाम पर ही होती है और अगर मैं आकड़ो के बारे में बात करूं तो तकरीबन 170 से ज्यादा तो बिलेनियर हमारे भारत में और मिलेनियर कितने हो सकते है इसका आप सिर्फ

अंदाजा ही लगा सकते हो, इसीलिए मेरा ऐसा मानना या सोचना है कि अगर हर तीन चार गाँव के बीच एक अच्छा हॉस्पिटल हो, तो किसी को शहर जाने की ज़रुरत नहीं पड़ेगी इलाज़ के लिए, मतलब चैरिटी करने की बार–बार ज़रुरत नहीं पढ़ेगी, एक अच्छा स्कूल और उसी के साथ कॉलेज हो तो कोई भी अपनो से एक तो दूर नहीं जायेगा और बाहर जाने पर जो रहने खाने पर पैसा जाता है परिवार का, वो भी बचाया जा सकता है। वहीं बूढ़े माँ–बाप हो, अनाथ बच्चे हो, विधवाऐं हो, विकलांग या दिव्यांग हो या कोई भी ऐसा कारण, जो एन0जी0ओ0 के नाम पर चल रहा है, उसकी जरुरत ही नहीं पड़ेगी, अगर हम कुछ गाँवों के बीच में ऐसे ही स्कूल–कॉलेज के साथ–साथ हॉस्टल या विद्यार्थी आवास बनवा देंगें, धर्मालय व आश्रम बनवा देगें, स्पेशल चैलेंज लोगों के स्कूल व हॉस्पिटल हो, इन सबकी देख–रेख आपके संरक्षण में हो, तो एक तो आपका पैसा सही कार्य में लगा जिसका संचालन आप कर रहे हो, दूसरा वो बच्चे जो लावारिस है या अनाथ है या सड़को पर भीख मांग रहे है वो उसमें रुक सकते है और साथ ही साथ शिक्षा भी प्राप्त कर सकते है। इससे होगा यह कि आपने जो स्कूल, हॉस्टल और कॉलेज बनवाया है, तो वहाँ से जो पढ़ के निकलेगा, वो आपको कभी धोखा नहीं देगा क्योंकि आपने उसकी जिन्दगी बनायीं होगी और वो आपके बिजनेस या जिस भी तरह का काम आप कर रहे हो, उसमें वो अपना 100 प्रतिशत देगा, जो आपको इंटरव्यू में सेलेक्ट किया हुआ बाहर का कोई भी कैंडिडेट नहीं दे सकता है।

बिल गेट्स जो माइक्रोसॉफ्ट के जन्मदाता है, उनके द्वारा लिखी गयी एक किताब में मैंने पढ़ा था, जिस किताब का नाम है 'बिजनेस एट दा रेट ऑफ थॉट्स' जिसमें मुझे एक बात बहुत अच्छी लगी, जो हमारे भारत के लगभग हर सरकारी कार्यालयों में बहुत पहले लागू हो जानी चाहिए थी। ठीक वैसे ही, जैसे नयी परियोजनाओं को लाने के बाद उन पर धन या राजस्व लगाना पड़ता है, ताकि उन परियोजनाओं को पूरा करने के लिए और लोगों को सिखाने व समझाने के लिए हमें धन की जरूरत पड़ती है, ठीक

वैसे ही इसमें भी धन का व्यय होगा और सिखाना पड़ेगा, पर जो बदलाव आयेगा, वो देखने योग्य होगा, अब बात उस बात की जो बात बिल गेट्स जी ने अपनी किताब में लिखी थी, वो बात है पेपरलेस वर्क या ऑफिस, या यूँ कहें कि जैसे डिजिटल इंडिया के बारे में आज की सरकार ने सोचा ठीक वैसे ही हर ऑफिस के बारे में अगर सोचा गया होता जैसा बिल गेट्स जी ने लिखा है, तो सभी सरकारी ऑफिसों में फाईल नहीं मिलती, किसी भी काम में वक्त नहीं लगता और स्टेशनरी के नाम पर लाखों रूपये बर्बाद नहीं होते और लाईने कम लगती व सबका काम आसान होता, यह हो जाये तो वाकई प्रधानमंत्री जी की बात चरित्रार्थ होती कि सबका साथ सबका विकास और अगर ऐसा पहले की सरकारों ने सोचा होता, तो हमें यह सुनने को नहीं मिलता कि यह सरकारी कार्यालय है और वो गैर सरकारी, अच्छा इन दोनों शब्द के अन्दर एक बहुत बड़ा फर्क भी है, जो आम जनता या मैंने भी महसूस किया है, कैसा फर्क ? वो ऐसा फर्क जो आप खुद अपने विचारों में सोच के देखों, चलो उधाहरण के लिए मैं बैंक को लेता हूँ, अब आप सरकारी व गैर सरकारी बैंकों को अपने विचारों में सोचो, वहॉं जाते ही आप क्या–क्या अनुभव करते हो, जैसे ही हम गैर सरकारी बैंको में घुसते है तो देखते है कि सबकी टेबल साफ है और आपको महत्त्व भी दिया जाता है और कम से कम पानी मांगने पर मिल जाता है, स्टाफ आपकी बात सुनता है, काम ज्यादा और लाईन कम मिलती है, इसके उल्टे आप किसी सरकारी बैंक में जाने के बारे में सोचों, आप पहले तो ऐसी किसी भी चीज की कल्पना नहीं कर सकते हो, दूसरा कि बैंक जाने के नाम पर ही पसीने छूटने लगते है पर जाना पड़ता है क्योंकि आज भी बहुत सारे काम सिर्फ सरकारी बैंको से ही हो सकते है, तीसरा हम बस यही सोचते है लाईन में लगे हुए कि हमारा नंबर कब आएगा और आज काम हो जाए बस इससे ज्यादा कुछ नहीं और रही बात पानी की, तो लोग सुबह से ही भूखे–प्यासे लाइन में लगे रहते है और यह मान के चलते है कि आज का दिन बस बैंक के नाम है, चौथा की बैंक जैसे मामूली काम के लिए भी हमें भगवान् को याद करना पड़ता है कि आज काम हो जाये, कोई

कागज, साईन या कोई भी कमी न बताये बैंक कर्मचारी, इससे ज्यादा और क्या हो सकता है किसी इंसान के लिए जीवन में और भगवान फल देते है आपकी तपस्या का और आपने क्या माँगा रोज मंदिर या मस्जिद जाने के बाद कि मेरा बैंक काम हो जाए आज भगवान और आपका काम हो गया, लेकिन आपकी तपस्या का फल खत्म, मतलब फालतू से काम में आपकी तपस्या का फल जाया हो गया और जरूरी काम के समय मांगने के लिए कुछ बचा नहीं और वहॉ काम होना ज्यादा जरूरी था और न होने पर सारा गुस्सा व इल्जाम भगवान पर डाल दिया जाता है। वहीं गैर सरकारी बैंक में आप ऐसे जाते हो, जैसे बैंक के मालिक ही आप हो और वहाँ जाकर ऐसे बर्ताव करते हैं जैसे सामने वाले ने अगर सुना नहीं तो आप उसकी नौकरी ही खा जाओगे, यह कहने को बस एक छोटा सा बेसिक सा फर्क है, पर देखने को बहुत बड़ा लगता है, तब और बड़ा लगता है जब गाँव और शहर के बीच में यह फर्क करना हो, क्योंकि शहर का व्यक्ति एक बार के लिए बोल सकता है, पर गाँव के इंसान के लिए क्या सरकारी और क्या गैर सरकारी, उसे सिर्फ अपने काम को पूरा करवाना एकमात्र मकसद होता है, फिर चाहे पूरे दिन लाइन में लगना हो, अगर आज काम नहीं हुआ तो कल फिर आके वहीं बैठ जाता है कि शायद आज नंबर आयेगा या फिर अंग्रेजी या हिंदी में फॉर्म भरवाना हो या किसी की सौ बातें ही क्यों न सुननी पड़े, पर जैसे ही सरकार बदली वैसे ही समय और सुविधायें भी, पर गैर सरकारी वाले इस वजह से ज्यादा ध्यान देने लगे गाँव के लोगों पर, खासतौर पर गॉव के प्रधान पर, भले ही वो पढ़ा लिखा हो या ना हो क्योंकि सबको अपना टारगेट पूरा करना है और प्रधान को मना लिया मतलब 50 से 100 खाते पक्के उस गॉव के, तो देखा जाए तो गैर सरकारी कंपनियां अपने पैर रोज थोड़ा–थोड़ा फैलाने के बारे में सोचती है और खुद को बदलती है सरकार की योजनाओं के अनुरूप, वहीं सरकारी कंपनियां बस काम से काम रखने के बारे में सोचती है और इसी के चलते धीरे–धीरे कई सरकारी कंपनियां निगम में बदल रही है या उनका निजीकरण हो रहा है या किया जा रहा है, मतलब साफ है की टाइम पर आओ

और टाइम पर जाओ, पर अगर काम नहीं किया तो या तो नौकरी जायेगी या सैलरी कटेगी।

हाँ जो विभाग अभी तक बचे है इस निगमीकरण से, वो टाइम पर अगर नहीं बदले, तो जो आराम करने वाली नौकरी कर रहे है, वो उनके हाथों से कभी भी चली जायेगी क्योंकि सरकारी काम करने वाला सोचता है कि मैंने नहीं किया, तो कोई क्या कर लेगा मेरा और मेरा जब मन करेगा तब काम करूँगा, वैसे भी कौन सा मेरी नौकरी पर खतरा है। इसी मानसिकता को सबसे ज्यादा बदलने की जरुरत है, इस तरह की आदत के कारण हर सरकारी इंसान के अंदर एक तरह की आलस्य की मानसिकता को जन्म देता है कि मैं नहीं करूंगा, तो मेरा कोई क्या बिगाड़ लेगा और जिस दिन नौकरी जाने का डर लगेगा, अपने आप सब सही होने लगेगा क्योंकि मैंने देखा है सरकारी नौकरी से निगम या गैर सरकारी विभागों में जाने वाले लोगों को और जो आराम करते थे, वो आज काम करने लगे है। साथ ही मैं कंप्यूटर इंजीनियर हूँ तो मैंने कई तरह के शहरों मे जाकर देखा है कि जब कोई एक उम्मीद लेकर आपके पास आये किसी काम के लिए, तो उस काम के न होने पर या टाल देने पर कैसा लगता होगा यह उन्होंने पहले नहीं सोचा होगा, इसलिए भारत में कई डिर्पाटमैंट को इस तरह के बदलाव की भी बहुत जरुरत है कि वो आये हुए काम को टाईम पर करना चाहिए बजाए टालने के, साथ ही हर विभाग का निगमीकरण करने से या उन्हें प्राइवेट कंपनी के हवाले करके, अगर सरकार को सही लगे तो वो यह बदलाव कर सकते है जैसा प्राईवेट कंपनियों में होता है कि बायोमेट्रिक पंच कर दो कि टाईम से आओ वरना लेट होने पर सैलरी कटेगी, दूसरा कि सरकारी कार्यालय में भी एक एच0आर0 बैठा दो कि काम न करने पर इंसान वहीं उसकी शिकायत कर सकें और तुरंत ही उसपर एच0आर0 एक्शन ले सकें। वैसे यह काम बहुत बड़े स्तर का है जो एक दिन में नहीं हो सकता है, पर शुरुआत कभी तो और कहीं से तो करनी होगी और जैसे हर बार सरकारें 5 साल के लिए आती है और वो काफी कुछ नया करने की कोशिश करती है अपने कार्याकाल में, जैसे की स्वच्छ

भारत जो सरकार की एक मुहिम है तो हम सड़कों के साथ–साथ अपने बैठने–उठने के व काम करने के स्थान को भी साफ़ रख सके, ना की फाइलों और अलमारियों में घिरे रहें व दबे रहे। जैसे स्वच्छ शहर आनंद देता है मन को, उसी तरह स्वच्छ कार्यालय भी इंसान को अच्छा व ज्यादा काम करने के लिए प्रोत्साहित करेगा, इसलिए हमें बस अपनी फाइलों को डिजिटल करना है जैसा मैनें बिल गेट्स का उदाहरण दिया था और आने वाले नए काम को भी डिजिटली करना प्रराम्भ करना होगा।

मेरा कहने का तात्पर्य यह है कि फाइलों में जितने कागज बंद है उतने ही लोगों की जिंदगी के फैसले भी दबे हुए है, जो कि एक समय के बाद बेकार हो जायेगीं क्योंकि समय के साथ व धूल–मिट्टी के कारण कागज गलने लगते है। तो उस वेस्ट को रोकने के साथ हमें उसकी सुरक्षा में लगने वाली चीज़ों को भी वेस्ट होने से रोका जा सकता है क्योंकि कागज़ पेड़ों की लकड़ी से बनते है, जो अच्छी क्वालिटी के होतें है वो स्कूल, कॉलेज, यूनिवर्सिटीज, सरकारी कार्यालयों में, बैंकों में, तरह–तरह के किताब छापने वाली कंपनियों को और ना जाने कितनी जगह इस्तमाल में लाया जाता है, पर इनका इस्तमाल कम करके, हम लाखों–करोड़ों पेड़ों को कटने से रोक सकते है, इससे हम प्रकृति व अपने पर्यावरण दोनों की सुरक्षा एक साथ कर सकते है क्योंकि ग्लोबल वार्मिंग से इन दोनों चीज़ों को खतरा लगातार बढ़ता जा रहा है और बात सिर्फ पेड़ो की नहीं हो रही है, बात हर तरह के प्राकृतिक संसाधनों की हो रही है जैसे पेट्रोल, गैस, खनिज पदार्थ, खाने–पीने की वस्तुएं और उपयोग में आने वाली हर एक चीजें। यह मैं इसलिए भी बोल रहा हूँ कि हमारे देश की आबादी 2 या 4 करोड़ नहीं है, बल्कि सम्पूर्ण विश्व की 17 प्रतिशत से भी ज्यादा आबादी वाला देश है हमारा, वैसे आंकड़ों में देखें तो करीब 140 करोड़ प्लस कि आबादी है इस वक़्त हमारे देश की, वहीं अगर जनसँख्या के हिसाब से देखे, तो विश्व में दूसरा स्थान है हमारा। इसलिए मैं बोल रहा था कि जितनी ज्यादा आबादी होगी, उतने ही तरह के संसाधनों की आवश्यकता होगी। पर बिना किसी प्लान के व सोचे–समझे बिना अगर हम उन्ही

संसाधनों का उपभोग करते रहेगें, तो आज तो आपका अच्छे से कट जाएगा, पर कल का क्या होगा क्योंकि हम किसी भी चीज़ को बस जल्दी से जल्दी खत्म करना चाहते है जैसे वो आज के बाद हमारे किसी काम नहीं आएगी और एक ऐसी हवस है मनुष्य के अंदर की आज भर लो जितना भर सकते हो, कल का कल देखेगें, उधाहरण के लिए मैं शादी–बारात की बात करता हूँ, जिसमें कोई काम प्लान की बजाये अंदाजे से किया जाता है और अंदाजा न्योते या कितने कार्ड दिये है उसके हिसाब से लगाया जाता है कि इतने लोगों को बुलाया है तो इतना खाना लगेगा, होता क्या है कि कभी जरुरत से ज्यादा आ गए, तो कम पढ़ गया और कम आये तो खाना बर्बाद हो गया, फिर उसे फेंका जाता है जो अक्सर मैनें ज्यादातर पार्टियों के बाद देखा है, चाहे कितने भी बर्तनों में आप खाना भर कर ले जाओ, कुछ न कुछ तो फेंकना ही पड़ता है। इतना ही नहीं शादियों में शोर–शराबा, लड़ाई–झगड़े और कभी–कभी हादसे भी हो जाते है, जैसा की हम अक्सर सुनतें हैं कि शादी में फायरिंग के दौरान, इनको गोली लगी और कभी–कभी तो जान तक चली जाती है, दूसरा जो शोर–शराबा हमसब करते है मतलब बैंड–बाजा व पटाखे चलाते है बारात में, तो वो न हो तो मजा कैसे आएगा, इससे आपने खुद को तो प्रसन्न कर लिया, पर बाकी शहर को परेशान किया और यहाँ मैं किसी एक विशेष धर्म के बारे में बात नहीं कर रहा हूँ, सब अपने धर्म, सभ्यता व संस्कृति के हिसाब से ऐसा करते है। लेकिन शोर–शराबा करना या चीजों को बर्बाद करना या फिर किसी भी तरह का प्रदूषण करना, मुझे नहीं लगता कि आज के दौर में ऐसा करना बहुत जरूरी है क्योंकि थोड़ी–थोड़ी दूरी पर आज हॉस्पिटल है, पेट्रोल पंप है, नाले है जिसमें अक्सर शराब पीके नाचने वाले गिर जाते है, पर हम दिखावे में आकर या दूसरों को दिखाने के लिए या दूसरे से अच्छा करने के लिए या आखिर में चाहे खुद के लिए ही करें, हम अच्छे से अच्छा इंतज़ाम करते है वो भी फायदा या नुक्सान सोचे बिना, चाहे बाद में उस दिखावे के लिए पहले वो अपनी सभी जमा पूँजी लगाये और तो और कर्जा तक ले डालते है। पर सब निपटने के बाद में जब कर्जा चुकाना पड़ता है

तब उस एक दिन की खुशी, बाद में तकलीफ का कारण बन जाती है ज़िन्दगी भर के लिए, फिर वो खुशी बेईमानी सी लगने लगती है और ऐसा करके ही हम लड़कियों को बोझ समझते है, अपनी औरत को ताने देते है कि न लड़की पैदा कि होती और न आज यह दिन देखना पड़ता, दूसरा आपके द्वारा लिये गये कर्जो से लेकर की गयी व्यवस्था को देख दूसरा भी वैसा या उससे अच्छा करने के चक्कर में कर्जा लेता है, इसी सोच व कर्ज को देखकर हमारा समाज बेटी बचाओ नही बल्कि बेटी हटाओं वाली सोच रखता है। वैसे इस दान–दहेज़ के विषय में मैंने अपनी तीसरी किताब दहेज़–हत्या (समाज व क़ानून की सोच) में पूरी तरह से व्याख्या के साथ व उधाहरण के साथ बताया है कि दहेज़ लेना व देना, क्या हमारे भारत के लिए वरदान है या अभिशाप। शादियों में आपने अक्सर देखा होगा कि लोग शराब पीना शौक नहीं बल्कि एक रिवाज सा मानने लगे हैं, चाहे वो भले ही रोज न पीता हो या कभी कभार पीता हो, पर शादी में सबको शराब पीने की प्यास लग ही जाती है, फिर वो जो–जो करता है, वो अगले दिन उनको याद आता है पर धुंधला–धुंधला या फिर याद वो दिलाता है ठीक से जिसका नुक्सान या अपमान आपने किया होता है, अगर पीना ही है जो की मुफ्त में मिलती है शादी वाले दिन, तो एन्जॉय के लिए या डांस करने तक के लिए ही पीओ की खुद के पैर जमीन पर रहें, वैसे शराब पीना व पिलाना दोनों ही गलत है, फिर शादी ही क्यों ना हो या किसी भी तरह का अन्य कार्यकम, ताकि आप भी आनंद ले सको और दूसरा भी, बाकी सबकी अपनी–अपनी सोच है।

अच्छा तो मैं यह बताना चाह रहा हूँ कि हमें संसाधनों का उपभोग एक दिन के लिए नहीं करना चाहिए, बल्कि हम भी उन संसाधनों को भोग सके, आज भी, कल भी और आने वाली पीढ़ी भी क्योंकि चाहे जिंदगी हो या संसाधन, सब की अपनी एक लाइफ है और कोई भी चीज इस पृथ्वी पर अमर नहीं है, हर चीज मतलब हर चीज नश्वर है इस मृत्यु लोक पर, बस अमर है तो उस परम शक्ति का नाम, जिसे हम अलग–अलग रूपों में जपते है, भजते है, पूजा–अर्चना करते है, नमन करते है, माथा झुकाते है और अलग

अलग तरह से उसको जानते व मानते है, बस उस ऊपर वाले के नाम के अलावा सब नशवर है, यह बात जितनी जल्दी हम समझ जाएँ, उतना ही हमारा जीवन आसन व सरल बन जाएगा। बात शादियों की हो रही थी कि चाहे उधार लेना पड़े या जमा पूँजी लगानी पड़े क्योंकि यह हर भारतीय का सपना होता है कि कम से कम जिन्दगी में एक बार तो दिल खोल कर पैसा खर्च करूँ, ताकि लोग याद रखें की उसने हर एक चीज का इंतजाम किया और किसी को भी शिकायत का मौका नहीं दिया, चाहे मैं कुछ भी कहूँ पर जिंदगी में कुछ पल ऐसे आते है, जब इंसान भावुक हो जाता है रिश्तों के आगे और ना चाहते हुए भी वो अपना सब कुछ उस पल के लिए लुटाना चाहता है और यह जरूरी नहीं कि वो भावुक पल सिर्फ शादी के समय ही आये। पर अगर हम इसी भावुकता की तुलना करें विदेशी सभ्यता से तो एक बहुत बड़ा अंतर नजर आता है क्योंकि वहाँ ऐसा बिलकुल नहीं होता जो हमारे यहाँ होता है, वो व्यावहारिक व सामाजिक रूप से कम सोचते है कि कोई क्या कहेगा या मैंने ऐसा नहीं किया, तो नाते–रिश्तेदार पता नहीं क्या–क्या कहेंगें, कोई कुछ न कहता है न तुलना करता है एक दूसरें से की उसने ऐसा किया था तो मैं भी ऐसा करूँगा। मैं यह नहीं कह रहा की हमारे देश के रीती रिवाज़ खराब है पर उसकी आड़ में जो होता है वो गलत है, इसके लिए बस हमें यह करना है कि दान–दहेज में ज्यादा पैसा खर्ज करने के बजाये, उन पैसों को कहीं इन्वेस्ट कर दो या उनके नाम पर जमा करके या कुछ ऐसा खरीद के दे दों, जिसकी मार्किट वैल्यू भविष्य में बढ़े, इससे दो फायदे होगें, एक तो आपको कर्जा नहीं लेना पड़ेगा और दहेज जैसी प्रथा पर भी अंकुश लगेगा क्योंकि आपने कन्या दान में उसको कोई ऐसी चीज ही नहीं दी, जो समय के साथ खत्म हो जाए और दुबारा लाने के लिए कोई प्रताड़ित करेगा, दूसरा की आपने जो अपनी कन्या को दिया, वो ना सिर्फ उसके भविष्य को संवारेगा, बल्कि वो कभी यह नहीं सोचेगी कि अगर ससुराल से प्यार व सम्मान न मिले और उसे यह सोचना पड़े कि मैं लाचार हूँ, मैं क्या करूँ, कहाँ जाऊँ, तब उस वक़्त आपके द्वारा किया गया उसके नाम का वो इन्वेस्टमेंट या

खरीदकर दिया हुआ मकान, दूकान या फिक्स्ड डिपाजिट न सिर्फ उसका आत्मबल बढ़ायेगा, साथ ही वो अपने व अपने बच्चों के बारे में भी फैसला लेने में सक्षम होगी और ससुराल वालें भी सोचेगें की कहीं कुछ कहा तो हमें कुछ नहीं मिलेगा। तो यह आप सब सोचिये की अपने बच्चे को आप क्या देना चाहते है लोहा–लकड़ी या कांच का सामान या फिर कुछ ऐसा ठोस देकर जिससे आपकी बच्ची सक्षम बनने के साथ जिंदगी के किसी भी मोड़ पर आत्मनिर्भर बन सके और शायद ऐसे ही आप सब और हम सब मिलकर समाज को एक ठोस संदेश दे सकते है जिससे कोई भी लड़की आत्महत्या न करें। जो लेन–देन आपने किया उससे न तो सरकार को कुछ सरोकार है, न ही कानून से और वैसे भी बेटी आपकी है तो किसी के मांगने पर नहीं बल्कि आपको जो सही लगे या आपकी बेटी को जिस की जरूरत हो वो देना चाहिए, जिसे हकीकत में स्त्रीधन कहा या दिया जाता था हमारी संस्कृति के हिसाब से और दहेज शब्द वैसे भी हिन्दी का शब्द नहीं है व दहेज लेना व देना जुर्म है तो जिन चीजों को रखकर व तय करकर निकाह पढ़ा जाता है, वो है दहेज, किसी को मेरी बात से असहमति हो, तो कोई भी अपनें मुस्लिम दोस्त से इस बाबत जानकारी ले सकता है और जब तक दहेज की शिकायत दर्ज नहीं होती, तब तक तो वो देना–लेना जायज होता और उसे दहेज़ नहीं माना जाता उसे मेहर कहा जाता है। तो दहेज देने से न ही कोई आपकी संतान का संरक्षण कर सकता है और इस तरह की हरकत बार–बार करने से सामने वाले का हौसला ही मजबूत होता है और दहेज को पता नही क्यों एक रिवाज या परंपरा बना लिया गया है। जैसे हमारे देश में विभिन्न प्रकार की विविधितायें है, ठीक इसी तरह हर धर्म को मानने वाले लाखों अनुयायी भी विभिन्न प्रकार के है और हर धर्म के अनुसार शादी करने की प्रथा भी अलग है व दिखावा करने की कैटेगिरी भी अलग–अलग है। हमारे यहॉ एक बात और बहुत अच्छी है और पूरे भारत में पायी जाती है, जहॉ दहेज को छोड़कर, हम सब आपस में मिलजुल कर सारे काम निपटा लेते है, बड़े से बड़ा काम हो या छोटे से छोटा फिर चाहे वो शादी हो, जन्मदिन हो, सगाई हो,

सालगिराह हो या फिर किसी भी तरह का कार्यक्रम हो, तब कोई धर्म नहीं देखता न मानता है, तब हर जाती–प्रजाति व धर्म के लोग मिलकर काम करते है, बात फिर शामियाना लगाने से लेकर बैंड वाले की हो, डीजे से लेकर खाना बनाने वाले की हो, बारात घर से लेकर शादी करवाने वाले पंडित–मौलवी–फादर की हो, हर छोटे से छोटे व बड़े से बड़े काम को ठीक ढंग से सब मिलकर करवा लेते है और ध्यान रखा जाता है कि सब कुछ टाइम पर पहुँच सके और हो सके, यह सारा काम अलग–अलग धर्म व जाति के लोग ही मिल कर करते है।

मतलब साफ है कि हम चाहकर भी उनके जैसे मतलब विदेशी या आतंकी नहीं बन सकते है भले ही कुछ समय के लिए हम उनके जैसा बनना चाहे किसी के कहने पर, पर हमारी सभ्यता व संस्कृति हमें बार–बार याद दिलाती है कि हम गलत है और समाज भी आपको बताता है कि यह भारत में नहीं हो सकता है। एक बार के लिए यह जरूर हो सकता है कि विदेशी भले ही हमारे तरह हो जाएँ क्योंकि हम अपनी संस्कृति से इतना प्यार करते है की न जाने कितनी बार तो इसके लिए हमने अपने सर तक कटवा दिए, पर कुछ लोग आज भी धर्म व जाति के नाम पर ऑनर किलिंग करते है और इस तरह की किसी भी घटना का जिसमें अपने बेटा या बेटी को मारने पड़े, मैं क्या कोई भी थोड़ी सी बुद्धि रखने वाला इस तरह के काम के पक्ष में नहीं होगा, चाहे वो काम धर्म के नाम पर किया गया हो या जाति के नाम पर क्योंकि किसी को मारना न कोई धर्म सिखाता है न कोई संस्कृति, यह कृत्य पूर्ण रूप से मानव द्वारा अपने स्वार्थ की इच्छापूर्ति के लिए किया जाता है या अपनी जाति का दम दिखाने के लिए, जो किसी भी प्रकार से न तो माफी के काबिल है, न ही वो कितने भी बहाने बना लें या धर्म की दुहाई दे दें या जाति के नियम के अनुसार व्यक्तिगत दंड का समर्थन करें, उन सबको भारतीय न्याय संहिता के अंतर्गत दंड जरूर मिलना चाहिए क्योंकि ऐसा अपराध करने वाले को जरा सा भी डर या रहम नहीं आता कि वो एक इंसान को जान से मार रहा है और ऐसा करके वो सोचते है कि दूसरे भी ऐसा करने से गुरेज

नहीं करेगें और फिर कोई जाति के बाहर जाकर विवाह नहीं करेगा। यहाँ तक की ऐसे लोग एक बार भी नहीं सोचते की जिसको मारने जा रहे हो, उसी के पैदा होने से लेकर और बड़े होने तक, कितनी मन्नत, दुआएँ व कस्ट उठाये है और बिना ऐसा कुछ सोचे अपने बच्चे को मारने वाला इंसान हो ही नहीं सकता और ऐसे लोगों को कसाई की श्रेणी में रखना ही समाज के लिए हितकर होगा। ऐसा कौन सा अपराध किया दो प्रेम करने वालों ने, जिनको सिर्फ आक्रोश, गुस्से व जाति के कारण, या फिर वो लोग जो दूसरे लोगों के कान भर कर ऐसा करवातें है और वो बेवकूफ ऐसा करते है अपनों को ख़त्म करने के लिए, शायद यह वो लोग है जिन्होनें कभी प्यार को समझा ही नहीं इसलिए वो प्यार को न समझकर दो प्यार करने वालों को बेरहमी से मार देते है, वो मानव नहीं दानव ही है इस कलियुग के। देखा जाए तो यह सोच व मानसिकता की उपज ही है, जहॉ सही गलत से ऊपर बस यह दिखाना होता है कि हमारी जाति में कोई ऐसा कृत्या करेगा तो उसका यह ही हाल किया जायेगा, इस सोच व मानसिकता को न कोई एक इंसान, न समाज, न कोई सरकार, न कोई कानून और न कोई दंड देकर ठीक कर सकता है, उसे सिर्फ उसकी जाति वाले मिलकर ही समझा सकते है कि भाई जो तूने किया वो भी गलत था और जो करने के बाद में सोच फैलाने की कोशिश कर रहे हो, वो भी गलत है। इसको ऐसे भी समझते है कि आजादी से पहले से चली आ रही कई प्रथाओं को जैसे साहूकारी, बाल विवाह, जमींदारी, सती प्रथा जैसी कई प्रथाओं पर रोक लगाई या उनको रोका जा सका उसके लिए कानून भी बनाये क्योंकि हमने अपनी मानसिकता के साथ–साथ कानून बनाया जिसको सबने माना व अपने को बदला समय व कानून के हिसाब से, फिर समाज को, पर कुछ प्रथाएं आज भी नहीं रोकी जा सकी है और मेरे हिसाब से जब तक 2000 सन से पहले वाले जिंदा है तबतक यह मानसिकता कहीं न कहीं या किसी न किसी वजह से जिंदा रहेगी और आधुनिक भारत व डिजिटल भारत को इस मानसिकता को पूरी तरह से बदलने में अभी भी 20 से 30 साल और लगेगें।

कुछ चीजें तो बदली आजादी के बाद, पर वो चीजें या बातें हम नहीं छोड़ सकते, जो आम जनता ने अपने दिल में व परिवार के अंदर बिठा रखी है और चाहकर भी हम सबकुछ बदलने के बाद भी और इतने सारे साल गुजरनें के बाद भी, जब हम पीछे मुड़कर देखते है, तो हम पाते है कि सब बदलने के बाद भी काफी कुछ बदलना बचा है, इतना सबकुछ करने के बाद भी काफी कुछ करना बचा है क्योंकि हम थोड़ी सी भी कामयाबी को अपनी 100 प्रतिशत जीत मान लेते है, थोड़ी सी चमक के आगे सब भूल जाते है, यहाँ तक की छोटी सी खुशी के आते ही सारी पुरानी समस्याओं को भी भूल के आज में जश्न मनाते है, न भविष्य में होने वाली परेशानियों के बारे में सोचते है और न टाइम आने पर उस तरह से मुकाबला कर पाते है, वजह है जश्न के खुमार के कारण हमारा सुस्त पढ़ जाना, इसको ऐसे समझते है कि बचपन में हम सबने एक कहानी जरूर सुनी होगी, कछुए व खरगोश की, जहॉ हम उस कछुए की तरह बनने के बजाये, खरगोश बनना चाहते है जैसे खरगोश ने किया की बहुत आगे आ गया हूँ थोड़ा आराम कर लूं और जब तक कछुआ आएगा मैं वापस दौड़कर रेस जीत जाऊँगा, इसी कहानी पर लगभग सारा देश काम करता आ रहा है कई सालों से और विदेशी धीरे ही सही पर रोज कछुए की तरह रोज व निरंतर प्रयास करते रहते है, जिससे वो दूसरों से रेस जीत सकें, मैं सिर्फ उन देशों की बात कर रहा हूँ यहाँ पर जो हमसे आगे है, उनकी नहीं जो हमसे पीछे है क्योंकि इतनी दौड़ तो हम लगा चुके है, तभी कुछ को छोड़ कर बाकियों से आगे है, पर सबसे आगे क्यों नहीं है ? इसको ऐसे समझते है कि जब हम क्रिकेट देखते है तो टीम की हार पर अफ़सोस व जीत पर जश्न मनाते है, सबको 1983 के विश्व कप की भारतीय टीम और कप जीतने की खुशी याद होगी, लेकिन जब भारत ने 2011 में दूसरी बार विश्व कप जीता, तो पूरे भारत में दिवाली मनाई गयी थी, भारत नंबर 1 पर आ गया था जो हमें फक्र की अनुभूति करवाता था और हम एक दूसरे से बड़ी शान से बताते थे कि कल क्या मैच हुआ, मैंने तो सीट नहीं छोड़ी, किसी ने बाथरूम जाना भी रोका, किसी ने खाना नहीं खाया, हर एक ने कहा

बस भगवान् से विनती कर रहे थे, इस बार कप भारत आ जाए और ऊपर वाले ने जैसे सबकी सुन ली, पर क्या हमने मेहनत की, नहीं, हाँ यह कह सकते है कि हमने प्रार्थना की, पर प्रार्थना भी तभी कामयाब होती है जब उसके लिए मेहनत की जाए क्योंकि सिर्फ बातें करने से या कहने से कोई जीत जाये या नंबर 1 बन जाए, तो सब नंबर 1 ही होते और दूसरी कोई गिनती होती ही नहीं और भारतीय टीम उस दिन एक टीम की तरह खेली तभी विश्व कप और बाकी कप जीते, जैसे अभी का टी 20 वर्ल्ड कप 2024, यह बताने का तात्पर्य यह है कि ठीक इसी तरह पूरे भारत को एक टीम बनकर मेहनत करनी होगी लगभग हर झेत्र में व एकजुट होकर बिना भेदभाव के और जैसे टीम के अलग–अलग डिपार्टमेंट होते है और टीम को हर डिपार्टमेंट में नंबर 1 आना होता है, वरना कोई भी डिपार्टमेंट कमजोर पढ़ जाए, तो सारी मेहनत पर पानी फिर जाता है और हार का सामना करना पड़ता है, वो हार सिर्फ टीम की हार नहीं होती है, देश के अंदर बैठे हर बंदे की जो घर पर टी0वी0 पर, दूकान पर, ऑफिस में, सड़क पर रेडियो सुन रहा हो या किसी शोरूम के बाहर खड़े होकर टी0वी0 पर देख रहे हर एक इंसान की व उन सबकी हार होती है जो दिल लगाकर देख रहें होते है या दुआ कर रहें होते है और हर कोई बस इस इंतेज़ार में रहते है कि हमारी ही टीम जीतेगी, यहाँ तक की हम आखिरी बॉल तक हार नहीं मानते, फिर चाहे 11 वें नंबर का प्लेयर ही क्यों न खेल रहा हो या आखिरी ओवर कोई बॉलर बाफल डाल रहा हो, हम यह ही दुआ करते है कि हम ही जीतेंगें, किसी भी हालत में हम भरतीय टीम को हारते हुए नहीं देख सकते है, न बर्दास्त कर सकते हैं क्योंकि हम भावुक व जज्बाती भारतवासी है, तो फिर क्यों नहीं हम बाकी चीज़ों में इतना जोश व उत्सुकता दिखाते है, वो प्रार्थना, वो एकजुटता हम क्यों और किसी काम में प्रदर्शित नहीं कर पाते है, सोच के देखिये कि क्या हम सिर्फ खेलों से ही जुड़े है या किसी घटना के घटने का इंतेज़ार करते है ताकि बाद में सुधार कर सके या नुक्सान होने पर सड़क पर आकर धरना प्रदर्शन कर सकें, नहीं ऐसा नहीं है ऐसा मेरा मानना है और आज का भारत इंतेजार करने वाला नहीं बल्कि

लड़ने व बदलाव लाने वाला भारत है और आज का युवा जरूर भारत को नंबर 1 बनाकर ही रहेगा, ऐसा मेरा मानना व सोचना है। एक और जरूरी मानसिकता व सोच को बदलने की जरुरत है कि हम ज्यादातर मसलों में सिर्फ काम निपटाने के बारे सोचते है और उसको निपटाने के लिए जुगाड़ लगाते है, उसको जड़ से मिटाने के बारे में नहीं सोचते है कि आखिर जुगाड़ कब तक चलेगी क्योंकि समस्या तो फिर से आएगी, तब ज्यादा परेशानी व पैसा खर्ज करवाएगी। दूसरा काम टालने से होता यह है कि जब काम ज़रुरत से ज्यादा हो जाता है तो कुछ छोड़ दिया जाता है मतलब जो ज्यादा ज़रूरी ना हो, बाकी को खानापूर्ति करके ख़त्म किया जाता है और कई बार तो काम से बचने के लिए कोई ना कोई कमी दिखाकर या बहाना बनाकर या किसी स्कीम का नाम लेकर अपना पल्ला झाड़ लिया जाता है, ऐसा करके भी हमें लगता है कि हम जीत गए और आज कोई काम नहीं आराम करो, पर किसी न किसी दिन तो काम करना पड़ेगा, कब तक कमी निकालकर काम से बचोगे, इससे होता यह है कि जितना आप काम को टालोगे उतना ही देश भी पीछे होता चला जाएगा। इससे हम आलसी तो हो ही जायेगें और अपना सौ प्रतिशत नहीं दे पाएगें और जाने–अंजाने में ही अपनी व देश की मुसीबतें बढ़ाते चले जायेगें, इसका सबसे बड़ा उधाहरण है देश में हर साल हर शहर में पल्स–पोलियो अभियान चलाकर बच्चों को दवा पिलाने का और इसके लिए अलग–अलग जगह पर कैंप भी लगाए जाते है और घर–घर जाकर भी दवा पिलाई जाती है, बावजूद इसके देश में एक पोलियो का केस मिला था, जबकि रिपोर्ट सौ प्रतिशत दिखा रही थी दवा पिलाने की, यानी कहीं न कहीं गलती हुई और हम काम भी कर रहे है, साथ ही टाइम भी लग रहा है हर अभियान में और पैसे भी खर्ज हो रहे है, पर बदले में यह नतीजा आने का मतलब है कि कहीं ना कहीं सिस्टम में लूप होल है या हमनें टीम वर्क नहीं किया, जिस कारण देश को आज भी विकासशील देशों की गिनती में गिना जाता है। सिर्फ इसी एक कारण की वजह से नहीं और भी बहुतेरे काम बनाये गए है सिस्टम के द्वारा जो उन माप डंडों के हिसाब से नहीं किये

जा रहे है या ऐसे करकर छोड़ दिये जाते है कि कोई तो बाद में आकर ठीक कर देगा, जिस कारण वो काम समय पर होने के बजाए, फिर से वो काम ठंडे बस्ते में चला जाता है और फिर सरकार बदलने पर या आर0टी0आई0 या किसी हादसे के बाद फिर से नजर में आता है और फिर उस काम को रॉकेट की स्पीड से किया जाता है कि अब कोई सवाल न उठे। आज भी जब चार लोग खड़े होते है तो बात क्या करते है कि उस देश में वो टेक्नोलॉजी आ गयी है, वहाँ बुलेट ट्रेन 400 की स्पीड से चल रही है, 7 जी आ गया है, हवा में उड़ने वाली कार बना ली है, पर यह सब हमारे देश में आते–आते तो कई साल लग जायेगें, मतलब खुद कुछ किया नहीं और अपने विचारों में ही सही पर अपने देश को उनसे पीछे कर दिया, पर उनसे आगे कैसे निकला जाये इसके बारे में बात नहीं करेगें क्योंकि यह काम तो सरकार का है और आज की सरकार अगर हमें आगे लेकर जाने के बारे में अगर प्रयासरत है, तो हम अपने व्यतिगत कारणों से या जातिवाद या ईर्ष्या के कारण उनको गिराने या आरोप लगाने से बाज़ नहीं आते है, कर तो लिया 65 साल तक सबने अपने हिसाब से राज, पर कुछ बदला नहीं बस हम बोलते रहे की विदेशों की तरह अपना भारत बनाने में अभी 20 साल और लग जायेगें और इस सरकार ने अपने 10 साल के कार्यकाल में भारत को बहुत चीज़ों में नंबर 1 बनाया और हर देश की टेक्नोलॉजी को अपने देश में लाने के साथ सबका ख्याल व सबका विकास किया, नाकि अपना व्यतिगत विकास या परिवार के बारे में सोचा, कैसे ? वो ऐसे कि आज देश की सड़को की हालत लाजवाब है, कितने नये एक्सप्रेस वे बन गये व बन रहे है, हाई स्पीड वंदे भारत रेल व सपने सरीखी बुलेट रेल है आज भारत के पास, सदियों से लटका राम मंदिर बना, किसके फायदे के लिए संविधान में डाला गया अनुच्छेद 370 हटा, लाईट–पानी–गैस से लेकर गरीबों के घर तक और क्या–क्या कहूँ कि क्या नहीं हुआ इन बीते 10 सालों में और अभी हो भी रहा है। पर हमें खरगोश वाली अपनी सोच को बदलना होगा कि हम तो अब काफी आगे आ गए और इकनॉमी व जीडीपी में तो हम कई देशों से आगे निकल ही गए है

बस एक दो देश से ही तो पीछे है, ऐसा सोचना इसलिए भी बंद करना होगा कि आगे बढ़ने की रेस में हम अकेले नहीं है, बाकी भी दौड़ रहे है, इसलिए विनिंग पॉइंट पर आकर आराम नहीं करना है, अपनी सोच व अब तक की, की गई मेहनत को आराम नहीं देना है और यह भी याद रखना है कि जब सरकार को चुनना हमारे हाथ में है, तो हम पार्टी या किसी इंसान के नाम पर कभी वोट न डाले, जो देश हित के लिए काम कर रहा है उसको ही चुनो, वरना फिर से देश अगर पीछे गया, तो यह मान के चलिए की, हम फिर से गुलाम होने के कगार पर पहुँच जायेगें या पहुँचा दिये जायेगें या फिर इतने कर्जे में डूब जायेगें की कोई देश हमसे रिश्ता ही नहीं रखना चाहेगा जैसा हाल अभी पाकिस्तान का चल रहा है और श्रीलंका बस बाल–बाल बचा वो भी भारत की बदौलत। मैं ऐसा तो कुछ नया नहीं लिख रहा हूँ जो सबको पहले से पाता न हो या मैं इतना ज्ञानी हूँ कि इन बातों को किसी के ऊपर थोप रहा हूँ, यह मेरे या आप सबके अंदर के दबे हुए वो विचार है, जिन्हें मैं शब्दों का रूप दे रहा हूँ क्योंकि हमारे देश में सब कुछ है पर बिखरा हुआ था, जिसे बस व्यवस्थित करने की ज़रुरत है। एक बात मैं सरकार से पूछना या अगर हो सके तो उसपर विचार करके अगर बदल सके, तो आम इंसान की एक बहुत बड़ी समस्या का समाधान हो जाएगा, वो है कि हमें छोटे–छोटे कामों के लिए राज्यों या प्रदेश की सरकार से, विभिन्न विभागों या आयोगों से, अधिकारी हो या विधायक इतने तरह के अप्रूवल लेने पड़ते है कि आम इंसान सही टाइम पर ना तो सही जगह पहुँच पाता है और न तो वो सही समय पर काम निपटा पाता है, वजह चाहे कुछ भी हो, पर एक आम इंसान को इनमें से किसी से भी मिलने के लिए एक तो अपॉइंटमेंट लेना पड़ता है, पर अगर अपॉइंटमेंट मिल भी जाए किसी दिन का, तो यह ज़रूरी नहीं की वो उस दिन आपको मिल ही जाए क्योंकि उनके जो मेनेजर या चपरासी होते है, पहले तो उनको मनाओ या घूस दो, तब भी आपकी किस्मत है की आप मिल लो, जिससे मिलना चाहते हो, क्योंकि वो किसी मीटिंग में बिजी हो सकते है, शहर से बाहर हो सकते है या आपको घंटों इंतज़ार करना होगा उनसे मिलने के

लिए, जिसका पता आसानी से नहीं लगता कि साहब आज आयेगें या नहीं या बाहर गये है क्योंकि न कोई व्यवस्था है, न ही कोई ठीक जानकारी देता है, इन सबके बाद अगर आप मिल भी लिए तो यह ज़रूरी नहीं की आपका काम उस दिन हो ही जाए क्योंकि आप जो सोच कर गए हो कि आपने जिसे अपना प्रतिनिधि चुना या सरकार ने जिसको आपके शहर के विभागों का अधिकारी बनाया है, वो कैसा व्यवहार करेगें और आम जनता से तो ऐसे मिलते या बात करते है जैसे वो ही उस जगह के प्रधानमंत्री है और कोई ऐसा न भी करें तो ऐसी कुछ कमी बतायेगें कि वो आपकी बात को पूरा करने में अपनी असमर्थता धिखायेगें कि वो उस काम को पूरा नहीं कर सकते है, हो सकता है आपको यह भी सलाह मिले की पहले उस अधिकारी का अप्रूवल लेकर आओ और साथ–साथ यह दस्तावेज़ भी लेकर आओ, मतलब जिनसे मिलना था, उनसे मिलने में महीनों का इंतज़ार किया और अब दूसरे अधिकारी से मिलना व अप्रूवल लेना है, बाद में फिर जिनसे मिलकर आये है उनसे मिलने जाना होगा और इन सब में महीनों बीत जाते है, तबतक नई योजना आ चुकी होती है या फण्ड खत्म हो जाता है उस काम के लिए, उदाहरण के लिए मैं अपनी बात बताउॅ कि मुझे अपना रेलवे का दिव्यांग कार्ड बनवाना था और उसके लिए मैनें खुद करीब 4 से 5 चक्कर लगाये डी0आर0एम0 ऑफिस मुरादाबाद के तब जाकर कार्ड बना, हर बार एक कमी तो कुछ कमी और दो बार तो वो ऑफिसर ही नहीं मिले जिनके साईन होने थे और किससे जानकारी लें कि आज ऑफिसर मिलेगें कि नहीं और जिनके नंबर थे वो बोलते थे कि हमें क्या मालूम हम उनके पी0ए0 थोड़ी है, तो जब दिव्यांग होकर हमारे साथ ऐसा हुआ जिसके लिए सरकार कितना कुछ कर रही है पर हम तक वो सही समय पर पहुॅचे तब तो बात है, तो सोचो कि आम इंसान का हाल क्या होता होगा किसी भी तरह के काम के लिए। इसी तरह हमें किसी तरह का आयोजन करवाना हो या किसी तरह का लाइसेंस बनवाना हो या अपने झेत्र में कुछ सुधार लाना हो या किसी तरह की प्रदर्शनी लगानी हो या धार्मिक अनुष्ठान करवाना हो या कुछ बनवाना हो आदि कोई भी

काम जो मैंने नहीं लिखा है, अगर करवाना हो तो सब के लिए अप्रूवल लेना पड़ता है और अगर टाइम कम हो तो खूब पैसे खिलाने पड़ते है, बावजूद इसके की सरकार क़ानून ला रही है नए–नए व जागरूकता भी फैला रही है कि कोई भी घूस लेते या देते पकड़ा गया, तो तुरंत एक्शन लिया जायेगा, पर जिसको काम जल्दी करवाना हो वो क्यों कंप्लेंट करेगा या कोई और क्यों आगे बढ़ेगा, इसके लिए ऐसे लोगो का चयन होना चाहिए, जो वास्तव में जनता का काम करना अपना फर्ज़ ना समझ कर यह सोचने वाले होने चाहिए कि अगर आपके रहते हुए भी वो काम नहीं हो पाया, तो आपका वहाँ होना बेकार है, आपका पढ़ना व ज्ञान बेकार है और जनता को भी सोचना चाहिए कि वास्तव में आपने जिसको चुना वो सही था, साथ ही जब कोई एग्जाम या प्रतियोगिता में पास होता है तो चुनाव मेरिट व योग्यता के अनुसार होना चाहिए, नाकि पैसों या किसी की सिफारिश पर, क्योंकि ज्ञान जैसा होगा वैसा ही काम व न्याय वो करेगा। हमारे देश के वैज्ञानिक, डॉक्टर, इंजीनियर, नेता, ऑफिसर सब जानते है और सब जानते हुए भी कई बार वो अनदेखी कर देते है या यह बोलते है कि वो अपने स्तर पर कोशिश कर रहे है। इनकी कोशिशों को पूरा करने के लिए हर तबके व हर फील्ड का इंसान अपने स्तर पर लगा रहता है कि सुधार हो सके, इनमें अध्यापक, नौकरी पेशा वाले, साहित्यकार, इतिहास के ज्ञाता, कानून को जानने वाले, बैंको में काम करने वाले व जीवन बीमा वाली कंपनियां या सबसे निम्न स्तर पर काम करने वाले लेबर, यह सब मिलकर कोशिश करते है, पर कहते है न कि कोशिश भी तभी सफल होती है जब उसका बेस सही हो और वो वाकई किसी की भलाई के लिए की जा रही हो, ना सिर्फ दिखावे या खानापूर्ति के लिए, इसीलिए हम अक्सर सुनते है ब्रिज गिर गया, इमारत गिर गयी, पैसों के अभाव में मरीज़ मर गया, अच्छे वकील को ना कर पाने के कारण केस हार गया, पैसे न होने के कारण अच्छी नौकरी नहीं मिल पायी, खोज की पर उसका पेटेंट नहीं करा पाया या दूसरे ने पैसे देकर अपने नाम पर पेटेंट करवा लिया, घूस लेते हुए ऑफिसर पकड़ा गया, अध्यापक ने अपने ही विद्यार्थी के साथ दुष्कर्म

किया, लेवरों का पैसा लेकर कंपनी भाग गयी आदि कितनी खबरें सुनने को मिलती है। इन्ही वजहों के कारण कुछ छूट रहा है या टूट रहा है, जो हमें बाकी सबसे आगे नहीं जाने दे रहा है, चाहे वो आंतरिक कलह या लड़ाई हो, पैसा हो या सही जॉब न मिल पाने के कारण हताशा, एक दूसरे से आगे निकलने की ईर्ष्या के कारण, अपने को सबसे अमीर बनाना हो या पैसा जल्दी कमाने के कारण या फिर कोई भी वजह हो, पर वजह है तो जरूर जिसको समय रहते न रोका गया तो आने वाले समृद्ध भारत की जो कल्पना हमसब या सरकार कर रही है वो समय बढ़ता जाएगा, जो हमें बार--बार बाकी देशों से आगे--पीछे करता रहेगा।

एक बात मैंने और देखी है कि जब भी कोई नया नियम या कानून बनता है, कोई नया अविष्कार होता है, कोई नयी पॉलिसी सरकार द्वारा चलाई जाती है, तो इसका फायदा जिन को होना चाहिए, उन तक न पहुँच कर यह सारे फायदे बहुत बड़ी मात्रा में ऊँचे तबके या इन्फ्लुएंस रखने वाले लोगों को मिलते है। पर जितना भी उन लोगों तक पहुँचता है, इससे वो क्या फायदा लेगें या क्या बचायेगें, मतलब नंगा नहाएगा क्या और निचोड़ेगा क्या, यह वाली कहावत यहाँ चरित्राथ होती है, इसलिए अगर चीज़े टाइम पर पहुंचती या सारी योजनायें अपने टाइम पर पूरी हो जाती, तो वाकई एक ना एक दिन हमारा देश भले ही कछुए की चाल से ही चलता, पर रेस ज़रूर जीत जायेगा और काफी हद तक गरीबी भी कम हो जाती या गरीबी रेखा से नीचे रहने वालों की गिनती में कमी आती, इससे ना सिर्फ अपने देशवासिओं के लिए बल्कि सारे विश्व के लिए मिसाल साबित करेगा हमारा भारत कि वाकई भारत में इतनी क्षमता है कि वो अपने देश के हर नागरिकों को वो हर सुविधा दे रहा है जो कि हर देश अपने देश के नागरिकों को देता है ठीक वैसे ही हम भी हर तरह की मूलभूत सुविधा उपलब्ध करा रहे हैं सरकार द्वारा। पर इस सपने को पूरा करने में एक बात और भी है जो रोड़ा बन रही है, वो है हमारे देश की बढ़ती हुई आबादी, वो भी ऐसे बढ़ रही है जैसे बारिश के समय छोटे--छोटे छेदों से निकलती हुई चीटियाँ या केचुऐं मतलब अर्थवार्म, जो कितनी मात्रा में निकल रही

या रहें है और कहाँ जा रहें है, कुछ पता नहीं, बस छेद से निकल कर यहाँ वहाँ भटक रहें है, उसमें से कुछ लाइन बनाकर एक के पीछे एक चलने लगती है और जो सही लाइन में हैं वो बच जाती है और जो लाइन से भटक जाती है वो मर जाती है। ठीक इसी तरह से हमारे देश के साथ हो रहा है कि लोग पैदा हो रहे है, छोटे है तो घर पर और बड़े होने पर बाहर निकलते है पढ़ने या काम करने और फिर शुरु होती है, लाइन की दौड़ और हमे चुनना पड़ता है कि हम कौन सी लाइन में लगेगें, कुछ लम्बी लाइन को चुनते है तो कोई छोटी लाइन को, इसी जद्दोजहद में सोचते है कि कौन सी लाइन चुनी जाए और कितनी बड़ी लाइन के पीछे खड़ा हुआ जाए। इसका अंदाज़ा न तो अनपढ़ लगा सकता है न ही सबकुछ पढ़ लिखकर कहे जाने वाले पढ़े लिखे लोग, इसी वजह से पढ़े लिखे लोग पढ़ लिखकर भी यह नहीं समझ पा रहे है कि सही व गलत क्या है, इसके पीछे की वजह यह है कि उनके जैसे बहुत सारे पढ़े लिखे लोग पहले से ही उस लाइन में लगे हुए है, फिर परसेंटेज या प्रतिशत का खेल शुरु होता है कि जिसके ज्यादा प्रतिशत आयेगें वो आगे जाएगा, बाकी उसके हिसाब से एक के बाद एक पीछे लगते चले जाओ, पर होता क्या है इस तरह के चुनाव से कि जो किताबी कीड़ा है वो आगे निकल जाता है और जो प्रैक्टिकली जानकार है या टैलेंटेड है, वो पीछे रह जाता है। वैसे प्रतिशत की भी अपनी एक अलग तरह की वैल्यू होती है क्योंकि जैसे पानी, मिट्टी, हवा, धूल, आंधी, तूफ़ान, बारिश हर एक चीज़ ज़रूरी है, वैसे ही यह प्रतिशत वाले होते है, कुछ बनते है, कुछ बिगड़ते है, कुछ हवा में उड़ते है, कुछ मिट्टी में मिल जाते है, कुछ बहुत कुछ बनकर दूसरों पर बरसतें है, कुछ इतनी ऊंचाई पर पहुँच जाते है जिनके पास पहुँचना नामुमकिन हो जाता है, लेकिन कहीं भी पहुँचने के लिए जो लाइने लगती है, पहले उन लाइनों को ठीक तरीके से चुनना आना चाहिए, सबसे आगे होने के लिए लड़ना भी पड़ेगा और जब सब हो जायेगा और आपको वो मुकाम मिल जाएगा, तब शुरु होती है आखिरी जंग, वो जंग जो हमारे भारत को दीमक की तरह खाए जा रही है, जी हाँ सही समझे आप, मैं भ्रष्टाचार के बारे में बात कर

रहा हूँ क्योंकि सारी जंग जीतने के बाद पैसे की लड़ाई लड़नी होती है, जिसे परवान चढ़ाता है वो आदमी, जो आपको उस पोजीशन के लिए चुनने बैठा है, तो पहले बात पैसों की कर लेते है, बाद में लाइन की बात करेगें।

मान लो आप लाइन में सबसे आगे आ गए और आपको चुन भी लिया गया, तब आप अपने आपको को खुशकिस्मत मानोगे, वर्ना कोई भी गलती निकाल कर या किसी पेपर की कमी के कारण, आपको रिजेक्ट कर दिया जाएगा, होगा क्या की आप खुद ब खुद ही हार जाओगे या फिर जुगाड़ ढूंढोगे की कुछ ले देकर काम हो सकता है क्या या किसी की सिफारिश लगानी पड़ेगी क्या, कारण कुछ भी हो सकता है, क्योंकि आपने काफी सारी मेहनत व घंटो या दिनों या महीनों तक लाइन में लगने के बाद वहाँ तक पहुँचे थे, तो सोचना जायज़ है कि कुछ ले देकर शायद काम हो सकता है तो बताइए। बस इतना ही तो सुनना था की वो नहीं आप खुद बोलो, इसके बाद वहाँ के चपरासी, क्लर्क या असिस्टेंट से लेकर जो भी उस बंदे के नज़दीक होगा, वो तुरंत हरकत में आ जायेगा, इसके बाद वो आपको आगे का सारा हिसाब–किताब पूरी टाइम लिमिट के साथ समझा देगा, इसके साथ ही वो यह भी बता देगा कि अगर आप इस तारीख तक व इस समय तक पैसा लेकर नहीं आये, तो आपके बदले किसी और को चुन लिया जाएगा, बस फिर क्या सब का टिकट खुल गया, फिर चाहे वो मेरिट वाला हो या बिना प्रतिशत वाला, दोनों को पता है कि क्या करना है उस जॉब को पाने के लिए। मतलब साफ़ है की जो टाइम पर पैसा दे देगा, वो ही चुन लिया जाएगा, मैं पहले भी लिख चुका या बता चुका हूँ कि काबिलियत हो, नॉलेज हो या प्रतिशत सब की सब धरी की धरी रह जाती है पैसों के आगे, फिर चाहे आप कितने भी पढ़े–लिखे हो या यूनिवर्सिटी टॉपर ही क्यों न हो, एक बार जहाँ पैसों की बात आई, तो सबकुछ धरा का धरा रह जाता है, पर जिस तरह से हमारे देश की आबादी बढ़ रही है, उतनी ही तेज़ी से भ्रष्टाचार भी बढ़ रहा है। इसको एक उधाहरण से समझते है कि जब हम पिक्चर हाल या मॉल में मूवी देखने जाते है और हीरो को जब करप्शन या घूसखोरी

के खिलाफ लड़ते देखते है, साथ ही भारत के अंदर के हालातों को उस मूवी के माध्यम से सुधरते हुए देखते है, तो हम ताली व सीटी मार–मार कर खुश होते है, यहाँ तक की हम वहाँ बैठे–बैठे यह तक सोच डालता है कि काश ऐसा सच में हो जाता या फिर मूवी खत्म होने के बाद बाहर निकलते हुए जोश में भर जाते है कि मैं भी कुछ न कुछ ऐसा देश के लिए जरूर करूंगा, पर कुछ घंटे नहीं बीतते कि फिर उसी जिंदगी में लौट जाते है कि मैं अकेले क्या कर सकता हूँ या जैसा चल रहा है चलने दो। फिर भी मन ही मन सोचना कि ऐसा कौन करेगा या जो मूवी में हो रहा है वो क्या वाकई हकीक़त में नहीं हो सकता है क्या या फिर उसमें कोई रॉकेट साइंस दिखाई जाती है, जैसा फिल्म में अभिनेता कर सकता है वो काम हम भी कर सकते है मिलजुल कर, वैसे फिल्में तो मनोरंजन के लिए बनाई जाती है और उसमें जो कहने को काल्पनिकता दिखाई जाती है, वास्तव में उस पोजीशन पर बैठे हुए लोगों की वो हकीक़त होती है और नेता या उस पोजिशन पर बैठा इंसान वैसा क्यों नहीं कर सकता है वैसे भी कहते है कि चाहो तो क्या नहीं हो सकता है। इनको छोड़ो एक आम इंसान ही होता है फिल्म में जो सबसे लड़ता है और हमसब असल के हीरो है जो अपने वोट से नेता चुनते है और बदले में सुख, समृद्धि, सुरक्षा, न्याय, हर चीज़ में पारदर्शिता, सही कानूनी व्यवस्था, स्वछता, सही बजट, सड़क, अस्पताल, स्कूल जैसी बेसिक सुविधा ही तो चाहता है, और मेरा यह भी मानना है कि भारत में सिर्फ कुछ मूवी को ही टैक्स फ्री किया जाता है ताकि सब उसे देख सके क्योंकि उसमें कोई सामाजिक सन्देश होता है, साथ ही एक सुझाव भी है कि क्या जरूरत है नंगे या अर्द्धनंग्न सीन डालने के लिए, जो कि परिवार के साथ मिल कर देखी नहीं जा सकती है और फिल्म को हिट कराने के लिए तो ऐसे सीन डालने से फिल्म हिट नहीं हो सकती है, हम आपके है कौन, विवाह जैसी मूवी भी बनी और भारतीय संस्कार को दर्शाती है और किसी की बीवी या प्रेमिका किसी को ऑन स्क्रीन किस करें यह दिखाना जरूरी है क्या, ठीक है फिल्म में काम करना आपका प्रोफेशन है पर बेड सीन व किसिंग सीन दिखाना क्यों दिखाना

जरूरी है, सीन के व कहानी के हिसाब से लोग समझ जायेगें की अब ऐसा होगा या असल लाईफ में भी ऐसा होता है, ऐसा इसलिए कह रहा हूँ कि हमारे देश में मूवी व क्रिकेट का बहुत असर पड़ता है समाज में, तो सेंसर बोर्ड इसे हटा सकता है और किसी भी हीरो या हीरोईन को एक दूसरे के पति या पत्नी के साथ ऐसा सीन नहीं करना पड़ेगा और इससे समाज में फैल रही अश्लीलता को भी रोका जा सकता है,खुद सोचिए कि घर में बैठे सभी लोग मूवी देख रहें हों और एकदम से कोई बोल्ड सीन आ जाये तो पानी–पीने या बाथरूम का बहाना बनाकर वहॉ से हटना पड़ता है तो क्या फायदा ऐसे सीन का जो साथ में बैठकर देखा ही न जा सके, इसी तरह अगर इनकम टैक्स के अलावा बिना बात के कई तरह के टैक्स भी हटा दिए जाए, तो आम आदमी को भी सभी तरह की वस्तुऐं कम रेट पर मिल जाएगी और आम आदमी भी सुख का अनुभव कर सकता। तो मैं यह कह रहा था कि हम यह सोचते ही नहीं है कि ऐसा कोई असाधारण काम हम भी कर सकते है बस दूसरों पर टालते रहते है कि यह काम उसका है, उस विभाग का है, साथ में कहते जाते है कि हम कहाँ इतनी औकात रखते है, जब ऊपर वाले या प्रभुत्व रखने वाले नहीं कर पाए तो हम कैसे कर सकते है।

पर हम एक काम बहुत अच्छे से कर लेते है, जब–जब कोई आगे बढ़ता है तो हम उसके पीछे जाकर खड़े हो जाते है, भीड़ का हिस्सा बनने के लिए, जैसे अन्ना हजारे जी के आन्दोलन के समय मैंने देखा कि किस तरह उनके पीछे लाखों लोग खड़े हो गए, अपना सब काम छोड़कर और उस आन्दोलन से कुछ बदला हो या न बदला हो, पर एक इंसान ने अन्ना जी के नाम पर एक पार्टी खड़ी कर ली, वो भी इन वादों के साथ की हम भ्रष्टाचार के खिलाफ व देश के हित में काम करेगें और भारत की राजधानी का सी0एम0 बन बैठे और कुछ सालों बाद आज उस पार्टी के नेता जेल में बंद है, यही नहीं जिसने पार्टी बनायी वो ही आज जेल में बंद है और वो भी किस कारण शराब घोटाले के कारण, सच क्या है ये वक्त ही बतायेगा। तो बात लाइन की हो रही थी तो हम अपने अन्दर जो इतने दिनों से दबाये बैठे थे और सोचते थे, की सही

वक्त आने पर कुछ कर दिखायेगें, पर मिलती क्या है फिर से एक लम्बी लाइन या भीड़, उसे देख के पहले ही घबरा जाना की हमारी आवाज़ को तो कोई सुनने वाला ही नहीं है, इस कारण दूसरी बार जाने की हिम्मत हम पहले ही खो बैठते है और लड़ाई लड़ने का विचार ही ख़त्म हो जाता है, जिस कारण हमारी इच्छाएं व कुछ कर गुजरने की सम्भावनाऐं भी दिल से कम होने लगती है। इन्हीं कारणों से हम अपनी इच्छाओं को भी पूरा करने में असफल रहते है और इन असफलताओं के कारण कभी–कभी अपना पूरा जीवन ही व्यर्थ लगने लगता है और मन में विचार आता है कि मैं कुछ और बन सकता था, अगर उस वक्त मैंने ऐसा कर लिया होता या वैसा कर लिया होता, पर इसमें एक बात और आती है कि तब हमारा समय सही नहीं था या हाई परसेंटेज के कारण या पैसों के कारण भी मैं वहाँ नहीं हूँ जहॉ हो सकता था। इस तरह से वो इंसान ज़िन्दगी भर लड़ता है अपने आप से और अपने सपनों के पीछे भागता रहता है और जो ज्यादा हताश हो जाते है वो सही के बजाए गलत रास्ता चुन लेते है और अपने ज्ञान का सदुपयोग की बजाए दुरूपयोग करने लगते है। दूसरें वो होते हैं जो खुद कुछ नहीं बन सके, फिर वो अपने सपने अपने बच्चों के अन्दर ढूढ़ने लगते है, जो गलत है क्योंकि वो अपने जीवन की कुंठा को दूसरों पर डालने या लादने की कोशिश करते है, पर अक्सर हम जहॉ पहुॅचना चाह रहे थे, वहाँ से अगर बिलकुल ही निचले स्तर पर आ जाएँ, तो हम ना सिर्फ अपना बल्कि पूरे परिवार का जीवन बर्बाद करने में लग जाते है। जो ज़िन्दगी शादी के बाद बदलनी चाहिए, वो आर्थिक तंगी व बच्चों का लालन–पोषण सही से न कर पाने के कारण, वो इंसान अन्दर ही अन्दर घुटने लगता है या फिर आखिर गें तंग आकर वो इंसान खुदखुशी कर लेता है, पर यह जो पैसों का लेन–देन है वो कभी–कभी जीवन शुरु करने से पहले ही आ जाता है या फिर जीवन शुरु होने के बाद, पर ऐसा होता ज़रूर है हर किसी के जीवन में एक न एक बार, हाँ हम इस तरह की घटनाओं से वाकिफ भले ही न हो पाते हो या हम जानबूझकर ऐसी किसी घटना या बात की अनदेखी कर देते हो तो बात अलग है। जबकि हमें यह

सोचना चाहिए कि हम उस भारत के वासी है जो अपनी आन–बान–शान की खातिर कुछ भी करने को तैयार रहता था, हाँ हम में से कुछ चुगलखोर हुए थे जिनकी वजह से अंग्रेजों ने हमपर 200 साल राज किया और जिन सूरवीरों को मारना नामुमकिन था, उन्हें छल से व अपनों की चुगलखोरी ने मारा, वरना हम पर शासन करना आसान बिलकुल नहीं था। पता नहीं हम क्यों अपना ज़मीर मारकर इतने नीचे गिरते जा रहे है कि हम खुद की व आने वाली नस्लों की आँखों में आँखें डाल कर बात तक नहीं कर सकते है, जो बीज हम आज बो रहे है वो एक ना एक दिन पौधा जरूर बनेगा बल्कि वृक्ष बनेगा, जैसे आज हम किसी को सिर्फ 100 रूपए की घूस देंगें, तो जैसे मंहगाई के साथ बाकी चीज़ों के रेट बड़ते है, ठीक वैसे ही घूस के भी, जैसे–जैसे टाइम बीतेगा व आपके बच्चे देखेगें कि हमारे बड़े इस काम को ऐसे कराते है या करते है, तो वो भी वैसा ही करेगें की काम आसानी से ऐसे ही होता है। इसका कारण यह है कि बड़ो की सीख ही तो बच्चों का भविष्य तय करती है, तो जो काम हमारे बड़े 100 रूपए में करते थे, वो ही काम अब 500 रूपए में होगा, यही नहीं इसमें भी एक बात है कि जैसा काम वैसा पैसा और उतनी बड़ी ही घूस। इस तरह यह घूस हमारे भारत की नस–नस में समा चुकी है, इसी के चलते कोई भी न तो एक मिनट के लिए रुकना चाहता है, न ही किसी लाइन में लगकर इंतेजार करना चाहता है, यहाँ तक की हमें अपनी पसंद की चीज को हासिल करने के लिए भी दुगने–तीगुने पैसे खर्च करने पडते है, तब भी हम गुरेज नहीं करते हैं, यहाँ तक की हर बात पर सिर्फ पैसा–पैसा सिर्फ पैसा लगने के कारण सामानों का या ज़रुरत की चीज़ों का भी दाम बढ़ेगा और देखा जाये तो उतनी ही तेजी से क्राइम भी बढ़ेगा। एक तो आबादी, दूसरा पैसा, जब आबादी ज्यादा होगी, तो नौकरी व काम काज कम मिलेगा, जबकि आज के जमाने में हर कोई बड़ा बनने के बारे में सोचता है जोकि एक अच्छी बात है और अच्छा खाना–पीना कौन नहीं चाहता है, इस लालसा के कारण कुछ बड़ा करने के बारे में सोचते है, यहाँ तक की कुछ भी कर गुजरना चाहते है और यह सोच उनको चोरी, डकैती, लूटपाट,

अपहरण, मर्डर, सुपारी लेना या आज के समय का सबसे ज्यादा होने वाला क्राईम, साइबर क्राईम जैसी वारदातें करने से भी नहीं घबराते है।

अक्सर यह देखा जा रहा है आजकल के समाचारों में कि पढ़े–लिखे लोग आर्थिक तंगी से तंग आकर व जगह–जगह भटक कर हताश होकर आखिर में गलत काम कर बैठते है, जैसे जाली नोट बनाना या किसी भी नामी कंपनी के प्रोडक्ट का डुपलीकेट बनाकर बजार में बेचना, यह वो ही लोग होते है जो लाइन में घंटो–दिनों–महीनों और सालों लगने के बाद भी उचित दिशा व दशा नहीं पा पाते है, वो शिक्षा को व्यर्थ मानकर व अपनों से लड़कर, की आपके कहने पर पढ़–लिख लिया, पर मिला क्या, इसलिए अब हम अपनी ज़िन्दगी अपने हिसाब से चलायेगें न की आपके हिसाब से। ऐसे में गलत मार्ग पर चलना ज्यादा आसान लगने लगता है और ऐसे समय में गलत मार्ग दिखाने वाले तो जैसे आपके घर के बाहर ही बैठे रहते है, इसी इंतेजार में की आप बाहर निकलों और वो आपको उस मार्ग पर लेकर जाए, जहॉं से आना भी नामुमकिन होता है और ऐसे लोग तो चाहते ही है कि उन्हें पढ़े–लिखे लोग मिलें, जिससे वो उनसे साइबर क्राईम जैसे अपराध को अंजाम दे सके और फिर उनको ऐसे दलदल में फंसाते है, जिसमें शुरु में धंसना तो आंनद देता है और लगता है कि मैं जब चाहूँ बाहर आ जाऊँगा, यहाँ पर तो बस मज़े के लिए या कुछ समय के लिए ही आया हूँ, पर यह जो छोटी लाइन होती है वो ऐसा प्रतीत करवाती है कि मैं पहले क्यों नहीं यहाँ आया या मैंने क्यों अपना समय यहाँ–वहाँ जाकर बर्बाद किया, फिर वो उससे आगे बढ़कर जुआ, शराब, सट्टा, मटका, लाटरी, घोड़ों की रेस पर पैसा लगाना और आजकल तो ऑनलाइन पैसा लगाना या बैटिंग करना, तब उस वक्त ऐसे कामों से जुड़कर हमको बड़ा आनंद आता है कि 1 का 2 बड़ी आसानी से हो रहा है फिर इस सोच में पढ़ जाते है कि जितना समय मैंने घरवालों के कहने में बर्बाद किया, उससे कम समय में मैं तो करोड़पति बन जाता, पर जैसे अंधकार में भविष्य या रास्ता नहीं दिखता है और हम आगे जाकर शर्तिया गर्त में गिर

जायेगें, ठीक उसी तरह लोभ, मोह, अत्याचार, दुष्कर्म, जुआ–सट्टा, दो नंबर का काम वो अंधकार भरा रास्ता है, जिसमें एक ना एक दिन हमें गर्त में गिरना ही होगा। इससे देश को दो तरह से नुक्सान होता है, एक तो पढ़ा–लिखा इंसान देश के काम आने के बजाये गलत काम करने लगता है, दूसरा जिसने एक बार गलत काम किया, तो फिर वो कभी न कभी पकड़ा ज़रूर जाएगा। एक बार वो जो जेल गया नहीं कि वो पहले से ज्यादा बड़ा क्राइम करने के बारे सोचेगा कि ज्यादा से ज्यादा जेल ही तो होगी और इस बारे में मैं पहले ही लिख चुका हॅू कि आगे वो क्या–क्या कर सकता है और क्या–क्या हो सकता है उसके साथ व समाज के साथ। यह बात हुई उन लोगों की जो नाकाम व अभी–अभी जिंदगी की मुसीबत को देखना व जानना सीखें है, लेकिन कैसेट की दूसरी तरफ देखा जाए, तो बात कुछ और ही दिखेगी, क्योंकि जो पैसे वाले है वो और पैसा कमाने के बारे में सोचेगें, जो अमीर है वो हर हाल में अमीर ही रहना चाहेगा और अपने पैसों से वो दिन दुगनी रात चौगुनी तरक्की करने के बारे में सोचेगा, साथ ही ऐसे लोग देश के हित के बारे में सोचने से पहले व्यक्तिगत हित के बारे में ज्यादा सोचते है, कैसे ? वो ऐसे कि हमने अक्सर यह देखा है या फिर लोगों को बातें करते सुना है या हो सकता है न्यूज़ में या पेपर में देखा या पढ़ा होगा कि इस साल इस कंपनी का टर्नओवर इतना रहा, अगले साल इतना होने की संभावना है या उस कंपनी को इस साल इतना मुनाफा हुआ, तो किया तो उन्होंने अपने लिए और कंपनी को और बड़ा बनाने के लिए, पर इसको दूसरे नजरिये से देखा जाए तो कंपनी है तो देश में ही, तो फायदा कंपनी का हो या काम करने वाले इंसानों का, वो सीधे तौर पर न सही, पर किसी न किसी कारण से वो मुनाफा इस देश की अर्थव्यवस्था से ही जुड़ा है क्योंकि उस कंपनी का पैसा व बना हुआ उत्पाद भी देश की अर्थवयवस्था से अपने आप ही जुड़ जाता है, पर यहाँ बात एक नंबर के पैसे या वाइट मनी की नहीं हो रही है, बात यहाँ ब्लैक मनी या काले धन की हो रही है, जो किसी भी बिजनेस या कारोबार की आड़ में दूसरे देशों में जमा किया जाता है या छुप–छुपाकर उसका

लेन–देन किया जाता है। समझने की बात यहाँ यह है कि कारोबार यहाँ किया जा रहा है, श्रम के लिए लोग हमारे देश के हैं और कारोबार शुरु करने के लिए अपने देश के बैंको से लोन भी लिया जाता है और जब कारोबार सफल हो जाए, तो वो मुनाफे के पैसे को अपने देश में रखने के बजाये विदेशी बैंको में जमा कर, उनको और मजबूत किया जाता है, साथ ही साथ अपने ही देश का पैसा भी कम कर रहे हैं या यूँ कहें कि अपने देश के बैंको की सुरक्षा में उन्हें शायद शक है। यही नहीं कारोबार का पैसा तो एक बात है, वही दूसरी तरफ देखें तो जितनी बड़ी पोजीशन या नाम, उतना ही बड़ा घोटाला या गबन, जिसे हम अक्सर सुनते रहते है या हम न्यूज़ में या पेपर के माध्यम से जान पाते है कि बैंक से इतने हज़ार करोड़ रूपए का गबन करकर वो इंसान विदेश जा बैठा, लाखों का घपला, मतलब पहले हम उस पोजीशन पर पहुँचने के लिए जी तोड़ मेहनत करते है और बाद में अपने ही देश को तोड़ने की कोशिश करते है। पर जो भी ऐसा करते है वो ये भूल जाते है कि हमारा कारोबार, हमारे परिवार का भरण–पोषण करने वाले, बच्चों को शिक्षा–दिक्षा से लेकर, हर एक बात व काम को इस देश के लोग मिलकर ही पूरा कर रहे हैं, वहीं इसके उलटे अपने देश को बदले में कुछ देने के बजाये, अपने स्वार्थ की खातिर अपने ही देश को तिल–तिल करके खाली कर रहे है। उसके बाद हम अलाप करते है कि महंगाई बहुत बढ़ गयी है, भ्रष्टाचार बढ़ गया, धांधली–घोटाला बढ़ रहा है, इस अलाप से क्या फायदा क्योंकि करने वाले हम ही तो हैं, बनाने वाले हम हैं और बिगाड़ने वाले भी हम ही हैं, क्यों कोई पोजीशन पर पहुँचकर किसी भी तरह का गलत काम करने से पहले यह नहीं सोचता की पैदा तो इसी देश में हुए हो। जो हम लोग बालपन से देखते आते है कि कैसे लोग गलत कर रहे है, तो जब खुद वहाँ पहुँचते है तो बचपन की स्मृतियाँ भूलकर व देश के प्रति जो जोश व समर्पण की भावना थी, उसे भूलाकर हम क्यों उस गलत काम को रोकने के बजाए, खुद बहती हुई गंगा में हाथ धोना शुरु कर देते है।

जरा सोच के देखा जाए कि अगर शिक्षक ही भक्षक बन जाए और हर इंसान इंसानियत छोड़ कर राक्षक बन जाए, तो हमारे देश का क्या बल्कि पूरी मानव जाती का पतन हो जाएगा क्योंकि गुरू–शिष्य की परंपरा तो सबसे पुरानी व सबसे ज्यादा पाक मानी गई है और यह रिश्ता हर जाति–धर्म से ऊपर माना गया है और इसको कलंकित करना ईश्वर के साथ बने रिश्ते को कलंकित करने के बराबर है और ऐसा इंसान नर्क का ही भागी बन सकता है और मुझे नहीं लगता कि इसके लिए किसी तरह का कोई पश्चाताप किसी भी धार्मिक पुस्तक में मिलेगा। इस तरह के कुकृत्य करके हम क्या पायेगें ? चाहे काम कोई भी हो कठिन या सरल, बस हमें विश्वास, सच्चाई व पूरी लगन के साथ वो काम करना चाहिए, न कि लालच व स्वार्थ की भावना के साथ, जैसे स्वार्थवश की हुई पूजा ईश्वर तक नहीं पहुँचती है न ही इबादत कबूल होती है, तो फिर कैसे इस तरह से किया गया काम करके कोई जिंदगी में आगे बढ़ेगा और बुरी भावना से किया गया कोई भी काम का जवाब व हिसाब भी हमें इसी जीवन में और इसी पृथ्वीलोक में देना होगा। यह बात जो अटल सत्य है और किसी भी युग में नहीं बदली कि इस पृथ्वी पर जो आया है, उसे एक ना एक दिन यहाँ से जाना होगा, यहॉ बचता है तो सिर्फ धर्म व धर्म के साथ कर्म करने वाला इंसान, वरना सब कुछ समय के साथ नष्ट हो जाना है या यूँ कहें की हर युग में अधर्म का नाश होना निश्चित है। इतिहास में भी देखा जाए तो अधर्म करने वाला होता बहुत शक्तिशाली था और कलियुग में तो पैसे ही है सबसे बड़े अधर्म की वजह, तो अधर्म की तरफ एक बार जो मुड़ जाए, तो वो पूरी जिंदगी सुधरने में लगा दे पर सुधर नहीं पाता, इसके साथ ही आप हमेशा मुहँ छिपा के बात करोगे या हर वक्त डर–डर के जीवन बीताओगे कि कहीं कोई चुगली ना कर दें, कहीं पुलिस आई तो खुद डरने लगे की कहीं मेरे लिए तो नहीं आई है, वो मुझे घूर कर क्यूँ देख रहा था, वो लोग कहीं मेरे बारे में बात तो नहीं कर रहे थे, तो ऐसा काम क्यूँ किया जाए जिसके बाद इंसान खुद में डर–डर के जिये, क्यूँ ऐसा काम करें की हाथ–पाँव काँपे, हमारा ज़मीर ही हमें धिक्कारे, पर जब पूछों

की ऐसा क्यूँ किया, तो जवाब यह मिलेगा कि मैंने इस पोजीशन तक पहुँचने के लिए काफी मेहनत व घूस में पैसे दिए है, तो अब मैं क्यूँ ना कमाऊं फिर चाहे तरीका सही हो या गलत, भले ही इसमें अधर्म क्यूँ ना हो, जब उसका नहीं कुछ बिगड़ा जिसने मेरे से पैसे लेकर मुझे यह पोजीशन दी, तो मेरा भी कुछ नहीं होगा, यह सब धर्म–कर्म की बातें बेकार हैं कुछ नहीं होता, यह बाते सिर्फ डराने के लिए है और कुछ नहीं, उदाहरण के लिए मान लो कि किसी ने 2 करोड़ खर्च किये, तो 5 गुना कमा लो, 10 करोड़ कमा लो, जिससे अधर्म कम करो या कम नुक्सान करो देश का, पर नहीं वो 200 करोड़, 2000 करोड़ कमाने के बारे में सोचेगा क्योंकि इंसान इच्छाओं का पिटारा है और यह पिटारा मृत्यु तक नहीं भरता, यहॉ तक की मरते–मरते भी सोचता है की शायद यह और कर लिया होता या कर दिया होता, जैसे चीज़ अगर ज़रुरत की न हो, तो उस चीज़ को भी घर से हटा दिया जाता है, जैसे पेट भरने के बाद खाया नहीं जा सकता वरना गैस, पेट दर्द या उल्टी हो सकती है, बस यही गलती वो इंसान भी करता है, बिना सोचें, बिना भविष्य को जाने, बस पैसों की चमक के पीछे भागता रहता है फिर उसके लिए सही या गलत कुछ भी करना पड़े। पर नहीं बस पैसा चाहिए और बस पैसा, अरे आपके व आपके परिवार के लिए जितना ज़रूरी हो या जितना दिखावे के लिए ज़रूरी हो उतना ही कमाओं व खर्ज करों, लेकिन अपनी हवस के कारण सिर्फ बैंक बैलेंस बढ़ाते जाओ, यानी आपने उन पैसों को एक जगह जमा करके फंसा दिया, मतलब वो पैसा जिसकी उस इंसान को उस वक्त ज़रुरत नहीं थी, बस सोच बना ली और अपनी बैंक स्टेटमेंट में उस पैसे को देख–देख कर खुश होना और जो पैसा कहीं यूज हो सकता था वो बैंक में पड़ा–पड़ा सड़ता है। इस तरह वो सारे लोग उन पैसों के साथ पूरी तरह से अत्याचार या बलात्कार करते है, बिना यह सोचे–समझे कि जो गरीब है जिसे उस पैसे की या दो वक्त की रोटी भी नहीं मिल रही है क्या हम अपने उस पैसे से किसी की भूख मिटा सकते है या किसी को नयी जिंदगी दे सकते है। वैसे भी मैंने यह भी देखा है कई शहरो में की अमीर, गरीबों से बहुत चिड़ते है, यहाँ तक की

बात–बात पर उनके साथ ऐसा बर्ताव करते है कि वो जैसे इंसान है ही नहीं, होता यह है कि एक दिन वो इंसान इस स्तर तक पहुँच जाता है कि वो अमीरों से नफरत तो करते ही है, साथ ही साथ वो चोरी, छीना झपटी, लूट–मार, डकैती, दुष्कर्म जैसे काम करने लगते है और ऐसा बहुत हो रहा है बड़ी–बड़ी सोसाइटी या बंगलों में, जहॉ इस तरह की घटनाऐं काफी आम हो गई है और सावधान इंडिया या क्राईम पेट्रोल जैसे सीरियलों में यह देखने को भी मिलता है या दिखाया जाता है, इतना ही नहीं कई यूटूबर भी इस तरह की बातों को दिखा भी रहें हैं, कहने का तात्पर्य यह है कि एक तो खाए 56 व्यंजन और एक खाये सुखी रोटी, तो इस तरह का भेदभाव कैसे व कब तक कोई झेलेगा, वो एक ना एक दिन तंग आकर कुछ न कुछ तो गलत काम कर बैठेगा, जैसा हम अक्सर टी0वी0 में देखते है कि घर के नौकर ने मालिक को लूटा या पैसों के लिए किसी बड़े बाप के बेटा या बेटी को फिरौती की रकम मांगने के लिए किडनैप कर लिया, नहीं तो रास्ते में अकेला पाकर उस अमीर आदमी को लूटना या मार डालना और पैसों को छीनने के लिए कुछ भी करना। अपनी गरीबी व दूसरे की अमीरी को देखकर जो जलन एक छोटे इंसान के दिल में होती है, वो ही वजह बनती है कि वो कोई गलत काम करने से नहीं डरता है और रोज–रोज के ताने सुनकर वो अपना दिल और पक्का कर लेते है गलत करने के लिए, इस तरह हम यह कह सकते है कि इंसान की सोच व काबिलियत ही इंसान को आगे या पीछे धकेलती है और यह सब एक दिन मिलकर मतलब वो जलील हुए इंसान इतनी बड़ी तादात में हो जाते है कि देश के लिए खतरा बन जाते है। हमारे देश का नौजवान इस तरह अगर एक–एक करके गलत काम–धंधो में पड़ते रहे और यूँ ही जेल भरती रहीं, तो कौन भविष्य में देश को आगे लेकर जाएगा क्योंकि बुजुर्ग लोगों के पास तजुर्बा ज़रूर होता है, लेकिन वो, वो उस उम्र में अपनी ताकत खोकर सिर्फ अपना दिमाग ही चला सकते हैं, इस तरह अगर एक–एक करके हर जगह बुजुर्ग आ जायेगें तो देश की तरक्की कैसे होगी। यह बात सब जानते है कि हर देश को आगे बढ़ाने में उस देश के नौजवानों का हाथ होता है, पर हमारे देश का

युवा न सिर्फ भटक रहा है अपने लक्ष्य से, बल्कि वो आज के दौर में पैसे को ही सबकुछ मान चुका हैं या यूँ कहें कि पैसे न मिल पाने के कारण वो भी ज्ञान प्राप्त करने के बाद, वो उन पैसों की लालसा के कारण कोई भी काम करने के लिए हर समय तैयार रहता है, इस कारण वो रास्ता भटकने के साथ–साथ दूसरे लोगों के बहकाने में भी आसानी से आ जाते है, वो भी थोड़े से लालच की वजह से और खुद के साथ–साथ वो अपने साथ वालों को भी उसमें शामिल होने की सलाह देने लगता है। अभी कुछ दिनों पहले पेपर में पढ़ा था कि 2011 की जनगणना के बाद भारत का साक्षरता प्रतिशत, पुरूषों का 74 प्रतिशत था और महिलाओं का 69 प्रतिशत था जो अब काफी बदल गया होगा, पर क्या इससे देश का विकास हो जाएगा ? क्या वो जो 74 या 69 प्रतिशत पढ़–लिखकर निकले है उन सबको नौकरी मिल जायेगी क्या ? पढ़ने के बाद वो किस दिशा में जायेगें इसका ज्ञान कौन देगा ? इन सब बातों का जवाब भी कौन देने लायक है क्योंकि पढ़ लेने के बाद इतना जरूर हो सकता है कि वो एक सभ्य व शरीफ इंसान बन जाए, लेकिन जैसे हर चीज की एक लिमिट होती है, और बात जब पेट की या परिवार की जरूरतें पर आ जाती है, तो इंसान डिग्री व पढ़ाई को भूलकर जरुरतों को पूरी करने में निकल पड़ता है, फिर चाहे कुछ भी हो, चाहे काम कैसा भी हो, चाहे काम अच्छा हो या बुरा, वो हर काम करने के मन बना चुका होता है। कितने सरकारी पद रिक्त है, जिनके लिए बहुत जरुरत पड़ने पर भर्ती की जाती है, पर आपका चयन हो जाए यह भी एक चैलेंज है क्योंकि कुछ पदों के लिए लाखों लोग फॉर्म भरते है और कई बार मेहनत के बाद होता यह है की पेपर लीक हो जाता है या भर्ती रोक दी जाती है और यह आप और मैं अच्छे से देखते व सुनते आये है, वहीं प्राइवेट सेक्टर में इतनी प्रतिस्पर्धा है कि जरा सी गलती पर आप नौकरी खो सकते हो और दूसरी तरफ आपको वो जॉब कई राउंड के इंटरव्यू के बाद मिलती है, दूसरा गैरसरकारी नौकरी में न सुरक्षा होती है न ही कोई गारंटी और आप तब तक उस कंपनी में रहते हो, जब तक आप उस कंपनी के लिए फायदेमंद हो और जब आप नहीं रहे फायदेमंद

तो उसी वक्त आप को निकाल दिया जाता है और आप ठगा सा महसूस करोगे कि इतनी मेहनत की इस कंपनी के लिए और एक पल में निकाल दिया, ताज्जुब की बात तो यह है कि जॉब जब मिलती है तो ऑफर लैटर में ऐसा भी एक पॉइंट लिखा होता है कि कंपनी कभी भी आपको निकाल सकती है और आप कोई विरोध या केस भी नहीं कर सकते हो, पर उस वक्त आप जॉब मिलने की खुशी में बिना कुछ पढ़े ही साइन कर देतें हैं और जॉब जाने के बाद हमें पता चलता है कि हॉ हमनें उस वक्त साइन तो किया था, अब कुछ नहीं कर सकते है और फिर लाइन में लग जाते है नयी नौकरी की तलाश में। एक बात और है कि हर कंपनी वो क्रीम चाहती है जो उनकी आशाओं और कंपनी पॉलिसी पर खरा उतरे और वो एक दो नहीं बल्कि अपना 100 प्रतिशत काम कंपनी के लिए कर सकें, हर वक्त तैयार रहे कंपनी के लिए, किसी भी समय कंपनी आने के लिए, इतना सब करोगे तब जाकर उस कंपनी से आप सैलरी पा सकते हो, जो सैलरी आपके 100 प्रतिशत काम काम 10 वॉ प्रतिशत ही होती है। गैरसरकारी कंपनियों में एक बात यह अच्छी होती है कि वो प्रतिशत के आधार पर बंदे या बंदी का चुनाव नहीं करते है, जो टैलेंटेड है और बाकियों से अच्छा काम कर सकता हो, वो उस नौकरी को पा लेगा, वहॉ सबसे बेहतर बनने के लिए किसी प्रतिशत की नहीं बल्कि आपके समर्पण की ज़रुरत होती है काम के प्रति और पदौन्नति भी इसी आधार पर मिलती है। इसको ऐसे भी कह सकते है कि जिसकी जैसी काबिलियत उसको उतना बड़ा पद मिलेगा और काबिलियत हर इंसान अपने जन्म के साथ ही लेकर पैदा होता है, बस किसी सही इंसान व सही समय की ज़रुरत होती है जीवन की गाड़ी को धक्का देने के लिए समय पर और जो उस इंसान की काबिलियत को समय पर निखार सकें वो उसकी जिंदगी बना देता है वरना काफी सारे तो जिंदगी भर इसी खोज में लगे रहते है कि मेरी काबिलियत क्या है ? या मेरा जन्म किस वजह से हुआ है ? या मेरे जीवन का लक्ष्य क्या है ? मेरे हिसाब से लगभग 80 से 90 प्रतिशत लोग यह जान ही नहीं पाते की उनका जन्म किस उद्देश्य की पूर्ति के लिए हुआ है और जो जान जाते हैं वो

सचिन तेंदुलकर, अंकित फाड़िया, बिल गेट्स, मुकेश अम्बानी, ए0पी0जे0 अब्दुल कलाम, जेफ़ बेजोस, सुन्दर पिचेई, एम0एस0 धोनी, रोहित शर्मा, सौरव गांगुली, विराट कोहली, नरेन्द्र मोदी, रतन टाटा, बिरला आदि बहुत सारे लोग जो काबिलियत लेकर पैदा हुए थे या हुए हैं, उनको निखारा गया समय पर और वो दुनिया के लिए मिसाल बन गए और यह कहना भी अतिश्योक्ति नहीं होगा कि यह सब अपने–अपने क्षेत्र के महारथी है और जल्दी से कोई इनकी बराबरी नहीं कर सकता है न पहले और न शायद आने वालों सालों में। मैंने यह भी देखा और महसूस किया है कि ज्यादातर लोग अपनी खुशीं व सपनों को दबाकर अक्सर वो काम करते है, जो न तो उनको आता है न ही उसमें उनकी कोई रूचि होती है, बस पैसों के लिए काम किये जाते है या फिर जानबूझकर किसी का दिल रखने के लिए काम करते है और ऐसा किया गया काम हमेशा बेकार ही होता है क्योंकि ऐसा कहते है कि जिस काम में आपका मन नहीं लगता, तबतक उस काम को आप ठीक ढंग से नहीं कर सकते हो, इसी वजह से किसी को भी पहले से ही सोचकर व समझ कर किसी काम को चुनना चाहिए कि वो किस काम को करने में सक्षम है और कभी भी जल्दबाजी में आकर कोई काम तबतक नहीं करना चाहिए, जबतक हम उस काम के लिए तैयार नहीं हों और घर पर रहकर सोचना चाहिए, फिर बाहर निकलकर उस काम के प्रति समर्पित हो जाना चाहिए, भले ही लोग ताने मारे या बुरा–भला कहें, पर अपनी ज़िन्दगी का यह अहम् फैसला हालातों से मजबूर होकर या लोगों के कहने भर से उस काम को करने के बजाये खुद को समय देना चाहिए एक तय सीमा तक कि सोचने में ही कहीं उम्र न निकल जाये और शरीर काम करने लायक ही न बचें, साथ ही जबतक आपके मनमाफिक काम न मिले तबतक हमें बाहर निकलकर उसी के जैसा कोई काम सीखना व देखना चाहिए या किसी के यहॉ इंटर्न बन जाओ कुछ दिनों के लिए ताकि उस काम को सीख सकों और बाद में जब खुद वो काम करो तो पूरे जोश, लगन व भरोसे के साथ क्योंकि आपने उस काम को सीखने के लिए पहले ही अपना वक्त दिया होता है। आज के दौर में घर

से बाहर निकलते ही हम एक युद्वभूमि में पहुँच जाते है, जहाँ पहले से कई महारथी लोग घात लगाए बैठे होते है और आपका एक गलत फैसला आपकी व आपके परिवार की जिंदगी तबाह कर देगा। मेरा यह भी मानना है कि इतनी काबलियत खुद में पहले से ही पैदा कर लो कि लाइन में लगने की बजाए, हम खुद लाइन बनवाने वाले बन जाए और यह भी सत्य है कि जब आप काबिल होगें तभी आप दूसरों से कुछ काम करवा पाओगे या उनको अपनी काबिलियत से कुछ दे पाओगे, हमेशा काम ऐसा करना चाहिए जिसमें मजा आये और मन कहे की आप इस काम के लिए ही बने हो, ना की वो काम आपके लिए बना हो और वो काम, काम ना होकर एक बोझ बन जाए और आपकी जिंदगी का नासूर बनकर रह जाए।

पैसों की इस लड़ाई में एक बात गौर करने वाली है कि चुनाव के समय हम जिसको वोट देते है मंत्री बनने के लिए, जिसके लिए पहले हम जिम्मेदार होते है उसे वहाँ तक पहुँचाने के लिए, बाद में वो ज़िम्मेदार होता है हमें भिखारी या कर्ज़दार बनाने के लिए, कभी सोचा है कि एक नेता या सरकारी ऑफिसर की सैलरी कितनी होती है जवाब न में ही मिलेगा, पर यह मान लिया जाए की उनको 1 लाख रूपए मिलते होगें सैलरी में और अपने कार्यकाल से लेकर रिटायर होने के बाद भी अगर वो ताउम्र उस सैलरी को जोड़े तब भी वो 10 करोड़ रूपए नहीं जोड़ सकते हैं, तो कैसे वो चुनाव के समय करोड़ों का खर्चा करते है वो पैसा कहाँ से आता है चलो पार्टी फंड से आता होगा मान लिया जाये, नहीं तो वो नेता कहाँ से इतने पैसे लेकर आता होगा, मतलब साफ़ है कि जनता का पैसा जनता के लिए इस्तेमाल करने के बजाये, अपनी सुख–सुविधा, अपना बैंक बैलेंस बढ़ाने के लिए और चुनाव के समय पैसा लगा सके, उसके लिए जोड़ा जाता है और कहा जाता है जनता से कि अभी विकास के लिए फंड नहीं है, पर खुद के बैंक बैलेंस का फंड कभी खत्म ही नहीं होता, एक मंजिल का मकान कोठी में बदल जाता है और कार पहले हो या न हो, चुनाव के बाद दो–चार लक्जरी कारें भी बंगले के बाहर खड़ी होती हैं, यहॉ तक की सारी सुविधाऐं भी सरकारी खर्च पर ही मिलती है और यह ही वो नौकरी

है जिसमें 5 साल राज करने के बाद आपको जिंदगी भर पेंशन भी मिलती है, यानी हम बेवकूफ है कि हम यह सोचकर नेता चुनते है कि यह हमारी परेशानी दूर करेगा और नगर का विकास करेगा, पर होता इसके उल्टा ही है कि हमने बस नेता चुना और अपना सुख–चौन उसको दान में दे दिया, पर जैसे सारी उंगलिया एक जैसी नहीं होती, ठीक वैसे ही सारे नेता एक जैसे नहीं होते, पर राजनीति की भीड़ में बहुत सारे नेता सिर्फ अपनी सुख सुविधा के लिए ही नेता बनते है। आम जनता जिस तरह कोई उत्सव या त्यौहार मनाती है पर यह सोचकर की बजट ना बिगड़े, वहीं चुनाव के बाद हर पार्टीओं का उत्सव देखने लायक होता है और जो पार्टी जीतती है वो होली, दिवाली, ईद सब कुछ एक ही दिन में मना डालती है और इन सब में पैसा भी पानी की तरह बहाया जाता है कि अब तो जीत गए, जो पैसा गया है उसकी परवाह नहीं क्योंकि अब 5 साल मिल गए है फिर से हमको लूटने के लिए और अपना बैंक बैलेंस बढ़ाने के लिए। पता नहीं की सरकार को पसंद आएगा या नहीं, पर मेरे पास एक सुझाव है जिसके इस्तमाल से न सिर्फ पैसा बचेगा बल्कि फर्जी वोटिंग पर भी लगाम लगाई जा सकती है, उससे पहले एक बात यह की जब किरण बेदी जी ने यह सुझाव दिया था कि हर भारतीय की अपनी एक पहचान होनी चाहिए, एक यूनिक आई0डी0 होनी चाहिए, जैसे कई देशों में है, उसी के बाद सरकार ने आधार कार्ड की मुहीम चला कर हर भारतीय को एक पहचान दी, जिसे बनवाना सबके लिए अनिवार्य कर दिया गया और जिसके पास यह कार्ड नहीं होगा, उसे बहुत तरह की सुविधाओं से वंचित भी रहना पड़ेगा, जैसे बैंक में खाता खुलवाना हो, ड्राइविंग लाइसेंस, पासपोर्ट बनवाना हो, पैन कार्ड बनवाना हो, किसी भी तरह की सरकारी सुविधा का लाभ लेना हो, तो आधार कार्ड होना अनिवार्य है। तो मैं जो सुझाव दे रहा था कि सरकार को एक ऐसा सर्वर बनाना होगा, जो करोड़ों लोगों का डाटा सेव करने के साथ–साथ, उस डाटा को सुरक्षित भी रख सकें, इसके लिए करना क्या होगा ? जैसे हर भारतीय के लिए आधार कार्ड अनिवार्य है, इसी तरह से एक बायोमेट्रिक चिप बनवाना होगी, जिसमें उस इंसान

का सारा डाटा सेव होगा जैसे आधार कार्ड, हर तरह का लाइसेंस, पासपोर्ट नंबर, उसका ब्लड ग्रुप और मेडिकल हिस्ट्री कि वो किसी बिमारी से संक्रमित था या पीड़ित तो नहीं है, इसके साथ ही उस चिप का एक यूनिक आईडी व पासवर्ड बना दिया जाएगा, जो आपके मोबाइल फ़ोन में एक एप के रूप में इंनस्टॉल होगा और उसका इस्तेमाल बहुत सारी चीजों के लिए किया जाएगा और वो बिल्कुल कोविद 19 की ऐप आरोग्य सेतु की तरह होगी, साथ ही उसमें 2 स्टेप वेरिफिकेशन भी होगा ताकि किसी भी हालत में अगर कोई आईडी पासवर्ड हैक करे भी तो, उसका उपयोग पर्सनली रूप से न कर पाए, दूसरी वेरिफिकेशन के लिए मोबाइल में ओटीपी आयेगा, मतलब जिसका मोबाइल उसका ही मत उस ऐप को चलाने देगा, इससे होगा क्या की जब चुनाव आएगा या किसी को कोई बड़ी बीमारी आएगी, तो पहले बीमारी की बात करते है कि अगर कोई बड़ी बीमारी आई या आपके साथ कोई दुर्घटना हुई हो, तो तुरंत पास के थाने में व अस्पताल में सूचना पहुॅच जायेगी और टाईम रहते किसी की जान बचाई जा सकती है या फिर इस बंदे को यह परेशानी आई है और एक जान को समय पर बचाया जा सकता है, पर चुनाव के दृष्टिकोण से यह चिप बहुत महत्वपूर्ण साबित होगी क्योंकि जब हर इंसान के अंदर जो चिप है उससे वो अपने मोबाईल में लॉगिन करके, अपना वोट दे सकता है, कोई दूसरा चाह कर भी कुछ नहीं कर सकता क्योंकि मैंने खुद देखा है कि लोग दूसरों का आधार कार्ड लेकर कई बार वोट डाल आते है, वो भी सिर्फ इस वजह से कि किसी भी कार्ड में फोटो साफ नहीं होती है और ज्यादातर आधार कार्ड में फोटो साफ़ दिखती ही नहीं है, जिसका फायदा लोग यदा–कदा उठाते रहते है। पर इस बायोमेट्रिक चिप से यह होगा कि जो आईडी व पासवर्ड आपके पास है, उससे लॉग इन करके, आप सिर्फ एक बार ही वोट डाल सकते हो, दूसरी बार जब तक वोटिंग समाप्त नहीं हो जाती, आप लॉग इन नहीं कर सकते हो, हॉ किसी मेडिकल इंमरजैंसी वाली सुविधा बैकग्रउंड में चलती रहेगी, इससे एक बात साफ हो जायेगी कि न कोई कार्ड बदलेगा, न कोई किसी के नाम का वोट डाल सकेगा

और कोई कहीं भी क्यों न हो और जो जहॉ है वहॉ से वोट डाल सकेगा, यहाँ यह बात मन में जरूर आएगी कि हर कोई मोबाइल या कंप्यूटर चलाना आज भी नहीं जानता, तो फिर कैसे यह बायोमैट्रिक चिप सफल होगी और कैसे सब वोट डाल सकेगें, सब लोग मतलब हर कोई जो वोट डालने लायक है, तो उपाय एक दम आसान है ठीक वैसे ही जैसे पोलियो के बूथ लगते है हर शहर व हर गाँव में, यहाँ तक की घर–घर जाकर भी दवा पिलाई जाती है, ठीक इसी तरह स्वयंसेवी बूथ लगाकर व घर–घर जाकर उनकी आईडी व पासवर्ड से उनको लॉग इन करवा के वोट डलवा सकते है, बात फिर आएगी की लॉग इन कोई भी करके आईडी व पासवर्ड लेकर और लॉग इन करके वोट डाल सकता है, लेकिन नहीं ऐसा नहीं हो सकता है क्योंकि मैंने पहले भी लिखा है कि यह एक बायोमैट्रिक चिप होगी, मतलब जैसे आधार कार्ड बनवाते समय उँगलियों व आखों को स्कैन किया जाता है, ठीक वैसे ही इस यूनिक आईडी पहचान के लिए इस चिप में होगा और यह चिप एक स्कैनर की तरह हमारे दोनों हाथों में से किसी भी हाथ के अन्दर होगी, तो आप किसी का हाथ तो काट नहीं सकते हो, बस समझा सकते हो, किसी को कि वोट किसको देना है और वो कोई भी नहीं रोक सकता क्योंकि आम चुनाव में भी लोग खुद या पूरे परिवार के साथ घर से ही मन बनाकर निकलते है कि किसको वोट देना है। इस चिप का एक और फायदा यह होगा कि जो वृद्ध व दिव्यांग है या जो स्त्री प्रेगनेंट है वो भी आसानी से वोट डाल सकती या सकते है, जिससे होगा यह कि एक तो वोट का प्रतिशत बढ़ेगा, दूसरा यह कि जब यूनिक आईडी वाली चिप होगी तो न तो वोटर लिस्ट और न ही वोटर कार्ड की जरुरत पड़ेगी और यह मसला भी समाप्त हो जाएगा कि मेरा सूची में नाम ही नहीं है तो कैसे मैं वोट डालूँ, तीसरा कि इससे न तो पोलिंग बूथ बनाने की जरुरत पड़ेगी, ना ही उसके लिए ऑफिसर व पुलिस कर्मी की और ना बलेट बाक्स और उसकी सुरक्षा की जरूरत पड़ेगी और न हजारों लागों की डुयटी लगेगी क्योंकि सब कुछ लाइव होगा, जो सर्वर पर सीधे अपडेट होगा और इस काम के लिए वो हर सख्स जो मोबाइल या कंप्यूटर चलाना

जानता है, वो खुद आगे आकर अपने आस–पास के लोगों को जागरूक करने के साथ, जिन्हें मोबाइल या कंप्यूटर चलाना नहीं आता है, उनकी मदद करने के साथ सरकार का भी सहयोग कर सकते है साथ ही कोई शहर से बाहर हो या देश से बाहर हो, किसी भी साधन से यात्रा कर रहा हो वो सब के सब वोट डाल सकते है, इसके लिए चाहे तो सरकार कोई पुरस्कार या कोई धनराशी नियुक्त कर सकती है कि जो लोग अपने क्षेत्र व गाँव में खुद आगे आकर वोटिंग में लोगों की मदद करेगें, उन सबको यह धनराशी इनाम के रूप में दी जायेगी। अब यह कैसे पता चलेगा कि किसने कितना काम किया या कितने लोगों की मदद की, तो यह भी आसान है, जैसे जन सुविधा केंद्र वालों के पास इस बात का लाइसेंस होता है कि वो जनता के लिए ए0टी0एम0 की तरह पैसा निकाल कर दे सकते है, फॉर्म भरने तक से लेकर व टिकट से लेकर बेसिक जानकारी मुहैया कराते है, तो इसी तरह उन लोगों को भी सरकार द्वारा एक यूनिक आईडी व नंबर दे दिया जाएगा जिससे वो लोगों की वोटिंग करने में मदद कर सकते है, जो सरकार भी वोटिंग के बाद में जान सके कि किसने कितनी मदद की है। ऐसे लोग अपना मोबाइल या लैपटॉप ले जाकर लोगों को वोट डालने में सहायता कर सकते है और तो और जहॉ रैली नहीं हुई हो किसी पार्टी की या टेलीविज़न या लाईट की समस्या हो, वहॉ भी यह लोग जाकर पार्टी का विडियो व चुनाव के बाद सरकार क्या–क्या करेगी यह दिखाकर लोगों को सरकार की या चुनाव में लड़ने वाली पार्टियों का मेमोरेंडम या घोषणा पत्र भी दिखा सकते है, जिससे वहॉ के वोटर यह तय कर सकेगें कि उनको किसको वोट देना है किसको नहीं, इससे न सिर्फ वोटिंग साफ़ सुथरी होगी बल्कि लड़ाई झगड़े की भी संभवना न के बराबर रहेगी, इसके साथ ही यह खबर भी हम नहीं सुनेगें की फलां पार्टी ने उस बूथ पर बूथ–कैप्चरिंग करने की कोशिश की और साथ ही किसी तरह का कोई फर्जीवाड़ा कर सकेगा वोट के नाम पर। इस तरह की वोटिंग से स्याही का खर्चा कम होगा, लाईट, पानी, तेल, ताम–झाम सब पर बचत होगी, बायोमेट्रिक चिप के कारण यह भी नहीं होगा की जिंदा

ने वोट डाला है या मुर्दो का वोट कोई डाल गया है, इसके साथ ही अगर ऑनलाइन पर प्रचार प्रसार भी हो या हर तरह की सोशल मीडिया पर, जिससे चुनाव के वक्त झंडे, बैनर, लाइट, पंडाल, हेलीकाप्टर का खर्ज, सिक्योरिटी का खर्ज, आने–जाने के लिए गाड़ियों व रास्तें में नेताओं के आने की वजह से आम जनता का कस्ट, भीड़ इकठ्ठा होने पर भगदड़ न हो, जैसे अभी एक बाबा के प्रवचन के दौरान भीड़ में भगदड़ मचने से महिला व बच्चों समेत कई लोगों की जान भी गई, तो डिजिटली प्रचार करके इन सब बातों से भी छुटकारा मिलेगा, जिससे एक बहुत बड़ी मात्रा में पैसों का व सरकारी या पार्टी फंड के खर्जो को भी खर्च होने से रोका जा सकेगा और बाद में जो पार्टी जीतेगी, वो पार्टी उसी बचे हुए पैसे से देश की उन्नति के साथ अपनी पार्टी को और सशक्त बनाकर बाकि पैसों को जहाँ ज़रुरत हो वहाँ लगा सकती है।

यहाँ एक बात और ध्यान देने लायक है कि आज भी हमारे देश का बुजुर्ग यह सोच लेकर चलता है कि ज्ञान व विज्ञान सिर्फ बर्बाद ही करेगा, लेकिन जब वो खुद अपनी आँखों से देखते है तब उसे सही मानकर वो बाकी को भी सलाह देते है कि हाँ यह काम सही है या यह टेक्नॉलजी सही है, फिर वो जहाँ–जहाँ बैठेगें वो चाहे परिवार हो, पार्क हो, मंदिर हो, मस्जिद हो, गुरुद्वारा हो या चर्च या कोई भी धार्मिक जगह हो, वो अपने आप ही सहमति देने के साथ, उसका प्रचार भी करते है। कहा भी जाता है कि कोई भी काम जब नया होता है, तो उसको सफल बनाना आसान नहीं होता है और जो काम आसानी से हो जाए वो काम सफल हो जाए यह भी मुश्किल है, हर काम की शुरुआत में मेहनत ज़रूर लगती है इस बात में कोई शक नहीं है, पर काम एक बार हो जाने के बाद आसान ज़रूर हो जाएगा, मेहनत एक बार की और सफलता काफी आगे तक की, यह भी सत्य है कि इस तरह का काम या कार्ड पूरी दुनिया में अभी तक किसी ने नहीं सोचा होगा या बनाया होगा, बस कुछ पिक्चरों में ऐसी चिप सुरक्षा हेतु दिखाई गयी है या किसी विशेष जगह पर जाने–आने के लिए एक तरह की चिप का उपयोग दिखाया गया, पर इस तरह की चिप के बारे में, इस तरह से किसी

ने नहीं सोचा होगा इसका मुझे पुर्ण विश्वास है। एक बात यह भी है कि अगर बिना बताये लोग समझ जाते या जान जाते, तो हर कोई किसी भी सामान के साथ मिलने वाली पुस्तिका या निर्देशिका को पढ़कर ही उसका उपयोग करना सीख जाते, इसीलिए अगर बायोमेट्रिक चिप को लोगों तक पहुँचाने में व उनकों समझाने में व उनके समझने में कुछ वक्त तो ज़रूर लगेगा, पर जैसे ही एक बार सेटअप हो गया, तो फिर बरसों के लिए फुर्सत मिल जायेगी और इलेक्शन में पारदर्शिता भी आ जायेगी। इसका दूसरा सबसे बड़ा फायदा आतंकवाद को रोकने के काम भी आएगा और किसी अज्ञात को खोजने के काम भी आएगा और तो और कई तरह के अपराधों को भी रोका जा सकेगा, कैसे ? वो ऐसे कि पहले किसी को कैसे खोजे इस चिप से, तो सबसे पहले यह चिप एक यूनिक आईडी के साथ आपको इन्टरनेट की दुनिया से जोड़ती है क्योंकि सबका सारा डाटा पहले से ही सर्वर पर मौजूद होगी वो भी पूरी तरह से सिक्योर और जो की सरकार के सर्वर से जुड़ी होगी और किसी भी इंसान के मिसिंग होने पर या किडनैप होने पर या किसी भी संदेह की परिस्थिति में जब सरकार या पुलिस को ज़रुरत हो, तो उस आई0डी0 को ट्रैक करके आसानी से खोज सकते है और किसी बड़ी अनहोनी घटना को होने से रोक सकते है और जैसा मैंने कहा की इसका सारा कंट्रोल व सिक्योरिटी भरोसेमंद एजेंसीयों के हाथों में ही होगी ठीक वैसे ही जैसे आर्मी की रिर्पोट व डाटा सेफ रहता है और जब देश की सिक्योरिटी की बात आती है तो उस डाटा का इस्तमाल किया जाता, वैसे ही इस सर्वर को प्रधानमंत्री के या होम मिनिस्टर के कार्यालय में सेटअप करवाया जाये या एन0आई0ए0 या रॉ के ऑफिस में, इस वजह से सिर्फ ज़रुरत पड़ने पर या किसी तरह के क्राइम होने पर ही, उस बंदे या बंदी की खोज की जा सकेगी और इससे हो रहे क्राइम या हो चुके क्राइम के मुजरिमों को खोजने में न सिर्फ आसानी होगी, बल्कि टाइम पर पकड़ कर एक जिन्दगी या कई जिन्दगीओं को बचाया जा सकेगा, दूसरी बात यह कि कैसे आतंकवाद को रोका जा सकेगा, इस आई0डी0 व चिप की वजह से, तो भगवान् राधा–कृष्ण के आर्शीवाद से मुझे ऐसा लगता

है कि इसको भी ऐसे रोका जा सकता है कि जब भारतीयों को यह चिप लगी होगी, तो वो इस बात से घबराएगा कि मैं कभी भी पकड़ा जा सकता हूँ अगर मैंने कोई गलत राह चुनी या गलत काम किया। फिर चाहे उसका धर्म कोई भी हो, न वो इस देश से न ही विदेश से कोई अनुचित लाभ प्राप्त कर सकेगा, साथ ही सारी जानकारी सरकार के पास होगी कि कौन–कौन इस तरह का काम कर सकता है या गलत काम करके छिपने की कोशिश कर सकता है या किस देश से आया है या किससे मिल रहा है, किसी भी संदिग्ध हालात में या कोई गलत काम करने के लिए अपनी आई0डी0 निकलवाने की अगर कोशिश करेगा तो वो वहीं बेहोश हो जायेगा, क्योंकि एक तो उसमें एक सेंसर लगा होगा जो हार्टबीट से जुड़ा होगा, जिसके निकलते ही उसकी सूचना पास के पुलिस स्टेशन में और उस सर्वर पर पहुँच जायेगी कि यह बंदा कुछ गलत करने के बारे में सोच रहा है, तीसरा कि कोई विदेशी आकर गलत काम करें या आतंकवादी काम करने के आशय से भारत आयेगा, तो उसे कैसे रोका जा सकता है क्योंकि चिप तो सिर्फ भारतवासियों के शरीर में ही लगी होगी और विदेश से आने वाले हजारों–लाखों लोगों को कैसे रोका जा सकता है, सब पर संदेह भी नहीं किया जा सकता, न किसी विशेष देश से आने वाले लोगों पर पाबंदी लगाई जा सकती है क्योंकि इससे पर्यटन पर असर पड़ेगा। इसके लिए हम यह कर सकते है कि एक टेम्परेरी या कुछ दिनों के लिए एक चिप लगाई जाये उसको टैटू की तरह, जिसमें बारकोड होगा और यह टैटू उस पर्यटक के हाथों में लगा होगा और जो यूनिक आई0डी0 उनके लिए बनाई जाएगी, वो कहने के लिए तो सामयिक होगी, जो उनके पासपोर्ट से, एटीएम कार्ड से, क्रेडिट कार्ड से या उनके देश की पहचान बताने वाली किसी भी आई0डी0 से बनी होगी। टैटू सामयिक होगा, बारकोड सामयिक होगा, पर जो यूनिक आई0डी0 बनी होगी वो स्थाई होगी और जब–जब वो बंदा भारत आएगा, उस आई0डी0 से उसे पहचान लिया जाएगा जो कि उसके देश के किसी पहचान कार्ड से मिलकर बनी होगी। वैसे भी कोई गलत काम करना चाहे तो भी एक बार में प्लान नहीं कर सकता, उसके

लिए रेकी करनी पड़ती है कि कहाँ बम लगाना है या कहाँ ज्यादा लोग मिलेंगें एक साथ मारने के लिए, तो इस यूनिक आईडी से यह पता चल जाएगा कि कौन कितनी बार आया और क्या वो एक ही सुनिश्चित जगह पर बार–बार गया या किसी खास इंसान से मिलने आता है और बाकि के काम हमारी सुरक्षा ऐजेंसिया कर लेंगी, जो अभी सिर्फ इंटेल या शक के आधार पर काम करती हैं। पर जैसे कोई भी चीज़ एकदम से कारगर साबित नहीं होती है ठीक ऐसे ही यह भी सटीक बैठे यह ज़रूरी नहीं है क्योंकि नया काम या नयी शोध एकदम फायदा नहीं देती, उसमें कुछ न कुछ अपडेट करनी पड़ती है समय व जरूरत के हिसाब से, जबतक की हम पूरी तरह से उसको समझ न सकें, इसके लिए उसको एक नियम बनाकर एक जरूरी व्यवस्था या मैनडेटरी नहीं कर देतें सबके लिए, ताकि यह पता लग सकें कि कहॉ सुधार की जरूरत है।

हर इंसान जो राजनिति में होता है वो अपने जीवनकाल में ये सपना जरूर संजोता है कि काश मैं भी मंत्री होता या नेता होता, दूसरे वो जो बड़ा कलाकार या अभिनेता बनने का सपना देखते है, तीसरे वो जो सोचते है कि मेरे पास किसी तरह की कोई असमान्य शक्ति होती, मान लीजिये आप मंत्री बनना चाहते हो और सोचते हैं कि यह करूँगा या यह बदल दूंगा, पर मंत्री बनने के साथ जैसे ही कुर्सी प्राप्त होती है, उस इंसान का रंग–रूप, तेवर और चाल–ढाल सब बदल जाता है क्योंकि पॉवर व पोजीशन मिलते ही इंसान में अपने–आप एक किस्म का घमंड व सत्ता का नशा समां जाता है, फिर जो उसने सोचा होता है वो बहुत पीछे कहीं झूठ जाता है, लेकिन यह कहना होगा कि जो सरकार व नेता 2014 के बाद आये वो कुर्सी से ज्यादा देशहित में काम कर रहे है और कहते है न कि वक्त कभी किसी के लिए नहीं ठहरता है, हाँ किसी–किसी के अंदर यह जज्बा होता है कि वो वक्त को बदल देगा और अपने अनुसार वो सब ठीक कर देगा जैसा वो चाहता है, परन्तु ऐसा कोई विरला ही होता है हज़ारों, लाखों या करोड़ों में, जो वक्त क्या हर उस चीज़ को जो नामुमकिन लगती है उसे बदलने का साहस रखता है। यह वो ही लोग होते है जो वास्तव में देश चलाते है और इनको

दूसरों के सहारे की जरुरत नहीं पड़ती है। पर कुछ ऐसे भी है जो खुद को खुदा या भगवान् मान के यह सोचते है कि वो ही सबकुछ है और सबकुछ उनके अंडर में आता है और यह उनको काम करने से रोकते है और बात–बात पर खामियॉ निकालते है और ऐसे जताते है कि वो होते तो उससे अच्छा काम कर सकते है, पर ऐसे इंसान बहुत बड़ी गलती करते हैं क्योंकि साथ रह के हर काम आसान हो जाता है और अकेले वो ही काम पहाड़ बन जाता है और फिर उस काम को करने के बजाये समय पर या किसी व्यक्ति विशेष की गलती बताकर टाल दिया जाता है। वो कहावत है ना कि अकेला चना भाड़ नहीं फोड़ सकता, इसी कारण जो वादे पहले की सरकारें करती आ रही थी, वो वादें कभी समय पर पूरे ही नहीं हुए, न उनमें उनको पूरा करने की क्षमता थी, ऐसे में उस समय की सरकारों ने उस जगह को या पोजीशन को अपनी जागीर मान लिया था, इस कारण वो अपने रुतबे व रौब में रहते थे और यह सोचते थे कि उनको वहॉ से हटाने वाला कोई नहीं है और इस वजह से इतने साल सरकार में रहने के बाद भी वो कोई काम चाहे सरकारी हो या गैर सरकारी करने के बजाए सिर्फ अपने व परिवार के बारे में सोचते रहें, जिस कारण देश में एक भेदभाव की भावना पनपे लगी और धीरे–धीरे हर जरूरी काम दो विभागों में बंट गया और इसी कारण लोग सरकारी चीजों या विभागों को छोड़कर गैर सरकारी चीजों के प्रति आकर्षित होने लगे क्योंकि गैर सरकारी काम जहाँ एक घंटे या एक दिन में हो जाता है, वहीं सरकारी काम दिनों, महीनों या सालों में भी पूरा नहीं होता था, साथ ही सरकारी काम के लिए इतने सारे अप्रूवल लेने पड़ते है कि आधा काम तो इंसान वो सोच के ही नहीं करवाना चाहता है और जो कोशिश करते है या लगे रहते है उनको चमचा या किसी पार्टी का गुलाम बता दिया जाता है कि तुम यह काम वोट के लिए कर रहे होगे और यह सोच मैंने अपने आस–पास काम कर रहे लोगों के प्रति, बाकी लोगों से देखी व सुनी है कि यह सब वो इसलिए कर रहें है कि वो उस पार्टी के कार्यकर्ता हैं या अगामी चुनाव में उस पार्टी में उन्हें कोई पोजीशन या उस पार्टी को वोट मिल सकें इसलिए यह सब कर रहें

है, तो मेरा सोचना यह है कि अगर वो किसी पार्टी के लिए कर भी रहें है और अपने आस–पास काम करवा रहें है तो आप को किसी ने रोका है क्या, आप भी जिस पार्टी को सर्पोट करते हो तो उसके नाम पर आप ही वो सब करवा दो, जनता तो काम देखकर ही वोट दे देगी और अगर पार्टी की बात नहीं है, तो ऐसे लोग अपनी पर्सनल खुन्नस के लिए उनको काम नहीं करने देते, जिससे वहॉ विकास न हो सके। दूसरी ओर गैर सरकारी कंपनियॉ टाईम पर हर काम हो व सुविधा देने वाले नियम के साथ चलती है और उनके लिए कस्टमर की खुशी व उनकी जरुरत को जल्द से जल्द पूरी करना वो भी एक निश्चित टाइम के अन्दर ही उनका मेंन एजेंडा होता है, जिस कारण उस कंपनी का उपभोगता न सिर्फ उस कंपनी पर भरोसा करता है बल्कि वो दूसरों को भी बताता है कि कहाँ सरकारी चीजों के पीछे पड़े हो, देखो मेरे प्रोडक्ट की क्वालिटी व सर्विस कितनी शानदार है, जिस कारण लोगों का झुकाव गैर सरकारी चीजों के प्रति ज्यादा हो रहा है। एक और बात मैंने देखी है सरकारी कार्यालयों में की वहाँ काम करने के बजाये आपको आश्वासन बहुत प्यार से दिया जाता है कि धीरज रखिये आपका काम जल्दी ही करा दिया जाएगा, यह आश्वासन एक ऐसा शब्द है जिसे मंत्री, नेता, अधिकारी जन से लेकर ऊँचे ओहदे पर बैठा लगभग हर इंसान बड़ी चालाकी के साथ इस्तमाल करता है। ऐसा इसलिए की आम जनता तो होती ही बेवकूफ है क्योंकि जो नेता के प्रलोभन में आकर उसको वोट देती है, तो ज़ाहिर सी बात है कि आश्वासन से वो क्यों बुरा मानेगीं और फिर पार्टी कार्यालय के बाहर बैठ कर उनके पूरा होने की उम्मींद लगाती है जैसा इस बार के चुनाव के बाद हो रहा है, पर जब हम धोखा खा लेते हैं या हमारा नुक्सान हो जाता है तब जाकर हमारी ऑखें खुलती है कि हमारे साथ तो गलत हो रहा है और आज भी हम सबकुछ होने के बाद भी कानून व कोर्ट को सर्वोपरि मानते हुए, न्याय का इंतेजार करते है।

पोजीशन या अधिकार पाने के बाद एक और प्रवित्ति हमारे अंदर आती है वो है भेदभाव या पक्षपात की, जब हम सही को सही

न मानकर, बस अपने किसी को बचाने में लग जाते है, फिर चाहे इसके लिए हमें किसी भी हद तक जाना पड़े, पर जहाँ पारदर्शिता है वहाँ लोग इतनी लंबी लाइन में लगे है कि जबतक उनका नंबर आता है, वो या तो जिंदगी से थक चुके होते है या फिर रिटायर होने के कगार पर पहुँच चुके होते हैं, मैंने खुद देखा है कि कई बार सबकुछ जानते हुए व काबिलियत रखते हुए भी लोगों का सिलेक्शन नहीं होता है चाहे स्कूल हो, कॉलेज हो या जॉब हो, हर जगह कोटा है और जिसको रखना होता है वो पहले से ही तय होता है, बस नाम व दिखावे के लिए इंटरव्यू या एक लिस्ट जारी कर दी जाती है। दूसरा कई काम बहुत छोटे लेवल के होते हैं जिस वजह से लोगों के अहम् पर बात आ जाती है कि मैं यह काम करने के लिए थोड़े बना हूँ या मैंने इस काम के लिए थोड़ी ही पढ़ाई की थी और जब कुछ नहीं मिल पाता, तब सोचता है काश मैंने उस वक्त वो जॉब ले ली होती, तो मैं भी आज कहीं और होता। तीसरे वो लोग होते है जो इंटरव्यू के समय घबरा जाते है या पूछे गए प्रश्नों का सही जवाब नहीं दे पाते है और बहार आकर कंपनी को कोसते है मन ही मन और बाकी लोगों से कहते है कि बेकार टाइम वेस्ट किया, पता नहीं क्या उल्टा–सीधा पूछ रहे थे, यहाँ हम अपनी गलती कभी नहीं मानते और सारी गलती कंपनी पर डाल कर अपना पल्ला झाड़ लेते है और यह ही बात अपने घरवालों को बताकर खुद से झूठ बोलते है और सहानुभूति पाते है सबसे कि मेरा बच्चा तो बहुत होशियार है वो कंपनी ही ठीक नहीं थी, वरना मेरा बच्चा तो कोई भी इंटरव्यू आसानी से निकाल लेगा, इससे एक बात और पनपती है मन में कि हम खुद को ज्यादा होशियार साबित करने के चक्कर में अपनी आगे आने वाली जिंदगी में खुद ही जहर घोल लेते है, सामने वाला आपको तभी पसंद करेगा, जब आपके अन्दर कोई ऐसी काबिलियत हो, जो आपको दूसरों से अलग करती हो, वरना दुनिया में न तो भीड़ की कमी है न ही लाइनों की, इसी जद्दोजहद के चलते न वो इंसान खुद को साबित कर पाता है और न ही अपने परिवार को कुछ बनकर दिखा पाता है और जीवन के अंत तक वो एक नौकरी से दूसरी नौकरी, एक बिज़नेस से दूसरा

बिज़नेस, बस यही करते–करते जिंदगी के उस मुकाम पर पहुँच जाते है, जहॉ से वो जब पीछे मुड़कर देखता है तो एक हताशा व थकी हुई जिंदगी पाता है, वो इंसान न खुद के लिए कुछ कर पाया, न समाज के लिए और न ही देश के लिए, बस खाया, कमाया, बीमारी में पैसा लगाया या किसी नशे का आदि बनकर उसमें पैसा लगाया, फिर जब अंत निकट आया तो एक बार फिर सबको याद करके कोसना शुरु कर दिया और आखिर में मर गया। चौथे वो लोग होते है जो ख्याली दुनिया में रहते है कि ऐसा होगा तो मैं वैसा करूँगा, मैं इससे कम पैसों में काम नहीं करूँगा, मैं किसी के अंडर में या नीचे काम नहीं करूँगा, इस कंपनी में काम नहीं करूँगा, यह बिज़नेस नहीं करूँगा या घरेलु बिज़नेस नहीं करूँगा, पापा मुझे इतने रूपए दो मैं यह काम करना चाहता हूँ और कुछ दिनों में पैसे खर्ज करके बोलेगा कि यह बिज़नेस सही नहीं था, मेरे दोस्त ने जो बिज़नेस शुरु किया है वो ठीक है लाखों की आमदनी है, इसलिए मैं उसके साथ काम करूँगा, अभी सही समय नहीं आया है मेरा और जब सही समय आएगा, तब देखना मैं क्या–क्या करूँगा, मुझे ज्योतिष ने बताया है कि मेरी कुंडली में राज योग है इसलिए मुझे काम करने की क्या ज़रुरत, लोग मेरे लिए काम करेंगें, मैं किसी के लिए काम करने के लिए नहीं बना हूँ। इसमें काफी बड़ा योगदान मूवी का भी होता है, जिसमें यह दिखाया जाता कि हीरो को कोई सुपर पॉवर मिल गयी है, तो इस बंदे को भी लगता है कि यह पॉवर मुझे मिल जाए तो मैं देश के सारे बैंक लूटकर सबसे अमीर आदमी बन जाऊँगा, मेरे पास काश अलादीन का चिराग होता, अली बाबा की तरह मुझे भी कोई गुफा मिल जाए, मैं हीमैन, बैटमैन, स्पाइडरमैन, सुपरमैन, हल्क बन गया, तो मैं भी देश की सुरक्षा करूँगा और सबकी रक्षा करूँगा। इसके साथ–साथ हीरो जैसे दिखना, उनके जैसे कपड़े पहनना, चलना, बोलना और स्टाइल मारना, तीन घंटे की मूवी का असर हम अपनी पूरी जिंदगी में उतार देते है, पर हकीकत से बहुत दूर होते जाते है और कोई समझाए तो उसको अपना दुश्मन मान लेते है, कभी–कभी तो कोई आत्महत्या तक कर डालते है कि कैसे उसके हीरो या हीरोईन को किसी ने

गाली दी या बुरा–भला कहा, वो हीरो उसका भगवान् बन चुका होता है और वो कुछ सुनने के बजाये खुदखुशी करना सही समझता है, दूसरी तरफ मूवी का इम्पैक्ट या प्रभाव ऐसा होता है किसी–किसी पर की वो चोरी देखकर वैसी चोरी करने के बारे में सोचता है, जैसा स्टंट या एक्शन वो करते है वैसा करने के बारे में सोचते है। कहते है की ऐसा काम ही क्यों करो जिससे नुक्सान हो क्योंकि किसी भी चीज़ की अति हमेशा बुरा फल ही देती है, जैसे कुछ लोग हमारे देश के कानून को अपने हिसाब से तोड़ते–मरोड़ते है और जिसकी जैसी इच्छा हुई वो वैसे कानून को इस्तेमाल करता है अपनी पॉवर या पोजीशन दिखा के, पर जब अति हो जाती है तब कोई नया कानून बनाने के बारे में सोचते है या पहले से बने क़ानून में कोई अमेंडमेंट कर दिया जाता है, ये भी तब किया जाता है जब उस तरह के केस ज्यादा हो रहे हो या उस केस में सजा का प्रावधान उतना ना हो, जब वो धारा बनी हो, तो सजा बढ़ा दी जाती है। मेरा मानना है की क़ानून को सख्त करने से या सजा ज्यादा कर देने से कभी भी अपराध को जड़ से मिटाया नहीं जा सकता है, इसलिए कुछ भी जोड़ना व घटाना हो, तो किसी केस के होने के बाद या अपराध होने के बाद, ना करके पहले ही कर देना चाहिए, इसका सबसे बड़ा उदाहरण है निर्भया गैंग रेप केस, जिसमें काफी तमाशे के बाद रेप की धाराओं में परिवर्तन किया गया और नाबालिक की उम्र को भी चेंज किया गया कि कौन रेप कर सकता है किस उम्र में और कौन नहीं।

मैंने एक चीज़ नोटिस की है और हो सकता है कि आप लोगों ने भी देखी या सुनी हो, जब भी कोई क़ानून या कोई भी नया काम सरकार द्वारा किया जाता है, तो हर तरफ से उसी चीज़ के बारे में सुनाई, दिखाई व छपने लगता है, जैसे रेप के कानून में अपडेट के बाद रेप के केसों पर चर्चा हर जगह शुरु हो गई, एसिड अटैक के बाद उसकी, दहेज़ हत्या मामले के बाद उसकी, छेड़खानी के बाद उसकी धारा में परिवर्तन के बाद, मतलब ऐसा लगता है कि इससे पहले वो केस होते ही नहीं थे या सब जगह शांति थी और सब सुरक्षित थे या थी। पर इस तरह से हम सिर्फ क़ानून सख्त कर रहे

है, सोच रहे है कि इस तरह से लोगों में कानून का डर बैठेगा, तो कर तो सही रहे है पर दिशा गलत है क्योंकि क़ानून बना किसके लिए और समझना किसको चाहिए था, इस बात पर गौर नहीं कर रहे है, बस ज्ञान बाँट रहे क़ानून के रूप में। मेरे कहने का तात्पर्य यह है कि जो पढ़ना–लिखना जानते ही नहीं, वो कैसे जान पायेगें कि कौन सा क़ानून बना और उसके क्या–क्या फायदे या नुक्सान है क्योंकि रोज मर्रा के काम करने वाले जैसे लेबर, पेंटर, टेम्पो–ऑटो रिक्शा चलाने वाले, घर–मकान बनाने वाले, ट्रक–बस चलाने वाले ड्राईवर आदि वो लोग जिनके पास मिनिमम शिक्षा है तो वो कैसे जानेगें कि क्या कानून बना और क्या नहीं करना है और वो तब जान पाते है जब उनके ही तरह के काम करने वाले किसी बंदे को जेल हो या सजा हो या उनपर खुद गुजरे, फिर वो बात करते है कि उसने ऐसा किया था और कानून ऐसा बन गया है अब जिस कारण उसको पुलिस ने पकड़ा या उसको जेल हुई, पर तबतक एक घटना घट चुकी होती है। ठीक ऐसे ही लगभग हर गुनाह में होता है जहॉ व्यक्ति विशेष कम पढ़ा लिखा होता है और हम देखते है या सुनते है कि घर में काम करने वाले ने लूटा, अकेले पाकर घर के किसी सदस्य का क़त्ल किया या रेप किया, बस–टेम्पो–कैब–ट्रक चलाने वाले ने लड़की के साथ बदतमीज़ी की या रेप किया, उसके पीछे भी एक वजह यह होती है कि दिनभर काम करने की वजह से वो किसी न किसी तरह के नशे का सेवन करने लगते है, ताकि वो थके नहीं और ज्यादा से ज्यादा पैसे कमा सके ज्यादा चक्कर लगाकर, उसी नशे के चलते जब कोई खूबसूरत लड़की या औरत अकेली मिलती है, तो अंदर की मादकता उबाल मारती है गलत काम करने के लिए, बिना सोचे की बाद में क्या होगा। पर क़ानून, सरकार या न्यायालय को यह सब कहाँ दिखता है, वो सिर्फ सबूत देखते या मांगते है और सबूत कोई फल तो है नहीं कि पेड़ पर लगा हो और जब मन किया तो तोड़ कर दे दिया, गरीब या अनपढ़ का कोई साथ नहीं देना चाहता, तो सबूत कहाँ से मिलेगा, दूसरा यह की कभी–कभी तो अपने मालिक के किये गए गुनाह के लिए एक गरीब जेल जाता है, तब सबूत सारे मिल जाते है उसके

खिलाफ। तो एक गुनाह करता है कि उसको सीमित जानकारी या वो किसी व्यसन का गुलाम था, जिसे बदलना सिस्टम व सरकार का काम है, दूसरे वो होते है जो अपने मालिक के प्रति समर्पण की भावना के चलते जेल जाते है और दोनों ही बातों में गरीब ही जेल जाता है, जिससे समाज में यह मैसेज जाता है कि गुनाह गरीब ही करता है और घोटाले सिर्फ अमीर ही कर सकता है। किसी चर्चित इंसान का केस हो या अमीर का, तो केस चलने तक हर तारीख पर सबको पता चल जाता है कि केस में क्या हो रहा है, वहीं दूसरी तरफ गरीब के या आम इंसान की खबर एक बार आई और फिर गायब हो जाती है, जबकि उस आम इंसान की खबर ज्यादा महत्वपूर्ण है क्योंकि वो एक आम इंसान है जो उन्ही के तरह के लोगों के बीच रहता है और उसको बरी किया गया या सजा मिली या केस में क्या चल रहा है इससे समाज में फर्क पड़ेगा, लोग अपने बच्चों, परिवारों या काम की जगह में सुधार लाने की कोशिश शुरु कर देगें कि ऐसा किया, तो हमारे व हमारे परिवार के साथ ऐसा होगा। वहीं अमीर ने जो किया, उस तक तो आम जनता जा ही नहीं पाती और आम इंसान उस खबर को सुनकर मजा लेता है कि ऐसी सरकार में यह ही हो सकता है और अपने काम में लग जाता है, मतलब उससे आम इंसान पर कोई फर्क निजी रूप से नहीं पड़ता है। इसलिए ख़बरें वो हों जो आम इंसान के मन व विचारों को हिला दें कि सरकार, क़ानून या पुलिस क्या–क्या कर रही है हमारे लिए और हमें क्या–क्या करना चाहिए, क्या नहीं करना चाहिए और सरकार को रेडियो, न्यूज़ चैनलों में, अखबारों में व दूरदर्शन पर एक ख़ास टाइम पर रोज ऐसी खबर या नयी जानकारी को चलाना चाहिए, भले ही कोई पढ़ा–लिखा हो या ना हो, कैसा भी काम करने वाला हो, जैसे वो मूवी देखने जाता है तो वो सबकुछ समझ लेता है, ठीक इसी तरह छोटी–छोटी मूवी बनाकर, हर रोज दिखाने से कोई घटना होने के बाद क्या हो सकता है यह जान पाएगा और वो से सब देखकर व सुनकर जान जाएगा की कहाँ जाना सही है, क्या करना सही है, कैसे रहना व क्या पहनना सही है, कौन सी धारा में क्या परिवर्तन हुआ है और कितने लोगों को आज सजा मिली है

और कितने बरी हुए, साथ ही उनके आकड़े व आज देश में हर पुलिस स्टेशन में कितनी एफ़आईआर हुई है संगीन केसों में, इसका भी एक अनुमान बताना चाहिए, ठीक वैसे ही जैसे मौसम का हाल दिया जाता है कुछ चुनिन्दा शहरों का और वो भी कुछ मिनटों में, ऐसे ही हम देश के सभी राज्यों की क्राइम रिपोर्ट को दिखा सकते हैं, जिससे लोग जागरूक हो और मूवी, मौसम या राजनीति के साथ देश में हो रहे क्राइम के बारे में भी जान सके व चर्चा कर सकें कि आज देश की क्या हालत है और कैसे हम बदल सकते है। वैसे मैंने इस किताब को लिखना वर्ष 2013 में शुरू किया था, पर टाइप करने में व पब्लिश होने में मेरी पहली किताब के बाद आज वर्ष 2024 आ गया और देखते ही देखते बहुत कुछ बदल गया, इसी कारण से इसमें काफी बदलाव किये 10 साल के बदलते हुए भारत के हिसाब से। वर्ष 2023 में अखबार में पढ़ा था वो भी दैनिक जागरण में की हमारे गृहमंत्री श्री अमित शाह जी ने क़ानून में बदलाव हेतु सुझाव माँगा था और करीब 3200 सुझावों पर विमर्श के बाद भारत का नया क़ानून तैयार किया गया है और 1 जुलाई 2024 को लागू किया गया, इस सुझाव में जो शामिल थे, वो थे सभी राज्यों के राज्यपाल, मुख्यमंत्री, उपराज्यपाल, मुख्य न्यायधीश, सुप्रीम कोर्ट के सभी न्यायधीश, हाई कोर्ट के सभी न्यायधीश, बार कौंसिल और विश्वविद्यालयों से प्रोफेसर आदि, इसके साथ सभी सांसदों व आइपीएस अधिकारियों को भी शामिल किया गया था, इसका मतलब साफ़ है कि देश को प्रगति की तरफ अग्रसर करने के लिए सरकार हर संभव पहलु पर काम कर रही है। हाँ इसके बाद क्या–क्या बदलेगा इसके लिए आप सब हर साल छपने वाली कानूनी जानकारियाँ नामक पुस्तक ले सकते है, जो सारे बदलाव व अमेंडमेंट को परिभाषित करती है साल दर साल, इसके साथ ही एक और विधेयक भी पारित किया गया लोकसभा में की अब तारीख पर तारीख नहीं बल्कि त्वरित न्याय मिलेगा, वो भी एक तय समय सीमा के अंर्तगत, यह विधेयक बहुत ज़रूरी था, क्योंकि लोग सालों इंतेजार करते थे, छोटे–छोटे मामलों में और बड़े मामलों में भी कि आखिर न्याय कब मिलेगा, पर विधेयक पारित होने का यह मतलब

नहीं है कि सालों से चली आ रही प्रक्रिया को एक ही दिन में बदला जा सकता है, कुछ समय लगेगा पर जो बदलाव होगा वो आने वाले स्वर्णिम भारत की शुरुआत ही होगी।

इसके बाद जो मैंने देश में एक और चीज देखी है जिसपर सबसे ज्यादा विचार करने की ज़रुरत है, वो है आज का नौजवान क्योंकि आज का युवा ऐसे घूमता है या समय बर्बाद करता है कि जैसे वो पिंजरे में से आज़ाद हुआ कोई पंछी है। वो सही फैसला लेने की समझ जैसे खो बैठा है, जिसका कारण मुझे लगता है, ज़रुरत से ज्यादा आप्शन या विकल्पों का होना, क्योंकि पहले के ज़माने में विकल्प कम थे और जनसँख्या भी कम थी, पर अब ऐसा नहीं है क्योंकि अब इंसान हर बात व चीज़ को पूरी जॉच–परख के बाद अपनाता है, लेकिन उसके बाद भी धोखा खाता है, वजह है इंसान का इंसान को धोखा देना पैसों के लिए क्योंकि आज के दौर में जो सबसे ज़रूरी चीज है वो है पैसा और इसके लिए कोई कुछ भी करने को तैयार है, फिर चाहे काम गलत हो या सही, बस पैसा आना चाहिए। पहले पढ़ने के लिए चार विषय होते थे और आज चार सौं विषय है, मतलब पढ़ने से पहले ही दिमाग खराब कि पढ़ना क्या है या करना क्या है उस पढ़ाई के बाद। पर मेरा कहना यहाँ यह है कि इतने सारे कोर्स के बारे में सोचने से पहले हर इंसान को सबसे पहले अपने बारें में सोचना चाहिए, ऐसा इसलिए भी क्योंकि जबतक जान है तब तक जहांन है, वरना सब बेकार है, यहाँ यह बात गौर करने वाली है कि घरवाले दाखिला करवा देते है, फीस भी दें देते है, पर इस सबका क्या फायदा कि जब आप स्कूल या कॉलेज ही न जाओ और जाओ भी तो पढ़ने के बजाए मौज–मस्ती करों, इससे तो अच्छा है कि आप पढ़ाई करने ही मत जाओ और अपने मॉ–बाप के पैसे बचाओ और जिस चीज में दिमाग काम करता है उसे सीखने व काम करने में वो पैसे लगाओं, वैसे भी आज के दौर में पढ़ाई इतनी मंहगी हो गयी है कि नार्मल इंसान या आम इंसान तो इसके बारे में सोचने से भी डरता है या फिर लोन लेकर पढ़ाता है और बच्चा अगर कुछ बन भी जाये, तो वो उस लोन को चुकाने में मदद करने के बजाये, यह कहता है कि सभी माँ–बाप

अपने बच्चों के लिए ऐसा ही करते है, आपने कुछ नया तो किया नहीं और फिर अपनी जिंदगी में मस्त हो जाता है। दूसरी तरफ भारतीय सरकार का कहना है कि लगभग 76 प्रतिशत लोग भारत में साक्षर हो चुके है और आने वाले समय में यह आकड़ें आगे ही जायेगें और जो गरीबी रेखा की बात है, वो धीरे–धीरे कम होने लगेगी और यह हो भी रहा है, जब से सरकार वर्ष 2014 में बदली है, गरीबों व ग़रीबी रेखा के नीचे जी रहे लोगों के लिए बहुत सारी योजनायें लायी है यह सरकार जैसे गैस सिलिंडर, बिजली, पानी, उनके लिए मकान व उचित राशन की योजनायें, जिसे मैंने क्या आप सबने भी देखा है और सफाई का देश व्यापी अभियान पहले किसी सरकार ने नहीं चलाया और आज हर घर, शहर, कॉलोनी, कस्बे, गाँव और हर छोटी–छोटी जगह को साफ़ करने का जिम्मा उठाया इस सरकार नें। हम सब बचपन में स्कूल गए और एक प्लेज या संकल्प लेते थे प्रार्थना के दौरान कि हमसब भारतवासी एक है, सभी हमारे भाई–बहन है, इसका क्या मतलब है कि जो बच्चा अभी पहली क्लास में आया हो और वो यह संकल्प ले, तो क्या बोल देने भर से हमसब एक हो जायेगें क्या ? क्योंकि जैसे–जैसे बचपन खत्म होता जाता है, वो बच्चा जब जवानी की दहलीज़ पर कदम रखता है, तो वो भारत व भारतवासियों का सपना छोड़ और बचपन का संकल्प तोड़, अपने व अपने परिवार के बारे में व उनके भरण पोषण के बारे में सोचने लगता है। इसी सोच के चलते एक–एक करके वो बच्चा अपने मार्ग व उद्देश्य से भटक के उसी लाइन में शामिल हो जाता है, जहॉ बाकी लोग लगे है कि 10 से 6 की नौकरी करनी है और अपने अंदर की काबिलियत भूल कर बस सैलरी के लिए जीना है और एक डर के साथ जीना कि कहीं नौकरी चली गयी तो मेरे परिवार का क्या होगा। हर बच्चा जीतनी शिद्दत से देश को बचपन में प्यार करता है वो बड़े होने पर सिर्फ अपने पेट से व अपने शौक से प्यार करता है, इतने सारे काम जवान होते ही आ जाते है कि हम बस उसी में उलझ कर पूरी जिंदगी बिता देते है और बाद में जब बुढ़ापा आता है तो हम खुद ही अपनी जिंदगी को कोसते है या अफ़सोस जताते है, पर जब

टाइम भी था और जवानी भी थी, तब उस जोश में हम पैसा कमाने में लगे हुए थे, फिर चाहे वो 1 नंबर से आये या 2 नंबर से, जैसे कोई इंसान किसी बड़ी पोस्ट पर पहुँच गया हो, तो उसे वो हर काम करना चाहिए जो देशहित में हो, नाकि अपने पर्सनल हित के बारे में सोचना चाहिए, सबने अपने जीवन में इसका अनुभव कभी ना कभी ज़रूर किया होगा कि आप जितने बड़े इंसान से जो की एक नामी–गिरामी पोस्ट पर बैठा हो, तो उससे कोई भी काम करवाने के लिए उतनी ही बड़ी रकम या घूस का इन्तजाम करना पड़ता है, मतलब नोट के वजन के आगे पोस्ट झुक जाती है या उस इंसान की पोस्ट से बड़ी किसी पोस्ट पर बैठे इंसान से सोर्स लगानी होगी या आपने लगवाई होगी। ऐसे केसों में जहॉ नोट के वजन पर काम होता हो, तो इससे कोई फर्क नहीं पड़ता कि वो काम कानूनी है या गैर कानूनी क्योंकि ईमान व धर्म दोनों पैसों पर तौल दिया जाता है, इस कारण से पैसे की लेन–देन में शर्म भी नहीं आती है और कुछ चंद लोगों की वजह से बहुतों को उस लेन–देन का भागीदार बनना पढ़ता है। इसमें भी गरीब इंसान ही पिसता है और पैसे न होने के कारण वो बस चक्कर लगाता रहता है कि शायद आज काम हो जाएगा या साहब आज मिल लेंगें या बात सुन लेंगें और एक उम्र के पढ़ाव पर पहुॅचें लोग तो चक्कर लगाते रहते है, पर युवा पीढ़ी के अंदर इतना ठहराव नहीं है और वो या तो हर हद तक गुजर जायेगें उस काम के लिए वो भी पूरे जोश के साथ और अगर सफल नहीं हुए, तो गलत राह अपनाने में भी जरा सा वक्त नहीं लगायेगें, इसी वजह से इंसान धीरे–धीरे चिढ़चिढ़ा व गुस्सैल बनता जाता है, साथ ही जो प्रदुषण है हवा में, खाने में, पानी में यह सब मिलकर इंसान की बुद्धि और ज्यादा खराब कर रही है।

जिस देश में सीता माता, राधा माँ हुई और उन्होंने मानव कल्याण के लिए अवतार लिया, जहॉ एक ने हमें मर्यादा सिखाई तो दूसरी माँ ने प्रेम व उसके भाव या स्वरूपों को बताया, पर हम उनके जीवन का सही अर्थ न समझकर, अनर्थ करतें है और उनके बताये या दिखाए गए रास्तों को या तो ढकोसला मानकर या फालतू की बातें जानकर आज की औरत या लड़कियॉ मॉडर्न बनने निकली

है और कोई–कोई तो हर मर्यादा को पार करने को तैयार है। पर आज के समाज में जहॉ औरत व आदमी दोनों को कमाना जरूरी है, इस वजह से भी कुछ कम परेशानीयॉ नहीं है जिस कारण चाहे या अनचाहे कारणों की वजह से मर्यादाऐं टूट रही है या टूट जाती है क्योंकि अक्सर हालात ऐसे बन जाते है और इन सबका असर आज सामाजिक व पारिवारिक दोनों चीज़ों पर बखूबी पढ़ रहा है। उदाहरण के लिए लड़का कम और लड़की ज्यादा कमाए तो टेंशन, घर पर कौन रुके या गृहस्थी कौन चलाये इस बात पर टेंशन, दोनों को अगर ऑफिस में कोई अच्छा मिल गया या उसके साथ दिल लग गया तो घरेलू जिंदगी समझों बर्बाद और ऐसा होना भी एक मानवीय भावना है क्योंकि जिस इंसान के साथ आप ज्यादा वक्त गुजारोगे वो धीरे–धीरे करीब आने लगते है और उसका साथ अच्छा लगने लगता है, ज्यादा दिन की दोस्ती, साथ आना–जाना, ऑफिस में पूरा समय साथ रहना हो, तो बात कब ऑफिस से घर, फिर बिस्तर तक पहुँच जाती है यह वो समझ ही नहीं पाते, इसमें कुछ प्रमोशन पाने के लिए हम बिस्तर होना चाहते है, तो कुछ घर के माहौल से परेशान होकर दूसरे के कंधे में अपन सुकुन ढुढ़ते है। अच्छा एक दिलचस्प बात और मैंने देखी व सुनी है कि शादी के बाद संबंध बनाने से किसी को किसी पर शक ही नहीं होगा, पर जब उससे भी धोखा मिलता है तो वापस जाने पर वो न तो खुद से नजर मिला पाता या पाती है और जो किया है उसे कैसे बताएगें, इस डर से वो मर जाना पसंद करते या करती है या सच बताकर अलग हो जाना ही आखिरी रास्ता समझते है और सैकड़ो में कोई एक होता है जो पिछला सब भूलकर वापस एक दूसरे को चांस देते है। औरतों के मुकाबले आदमी इस मामले में मरने के बजाये या तो नशे में डूब के गम भुलाने लगते है या किसी और से दिल लगा लेते है, तो कुछ वाकई पछतावे में आकर अपनी बीवी को या बीवी पति को, पहले से ज्यादा एक–दूसरे से प्यार करने लगते है या समय देने लगते है, वो समय जो वो अपने आशिक को देते थे। पर बीवी या ज्यादातर औरतें इस गिल्ट या अपराधबोध से घबराकर मर जाना या भाग जाना ही सही समझती है और उनकी इस करनी की

सजा भी उनका पति व बच्चे भुगतते है या अलग होने के लिए और अपने अपराधबोध से बचने के लिए वो उन्हीं के ऊपर केस कर देते है, मतलब लड़की के घरवाले कि मेरी बेटी परेशान थी और तंग आकर उसने आत्महत्या कर ली या तुमसे अलग होना चाहती है। बॉलीवुड की मूवी भी ऐसा कुछ दिखा रही है जो समाज में हो रहा है जैसे एक मूवी आई थी रब ने बना दी जोड़ी, जिसमें एक शादीशुदा औरत को दूसरे इंसान से प्यार होते दिखाया गया, मर्डर मूवी में शादीशुदा औरत अपने एक्स बॉयफ्रेंड के साथ संबंध बनाती हुई दिखाई गयी, यकीन मूवी में तो प्यार के पागलपन की हद्द दिखाई गयी जिसमें पत्नी अपने पति को मारकर अपने आशिक को अपने पति का रूप या चेहरा देकर उसके साथ रहती है। यहाँ मैं सभी के बारे में बात नहीं कर रहा हूँ, मैं बात उनकी कर रहा हूँ जो या तो गलत कर चुकी या चुके है या गलत कर रहें या रहीं है, यह सोचकर की यह मेरी लाइफ है और मैं जैसे चाहूँ वैसे रहूँ, मैं किसी से भी मिलूँ या कहीं भी जाऊँ, कोई कुछ न कहे वरना घर में क्लेश शुरू हो जाएगा या किया जाएगा कि मैं तुम्हारी जिंदगी में जब रोक–टोक नहीं करती हूँ, तो तुम भी मेरी जिंदगी में रोक–टोक नहीं कर सकते हो, पर यह बात न तो समाज मानता है न ही क़ानून का जानकार, जबतक सबूत पेश न किये जाए। दूसरा रूप हमारे समाज का यह है कि यहाँ रहने वाले सभ्य लोगों को अगर यह पता चल जाए कि उसकी बेटी या किसी की बीवी गलत है या गलत काम में फंसी थी, तो उसी वक्त से सबकी निगाहें बदल जाती है और आते–जाते उसपर कमेंट किया जाने लगता है कि वहॉ मजा न आया हो या संतुष्टि न मिली हो, तो एक बार हमें मौका देकर देखो, यह वो ही लोग है जो अपने घर की बहु–बेटी को परदे में रखकर बाहर मुहँ मारने के लिए, इस तरह की चीजों की तलाश में रहते है कि मेरा घर तो सेफ है, पर अगर दूसरे के घर में हाथ साफ़ करने को मिल जाए तो बात ही क्या है। इसमें कुछ लोग तो ऐसे होते है जो सामने वाली की कमजोरी मिलते ही उसे ब्लैकमेल करने लगते है, जो दुनिया का सबसे बड़ा अपराध है क्योंकि एक इंसान पहले ही गलत करके परेशान है और सामने वाला अपने भोग के लिए उसका

फायदा उठाना चाहता है, जैसे मैंने कुछ दिन पहले अखबार में पढ़ा कि एक इंजीनियर 2018 से इंटरव्यू दे देकर थक गया और जब कहीं सेलेक्ट नहीं हुआ तो उसने चोरी की लाईन अपनाई और एक दिन जब वो चोरी करने गया, तो देखा कि पति–पत्नी संभोग कर रहे थे और उसने उनका वीडियो बनाकर उनको ब्लैकमेल करने लगा और 10 लाख मांगे, पर उसकी शिकायत करके उसको जेल भेजा गया, तो साफ है कि आज का युवा पैसा कमाने के लिए कुछ भी कर सकता है, तो सोचो उस इंसान या औरत के अंदर से कैसी हाय निकलेगी, जो न सिर्फ उस गलत करने वाले को बल्कि उस ब्लैकमेलर की जिंदगी को बर्बाद कर देगी। वहीं जब कोई लड़का या आदमी गलत काम करता है, तो साथ वाला यह कहेगा की क्या हाथ मारा है, तुम्हारे बाद मेरा भी कोई चांस है क्या, इसी बात से यह अंदाजा लगाया जा सकता है कि लड़का व लड़की में सामाजिक तौर पर कितना बड़ा अंतर है सेक्स की सोच के मामले में। हम भारत में रहते है नाकि अमेरिका या लंदन में या किसी भी ऐसी विदेशी धरती पर, जहॉ किसी को भी किस या चुंबन कर लेना एक आम बात है, यहॉ तक की कोई किसी के साथ भी सेक्स कर लेता है और वन नाईट स्टैंड कहकर फिर किसी और के साथ घूमने चले जाना, यहाँ तक की शादी के बाद भी या साथी होने के बाद भी वो एक दूसरें से संबंध बना लेते है या एक दूसरे को चूम लेते है, यहाँ तक की प्यार किसे कहते है यह न समझकर वो प्यार किसी और से करने का वादा करके, वीकेंड पार्टी के दौरान किसी और के मिलने पर और जरा सा समय किसी के साथ बितानें के बाद ही उससे संबंध बनाने में भी कोई गुरेज नहीं करते है, इतना ही नहीं किसी अंजान इंसान से या थोड़ी देर पहले मिले उस इंसान के सामने निंवस्त्र होने से भी पहरेज नहीं करते हैं और तो और कई बड़ी विदेशी अभिनेत्रियाँ तो मूवी में भी निंवस्त्र हो जाती है, मतलब पैसा बड़ी चीज़ है जिसके लिए इंसान की इज्ज़त की भी वैल्यू ज्यादा नहीं है, पैसे के लिए वो ऐसा करने से कोई गुरेज नहीं मानती है, पर यह गलत है चाहे मूवी में सीन कुछ भी डिमांड कर रहा हो, यहीं पर एक बहुत बड़ा फर्क है उनकी व हमारी संस्कृति

में, पर यह कहना भी गलत नहीं होगा कि कुछ एक अब हमारे यहाँ की हीरोईन भी थोड़ा–थोड़ा इस ओर कदम बढ़ा चुकी है कि वो शादीशुदा होने के बाद भी किसी अन्य पुरुष के साथ ऐसे सीन देने को तैयार है जो सिर्फ अपने पति के साथ देना या करना ही धर्म है भले ही वो ऐक्टिंग के लिए क्यों न किया गया हो , पर हमारी सभ्यता व संस्कृति में शारीरिक संबंध या चुंबन अपने पति या पत्नी में से किसी एक व्यक्ति को छोड़ कर किसी के भी साथ करना, घोर पाप की श्रेणी में आता है, पर इस बात को वो नहीं मानते शायद क्योंकि उनका जवाब यह होता है कि यह हमारा काम है और काम ही हमारा धर्म है, लेकिन न शास्त्र यह अनुमति देते है न कोई भी धर्म, बस सबने अपने अनुसार शास्त्र व धर्म की व्याख्या कर रखी है, ताकि वो खुद खुश रहे और बाकी लोगों को भी जवाब दे सके। पर सोचा व देखा जाए तो एक बार के लिए मूवी तक तो ठीक है क्योंकि उसमें बहुत सारा पार्ट एक्टिंग का होता है जिसमें कई बार असल दिखने वाली चीजें असल नहीं होती है, पर मूवी से हटकर यह ही बात अगर आम इंसान की जिंदगी में हो और वो भी भारत में हो, तो गोलियॉ चल जायेगीं, रिश्ते टूट जायेगें और तलाक तक की नौबत आ जायेगी। वहीं अगर आज भी आपके पति को या आम इंसान को पता चल जाए या पत्नी को पति के बारे में पता चल जाए, तो वो या तो बीवी को ख़त्म कर देगा या खुद को ख़त्म कर लेगा या दोनों मर जायेगें और ठीक ऐसा पत्नी भी करती बल्कि पति से ज्यादा ही कुछ करती क्योंकि हम जितने भी मॉडर्न या आधुनिक क्यों न बन जाए, पर कुछ चीज़ों में हम नहीं बदल सकते है, अभी 8 अगस्त 2024 को रोजा थाने में एक पत्नी ने अपने आदमी को मारकर उसका सिर पत्थर से कुचल कर उसका भेजा निकालकर सड़क पर फैलाया और रिपोर्ट क्या बनाई गयी कि पति दारू पीता था उसी वजह से नशे में पत्नी ने उससे तंग आकर उसे मार दिया और मामला शांत और यही काम किसी आदमी ने किया होता तो क्या–क्या हो सकता था। मेरा यह भी मानना है कि हमारे यहाँ जो यह सब कल्चर आ रहा है वो पारिवारिक रिश्तों को तोड़ने के लिए काफी है, क्या फायदा ऐसे काम करने का जो थोड़ी देर के

लिए सुख या खुशी प्रदान करें और बाद में जिंदगी भर के लिए परेशानी का सबब बने, पर यह सब मानता कौन है क्योंकि सब अपनी–अपनी धुन में जो मस्त है।

एक मजेदार बात यहाँ मैं कहना चाहूँगा कि हमारे देश में सिरफिरों की कमी नहीं है, यह वो है जो कभी भी कुछ भी करने को तैयार रहते है बस किसी एक का इशारा मिलते ही, इस तरह के टैलेंट वालों के साथ और कुछ नया करने की कोशिश करने वालों के साथ ठीक तरह का न्याय न करके, उनके साथ पक्षपात किया जाता है। इससे न सिर्फ उनका दिल टूटता है बल्कि वो मन ही मन कुंठित हो जाते है और कुछ नया या अलग करने के बारे सोचना बंद कर देते है, कहते है कि जिंदगी सबको एक बार मौका जरूर देती है कुछ बनने का और कुछ कर दिखाने का, ऐसे में जो समय रहतें खेल गया तो ठीक, वरना सही समय के इंतेज़ार में यह लोग जिंदगी काट देते है फिर, इसको उधाहरण से समझते है कि कोई लड़का या लड़की, हीरो या हीरोइन बनना चाहे और चॉस ही न मिले, तो ऐसे में वो इंसान हताश हो जाता है, देखा जाए तो हर किसी को ऐसे ही मूवी में नहीं लिया जा सकता है और चयन करने वाले की भी कुछ मजबूरी है, पर यह बात कौन सोचे या कौन नए चेहरे पर पैसे लगाए क्योंकि कोई भी ब्लाइंड या आँख बंद करके पैसा नहीं लगाना चाहता है, हर कोई पत्ते खोल के खेलना चाहता है, ताकि बाद में न पछताना पड़े की यह क्या कर दिया।

देखा जाए तो जिस हिसाब से कंप्यूटर व टेक्नोलॉजी बढ़ रही है, इससे दुनिया हर घड़ी बदल रही है, हाँ अगर आप समय के साथ बदल रहे हो तब तो ठीक है, वरना कोई भी आपको दो मिनट नहीं देना चाहता, आज के समय में, फिर भी अगर कोई समझाना चाहे और आप नहीं समझे तो दूसरा समझ के आपसे आगे निकल जाएगा, ऐसी जिंदगी हो गयी है कि पल–पल आपको संघर्ष करना होगा लाइफ में, वरना अकेले रह के डिप्रेंशन में रहो और मानसिक रोग की दवाएं खाते–खाते मर जाओ, तो भी सिर्फ ख़बरों में आपका नाम कुछ दिनों के लिए आएगा और बाद में सब भूल जायेगें। इस

मनों रोग से बचने का तरीका जो मुझे समझ आया है कि आप कुछ भी करों बस खाली मत रहो या ऐसे किसी इंसान के साथ या आस–पास मत रहो जो नेगेटिव बातें करता हो या बात–बात पर यह जताये कि आपसे वो काम नहीं हो सकता है या आपसे अच्छा तो वो काम कर रहा है या अंधविश्वास या शगुन–अपशगुन को मानता हो। मेरे हिसाब से काम सिर्फ काम होता है उसमें यह सोचना की मैं इस काम के लिए नहीं बना हूँ या मैं यह काम कर चूका हूँ, मैं कैसे यह काम कर सकता हूँ, इससे ज्यादा मैंने मूवी या दूसरी और जगहों में काम किया है, इतने पैसे में कौन काम करेगा, यही नहीं जॉब वाले भी बोलते है कि इससे पहले मैं इतनी सैलरी ले रहा था, इतने पैसे में कौन काम करेगा, जिस दिन यह सोच बदली, देश में आत्महत्या का ग्राफ भी नीचे आने लगेगा और मानसिक रोगी भी कम होने लगेगें क्योंकि आप अपने ईगो को जैसे ही छोड़ोगे और काम करोगे तो पहला आप खाली रहने के बजाए बिजी हो जाओगे और काम की वजह से फालतू लोगों से कम मिलोगे। कलियुग में पापी का घड़ा आसानी से नहीं भरता है जितनी जल्दी से पुण्य करने वालों का भरता है, आज के दौर में किसी का बुरा कर दो, किसी के बारे में बुरा सोचो, किसी को मार दो या उसकी संपत्ति लूट लो या कब्ज़ा कर लो, किसी की इज्ज़त ना करो या इज्ज़त लूट लो, किसी को धोखा दो या छल से उसके परिवार को दुःख दो या कुछ भी जो अधर्म हो आप करके खुश रहोगे, वैसे भी लोग अपने दुःख से दुःखी नहीं है जितना वो सामने वाले या आपके सुख से दुःखी है। साथ ही आबादी बढ़ने के साथ क्राइम भी बढ़ेगा और रिश्तों का मोल भी खत्म होता जायेगा, आज के दौर में लोग या परिवार वाले एक साथ या एकल परिवार में रहना तो छोड़ो, जो साथ रह रहे है उनसे पूछो तो वो कहेगें कि वो किसी जेल में रह रहे है क्योंकि आज सब अपने लिए बनाना, पहनना और सिर्फ अपने पति व बच्चों के लिए ही जीना या करना चाहती है, किसी और के लिए कुछ करना पड़े तो ऐसा माहौल बन जाता है कि आपने जैसे दोनों किडनी मांग ली हो या पहाड़ उठाने जैसा काम करने को बोल दिया है, जो वास्तव में आज के दौर का सबसे

बड़ा अधर्म है, क्योंकि जो अपने माँ–बाप, देवर–भाभी, सास–ससुर या किसी के लिए कुछ करने से पीछे हटे वो अधर्म ही कर रहा है और इस पाप की सजा भी बड़ी दर्दनाक है, बड़े–बुजुर्ग कह गए है कि जो आज बोओगे वो ही कल काटोगे, मतलब की जैसा आपके बच्चे आपका व्यवहार दूसरों के प्रति देखेगें वो भी आगे चलकर आपके साथ वैसा ही करेगें, मतलब आपने एक नहीं दो अधर्म किये, पहला की वो खुद अपनें बड़ो की सेवा न करके अधर्म किया और दूसरा आपके बच्चों ने जो देखा वो ही फिर वो आपके साथ करेगें मतलब उसे भी बचपन से अधर्म सिखाया व दिखाया।

एक बात मैं और बोलना चाहता हूँ जो हमारे देश में हर पॉच साल में देखने को मिलती है जिसमें सबसे ज्यादा तमाशा नेता लोग करते है चुनाव के समय, चुनाव से पहले जो प्रचार–प्रसार करने आते है तब पूरे शहर को साफ़ किया जाता है, नाले व सड़को की सफाई की जाती है, गली–मोहल्ले चमकाए जाते है और फिर उसे छोड़ दिया जाता है भगवान् भरोसे अगले 5 सालों के लिए चुनाव के खत्म होते। इसी तरह देश में जितनी गरीबी है उतनी ही गन्दगी भी है सिवाए कुछ शहरों को छोड़ कर, पर इंसान बाहर की गंदगी को तो साफ़ कर सकता है पर अन्दर की गन्दगी को कौन साफ़ करेगा और इसी अन्दर की गन्दगी को जब राजनीति से निकाल दिया जाएगा, तो अपने आप मेरा भारत महान बन जाएगा और दुनिया के लिए ईर्षा का विषय बन जाएगा। एक मुहावरा इस बात की पुष्टि करता है कि घर की सफाई में कौन अपने हाथ गंदे करे, राजनेता या मंत्री जिनके पास देश की बागडोर है वो ही आगे आकर देश की आतंरिक गंदगी को साफ़ कर सकते है और यह मैं पूरे विश्वास से कह सकता हूँ कि अगर सरकार एक कदम बढ़ाएगी तो सौ कदम देश की जनता बढ़ाएगी, वैसे मैंने जब यह किताब लिखनी शुरू की थी कुछ पेपरों पर, तब सन 2012 था और साल 2014 के बाद आई सरकार ने काफी कुछ बदलाव किया, तबसे अब तक और मैं कई बार यह बात कह चुका हूँ इसी किताब में और मुझे खुशी है देश बदल रहा है, कोई भी नहीं चाहेगा की उसके देश का नाम खराब हो या बदनाम हो, तो मैं कैसे नहीं अपने देश की तारीफ करूं, हाँ

कुछ देश ऐसे है जिनका नाम बदनाम है और वो लगातार यह कोशिश में लगे रहते है कि उनके देश का नाम सही न हो पाए, इसलिए वो चाहे किसी भी देश में रहे वो ऐसे काम कुछ–कुछ समय पर करते रहते है, जिससे उनके देश को न कोई भूले और बदनाम करने में भी किसी तरह की कोई कमी न आ जाये। इसके साथ ही कुछ और चीज़ें भी है जिनके विषय में सोचने व काम करने की ज़रुरत है जैसे शहर के अंदर तारों का जाल, ट्रांसफार्मरों का जर्जर हालात में होते जाना और गर्मी आते ही लाइट की आँख मिचौली का शुरु हो जाना या बारिश व आंधी की वजह से पेड़ो का तारों पर गिरना आम बात है, तो सरकार को एक अभियान चलाकर इनको भी अंडरग्राउंड या ज़मीन के नीचे डलवाने की तरफ कार्य करना होगा, जिससे काफी बड़ा सुधार हो सकेगा, भले ही इस काम के लिए सभी लोगों से बिजली के बिल में कुछ रूपए बढ़ाकर व लगाकर इस काम को करवाया जाए, दूसरा सरकारी दफ्तरों की इमारतें इतनी जर्जर हालत में पहुँच गई है, जो कभी भी किसी भी बड़े हादसे को दावत दे सकती है। सड़को की हालतों में पहले से काफी सुधार हुआ है और जगह–जगह काम भी चल रहा है, पर तबतक परेशानी उठानी पड़ेगी, पानी की समस्या के बारे में अभी से व गंभीर रूप से विचार कर कुछ नियम बनाने पड़ेगें वरना आने वाले समय में युद्ध पानी के लिए होना तय है, पुराने बंद पड़े कारखानों को व सरकारी इमारतों को प्राइवेट सेक्टरों को किराये पर देकर, न सिर्फ उनको उपयोगी बनाया जा सकता है, बल्कि वहॉ की मशीनरी, इमारत व आस–पास का विकास भी किया जा सकता है, पर सरकारी टर्म व कंडीशन पर, जिससे देश के राजस्व को भी बढ़ाया जा सकें। सबसे जरूरी कदम है रेलवे की ज़मीनों व इस्तेमाल में न आने वाले समानों को एक जगह इकठठा करके या तो इस्तेमाल में लाये, नहीं तो गलाके उनसे कुछ आकर्षक बनाकर जैसे म्यूजियम या किसी तरह के शेल्टर बनाये जा सकते है स्टेशनों पर क्योंकि कितने स्टेशनों पर धूप व बारिश से बचने के लिए सेल्टर नहीं है आज तक, जिसे स्टेशनों पर बेकार पड़े लोहे को गलाकर उस सामान को उपयोग में लाया जा सकता है या ऐसी

जगह जहाँ लोग धूप में खड़े रहते है चाहे स्टेशन हो, बस स्टेंड हो या कोई भी पब्लिक जगह पर उनका इस्तमाल किया जा सकता है और इससे भी पैसा बचाया जा सकता है उन जगहों को सुधार कर और वहाँ पर रूकने के लिए चंद रूपयों का शुल्क लिया जा सकता है, वो 1 से 5 रूपये कुछ भी हो सकता है और उन बेकार चीजों को सही इस्तेमाल में लाया जा सकता है बजाए गलने या सड़ने देने के और उस पैसों से रेलगाड़ीयों को और सुविधा जनक बनाने के साथ–साथ रेल हादसों में घायल या मर गए लोगों की मदद भी की जा सकती है जो भी पैसा उन सुधरी हुई जगहों से आता, इसी तरह बाकी सरकारी ऑफिसों में भी यह अभियान चलाकर टेलीफोन विभाग, बिजली विभाग, जल विभाग, आर0टी0ओ0 विभाग, तहसील, पुलिस स्टेशन में पड़े वाहन और अस्पताल की खराब हुई मशीनरी आदि विभागों में बेकार पड़े सामान जो कि सरकारी सामान है जिसको देश की जनता के टैक्सों से बनाया गया था और समय के साथ टेक्नालॉजी चेंज होने पर जब उन चीजों का इस्तमाल नहीं हो पा रहा है तो उन चीज़ों से कुछ बनाकर उनको गलने से व बेकार पड़े रहने से रोकने के साथ, उस ऑफिस में वो सब बेकार पड़े समान को हटाकर वहाँ और जगह बनाने के साथ उसे साफ़ सुथरा भी किया जा सकता है, मेरे हिसाब से ऐसा करना कोई मुश्किल काम नहीं है क्योंकि सरकार इसके लिए टेंडर निकाल सकती है या सम्बंधित कार्यालयों से सुझाव लेकर व उनका ब्यौरा बनाकर उन चीज़ों को कैसे उपयोग में लाया जा सकता है यह वो कर सकती है। यह सब तो सरकारी काम है पर एक दूसरा महतवपूर्ण विभाग है जो किसी भी देश को आतंरिक रूप से मजबूत कर सकता है या खोखला बना सकता है, जी हाँ मैं पुलिस विभाग की बात कर रहा हूँ, यह एक ऐसा विभाग है जो जनता के बीच रहता है पर क्या वाकई में वो अपने शुद्ध अंतःकरण से जनता की सेवा करते है क्योंकि मैंने क्या सभी ने कभी ना कभी पुलिस के काम करने के तरीके से आमना–सामना किया होगा, वैसे हमारा भारत देश प्रजातंत्र पर आधारित देश है मतलब सबको अपनी बात कहने का पूर्ण अधिकार है, पर वो अधिकार पुलिस के सामने चलता कहाँ है, जैसे

आपके साथ कोई हादसा या कोई घटना घट जाए, तो पहले तो आप पुलिस को यकीन दिला पाओ की ऐसा हुआ है मेरे साथ, दूसरा की वो बात सुनकर तुंरत कार्यवाही करें यह एक बहुत बड़ा सच है, और अक्सर पीड़ित व्यक्ति को एसएसपी से लेकर अदालत तक का दरवाज़ा खटखटाना पड़ता है अपनी शिकायत दर्ज करवाने के लिए, पर शायद अब बदलाव हो पुलिस की कार्यशैली में जो बदलाव आज की सरकार ने किया है नये कानून लागू करके और 1860 के कानूनों से निजात दिला सकी है, वहीं नये कानून के तहत अब हर चीज में एक समय सीमा निर्धारित कर दी गई है। पहले के कानून के हिसाब से मान लो आपकी शिकायत लिख भी ली गयी, पर कारवाई तो कोई उनसे करवा नहीं सकता है, फिर हो सकता है कि आपको दुबारा किसी अधिकारी के पास जाकर दबाव बनवाना पड़े या नोट खर्ज करने पड़े और पुलिस के पास वो शक्ति होती है जो देश के किसी भी विभाग के या अदालत के या किसी भी अधिकारी के पास नहीं होती है और वो ही है जो सबसे पहले किसी भी मौकांए वारदात पर पहुँचती है, सबूत व गवाहों को जमा करने से लेकर गवाही लेने से लेकर गिरफ्तार करने तक की पॉवर भी सिर्फ पुलिस के पास होती है। बॉलीवुड मूवी का एक मशहूर डायलॉग है कि अगर पुलिस चाहे तो कोई वारदात होने तो क्या, वो चाहे तो मंदिर से किसी की चप्पल तक कोई नहीं चुरा सकता है, पर अगर वो चाहे तो वो भी बिना किसी स्वार्थ व लालच के, यह कहना भी गलत नहीं होगा कि पुलिस ही क्यों कोई भी इंसान किसी भी विभाग का हो, अगर वो सिर्फ अपने हिस्से की ईमानदारी रखते हुए भी काम करें तो भी काफी कुछ बचाया जा सकता है समय रहते। वैसे भी हर विभाग एक दूसरे से जुड़े हुए हैं और हर विभाग एक दूसरे पर निर्भर भी करतें है और सब का सम्मिलित प्रयास ही बदलाव ला सकता है, इसको उदाहरण से समझते है जैसे टेलीफोन एक्सचेंज विभाग की बात करते है, पहले तो ये एक सरकारी विभाग था पर अब निगम बन गया है, तो कैसे वो दूसरे विभागों से जुड़ा है, जैसे बिजली जो वहॉ इस्तेमाल में आती है वो बिजली विभाग का हिस्सा है, सर्वर दूसरी कंपनी बनाती है जहॉ पर डाटा सेव होता है,

तार कोई और तो टेलीफोन कोई और टेबल–कुर्सी कोई और तो डीजल कोई और, कंप्यूटर कोई और तो कागज़ व अन्य सामान अलग–अलग कंपनियां बनाती है, तो एक विभाग कितने विभागों से जुड़ा है और किसी एक का भी साथ या हाथ छुटने से काम बंद हो जायेगा या सर्विस मिलना बंद हो जायेगा और इन सबमें कितने लोगों को रोजगार मिलता है अलग–अलग कंपनियों में और बंद होने पर कितने एक बार में बेरोजगार हो जायेगें यह भी सोचना चाहिए।

एक बात मैंने अक्सर लोगों से सुनी है और कई मूवीयों में भी देखा है कि मैं 100 रूपए लेकर शहर आया था और आज 1000 करोड़ का मालिक हूँ, मेरी कंपनी का टर्नओवर इतना है और मैंने इस–इस जगह यह नई कंपनियां और खोली है, तो यह कोई जादूगर थोड़े ही होते है या इतना काम करते है जिससे इतना मुनाफा हो जाए कि वो रातों–रात अरबपति या खरबपति बन जाए। हर कामयाब इंसान का एक सटीक प्लान होता है और उसको पूरा करने के लिए कभी लोगों के सर्पोट से, तो कभी बैंक से लोन लेकर, वो शुरूआत करता है, फिर धीरे–धीरे वो कुछ लोगों को अपने प्लान में शामिल करता है जिनपर वो अपने भाईओं की तरह भरोसा करता है, इस तरह वो अलग–अलग क्षेत्रों के लोगों को जोड़कर अपना एक साम्रराज्य या कंपनी खड़ी करता है, इस तरह वो कुछ सालों में उन्ही चंद पैसों से कई हज़ार करोड़ का मालिक बन जाता है, वो क्या थे और क्या बन गए, इस बात का पता उनको समय–समय पर चलता रहता है, जब–जब शेयर बाजार उपर–नीचे होता है, पर आम इंसानों के लिए तो यह एक सिर्फ चर्चा का विषय होता है जो पहले बातें करते है कि देखो इतनी जल्दी इतने पैसे वाला बन गया, ज़रूर दो नंबर का काम करता होगा अपने बिज़नेस की आड़ में, दूसरे वो जो इस बात से खुश होते है कि उनको काम मिल गया, तीसरे वो लोग होते है जिनका पैसा लगा होता है और वो खुश इसलिए होते है कि उनका पैसा बढ़ रहा होता है। हाँ एक बात जरूर हो सकती है कि वो असफल हो जाये किसी नये काम के कारण, पर जो सफलता पाते है उनके अंदर एक

बात जरूर देखने को मिलेगी कि वो अपने हिस्से की ईमानदारी जरूर रखते हैं व अपने यहाँ काम करने वालों को समय–समय पर प्रोत्साहित करते रहते है, वहीं कुछ ऐसे होते है जो मुनाफा तो हज़ारों–करोड़ों रूपए में कमाते हैं पर उसमें वो अपने कर्मचारियों को शरीक नहीं करते और साल में छोटा–मोटा सा कोई उपहार देकर अपनी जिम्मेदारी पूरी हुई ऐसा समझते है, तो यह मान के चलिये कि आपका जहाज ज्यादा दूर जाने के बजाये डूब जाएगा, वहीं मैंने कुछ ऐसे इंसानों को भी देखा है जो थोड़ा सा मिलने पर भी अपने कर्मचारियों में बांटते है, उन्हें साथ होने का एहसास दिलाते है खुद जाकर, उनसे कभी–कभी मिलते रहते है और उनके सुख–दुःख के बारे में जानकारी लेकर समय पर उनकी सहायता करते है ताकि उन्हें ऐसा लगे की कंपनी जितनी मालिक की है उतनी ही आपकी भी है और इसका अच्छा–बुरा भी आप सबके हाथों में ही है। इतना सा करने से कोई छोटा या बड़ा नहीं होता, पर हाँ जो छोटे है वो इस तरह के व्यवहार को देख कर एक नए जोश से भर जाते है और बाकियों से वो अपने आपको ज्यादा अहम् समझने लगते है कि मालिक उन्हें जानता है व बात करने आया था। कुछ लोग ऐसा भी करते है कि वो अपने कर्मचारियों को समय–समय पर बोनस देकर, सैलरी में इजाफा करके, किसी तरह का उपहार त्यौहारों में देकर, अच्छा काम करने वाले को बेस्ट एंप्लॉय का आवार्ड भी देते है, कोई उपलब्धि हासिल करने पर सर्टिफिकेट देकर या मेडल देकर हौसला बढ़ाते है, जो कहने को तो चंद रुपयों का सामान है पर उसका असर हज़ारों गुना पड़ता है और एक को मिला उपहार देखकर दूसरा भी सोचता है कि मैं भी और अच्छा काम करूँगा, फिर मुझे भी इनाम मिलेगा, जिससे न सिर्फ प्रोडक्शन या काम ज्यादा होगा बल्कि आपके बिना कहे, वो सारे आपकी नज़रों में आने के लिए पहले से ज्यादा मेहनत करेगें, तो जब कंपनी का फायदा होगा तो जाहिर सी बात है कि देश का भी फायदा होना निश्चित है। ऐसे छोटे–छोटे प्रोत्साहनों की वजह से उनके अन्दर आत्मविश्वास बढ़ता है, साथ ही हम उन्हें खोने से बचते है, इसका फायदा यह होता है कि किसी और के बहकाने या लालच में आकर वो काम छोड़ कर

नहीं जाते, पर यह बात भी सही है अपनी जगह कि आप सबको नहीं रोक सकते हो और ऐसे कुछ लोगों के जाने की वजह से कंपनी को कोई ज्यादा फर्क नहीं पड़ता है। पर अगर एक–एक करके लोग जाने लगेगें तो भविष्य में कंपनी के लिए मुसीबत खड़ी हो जायेगी, इसीलिए टाइम–टाइम पर उनका हौसला बढ़ना ज़रूरी है, एक और वजह से भी हमें अपने लोगों से बात करती रहनी चाहिए क्योंकि जब कोई कंपनी में लगता है तो तुरंत ही आउटपुट देने के बजाये पहले वो कंपनी के खर्चे पर ट्रेनिंग लेता है, उसके बाद ही वो कंपनी को मुनाफा देता है और इसी कारण वश जब हम किसी को पहले सिखाते है और वो सीख के चला जाए तो कंपनी का दो तरह से नुक्सान होगा, एक तो यह होगा कि कंपनी की प्रोडक्टिविटी घटेगी, दूसरा एक नए इंसान पर फिर से मेहनत करनी पड़ेगी व पैसा लगाना पड़ेगा। यह सरकारी ऑफिस में नहीं होता है कि किसी को आसानी से काम छोड़ कर जाने से रोके और छोटी–मोटी परेशानियों को सुलझाकर उस पोजीशन को खाली न होने दें, यह फंडा गैरसरकारी कंपनियां या एमएनसी कंपनियां अपनाती है और वो कंपनी के अन्दर ही प्रमोशन भी देती रहती है जिससे एक फायदा यह होता है कि जो बंदा या बंदी कंपनी के काम को जानने वाला है वो ही आगे गया, दूसरा वो कंपनी की सारी पॉलिसीयॉ व नियम भी जानने वाला होता है, जिस कारण वो कंपनी को और आगे लेकर जाएगा, इस सोच के कारण उसे प्रमोट किया जाता है, तीसरा फायदा यह होता है कि बाकी कर्मचारियों पर एक अदभुत प्रभाव पड़ता है, पर न जाने क्यों इन तरीकों को सरकारी विभाग न के बराबर अमल में लाते है। वैसे भी सरकारी नौकरी में टाइम बीतने के हिसाब से प्रमोशन मिलता है और यह बात मैं इसलिए कह रहा हूॅ क्योंकि मेरे पिताजी खुद सरकारी ऑफिसर थे जो बी0एस0एन0एल0 से रिटायर हुए थे एस0डी0ओ0 विजिलेंस की पोस्ट से सन् 2018 में, इसलिए सरकारी विभाग में कोई टैलेंट दिखाना ही नहीं चाहता है बस नौकरी करनी है सैलरी के लिए। यहाँ मैं अपना तजुर्बा शेयर करना चाहता हूँ कि जब मैंने खुद आइ0बी0एम0 जैसी कंपनी में था जो दुनिया की नंबर 1 या 2

नंबर की कंपनी में काम किया था और माइक्रोसॉफ्ट के हैदराबाद ऑफिस में विजिट भी किया है और ओरेकल, इंटेल जैसी कंपनीयॉ भी देखी है बैंगलोर में, पर मेरे कहने पर नहीं खुद डाटा चेक करों इन कंपनियों का, तो आप खुद समझोगे इन कंपनियों की कार्य करने की प्रणाली कि वो कैसे लोगों को नौकरी देने के नियम व निकालने के नियम बनाते है और उनका क्या प्रतिशत है और क्या–क्या टैलेंट होना चाहिए आपके अंदर जो यह कंपनियां आपको हायर करें या कंपनी में रखें। इन कंपनियों की एक खास बात यह है कि यह कभी अपने कर्मचारियों पर इतना बोझ नहीं डालती है कि उनको नौकरी छोड़ना पड़े, बल्कि इन कंपनियों में लोग नौकरी करना अपना भाग्य समझते है और चाहकर भी कोई नौकरी को नहीं छोड़ना चाहता है सिवाये इस बात के कि आपको इस कंपनी के नाम पर कोई दूसरी कंपनी ज्यादा पैसे दे रही हो, इन सारी कंपनियों में आप अपना 100 प्रतिशत नहीं बल्कि 200 प्रतिशत देना चाहते हो, ताकि हम किसी भी कारण से बाहर न हो, हाँ यहाँ अगर आप डिफाल्टर पाये गये, कंपनी के डाटा का मिसयूज करते पकड़े गये या नियम का पालन ठीक से नहीं किया और पकड़े जायें तो ऐसों के साथ कोई नर्मी नहीं की जाती है। इसी वजह से उन्होंने अपना एक नियम व कायदा बना रखा है और जो उसमें फिट नहीं होता वो कंपनी से बाहर कर दिया जाता है, इनफ़ोसिस, विप्रो, टी0सी0एस0 वगैराह जैसी बड़ी भारतीय कंपनियां वो पहचान आज भी नहीं बना पायी है विश्व स्तर पर जैसी माइक्रोसॉफ्ट, आइ0बी0एम0, ओरेकल, इंटेल, सैमसंग आदि कंपनियां रखती है और यह कंपनियां जितनी बड़ी है उतना ही ज्यादा उनका प्रोडक्शन भी है। कहते है कि सिर्फ नाम बड़ा हो जाने से काम बड़ा नहीं किया जा सकता है क्योंकि बड़ा काम करने के लिए बड़ी जिम्मेदारीयों व बड़ी से बड़ी समस्या को भी शांति से हल करना आना चाहिए, हर देश की नामी कंपनियों के शोरूम व ऑफिस हमारे देश में मिल जायेगें, वहीं हमारे देश की बड़ी कंपनियां देश में ही ठीक तरह से पैर ज़माने के लिए जद्दोजहद कर रही है और ज्यादातर काम व प्रोजेक्ट वो विदेशी कंपनियों से आउटसोर्स करती है, मतलब नाम

हमारे देश की कंपनी का और काम विदेशी कंपनी का, इस आदत को भी बदलना होगा और उनका लेबर बनने के बजाये, उनको अपना लेबर बनाना होगा, तब हम अपने देश का विदेशी मुद्रा भण्डार बढ़ाने के साथ–साथ हम अपना कर्जा भी धीरे–धीरे कम कर सकते है। वहीं मैंने एक बात और देखी है कि जब बात विदेशी काम की आती है तो हम अपना 100 नहीं 101 प्रतिशत देते है यहाँ तक की कोई भी गलती की गुंजाईश नहीं छोड़ते है, पर जब बात स्वदेशी चीज़ों की आती है तो पता नहीं क्यों कामचलाऊं काम किया जाता है, चीज़ बनती है बिगड़ती है फिर बनती है और फिर बिगड़ती है, वैसे भी एक बार जिस चीज़ पर हम भारतीयों ने पैसे खर्ज कर दिये तो उसको सही करवाने में उसपर बार–बार पैसा खर्ज करने से भी हम पीछे नहीं हटते और हम उसमें भी खुश है क्योंकि हम चीज़ों से भी लगाव लगा लेते है और आज इनती आधुनिकता होने के बाद भी जब हम कोई चीज़ लाते है तो सबसे पहले उसको पूजते है। पर कई बार जिस तरह से चीज़ों का प्रचार–प्रसार होता है व गुण बताये व दिखाये जाते है वो कई बार उस हिसाब से चलती नहीं है, दूसरा हमारे यहाँ जितने शोरूम व कंपनियां नहीं है उससे ज्यादा तो मैकेनिक व सामान ठीक करने वालों की दुकानें मिल जायेगीं, कभी–कभी तो सामान इतने का भी नहीं होता जितने की बनवाई हम दे देते है, जैसे एक बार ज़िन्दगी मिली है और शरीर कितना भी टूट–फूट जाए हम उसे प्लास्टर लगाकर या ऑपरेशन करवाकर अपनी जिंदगी जीते है ठीक वैसे ही हम भारतवासी अपने सामान के साथ करते है, चाहे हालात कितने भी खराब क्यों न हो जायें यह बात हमारे जहन में हमेशा रहती है कि हम उस सामान को बार–बार लगातार बनवाते रहेगें, जबतक की बनाने वाला यह न बोल दे की अब इसमें कुछ नहीं बचा बनाने लायक। लेकिन कोई क्यों अपनी दूकान बंद करवाएगा इसलिए बहुत कम लोग ऐसा बोलते है कि अब कुछ नहीं बचा, वरना सब यही बोलते है कि सही होगा पर इतने रूपए लगेगें या टाईम काफी लगेगा, पर हम पुरानी चीजों को सही करवाने में पूरी ज़िन्दगी लगा देते है और हम ऐसे लोगों को भली भांति जानते भी है जो हमारी चीज़ों को ठीक करने

में माहिर हो। इस तरह से हम चीज़े बनवाते रहते है और कभी कोई हिस्सा तो कभी कोई पार्ट बदलवा के काम चलाते रहते है, हाँ यहाँ एक बात और है कि जब वो चीज़ दम तोड़ देती है तो भी उसे फेकनें के बजाए कई सालों तक घर में रखते है और फिर हम नयी चीज़ लेने निकलते है फिर होता यह है कि जो चीज़ पहले लेते सस्ते में, वो हम अब मंहगे दामों में खरीदतें है और पहले वाली चीज को बनवाने में जो पैसा लगा वो अलग और नई चीज के दाम की वजह से जो नुक्सान होगा वो अलग, मतलब ज्यादा दाम में पहले वो चीज ली और खराब होने पर उसे बनवाने में ज्यादा दाम लगा दिये और दोनों तरफ से फिर हमको नुक्सान उठाना पड़ता है। आज भी हमारे देश में लोगों के पास 10 साल या 20 साल या ना जाने कितने साल पुरानी चीज़ें रखी होंगीं, किसी का क्यों कहूँ मेरे घर में कई चीजें 40 से 42 साल पुरानी रखी है और वो अभी और 30 साल चल जायेगीं या उससे ज्यादा। हॉ तो पुराने समान के बारे में बात कर रहे थे कि हम अपने पुराने समान में से कुछ को सो पीस की तरह सजा के रख देते है या तो बेकार है अगर तो हमारे स्टोर रूम में या किसी जगह पर रख दी जाती है, वो भी सिर्फ शोभा बढ़ाने के लिए या फिर यहाँ–वहाँ रख के एडजस्ट किया जाता है। जहॉ कुछ लोगों के पास जरूरत का सामान नहीं है तो कुछ के पास जरूरत से ज्यादा सामान है, किसी के पास बेसिक सामान नहीं है तो किसी के पास इतना है कि उन्हें रखने के लिए जगह नहीं, किसी के पास घर नहीं है तो किसी के पास इतने है कि वो खंडर हो रहे है।

इसके बाद हमारे देश में एक और मज़े की बात मैंने देखी है कि आप कुछ लोगों को देखकर, आप यह नहीं बता सकते हो कि कौन ज्यादा अमीर है और कौन ज्यादा गरीब है क्योंकि कोई एक कमरे के मकान में रहकर भी करोड़पति है तो कोई दस कमरे के मकान में रहकर भी लखपति है, कोई एक कार में घूमता है तो कोई दस कारों का मालिक है, कोई सिर्फ एक कंपनी का मालिक होते हुए भी पैसों से लदा हुआ है, तो कोई दस कंपनियों का मालिक होकर भी कर्ज़ में डूबा हुआ है। यहाँ तक की यह भी नहीं बता

सकते कि कौन कितने पानी में है और कौन कितनी पॉवर रखता है, एक मामले में हम भारतीय विदेशी लोगों से काफी अलग हैं, क्योंकि हम जहॉ रहते है वहाँ रिश्ते बना लेते है और उन रिश्तों से काम निकलवाना भी हमें बहुत अच्छी तरह से आता है, चाहे कोई भी हो या कहीं भी हों, हम बड़ी आसानी से रिश्ता बनाकर आपस में घुल–मिल जाते है और थोड़े ही समय में अजनबी से एक पारिवारिक रिश्तें में बंध जाते है और ये विदेशी चाह कर भी नहीं कर पाते है। वैसे भी जो एहसास हम भारतीयों के पास है वो विदेशी कभी नहीं समझ पायेगें, क्योंकि ये सब निर्भर करता है आपकी परवरिश पर व संस्कारों पर, जबकि विदेशी पर्सनली कम प्रोफ़ेसनली बात ज्यादा सोचते है, हम रिश्तों को एहमियत देते है वो काम को, हम ज़िन्दगीभर अपने बच्चों को पाल सकते है और पूरे परिवार का भार उठा सकते है, पर वो ऐसा नहीं करते और बड़े होने के साथ वो अपनी अलग दुनिया बनाते है और कहते है कि हमें स्पेस चाहिए, वो 10 या 12 साल के बच्चे पर ध्यान उतना नहीं देते, जितना हमारे यहाँ के माँ–बाप 20 से 30 साल तक के बच्चों को देते है, हम भारतीय अलग–अलग रहने के बजाये आज भी मिलकर रहना पसंद करते है जबतक हम चकाचौंध से दूर है, भले ही हम काम के लिए बाहर रहें पर जड़े हमेशा घर से जुड़ी रहती है। हमारे देश में जबतक बच्चे की शादी ना हो जाए तबतक उसे बच्चा ही माना जाता है और उसकी हर एक इच्छा को पूरी करने की कोशिश भी करते है, वहीं जैसे–जैसे समय बदल रहा है शहरों के बच्चों की मानसिकता पर बाहरी चीज़ों व आदतों का असर पड़ने की वजह से आज वो अपने माँ–बाप की देखभाल करने को एक पाबंदी या मजबूरी समझने लगे है और उनसे लड़ते भी है और अगर माँ–बाप बच्चे को यहाँ–वहाँ जाने से मना करें तो वो सबसे बड़े दुश्मन नज़र आते है, इसके बाद भी मॉ–बाप बच्चों से मुँह नहीं फेरते है और आज भी शहरों के मुकाबले गाँव में यह कम देखने में आता है। आजकल के बच्चे अक्सर खुशी में या जोश में आकर यह भूल जाते है कि वो क्या कर रहे है और सही व गलत की पहचान ना करके जो अच्छा लगता है वो करना चाहते है और कहीं दोस्त

भी वैसे ही मिल जाए तो सोने पर सुहागा वाली बात हो जायेगी, मतलब उस समय आप अपने दोस्त के कहने पर कुछ भी कर सकते और दुनिया में खुद को किसी से कम नहीं समझना, फिर चाहे अंजाम कुछ भी हो बाद में। तो इसको ऐसे देखा जाए कि हम विदेशीओं की तरह बनने के चक्कर में अपनों की खुशियाँ व सुखचैन खत्म कर देते है, इसमें सबसे ज्यादा परेशान लड़कियां होती है क्योंकि वो बचपन से देखती है कि घर के लड़कों को या परिवार के लड़को को काफी छूट दी जाती है, वो जहॉ चाहे जाए, देर से आयेगें, उनकी हर इच्छा पूरी की जाती है, उनके हिस्से का सेलिब्रेशन भी लड़कों के हिस्से में चला जाता है, बात–बात पर ताना, हर चीज़ में भेदभाव व न जाने कैसे–कैसे तौर–तरीके अपनाने को कहा जाता है। पर जैसे सारी उंगलियाँ बराबर नहीं होती, वैसे ही सारे परिवार व उनकी सोच भी एक जैसी नहीं होती और वो अपने परिवार की लड़कियों को बराबर का हक देने के साथ उनको उनके पसंद के काम के लिए छूट भी देते है और घर में किसी भी तरह के भेदभाव से भी दूर रखा जाता है और वो ही लड़कियॉ आज अपने परिवार का नाम रोशन कर रही है।

पर छूट मिलने का एक बहुत बड़ा दुष्प्रभाव भी मैंने बड़े शहरों में रहकर देखा है फिर वो चाहे लड़का हो या लड़की, दोनों छूट का भरपूर फायदा उठाते है जैसे जितने भी पब, बार, रेस्तौरेंट, मूवी हाल, लेट नाईट क्लब इन्हीं छूट मिले लोगों से चलते है, मन में आयेगा कि मैं किसी को बदनाम करने के लिए शायद ऐसा बोल रहा हूँ, तो नहीं यह सब मैंने हकीकत में देखा है और एक जगह या शहर में नहीं बल्कि कई जगह, पर मैं यहॉ गाज़ियाबाद के वसुंधरा के एक माल की बात कर रहा हूँ जहॉ मैं मॉल के थर्ड फ्लोर पर मेरे दोस्त के ऑफिस में कुछ दिन रहा था क्योंकि उसका पॉलिसी का काम था इस वजह से और उसी माल के ग्राउंड फ्लोर पर एक क्लब एंड बार था, मंहगी कार व छोटे–छोटे कपड़े पहने हुए लड़कियॉ व लड़के बाहर कार में दारु पीते हुए, अंदर जाकर डांस करके व पीते–पाते वो जब बाहर आते थे, तब तक रात नहीं अर्धरात्रि के 12 या 1 बज चुके होते थे, उसके बाद क्या–क्या हो

सकता है इसके बारे में मुझे बताने की ज़रुरत महसूस नहीं हो रही है और काफी कुछ आपको सोशल मीडिया में भी देखने को मिल जायेगा जैसी पोस्ट डाली जाती है और ऐसे कितने क्लब या बार है हमारे देश में, इसका भी अंदाजा आप लोग लगा सकते हो, मनोरंजन करना गलत नहीं है पर गलत टाइम पर करना गलत है, जिससे दोनों की जिंदगी पर कोई खतरा न आये, अगर लड़के ने ज्यादा पी ली तो रात को खाली सड़क पर स्टंट दिखाते हुए गाड़ी तेज चलायेगा और एक्सीडेंट करेगा, यह हम अक्सर ख़बरों में देखते है और लड़की ने ज्यादा पी तो लड़का या दोस्त या अकेला पाकर कोई भी फायदा उठा सकता है क्योंकि वो समय ही गलत है और हर जगह सन्नाटा, पर वहीं समय ठीक हो तो दस लोग आपको बचाने आ सकते या कोई बड़ी घटना होने से रोक भी सकते है। ऐसे में माँ–बाप का पाबंदी लगाना जायज़ है क्योंकि आपकी गलती की सजा उनको भुगतनी पड़ती है, वैसे भी पथ से भटके हुए युवाओं को न दिन का डर है न रात का खौफ है, ऐसे में जो लूटमार, छेड़छाड़, किडनैप आदि जो घटनाएं होती है उनको भी कुछ हद तक बढ़ावा हम ही देते है, दूसरी वजह है संयुक्त परिवार में न रहना क्योंकि अगर हम पूरे परिवार के साथ रहेगें, तो कोई न कोई तो रात को बाहर जाने से रोकेगा, नहीं तो उनमें से कोई न कोई साथ जरूर जायेगा या भेजेगा, जिससे जल्दी से किसी की हिम्मत नहीं होगी हाथ डालने की, तीसरा बच्चे घर में छुपाते है कि वो कहाँ जा रहे हैं या कहाँ से आ रहे हैं, इससे वो अपने को चतुर व माँ–बाप को बेवकूफ समझते है और जब मुसीबत से घिर जाते है तब सच्चाई बताते है। मतलब की पहले आफत को हम बुलाते है और बाद में उस आफत में सारे घर को डालते है, यहीं नहीं कुछ डर के मारे की घर पर बता दिया तो सब क्या कहेंगें इस डर से कुछ मौत को गले लगा लेते है जो सबसे घिनौनी बात है, क्योंकि कोई भी माँ–बाप चाहे कितने भी गुस्सैल वाले क्यों न हो या सख्त क्यों न हो, वो बड़ी से बड़ी गलती माफ़ कर देंगें डांटकर या थोड़ी बहुत सजा देंगें और वो उनका अधिकार भी है, पर मौत को गले लगाना और अपनी गलती के कारण माँ–बाप को तकलीफ़ देकर व उम्र भर

के लिए रोते छोड़ जाना सरासर गलत है और यह किसी भी बच्चे का न धर्म है न ही कर्म है कि पहले खुद गलती करो और फिर अपने माँ–बाप को उसकी सजा दो, इसमें माँ–बाप का दोष यह है कि वो अपने बच्चे से प्यार करते है और समय से आने जाने से कहने के बिना छूट दे देते है।

कुछ साल पहले एक मूवी आई थी, 3 इडियट, जिसमें एक डायलॉग था कि काबिल बनो सफलता खुद कदम चूमेगी और यह बात सच भी है कि जिसके पास हुनर हो और वो काबिल भी हो, ऐसा इंसान कभी खाली नहीं बैठ सकता, पर काबिलियत स्कूल व कॉलेजों से नहीं मिलती है और आज कॉलेज व स्कूल देश में इस तरह बढ़ रहे है जैसे बरसात के बाद अनचाहे पेड़–पौधे निकलते है, जो बाद में या तो काट दिए जाते है या सूख जाते है, वैसे ही कॉलेज व स्कूल भी कुछ चलते है कुछ घिसटते है या बंद हो जाते है, इसके पीछे का कारण है कि स्कूल व कॉलेज तो खोल लो, पर पढ़ाने वाले कहाँ से आयेगें और आयेगें तो वो काबिल है या नहीं, यह कौन देखेगा, इसलिए बच्चे काबिल बनने के बजाये वो बन रहे है जैसे उनके टीचर है, मतलब की बीएड या बीटीसी करके पढ़ाने पहुँच गए और इसमें से आधे से ज्यादा तो कॉलेज रेगुलर जाए बिना सिर्फ पेपर देकर पास हो जाते है और स्कूल में बच्चे ने कुछ पुछा तो वो यह कहकर टाल देते है कि यह चैप्टर सिलेबस में नहीं है या कल बताउंगा इसका जवाब और वो ही बच्चा फिर आगे जाकर जब किसी प्रतियोगिता में भाग लेता है तो सोचता है कि बहुत कठिन पेपर है, फिर उस प्रतियोगिता को पार करने के लिए वो कोचिंग लेता है या अलग से टीचर रखता है, मतलब की जब सीखने की उम्र थी, तब सीखने को मिला नहीं और जब नौकरी करने की उम्र आई तो सीखने चल दिए। हमारा भारत देश ज्ञान और विज्ञान से भरा पढ़ा है और ये हमारा इतिहास बताता है कि कैसे ऋषि–मुनियों ने बच्चों को गुरुकुल में सिर्फ पढ़ाया ही नहीं बल्कि आम बच्चों से लेकर राजाओं तक के बच्चों को शास्त्र व शस्त्र का ज्ञान दिया और उच्च कोटि के व्यक्ति बनाकर निकाला और किसी के साथ भेदभाव भी नहीं किया जाता था कि यह राजा

का बेटा है यह आम आदमी का, तो एक को अलग से ज्ञान दो और दूसरे को अलग, उस समय का पाठयक्रम धर्म व कर्म की शिक्षा देता था और हमारे वेद–पुराण हमें बड़े से बड़ा काम या उन चीज़ों को कैसे उपयोग में लाया जा सकता है या न्याय कैसे व किस आधार पर किया जाए यह सिखाता था या सिखाता है आजतक, इतना ही नहीं निति–कूटनीति भी सिखाई जाती थी और वो गुरु ऐसे होते थे जो खुद एक ज्ञान या तपस्या की मूरत थे, मतलब आपके किसी सवाल का जवाब आपकी जिज्ञासा अनुरूप न दें ऐसा हो ही नहीं सकता था और बाकि देशों ने आक्रमण करके या कुछ दिन राज करके हमारी पुस्तकों व ज्ञान को ख़त्म करने की कोशिश की और काफी हद तक वो सफल भी हो जाते, पर फिर भी हमारे यहाँ के गुरुजनों ने अपने शिष्यों से वेद–पुराणों को कंठस्त करने को कहा जो जितने वेद, पुराण याद कर सकता था, तो उन्होंने जिसे जलाया वो फिजिकल या भौतिक रूप था, पर हमने उन सबको अपने अंदर समाहित कर लिया और समय–समय पर उनको दुबारा लिख कर समाज को उनके ग्रन्थ वापस दिए, इसलिए कॉलेज हो या स्कूल उसमें फैसिलिटी या सुविधांए भले ही कम हो, पर पढ़ाने वाले उच्च स्तर के होने चाहिए, कोई भी बच्चा अगर सिर्फ किताबे रट के पास होता है तो यह हमारा व देश का बहुत बड़ा नुक्सान है और लांछन है गुरूओं पर की उनका विद्यार्थी सिर्फ किताबी कीड़ा बनकर रह गया, इसलिए चाहे बच्चा आइ0आइ0टी0 से पढ़ा हो या साधाहरण कॉलेज से, अगर उसने किताबी ज्ञान लिया है, उससे हट के या कुछ नया सीखने की कोशिश नहीं की है, तो भी वो सिर्फ पास हुए लोगों की कतार में लग जायेगा, इसलिए पढ़ने के साथ प्रैक्टिकल करने की और जितना हो सके, अपने आप से मेहनत करके कुछ नया सोचने की या नया करने की आदत बनानी चाहिए और न समझ में आये तो टीचर से पूछो तबतक जबतक जवाब न मिल जाये जिज्ञासा अनुरू‍ और तब आप दूसरों से अलग होगे और उनके लिए लाइन बनाने वाले बन जाओगे। जो पढाई का स्तर इस समय है वो बदलने के साथ–साथ लगभग हर धर्म के बारे में बताना और हर धर्म की किताबें क्लास बाय क्लास बदलनी चाहिए, जिससे

बच्चें अविष्कार और जीवनी पढ़ने के साथ और केमिकल, फिजिक्स या मैथ के साथ–साथ हर कोई धर्म की किताबों को भी जाने व हर धर्म को समझे ताकि कोई धर्म के नाम पर बरगला न सकें और ये एक कंपलसरी विषय होना चाहिए, इसके साथ भारतीय संविधान व ज़रूरी कानूनी जानकारी का भी विषय पाठ्यक्रम में जोड़ना चाहिए ताकि जिस देश में वो है, वो यह जान सके की भविष्य में हमें क्या करना है क्या नहीं, क्या कानून है क्या नहीं, धर्म के हिसाब से कर्म कर रहा हूँ या अधर्म कर रहा हूँ।

अब जो मैं अपने विचार लिखने जा रहा हूँ वो इस देश की सबसे कमजोर कड़ी है जिसे सबसे मज़बूत होना चाहिए था, इसी के चलते पढ़ा–लिखा हो या अनपढ़ हो, वो भी इसके आगे–पीछे कठपुतली की तरह नाचता है, किसी भी कारण या वजह से आपकी ज़िन्दगी में विराम लग सकता है क्योंकि आज़ाद तो हम सन् 1947 में हो गये थे, मगर मन से नहीं वरना अंग्रेजों के बनाये सन् 1860 के क़ानून को हम 164 साल तक इस्तेमाल नहीं करते, क्योंकि जेल में बंद बंदे–बंदी की मानसिक हालत बहुत अलग हो जाती है और बाहर वालों की अलग, जो सन् 1860 का कानून है वो गुलाम देश के लोगों के लिए था, लेकिन आज़ादी के बाद भी उस कानून के साथ चलना बेबुनियाद और एक तरह का श्राप ही है हम भारतीयों के लिए, दूसरा हमारे देश में कोर्ट की छुट्टी भी अंग्रेजों के बनाये नियम से होती है जब वो यहाँ थे और जून–जुलाई में गर्मी लगती थी तो वो लन्दन निकल लेते थे, ऐसे ही दिसम्बर में क्रिसमस के दौरान निकल लेते थे और ठीक वो ही सिलसिला अभी तक चला आ रहा है। पर कानून बदलने के लिए समय–समय पर विचार हुआ और धारा के अंदर एक और धारा जोड़ के पल्ला झाड़ लिया जाता था, कहा यह गया था कि उनके बनाये कानून को 50 साल तक नहीं बदला जाएगा, यह बात आज़ादी के समय पर कही गई थी पर सन् 1997 में आजादी मिलने के बाद और 50 साल पूरे होने पर सन् 1997 के बाद क्यों नहीं बदला गया समूचा कानून, यह सोचने का विषय था। क़ानून के साथ राजनीति में बदलाव की ज़रुरत है क्योंकि कानून सही करना, नया कानून लाना व कानून को खारिज

करना भी संसद में बिल पास करने के बाद ही होता है, तो पहले राजनीति हिन्दू–मुसलमान पर की जाती थी, फिर अलग–अलग जातियों के नाम पर होने लगी और कुछ समय बाद इसमें औरतों व लड़कियों को भी शामिल किया गया कि हम महिलाओं के लिए ऐसा क़ानून बना रहे है या यह सुरक्षा इंतज़ाम किये जा रहे है, अगर क़ानून में कोई नया प्रावधान जोड़ा जाता है तो वो भी अंग्रेज़ बतात्ते थे, तो पहले वो यह नियम क़ानून बनाकर देश को लूटने आये थे और अब संस्कृति को लूट रहे है, हमारे देश के ग्रंथो व पुराणों पर रिसर्च करके, यहाँ देखने वाली बात यह है कि जब क़ानून ऐसा बना हो जिसमें भेदभाव हो, तो इसका सीधा असर हमारे समाज के हर तबके पर पड़ता है, इसी कानून की लम्बी प्रक्रिया व भेदभाव के कारण देश का नौजवान जब जेल में या लड़ाई–दंगे में फंसा रहेगा, तो देश का विकास कैसे होगा, उदाहरण के लिए दहेज़ हत्या के बारे में देखें क्योंकि यह एक पारिवारिक केस है, पर इसको एक बहुत बड़ें क्रिमिनल एक्ट के नज़रिये से देखा जाता है, जैसे पूरे परिवार का क्रिमिनल बैकग्राउंड था और उन्होंने एक और मर्डर कर दिया, इस केस में पारदर्शिता नहीं रखी जाती हे और सबसे मज़े की बात की जितने लोगो का नाम लिखवाना हो आप लिखवा सकते हो और बेल भी नहीं मिलती और इसमें सजा कम से कम 7 साल से लेकर आजीवन कारावास तक की है और माना जाता है कि लड़की सुसाइड नहीं कर सकती और 20 वीं सदी में भी लोग अपनी बहु या बीवी को मार देंगें दहेज़ के लिए, यह सोचने का विषय है कि हम समाज को क्या सन्देश दे रहे है क्योंकि लोगो को शादी से डर लगने लगेगा कि कहीं कुछ कर लिया लड़की ने तो पूरा परिवार जेल जाएगा, वहीं दूसरी तरफ आदमी मर जाए तो ऐसी कोई धारा नहीं है और जो है उस धारा पर न के बराबर केस है मतलब 306 कि आत्महत्या के लिए उकसाना जो नये कानून आने के बाद धारा 306 बदल दी गई जैसे बाकी धारायें भी बदली, तो इससे बड़ा भेदभाव और क्या हो सकता है और पढ़ाया जाता है कि लड़का–लड़की एक समान है, मुझे नहीं दिखती समानता क़ानून में और इसको बनाने वालों में क्योंकि कानून भारतीय विचार धारा या

परिवेश को सोच कर बनाना चाहिए था, न की विदेशी कानूनों की नक़ल या काफी कुछ उनके जैसा बनाना चाहिए थी। वैसे भी हमारे यहाँ हर तरह के बुद्धिजीवी मौजूद है फिर भी हम उनका इस्तेमाल करने के बजाये, बाहरी लोगों या उनकी सलाह पर निर्भर है जबकि हमारे देश का व्यक्ति अपने देश को उनसे बेहतर तरीके से जानता है, इस तरह के बदलाव के लिए सबसे पहले हर भारतीए को ना सिर्फ आगे आके वोट देना चाहिए बल्कि पुराने नेता, नाम के नेता, बदनाम नेता या किसी विशेष प्रभाव वाले व्यक्ति को वोट ना देकर, अपने बीच में से किसी को प्रतिनिधि चुनना चाहिए, क्यों ? वो इसलिए की जो आपके साथ व पास रहा है वो बेहतर तरीके से जानता है कि कहाँ सुधार की ज़रुरत है और कहॉ क्या बदलाव लाना है, ख़ासतौर पर राज्यसभा के चुनाव में तो ज़रूर ऐसा करना चाहिए और लोकसभा में उसको चुनना चाहिए जिसने देश को आगे बढाया हो और भ्रस्टाचार से लड़ने का मादा रखता हो। जब यह सब सही जगह होगें, तब चीज़ों में बदलाव आना शुरु हो जाएगा क्योंकि तब वो किसी पर निर्भर नहीं होगें और वो अपने काम को अपने दम पा करा सकते है या बिल पारित करवा सकते है, जब बिल पारित होकर क़ानून बनता है, उसी वक्त वो लोग जो गलत काम में लिप्त है वो कभी भी कानून का पालन करने के लिए, क़ानून को नहीं जानना चाहते है बल्कि वो उस कानून को कैसे तोड़ा जाये या बचा जाए ये जानने में लग जाते है।

जरा 30 से 35 साल पुराने भारत को याद करो, जब बच्चा स्कूल जाता था, घर आकर होमवर्क करता था, फिर अपने दोस्तों के साथ बाहर खेलने जाता था, घर आकर माँ–बाप व परिवार के अन्य सदस्यों के साथ समय गुजरना और शुक्रवार व शनिवार को परिवार के साथ बैठकर मूवी देखना, रविवार को सुबह रंगोली से शुरुआत होती थी 8 बचे नये–पुराने गानों के साथ, उसके बाद रामायण, महाभारत जैसे धार्मिक सीरियल और उसके बाद कार्टून देखना जैसे मोगली या जंगल बुक, शक्तिमान, कैप्टेन व्योम, डक टेल्स, दादी–नानी माँ की कहानियां आदि और बाकी दिन अपने परिवार के साथ समय बिताना, न किसी तरह की अश्लीलता, ना नंगापन, न

गाली–गलोज और न चुम्मा–चाटी के सीन होते थे, तब सबके पास टाइम भी होता था और लोग एक दूसरे से मिलने जाते थे, तो एक सरप्राइज देते थे की दरवाज़े की घंटी बजी और सामने चाचा–चाची, मामा–मामी, बुआ–फूफा, दादा–दादी, नाना–नानी दिखते ही जैसे एक नया जोश भर जाता था की आज तो पढ़ाई से छुट्टी और बाहर घुमने जाने को मिलेगा, यह सारी चीज़े आज के दौर में खत्म है क्योंकि अब दूरदर्शन नहीं सैकड़ो चैनल है और भर–भर के अश्लीलता दिखाई जा रही है, दूसरा मोबाइल जिसने आज के बच्चों को उम्र से पहले ही जवान होने का कारण दे दिया है, इस मोबाइल ने किसी से अचानक मिलने की खुशी छीन ली है, प्राइवेसी ख़त्म कर दी, तुम छोटे से बड़े हो गए सबको पता होता है या मोटे से पतले हो गए यह सब जान जाते है सोशल मीडिया के जरिए और आप कई सालों बाद अपने घरवालों से मिलों तो वो खुशी भी खत्म, इंसान का सुकून ख़त्म, अच्छा मजे की बात यह है कि इन सारे चैनलों को बाहर से कंट्रोल किया जाता है इसलिए वो हमारी नहीं, अपनी मर्ज़ी से प्रोग्राम टेलीकास्ट करते है कि कब ज्यादा टीआरपी मिलेगी, जहॉ भारत की संस्कृति को दूरदर्शन पर दिखाया जाता था, वहीं बाहर की गन्दगी को इन चैनलों पर दिखाया जाता है जिसे देखने में सबको मज़ा आने लगा है और लोग दूरदर्शन को जैसे भूलते जा रहे है, वैसे भी बाहरी कंपनियां जो चैनल चलाती है वो क्यों हमारी संस्कृति दिखायेंगीं, इससे उन्हें क्या फायदा क्योंकि जो साड़ी–सूट, गहने, साजो सामान व घर वो दिखाते है उसे ही देखकर तो आपका भी मन करेगा वैसा करने का व खरीदने का और सबसे बड़ी बात सीरियल में वो तैयार होकर सोते है और तैयार ही उठते है कमाल है न, जहॉ टीवी पर दिखाए गए सच व झूठ को बड़े लोग देख के भी अनदेखा करके काम में लग जायेगें, वहीं बच्चे उसे सच मान कर वैसा कुछ करने के बारे में सोचेगें और तो और अगर क्राईम देखा तो वो कोई क्राइम कर डालेगें या खुद को चोट पहुंचायेगें, अगर कुछ अश्लीलता देखेगें तो वैसा ही करने के बारे में सोचेगें कि यह क्या नयी चीज है घर में किसी ने नहीं बताया, इसकी सबसे बड़ी वजह यह भी है की सब अब अपने अलग–अलग

कमरों में रहने लगे है और सबका अपना मोबाइल है, टीवी अलग है और शायद खाना खाते वक्त जब थोड़ी देर के लिए साथ होते है तो कोई एक दूसरे से क्या बात करें इसका भी विचार नहीं आता, बस कोई फरमान जारी करना होता है वो कर दिया जाता है और कौन अपने दिमाग में क्या सोचे बैठा है यह अक्सर हमको तब पता चलता है जब परिवार का कोई सदस्य किसी तरह का कोई क्राईम कर देता है या किसी सदस्य के साथ कोई हादसा हो जाता है। एक बार के लिए आप टीवी पर रोक लगा भी लो, पर इंटरनेट व मोबाइल पर कैसे रोक लगा सकते हो क्योंकि अब तो पढ़ाई भी मोबाइल पर होती है मतलब ऑनलाइन क्लास, इसका साफ मतलब है कि कान तो पकड़े जायेगें चाहे सीधी उंगली से या चाहे उल्टी उगंली से, चलो मोबाइल भी ना दो और इंटरनेट भी कटवा दो, लेकिन साइबर कैफ़े तो बंद नहीं करवा सकते या दोस्तों के यहाँ जाने से तो मना नहीं कर सकते, किसी न किसी रूप में आज का नौजवान उम्र से पहले जवान हो रहा है। कहते है कि अगर किसी चीज़ के आप आदि बन जाओ और बाद में उसपर पाबंदी लगाई जाए, तो उसके बिना जीना नामुमकिन सा काम लगने लगता है क्योंकि आज के दौर में आदत बहुत ज़ल्दी ही ज़रुरत में बदल जाती है इसीलिए आज जो हमारी आदत है उसका फायदा यह बड़ी कंपनियां बखूबी उठाती है और अपने देश की असभ्यता भर–भर के दिखाई जाती है और टीवी में अगर मिस कर भी दिया तो इन्टरनेट पर तो है, बाद में देख लेंगें या फिर घर पर पाबंदी है तो कहीं अकेले में जाकर दोस्त के मोबाईल में देख लेगें। इसीलिए बड़े–बुजुर्ग कहते थे कि जैसा हम बचपन में देखते–सुनते है, जैसे लोगों से हम मिलते–जुलते हैं या अपने आस–पड़ोस में देखते हैं, वैसा ही हमारा व्यक्तित्व बनता चला जाता है, इसलिए हमेशा अपने दोस्त समझ के चुनों, अपनी जुबान पर लगाम रखो, अपने चरित्र को संभाल के रखो, रिश्तों की एहमियत समझों, आपका व्यक्तित्व अपने आप दर्शनीय बन जाएगा।

बदलते समय में इंसान क्या था ? क्या बन रहा है ? इसे ऐसे समझते है –

1. हम हमेशा यह सोचते है कि हम आधुनिकता की तरफ जा रहे है पर नहीं हम एक तरह से अपने पतन की तरफ जा रहे है क्योंकि जैसे–जैसे संयुक्त परिवारों का नक्शा बदल रहा है और लोग अकेले अपार्टमेंटों में रहकर अकेला महसूस करके डिप्रेशन में जा रहे है और लोग धीरे–धीरे मर रहे है।

2. लोग अपनी इच्छाओं को पूरा करने में लगे है और ना पूरी होने पर या तो आत्महत्या कर लेते है या सामने वाले को अपना दुश्मन मान लेते है जो उन इच्छाओं के बीच में बाधा बनता है।

3. उत्पादों का इतनी भव्यता के साथ प्रचार–प्रसार करना की उसके बिना ज़िन्दगी अधूरी लगने लगती है।

4. सेक्स को व औरतों को एक ऐसे रूप में दिखाना कि बिना उसके लाइफ अधूरी है, वहीं पहले के दौर में इंसान शादी से पहले सेक्स से अनभिज्ञ था या बहुत कम लोग शादी से पहले किसी से सेक्स करते थे, एक और कारण भी है कि पहले इतनी आसानी से लोग नशे या मादक पदार्थों को नहीं पा पाते थे, जितनी आसानी से अब लोगों तक पहुँच जाता है।

5. हमारे सिनेमा में आश्चर्यजनक रूप से बदलाव का आना, जहाँ पहले प्यार को या चुंबन को फूल–नदी या किसी भी खूबसूरत चीज़ से दर्शाया जाता था और लोग समझ जाते थे, जिनकी उम्र होती थी समझने की, वहीं आज के सिनेमा में न सिर्फ छोटे कपड़े पहनना, चुंबन को साफ व देर तक दिखाना, सेक्स या आतंरिक संबंधो को स्पष्ट रूप से दिखाना, बड़े तो देख ले पर बच्चों से अगर छिपाओं तो उनमें उत्सुकता जागती है कि ऐसा क्या था जो फॉरवर्ड किया या हटा दिया गया, लेकिन वो सिर्फ घर के टीवी पर किया जा सकता है हॉल में नहीं और बच्चों को छोड़ के भी नहीं जाया जा सकता अकेले घर में और छोटी सी उम्र में सब कुछ बताया भी नहीं जा सकता, क्योंकि कुछ बातें बड़े होने पर ही की जाए, तब ही उनकी एहमियत है वरना वो बचपना बर्बाद कर देती है।

6. हर बच्चा बढ़ती उम्र के साथ हर चीज़ को पाना व हर चीज़ की जानकारी रखना चाहता है जो उम्र के हिसाब से सही भी है क्योंकि इससे उनका दिमाग तेज़ होता है और वो अपनी क्रिएटिविटी से बहुत कुछ बदलने का दम–खम रखते है और ना बताने पर कुंठित हो जाते है और यहॉ–वहॉ से पता करने की कोशिश करतें है।

7. एक और कारण यह भी है कि हम बच्चों को सबकुछ बताने से डरते है, क्योंकि हम खुद एक दूसरे से चीज़े छिपाना व एक–दूसरे को सही जवाब न देना सही समझते है।

8. मैंने किसी अखबार में पढ़ा था, जहॉ एक पाठक ने एक प्रश्न पूछा था एक साएकोलोजिस्ट या एक तरह के मनोवैज्ञानिक डॉक्टर से कि ऐसी कंडीशन में क्या करूं, जब मेरी 12 साल की लड़की ने मुझसे पूछा कि माँ प्रेग्नेंट कैसे होते है, क्योंकि इस तरह के प्रश्न का उत्तर कोई भी भारतीय माँ देना पसंद नहीं करती है और जवाब न देना उस बच्ची के अंदर एक उत्सुकता पैदा करता है कि ज़रूर कोई ख़ास चीज़ है इसलिए माँ नहीं बता रही है और फिर वो बाहर किसी से पूछने की कोशिश करेगी, जो बिन बुलाये हादसे को दावत देने जैसा है, हाँ जो जवाब डॉक्टर ने दिया वो बिलकुल सही था और मैं भी उस जवाब से इतेफाक रखता हूँ कि अगर आप अपनी बेटी को नहीं समझाओगे तो जाहिर है वो कहीं न कहीं से उसका जवाब ढूढ़ेगी या पूछेगी उत्सुकता वश, जो बिना जाने खत्म नहीं होने वाली, तो आप बेटी को अपने पास बैठाकर हमारे संस्कार, औरतों के फ़र्ज़ और नार्मल बातें बताने के बाद बताओ कि बेटी हर चीज़ की एक उम्र होती है, जब लड़का–लड़की हमारे देश के संविधान के हिसाब से 18 साल के हो जाते है और बाद में जब आप बालिग़ हो जाते हो और शादी करने लायक हो जाते हो, तब दोनों एक दूसरे के संपर्क में आते है और कुदरत द्वारा दी गयी एक शक्ति से जब दोनों मिलते है तब जाकर लड़की प्रेग्नेंट होती है और उससे पहले कोई भी ऐसा करे तो वो पाप है और 18 साल से पहले घर में या बाहर कोई तुम्हें हाथ लगाये या कुछ और

बताये, तो अपने पापा या मुझे बताना और तुम जब उस उम्र में आओगी, तब तुम्हें मैं इसके बारे में और बताउंगी, लेकिन तबतक अगर कोई लड़का परेशान करें या कोई भी बात मन में हो तो बिना शर्माए मुझसे पूछना और किसी से भी तुम्हे कुछ पुछने की ज़रुरत नहीं है, मैं हूँ तुम्हारे साथ तुम्हारी दोस्त बनकर। इसके बाद भी उससे बात करते रहना चाहिए और दूसरी अहम् बातें भी समझनी चाहिए, ताकि आप उसका भरोसा जीत सको और वो बिना किसी हिचकिचाहट के आपको अपनी सारी समस्या बताये।

ऐसा करने से ना सिर्फ हम नयी पीढ़ी को भटकने से बचा सकते है बल्कि हम उन्हें किसी उत्सुकता वश किसी भी तरह का क्राइम करने से भी बचा सकते है, मतलब साफ़ है कि हम दोस्त बनकर अपने बच्चे के मन का हाल जान सकते है बजाये सिर्फ माता–पिता बनकर या उन्हें डाटने से। कहते है आप चीज़ या बात को छुपा सकते हो, पर उसके पीछे की सच्चाई को नहीं छुपा सकते हो और आज की जनरेशन को आप समय पर नहीं टाल सकते हो कि हम सिर्फ हर बात को कामचलाऊ तरीके से बता कर बच सकते है और बाकि सब कुछ समय पर नहीं छोड़ सकते क्योंकि अगर कोई बच्चा किसी सवाल या उत्सुकता के साथ बड़ा होता है, तो यह खतरे की घंटी है क्योंकि जब वो सच्चाई से रूबरू होता है, तो फिर वो बहुत सी बातें न बताकर, खुद वो करने में यकीन रखता है और फिर 90 प्रतिशत संभावना होती है कि वो वैसा करेगा ही फिर चाहे वो काम सही हो या गलत। वहीं सच व सही बात बताकर आप अपने बच्चे के करीब आ जाओगे, फिर वो डरने या मार से बचने के बजाये खुद ब खुद आपको हर बात बड़ी सफाई व ईमानदारी के साथ बताएगा या फिर जो सच है उसपर हामी भरेगा की उसने कुछ गलत किया है या नहीं। इसलिए कहा जाता है कि जो शिक्षा बचपन में या संस्कार बच्चा बचपन में सीखता है वो ताउम्र उसके साथ रहता है, इसपर यह भी ख़याल आता है कि हमारे देश की सभ्यता व संस्कार ऐसे है जो किसी भी बच्चे को अपने मन की करने से रोकतें हैं और उसे किसी की भी लाज या शर्म से कोई फर्क न पड़े, इस बात की भी सीमा रेखा बतातें है

क्योंकि हमारे रिश्तों में जो प्यार व अपनापन है वो हमें बेशर्मी करने से रोकता है, इसी कारण आज भी बच्चा कुछ गलत करने बाद भी अपनों के सामने बेशर्मी दिखाने या बात बताने से डरता है कि वो कुछ गलत काम कर रहा है या करके आया है, ऐसे में उस बच्चे को कौन समझाएगा और कौन उसका दोस्त या हमदर्द बनेगा, जो उसे सही रास्ते पर लायेगा या दिखायेगा, तो कोई बाहर से नहीं आयेगा हमें ही उनका हाथ पकड़ना पड़ेगा। सब जानते है कि सारे अल्फाजों में सच ही एक ऐसा लफ्ज़ है जो सबसे ज्यादा खतरनाक है क्योंकि कोई भी न तो सच बोलना चाहता है न ही सुनना चाहता है और कोई सच बोलने लगे तो उसे पागल बताया जाता है कि इसका दिमाग खराब है और किसी को भी इसकी बात सुनने की कोई ज़रुरत नहीं है।

अक्सर यह सुनने में आता है कि इस साल इतने विदेशी पर्यटक आये और आने वाले सालों में इतने प्रतिशत और बढ़ेगें, मतलब की विदेशी मुद्रा भण्डार बढ़ेगा, ठीक बात है कि विदेशी मुद्रा भण्डार बढ़ेगा, पर हमारे अपने देश की मुद्रा क्यों कम हो रही है, कहीं ना कहीं कुछ तो कमी या नीति सही नहीं है जिस कारण आज भी हम वर्ल्ड बैंक के कर्ज़दार है और जबतक हम कर्ज़दार है तबतक हम नए व उज्जवल भारत की कल्पना नहीं कर सकते है और क़र्ज़ की वजह से मंहगाई बढ़ती रहेगी जैसे पेट्रोल के दाम कहने के लिए बढ़ते तो कुछ पैसे ही हैं पर उसका इम्पैक्ट बहुत बड़ा होता है और धीरे–धीरे करके पेट्रोल के दाम उतने हो गए जितनी बस 1 डॉलर की कीमत है मतलब की हमारे रूपए की वैल्यू इतनी कम होती जा रही है कि उनका 1 डॉलर मतलब उनके देश का 1 रूपये की बहुत बड़ी वैल्यू हो गयी है हमारे पैसे के मुकाबले और जिसे हम सब मिलकर ही नीचे ला सकते।

हमारा देश नारी प्रधान देश माना जाता है और शायद इसी कारण से ज्यादातर क़ानून भी नारी सुरक्षा के लिय बने हैं या उनमें कुछ न कुछ बदलाव होतें रहें हैं या धारायों के अंदर उपधारायें जोड़ी जाती रही हैं, इससे तो अच्छा है कि सारे फसाद की जड़ को

ख़त्म कर दो और सारे आदमियों को मार दो या तो जेल भेज दो या घर में नज़रबंद कर दो, बाकी सारी औरतें शासन कर लेंगी और सारे काम कर लेगीं जैसे वो घर में करती है, बात चाहे सच्ची हो या झूठी समझी जाए, पर गलती हमेशा आदमियों की ही निकाली जाती रही है क्योंकि आदमी को ताकतवर व औरतों को अबला बताया गया है, असहाय व कमजोर समझा जाता रहा है जबकि आज के दौर में ऐसा कोई भी काम या पोस्ट नहीं हैं जहॉ औरतें न हो और कहा भी जाता है कि आज की नारी आदमियों से कंधे से कंधा मिला कर चल रही है, तो फिर यह भेदभाव क्यों ? जरा सोच के देखिये कि अगर मोदी जी को हटा के सोनिया जी को प्रधानमंत्री बना दे तो कैसी पिक्चर आती है दिमाग में, रतन टाटा जी ने तो शादी ही नहीं की शायद वो जानते थे कि शादी करली तो जो काम वो स्वतंत्र होकर करते आये हैं वो कर ही नहीं पाते और यकीन मानिए की भारत का कितना नुक्सान होता, जैसे बिल गेट्स जी अमेरिका की शान है वैसे ही रतन टाटा जी भारत की शान है, ऐ0पी0जे0 अब्दुल कलाम जी की जगह उनकी वाइफ राबिया कलाम होती, तो खुद सोचिये परमाणु बम तो दूर डी0आर0डी0ओ0 का क्या होता और भारत आत्मनिर्भर नहीं होता रक्षा क्षेत्र में, किसी भी बढ़े या 5 स्टार होटल में चेफ आदमी ही क्यों मिलता है, और किसी भी क्षेत्र में आप आदमियों को हटा दो और ऐसे ना जाने कितने उधाहरण दे दूं उससे कोई फर्क नहीं पड़ेगा उनकी मानसिकता पर, जो यह कहते है कि औरतों पर अत्याचार सिर्फ आदमी ही करते हैं, जैसे ताली एक हाथ से नहीं बजती है, वैसे ही हर बार आदमी की गलती निकालना भी सही नहीं है क्योंकि हमारे धर्म ग्रथों में लिखा है कि आदमी–औरत दोनों एक दूसरे के पूरक है। जैसे औरतें आज सरेआम मदिरा सेवन से लेकर धुम्रपान तक और वो हर काम कर रही है जो आदमी करते है और ऐसे में कभी कोई आदमी किसी औरत के साथ ज्यादा फ्रेंडली हो जाये या उस नशे की हालत में ज्यादा करीब आज जाये तो वो दिखेगा सबको कि आदमी ने फायदा उठाया, पर क्या औरत भी नशे की हालत में आदमी का फायदा नहीं उठा रहीं है यह सब हमारे देखने का नजरिया है।

किसी पोजीशन पर बैठ कर अगर कोई औरत अपनी जरूरत पूरी करवाये तो ज़माना इक्कठा हो जाता है कि मैं इसकी मदद करूँगा और मदद करके मैं इस औरत की नजरों में आ जाऊंगा, मतलब इसके बाद मेरा चांस है, इसका मतलब सब समझ गए होंगें की आज जो रक्षक बना है वो कल भक्षक बनने वाला है और तब कोई उसकी रक्षा करे उस भक्षक से, तब सभी यहीं कहेगें कि लड़की ने बचाने वाले से दोस्ती क्यों की या संबंध क्यों बनाये, जवाब आएगा की उसने मदद की थी तो उसने कृतज्ञता दिखाते हुए उसको अपना दोस्त बना लिया और फिर क्लब–पार्टी, दारू बाजी और आखिर में सेक्स और बाद में इलज़ाम, इस मानसिकता को आज भी कई मूवी में दिखाया गया है पर नहीं हम तो भई जैसे है वैसे रहेंगें। मुझे एक बात और लगती है यहाँ पर जो मैंने कई कंपनियों में देखा है कि अगर कोई लड़का अच्छा काम कर रहा है तो सभी लड़कियां उससे इसलिए दोस्ती करती है की वो हेल्प कर देगा प्रोजेक्ट में या काम में, नहीं तो सीधे बॉस से दोस्ती करो प्रमोशन के लिए और उनके साथ नजदीकी बढ़ाओ और फिर जो सुख बॉस को दिया है उसकी बात करके अपना उल्लू सीधा करों, पर हम फिर भी यही कहेंगें की लड़कियां सबकुछ कर सकती अगर अपने पर आ जाये, तो भाई ऐसी नजदीकीयॉ वाकई में सिर्फ एक लडकी ही कर सकती है क्योंकि जो उनके पास दिखाने व रिझाने के लिए है वो आदमियों के पास नहीं है और उनके बहकावे में आकर या फिर भरोसा करके जब आदमी साथ देते है और किसी दिन अपना हक मांगने लगते है तो हम फिर से ही लड़के को ही गलत ठहरायेगें। यहाँ यह बात कोई भी दिमाग में न लाये की मैं तो लड़का हूँ इसलिए लड़कियों के बारे में ऐसा कुछ लिख रहा हूँ, मेरे परिवार में भी मॉ, बहन, बीवी, दोस्त है बहुत सारी लड़कियॉ दोस्त है अलग–अलग फिल्ड में, जिनसे आप कभी भी पूछ सकते है कि उनकों मेरे साथ सेफ महसूस होता था या नहीं, तो मैं कह रहा था कि मैंने कई प्राइवेट सेक्टर की बड़ी से बड़ी कंपनियों में काम किया है जैसे मैं आइ0बी0एम0 की बात करूं और मेरे साथ की किसी भी लड़की से आप पूछ सकते हो कि कभी भी किसी को मेरे साथ सुरक्षा महसूस

नहीं होती थी क्या या वो सेफ नहीं थी क्या, यह ही नहीं मेरी दोस्त माइक्रोसॉफ्ट, माइंडट्री, एचसीएल, टीसीएस, ओरेकल आदि बड़ी कंपनियों में भी है और कोई भी मतलब कोई भी यह कह दे कि मैंने कभी किसी से गलत बोला हो या नाईट शिफ्ट में या सन्डे के दिन जब स्टाफ न के बराबर होता था और कभी–कभी मैं और सिर्फ एक दो लड़किया होती थी, इतना ही नहीं जिसको भी संडे को या छुट्‌टी के दिन आना होता था तो वो खुद कहती थी कि अगर अमित आ रहा है तो मैं आ जाउंगी, किसी को कभी भी मुझसे अनसेफ महसूस नहीं हुआ होगा, फिर चाहे दिन की हो या रात की, टाईम जो भी हो उनमें से कोई भी लड़कियां आने को तैयार रहती थी, उलटे वो कहती थी कि अमित आ रहा है तो मैं भी सन्डे को आउंगी, इतना ही नहीं मैं 6 फूट 1 इंच हाइट का और गठीले शरीर का हूँ तो मेरी कॉलोनी में भी लड़कीयॉ रही है पर किसी को आजतक मुझसे कोई परेशानी नहीं हुई और लगभग सभी से आजतक मेरी बोल–चाल है, मेरे हर जन्मदिन में लड़के–लड़कियां सब आते थे, आज भी मेरे पास उनके द्वारा दिये गये 1998 से 2004 तक के तोहफे घर पर है उससे पहले तो जन्मदिन स्कूल में ही मनाया करता था और आजतक बच्चे अपना जन्मदिन स्कूल में ही मनाना चाहते है, वो एक अलग सी खुशी व एहसास देता था, है और देता रहेगा, 1996–97–98 जिस समय की बात मैं कर रहा हूॅ उस समय कोई लड़की से बात करना या उसके यहाँ वहॉ जाने से भी डरता था सिवाये स्कूल के कि क्लासरूम में कुछ पूछ लो या भाई–बहन के रिश्ते बनते थे, दोस्ती भी कम होती थी क्योंकि घरवालों का आदेश होता था कि किसी लड़के से ज्यादा बात नहीं करनी है और स्कूल लंच में वो दो ग्रुप दिखते थे, हॉ मन ही मन प्यार तब भी होता था बाकि कुछ हो या न हा और यह भी सच है कि पहला प्यार मिल जाये ऐसा मैंने अपनी लाईफ में नहीं देखा, पर फिल्मों में देखा है। यह बात मैं किसी भी समय या जमाने की नहीं कर रहॉ हूॅ, हर जमाने में एक उम्र के बाद में सबको प्यार हुआ करता है और होता रहेगा, जब पहला प्यार मन में पनपता है इस विषय पर मैंने जो किताब लिखी है प्यार–इंडियन व वेर्स्टन उसमें

बात करूंगा, हॉ तो बात कर रहा था कि उस समय कोई भी माँ–बाप अपनी लड़की को लड़के के यहाँ किसी भी वजह से नहीं जाने देते थे, तो मैं बता दूँ कि उनके दिए गिफ्ट आज भी है और आज उनकी शादी हो जाने के बाद भी हम दोस्त है और आज भी न सिर्फ उनके बाप या पति मेरे आने से न बुरा मानते है न मेरे जाने के बाद उनको कुछ कहते है और वो खुद भी आते है क्योंकि आप एक बार दिखावा कर सकते हो, बार–बार जाने का मतलब है कि वहॉ आपकी इज्ज़त है और वो आपको पसंद करते दोस्त के रूप में या बेटे के रूप में, जो अपने आप में एक अलग सोच है कि मेरे माँ–बाप की परवरिश जाया नहीं गयी, ऐसा इसलिए हो पाया कि मेरे माँ–बाप ने मुझे ऐसे संस्कार दिए कि हर एक लड़की, हर घर की इज्ज़त होती है, कुछ भी ऐसा मत करना कि उसके या तुम्हारे चरित्र पर बात आये, यहाँ तक की मेरी माँ–बीवी–बहन–चाची या कोई भी औरत जो मेरे साथ रहीं हों, वो मेरे साथ हमेशा सुरक्षित महसूस करती थी कि अगर अमित साथ में है तो कोई बात नहीं यह सही से लेकर जायेगा औा वापस भी हम सुरक्षित आ जायेगें है, जो मेरे लिये गर्व की नहीं बल्कि मेरे माँ की आँखों में वो चमक का एक एहसास है कि उनकी परवरिश बेकार नहीं गयी। तो शायद आप समझ सकते हो कि :–

1 पहली बात यह है कि हर परिवार को अपने बच्चे पर ध्यान देने के साथ, संस्कार दे और बताये कि हमारे पूर्वजों ने हमें यह संस्कार दिये है और यह संस्कार ही हमारी पहचान व हमारा धर्म भी है।

2 दूसरा आपके घर का माहौल कैसा है और खान पीने में क्या पसंद न पसंद करते है, घर में लड़ाई–झगड़े बच्चों के सामने नही करने चाहिए क्योंकि जैसा माहौल वो बचपन में देखता है वो अपने जहन में बिठाकर वो ही वो बाकी के साथ करता है और इसमें बीवी या पति व साथ काम करने वाले झेलते है क्योंकि उसने बचपन से जो देखा होता है कि

कैसे उसके मॉ–बाप आपस में लड़ते थे, ठीक इसी तरह वो बीवी पति की या पति अपनी पत्नी की किसी गलती पर उसी तरह लड़ते है जो सरासर गलत।

3 तीसरा आपकी शिक्षा, किस तरह के माध्यम से आप शिक्षा को ग्रहण करते हो, यह भी एक बहुत बड़ी समस्या है क्योंकि इससे आपका बेस तैयार होता है भविष्य के लिए।

4 चौथा आप कैसा नजरिया रखते है, सामने वाले के प्रति क्योंकि आपका नजरिया ही आपके व्यक्तित्व को दर्शाता कि आप किसी की इज्जत करते हो या इज्जत लूटने का विचार मन में बनाये बैठे हो, इस नजरिये को भी परिवार बदल सकता है न की स्कूल न कानून और न सरकार।

5 पांचवा कि आप किसी को अकेला पाकर गलत काम करने के बारे में सोचते हो या उसको सुरक्षा देने के बारे में सोचते हो, यह सारी चीज़े मिलकर ही किसी बड़ी घटना को या हादसे को निमंत्रण देती है बाकी आप सब खुद समझदार हो।

आखिर क्यों यह क़ानून बनाने वाले यह नहीं सोचते की कानून सिर्फ बना देने से इंसाफ मिलता, तो न इतने केस होते न ही कोई बेगुनाह फंसता, जितनी केस में असलियत नहीं होती है, उससे ज्यादा केस में झूठी गवाही व बे मतलब के बनाये हुए सबूतों की वजह से लाखों लोग जेल में रहते है, जिनकी अंतरआत्मा की गवाही कोई सुनना नहीं चाहता है और ऐसे ही जेल में रह रहें लोगों की आप–बीती मेरी आगामी किताबों में से एक जेल–सच व झूठ का पिंजड़ा। इसको ऐसे समझते है कि भारतीय क्रिकेट टीम में कोई खिलाड़ी शतक मार दें तो समझो उसका टीम में 6 महीने या सालभर पक्का और जहॉ वो दो–चार सीरीज में नहीं चला कि वो बाहर, ठीक ऐसा ही क़ानून के साथ हो रहा है कि बेगुनाह बंदी

अगर सबूत ला पाये तो बरी, वरना वो समाज से बाहर कर जेल में डाल दिये जाते है और वो कैसी भी परफॉरमेंस करें उसको वापिस समाज में आसानी से शामिल नहीं किया जाता है, जैसे क्रिकेटर एक अहम् मुकाबले में गलती कर दें, तो पूरा भारत जैसे उसका दुश्मन बन जाता है ठीक वैसे ही अपनी बेगुनाही का सबूत न दे पाने के कारण उसका पूरा भविष्य या जानने वाले लोग उसको पहचानने से व रिश्ता तक होने से मना कर देते है। देखा या सोचा जाए तो वाकई में सच्चाई क्या थी ? क्या वो इंसान वाकई में गुनेहगार था या वो बेगुनाह था ? क्योंकि वो बंदा जिसपर केस है वो तो जेल में है तो कैसे वो बताये की उसके साथ हुआ क्या था और क़ानून कहता है कि सबको अपनी बेगुनाही साबित करने का आधिकार है तो वो कैसे करें, साथ ही मूवी में दिखाया जाता है कि बंदा अपनी बेगुनाही के लिए जेल या कोर्ट ले जाते समय भाग जाता है, क्या हकीकत में ऐसा होना मुमकिन है ? बिलकुल नहीं, पर फिर भी सब सोचते है मैंने अगली बार ऐसा करूँगा। दूसरा की लास्ट मोमेंट पर एक गवाह आकर बताता है कि यह नहीं था घटना के समय या इसने गुनाह नहीं किया और ऐसे में जेल में बंद वो कैदी भी सोचने लगता है कि कोई तो बचाने मुझे भी आएगा फिल्मों की तरह, लेकिन रील व रियलिटी में बहुत फर्क होता है, बस जितनी जल्दी हम समझ जाए उतनी जल्दी हम खुद से नज़र मिलाने के साथ न्याय कर सकते है और गुनाह करने से बच सकते है क्योंकि फिल्म 2 से 3 घंटे की होती है जिसमें सबकुछ दिखाना होता है पर असलियत में एक–एक पल, लम्हा हमें जीना पड़ता है। चोरी–चकारी, लूट, कुछ मर्डर केसों में से लेकर रेप तक के केस में भले ही किसी तरह की कोई छूट आपको मिल जाये कोर्ट से, लेकिन घरेलू हिंसा या दहेज़–हत्या जैसे मामले में जो की घर में होते हैं और समाज में रह रहे लोगों के बीच किसी एक परिवार के अंदर होते है, यह कोई प्रोफेशनल क्रिमिनल या इनकी कोई क्रिमिनल हिस्ट्री नहीं होती, पर फिर भी क़ानून न ही इन्हें बेल देता है आसानी से, न ही इनको मौका मिलता है अपनी बेगुनाही साबित करने का और जबकि दहेज प्रताड़ना व हत्या के कितने झूठे मामलों

में लोग बरी हुए है या झूठे आरोप में फंसाये गये है, जिसको नेशनल क्राइम रिकॉर्ड ब्यूरो की रिपोर्ट से देखा जा सकता है।

क़ानून व क्रिकेट में एक और समानता होती है जैसे हम टीम के जीतने पर खुशी मनाते है और हारने पर न जाने क्या–क्या करते है, ठीक वैसे ही केस जीतने पर दुनिया की सबसे बड़ी खुशी या जन्नत जैसा अनुभव करते है और हारने पर टूटे हुए पत्ते की तरह मुरझा जाते है और लगता है कि दुनिया में अब कुछ नहीं बचा है जीने के लिए। जैसे चयनकर्ता सही निर्णय ले तो अच्छी व विन्निंग टीम बनती है और वो जल्दी बिखरेगी नहीं बल्कि एकजुट होकर खेलेगी, ठीक इसी तरह अगर हर क़ानून का रखवाला व क़ानून को जानने वाला या जज थोड़ी सी भी ज्यादा मेहनत या थोड़ा सा भी अतिरिक्त प्रयास कर लें, तो समझों कि बेगुनाहों का व सही–गलत का फैसला आधे से ज्यादा केसों में तो पुलिस स्टेशन में ही हो जाएगा, कोर्ट–कचहरी जाने की ज़रुरत ही नहीं पड़ेगी और पैसों के साथ–साथ लोगों की जिंदगियां भी बर्बाद होने से बचेंगी क्योंकि लोग खुद को बेगुनाह साबित करने के लिए अपनी जमीन–ज्यादात से लेकर खुद की सभी जमा पूँजी तक लगा देते हैं इस उम्मीद से कि शायद उनको न्याय मिल सकेगा। वैसे देखा जाए तो क्या तरीका बना रखा है हमारे देश के क़ानून ने की कोई भी आकर सच्चा या झूठा बयान दे दें और सामने वाले को उस बयान के तराजू पर तौला जाता है और ताज्जुब की बात यह है कि उसे सच माना जाता है, न कोई नारकोटिक टेस्ट, न कोई पौलिग्राफ़िक टेस्ट, न कोई फॉरेंसिक सांईस से सबूतों को जॉचा परखा जाता है, बस जिसने बयान दिया हो या एफ0आर0आई0 लिखवाई हो, तो समझो उसका काम खत्म और सामने वाले की जिंदगी उसी पल से बर्बाद होना शुरू हो जाती है, हाँ कोई चर्चित केस हो या आप कोई चर्चित व्यक्ति हो, तब कोर्ट यह सारे टेस्ट करवाती है, मतलब कि आम इंसान की जिंदगी की क़ानून की नज़रों में कोई एहमियत नहीं है, क्यों नहीं यह टेस्ट अनिवार्य किये जाते है हर उस केस में जो नॉनबेलेबल है या जिन केसों में आजीवन कारावास या मृत्यु दंड का प्रावधान है, मेरा यह मानना है कि जैसे सरकार पोलियो की दवा हो

या कोरोना वैक्सीन हो, वो फ्री में पूरे देश को दे सकती है तो इन टेस्टों को भी सरकार सबके लिए क्यों नहीं मुहैया करा सकती है क्योंकि न जज भगवान् है न ही पुलिस वाला और न ही गवाह धर्मराज युधिस्टिर है ना हिं राजा हरिश्चंद्र कि वो जो बोलेगा सच ही बोलेगा। इस तरह की गवाही या क़ानून की इस कमजोरी का फायदा रिर्पोट करने वाले को ही मिलता है और इंसान को जेल भेज दिया जाता है और ऐसा इंसान जब जेल में अकेला होता है तो सोचता है कि जब कुछ किया ही नहीं तो सजा मिली, अब जो किया ही नहीं वो कर लो क्योंकि क़ानून में एक ही गुनाह की सजा दो बार नहीं दी जा सकती है और यह भी क़ानून की एक कमजोरी है।

इतना सब होने के बाद एक और बात भी है कि लोग आज भी इस आधुनिकता के समय में जातिवाद, संस्कृति न मानने वाले, इलाके वाले व भाई–भतीजावाद के हिसाब से निर्णय लेते है, साथ ही कौन किस जाति का है या कौन क्या काम करता है यह सब भी आपको भरपूर मात्रा में देश के हर हिस्से में देखने को मिल जाएगा, जबकि आज़ादी मिले इतने साल हो गए हैं फिर भी इन सब बातों को देशवासी अब तक नहीं छोड़ पाए है और इतनी प्रगति के बाद भी दिमाग से नहीं निकाल पा रहे है। भगवत गीता में भगवान् श्री कृष्ण ने कहा है कि वर्ण सिर्फ चार है ब्राह्मण, छत्रिय, वैश्य, शुद्र और यह ही जातियां हम इंसानों नें अलग–अलग हिस्सों में बाँट दी या यूँ कहें कि काम के आधार पर पहचान बना दी गई हम इंसानों की, जबकि हम भूल जाते है कि सारे धर्मों से बड़ा धर्म इंसानियत का है, फिर चाहे वो सनातन धर्म हो, इस्लाम हो, जैन जो, इसाई हो, बौध हो, गुरु गोविन्द साहिब हो या कोई भी नाम हो, सबके सब एक बात बताते है कि सबका मालिक एक है और कोई धर्म नहीं सिखाता आपस में बैर करना, यह बात जीतनी जल्दी हम समझ जायेगें हम राक्षक से इंसान बनकर प्रभु के और करीब पहुँच जायेगें। चाहे किसी भी धर्म की कोई भी किसी भी भाषा में लिखी किताब उठा लो, मैं शर्त के साथ कह सकता हूँ कि किसी भी धार्मिक किताब में किसी भी इंसान को मारना या अपने फायदे के लिए दूसरे

को नुक्सान देना सही नहीं बताया गया होगा और कोई अगर यह साबित कर दें, तो मैं वो करूँगा जो वो कहेगा चाहे वो काम इंसानियत के खिलाफ ही क्यों न हो, लेकिन मैं गारंटी के साथ कह सकता हूँ कि मैं अगर सही हूँ तो वो नफरत का काम कभी नहीं छोड़ेगें यह गारंटी वो लोग नहीं दे सकते और वो कभी प्यार व इंसानियत की राह पर भी नहीं आना चाहेगें क्योंकि वो पाप को अपना धर्म जो मान चुके होते है। चाहे हम किसी भी धर्म के हो हम सबसे पहले इंसान है और उस करिश्माई ताकत के गुलाम या अनुयायी है, अगर यह सब जानने के बाद भी हम गलत राह चुन रहे है तो इसका सीधा–सीधा मतलब है कि न तो हमें अबतक धर्म का ज्ञान हुआ है, न ही उसकी बनायीं हुई इस कायनात का और न ही इंसानियत का, इसके साथ ही किसी धर्म का या व्यतिगत रूप से किसी का नुक्सान हो ना हो इंसानियत का नुक्सान तो हो रहा है और उसके साथ ही वो हर एक देश जिसने इंसानियत भुलाकर इंसानियत को तबाह करना चाहा और आतंकवाद को अपना धर्म बना लिया है तो सोचो हम कैसे बनते जा रहे है। किसी भी इंसान को गलत रास्ते पर जाने लिए या चुनने के लिए कुछ ही चीज़ें जिम्मेदार है पहली उसकी परवरिश और दूसरा उसके आस–पास के बचपन का माहौल, तीसरा गरीबी या पैसों की तंगी, चौथा आपकी शिक्षा, पॉचवां उसके दोस्त, तीसरा वो किस तरह की कॉलोनी या सोसाइटी में रहता है क्योंकि बच्चा बचपन में जो देखता व सीखता है वैसा ही उसका भविष्य बनता चला जाता है और जो उसने देखा होता है, वो ही करना उसे अच्छा लगता है कि यह दुनिया ऐसी ही है और यह ही करना सही है। किसी भी स्कूल में धर्म पढ़ाना या उसके बारे में ज्ञान देना मुश्किल ही नहीं एक तरह से हमारे भारत में नामुमकिन काम लगता है क्योंकि हमारे देश में इतने धर्म है कि एक पढ़ाने जाओ तो दूसरा बुरा मान जाएगा और धर्म के नाम पर दंगें शुरु हो जायेगें और आखिर में वो स्कूल या कॉलेज को बंद करना पढ़ जाएगा, तो इसके लिए एक ही विषय बनाओ जैसे बाकी है मैथ, फिजिक्स आदि, जैसे सब विषयों में अलग–अलग चैप्टर होते है ठीक वैसे ही इस धर्म नाम के विषय में हर धर्म के अलग–अलग

चैप्टर होगें जिससे हर बच्चा हर धर्म के बारे में जानेगा और किसी को धर्म के नाम पर शिकायत भी नहीं होगी और कोई बाहरी किसी युवा को किसी भी धर्म के नाम पर जल्दी से बहका नहीं सकेगा अगर उस युवा को हर धर्म के बारे में पता होगा तो वो किसी की भी बातों में नहीं आयेगा, जैसे बच्चे मंदिर, मस्जिद, गुरूद्वारा, जैन मंदिर और हर धार्मिक स्थान पर जाते है और मन में कोई बैर नहीं होता न साथ में पढ़ने वाले बच्चों से, न ही किसी भी तरह के धर्म से, इसलिए धर्म को बचपन में जान लेना दोस्तों के साथ एक ऐसा गठबंधन बना देगा कि कोई अगर उसके दोस्त को धर्म के नाम पर कुछ कहेगा तो वो खुद जवाब देगा अपने दोस्त के लिए और यह करारा जवाब होगा उन आंतक फैलाने वालो के लिए कि वो उनकी बात सुन ही नहीं रहें धर्म के व जन्नत के नाम पर। दूसरा यह कि हर घर में माँ–बाप ही हर बच्चे की पहली पाठशाला होतें है और कोई भी बच्चा अपने माँ–बाप के दिए हुए धर्म का ज्ञान, संस्कार, आपके द्वारा किये गये कर्म व अपने धर्म से सम्बंधित बातें कहानियों के रूप में सुनाने से, होगा यह कि वो आगे चलकर कोई उसे गलत काम करने के लिए अगर उकसाता भी है, तो वो अपने माँ–बाप की दिए हुए संस्कार को व स्कूल में मिलें धर्म के ज्ञान को याद करके गलत और सही का निर्णय लेकर अपने जीवन के साथ परिवार का व दूसरों के जीवन को हानि पहुँचाने से बच सकते हैं क्योंकि वो बच्चा बड़े होने के साथ सबकुछ भूल सकता है पर माँ–बाप के द्वारा दिया गया ज्ञान व आशीर्वाद कोई नहीं भूल सकता और ना हीं कोई भी बच्चा धर्म से जुड़ी कहानियॉ कभी भूल सकता है क्योंकि कोई भी कहानियॉ कभी नहीं भूलता, तब वो इंसानियत व धर्म के मार्ग में चलकर अपने भविष्य के साथ वो अपने बच्चों को भी सही परवरिश दे सकेगा और यह काम इतना मुश्किल नहीं है किसी भी माँ–बाप के लिए या स्कूलों व सरकारों के लिए। आज जो भी स्कूल व कॉलेजों में पढ़ाया जा रहा है वो सिर्फ ज्ञान है और जिस ज्ञान में धर्म न हो, तो वो इंसान हर काम लालच, इच्छा पूर्ति व दूसरों को तकलीफ देकर बस अपने फायदे के लिए ही करेगा, वहीं जो इंसान ज्ञान के साथ धर्म का ज्ञान भी जीवन में सम्मलित कर लेगा, तो न

तो सिर्फ उसका इस लोक का जीवन अपितु मृत्यु के बाद की भी यात्रा को आपने अच्छे कर्म व धर्म के कारण आसानी से तय करेगाा और आप हमेशा के लिए लोगों के दिलों में अमर हो जाओगे, क्योंकि धर्म के साथ चलने वाले के अंदर माफ़ करने की क्षमता होती है, दूसरों के प्रति आदर, सबको साथ लेकर चलने की आदत और कोई भी ऐसा काम जो धर्म विरुद्ध हो, न वो खुद करना चाहेगा और साथ ही दूसरों को भी रोकेगा, इसके साथ ही जो सिर्फ ज्ञान को सर्वोपरि समझते है, उससे उनका दिमाग उन्हें सिर्फ भौतिकतावाद की तरफ लेकर जाता है।

आज भी अगर मैं कहूँ कि स्कूल, कॉलेज या ऑफिस में काम करने वाले से उनके धर्म, धर्म की उत्पत्ति या उनका जीवन किस वजह से हुआ है उस धर्म में, तो मैं गारंटी के साथ कह सकता हूँ कि वो सुनी–सुनाई बातों को ही बताऐगें आपको जो दूसरों से या टी0वी0 पर किसी धार्मिक चैनल पर सुनी होगी, पर उसकी बातों में न भरोसा होगा, न विश्वास, इसके विपरीत आप उसकी गर्लफ्रेंड या बायफ्रेंड के बारे में पूछो, कौन–कौन सी ब्रांड की दारु आती है मार्किट में, कितने ब्रांड है सिगरेट के, कौन सी बाइक या कार अच्छी है, वो ऐसे बताऐगें की जैसे वो सब उन्होनें ही बनायीं हो या सवालों से बचने के लिए खूब सारे उदाहरण भी देगा, जिसका उसकी ज़िन्दगी व धर्म से कुछ लेना–देना नहीं होगा और यह भौतिक चीज़ें यहीं रह जानी है और जो साथ जानी है उसके बारे में उसे बस इतना पता होता है जैसे खाने में नमक कम हो तो ऊपर से डाल लो स्वादानुसार, तो बस स्वादानुसार ही धर्म का पता है कि यह हमारे धर्म के देव या देवी है, यह हमारे गुरु या भगवान् जो समझो वो है और कुछ नहीं या फिर टीवी में जो प्रवचन देखा हो, बस उससे ज्यादा नहीं बता पायेगें क्योंकि मैंने खुद देखा है कि धर्म की बात करो अगर आज के युवा से तो वो बोर हो जाते है या वहाँ से हटने के बारे में सोचते है और किसी धार्मिक अनुष्ठान में जाने को कहो तो वहॉ जाने से मना कर देगें कोई भी बहाना बनाकर, लेकिन अगर पार्टी करनी हो या घूमने जाना हो तो चेहरा देखने लायक होता है ऐसे लोगों का। वैसे भी जो पढ़ाई हम कर रहे है या

जो साइंस हमें पढ़ाई जा रही है या जो साइंटिस्ट बना रहें हैं वो सब प्रकृति के पास से ही दिया गया है या यूँ कहें कि वो सब पहले से ही इस सृष्टि में व्याप्त या मौजूद है या यूँ कहें कि वो हम आज देख या खोज पा रहें है या जिन विषयों पर खोज चल रही है, वो सब के सब हमारे धर्म ग्रंथो में सदियों पहले लिख दिया गया था, पहले साइंस इतनी एडवांस नहीं थी तो किसी ने माना नहीं की ऐसा भी हो सकता है और अब जब साइंस एडवांस हुई तो वो, उन्हीं बातों को अब सही व सच्ची मानने लगे है और उन्हीं धर्म ग्रंथों को भारत से ले जाकर उनपर शोध कर रहें हैं कि उस वक्त ऐसा हुआ था तो इसका मतलब है कि वो अब भी हो सकता है। इसके बाद कुछ खोज लेते है तो बोलते है कि मैंने अविष्कार किया और अपना नाम दे देते है, मुझे तो यह समझ में नहीं आता, शायद आपको आता हो कि जो चीज़ हमारी थी और बरसों पहले हमारे देश में इस्तेमाल में आ चुकी है तो आपने ऐसा क्या खोजा, वो तो पहले से ही इस कायनात में व हमारे देश के इतिहास के धर्म–ग्रथों में मौजूद थी फिर उसे अपना नाम क्यों दिया इस पर भी सरकार को सोचना चाहिए, हॉ हम भारतीय थोड़े आलसी है बस या हमारे अंदर जो काबिलियत या दृष्टि है हम उसे जान ही नहीं पाते समय पर या पहचान पाते और जब पहचान पाए तबतक वो हमारे धर्म ग्रन्थों पर शोध करके उसमें जो पहले से मौजूद है, तो उन चीजों को खोजकर व अविष्कार करके, बहुत जल्दी उस काम के पीछे अपना नाम लगा लेते है, जबकि होना यह चाहिए कि जब वहाँ तक पहुँच गए हो तो बोलो भारत के इतिहास में से या ग्रंथों में से यह चीज़ हमने खोजी है और यह भारतियों के साथ पूरे विश्व को समर्पित है और भारत के हर नागरिक को चाहे किसी भी देश में क्यों न हो या विदेश में हो, उनको इसके इस्तमाल के लिए कभी कोई पैसा नहीं देना चाहिए क्योंकि यह खोज हमें मिली ही भारत के ग्रंथों कें कारण है और जिस ग्रन्थ से उस चीज़ को पढ़कर खोजा जा सका, उस ग्रन्थ के नाम पर उस खोज का नाम होना चाहिए, अगर मेरी बात से हर भारतीय सहमत हो, तो सरकार को इस विषय पर ज़रूर विचार करके हर उस खोज को अपने देश के उन ग्रंथों

के नाम पर रजिस्टर करवाना चाहिए ताकि आज का भारत व आने वाला भारत उसको देख सके या इस्तेमाल कर सके और गर्व की अनुभूति कर सकें अपने इतिहास पर।

मेरा मानना है कि भारतीय शिक्षा प्रणाली को बहुत बड़े बदलाव की ज़रुरत है, बच्चों को सिर्फ पी0सी0एम0 पढ़ाने से या स्कूल के बाद कॉलेज से डिग्री लेने के बाद भी यह सोचना पड़े कि मैं इस काम के लिए नहीं बना हूँ या उसे कोई और कॉलेज या कोर्स करना पड़े, तो यह पूरी तरह से शिक्षा प्रणाली के फेल होने की बात है, होना यह चाहिए कि जैसे 10 वीं व 12 वीं के एग्जामों को हम बोर्ड मानते है, उस समय तक आते–आते बच्चा इतना समझदार हो जाता कि उसे पता होता है कि मुझे किस फील्ड में जाना है या क्या मेरा इंटरेस्ट है, तो उसी समय उसकी काउंसलिंग करवानी चाहिए क्योंकि वो ही ऐसा समय होता है जब बच्चे पर माँ–बाप अपने सपने थोपना शुरु करते है कि बेटा–बेटी जो भी हो, बस रोज़ बोला जाता है कि 10 वीं क्लास में आ गए हो, डॉक्टर या इंजिनियर या वकील या जो भी सपना हो माँ–बाप का या अपने किसी रिश्तेदार से प्रतिस्पर्धा हो कि उनका बच्चा देखो वो बन गया और तुम्हे भी जी–जान से मेहनत करके इतने नंबर लाने होंगें ताकि तुम भी उसका कोर्स का फॉर्म भर सको, जैसे ही तुम 12 वीं पास करोगे, तुम्हे भी उसी कोचिंग में डाल देंगें, जहॉ से उनका बच्चा पढ़कर आज देखो कहाँ बैठा है, ठीक है एक बच्चा पढ़ा और उसका दिमाग या सपना वो बनने का था वो बन गया, पर हर बच्चा डी0एम0 या जी0एम0 या एस0पी0 नहीं बन सकता, वरना खेल, संगीत, चित्रकारी, कलाकारी, लेखन और न जाने कितनी ऐसी फील्ड है जहॉ बच्चा अच्छा मुकाम व नाम कमा सकता है, पैसा तो हर कोई कमा सकता है पर मन का सुकून व इज्ज़त सिर्फ तभी मिल सकता है जब काम मन का हो ना कि मन को मारकर काम करना हो। इसलिए स्कूलों को व सरकार को 10 वीं तक आते–आते हर बच्चे की काउंसिलिंग करवानी चाहिए जिससे कई फायदे होंगें जैसे :–

1. सबसे पहले हर बच्चा आज़ाद महसूस करेगा कि कोई न सुने, मेरा स्कूल व सरकार ज़रूर मेरे सपने के बारे में सोचेगी और मदद करेगी जैसे ही मैं 10 वीं क्लास में जाऊंगा और इसके लिए सरकार उन बच्चों को स्कॉलरशिप भी दे सकती है जो आर्थिक रूप से कमजोर हैं।

2. बच्चा शुरु से पढ़ने के साथ–साथ अपने सपने को हकीकत में बदलने के लिए बिना किसी के कहे मेहनत करने लगेगा।

3. स्कूल और सरकार दोनों का नाम रोशन करने वाला स्टूडेंट तो मिलेगा ही, साथ ही देश को एक होनहार नागरिक व जिस फील्ड में उसका मन होगा, वो उसमें नाम कमाने के साथ उस फील्ड को और बेहतर बनाने में अपना 100 नहीं बल्कि 200 प्रतिशत देगा क्योंकि वो उसके मन का काम है।

4. जैसे ओलंपिक में हर देश के खिलाड़ी इतने गोल्ड मैडल जीत के लाते है और भारत को एक या दो गोल्ड भी मिल जाए, तो हम जश्न मनाते है, कारण बहुत आसान है कि लाखों युवाओं का सपना तो यह बोल के तोड़ दिया जाता है कि खेल में कुछ नहीं रखा है, पढ़ो और नौकरी करो, सरकारी मिल गयी तो ज़िन्दगी कट जायेगी, नहीं तो प्राइवेट में धक्के खाते रहना, पर इस खेल कूद से कुछ नहीं होगा।

5. जब बच्चा अपना सपना जियेगा और कोई रोक टोक नहीं होगी, तो 140 करोड़ की आबादी में से कितने खिलाडी निकलेगें हर खेल के लिए, वो भी हर जगह व हर राज्य से, इसका अनुमान तभी लगेगा जब भारत भी अमेरिका, चाइना, ऑस्ट्रेलिया या बाकी देशों से ज्यादा मेडल लेकर आएगा, माँ–बाप बच्चे का उज्जवल भविष्य ही तो चाहते है और वो अगर खेलना चाहता है तो प्रोत्साहित करें उसको और हो सकता है कि 10 से 6 की जॉब में नहीं पर सफल खिलाड़ी बनकर आपका नाम जरूर रोशन करेगा और रुतबा–पैसा तो मिलेगा ही ।

6. ऐसा नहीं है कि मेडल सिर्फ खिलाड़ी को ही मिलेगें बल्कि आप जिस एरिया में नज़र डालोगे, ऐसा लगेगा कि पहले कहाँ थे ये सब, ना कोई पोस्ट खाली मिलेगी, न लोग सड़कों पर घुमते नज़र आयेगें और देश को एक सोच व रफ़्तार के साथ आगे लेकर जायेगें यह सभी होनहार युवा।

7. कितनी ऐसी जगह है जहॉ पर नौकरी या काम करने के लिए माँ–बाप प्रेम वश जाने नहीं देते है जैसे मिलेट्री, एयर–फ़ोर्स, पुलिस, पाईलेट, केमिकल इंडस्ट्री, फिल्म इंडस्ट्री या नाच–गाना आदि क्योंकि उनको लगता है इसमें रिस्क है और लाइफ बेकार हो जायेगी।

8. मेरा क्या सपना था यह कौन मुझसे पूछेगा, यह बात हर बच्चे के मन में आती है, लेकिन उम्र बढ़ने के साथ जैसे–जैसे जिम्मेदारियां आती है सपने तो छोड़ों दिमाग में भी सिर्फ परिवार को खुश रखने का ख्याल आने लगता है और मैंने क्या आपने भी देखा होगा कि कुछ लोग बच्चों के बड़े होने के बाद या किसी घटना के बाद अपने सपने को जीने निकलते है और वो अपने जीवन के तजुर्बे को जोड़कर और बेहतर काम करने की कोशिश करते है अगर सफल हो गए तो लोग मिसाल देते है और असफल हुए, तो ताना मारा जाता है कि पहले ही मना किया था, अब कर लिया हो अपने मन का तो चुप–चाप घर पर बैठों जैसे बाकी लोगों को पाल रहा हूँ या रहीं हूँ तो तुमको भी पाल लेंगें।

इस तरह की मनोस्थिति के बारे में सोच के डर लगता है न की कहीं असफल हुए तो लोग क्या कहेंगें, तो मैं कहूँगा कि अगर किसी के कहने से आपको फर्क पड़ा, तो आप कमजोर हो व आपको सपना देखना ही नहीं था क्योंकि यह ज़रूरी नहीं की आप पहली बार में ही सफल हो जाओ, कोशिश करने वालों की हार नहीं होती और लहरों से डर के नौका पार नहीं होती।

9. अगर मेरी बात पर भरोसा न हो कि असफल हो गए तो क्या करेंगें, तो आप किसी भी महान इंसान की जीवनी उठाकर देख लो या जिसको भी आप अपना आइडियल मानते हो, उसके जीवन

में संघर्ष न आया हो या लोगों ने उसे हताश–निराश न किया हो, पर वो उस वक्त हार मान जाते तो आप के लिए आज वो कैसे आदर्श बनते।

10. सबसे ज्यादा मैंने नयी उम्र के बच्चों से व परिवार वालों से सुना है कि यह जो बनना चाहता है या मैं जो बनना चाहता हूँ, तो माँ–बाप कहते है कि उसकी इन फालतू बातों के लिए हम न साथ दे सकते है न ही हमारे पास इतने पैसे है, दूसरा की जिसको तुम आदर्श मानते हो तो तुम उसके जैसे बनना क्यों चाहते हो, जवाब हैरान करने वाला मिलता है कि उन्होंने जो किया वो मुझे प्रेरित तो करता है पर इतनी मेहनत व संघर्ष मैं नहीं कर पाउँगा और उनके पास इतने पैसे है बस वो मुझे मिल जाए तो मैं अपना सपना उनको बता के उनसे मदद मागूंगा, नहीं तो उनके यहाँ कोई भी काम कर लूँगा कि बस वो मुझे मिल जाए, मतलब सपना जो था वो पूरा हो या ना हो मैं नौकर भी बन सकता हूँ, कृपा ऐसे लोग न सपना देखें न ही वो दूसरों को अपने सपने के बारे में बताएं, जिससे उनका सपना भी न टूटे और ऐसे लोग अगर काउंसिलिंग में मिलते है तो उनको एक अलग तरह की केटेगरी में रखकर, उन सबको अलग–अलग तरह के काम करवाओ और जो–जो काम उनको आसान लगेगा, वैसे–वैसे उनका सपना भी बदलने लगेगा क्योंकि हर कोई अपने सपने में आराम व पैसा ही देखता है पर उसके पीछे की मेहनत को नहीं और ऐसे लोग मजदूर, लीडर के पीछे चलने वाले या दूसरों की आवाज़ को अपनी आवाज़ बनाने वाले होते है।

11. हाँ अगर आप किसी को गुरु मान के उनसे सीखने के लिए उनके साथ काम करना चाहते हो या अपने ज्ञान को और शार्प करना चाहते हो, तो यह सही निर्णय है क्योंकि ज्ञान लेने की कोई समय–सीमा नहीं है न कोई उम्र और अगर हमें अपने द्वारा लिये गये ज्ञान के ऊपर अपने गुरु का ज्ञान भी मिल जाये, जिसे आप अपना आदर्श मानते हो, तो वो आपको जीवन की एक नयी ऊँचाई पर लेकर जाएगा।

जैसे आज के बच्चों के पास इतने आप्शन है कोर्स करने के लिए, उदाहरण के लिए एम0सी0ए0, बी0सी0ए0, बी0एड0, बी0टी0सी0, एम0बी0बी0एस0, बी0ए0 और न जाने कितने ऐसे कोर्स है और उनमें फिर मास्टर डिग्री और पी0एच0डी0 आदि और इनकी फीस भी आम इंसान की पहुँच से बाहर है, सरकारी कॉलेज या आईआईटी जैसे कॉलेज में एडमिशन मिलना एक सपने के पूरा होने जैसा है, इसी कारण प्राइवेट कॉलेज अपने मनमाफिक हिसाब से फीस लेते है और दिखाते है कि हम यह–यह सुविधा देते है इसलिए फीस ज्यादा है और माँ–बाप पहले स्कूल की फिर कॉलेज की फीस भरते–भरते यह सोचते है कि बच्चा बढ़ा होकर जब कुछ बन जाएगा तो सब ठीक कर देगा, पर जैसा मैंने पहले भी कहा की सुविधा से शिक्षा नहीं मिलती और अच्छे गुरु भी आजकल कम मिलते है फिर क्या होगा उन बच्चों का और क्या ही पढ़ाई वो करते होंगें, अच्छे शिक्षकों के आभाव में, यह अनुमान हम लगा सकते है, जैसे मैं उत्तर प्रदेश की सिर्फ बात करूं तो लगभग 600 कॉलेज है जिसमें 450 के करीब सरकारी एडेड कॉलेज है और 150 के आस–पास पूर्णतः प्राइवेट कॉलेज है जिनसे हर साल लगभग 15 लाख बच्चे पढ़ के निकलते है। अब जरा सोचिये की अपना सपना मार के व परिवार की खातिर जब यह सारे बच्चे कॉलेज से पढ़कर बाहर निकलेगें तो क्या करेंगें, है ना चिंता का विषय, सोचिये जब एक राज्य से इतने बच्चे निकलते है तो पूरे भारत से कितने निकलते होंगें और उनका क्या होता होगा, कुछ नौकरी पा लेते है, कुछ कुंठा में रहते है, कुछ डिप्रेशन में आ जाते है, कुछ पढ़ लिख कर अपने बाप–दादा का काम सँभालते है, कुछ नया तरीका खोज के बिज़नस शुरु करते है, तो कुछ आत्महत्या कर लेते है, यह प्रक्रिया हर साल चलती है और बदलाव नहीं हुआ तो पता नहीं कब तक चलती रहेगी। विश्व स्तर पर देखें तो सबसे अच्छे व टॉप कॉलेजों की सूची में भारत के सिर्फ 3 से 4 कॉलेज आते है वो भी क्रमशः 40, 46, 50 नंबर पर आते है, जो यह दर्शाता है कि हमें अभी काफी सुधार की ज़रुरत है। मेरा हमेशा से मानना है की क्वालिटी होनी चाहिए ना की क्वांटिटी और हमारे देश के ज्यादातर

कॉलेज क्वांटिटी में विश्वास रखते है न की क्वालिटी पर क्योंकि जितनी ज्यादा क्वांटिटी होगी, उतनी ज्यादा फीस वसूल कर सकते, भले ही बच्चों का भविष्य बने या न बने, इसलिए बच्चों को जो सीरियस है उन्हें खुद से पढ़ना पढ़ता है ताकि वो अपने माँ–बाप का पैसा जाया न जाने दे। मेरे माँ–बाप हमेशा कहते है कि जब मैं स्कूल में जाता था पर खासतौर पर मेरी माँ क्योंकि पिताजी ऑफिस में होते थे, तो वो हमारा होमवर्क कराना से लेकर यह बताती थी कि लिख के याद करो, मतलब पढने से कुछ नहीं होगा, जबतक प्रैक्टिकल न किया हो, यही बात प्रधानमंत्री जी ने जब बच्चो को एक सभा में संबोधित करते हुआ कहा था, तब बचपन की मॉ की कही बात याद आ गई थी। तो अच्छे कॉलेज में सिर्फ पढ़ने से कुछ नहीं होगा, जबतक प्रैक्टिकल करने को न मिले क्योंकि कॉलेज से निकलते ही सिर्फ प्रैक्टिकल ही करने को मिलेगा, पढ़ने को नहीं और जो कॉलेज के बाद भी पढ़ते है वो पढ़ते ही रह जाते है और सोचते है यह जॉब करूं या और पढ़कर वो वाली जॉब करूं। लिखने के लिए माँ इसलिए नहीं कहती थी कि मेरी लिखावट अच्छी हो जाएगी बल्कि इसलिए की लिखा हुआ कहीं न कहीं ज़रूर याद रहेगा कि इसके बाद मैंने यह लिखा था और आपकी याददास्त भी मजबूत होगी, यहाँ तक की मेरी संस्कृत की मैडम रूचि सिन्हा नौवीं की टीचर और यादव सर व मेरे पिताजी का कहना था कि जैसे गाने बार–बार सुनने से याद हो जाते है, इसी तरह अगर आप किसी भी चीज़ को लगातार 100 बार बोलो ऊँची आवाज़ में तो आप ज़िन्दगी में आसानी से वो बात कभी नहीं भूलोगे जैसे आप कोई मंत्र का जाप करो, तो पहले 5 से 6 बार मे अटकोगे देखकर बोलोगे फिर अपने आप बोलने लगोगे और 108 दानों की माला ख़त्म होते–होते वो मंत्र हमें कंठस्त हो जाता है और जीवन में कई बार सुनने व बोलने के बाद वो आपके अंतर्मन में अपने आप समा जाता है और हम मन ही मन जपने लगेगें उसको।

सरस्वती माँ के आशीर्वाद से मैंने काफी कुछ ज्ञान हासिल करने की कोशिश की, वो भी लगभग हर फील्ड में थोड़ी–थोड़ी, शायद थोड़ा बहुत जो ज्ञान अर्जित कर सका, शायद उसी कारण मैं

कुछ लिखने के काबिल बना, साथ ही परिवार का साथ भी मिला जहॉ–जहॉ मैं अटकता था और अपनी लिखने की भूख को सही दिशा में लेकर जाने के लिए, मैंने काफी भारत भ्रमण भी किया और करता रहता हूँ और कॉलेज से लेकर, कंपनियों तक, बहुत लोगों व स्टूडेंट से मिलता रहता हूॅ और मैंने एक बात नोटिस की कि जबतक बच्चा स्कूल में होता है तो अधिकतर वो अपने माँ–बाप के साथ या किसी रिश्तेदार के पास होता है सिवाए बोर्डिंग स्कूल के बच्चों के, तो जबतक वो स्कूल में होते है एक बंधन में होते है कि टाइम से घर आना, टाइम से स्कूल जाना, होमवर्क टाइम पर करना और खेलने का समय भी निश्चित होता है जिससे बच्चा अपने आप को एक दायरे में समझने लगता है और जैसे ही वो कॉलेज में जाता है वो काफी बड़ा हो चूका होता है और साथ ही साथ उसके सपने भी उड़ान भरने लगते है इसलिए वो अपने को एक आज़ाद पंछी की तरह समझकर खुले आसमान में घूमना चाहती या चाहता है जैसे पिंजरे से निकला हुआ पंछी और वो हर एक चीज़ को एक बार इस्तमाल ज़रूर करना चाहता या चाहती है फिर वो चाहे किसी भी तरह का नशा हो या खाना और खाने का मतलब की वो वेज हो या नॉन वेज सब एक बार यूज करना चाहता या चाहती है मतलब फुल ऐयाशी। पर यह सब भारत में ज्यादा होने लगा है क्योंकि न सिर्फ अपने देश के बच्चे हो या बाहरी मुल्क के या भारत की छोटी से छोटी जगह से आकर शहर की चमक में खोने वाले अपना पिछला सब भूल जाते है कि माँ–पिताजी ने क्यों हमको यहाँ भेजा है। ऐसा इसलिए भी होता है क्योंकि स्कूल के दौर में हमें पैसे नहीं दिए जाते थे, पर बाहर जाते ही माँ–पिताजी यह सोचते है कि बच्चा बाहर है तो उसे कोई कमी नहीं होनी चाहिए और वो उसकी हर डिमांड को पूरा करने के लिए पैसे भेजते रहते है और बच्चा भी नए–नए बहाने बताकर पैसा मंगवाने लगता है क्योंकि पैसा हर चीज़ से बड़ा है और इसके लिए तो कोई भी कुछ भी करने को तैयार है और वो पैसा उस बच्चे को क्या मिलता है वो पागल सा हो जाता है और पढ़ाई छोड़कर बाकी सारे काम करता है बस कुछ ही उस चमक या पैसे की रौनक से दूर रहते है और यह वो होते है जो

वाकई में कुछ कर गुजरने का मादा रखते है। बस सोचने वाली बात यहाँ यह है कि पैसा आते ही सबकुछ करें और हो सकता है नशा भी करें, पर नशे का गुलाम न बने वरना पढाई तो दूर की बात रही वो अपनों का दुश्मन बनने लगती है कि पैसे नहीं थे तो यहाँ भेजा क्यों सबके बीच में मेरी बेइज्जती करवाने के लिए और यह सब वो अपने नशे की हालत में करता है, साथ ही साथ दोस्तों को भी दिखाता है जो साथ होते है कि मैंने जितने रूपए बोलें देखो उतने ही रूपए घर से आयेगें फिर चाहे घरवाले कैसे व किस तरह से उन पैसों का इंतेजाम करें उस बच्चे को नशे के आगे या अपनी झूठी शान के आगे कुछ समझ नहीं आता है।

हमारी संस्कृति ही हमारी पहचान रही है और यह जिम्मेदारी भारत की हर पीढ़ी को अपने साथ लेकर चलना चाहिए, इसमें किसी को भी किसी तरह की कोई शर्म नहीं आनी चाहिए, क्योंकि इस संस्कृति को हमेशा सबके दिल में व हर पीढ़ी के जहन में जिंदा रखना होगा, इसके लिए हमारे संस्कृति के जानकार, इतिहास को जानने वाले, दर्शन शास्त्र व काव्य के जानकारों ने अपनी ज़िन्दगी लगा दी कि आने वाली पीढ़ी भारत की परंपरा, संस्कृति, वेश–भूषा, खान–पान से लेकर हमारे हर काल के रहन–सहन तक को बड़ी बारीकी से लिखा व बताया, साथ में दिखाया भी ताकि हम अपनी जड़ो को ना भूले, ना ही इसके लिए हमारे पूर्वजों ने जो कुर्बानी दी थी वो बेकार ना जाए कि हम अपने कल्चर, संस्कृति व सभ्यता को बस पश्चिमी सभ्यता के आगे भुला दें और अपनी पहचान भूलकर उनके जैसा बनने की कोशिश करें, क्योंकि जो हमें विरासत में यह सब दे गए है उन्होंने अपनी कलम व ज्ञान को पैसे पर नहीं तौला और नाहीं पैसा या नाम कमाने के लिए ऐसा किया, ऐसा बिलकुल भी नहीं किया और न ऐसा सोचा, उन्होंने अपने देश की सुंदरता व हर छोटी से छोटी बात को हमारे लिए जीवित रखा और यह काम करना बिलकुल भी आसान नहीं है, न पहले था, ना अब है, क्योंकि किसी भी चीज़ को लिखने के लिए पहले उसको जीना पड़ता है या फिर कभी–कभी तो मरना तक पड़ता है। इसी दिशा में उन सबने देश की ताकत, व्यापार करने के तरीके और हमारे देश में आई

विभिन्न प्रकार की सभ्यताओं को ऐसे वर्णित किया है कि पढ़ने वाला यह महसूस करेगा या ऑखों के आगे उसका चित्रण उभरेगा कि वो घटना उसके सामने ही घट रही हो जैसे या उसका आभास होता है, साथ ही भारत देश की भव्यता व साहस का भी परिचय मिलेगा, इतना ही नहीं देश की पुरानी से पुरानी सभ्यता से लेकर, उस समय कौन किस धर्म को मानता था से लेकर, उनके हथियार क्या थे, उनकी अनोखी शक्ति के साथ–साथ हर छोटी से छोटी बात को, उन सबने दर्शाया और इसका तार्किक उधाहरण भी दिया हर उस बात का, जिसपर आज का युवा प्रश्न उठा सकता था, सोच के देखिये कि वो उस समय अपने भारत के युवाओं को आने वाली घटनायों से लेकर, घट चुकी घटनायों के बारे में बताकर यह सोचते थे कि मेरा भारत महान था और आने वाली युवा पीढ़ी उसको महान बना कर रखेगी। बस एक बात मुझे परेशान करती है कि हमने अथिति देवो भवः की परंपरा को अपना धर्म पहले भी माना था और आज भी मानते है इस बात का कई बाहरी लोगों ने हमारे देश में आकर फायदा उठाया और इसी वजह से वो बाहरी लोग हमपर कई सालों तक शासन कर पाए, हाँ यह अलग बात है कि इससे कई तरह की संस्कृतियाँ भी आई, पर वो वैसे भी आती हमारे देश में, वो इसलिए कि हमारे देश की भव्यता व सोना देखकर, बाहरी लोगों का न पहले आना रुका था और न आजतक रुका है, बस वो चंद लोग जिन्होंने अपने स्वार्थवश या लालच के कारण, उन्होंने अपने देश की बागडोर अपने देश के महान राजाओं की कमी या किले के खुफिया रास्ते बताकर बाहरी लोगों को दे दी और देश में घुसने दिया, हमने पहले भी अंजान लोगों को शरण दी और आजतक लोग शरण लेते आ रहे है, अगर आज की सरकार इस बारे न सोचती और क़ानून न लाती कि भारतीय हो तो क्यों परेशान हो, डरना या घबराना उनको चाहिए जिन लोगों ने बिना अनुमति घुसपैठ की और ऐसे लोगों को मैं कम बुद्धि वाला बोलूँगा, जो ऐसे लोगों के पक्ष में खड़े है और उनको भारतीयता दिलाने की आड़ में वोट बैंक की राजनिति कर रहीं है। तो तबसे लेकर अबतक का भारत दर्शन भी हमारे विद्वान लोगों ने अपनी लेखनी में बखूबी दर्शाया व बताया है, पर

सोचने की बात यह है कि आज के बच्चे अपने कोर्स की किताबें ही बड़ी मुश्किल से पढ़ पाते है, यह सब वो कब, कैसे और कहॉ पड़ेंगे, इसलिए मेरा ऐसा मानना है कि माँ–बाप ही यह सब बातें व अपना इतिहास अपने बच्चों को अपनी परवरिश के दौरान या खेल–खेल में बता या सिखा सकते है फिर चाहे आप देवी–देवताओं के नाटक दिखाओं, मोबाईल में अपने से रिकार्ड करके सुनने की आदत डलवा दो, मंदिर–मस्जिद–चर्च–गुरूद्वारा साथ लेकर जाओं, सत्संग या कथाओं में लेकर जाओं, जो आने वाले भारत की युवा पीढ़ी के लिए बहुत जरूरी है। ऐसे शक्तिशाली दिमाग के धनी लोगों ने एक–एक राजा का, उनके नियम व क़ानून का, उनके द्वारा भारत को दी गयी विरासतों, इमारतों, व्यापार, बोली या परिधान व छोटी से छोटी बात का सजीव वर्णन ऐसे किया कि जब हमारे दादा–दादी या नाना–नानी उसको सुनाते थे, तो ऐसा प्रतीत होता था कि क्या ठाट–बाट थे राजाओं के और हम मन ही मन अपने को राजा मानने लगते थे, इतना ही नहीं लिखने वालों ने ऐसा–वैसा नहीं बल्कि उस समय की कलाओं, पद्दति, मुद्राएँ, औज़ार, खान–पान के बर्तन, पहनने–ओढ़ने के वस्त्र–आभूषण से लेकर भवनों की भव्यता व उसमें इस्तमाल की गयी कलाओं व कारीगरों के विषय में भी वर्णित किया है, यहॉ तक कि जिस कला का इस्तेमाल हुआ किलों में उसे किस देश के कारीगर ने बनाया और कब बनवाया किस राजा ने या किस वंश ने, इसका भी बखूबी वर्णन मिलता है, तो जब इतना सब पढ़ने व जानने के लिए है तो कैसे कोई कह सकता है कि मैं बेकार हूँ या मेरे पास काम नहीं है, काम तो आपके लिए वो सभी वक्ता या लेखक देकर गए है कि ज्ञान लो अपने देश के बारे क्योंकि ज्ञान कभी जाया नहीं जाता और इसी ज्ञान से आप टूरिस्ट गाइड बन सकते हो, इतिहास के विश्लेषक बन सकते हो, पुरानी इमारतों के बारे में सर्वे करके भारत के पुरातत्व विभाग में जा सकते हो या पुराने ज्योतिष ज्ञान से व भूगोल शास्त्र को पड़कर, स्पेस साइंटिस्ट बन सकते हो, पुरानी इमारतों व चीज़ों की देखभाल भी कर सकते हो या उन किताबों को पड़कर हो सकता है कि आप उस जगह जाकर कुछ नया अनुभव करो या कुछ नई चीज मिल जाये आपको

और आप अपने शब्दों में वर्णन करके एक लेखक बन सकते हो और फिर भी आप बेरोजगार हो, तो आप जीवन से सिर्फ आशायें रखते हो, पर उसके लिए कुछ करना नहीं चाहते, तब आपके लिए ना तो कायनात कुछ कर सकती है ना ही पृथ्वी का कोई वासी। वैसे भी मुझे लगता है कि हम धीरे–धीरे बंदर बनते जा रहे है क्योंकि हमें दूसरों की नक़ल करने में आनंद आने लगा है, कहने का तात्पर्य यह है कि भले ही हम रहते अपने देश में हैं, सोते अपने देश में हैं, खाते अपने देश का हों, काम करते अपने देश में हों लेकिन इच्छाएं हम विदेशी रखने लगे है और उनके जैसा बनने के बारे में सोचते है कि मैं इस देश में होता तो कैसा होता, वहाँ इतना पैसा कमा लेता, ब्रांडेड व महंगी चीज़े खरीदता। क्यों बंदर बन रहे हो ? ऊपर वाले का शुक्रगुजार करने के बजाये कि हमें भारत भूमि में पैदा किया, उल्टे हम उसकों कोसते है कि क्यों मुझे इस देश में पैदा किया, काश मैं वहाँ पैदा होता और इससे भी ज्यादा मैंने सुना है कि काश मैं उसके यहाँ पैदा हुआ होता, तो मैं अपनी सारी इच्छाएं पूरी कर लेता। क्यों मुझे गरीब के घर में पैदा किया, कहते है कि गरीब पैदा होना हमारी किस्मत में हो सकता है पर गरीब मरना यह हमारे हाथ में है कि हम अपने जीवन के कर्मों को किस तरह करते है और कितनी मेहनत करते है और मेहनत करने वालों की कभी हार नहीं होती यह बात मैं बार–बार कहता हूँ।

मैं एक बात बहुत बार सुनता, देखता या पढ़ता आ रहा हूँ कि हमारे देश की आबादी बहुत तेज़ी से बढ़ रही है, वहीं अगर शहर की आबादी को हटा दें, तो आप खुद सोचेगें कि आज भी गाँव की आबादी उतनी ही है जैसे 40 से 50 साल पहले थी, समझ में आया मेरे कहने का मतलब, मतलब यह है जो गाँव से शहर गए वो तो वहीं के होकर रह गए, पर बाहर से आने वाले भी शहर में कुछ दिन ही रहते है और शहर वाले जब आते हैं वो पूरी फैमिली के साथ आतें हैं और फिर चले जाते है, ऐसे में जो गॉव के युवा शहर जा रहे है उससे धीरे–धीरे गाँव छोटे व शहर बढ़े होते जा रहे है। जो लोग 40 से ऊपर के होगें उन्होंने देखा होगा दूरदर्शन में कि खुले में शौच न जांए, घर में शौचालय बनवाये, पानी बचाए और नदियों

का पानी गंदा ना करें उसमें नहाकर, बार–बार ब्रेक न लगाये और पेट्रोल बचाए, बच्चे दो ही अच्छे, रेलवे क्रोसिंग को दोनों तरफ देखकर पार करें इत्यादि ऐड दूरदर्शन पर आते थे, तो उस समय की सरकारों ने ऐड दिखाए पर उस पर काम नहीं किया, वहीं आज की सरकार ने हर घर शौचालय का अभियान चलाया पर ऐड नहीं दिखाया, गरीबों के लिए घर बन सके ऐसी योजनायें अमल में लाये है, वहीं नदी में कुछ लोगों के नहाने से वो गंदी नहीं होती, बल्कि हज़ारों टन भरके गन्दगी जो फैक्ट्रीओं से निकलती है और जो प्लास्टिक हम फेंकतें है वो सब नदीयों के पानी में जाकर मिल जाती है, तो सालों से जो गन्दगी की जा रही है वो एक दिन में साफ़ नहीं हो सकती थी, पर फिर भी सरकार ने पहल की कि उन्होंने नदियों की सफाई का अभियान चलाया हुआ है, पर इसके लिए हम सबको आगे आना पड़ेगा और खुद से यह प्रण लेना होगा कि हम भी अपने हिस्से की गंदगी करना बंद करेंगें। अभी कुछ साल पहले की बात है मैंने और सबने पढ़ा होगा कि दिल्ली की आबों–हवा, पानी, नदी–नालें में प्रदुषण हद से ज्यादा बढ़ गया है और रातों–रात राज्य सरकार ने आदेश जारी किया कि सभी फैक्ट्रियॉ जो दिल्ली में है वो बंद की जाती है और कोई बोरिंग नहीं करवा सकता बिना परमिशन के, इसके कुछ सालों बाद ऑड–इवन नियम भी लागू किया कि एक दिन इवन नंबर वाली और अगले दिन ऑड नंबर वाली गाड़ी ही चला सकते है, हुआ यह की वो फैक्ट्रियां दिल्ली के आस–पास के इलाकों में जैसे नोएडा, ग्रेटर नोएडा, फरीदाबाद, गुडगाँव और गाज़ियाबाद में जाकर खुल गयी और इनको नाम दिया गया एनसीआर, इसी वजह से आज दिल्ली को सिर्फ दिल्ली न कहकर दिल्ली–एनसीआर कहा जाता है, देखा जाए तो भारत का सबसे घनी आबादी वाला प्रदेश यह दिल्ली–एनसीआर ही, दूसरा मेरा यह भी मानना है कि फैक्ट्री चाहे दिल्ली में हो या नोएडा या चाहे किसी भी प्रदेश में हो, जितना वो दिल्ली को प्रदूषित कर सकती है उतना ही वो उस जगह को भी करेगीं, फिर चाहे वो किसी भी चीज़ का उत्पादन करने वाली क्यों न हो, अगर प्रदुषण फैला रही है तो किसी भी प्रदेश में वो फैक्ट्री

नहीं खुलनी चाहिए, फिर चाहे वो कितनी भी ज़रूरी चीज़ क्यों ना बनाती हो, क्योंकि जो कुछ वो बना रहे हैं वो बना तो इंसानों के लिए ही रहे है और जब इंसान ही मरने लगे प्रदुषण के कारण तो उस चीज़ को बनाने का क्या फायदा, अच्छा एक मज़े की बात और है कि हम किसी को किसी काम के लिए फैक्ट्री खोलने के लिए तो परमिशन तुरंत दे देते हैं और न देना हो तो सालों तक नहीं देते हैं, दूसरा की या तो देंगें नहीं वरना बिना फॉर्मेलिटी के भी दे देंगें, इसका एक कारण है कि मंत्रालय जब परमिशन देते है और अगर खुद उन्होंने उस जगह का परिक्षण सही से नहीं किया है, तो परमिशन देते वक्त उस मंत्री को क्या पता की भविष्य में उस फैक्ट्री का उस प्रदेश की हवा, पानी या सतह पर क्या फर्क पढ़ेगा, इसलिए हर सरकार को अपने कार्यकाल में कम से कम एक बार सभी फैक्ट्रियों की प्रदुषण रिपोर्ट के साथ सारी बेसिक जॉच करवा लेनी चाहिए, वो भी एक सही कमेटी बनाकर, जो रिश्वत लिए बिना कार्य करे क्योंकि हर कोई अपनी फैक्ट्री बचाने के लिए हर तरह का संभव प्रयास करेगा। इतना ही नहीं कई लोकल ऑफिसर से लेकर मंत्री तक जिन्हें चुनाव में वोट के लिए पैसे लगेगें, तो वो यह सोचते है कि इनकी मदद अभी कर दो बाद में यह हमारी मदद करेगें और चुनाव हर 5 साल में आयेगें, पर एक बार वो फैक्ट्री लग गई तो वो सालों के लिए लगेगी और आप चुनाव के बाद उस शहर में रहो या न रहो, पर वहॉ के लोग तो वहीं रहेगें उनका क्या कसूर था, इसलिए किसी ऐसी चीज की परमिशन देना जो सालों के लिए हो हमें 100 बार सोचना चाहिए, क्योंकि ऐसे लालच से हो सकता है कि आप आज खुश हो, लेकिन कल अगर आम जनता परेशान होगी, मतलब साफ है की आपकी कुर्सी खतरे में है और हो सकता है कि ऐसी किसी परमिशन से कभी आपके परिवार के किसी सदस्य के साथ बुरा हो जाये, इसलिए पास का नहीं दूर की सोच के साथ कोई भी काम करना चाहिए फिर चाहे वो राजनीति ही क्यों न हो। अगर हम इस तरह की परमिशन देकर लोगों की जान लेने को तैयार है तो फिर किसी बाहर के आतंकवादी की क्या ज़रुरत, जब इंसान व इंसानियत का हत्यारा घर में ही मौजूद हो, अच्छा यहाँ

अगर ये कहा जाए कि मैं क्या बेमतलब की बात कर रहा हूँ क्योंकि अगर फैक्ट्रियां व कंपनी नहीं आएगीं, तो कैसे सुविधाओं का व आधुनिकता के साथ देश का विकास होगा, तो मैं इसपे यह कहना चाहूँगा कि जो टेक्नोलॉजी या आधुनिकता लोगो की जान की दुश्मन बने व किसी का गाँव व समाज के किसी वर्ग के जान पर बन आये, तो ऐसी किसी भी चीज़ को उसी वक़्त जड़ से खत्म कर देना ही हितकर है क्योंकि उसके बिना भी इंसान सालों से जी रहा था, पर उसको पाने के लिए इंसानों को जान देनी पड़े तो वो आधुनिकता किस काम की। जैसे–जैसे आधुनिकता का विकास हुआ है उसको हमने अपनी ज़रुरत बना लिया है जबकि पहले भी हम जी रहे थे और आज से ज्यादा खुश थे और लम्बा व स्वस्थ जीवन जी रहे थे, न नदियाँ काली थी, न हवा प्रदूषित थी और प्लास्टिक जैसा कचरा कहीं नहीं था, क्योंकि प्लास्टिक एक ऐसी खोज है जो जमीन में दबाने के 500 साल बाद भी वैसे ही मिलेगी और जलाने पर हवा प्रदूषित करेगी और इसके न होने की वजह से हर जगह की ज़मीन लगभग उपजाऊ थी और जमीन के शुद्व पानी का स्तर भी काफी ज्यादा था, पर पॉलीथीन जहॉ जमीन की गुणवक्ता खत्म करती है, पर अब जब संतुलन बिगड़ने लगा है तो सबसे पहले प्लास्टिक बैन की जाने लगी, इसका सबसे बड़ा नुक्सान होगा साफ़ पानी के स्रोत पर क्योंकि वर्षा का पानी रिसके ज़मीन के नीचे जाएगा ही नहीं और यह आज के दौर में अभी से देखा जा सकता है बड़ी आसानी से, क्योंकि जब मेरा मकान सन् 1990 में बना था, तब 80 से 100 फिट के बीच में ही पीने का पानी आसानी से मिल जाता था और 10 साल बाद वो 120 फिट पर चला गया और आज 150 से 160 फिट खुदाई करनी पढ़ रही है और धीरे–धीरे जल का स्तर कम होता जा रहा है, दूसरा की पहले खूब पेड़ काटे गए और पेपर व अखबार दबा के छापे गए, कापियां व किताबे बनाई व छपाई गयी, फिर रद्दी इकठ्ठा हुई और बेच के रफ़ पेपर या रफ रजिस्टर बनाये गए, पर नए पेपर तब भी बनाये जाते रहे और आज भी बन रहें है, अब कहा जा रहा है कि डिजिटल अपनाओं और पेड़ बचाओ, साथ ही पेड़ लगाओ इसके लिए 5 जून को पर्यावरण दिवस मनाया

जाने लगा, जिसमें सरकारी, गैर सरकारी, एन0जी0ओ0 और समाज सेवक, सब मिलकर लाखों पेड़ लगाते है पर 20 साल पहले तक इसको नहीं मनाया जाता था, इस तरह से जैसे आज मनाया जा रहा है और काफी लोगों ने तो इसका नाम भी नहीं सुना होगा कि ऐसा कोई दिवस भी मनाना है, वहीं अब हर चीज़ को डिजिटल करने की कोशिश की जा रही, जो काफी हद तक सही पहल है, पर देर से शुरू की गई वो भी आज की सरकार द्वारा, वरना और बुरा होता जाता पर्यावरण का हाल, तीसरा यह की पहले सबने टुयबबेल लगवाए, मोटर लगवाई, सबमर्सिबल लगवा रहें है और खूब पानी का खेल खेला गया और आज भी जहॉ पानी आसानी से मिल रहा है, वहॉ आज भी खुब पानी बहाया जा रहा है, वहीं अब पानी बजाओ अभियान भी चल रहा है और लोग नयी–नयी तकनीक ला रहे है कि एक बार टैप करने पर इतना ही पानी आएगा, वेस्ट वाटर ट्रीटमेंट प्लांट लगाए जा रहे है अपार्टमेंट में, पानी इस्तेमाल के लिए मीटर लगाये जा रहे है, पर सबसे ज्यादा सुधार की ज़रुरत फ्लश में इस्तमाल होने वाली टेक्नोलॉजी को है क्योंकि लगभग 10 से 15 लीटर पानी निकलता है एक बार फ्लश करने पर, जहॉ सबसे ज्यादा पानी वेस्ट होता है, वो भी ज्यादातर इलाकों में साफ़ पानी जो पीने के लिए उपयोग में आ सकता था या आ सकता है, और ऐसी बहुत सारी समस्या है जिनको समय रहते ठीक करना ज़रूरी है क्योंकि पृथ्वी व प्रकृति दोनों को बहुत नुक्सान पहुँचा चुके है हम लोग और आने वाला समय हमारे लिए भयावना न हो और आने वाली पीढ़ी के लिए कुछ बचे ही नहीं, इसलिए सोच को अभी से बदलना होगा और क्या बहुत जरूरी है उसको पहले ठीक करना होगा वरना कुछ नहीं बचेगा।

अच्छा हमारे देश में छुपा के रखना या गुल्लक में पैसे जमा करने का भी एक तरह का चलन है और यह आज से नहीं सदियों से चला आ रहा है, तब लोग अपने खजाने को छुपाने के लिए ऐसे–ऐसे तरीके अपनाते थे कि उनके अलावा कोई और न जान सके कि खज़ाना कहाँ छुपा के रखा गया है, यह तो जग जाहिर है कि मिस्र का और भारत का खज़ाना जिसने भी खोजा वो अचंभित

रह गया क्योंकि खज़ाना उसे कहते है जिसमें हीरे, मोती, सोना, नीलम, पुखराज, तरह–तरह के नग–नगीने व अलग–अलग तरह के जवाहरात होते थे कि अगर किसी को आज मिल जाए, तो वो दुनिया का सबसे अमीर इंसान बन जाएगा, पर वो लोग जिनका खजाना था वो मर गए बिना बताये की खज़ाना कहाँ दफ़न है, ठीक ऐसे ही हमारे देश की औरतें है जो हर महीने पैसे बचाती है ताकि बुरे वक़्त पर काम आ सके परिवार के, पर उनका खज़ाना कितना है व कहाँ रखा है यह सिर्फ वो ही जानती है, लेकिन जब नोट बंदी हुई तब हर औरत के खजाने का पता हर एक पति को चला और कुछ तो हैरान थे कि जितना पैसा उनके अकाउंट में नहीं था, उससे ज्यादा पैसे पत्नी ने जमा कर रखे थे, वैसे यह पैसे होते बहुत काम के है और यह आदत कोई नहीं सिखाता किसी पत्नी को, यह एक कुदरती आदत है जो लगभग हर औरत के अंदर होती है। माँ की यह आदत देख बच्चा भी गुल्लक में पैसा जमा करता है अपनी किसी ख्वाइश को पूरा करने के लिए और जब गुल्लक भर जाती है, तब उसे तोड़कर जितने भी पैसे जमा हो और जिस चीज़ के लिए पैसे जमा किये हो और कम पड़ रहे हो, तो वो अपने घर वालों से बाकी पैसा लेकर वो चीज़ ले आता है, वैसे क़ानून कहता है कि किसी भी तरह की जमाखोरी एक तरह का कानूनी अपराध है लेकिन कोई बच्चा कहाँ जनता है, न हर औरत जो अपने पति की कमाई से कुछ पैसे बचाना कोई जुर्म नहीं है और उन दोनों के लिए तो यह उनका धर्म है और एक आंतरिक खुशी है, पर क़ानून जमाखोरों के लिए बना है इन मासूमों के लिए नहीं। ऐसे ही थोड़े हमारे भारत को सोने की चिड़िया कहा जाता था और इस सोने को लूटने ही तो बाहर के लोग यहाँ आये, क्योंकि उनको मालूम था कि वो कभी इतना सोना–चांदी व हीरे–जवाहरात एक साथ एक देश में नहीं पा सकते थे, जिससे वो अपने गरीब देश को कुछ पल की खुशियाँ दे सके, साथ ही अपने देश को गरीबी से छुटकारा दिला सकें और आज भी विदेशी लोग अपने देश के लिए पैसा जुटाने यहाँ आते है जैसे अपना सामान लॉच करने, शोरूम खोलने, नई कंपनी डालने, दवा–दारू से लेकर कपड़े और कॉल सेंटर तक या फिर

कोई लाईव कॉन्सर्ट करने, क्योंकि वो यह जानते है कि यहाँ वो जीतनी आसानी से चीज़ों को बेच सकते है वो और कहीं नहीं क्योंकि अगर हमें वो चीज़ पसंद आ गयी, तो हम उसको खरीदने के लिए लोन भी लेगें, फिर उस क़र्ज़ को भरने के बजाये एक और चीज़ के लिए लोन ले, पर एक बात कहेंगें कि फटी चाहे कितनी भी हो सलामी तोपों से ही दी जाएगी, मतलब क़र्ज़ कितना भी हो अगर चीज़ पसंद आ गई है तो लोन के ऊपर एक और लोन सही। एक बात मैं यकीन के साथ कह सकता हूँ कि जितने सोने व हीरे के आभूषण हमारे भारत देश में पहने जाते है वो बाकी किसी देश में नहीं पहने जाते होगें, वहीं अगर आज भी सिर्फ ज़रुरत के हिसाब से वो आभूषण रखकर बाकी सारा सोना व हीरे अगर भारत देश के लिए दे दें और उसके बदले में उन्हें ज़मीन, फ्लैट या बांड दे दिए जाए, तो भी हम बाकी देशों से आगे निकल जायेगें और अपना कर्जा भी चुका पायेगें, इसके साथ ही हम विकासशील देशों की लिस्ट से हटकर विकसित देशों की गिनती में शामिल हो जायेगें। इतना ही नहीं होगा ऐसा करने से, कर्जा जैसे ही कम हुआ वैसे ही डॉलर के मुकाबले रूपया ज्यादा मजबूत बन जाएगा, वैसे भी विकसित व विकासशील देशों में एक बहुत बड़ा फर्क अर्थव्यवस्था के सुधार होने से भी पड़ता है और जैसे–जैसे वो बदलेगी, देश कहीं का कहीं पहुँच जाएगा और हम धीरे–धीरे विश्व में अभी तो पांचवे स्थान पर है, लेकिन आने वाले 2 से 3 सालों में दुनिया की नंबर 3 की इकॉनमी बन जायेगें और इसके लिए अभी की तत्कालीन सरकार का बहुत बड़ा योगदान है और उनकी सोच का स्तर जो है वो भारत को नंबर 1 बनाने के लिए पूरी तरह से सही है, जैसे ही यह होगा वैसे ही, पर व्यक्ति आय में भी सुधार होना शुरु हो जायेगा और लोग गरीबी रेखा से ऊपर उठकर मिडिल क्लास के क्लब में शामिल हो जायेगें, लेकिन इसके लिए हर भारतीय को अपने अधिकार व ज़रूरतों को ध्यान में रखकर काम करना होगा, देखा जाए कि अगर वाकई में लोग अपनी ज़रुरत के हिसाब से काम करें व सोना–चांदी सरकारी खजाने में दे भी दें, तो कोई घोटाला नहीं होगा यह खयाल भी हमारे मन में जरूर आयेगा सबसे पहले, पर

अभी की सरकार पर, मैं अगर भरोसा कर भी लूं, तो यह ज़रूरी नहीं की सब कर लें और देश में इतनी पार्टियां है कि कई तो बोलेंगें की मेरी पार्टी जब सत्ता में आएगी तब सोचेगें, इसलिए यह बहुत मुश्किल काम है पर किसी भी तरह से नामुमकिन नहीं है। देखा जाए कि मंत्री या नेता बनने की कोई ख़ास पढाई या डिग्री नहीं लेनी होती है, बस सामाजिक स्तर पर आप प्रचलित हो या अपने क्षेत्र में आप सक्रिय हो और लोग आपको जानते हो या फिर आप किसी पार्टी नेता के परिवार से हो या किसी पार्टी में कई सालों से जुड़े है तो भी आप नेता बन सकते हो और अगर परिवार ही राजनीति में सालों से है, तो लड़ लो चुनाव अपने परिवार के नाम पर, लेकिन यह वाला फंडा धीरे–धीरे कम होता जा रहा है और लोग काम को वोट दे रहे हैं नाम को नहीं और यह बात नामी पार्टियाँ जीतनी जल्दी समझ जायेंगी, तो हो सकता है कि दुबारा जनता का विश्वास हासिल कर सके, पर मेरे हिसाब से कोई पार्टी बदलाव के लिए नहीं आती, बस चुनाव होता है एक हट जाती है और दूसरी आ जाती है मतलब की सिर्फ अदला–बदली हुई पार्टी की और कुछ नहीं, पर शायद मेरा यह सोचना गलत साबित कर दें 2014 से जब से बी0जे0पी0 आई है और अभी तक तो गलत ही साबित किया है और वो बदलाव ला रही है और पहली बार परिवार व नाम से हटकर कोई पार्टी लगातार तीन बार चुनाव जीती है और मोदी जी ने जो कहा, जो कर रहें है और जो सोच उनकी व पार्टी की है शायद उनको हटाना अब इन परिवार के नाम पर 60 साल से कर रही पार्टी के बस की बात नहीं है और जनता भी यह समझ चुकी है कि मोदी जी है तो देश आगे जायेगा। पर इस बात की गारंटी कौन लेगा कि जो सामाजिक इंसान है वो हर बात का व देश चलाने का ज्ञाता भी हो, साथ ही वो स्वतंत्र व बिना पक्षपात के निर्णय लेने के साथ–साथ देश की आर्थिक स्थिति व ज़रूरतों को समय पर पूरा करने वाला हो, पर ऐसा होना चमत्कार जैसा है क्योंकि इसका कोई लिखित या कारगर जरिया तो है नहीं, इसलिए मैं यही कहूँगा कि हम लोगों को खुद आगे आना पढ़ेगा, ताकि देश को चूना लगाने वाला नहीं बल्कि देश को आगे लेकर जाने वाला

नेता चुन सके और शायद 2014 से जनता ने सहीं फैसला लिया है अभी 2024 के चुनाव तक मोदी जी को चुनकर, खुद सोचकर व जनता ने आगे बढ़–बढ़कर और मेरे हिसाब से अबतक का सबसे सटीक फैसला जनता का है पिछले तीन चुनावों से, लेकिन मैं यह सोचता हूँ कि जैसे डॉक्टर, इंजीनियर व वकील के लिए या कोई भी ऐसी पोजीशन जिसके लिए हमें तैयारी व मेहनत करनी पढ़ती है और यह सारे काम भी पब्लिक के लिए ही करने होते हैं, तो इसी तरह एक नेता बनने के लिए भी कुछ मानक तय होने चाहिए क्योंकि पढ़ा लिखा इंसान हर तरह की मुश्किलों से लड़ के आया होगा, ऐसा हर वो इन्सान सौ बार सोचेगा कि कहीं मैं कुछ गलत तो नहीं कर रहा हूँ और हर 5 साल बाद फिर मन में आयेगा कि भले जनता वोट दे दें, पर मुझे अपनी योग्यता साबित करनी होगी देश के लिए और जो मानक तय हुए है उसके लिए, क्योंकि आज भी कई ऐसे नेता है जिन्हें मंत्रालय तो मिल जाता है पर वहॉ कैसे काम करना है यह पता ही नहीं होता और फिर सारे अधिकारीयों को बुलाया जाता है और जिसकी बात सही लगी उस काम पर मोहर लगा दी जाती है, साथ ही खुद के लिए एक पढ़ा–लिखा व राजनीति को जानने वाला हो उसको अपना पर्सनल सेकेक्टरी बना लेना कि कब, कहॉ व कैसा निर्णय लेना है वो बता सके, इसलिए सबको हर बार चुनाव से पहले फिर से अपनी काबिलियत साबित करनी होगी, न की चुनाव में पैसा खर्ज करके, इसके लिए इलेक्शन कमीशन मानक बनाये कि नामांकन कौन कर सकता है और क्या उसने वो मानक पार किये ठीक तरह से, इस तरह से हम एक काबिल नेता व सरकार का निर्माण कर सकेगें और राजनीति में आने वाले अनपढ़ व बिना बात के पार्टी द्वारा टिकट दिए हुए नेता से भी बच सकेगें और इतना ही नहीं हम उन सारे दबंग व अपने आप को बाहुबली समझने वाले लोगों से, जो यह समझते है कि जो मैं कहूँगा वो सब मानेगें, वो सारे इलेक्शन का फॉर्म भरने भी नहीं आयेगें और यह करना किसी भी तरह से न तो संविधान के खिलाफ है और ना ही किसी भी तरह के क़ानून के खिलाफ और इस तरह से हम ना सिर्फ हर प्रदेश को बल्कि सम्पूर्ण भारत को एक सही व

काबिल नेता देने के साथ अपने देश को उन्नति की तरफ ले जायेगें।

भले ही भारत आज नहीं तो कल उन्नति की तरफ जाएगा या यूँ कहें कि उस ओर अग्रसर भी है जिसमें सबसे अह्म भूमिका जी0डी0पी0 की होती है और हम जी0डी0पी0 के मामले में अभी 5वें स्थान पर है और 2027 तक ऐसा अनुमान है कि तीसरें नंबर पर पहुँच जायेगें, हाँ हम नंबर 1 बनने के बारे में सोच भी रहे है और इसके लिए प्रयासरत भी है, और सिर्फ संतुष्टि के लिए सोचना कि इतने आगे या इस नंबर पर तो आ गये, आगे देखेगें की हमें कामयाबी मिलती है या नहीं, इसे एक उदाहरण से समझते है, जैसे कोई बच्चा बोर्ड एग्जाम में 60 प्रतिशत नंबर लाकर फर्स्ट तो कहलायेगा पर टॉपर नहीं या जो 90 प्रतिशत से ऊपर अंक लाने वाले है व क्लास में जिसके नंबर सबसे ज्यादा आयें हो, वो अगर इतने नंबर लाकर भी अगर खुश न हो, तो वो ही एक ऐसा विधार्थी होगा जो जीवन में कुछ बड़ा कर सकता है और बदलाव ला सकता है और इसी सोच की वजह से फर्स्ट क्लास वालों की तादात या भीड़ इकठ्ठी होती जा रही है, वहीं टॉपर भीड़ की बजाये एक अलग जगह पाते है, बस यही हाल है विकसित व विकासशील देशों का, विकासशील देश बस फर्स्ट आकर खुश है कि आगे तो बढ़ रहे है जिस वजह से उनकी तादात बहुतायत में है मतलब गिनती गिननी पड़ती है और दूसरी तरफ टॉपर यानी विकसित देश है जो कुछ गिने चुने ही है, पर अगर हर कोशिश के बाद भी आप विकसित देशों में शुमार नहीं है यानी प्रगति सही दिशा में नहीं हो रही है या प्लानिंग सहीं नहीं है। पर नहीं हम इस बात से विचलित होने के बजाये यह सोचते है कि किसी न किसी से हम किसी भी बात में तो आगे है और कोई–कोई तो यह सोचते है कि अगर कुछ नया बनाते या करते हैं तो कहीं वो यह न कहें की हमने उनकी कॉपी की है, तो क्या इस वजह से हम नए काम या अविष्कार करना छोड़ दे क्योंकि कोई भी नयी चीज़ या अविष्कार एक दिन में तो होता नहीं है और वो खोज किसी एक की नहीं होती है, वो इसलिए की आप जो बनाओगे वो ज़रूरी नहीं की सबको पसंद

आये, तो कोई न कोई तो उससे अच्छा और बना देगा इसलिए काम करते रहो और नया बनाते रहो, कोई क्या कहेगा या क्या सोचेगा, इस बात को अगर हर साइंटिस्ट सोचता, तो दुनिया में कभी कोई अविष्कार ही नहीं होता और यह दुनिया सिर्फ विकसित देश तो क्या किसी भी श्रेणी में नहीं आती और आज भी हम पेड़ो से फल तोड़ कर खा रहे होते या गधे पर बैठ के यहाँ–वहाँ जा रहे होते, इसलिए अबतक जो हुआ वो किसी हद तक ठीक था, पर कहते है न की अति किसी भी चीज़ की बुरी ही होती है। ठीक ऐसे ही जब कुछ नया मिलता है हम इंसानों को तो हम बिना सोचे–समझे बस इस्तमाल में ले आते है उस चीज को और जब गलत होता है तो रोक लगाने लगते है, ऐसा ही वो विकसित देश भी करते है कि कोई भी नयी चीज़ को विकासशील देशों में भेज दो, अगर सफल हुई तो पेटेंट करा लेंगें, वरना कोई वाइरस या कुछ भी कहकर बोल देंगें कि आपको इसका इस्तेमाल करना नहीं आया तभी नुक्सान हुआ। यह वो ही है जिनके यहाँ से कोरोना वायरस आया और कहा की इसमें हमारा कोई हाथ नहीं है और देखते ही देखते, हर देश की आबादी कम हो गयी और अपने पराये हो गए, पर वायरस उनका नहीं था। दुनिया का कोई भी अविष्कार, रिसर्च या काम, किस चीज़ से संभव है, पैसे से जी नहीं, लेबर से जी नहीं, जगह से जी नहीं, सोर्से से जी नहीं या किसी तरह की पॉवर से तो बिलकुल नहीं, सबसे ज़रूरी है एक स्वस्थ दिमाग जो किसी भी काम के लिए या अविष्कार के लिए ज़रूरी है और यह वाइरस भी किसी के दिमाग की उपज थी, वैसे भी पूरी दुनिया में हर वो जगह जहाँ रिसर्च होती है या कुछ नया बनता है वहाँ आपको भारतीय ज़रूर मिलेंगें, तो दिमाग तो हमारे पास है वो भी किसी भी देश के नागरिकों के मुकाबले कहीं ज्यादा, बस फर्क इतना है कि विदेशीं हमारे दिमाग का इस्तेमाल सही समय पर या सही जगह पर कर लेते है और हम नहीं कर पाते, कभी पैसों की वजह से, कभी परमिशन न मिलने के कारण, कभी संसाधनों की कमी के कारण, लेकिन जब हमें मौका दिया जाता है तो हमें सतेयेंद्र नाथ बोसे, सी वी रमन, होमी जे बाबा, मेघनाद साहा, ऐ0पी0जे0 अब्दुल कलाम,

श्रीनिवास रामानुजम, विक्रम साराभाई, कल्पना चावला आदि कितने महान साइंटिस्ट हमारे देश में हुए जिन्होंने अपनी लगन व रिसर्च से पूरे विश्व को जीरो, दशमलव या फिर हॉटमेल जैसी महान खोज दी, जब यह खोजें उनकों मिली तब जाकर विश्व आगे बढ़ पाए और आगे की खोजें की। जब टीवी पर डांस प्लस शो, सिंगिंग शो, इंडिया गौट टैलेंट जैसे शो आ सकते है तो फिर क्यों नहीं टैलेंट हंट जैसे शो आते है, जिसमें भारत के युवाओं के बेस्ट दिमाग की या जीनियस ऑफ़ भारत को खोजा जा सके और उनकी खोज के मुताबिक सरकार उनको वो प्लेटफार्म मुहैया करवाए, जिससे वो देश को नयी सोच, नयी खोज व नयी नीति दे सकें और भारत को आगे नहीं अग्रिम बना सके सभी देशों से। करीब 20 साल पहले सन् 2004 में अपनी कंप्यूटर इंजीनियरिंग की पढ़ाई के दौरान मैं और मेरा एक दोस्त वैभव आई0आई0टी0 कानपूर गए थे, पहली बार क्वांटम सुपर कंप्यूटर के सेमीनार में गये और अपने देश के व पूरी दुनिया के टॉप के 250 साइंटिस्टों से मिलने का मौका मिला और बहुत कुछ नया सीखने को मिला और उन सारे साइंटिस्टों के बीच बस हम दो भारतीय स्टूडेंट थे पूरे भारत से आई0आई0टी के स्टूडेंट के अलावा, दूसरी बार ऐ0आई0 या जिसे आर्टीफिसियल इंटेलीजेंश कहते है, उस सेमीनार में गये थे और वहॉ पूरे देश के विधार्थी अलग–अलग कोने से आये थे और अपने साथ छोटे–छोटे खुद के बनाये हुए अविष्कार लाये और कई बड़ी कंपनियों ने उन अविष्कारों को अपनाने के साथ उनको सीधे जॉब ऑफर भी की, तो यह झलक मैंने वहॉ देखी, इसका मतलब है कि यह काम बड़े पैमाने पर हो तो हम क्या–क्या और ना जाने कैसे–कैसे टैलेंट को मौका देकर वो हर चीज़ जो हम चाइना, अमेरिका, साउथ कोरिया, जापान इत्यादि देशों से इम्पोर्ट करते है या मंगवाते है वो सब हम अपने देश में बनाने लगेगें और आत्मनिर्भर भारत के सपने को पंख दे सकेंगें। मेरा यह भी मानना है कि अगर कोई टैलेंटेड है तो यह ज़रूरी नहीं कि उसे किसी डिग्री की ज़रुरत पढ़े या उसके टैलेंट को डिग्री के साथ तौलें क्योंकि डिग्री से आपको ज्ञान मिलता है कुछ नया करने के लिए, वो भी उस बारे में जिनकी खोज पहले की जा चुकी है और

आपको पढ़ाया इसलिए जाता है कि शायद आपमें से कोई और आगे जाकर भविष्य में उसमें कुछ और जोड़ सके, पर अगर आप कुछ नया व अच्छा बना सकते हो तो डिग्री सिर्फ एक कागज़ का टुकड़ा भर ही है उस खोज के आगे और जो पैसा डिग्री में लगता उसी पैसे से या उसके बिना भी वो कुछ नया बना सका है तो जाहिर सी बात है कि भविष्य में और पैसों को बचा सकेगें और पैसे भी कमा सकते है, जैसे आपके यहाँ मकान–दूकान बनाने वाले लोग, लाइट व पानी का काम करने वाले लोग, टाइल्स व लड़की या पेंट करने वाले लोग कोई डिग्री न होने के बावजूद भी, वो हमारे लिए सुन्दर से सुन्दर चीज़ें बनाकर के देते है और यह वो बिना किसी डिग्री के होता है। वहीं मैंने देखा है कि कई जगह पर लोग इसलिए नहीं पहुँच पाते है क्योंकि वहाँ डिग्री होना ज़रूरी होता है, इस चीज़ को बदलने की सबसे ज्यादा ज़रुरत है क्योंकि हो सकता है डिग्री वाला आपका काम संभाल सके, पर उसको नयी ऊंचाई पर ले जाये यह ज़रूरी नहीं क्योंकि हमारे देश में बिना डिग्री वाले जुगाड़ या किसी भी चीज़ की काट सस्ते व और ज्यादा गुणवत्ता के साथ बना सकते है, तो डिग्री नहीं टैलेंट को भी मौका देना चाहिए।

मैंने इस किताब को इसलिए नहीं लिखा कि मुझमें कोई कमी नहीं है या मैंने जीवन में कोई गलत काम नहीं किया हो, जैसे हमारा देश भी कुछ बातों में पूर्ण है कुछ में नहीं है, वैसे ही हर इंसान में कुछ न कुछ खामियां या अच्छाई जरूर होती है और जैसे हमको टाइम लगता है अपनी गलतियों को सुधारने में, वैसे ही देश के लोगों को भी समय लगेगा देश को सुधारने में। पर यह तब ही हो सकता है जब हम सब मिलजुल कर अपने देश को सुधारने का प्रण लें, साथ ही हम अपने काम व किसी भी तरह के अधिकार का दुरूपयोग न करें, साथ ही साथ किसी और को भी करने से रोकें और जहॉ ज़रुरत हो वहॉ क़ानून, पुलिस, कोर्ट या जिससे भी उस गलत काम को होने से रोका जा सके, उसकी भी मदद लेकर उसको रोकें और देश को आगे बढ़ाने में सभी साथ में अपना योगदान दें, इतना ही नहीं, न तो खुद किसी को घूस दें और जो मांगें उसके खिलाफ शिकायत करें, हो सकता है कि इससे आपका

नुकसान हो, पर अगर आपका आज नुक्सान हुआ भी है तो इसका साफ मतलब है कि पहले किसी नें यह गलती कर दी है और घूस देकर काम करवाने के साथ उसके मुहँ में घूस का खून लगा दिया है और उसकी की गई गलती का फल आज आप भी भोग रहे हो, तो यह कहना कि मैं ही क्यों बदलाव के बारे में सोचूं या मैं क्यों कुर्बानी दूँ या मेरा काम बनता भाड़ में जाए जनता वाली बात, पर अगर हम यें सब सोचें बिना उस गलत काम के प्रति आवाज नहीं उठायेगें, तो सच मानिए कि न आप का भला होने वाला है न ही आने वाली पीढ़ी का क्योंकि मंहगाई दिन दूनी रात चौगुनी दर से बढ़ रही है और हम हमेशा की तरह एक ही बात कहेगें कि भ्रष्टाचार पाता नहीं कब इस देश से हटेगा या जायेगा। पहले खुद वो काम करों और दूसरा करे तो सलाह मुफ्त में दो और बातें सरे आम करों या बदनाम उस व्यक्ति को करो या उस कार्यालय को करो, क्यों आप अपने हिस्से की ईमानदारी नहीं रख सकते हो और उम्मींद दूसरों से रखो कि यह दबंग है यह ज़रूर बदलाव ला सकता है और ऐसा करके ही हम उस इंसान को हवा देते है और देखते ही देखते वो दबंग बदमाश बनने के साथ आपको भी अपने दायरे में ले आता है कि वो जो कहेगा वो आप मानोगे और फिर वो चुनाव लड़ेगा और फिर और ज्यादा ताकत के साथ आपको दबाएगा, फिर आम आदमी बोलेगा कि बहुत अत्याचार हो रहा है इस सरकार में, अरे हवा तुमने दी है और चुना भी तुमने ही है क्योंकि वोट देना तुम्हारा अधिकार है और यह अधिकार किसी से कोई नहीं ले सकता है, तो करो भी खुद और बाद में गाली भी दो, इसी कमजोरी को जब हम पीछे छोड़ कर और सही को सही और गलत को गलत बोलना और चुनना शुरु कर देंगें, खुद ब खुद समाज, प्रदेश व देश सुधरने लगेगा और यह हम ही कर सकते है, ऐसा इसलिए क्योंकि हम ही है इस देश के नागरिक जो देश को बना भी सकते है या बिगाड़ भी सकते है वो भी सिर्फ एक उंगली के इशारे से, वो भी वोट देकर। इसके साथ ही हमें किसी भी काम को काम नहीं बल्कि यह सोच के करना चाहिए, जैसे हम कोई गेम खेलते है और एन्जॉय या मजा लेकर तबतक खेलते है जबतक हम एक लेवल पार

न कर लें और फिर दूसरा लेवल, ठीक ऐसे ही हर काम को करने में न सिर्फ मज़ा आएगा बल्कि वो काम, काम न होकर एक जूनून बन जायेगा जैसे गेम में होता है कि यह स्टेज तो पार करनी ही है आज मुझे कैसे भी और लगे रहते हैं घंटों तक, जब तक की वो स्टेज पार ना हो जाएं, ठीक वैसे ही काम को ले तो हम 100 या 200 नहीं बल्कि 500 प्रतिशत दे सकें कि आज इतना नहीं इतना करना है जितना कल नहीं कर पाए थे।

हर कोई उगते हुए सूरज को प्रणाम करना चाहता है ना की डूबते हुए को और इसी वजह से समय के साथ हम चीज़े क्या इंसान तक बदल देते है चाहे वो फिल्मकार हो, चित्रकार हो, पत्रकार हो, क्रिकेटर हो, नेता हो, वैज्ञानिक हो या कोई भी जानी मानी हस्ती, एक बात सबको हमेशा याद रखनी चाहिए कि सबकी ज़िन्दगी में अच्छा व बुरा वक़्त जरूर आता है जिसमें कोई चमकता है, कोई बनता है या बिगड़ता है या डिप्रेशन तक में चला जाता है। दूसरा चाहे कुछ भी हो हमें आज भी किसी को दबाने में व कहीं से हटाने में भले ही मज़ा आता हो, पर मेहनत करके किसी जगह पर पहुँचने का या उस पोजीशन को पाने की खुशी या सुकून जो मिलता है वो और किसी चीज़ में कहाँ, लेकिन फिर भी हमें किसी को नुक्सान पहुँचाने में बड़ा मजा आता है। ठीक इसी तरह से देश का भी एक समय आता है जब देश की शांति व सुकून कुछ लोग छीन के जाते है और भारत ने यह कई बार देखा है, पर हर बार हम और मजबूती के साथ उस परेशानी के सामने खड़े हुए है, कितनी बार प्राकृतिक आपदा के कारण देश उथल–पुथल हुआ, फिर भी हम डटें रहे, कभी बौखलाए अपनों को खोकर, तो कभी अपना बनाया हुआ घर खोकर या अपने सपनों को बिखरते हुए देखकर, लेकिन हम फिर उठे, फिर लड़ाई की हालातों से और फिर उन सपनों को साकार किया। वर्ल्ड वार, 1965, 1971, कारगिल वार, मुंबई बम ब्लास्ट, जयपुर, बैंगलोर, तमिलनाडु, पंजाब, उत्तराखंड, बंगाल, मुंबई ताज अटैक, जम्मू और कश्मीर और ना जाने कितने ऐसे आतंकवादी हमले हुए और शैतान या कलियुग के राक्षक कहे जाने वाले यह लोग अब भी इसी उम्मींद में हैं कि वो ऐसा करके

कुछ हासिल कर लेंगें और ऐसा करेंगें तो जन्नत नहीं दोजक या नर्क ही प्राप्त होगा क्योंकि कलियुग में न कोई भगवान् है अवतरित रूप में, न अल्लाह, न ईशु, न गुरु गोविन्द, न महावीर जैन या कोई भी दिव्य आत्मा जो इन रक्षकों को सदगति दें, जिस वजह से इनकी सोच, इनकी आत्मा, इनके धर्म के जो लोग है वो अपने फायदे के लिए इन्हें इस्तेमाल करते आ रहें हैं इनको पथभ्रस्त करके वो भी धर्म के नाम पर और एक ज़मीन के लिए मर रहे है, तो वो मरते ही रहेगें क्योंकि कुत्तों के भौंकने से शेर डरा नहीं करते और इस तरह से वो ज़मीन तो क्या एक कतरा भी हासिल नहीं कर सकते, इसलिए मैंने कहा की वक़्त कभी भी एक जैसा नहीं रहता और हो सकता है कि जो आज गलत कर रहें हैं या सोच रहें है कि हम गलत करके अपने मन का सुकुन हासिल कर सकते है, तो हो सकता है कि आने वाले समय में आप यह सोचने के लिए भी न रहो क्योंकि यह वो भारत है जो न सिर्फ सशक्त है बल्कि यह घर में घुस के मारना जानता है और गलती की सजा सिर्फ आपको अपना वजूद मिटा के ही देनी पड़ती है, वो इसलिए कि अब भारत पहले करता है फिर एक बार सोचने का मौका देता है, अगर समझ गए तो जिंदा रहोगे वरना शायद अपने उन लोगों के साथ दोजक में साथ में सजा भोग रहे होगे और जमीन के टुकड़े खा व खिला रहें होगे एक दूसरे को।

अक्सर लोग अपने घर का हाल छोड़ कर दूसरों के घर में क्या हो रहा है इस बात से ज्यादा सरोकार रखते है, जैसे की वो यह देखते है कि उनका उठना–बैठना कैसे लोगों के साथ है, कौन आता या कौन जाता है, धर्म व रिश्तों की कितनी एहमियत रखते हैं या कौन किससे क्या बात कर रहा है, घर में क्या है क्या नहीं है, इन सब बातों में वो उलझे रहते है और खुद को संतुष्ट करने के लिए दूसरों को यह सारी बातें बड़े चटकारे लेकर सुनाते है ताकि सामने वाले को वो बता सके कि वो सही है और खुद को दूसरों से अलग साबित कर सके कि उनके यहॉ यह सब होता है पर हम उनकी तरह बिलकुल नहीं है और यह भी सिर्फ भारत में ही हो सकता है, मतलब काना–फूसी व आपस में एक दूसरें की बुराई

करना भी सिर्फ हमारे ही देश में संभव है, यह भी सिर्फ इसलिए होता है कि हम रिश्तों को एहमियत देते है और इसलिए लोग आपस में यह कानाफूसी करते है। पर मुझे समझ नहीं आया कि ऐसा करने से कौन सा उनका प्रमोशन हो गया या उनको किसी ने पैसे दे दिए या अवार्ड कि यह खबर बहुत नयी है कल पेपर की हेडलाईन बनेगी, सिर्फ गॉसिप या चर्चा के लिए यह सब करना, वो भी यह सोचे बिना कि आज आप जिसकी चर्चा कर रहे हो, कल वो भी आपकी करेगा, तो इससे फायदा क्या होता है आपस में एक दूसरे की बुराई करके। इसके साथ ही एक–दूसरे की देखा–देखी करना भी बहुत आम बात है कि अगर पड़ोसी का बच्चा बाहर पढ़ने गया है, तो मेरा बच्चा भी जायेगा और यह देखकर सब ऐसा करना शुरु कर देतें हैं आस–पड़ोस वाले कि हम क्यों नहीं ऐसा कर सकते है, पर बच्चा वाकई में क्या करना चाहता है यह हम जाने बिना बस दूसरों की तरह अपने बच्चे को पालना शुरु कर देते है और असफल होने पर बच्चे को बोलेगें कि इतने पैसे लगा दिए और तू कुछ बनकर ही नहीं दिखा रहा है, ऐसा करवा के माँ–बाप बच्चों की पहचान छीन रहे है और इसमें से जो मन मार के कुछ बन जाते है तो वो अपनी ज़िन्दगी से निराश होकर जीते है और रिश्ते तो क्या वो धर्म–कर्म से भी दूर हो जाते है, समाज को, परिवार को, एक तिरस्कृत भरी नज़रों से देखते है, फिर यह सोचते है कि कौन दिनभर में 1 या 2 घंटे पूजा–पाठ में या कथा से सात्विक ज्ञान लेने में समय बर्बाद करें या उसके लिए खर्ज करे, बस रोजमर्रा के काम करो, ऑफिस जाओ और वापस आकर गाना सुनना या टी0वी0 देखना, 8 या 9 बजे तक खाना खा लेना और फिर बेड पर लेटे–लेटे टी0वी0 देखते हुए सो जाना और फिर अगले दिन वही सब फिर से करना, हाँ अगर शादीशुदा हो तो हो सकता है रात को खाने के बाद प्यार करो और कुंवारे हो तो लगे रहो घंटों तक अपनी गर्लफ्रेंड या बॉयफ्रेंड के साथ फोने में चिपककर। अब इतनी बिजी दिनचर्या के बाद कहाँ टाइम मिलता है पूजा–पाठ या इबादत के लिए, तो मेरे हिसाब से यह ज़िन्दगी बेकार में ही सब जी रहे हैं जिसका कोई लक्ष्य न हो, बस ज़रुरत व पैसा ही धर्म बन जाए, पर

ऐसे तो सारे जानवर भी जीते, तो अगर माँ–बाप ने आपको कुछ बनने के लिए चलो फ़ोर्स कर भी दिया और आप कुछ बन गए, पर मन नहीं लग रहा है क्योंकि आप वो नहीं बने जो बनना चाहते थे, तो बाद में क्यों नहीं अपने मन का काम शुरु किया, तब किसी ने रोका था क्या ? नहीं, बल्कि हम फिर करना ही नहीं चाहते और सबसे बोलने का बहाना मिल जाता है कि उस वक़्त मैं यह कर सकता था या मेरे यह प्लान थे, लेकिन माँ–बाप ने करने ही नहीं दिया, वरना आज मैं कहीं और होता यह 10 से 6 वाली जॉब करने के बजाए। पर यहॉ गलती माँ–बाप की नहीं गलती खुद की हैं क्योंकि ऐसा इंसान जान चुका होता है कि अभी जो काम मैं कर रहा हूँ वो ही ठीक तरीके से नहीं कर पा रहा हूँ इससे तो अच्छा हुआ की मैंने अपने मन का काम नहीं किया और वैसे भी कोई भी मॉ–बाप कभी भी अपने बच्चे का बुरा नहीं चाहेगें। पता नहीं ऐसे लोगों को अपने काम को सबके सामने कहने में शर्म आती है ठीक ऐसे ही किसी के सामने आराधना करने में या पूजा करने में आती है और फिर पूजा–पाठ के लिए टाइम निकालना वो भी इतने व्यस्त कार्यक्रम में से, तो यह तो सरासर ज्यादती होगी और बाद में कुछ गड़बड़ हुआ तो सारा का सारा इंलज़ाम माँ–बाप पर डाल दिया कि उस वक्त अगर मेरे हिसाब का काम करने दिया होता तो मैं कही और होता, जबकि अपनी औकात वो मन ही मन जानता होता है लेकिन फिर भी कष्ट मॉ–बाप को ही देता है, ठीक ऐसे ही कुछ गलत हुआ उसके साथ तो सारा इंलजाम भगवान् पर डाल देता है कि यह सब कुछ तुम्हारी वजह से ही हो रहा है। मतलब पहले माँ–बाप के नहीं हुए और अब भगवान् को भी नहीं बक्शा, धीरे–धीरे ऐसे लोग सबसे दूर होते चले जाते है और सबसे एक ही शिकायत करते है ऐसे लोग कि मैंने किसका गलत किया या मैंने ऐसा किया जो मेरे साथ ही ऐसा होता है, मैंने किसी का कभी कुछ नहीं बिगाड़ा और मैं तो सबकी मदद करता रहा, तो बात साफ़ है कि जिसने अपने माँ–बाप की इज्ज़त नहीं की, वो किसी भी तरह से जीवन में खुश नहीं रह सकता, नाहिं अपने हिस्से की इज्जत किसी और से पाता है और ऐसे इंसानों का ऊपर वाला भी नहीं सुनता है,

ना ही किसी भी तरह की कोई मदद या सहायता करता है और अंत तक वो अकेला ही जीता है और अकेला ही मर जाता है। डॉक्टर, नीम–हकीम–वैध या हर कामयाब इंसान यह कहता है कि नैरो माइंडेड होने के बजाये ओपन माइंडेड होना ज्यादा बेहतर है क्योंकि इससे कुछ छुपाने या कुछ गलत होने की सम्भावना कम होने लगती है, वो इसलिए कि जबतक बात छुपा के रखी जाती है तब तक उसके खुलने या किसी को पता न चल जाए एक डर बना रहता है या वो डर–डर के जीता है, यही नहीं ऐसा इंसान उस बात के चलते कभी भी ना कोई काम खुल के कर पाता है न ही जिंदगी को ठीक ढंग से जी पाता है और ऐसे इंसान के बच्चे उसकी इस हरकतों का शिकार होते है जिन्हें हरदम मार का डर सताता है कि पता नही किस बात पर पिताजी भड़क जाये और पीटने लगे और उन्हे कहीं भी आने–जाने तक से रोक दिआ जाता है और इसी वजह से वो बच्चे फिर बातें छुपाने लगते है, जो गलत है और जब कुछ होता है तो बच्चे डर के मारे कुड बताते ही नहीं है, इसी वजह से इसके लिए सबसे पहले अपने बच्चों का दोस्त बनना पढ़ेगा उस इंसान को ताकि जो छोटी से छोटी प्रॉब्लम है बच्चे के जीवन में, वो आगे जाकर कोई बढ़े हादसे को आमंत्रण ना दे, पर ऐसे लोग ठीक से दोस्त भी न बन पाने के कारण उनके बच्चे घुटन में या डर–डर के जीते है जो कतई अच्छा नहीं है क्योंकि वो जो समय रहते कर सकता था वो अब उसे करने के बजाये, घर में, बाहर व हर चीज़ से नज़र चुराएगा और अकेला रहना पसंद करेगा और अपने भविष्य के साथ वो बच्चों के भी भविष्य को भी वो खुद बर्बाद करेगा, इसलिए मार कर नहीं बल्कि प्यार से व दोस्त बनकर बच्चों के साथ घुल–मिल कर रहना चाहिए और अपने जीवन की या ऑफिस की टेंशन से बच्चों को दूर रखने के साथ, उनपर अपना गुस्सा नहीं निकालना चाहिए और अपने बीवी–बच्चों के साथ दोस्त या हमदर्द बनकर रहना चाहिए, ताकि बात छोटी हो या बड़ी, किसी भी कंडीशन में हर बात सबसे पहले परिवार का हर सदस्य आपको आकर बताये, जिससे उसे भरोसा मिलेगा की कोई तो मेरे साथ है और मेरी परेशानी समझेगा। इससे न सिर्फ उन सबके जीवन को

जीने का नजरिया भी बदलेगा और संघर्ष करने के लिए भी वो आपके साथ अपने आप तैयार हो जाऐगें जैसे–जैसे आपकी उम्र बढ़ेगी उनका प्रेम व साथ भी मिलेगा आपको और यह बात कोई राकेट साइंस नहीं है और नामुमकिन तो बिल्कुल नहीं है, हॉ जीवन में यह ज़रूरी नहीं है कि आपको हर बात वो बताऐं और हो सकता है कि बच्चा आपसे कोई बात छुपा जाए, तब भी हमें उसपर गुस्सा नहीं करना चाहिए, न ही उसको ताना देना चाहिए बात–बात पर कि हम तेरे लिए क्या–क्या कर रहे है पर तेरा दिमाग का कुछ पाता ही नहीं है कि वो कहाँ रहता हैं, ऐसा तब होना शुरु होता है जब बच्चा 12 से 14 साल की उम्र में कदम रखता है, जब उसके शरीर में बदलाव आना शुरु होता है और वो समझ नहीं पाता की अपने मन की बात किसे बताऊँ या क्या करूं क्योंकि लड़को में उस उम्र में वीर्य बनना शुरु हो जाता है, जिससे वो चिड़चिड़े होने लगते है और अजीब–अजीब ख्याल आने लगते है, वहीं लड़कियों के पीरियड या मासिक धर्म आने की शुरुआत हो चुकी होती है और इसमें उनकी मॉ दोस्त बनकर उन्हें सब समझाती है पर लड़का इस मामलें में कैसे व किस्से बात करे और क्या बताये कुछ समझ नहीं पाता और फिर एक दिन सोते–सोते बिस्तर गिला होने पर भी वो शर्म व डर के मारे वहीं लेटा रहता है कि पता नहीं क्या हुआ, शायद मैं बीमार हूँ और सुबह बड़े डरते–डरते वो अपनी बात माँ से बताता है या जिसके वो ज्यादा करीब हो वो सब बताता है, तो पहले तो उसकी डांट या पिटाई होगी यह बात उसके दिमाग में आती है, पर वहीं माँ जब उसे समझाती है और कहती है बाकि बात पिता जी समझा देगें और कोई तुम्हें कुछ नहीं कहेगा, तो मॉ उसी वक़्त उसकी सबसे अच्छी दोस्त बन जाती है जैसे घर में कोई लड़की हो तो उसके जैसे। पर अगर घर पर नहीं बता पाया तो इसके उलटे लड़कों के साथ तरह–तरह के कांड होते है, जैसे लड़कियों के पास तो पैड होते है, पर लड़कों के पास ऐसा कुछ नहीं होता और स्वप्न दोष होने के कारण, उनके अंडर गारमेंट्स गिले हो जाते है और रात भर उसी में सोने के कारण वो सूख के एक दाग बना देतें है और इतना इशारा बहुत है माँ–बाप के लिए

की बच्चा बढ़ा हो गया है और अब इसे एक रूम अलग से दे दों, इतना ही नहीं आपके न बताने पर भी बाप आकर ज्ञान देते है कि यह सब एक प्राकृतिक चीज़ है और यह सबके साथ होता है मेरे साथ भी हुआ, मगर किसी उत्सुकता के कारण या किसी के कहने पर कुछ गलत मत करना और जब सही उम्र या समय आएगा, तब तुम खुद ही समझ जायोगे कि ऐसा क्यों हो रहा है और हाँ मन में अगर गलत विचार आये तो ऐसा वैसा कुछ न करना और अपना मन किसी ऐसी चीज में लगा लेना जो तुम्हें पसंद हो इससे थोड़ी देर में सब हट जायेगा दिमाग से और कुछ पूछना हो तो बिना किसी शर्म के मुझसे आकर बात कर लेना, यह बताना भी एक बाप का फ़र्ज़ है क्योंकि आज के जिज्ञासु बच्चे बड़ी जल्दी विचलित हो जाते है कि ऐसा क्या हुआ कि कोई बता नहीं रहा और यह मेरे साथ क्या हो रहा है। कई माँ–बाप उस बढ़ती उम्र में यह नहीं बता पाते है क्योंकि उनको हमारी संस्कृति या परंपरा रोकती है कि ऐसी बातें घर में करना पाप है और ऊपर वाला इस समस्या का हल निकालेगा, पर यह सोच बिलकुल बेबुनियाद या बेकार की है और कोई भी धर्म, संस्कृति या समाज के नाम पर अपने बच्चों को दूसरों के भरोसे या स्कूल के भरोसे छोड़कर अपना पल्ला छाड़ लेते है जो सरासर गलत है, बच्चे के साथ ऐसा किया तो यकीन मानिये कि आपका बच्चा कुछ न कुछ गलत करने या सुनने की तरफ अपना कदम बढ़ा चुका होता है, वैसे देखा जाए तो बात काफी हद तक सही है क्योंकि परिवार का छोटा या फिर बच्चा अपने बड़ों की इज्ज़त व लिहाज़ के कारण चाहकर भी, न कुछ कह पाता है न कर पाता है, इसी वजह से यह अनुपात बहुत कम है आज भी हमारे भारत में, बच्चे चाह कर भी बहुत सारी बातें नहीं बता पाते हैं, इतना ही नहीं, आज के नौजवानों को जीतनी जल्दी प्यार हो जाता है उतनी जल्दी ही वो नशे के आदि भी बन जाते है या पैसा कमाने के बारे में सोचने लगते है इसलिए वो सबसे अलग होना चाहते है ताकि कोई उन्हें किसी भी बात के लिए रोके–टोके नहीं, लेकिन जो व्यसक है उन्हें भी अपनी आदतों के बारे में सोचना चाहिए कि आप जो कर रहें हैं उसका सीधा असर आपके बच्चे पर पढ़ेगा क्योंकि

आप जो कर रहे हो वो उसके हिसाब से सही है कि जब मेरे बड़े ऐसा करते है तो मैं भी क्यों न करूं, जैसे मेरे एक करीबी रिश्ते वालों के घर में सभी पुड़िया या गुटका खाते है और बड़े–छोटे सब खाते है, हुआ यह की घर में जो बच्चा पैदा हुआ जो सारे भाई–बहनों में सबसे छोटा था, तो उस बच्चे ने उनके मुँह में हाथ डालना चाहा जैसा की सभी बच्चे करते है यह देखने के लिए कि आप क्या खा रहे हो, तो उन्होंने भी बड़े प्यार से एक दाना मुँह से निकाल कर उसके मुँह में डाल दिया और फिर वैसा देखकर सब करने लगे क्योंकि बच्चा शांत हो जाता था कुछ देर के लिए और जब वो मात्र 14 या 15 साल का हुआ, तो उसने पहले कुछ दिन बाहर जाकर छुपकर गुटका खाया और फिर सबके सामने खाने लगा यहाँ तक कि सिगरेट व बियर तक का सेवन वो उस उम्र में करने लगा, यानी आप जैसा बच्चे के सामने करोगे वो ठीक वैसा ही करने के बारे सोचेगा, इसलिए हमें सबसे पहले खुद को संतुलित व अपनी आदतों को बच्चों से दूर रखना ही उचित होगा और जितनी जल्दी आप बच्चों के करीब हो जाओगे, उतना ही उनको बिगड़ने से बचाया जा सकता है, कहते है न की बच्चा जब बाप के कन्धों के बराबर हो जाता है तो वो दोस्त बन जाता हैं, पर क्या हम ऐसे बन पा रहे है ? या ऐसा कर पा रहे है ? मुझे नहीं लगता और शायद यह बात सिर्फ कहावत बनकर ही रह जानी है क्योंकि बेटा न बाप का दोस्त बन पाता है और न बेटा बाप से नज़र मिलाकर अपनी बात कह पाता है, जो वाकई में एक बहुत बड़ी समस्या है परिवार के बच्चों के लिए, साथ ही काफी गंभीरता से सोचने का विषय भी है।

हमारे देश की एक और बात बहुत ज्यादा मात्रा में देखने को मिलती है, वो है ट्रेंड या चलन, कैसे ? वो ऐसे की जब कोई फैशन मार्किट में आता है या कोई एक्टर या एक्ट्रेस कोई परिधान पहनती है तो वो फैशन या परिधान आपको हर दुकान या मॉल में मिल जायेगा और उनकी लूट मची होगी, ऐसे ही कोई मूवी हिट हो जाए, तो उसके जैसी दर्जनों मूवी बन जाती है यानी ट्रेंड फॉलो करो यह ही हिट है इस समय। इसमें भी हम अपनी जेब देखते हैं कि क्या

हम वो परिधान ओरिजिनल खरीद सकते है या मॉल में जाकर देख सकते है कि उसकी कॉपी या डुप्लीकेट परिधान मिल रहा है या नहीं, फिर चाहे वो कहीं से भी मिले हम खरीद कर ऐसे चलते है जैसे हीरो वो ही है, यही नहीं कपड़े तो छोड़ो, हम तो उनके जैसे हेयर स्टाइल भी करवा लेते है, लेकिन यह तभी तक होता है जबतक हीरो हिट है, वरना दूसरा हिट हुआ, तो फैशन बदला, चाल–ढाल बदली और हेयर स्टाइल भी बदल जाता है। ज़रा सा भी समय ख़राब हुआ नहीं हम उसी हीरो को जीरो बना देते है और यह बात फिल्मों तक सीमित नहीं है, यह क्रिकेटरों पर भी लागू होती है अगर वो अच्छा खेल रहा है तो उसे भगवान् बना देते है और कुछ लोग बोलते भी है कुछ चुनिन्दा क्रिकेटरों को कि ये इस खेल के भगवान है, क्रिकेट अच्छा खेलते हैं ठीक है पर भगवान् कैसे हुए, इसका मतलब है कि उन लोगो को भगवान् की परिभाषा का मतलब ही नहीं पता है, दूसरा वो किसी अहम् मैच में आउट हो जाये, तो तुरंत ही अपने उस भगवान पर भरोसा रखने के बजाये, उसके घर पर पत्थर फेंकते है या उसको गली देते है, तो क्या आपने अपनी ज़िन्दगी में किसी मंदिर में जाकर पत्थर मारे है या भगवान् को गली दी है, नहीं न और ना हम ऐसा कर सकते है, तो फिर कैसे वो खिलाड़ी भगवान् हुआ। टी0वी0 कलाकार, नेता–अभिनेता, ख़िलाड़ी सब कभी अर्श में होते है तो कभी फर्श पर, इसलिए इन्हें कोई पदवी देने से अच्छा है कि इनको एक अच्छे इंसान की तरह याद किया जाए, हाँ महान कहा जा सकता है क्योंकि उन्होंने अपने क्षेत्र में जो किया या उनका जो योगदान रहा या जो उन्होंने दिया, उस समय तो वो काबिले तारीफ है क्योंकि उन्होंने अपने परिवार और अपनी खुशियों से ऊपर उठकर देश के लिए काम किया और भारत का नाम रोशन किया इसलिए वो महान कहलाने लायक है। दूसरा जो यह अमीरी–गरीबी की सोच है कि मैं अमीर हूँ या पढ़ा लिखा हूँ मैं यह काम क्यों करूं और वो काम गरीबों को करना पड़ता है, तो सोचकर देखिये कि कहीं गरीब लोगों ने काम करने से मना कर दिया, तो ये सड़कें, हवाई पट्टी, रेल लाइन, ऊँची इमारतें, मॉल, तो कोई सूट–बूट पहनकर तो यह काम नहीं कर सकता है, इसीलिए

हम गरीबों की मजबूरी का फायदा उठाते हैं और आज भी ठेकेदार अपने मनमाफिक पैसे देते हैं मजदूरों को और ज्यादा सा बिल बनाकर पैसा ऐंठतें है सरकार से और उन पैसों से वो लोग अपना आलिशान घर बनवाते हैं और गरीब वहीं किसी ईटों को जोड़कर कामचलाऊ झोंपड़ी बना के महीनों काम करता है और यह वाकई में बहुत बड़ी बात है सोचने के लिए, फिर चाहे सरकार हो या एजेंसी हो या कंपनी हो, अगर हम खुद का रहन–सहन सुधार सकते है तो अपने नीचे काम करने वालों को बेसिक सुविधा देकर और उनके बच्चों को बेसिक शिक्षा देके थोड़ा सा बदलाव तो जरूर ला सकते हैं, देखो जो पढ़ा–लिखा नहीं है वो मजदूरी तो करेगा ही, तो यह सोचना कि उनको व उनके बच्चों को हम अगर सुविधा देंगें तो काम कौन करेगा, पर मुझे नहीं लगता की उनको इतना सा देने से वो काम नहीं करेगें, बल्कि वो पहले से ज्यादा काम करेगें क्योंकि उनको अपने बच्चों की व बीवी की चिंता होगी, पर पता नहीं हम अपनी सोच को बदल भी पायेगें या नहीं, क्योंकि झोंपड़ी में रहने से वहाँ के आस–पास का माहौल गन्दा व बदबूदार लगने लगता है और कोई अपने देश का या विदेश का वहॉ जाए तो क्या इमेज बनेगी हमारे भारत की, कि भारत बहुत गरीब देश है और वहाँ लोग सड़कों पर रहते है। एक सूट–बूट वाला इंसान नक्शा बनाकर देगा, काम करने का तरीका और आईडिया बता देगा, पर खुद गन्दगी में नहीं उतरेगा, लेकिन उसके हर आदेश व शब्द को वो गरीब रंगरूप देता है और बनाने के बाद किसी से न कुछ कहता है न अपना हक जताता है कि मैंने यह बनाया है तो मुझे भी इसमें से कुछ हिस्सा मिलना चाहिए, नहीं वो कुछ नहीं करता है, काम खत्म और वो अपनी पोटली उठाकर दूसरी जगह चला जाता है काम करने के लिए, वो ऐसा कुछ इसलिए नहीं करता क्योंकि उनके लिए यह रोज़ का काम है, इस तरह की चीज़ों को बनाना और अमीर या जिसने वो बनवाया होगा वो तुरंत ही सबको बताएगा की देखो मैंने यह बनवाया है आप सबके लिए और अपने नाम का पत्थर दिन व तारीक के साथ लगवा देगा। वो ऐसा इसलिए करता है क्योंकि उसे एक तो वाह–वाही लूटनी होती है और दिखावा करना होता है ताकि

अगला टेंडर भी उन्ही को मिल सके। माना की वो बिल्डिंग या कोई भी प्रोजेक्ट का नक्शा एक डिग्री वाले ने बनाया, लेकिन उसको बनाने वाले सभी बिना डिग्री के थे, इसलिए मैंने ऊपर लिखा की हर काम के लिए डिग्री की ज़रुरत नहीं पढ़ती है क्योंकि यह अनपढ़ लोग ही अपना दिमाग व टैलेंट दिखाते है कि कैसे उस नक्शे के हिसाब से कितना घुमाव कहॉ लाना है, कितना बेस मजबूत करना है और बारीक से बारीक काम को भी वो अनपढ़ ही करता है, नक्काशी जैसा बारीक काम या ईमारत में कोई डिजाईन बनानी हो, तब भी वो काम एक अनपढ़ ही करता है, मतलब की अनपढ़ के पास पढ़े लिखे से ज्यादा तर्जुबा व टैलेंट होता है, अगर मैं गलत कह रहा हूँ तो ढूढ़ने जाओ पूरे भारत में डिग्री वाला मिस्त्री, लेबर या किसी महीन चीज़ को बनाने वाला कारीगर, नहीं मिल सकता चाहे कुछ भी कर लो, एयरकंडीशनर व कारों में चलने वाले यह कभी नहीं समझ सकते कि एक मजदूर कैसे गर्मी व सर्दी में लगातार काम करता रहता है, तो बनाने वाले को अगर थोड़ा सा सम्मान दिया जाये या प्रोत्साहन के रूप में उनको पैसें या कोई गिफ्ट दिया जाये, तो वो कितने खुश होगें इसका आप अंदाजा भी नहीं लगा सकते हो, यहाँ एक कहावत याद आ रही है कि जहॉ काम सुई का हो वहाँ तलवार काम नहीं आती, मतलब जहॉ काम लेबर का हो वहाँ डिग्री वाले काम नहीं आते, इसलिए जो ठेकेदार अपने को सबकुछ मान कर मजदूरों को इंसान न समझकर उनसे जानवरों की तरह काम करवाते है, यह बात मैं उन्ही के लिए लिख रहा हूँ कि वो उनकी गरीबी का न तो फायदा उठाये न ही उनको दबाये व सताए क्योंकि यह है तभी आपके सपनों की चीज़ें बन रही है तो इनका सम्मान करना भी बहुत ज़रूरी है ताकि यह हमसब के बीच खुद को छोटा या कमजोर महसूस ना करें, मैं खुद इस बाद पर अमल करता हूँ और मेरे यहाँ किसी भी तरह का काम करने वाला जो भी कारीगर आता है वो यह नहीं सोचता है कि वो मालिक का गुलाम है या वो मालिक के यहॉ काम करने आया है बल्कि वो ऐसा महसूस करते है कि वो अपने घर ही काम करने आया है या उसको हम में से किसी ने हीन भावना से देखा हो और

यकीन न हो तो आप में से कोई भी कभी भी मेरे शहर आकर किसी से भी बात कर सकते हो कि वो हमारे यहाँ कारीगर की तरह काम करता था या वो मेरा भाई या चाचा या अंकल बन के रहा व आज तक सभी के साथ भाईचारे का संबंध भी बना हुआ है, इसी कारण से मैंने किसी को किसी भी समय बुलाया तो वो ना तो कोई बाहाना करते है, न ज्यादा देर लगाते है आने में, कहने का मतलब है जैसा व्यवहार आप सामने वाले के साथ करोगे, वैसा ही वो बदले में आपके साथ करेगें और कहीं आपने बदतमीज़ी की तो वो उसी काम में कुछ न कुछ ऐसा कर जायेगें की आप फिर लगे रहो उसे ठीक कराने में। इसको मैं एक उधाहरण से बताता हूँ, बात सन् 1992 के आस पास की हो रही है, जब मेरा मकान बन रहा था, तब एक लड़के को हमारे यहाँ काम करने वाले अपने साथ चौराहे से लेकर आये, जैसे हर जगह एक लेबर चौक या पॉइंट होता है जहॉ हर तरह के काम करने वाले इकठ्ठा होते है और वहीं से लोग चुनाव करके अपने घर काम के लिए लेकर आते है, ठीक वैसे ही वो भी आया, बच्चा सा था दिखने में और इतना सुंदर की किसी बढ़े घर में पैदा होता तो राजकुमार से कम नहीं होता और जब घरवालों ने उससे पूछा क्योंकि उसकी उम्र ज्यादा नहीं लग रही थी कि तुम क्यों यह काम करना चाहते हो ? क्या तुम पढ़ने नहीं जाते ? तो उसने बोला पिताजी मर गए है और घर में खाने के लिए कुछ नहीं है और मैं ना तो पढ़ा–लिखा हूँ न कोई मुझे काम देता है इसलिए रोज सुबह मैं चौक पर जाकर खड़ा हो जाता हूँ, पर कोई भी मुझे काम पर नहीं लेकर जाता था, सिर्फ इसलिए की मैं बच्चा जैसा दिखता हूँ पर हूँ मैं 18 साल से ऊपर का, पर आज आपके यहाँ आया हूँ आप मुझे निकलना नहीं मैं बहुत मेहनत करूँगा, वो भी रोते हुए बोला, उसने काम शुरु किया और वो बाकी सबसे ज्यादा काम कर रहा था और यह बात बाकी लोगो को पसंद नहीं आई, पर इस बात की परवाह किये बिना, हमनें उसे कल भी आने को कहा और धीरे–धीरे समय बिता, एक दिन हम लोग दोपहर में वहॉ बैठे थे, जहाँ बाकी काम करने वाले लोग खाना खा रहे थे और एकदम से मेरी माँ की नजर पड़ी उस बच्चे पर तो देखा की 2 रोटी व अचार

था उसके पास और वो पानी से उसे लील रहा था, यह देखकर हम सबकी आँखों में आसूँ आ गए, फिर हर रोज उसे कुछ न कुछ देने लगे ताकि वो ठीक से खा सके, पर एक दिन फिर देखा की जो खाना हम देते थे, तो वो उसे अपनी पोटली में बाँध लेता था, जब उससे पूछा की ऐसा क्यों करते हो, तो वो बोला की मैं तो रोज कुछ न कुछ खा लेता हूँ स्वादिस्ट आप लोग जो देते हो, पर आज मैं अपनी बहन के लिए लेकर जा रहा हूँ, इसके बाद जब लिंटर या छत डालने का दिन आया तो सबको कुछ न कुछ ईनाम व बाद में भोजन करवाया और आज भी हम ऐसा ही करते हैं, पर सोच के देखिये उस बच्चें ने क्या किया होगा, जब सब कुछ हो गया लिंटर भी पढ़ गया और खाने का नंबर आया, तब बाकी लोग खा रहे थे और वो अकेले में रो रहा था, जब मेरी माँ ने पूछा की क्या हुआ बेटा, तुम रो क्यों रहे हो तो उसनें बोला की कल से फिर मैं चौराहे पर जाऊॅगा पता नहीं कोई मुझे काम देगा या नहीं, फिर हमने बोला की चलो खाना तो खा लो पर यह बात सुन कर वो और जोर–जोर से रोने लगा कि अगर सबके खाने के बाद में अगर कुछ बच जाए तो मेरा खाना बाँध दीजियेगा क्योंकि इसी बहाने मेरी बहन व मॉ भी कुछ अच्छा खा लेगी, बाद में जब पैसे दिए गए सबको तो माँ ने उसको थोडा बढ़ा के पैसे दिए, जाते–जाते वो बोला की आपकी जैसी माँ सबको मिले और आपके जैसा दिल भी क्योंकि जहाँ भी मैं गया लोगों ने गालियाँ दी या यह कहकर पूरे दिन काम करवाने के बाद कि तुम तो बच्चे हो जिस काम के लिए लाया था वो तो हुआ नहीं इसलिए निकल जाओ घर से कल किसी और को लेकर आऊॅगा, उसकी बातें सुन ऐसा लगा की गरीब होना श्राप ही नहीं है, बल्कि उससे भी बुरा है क्योंकि आज भी लोग कपड़े, पैसे, कार, मकान, दुकान जैसी चीज़ों से इंसान सामने वाले को जज करता है या अपनाता है, पर जैसा मैंने पहले भी कहा की वक्त किसी ने नहीं देखा, आज तुम्हारा है तो कल हमारा होगा, बाकी लोगों की आदतें व विचार वो चाहे तो खुद बदल सकता है वरना पतन की तरफ तो हमसब मिलकर भारत को ले जा ही रहे है वैसे भी, वो भी बेबुनियादें बातें या काम करके, पर फिर मैं कहूँगा कि समय बदला, सरकार

बदली और अब देश बदल रहा हैं। इतना ही नहीं हम एक नए भारत की कल्पना भी कर सकते है, भले ही हमने प्रथाएं, परंपरायें या जो भी रुढ़िवादी परंपरा हो, उसको सिर्फ आंशिक रूप से ही रोक पाए हों, ऐसा इसलिए क्योंकि हम आज भी इंसान को उसकी जाति–धर्म के अनुसार देखते है या उनसे काम करवाते है, एक और बात की हमारे देश में आज भी लोग आपस में भाषायों के अनुसार एक–दुसरे को चुनते है कि यह मेरी भाषा है और मैं इसको जानता हूँ, मतलब धर्म एक कारण नहीं था बल्कि भाषा भी एक बहुत बढ़ी वजह है और नाम के पीछे लगा सरनेम भी एक बहुत बड़ा कारण है हमें एक दूसरे से जोड़ने के लिए या दूर करने के लिए, ऐसे में किसी को सिर्फ इन बातों से चुनना गलत होगा, पर कभी भी किसी को इस तरह के चुनाव से चुनना पड़े तो यह बिलकुल गलत होगा और एक तरह की नाइंसाफी भी होगी।

वैसे एक और आंतरिक व सामाजिक लड़ाई है देश में, जिसको हर कोई देखना चाहता है या वहाँ पहुॅचना चाहता है वो है नंबर 1 और नंबर 2 की लड़ाई है और यह लड़ाई पूरी जिंदगी भर हर इंसान को लड़नी पड़ती है, पहले स्कूल में, फिर कॉलेज में, फिर किसी भी तरह की नौकरी में, शादी व बच्चों के होने के बाद की या न होने से समाज की, मतलब आपको हर वक्त व हर रोज यह लड़ाई लड़नी पड़ती है और जो नंबर 1 रहता है वो अनचाहे रूप से सामने वाले को हताश व निराश करता रहता है कि कोई नहीं सिर्फ मेरा बेटा पहले आया, अब तो यह ही सारे मोहल्ले में सबसे बड़ा होगा और बाकी छोटे, यार तुम थोडा चूक गए वरना तुम्हारा बेटा या बेटी भी नंबर 1 होते, यह सब सुनते–सुनते कई बार इंसान डिप्रेशन में चला जाता है और बच्चे कुंठित होते जाते है। पर मैं बाकी पहलु के बजाये सिर्फ इस बात पर जोर देना चाहता हूँ कि जबतक इंसान पढ़ाई करें, उसे पैसा कमाने के बारे में बिलकुल भी नहीं सोचना चाहिए, वरना पैसे की चमक के आगे इंसान क्या आजकल के बच्चे भी सब भूल जाते है और छोटी सी उमर में ही सट्टेबाजी, जुआ, स्टॉक मार्केट में पैसा लगाने से लेकर लगभग हर तरह के नशे वो इस्तेमाल कर चुकें होते है और मेरे विचार में

माँ–बाप बच्चों को पॉकेट मनी या किसी भी तरह का पैसा देने से बचना चाहिए, चाहे कारण कुछ भी हो, आप खुद जांए उसके साथ जिस चीज कि वो मांग कर रहा है ताकि आप स्वंय देख सके कि वो चीज उसके लिए व उसके शरीर के लिए ठीक है या नहीं, क्योंकि बच्चों के मन में हज़ारों बातें व इच्छायें चलती रहती है कि पैसे से यह भी ले सकते है और वो भी, इसलिए बच्चा कम उम्र में पापा की जेब से या भगवान् के पास चढ़ाये हुए पैसे चुराने के बारे में सोचने लगता है और आज के डिजिटल जमाने में बस पापा का पिन नंबर मिल जाये फिर ऐश ही ऐश है या किसी रिश्तेदार से मिले हुए पैसे को इस्तेमाल करने के बारे में सोचने लगता है, जिसे माँ–बाप को ले लेना चाहिये, इतना ही नहीं वो इन सबके साथ–साथ अपने दोस्तों को भी बताता है कि मेरे पास तो इतने रूपए हैं मैं तो कुछ भी खरीद सकता हूँ और फिर यह भावना बाकी बच्चों के अंदर भी पनपने लगती है कि अगर वो कर सकता है तो मैं भी कर सकता हूँ, बच्चों की ऐसी किसी सोच को, हमें समझाकर व उसपर गहन विचार के बाद ही उस आदत को बच्चे के अंदर से धीरे–धीरे निकालना होगा या समय के साथ काबू किया जा सकता है, क्योंकि बढ़ती उम्र में बच्चा दूसरे बच्चों को देखकर खुद भी वैसी चीजें खरीदना चाहता है या पैसा चाहता है, जबकि उन्हें पास बैठा कर प्यार से बताना व समझाना चाहिए कि पैसे कमाने की एक उम्र होती है। वैसे जो भी 1 नंबर से पैसा कमाने की सोचते है वो सिर्फ ज़रुरत का सामान ही ला पाते और यह देखकर बच्चे ताना मारते है कि पैसे नहीं थे मेरी ज़रुरत पूरी करने के लिए तो आखिर पैदा ही क्यों किया, इसलिए आज के दौर में मैंने देखा है कि हर कोई एक काम के साथ दूसरा काम भी कर रहा है और हो सकता है वो दूसरा काम 2 नंबर का न हो या हो भी सकता है। एक नंबर बनकर रहने पर आप सिर्फ इज्ज़त पा सकते हो, पर अपने सपनों को पूरा समय रहते नहीं कर सकते हो मतलब कि खर्चे कम करके सालों पैसे जोड़कर घर में किसी एक का सपना पूरा होता है और फिर दूसरे के सपने के लिए सालों की सेविंग के बाद कोई एक और सपना पूरा हो पाता है, इसके ठीक विपरीत 2 नंबर वाला कुछ

ही दिन या महीनों में सब कुछ ले सकता है, वहीं एक नंबर वाला पूरी जिंदगी आस लगाये बैठा रहता है कि कभी तो दिन बदलेंगें और मेरे पास भी अपना घर व कार होगी। दो नंबर का पैसा जहॉं बेचैनी व डर देता है वहीं एक नंबर के पैसे में सुकून व चैन मिलता है। मेरे पिताजी ने कभी किसी से एक रूपया नहीं लिए और उनकी जिंदगी का एक किस्सा बताना चाहूँगा यह बात काफी साल पुरानी है जब एक बार रात को काफी आंधी–तूफ़ान आया था जिसकी वजह से सभी फ़ोन लाइन डेड थी और किसी व्यापारी को उस दिन जम्मू कॉल करना बहुत ज़रूरी था, वरना उसका लाखों–करोड़ों का नुक्सान हो जाता, उस वक्त लैंडलाइन व ट्रंककॉल की ही सुविधा थी, ऐसे में पिताजी लगे रहे और देर रात में जाकर उसकी बात हो गयी, वो इतना खुश था उस कॉल के बाद कि उसने अपना बैग खोल के बोला आप जितने रूपये चाहते है ले लीजिये, पर पिताजी ने उन्हें बस उस कॉल के पैसों को देने को कहा, पर उसनें जाते–जाते कुछ पैसे रख दिए पिताजी की टेबल के पास बिना बताये और फिर अगले दिन पिताजी ऑफिस के बाद जब घर आ रहे थे, तो रास्ते में उस व्यापारी के घर पर रुके और उन्हें बुला करके वो सारे पैसे वापस दे दिए, उन्होंने बोला पिताजी से की आप ने इतनी मेहनत की इसके लिए मैंने यह रूपए वहाँ छोड़े थे कि आप ऐसे तो लेगें नहीं, तब पिताजी ने कहा मेहनत नहीं वो मेरा काम था और उसके लिए सरकार मुझे सैलरी देती है और अगर आपके यह पैसे लिए तो ज़रूर मेरे बच्चे बीमार पढ़ जायेगें या कुछ न कुछ गलत होगा मेरे परिवार के साथ, वो इंसान स्तब्ध था कि क्या आज के ज़माने में भी ऐसे इंसान है जो पैसे लेना तो छोड़ो उल्टा घर तक देने आये और आज तक मतलब रिटायर होने के बाद भी पिताजी ने किसी से एक रूपया तक नहीं लिया है। इन 2 नंबर वालों की वजह से घूस, घोटाले, जगह–जगह सोर्स लगाना जैसे काम होते हैं और वह हमेशा डर के रहते है, वहीं 1 नंबर वाला बिना डरें आराम व सुकून की नींद सोता है बस उसके पास पैसे कम होते है, उसे बस इसी बात की चिंता रहती है और कई मामलों में हमारे देश के लोग बर्बाद होना पसंद करते है पर खुलकर मैदान

में नहीं आ सकते, ताकि वो अपने अंदर के डर को हटा सके और दूसरों के लिए प्रेरणा का कारण बन सके, साथ ही उन्हें भी सही राह पर चलने का तरीका बता सके, 1 नंबर का रास्ता कठिन व तकलीफों से भरा होता है और मन कई बार कहता है कि एक बार तो गलती कर ही सकता हूँ, नहीं कुछ गलत करो तो घरवाले ताने मारेगें की देख तेरे साथ के लोगों के पास क्या कुछ नहीं है और तू ऐसे रहता है जाकर कुछ सीख उनसे, पर अगर आप उस समय जवाब नहीं दोगे तो यकीन मानिए समय उनको जवाब देगा और जब उसकी पोल खुलेगी, तब वो ही ताने मारने वाले बोलेगें की अच्छा किया जो तूने ऐसा नहीं किया और उसका साथ नहीं दिया और न ही उनके रास्ते पर चला, यही दुनिया है वो तो कहेगी कुछ न कुछ, पर हमें दुनिया की नहीं बल्कि अपने ज़मीर की आवाज़ सुननी चाहिए और वो आपको गलत दिशा में जाने नहीं देगा।

हमारे देश ने विरासत में न जाने क्या–क्या दिया है विश्व को और यह भी कहा जाता है कि इतने धर्म को मानने वाले देश में कैसे लोग एक जुट होकर रह सकते है, इस विषय पर मैं पहले भी लिख चुका हूँ पर बात यहाँ सिर्फ मेरे देश की नहीं बल्कि पूरे विश्व की करने जा रहा हूँ कि कैसे हमने एक खेल के माध्यम से अलग धर्म, भाषा, संस्कृति के लोगों को एक ही जगह लाकर आपस में रहना, बोलना, खेलना व एक दूसरे का साथ देना सिखाया, जी हॉ मैं आई0पी0एल0 मतलब इंडियन प्रीमियर लीग की बात कर रहा हूँ, जो सन् 2008 में शुरु हुई और उसमें लगभग 8 टीमों के नहीं अब करीब 10 टीमों के बीच में दुनिया भर के खिलाडी, कोच, फिटनेस ट्रेनर और बहुत लोग अपने–अपने देश से आते है और करीब 2 महीने साथ रहते है, तब उनका धर्म व कर्म सिर्फ वो फ्रेंचाईज ही होती है जिसके अंडर में वो सब खेलने आये थे, न किसी को किसी से कोई प्रॉब्लम हुई और न किसी तरह का भेदभाव किया गया वो भी एक दूसरे के साथ रहते हुऐ, पर वो जब अलग–अलग देशों यानि की अपने–अपने देशों की टीम में शामिल होकर दूसरे देशों के खिलाफ खेलते है तब जज्बा कुछ और ही होता है, पर जैसे ही वो सारे हमारे देश की लीग में आते है तो वो सब भूल जाते हैं और

एक परिवार का हिस्सा बन जाते है और ऐसे खेलते है जैसे वो भारत में भारत के लिए ही खेल रहे हो बरसों से, जो शत–प्रतिशत सही भी है क्योंकि उस फ्रेंचाईज ने पहले तो आप पर भरोसा किया, फिर आप पर पैसे लगाये और फिर आपके लिए सारी व्यवस्था की जैसे टी–शर्ट, आपके हिसाब का खाना, आपको लाने ले जाने की व्यवस्था और आपकी सुरक्षा, आप चाहो तो खुद टी0वी0 पर देख सकते हो कि कैसे बाहरी खिलाड़ी आकर सब कुछ भूल के सिर्फ अपनी टीम को जिताना चाहते हैं और इस भाईचारे को लगभग हर देश अपना रहा है और लगभग हर देश आज अपने यहाँ इस तरह की लीग चला रहा है और सब खिलाड़ी जिनको चुना गया है वो हर देश में खेलने जाते है और साबित करते है कि धर्म से बड़ी एक चीज़ है वो है हमारी इंसानियत। इस तरह से हमने जो शुरुआत की उसे आज हर क्रिकेट खेलने वाला देश अपना रहा है और मैं इसी वजह से कहता हूँ कि कोई भी ऐसा या बड़ा काम सिर्फ भारत कर सकता है और बाकी सब फॉलो करते है और आज विश्व के हर क्रिकेट खेलने वाले देश में ऐसी कोई न कोई लीग चल रही होगी या वो प्लान कर रहें होगें, मतलब साफ़ है कि जो काम हमने बड़े पैमाने पर किया, बाकी सब छोटे पैमाने पर करना शुरु कर चुके है।

शायद ही कोई ऐसा होगा भारत में जो 35 साल से ऊपर हो, जिसने धीरू भाई अंबानी का नाम नहीं सुना हो, उनका सपना था कि हर भारतीय के हाथों में मोबाइल हो, वैसे भी अगर देश की इकनॉमी को उपर नीचे करना हो व अपना दबदबा देश में बनाये रखना हो तो लाइट, पेट्रोल, कम्युनिकेशन, एंटरटेनमेंट या डिश टीवी, सुपर मार्किट, मूवी बनाने से लेकर क्रिकेट तक आपके पास हो, तो सोचिये कि कितनी अहम भूमिका होगी ऐसे इंसान व उसकी कंपनियों की, जो भारत की इकनॉमी के साथ भारत को भी आगे बढ़ाने में भी मदद कर सकती है वो भी हर क्षेत्र में, इनका ही नहीं अडानी, रतन टाटा, आदित्य बिरला, लक्ष्मी मित्तल, सुनील भारती मित्तल और न जाने कितने अरबपति है जिनका योगदान भारत के लिए काफी महत्वपूर्ण है, तो बात मोबाइल की हो रही है कि जब रिलायंस ने फ्री में फ़ोन बाटें और लेबर से लेकर ठेले वालों तक के

पास मोबाइल दिखता था, उन दिनों दूसरी जो भी बाकी कंपनियां थी जैसे नोकिया, सैमसंग, मोटोरोला, पैनासोनिक, एलजी आदि कंपनियों के मोबाइल आम आदमी की पहुँच से बहुत दूर थे, इसके बाद दौर आया चाइना के मोबाइल फ़ोन का जिन्होने ओरिजिनल मोबाइल के डुप्लीकेट या खुद के बनाये सस्ते मोबाइल बाज़ार में उतारे वो भी काफी सारे फीचर के साथ और रिलायंस के बाद चाइना के मोबाइल खूब बिके और हर शहर में दर्जनों मोबाइल की दुकानें खुल गई, तो जो कंपनी का मंहगा फ़ोन नहीं खरीद सकते थे वो यह मोबाइल खरीदने लगे और इन मोबाइलों की आवाजे भी बहुत तेज़ थी, तो लोग काम करते–करते काफी तेज़ आवाज में गाने सुनते थे और फिर धीरे–धीरे वो दौर भी समाप्त हो गया क्योंकि उनमें एक तो गुणवत्ता की कमी थी, साथ ही वो खराब भी बहुत जल्दी होते थे, इस कारण उनकी मार्किट धीरे–धीरे कम होती चली गयी और एक बार फिर वापस हम कंपनी के मोबाइलों की तरफ रुख करने लगे, इसके लिए लोग गुल्लक में पैसा जमा करते थे या लोन लेकर मोबाइल खरीदते थे और सबसे अह्म बात की इनके सर्विस सेंटर भी है, जिस वजह से इनके खराब होने बाद भी इन्हें सहीं करवाया जा सकता था। इसके अलावा एक बात और है कि उनके यहाँ के फ़ोन हम अपने देश में बेचते है पर उसे बेच के हमें लगता है कि हमारा फायदा हुआ बल्कि हुआ इसके उल्टे, एक तो हम उन्हें सीधे–सीधे मोबाइल खरीद कर फायदा दे रहे है साथ ही उन मोबाइल को बनाने वाली कंपनी में रोज़गार भी पैदा करवा रहे है चाहे वो किसी भी कंपनी या देश का मोबाइल हो, सिर्फ मोबाइल ही क्यों, जो भी विदेशी वस्तु हम इस्तेमाल करते है तो हम उनके लोगों को रोज़गार भी देते है और भरपूर मात्रा में पैसे भी। मुझे एक बात समझ नहीं आई कि हमें यूरेनियम देने से मना किया गया तो भी हमने बिना उसके परमाणु बम बना डाला, फाइटर जेट से लेकर सबमरीन या युद्ध पोत तक और अनेकों तरह की मिसाइलें, भारतीय परिधान ऐसे बनाये जो विदेशी परिधानों को टक्कर दे सकें, पर पता नहीं क्यों आज तक कोई भी भारतीय कंपनीयां विश्वस्तर का मोबाइल फोन बना नहीं पायी है, जो सारे मोबाइल से अच्छा हो

देखने में, सस्ता हो, टिकाऊ हो और हर चीज उसमें वर्ल्ड क्लास हो और वो फोन भारतीय हो क्योंकि भारत की मोबाइल मार्किट आज भी बहुत बड़ी है, क्यों नहीं सरकार या इलेक्ट्रॉनिक सामान बनाने वाली कंपनियां या उद्योगपति इस दिशा में सोचते है और मोबाइल ही क्यों, बच्चों के अधिकतर खिलौने भी बाहर से आते है, तो उसे भी हमारे देश में बनाने के बारे में कदम उठाना चाहिए, जिसकी काफी हद तक शुरूआत हो चुकी है खिलौने बनाने में पर विश्वस्तरीय रूप से अभी टाईम लगेगा। बाहरी कंपनियां यहाँ बड़े पैमाने पर अपनी कंपनियां खोल रही है और अपनी शर्तों पर वो काम भी करवाते है या चयन करते है मतलब की दूध में से जब मलाई या क्रीम निकाल ली जाएगी तो बचेगा क्या, ठीक ऐसी ही क्रीम उनके लिए काम कर रही है और बचे हुए लोग दूकान खोलकर, ठेला लगाकर, छोटे–छोटे काम करके या उन कंपनियों की रखवाली करते नजर आयेगें, तो खुद ही सोचिये की हम क्या खोते जा रहे है और क्या पा रहे है। मतलब समझों कि देश की पढ़ी–लिखी जनता को वो अपने फायदे के लिए इस्तमाल तो करते ही है साथ ही अपने देश की करेंसी की बजाये वो भारतीय करेंसी में पेमेंट करते है, जिससे उन्हें दो गुना फायदा होता है और हम पढ़े लिखे लेबर है जो कंपनीयों में काम करते है और सड़क पर खड़ा अनपढ़ लेबर भी किसी न किसी के यहाँ काम करता है, बस फर्क सिर्फ टाई शूट का होता है और एक बात, की टाई–शूट पहनने से आप लेबर ही रहोगे न कि कंपनी के मालिक बन जाओगे, बस फर्क इतना होगा कि आपको हर महीने बंधी सैलरी मिलेगी और उनको काम मिला तो दिहाड़ी मिलेगी। हमारे देश में तीन चीज़े न सिर्फ मशहूर है, बल्कि यह कभी ख़त्म नहीं हो सकती भारत में और खूब चलती है, वो तीन चीज़ें है शादी, मूवी व क्रिकेट, तीनों ही चीज़ें पूरे साल चलती है और तीनों में भरपूर पैसा भी बहाया व लगाया जाता है पानी की तरह, साथ ही खूब पैसा भी कमाया जाता है, जैसे

1. पहले फ़िल्में बनती थी लाखों में और अब करोड़ों में बनती है, पहले फिल्में हफ़्तों चलती थी, सिल्वर जुबली, गोल्डन जुबली मनाती थी, तब जाकर उस फिल्म को हिट बोला जाता था, आज

महज तीन से चार दिन में ही हिट या फ्लॉप का फैसला हो जाता है, क्योंकि आज के समय में फिल्म पहले ही दिन 30 से 40 करोड़ रूपए कमा लेती है, तो कैसे कहा जा सकता है कि देश ही हालत खराब है क्योंकि एक दिन में इतना पैसा इधर से उधर हो जाए तो फर्क तो पड़ता है।

2. ठीक ऐसे ही क्रिकेट में, हमारे देश का क्रिकेट बोर्ड न सिर्फ सबसे अमीर है बल्कि भारतीय टीम जिस भी देश में खेलने जाती है तो भीड़ देखने लायक होती है और उस देश को अच्छा–ख़ासा राजस्व भी इकठ्ठा करने का मौका मिल जाता है, दूसरा भारत नंबर 1 है स्टेडियम के मामले में लगभग 47 के आस–पास स्टेडियम है भारत में, जबकि क्रिकेट के जन्म दाता इंग्लैंड के पास 20 स्टेडियम भी नहीं है।

3. तीसरा शादी जो पहले हजारों या लाखों में हो जाती थी और अब डेस्टिनेशन वेडिंग मतलब किसी ख़ास देश की किसी ख़ास जगह पर जाकर शादी करना और करोड़ों रूपए खर्ज करना, इतना ही नहीं हज़ारों व लाखों रूपए तो शादी में बारात के दौरान लूटा दिए जाते है, पेपर या न्यूज़ में आता है कि उस बिज़नस मैन ने अपने बेटे या बेटी की शादी में 200, 300 या 500 करोड़ रूपए खर्ज किये, शहर में 50 मैरिज लॉन है और शादी का समय हो और उन लॉन का किराया 50 लाख से 1 करोड़ हो तो एक दिन में 40 से 50 करोड़ इधर से उधर हो जाते है पर किसी को पता नहीं कि इतने पैसे आ कहाँ से रहे है या कहाँ से लाये जा रहे है क्योंकि सरकार या क़ानून इस पर तो नज़र रखती है पर नहीं पता कर पाती है कि यह जो दिखावा व इंतेज़ाम किये जा रहे है उसका पैसा कहाँ से आ रहा है।

देखा जाए तो जो पैसा इन तीनों चीज़ों में बेहिसाब लग रहा है उससे देश को क्या फायदा हो रहा है, हाँ कुछ हद तक मनोरंजन टैक्स जो लगता है टिकट पर वो मिलता है पर चिल्लर के हिसाब से, सोचने वाली एक और बात है कि मूवी बनी 10 करोड़ में और कमाया 100 करोड़, तो बाकी के 90 करोड़ कहाँ गए। वैसे

यह उनका निजी मामला है क्योंकि उन्होंने पैसे लगाये, पर मेरा तर्क यह है कि जब इतना पैसा पिक्चर कमा लेती है 2 से 3 दिन में, तो बाद में टैक्स फ्री या टिकेट के दाम कम कर दिए जाए ताकि वो लोग भी हॉल या माल में जाकर एन्जॉय कर सके जो 250 या 300 या उससे ज्यादा का टिकट नहीं ले सकते है। वैसे भी इतना पैसा शादी या क्रिकेट या मूवी में लगाने से कौन सी गरीबी ख़त्म हो गयी या देश की इकनॉमी में कोई सुधार होगा, न ही देश की माली हालत में सुधार हुआ, न ही इससे शेयर मार्किट में उछाल आया या फिर डॉलर के मुकाबले पैसा मजबूत हुआ, न ही हम विकासशील देशों की कतार से निकल कर विकसित देशों में शामिल हुए, न ही ऐसा कुछ हुआ और न आगे कुछ होगा, वजह है कि ऐसे कामों में 1 नंबर की बजाये 2 नंबर का पैसा ज्यादा इस्तेमाल में लाया जाता है, वैसे मेरा मानना है कि पैसों को सिर्फ ज़रुरत के लिए इस्तेमाल करना चाहिए, ना की पैसों के लिए खुद को इस्तेमाल होने दिया जाये और आज के दौर में ऐसा ही हो रहा है जहाँ लोग पैसों के लिए इस्तेमाल हो रहे है, कैसे ? वो ऐसे कि मूवी का डायरेक्टर व प्रोडूसर एक्टर या एक्ट्रेस को अपने हिसाब से नचवाते है या काम करवाते है, कोच व कप्तान अपने खिलाड़ियों को अपने हिसाब से चलाते है कि आज तू ऊपर बैटिंग करेगा या पहला ओवर तू डालेगा, बीवी अपने पति को चलाती है, तो प्रेमिका अपने प्रेमी को, कॉर्पोरेट में बॉस अपने कर्मचारियों को और ना जाने कहाँ–कहाँ कैसे–कैसे लोग नचाये जाते है पैसों के लिए और सब लोग बस पैसों के आगे–पीछे घुमते रहते हैं।

अपनी दूसरी किताब के अंत में मैं कहना चाहूँगा कि हम भारतीय दुनिया के किसी भी देश के लोगों की तरह बन सकते है या यूँ कहें की दुनिया के किसी भी देश का नागरिक भारतीय नागरिक जैसा नहीं बन सकता है, पर भारत किसी भी देश की तरह बन सकता है, कैसे ? वो ऐसे की उनकी बनाई हुई जीन्स व टी–शर्ट हम आसानी से पहन सकते है या कोर्ट–पैंट, पर उनको धोती, घाघरा, लंहगा–चुन्नी, साड़ी–बलाउज और तरह–तरह के परिधान वो बिना सहायता के तो नहीं पहन सकते आसानी से,

उनका पिज्ज़ा–बर्गर–हॉट डॉग या रोल जैसे खाने के आइटम हम आसानी से बना भी लेते है और उनसे अच्छा ही, वो भी कम समय में सीख कर, लेकिन उनको ज़रा छोले–राजमा–भिन्डी–गोभी–बैगन का भरता–सरसों का साग–डोसा–इडली–चिकन–मटन और ना गिना सकने वाले व्यंजन व तरह–तरह के मिष्ठान, जो हमारे देश में बनते है यह सोचकर ही उनके दांत–खट्टे हो जायेगें हमारे देश का कोई भी एक व्यंजन बनाने में, यहाँ तक की पूरे विश्व में कुल मिलाकर 200 या 250 फ़िल्में बनती है, वही हमारे अकेले देश में अलग–अलग भाषाओं में 800 से लेकर 1000 तक मूवी बनती हैं, मैं किसी भी चीज़ के बारे में बात करूं तो वो हर काम जो विदेश में होता हो, मिलता हो, बिकता हो या बनता हो, वो सब हम कर सकते है, इसीलिए मेरा भारत महान है। हाँ मेरा देश दुनिया में भले ही भारत, इंडिया या हिन्दुस्तान के नाम से जाना जाता हो, पर हम तीन नहीं एक ही देश के बेटे व बेटी है और हमारे लिए तीन नहीं सिर्फ एक ही नाम है वो है हमारा भारत क्योंकि हम अपने देश को माता कहकर बुलाते है, वो भी गर्व के साथ कि भारत माता की जय और दुनिया में कोई एक भी देश ऐसा नहीं है जो यह सोच या जज्बा रखता हो या अपने देश को माता कहकर बुलाता हो या किसी तरह का कोई संबंध रखता हो।

इतना सब कहने व लिखने के बावजूद भी, मैं यह ही लिख पाया हूँ कि मैं मात्र 10 से 20 प्रतिशत ही अपना अनुभव साझा कर पाया हूँ क्योंकि हमारे देश का बखान व व्याख्या साथ ही सभ्यता के साथ–साथ संस्कृति व विविधितायों के बारे में कौन सौ प्रतिशत लिखकर या कहकर बता सकता है। एक भारतीय होने के नाते कुछ अच्छा देखा, तो कुछ बुरा, तो कुछ जगहों पर जाकर अनुभव किया, अलग–अलग शहरों में रहकर वहाँ की अच्छाईयाँ व बुराईयां देखी, लोगों का आपसी प्रेम व छोटी–छोटी बातों पर नोक–झोंक देखी, शहर के प्रदुषण व भाग दौड़ भरी ज़िन्दगी भी देखी और गाँव की शुद्धता व ट्यूबबैल में नहाने का लुफ्त भी उठाया, रंग–बिरंगें परिधान व परिवेश भी देखें, तो अलग–अलग समय पर आने वाले त्यौहार भी मनाये चाहे किसी भी धर्म के हो, भारत के लगभग हर

तरह के स्वादिस्ट भोजन व मिठाई भी खाई, गिल्ली डंडा से लेकर छुपन–छुपाई, पतंगबाजी से लेकर ताश तक खेला, क्रिकेट जोनल लेवल से लेकर लोकल टूर्नामेंट तक खेला और जीता भी और हमेशा कप्तान बनकर ही खेला चाहे कोई भी खेल हो और जिसमें कप्तान नहीं उस खेल में खेलना ही नही, ईमानदार से लेकर घूसखोरों तक को देखा कई जगहों पर, बिना सोर्स व सोर्स के काम होते हुए भी देखा है, अपनी ज़िन्दगी को और मौत को लगभग तीन बार करीब से देखा क्योंकि मेरे तीन मेजर एक्सीडेंट हुए, समाज की बुराई व अच्छाई को देखा, आज़ाद घुमने से लेकर जेल की चार दीवारी को देखा, अपने परिवार को खुश व रोते हुए देखा और सबसे ज्यादा मैं अपने बच्चे को बड़े होते हुए देख रहा हूँ जो एक अलग ही सुकून देता है जब वो साथ हो, पास हो या साथ में खेलता व सोता है, भाई की मेहनत देखी व लक्ष्मण जैसा कहे जाने वाले भाई का प्यार जीवन के हर मोड़ पर देखा व साथ मिला, माँ का त्याग जीवन के हर मोड़ पर देखा जितना जीवन जिया हूँ, पिताजी का भोलापन व भूलने की आदत देखी, बीवी का सपोर्ट मिला हर हालात में और अपने परिवार द्वारा मेरी हौसला अफजाई करते हुए देखा कि नहीं तुम यह कर सकते हो और तुम करो हमस ब साथ है, आखिर में मैंने चमत्कार होते हुए भी देखा है क्योंकि मैं हर समय राधा–कृष्ण को जपते रहता हूँ और उनके दर्शन सपने में करके ज़िन्दगी में बहुत जगह पर उनका साथ व एहसास महसूस कर चुका हूँ और जो कुछ भी मैं हूँ वो मेरे परिवार की मेहनत व उनका मुझपर विश्वास है जिस वजह से मैं यह सब लिख सका। अपने से बड़ो को मेरा चरणस्पर्श और छोटो को प्यार, दोस्तों को मेरा स्नेह और जो दुश्मनी रखते है भगवान् उनकी बुद्धि ठीक करें और सही–गलत का एहसास कराएँ।

जय माता दी, भारत माता की जय, वन्दे मातरम।

राधे–राधे

www.ingramcontent.com/pod-product-compliance
Lightning Source LLC
LaVergne TN
LVHW041218080526
838199LV00082B/777
* 9 7 8 9 3 5 8 1 9 6 2 2 1 *